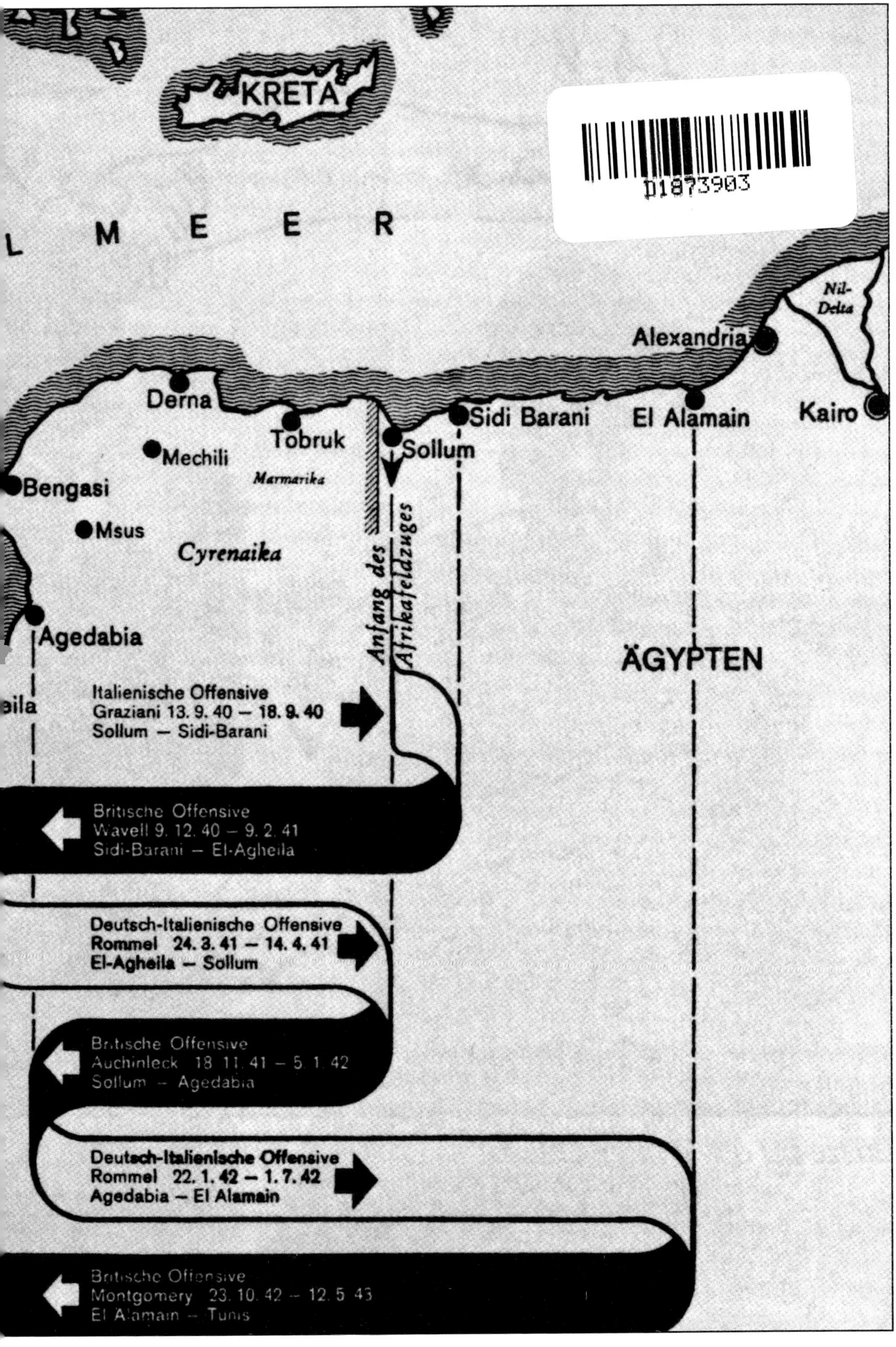

KRETA
L M E E R
Nil-Delta
Alexandria
Derna
Tobruk
Sidi Barani
El Alamain
Kairo
Sollum
Mechili
Marmarika
Bengasi
Msus
Cyrenaika
Anfang des Afrikafeldzuges
Agedabia
ÄGYPTEN
Italienische Offensive
Graziani 13. 9. 40 – 18. 9. 40
Sollum – Sidi-Barani
Britische Offensive
Wavell 9. 12. 40 – 9. 2. 41
Sidi-Barani – El-Agheila
Deutsch-Italienische Offensive
Rommel 24. 3. 41 – 14. 4. 41
El-Agheila – Sollum
Britische Offensive
Auchinleck 18. 11. 41 – 5. 1. 42
Sollum – Agedabia
Deutsch-Italienische Offensive
Rommel 22. 1. 42 – 1. 7. 42
Agedabia – El Alamain
Britische Offensive
Montgomery 23. 10. 42 – 12. 5. 43
El Alamain – Tunis

Franz Kurowski

1941

So war der 2. Weltkrieg

Franz Kurowski

1941

So war der 2. Weltkrieg

FLECHSIG

Umwelthinweis:
Dieses Buch und der Umschlag wurden auf chlorfrei gebleichtem Papier gedruckt.
Die Einschrumpffolie – zum Schutz vor Verschmutzung – ist aus umweltverträglichem und recyclingfähigem PE-Material.

Sonderausgabe für Flechsig-Buchvertrieb

Internet: www.verlagshaus.com
Gesamtherstellung: AGORA, United Graphic Services b.v., Netherland

ISBN 978-3-88189-712-9

Inhaltsverzeichnis

ALLGEMEINE ÜBERSICHT

Rückschau auf das zweite Halbjahr 1940 des Oberkommandos der Wehrmacht

Das Kriegsjahr 1940 war ein Jahr der deutschen Siege. In knapp drei Monaten wurden die Engländer aus Norwegen vertrieben, die Niederlande und Belgien zur Kapitulation gezwungen, Frankreich nach hartem Kampf zu Boden gerungen, das englische Expeditionsheer in Flandern geschlagen, seiner Bewaffnung und Ausrüstung beraubt und auf die Schiffe gejagt.

Da die englische Propaganda versuchte, die einzigartigen Erfolge der deutschen Wehrmacht zunächst abzuleugnen und dann zu verkleinern, hat sie jede Glaubwürdigkeit verloren. Letzten Endes mußten die Briten sich der Tatsache beugen, daß Deutschland die blockadegefährdete enge Nordseebasis gesprengt und sie auf einen Raum erweitert hatte, der vom Nordkap bis zur spanischen Grenze reicht und der es ermöglichte, tödliche Schläge gegen England selbst zu führen.

Das Oberkommando der Wehrmacht hat in zusammengefaßten Berichten dem deutschen Volke die Kampfereignisse bis zum Abschluß des Waffenstillstandes mit Frankreich dargelegt.

Seit Eintritt der Waffenruhe mit Frankreich begannen die Vorbereitungen für den Kampf gegen England.

Während die Divisionen des Heeres die französische Atlantikküste bis zur spanischen Grenze besetzten, die restlichen Stützpunkte der Maginotlinie säuberten und die unübersehbare Beute sichteten, rüsteten sich Kriegsmarine und Luftwaffe, um den Kampf gegen England aufzunehmen. Die italienische Wehrmacht fesselte inzwischen immer stärkere britische Kräfte.

Die Kriegsmarine löste in kurzer Zeit die schwierige Aufgabe, alle in Besitz genommenen feindlichen Küstengebiete vom Nordmeer bis zur Biskaya beschleunigt zu sichern, die vorhandenen, teilweise völlig zerstörten Hafenanlagen wieder gebrauchsfähig zu machen, die vorgefundenen Küstenschutzanlagen in Verteidigungszustand zu versetzen und, wo nötig, neue Kampfbatterien einzubauen.

Nach der gefahrvollen Säuberung und Sicherung des weiterreichenden Küstenvorfeldes griffen unverzüglich leichte Seestreitkräfte in den Kampf ein. Ihre besonders kühnen Vorstöße wurden immer wieder bis weit in das englische Küstenvorfeld getrieben.

Ausnehmend erfolgreich war der Einsatz von Seestreitkräften in überseeischen Gewässern. Wo immer der Feind die Tätigkeit der deutschen Handelsstörer zu unterbinden suchte, lieferten ihm deutsche Kriegsschiffe Seegefechte, aus denen sie selber erfolgreich und voll einsatzfähig hervorgingen, während der Gegner mit

Beschädigungen und Verlusten den Kampfplatz räumen und den nächstgelegenen Hafen aufsuchten mußte. So sah sich die feindliche Seekriegführung ständig vor neue Überraschungen gestellt.

Diese Kampfhandlungen der Kriegsmarine im Verein mit den Angriffen der Luftwaffe fiel eine beträchtliche Anzahl britischer Kriegsschiffe zum Opfer.

Durch die Kriegsmarine wurden

12 Zerstörer, acht Unterseeboote, neun Hilfskreuzer,

63 kleine Kriegsfahrzeuge,

durch die Luftwaffe insgesamt 32 verschiedene Einheiten der britischen Kriegsmarine versenkt. Die Gesamttonnage dieser versenkten Kriegsschiffe beträgt rund 90000 BRT.

In noch weit höherem Maße bekam die britische Handelsschiffahrt die Folgen der neu erkämpften breiten und englandnahen Basis zu spüren. Im Zusammenwirken mit Unterseebooten der italienischen Kriegsmarine haben deutsche Unterseeboote ihre Erfolge immer mehr gesteigert. Die wachsenden Versenkungsziffern rührten an den Lebensnerv der britischen Insel. Erstmalig konnten auch durch Handelsstörer in überseeischen Gewässern feindliche Schiffe zu Prisen gemacht und in deutsche Häfen eingebracht werden. Gleichzeitig brachten deutsche Kampf- und Sturzkampfflieger durch unermüdliche Angriffe auf britische Geleitzüge und einzeln fahrende Handelsschiffe dem Gegener schwere Verluste bei.

Von Island bis zur Nordküste Afrikas überwachte die bewaffnete Luftaufklärung den atlantischen Luftraum und erleichterte auf größte Entfernung hin durch ihren Meldedienst den deutschen Unterseebooten ihre schwere Arbeit.

Seit dem 25. Juni bis zum Jahresschluß verlor England an eigenem oder ihm nutzbaren Handelsschiffsraum:

Durch Kampfhandlungen der deutschen Kriegsmarine: 3200000 BRT.

Durch Kampfhandlungen der deutschen Luftwaffe: 700000 BRT.

Insgesamt belief sich die Erfolgsbilanz auf 3900000 BRT.

Dabei sind die Ergebnisse des Mineneinsatzes, der sich bis in die fernsten Meere erstreckte, bisher nur zu einem kleinen Teil erfaßt.

Diese Erfolge wurden mit nur geringen Verlusten der Kriegsmarine errungen. Sie betragen seit dem 25. Juni 1940 bis zum 31. Dezember 1940:

3 Torpedoboote, 5 Minensuchboote, 8 Unterseeboote, 2 kleinere Kriegsfahrzeuge.

Ein Teil der in Verlust geratenen Boote und Schiffe konnte gehoben werden. Sie wurden wieder in Dienst gestellt. Im übrigen sind die Verluste im Rahmen des Aufrüstungsprogrammes der Kriegsmarine, das einschließlich der schwersten Schlachtschiffe reibungslos fortgeführt wurde, nicht nur ausgeglichen, die Schlagkraft der Kriegsmarine konnte vielmehr insgesamt erheblich verstärkt werden.

Mit Aufbietung aller zur Verfügung stehenden Mittel vollzog die deutsche Luftwaffe nach Beendigung des Westfeldzuges in Frankreich binnen wenigen Wochen den Aufmarsch zum konzentrierten Angriff auf die britischen Inseln.

Seit Mai 1940 hat die britische Luftwaffe in nächtlichen Einflügen deutsches

Reichsgebiet angegriffen und dabei fast ausschließlich nichtmilitärische Ziele getroffen. Der weitgehende Verzicht auf gut geschützte Ziele war kein Zufall.

Am 8. August begann die deutsche Vergeltung für eine Form des Luftkrieges, die Deutschland weder gewollt noch begonnen hat, obwohl alle Vorteile auf deutscher Seite lagen. Seitdem haben deutsche Kampffliegerverbände in über 130 Großeinsätzen jeweils zwischen 100000 und 700000 kg Bomben abgeworfen. (100 bis 700 Tonnen).

„Obwohl von britischer Seite bereits eine Reihe von feindlichen Angriffen gegen Berlin vorausgegangen waren, wurde der erste Vergeltungsschlag gegen die britische Hauptstadt erst am 6. September geführt. Seitdem hat London erlebt, was den deutschen Städten zugedacht war. Über 450 Luftalarme und über 100 deutsche Angriffe, darunter einige von gewaltigstem Ausmaß, haben das normale Leben dieser Stadt zerstört, Hafenanlagen, Docks und Vorratslager vernichtet.

Seit dem 15. November erstreckten sich die deutschen Luftangriffe auch auf andere Zentren der britischen Kriegswirtschaft. In 80 Großangriffen und 325 weiteren Angriffen gegen wichtige Industrieanlagen wurde die britische Rüstung insbesondere im mittelenglischen Industriegebiet so schwer getroffen, daß der Produktionsausfall nun für England bedrohliche Ausmaße annimmt. Daneben richteten über 350 Angriffe auf die wichtigsten Hafenanlagen der britischen Einfuhr für die Leistungsfähigkeit dieser Einfuhrhäfen schwersten Schaden an.

Weit über 1000 kleine Angriffsunternehmungen richteten sich gegen militärische Ziele wie Flugplätze, Truppenlager, Kasernen und Flakstellungen, gegen Versorgungsanlagen, Tanklager, Speicher, Kraftwerke sowie gegen Verkehrseinrichtungen.

Während dieser fast ununterbrochenen Bombenangriffe forderten Jagd- und Zerstörerverbände den Gegner zu Luftkämpfen heraus und brachten ihm schwere Verluste bei. Sie sicherten durch ihren Begleitschutz den An- und Abflug der Kampffliegerverbände.

Seit dem 25. Juni verlor der Feind etwa das Dreifache an Flugzeugen wie die deutsche Luftwaffe.

Seit dem 24. Oktober flogen auch Staffeln der italienischen Luftwaffe Seite an Seite mit den deutschen Verbänden erfolgreich gegen England.

Fernkampfbatterien des Heeres und der Kriegsmarine gelang es wiederholt, Geleitzüge, die den Kanal zu durchlaufen suchten, unter Verlusten für den Gegner zu zersprengen. Mit gutem Erfolg wurden militärische Ziele auch im Raume von Dover und südlich London bekämpft. Die feindliche Fernartillerie erwiderte das Feuer nur gelegentlich und ohne jede Wirkung.

In der Heimat und im besetzten Gebiet wehrten Jagd- und Flakverbände die Angriffe des Gegners ab, der fast nur bei Dunkelheit, bei günstiger Wetterlage und mit kleinen Einheiten einflog. Während von der deutschen Luftwaffe seit dem 8. August über 43000 Tonnen Sprengbomben und über 1600 Tonnen Brandbomben auf kriegswichtige Ziele in mehr als 2000 Angriffsunternehmungen auf die britischen Inseln abgeworfen wurden, betrug die vom Feind abgeworfene Bombenlast nur rund ein Fünfundzwanzigstel dieser Mengen. (Die Zahl der Angriffsunternehmungen bezeichnet die Zahl der insgesamt eingesetzten Flugzeuge).

„Die Mehrzahl der feindlichen Bomben fiel auf Wohnbezirke, darunter auf 30 Krankenhäuser und Lazarette sowie auf 40 Kirchen und Friedhöfe. Der angerichtete militärische und wehrwirtschaftliche Schaden ist dagegen geringfügig. Die deutsche Kriegswirtschaft ist durch ihn in ihrer Gesamtheit überhaupt nicht beeinträchtigt. Dank der vorbildlichen Haltung der Zivilbevölkerung und aller Organisationen des Luftschutzes scheiterten alle Versuche des Feindes, der Heimat größeren Schaden an Gut und Blut zuzufügen." (Siehe: Kurowski, Franz: „Der Luftkrieg über Deutschland").

Im Gegensatz zur strengen englischen Zensur erhielten neutrale Pressevertreter in Deutschland Gelegenheit, sich von der Wirkung der feindlichen Angriffe in den nach den amtlichen englischen Berichten besonders schwer getroffenen deutschen Städten zu überzeugen. Von Woche zu Woche wurden in englischen Berichten schwere Angriffe auf deutsche Städte gemeldet, auf die keine Bombe gefallen ist – ja, die nicht einmal überflogen worden waren.

Der Kampf gegen England nimmt seinen Fortgang, seine bisherige Wirkung ist weit größer als von außen erkennbar. Das Jahr 1941 wird den Beweis dafür erbringen.

Sieggewohnt und kampfgestählt blickt die Wehrmacht zurück auf ein Jahr stolzester Erfolge. Siegesgewiß, stärker und besser gerüstet denn je blickt sie vorwärts auf das kommende Jahr.

Politische Aktivitäten um Deutschland und England

Am 8. und 9. Januar 1941 hatte Hitler die gesamte militärische Führung der Wehrmacht zum Berghof eingeladen. Es sollte hier zu einer der wichtigsten Sitzungen des Zweiten Weltkrieges kommen, die im Jahr 1941 abgehalten wurden.

Zunächst führte Hitler aus, daß Spanien als Helfer im Krieg nicht mehr in Frage komme und daß Frankreich ebenfalls gegen Deutschland sei. Hitler zu diesem und folgenden zur Sprache kommenden Themen:

„Wir sind Frankreich gegenüber nicht verplichtet. Rußland hat neuerdings Forderungen, die früher nicht bestanden: Finnland, Balkan und Mariampol. Rumänien ist auf unserer Seite, Ungarn ohne Hindernisse. In Jugoslawien ist alles offen. Bulgarien ist sehr vorsichtig. Es will seine Dynastie nicht riskieren.

England will den Kontinent beherrschen, also muß es uns auch dort schlagen. Wir aber wollen so stark sein, daß sie dieses Ziel nie erreichen werden, auch wenn England auf Rußland und Amerika hofft."

Hitler kam anläßlich dieses Monologs zu der Erkenntnis, daß es unmöglich sei, England durch eine Landung zu schlagen, doch seien die Verhältnisse auf dem

Kontinent im Jahr 1941 so gefestigt, daß Deutschland dem Krieg gegen England und gegebenenfalls mit den USA entgegensehen könne.

Hitler bezeichnete Stalin als einen schlauen Fuchs und erklärte wörtlich: „Er wird immer fordern. Ein Sieg von Deutschland ist für die russische Ideologie untragbar. Unser Entschluß muß also sein, Rußland so früh wie möglich zu Boden zu zwingen. Die Engländer werden in zwei Jahren 40 Divisionen aufgestellt haben. Das könnte Rußland zum Bündnis mit Großbritannien reizen. Darüber hinaus gibt das Anpakken der russischen Frage Japan im Osten freie Hand gegen England. Japan ist zu einer ernstlichen Mitarbeit bereit."

In dieser Hinsicht sollte sich Hitler gravierend getäuscht sehen, denn als es darum ging, im späten Herbst dieses entscheidenden Jahres 1941 an der sowjetischen Ostgrenze einzugreifen, schloß Japan mit der Sowjetunion einen Nichtangriffspakt ab und sicherte die Unverletzlichkeit der russischen Grenzen in Fernost.

Dadurch war Moskau in die Lage versetzt, die an der Ostgrenze in Sibirien und im Fernen Osten eingesetzten Elitedivisionen abzuziehen und sie in entscheidender Stunde gegen die Deutschen zu werfen, die sich eben anschickten, die Metropole des Feindes zu erobern.

Japan war ein As, das nicht stach. Japan war die Fehlkalkulation in der deutschen Rechnung gegen die Sowjetunion. Über die zwielichtige Haltung dieses Landes gegenüber Deutschland im weiteren Verlauf des Kampfjahres 1941 mehr.

Leider verstieg sich Hitler auch zu der Bekundung, daß die Rüstung der Sowjetunion und das der Roten Armee zur Verfügung stehende Material veraltet sei und daß der Roten Armee das geistige Format fehle. Auch diese Fehlprognosen belasteten das Kalkül im Verein mit der Unterschätzung der Waffenstärke diese Gegners und der Überschätzung der eigenen, wie sich noch zeigen soll. Denn Hitler rechnete mit einem schnellen Verlauf und der Niederringung der Sowjetunion in einem Feldzug bis zum Winter 1941.

Am 9. Januar, dem zweiten Tag der Führerkonferenz, sprach Hitler zum ersten Mal auch offen vor einem größeren Kreis über die notwendig werdende Kriegführung in Afrika, um dem italienischen Bundesgenossen zu helfen, der soeben seine letzten festen Stellungen in der Cyrenaika verloren hatte. Er erklärte, daß ein Zusammenbruch Italiens, der in der Luft lag, nicht riskiert werden könnte. Der derzeitige Mißerfolg der Italiener in Afrika – nach dem Debakel des italienischen Griechenlandfeldzuges – sei durch Mangel an moderner Ausrüstung entstanden.

„Wir müssen dort", lautete seine Überzeugung, „mit einem Sperrverband helfen."

Hitler erklärte, daß seine Absicht, die Sowjetunion niederzuwerfen, unumstößlich sei, daß sich aber der Angriffstermin infolge der Entwicklung auf dem Balkan und in Nordafrika von Mai auf Juni verschieben werde.

Am 11. Januar unterzeichnete Hitler die Weisung Nr. 22: „Mithilfe deutscher Kräfte bei den Kämpfen im Mittelmeerraum." Darin forderte er die Aufstellung eines deutschen Panzer-Sperrverbandes für Libyen und dessen Überführung nach Tripolis etwa ab dem 20. Februar 1941.

Am 13. Januar besuchte König Boris III. von Bulgarien Hitler auf dem Berghof. Es zeigte sich in den Gesprächen beider Seiten, daß von bulgarischer Seite noch immer gewisse Reserven hinsichtlich des Beitritts zum Dreimächtepakt bestanden.

Der am nächsten Tag im Berghof von Hitler empfangene rumänische Staatsführer, General Antonescu, allerdings unterbreitete Hitler das Angebot der Beteiligung rumänischer Truppen an der Seite Deutschlands, falls es zu einer Auseinandersetzung mit der Roten Armee kommen sollte. Er werde mit allen Kräften des rumänischen Heeres an einer militärischen Aktion gegen die UdSSR teilnehmen.

Der sowjetische Außenminister Molotow wiederum erklärte am 17. Januar dem deutschen Botschafter in Moskau, daß die UdSSR Bulgarien als sowjetische Sicherheitszone betrachtet. Dies wurde der bulgarischen Regierung sofort übermittelt.

Am selben Tag willigte die ungarische Regierung in die vorgeschlagene Errichtung deutscher Wehrmachts-Verbindungsstellen zur Erleichterung des deutschen Nachschubs nach Rumänien auf ungarischem Boden ein.

Das Treffen Hitlers mit dem italienischen Staatschef Benito Mussolini am 19. Januar auf dem Berghof sah den Höhepunkt der politischen Aktivitäten des Januar 1941. Dieser Tag markierte das „Ende des deutsch-italienischen Parallelkrieges“. Von nun an sollte es nach den Bekundungen Mussolinis und Hitlers keine italienischen Alleingänge im Mittelmeerraum mehr geben.

Im vertraulichen Gespräch teilte Hitler Mussolini mit, daß er sich mit der Absicht trage, über Bulgarien nach Griechenland vorzustoßen. Hitler gab seinem Gast bekannt, daß er auf Grund der kritischen Lage in Nordafrika bereit sei, einen deutschen Sperrverband nach Libyen zu entsenden.

Am 31. Januar 1941 war die Aufmarschanweisung des OKH für den Feldzug gegen Moskau – das Unternehmen „Barbarossa“ – fertiggestellt. Drei Tage darauf trug der Chef des Generalstabes, Generaloberst Halder, Hitler die Durchführung des Unternehmens „Barbarossa“ aufgrund der Aufmarschanweisung vom 31. Januar vor.

In einer über mehrere Stunden dauernden Konferenz erklärte Hitler am 3. Februar, daß er nun von den versammelten Oberbefehlshabern des Heeres und der Wehrmacht die grundsätzlichen Vorstellungen des Heeres über den geplanten Ablauf von „Barbarossa“ hören wolle. Generaloberst Halder erklärte, daß die Rote Armee über 121 Schützen-Divisionen, 25 Kavalleriedivisionen und 31 mechanisierte Brigaden, also über 180 Großverbände verfügen werde.

Dagegen sollten nach Halders Bericht 104 deutsche Infanteriedivisionen, 20 Panzerdivisionen, 13 Divisionen (mot.) und die 1. Kavallieriedivision antreten. Halder schätzte die Zahl der sowjetischen Panzer auf 10000, die deutsche Panzerzahl bezifferte er mit 3500. Er bewertete die Qualität der Panzer den Gegners als gering, bat aber zu bedenken, daß man auf Überraschungen gefaßt sein müsse.

Auch die Artillerie der Roten Armee sei zwar sehr stark an Zahl, verfüge aber nur über veraltete Geschütze.

Der Aufmarsch der drei deutschen Heeresgruppen und der darin vertretenen vier Panzergruppen sichere einen gleichzeitigen Antritt an allen Fronten.

Daß der Nachschub an Material, Waffen und Munition von der Eisenbahn nicht zu schaffen sei, war erkannt worden. Deshalb hatte Generaloberst Halder bereits deren Transport voll motorisiert eingeplant.

Als erstes Ziel wurde die Eroberung des Baltikums ins Auge gefaßt einschließlich der Gewinnung von Leningrad. Im Süden sollte der Raum Rostow am Don erreicht werden. Die mittlere Heeresgruppe sollte – so der Tenor der Besprechungen des 3. Februar 1941, – ihren Angriff gegen Moskau gegebenenfalls erst im Jahre 1942 (!) führen." (Siehe: Below, Nicolaus von: „Als Hitlers Adjutant 1937–1945").

„Das Ziel der Eroberung des baltischen Raumes muß das Heer immer vor Augen haben, damit der Russe die Ostsee aufgibt", lautete Hitlers Ermahnung.

Hitlers Aktivitäten im Februar 1941 waren weitgespannt. Nach einem kurzen Abstecher, der am Abend des 6. München galt, reiste er am folgenden Tage zum Obersalzberg zurück, wo er sich – von einigen kurzen Unterbrechungen abgesehen – bis Mitte März aufhielt.

Hier empfing Hitler den jugoslawischen Ministerpräsidenten Cvetkovic und dessen Außenminister Cincar-Markovic.

Hitler wollte Jugoslawien zum Beitritt zum Dreimächtepakt überreden, aber dieser Versuch mißlang.

Im Hofbräuhaus-Festsaal hielt Hitler am 24. Februar seine Rede zum Parteigründungstag.

Der 28. Februar sah seine Reise nach Wien. Er wollte dort am 1. März an der Aufnahme Bulgariens in den Dreimächtepakt teilnehmen. Die Veranstaltung sollte im Schloß Belvedere stattfinden.

Der bulgarische Ministerpräsident Bogdan Filov, bulgarischer Archäologe und Politiker, unterzeichnete für Bulgarien. Anwesend waren Graf Ciano, der italienische Außenminister, Botschafter Oshima und Reichsaußenminister von Ribbentrop.

Anschließend an den Festakt gab Hitler ein Frühstück im Belvedere. Am Nachmittag sprach er längere Zeit mit Graf Ciano, und am Abend nahm er eine Einladung des Reichsjugendführers und Gauleiters von Wien, Baldur von Schirach, und seiner Frau an, die Hitler sehr schätzte. Frau von Schirach war die Tochter von Heinrich Hoffmann; Hitler kannte sie bereits seit ihrer Kinderzeit.

Hitler und von Schirach besprachen bauliche Maßnahmen in Wien. Ebenso agierte er auch in Linz, wo der Führerzug am anderen Morgen für 90 Minuten halt machte. Hier besprach er die Planungen für den Ausbau an der Donau und den Bau der neuen Nibelungen-Brücke.

Prinzregent Paul von Jugoslawien war am 4. März Hitlers Gast auf dem Obersalzberg. Hitler versuchte ihn zum Anschluß an den Dreimächtepakt zu bewegen.

Die Tatsache, daß Japan den in Deutschland gut bekannten und geschätzten General Oshima als Botschafter nach Berlin entsandt hatte, ließ Hitler und seinen Stab auf eine Bündnisbereitschaft Japans hoffen.

General Jodl schlug Hitler vor, eine von ihm ausgearbeitete Führerweisung herauszugeben und darin eine Zusammenarbeit mit Japan einzubeziehen.

Diese Führerweisung Nr. 24 „Über Zusammenarbeit mit Japan" wurde am 5. März unterschrieben. Ihr erster Satz hatte folgenden Wortlaut:

„Das Ziel der durch den Dreimächtepakt begründeten Zusammenarbeit muß es sein, Japan so bald wie möglich zum aktiven Handeln im Fernen Osten zu bringen . . .

Als gemeinsames Ziel der Kriegführung ist herauszustellen, England rasch niederzuzwingen und die USA dadurch aus dem Krieg herauszuhalten. Im letzten Satz ließ Hitler verkünden:

„Über das Unternehmen ‚Barbarossa' darf den Japanern gegenüber keinerlei Andeutung gemacht werden."

Eine Besichtigung der Hermann-Göring-Werke in Linz nahm Hitler am 12. März 1941 zum Anlaß, eine starke Steigerung der Panzerproduktion und der Produktion an Panzerabwehr-Kanonen zu fordern.

Den Heldengedenktag – der am 16. März begangen wurde – nahm Hitler zum Anlaß, um – wie immer – im Berliner Zeughaus zu sprechen. Dabei ging er auch auf die britischen Terrorangriffe aus der Luft ein. Er wies auf die Gefahren eines nunmehr eskalierenden Luftkrieges hin und erklärte, daß „auch die Heimat in diesem Krieg schwerere Opfer bringen muß als früher. Und hier ist es nicht nur der Mann, der sich in seiner Widerstandskraft bewährt, sondern vor allem auch die Frau."

Am 25. März 1941 traf Jugoslawiens Ministerpräsident Cvetkovic in Wien ein und leistete die Unterschrift zum Beitritt Jugoslawiens zum Dreimächtepakt.

Hitler traf am Morgen des 25. März in Wien ein, um persönlich an der Unterzeichnung teilzunehmen und damit deren Bedeutung zu unterstreichen.

Wiederum war das Schloß Belvedere zum Schauplatz gewählt worden. Das anschließende Frühstück im offiziellen und feierlichen Rahmen war ebenfalls dazu angetan, diese Bedeutung noch zu unterstreichen.

Die Unterzeichnung war erst nach der deutschen Zusicherung zustande gekommen, die Neutralität von Jugoslawien sicherzustellen und diese nicht zu verletzen.

Abermals ruhte sich Hitler im Hause der Familie Schirach aus. Er zeigte sich dem Jugendführer gegenüber glücklich, daß „nunmehr auch der letzte der Balkanstaaten sich dem Dreimächtepakt angeschlossen" habe. Allerdings stellte er auch fest, daß er nicht von der Zuverlässigkeit der jugoslawischen Regierung überzeugt sei und daß man Jugoslawien im allgemeinen kein allzu großes Vertrauen schenken dürfe.

Wie sehr Hitler damit recht behalten sollte, zeigte der 27. März. Am frühen Morgen dieses Tages überbrachte der ständige Beauftragte des Reichsaußenministers beim Führer, Walther Hewel, die Nachricht, daß in der vergangenen Nacht Prinz Paul von Jugoslawien und seine Regierung durch den Chef des jugoslawischen Generalstabes, General Simovic, gestürzt worden sei. Dieser hatte den 17jährigen König Peter II. für volljährig erklären und ihn zum jugoslawischen König ausrufen lassen.

Prinz Paul, der bis dahin für Peter II. regiert hatte, ging nach Griechenland ins Exil. In Belgrad und anderen Städten fanden an diesem Tage antideutsche Demonstrationen statt.

In einer Besprechung am Nachmittag dieses dramatischen 27. März ließ Hitler im Großen Besprechungssaal der Reichskanzlei die Spitzen der deutschen Wehrmacht zusammenkommen. Die Besprechung begann um 13.00 Uhr. Alles, was im Dritten Reich Rang und Namen hatte, war versammelt. Neben dem Führer waren dies Reichsmarschall Göring, GFM von Brauchitsch, GFM Keitel, General Jodl, Generaloberst Halder, Generalmajor Hoffmann von Waldau, General der Flieger Bodenschatz als Görings persönlicher Adjutant, sowie eine Reihe weiterer hochrangiger Vertreter des Heeres und der Luftwaffe. Reichsaußenminister von Ribbentrop war ebenfalls zur Teilnahme aufgefordert worden und erschienen.

Hitler erläuterte ihnen die ihm bekanntgewordenen Tatsachen aus Jugoslawien und erklärte, er werde „Jugoslawien militärisch und als Staatsgebilde zerschlagen."

Der Feldzug gegen Griechenland mit der Codebezeichnung „Marita" sollte möglichst frühzeitig beginnen. Ein starker Angriff aus dem Raume Sofia in Richtung auf Skopje und zwei Angriffsgruppen, die gegen Nis und Belgrad vorgehen sollten, wurden angewiesen, sich vorzubereiten. Gleichzeitig damit sollte aus dem Raume Graz-Klagenfurt ein Hauptangriff vorgetragen werden, dessen Ziel es sein mußte, die jugoslawische Armee zu zerschlagen.

Noch am selben Tage faßte General Jodl Hitlers Gedanken über den Verlauf des Unternehmens „Marita" in der Führerweisung Nr. 25 zusammen: „Blitzfeldzug gegen Jugoslawien in Verbindung mit dem Griechenlandfeldzug". Der zum 1. April geplante Beginn des Griechenlandfeldzuges wurde auf den 6. April verschoben. Bis dahin würde der Blitzaufmarsch gegen Jugoslawien durchgeführt sein. Damit wurde der Beginn des Unternehmens „Barbarossa" um etwa einen Monat verschoben.

Am 30. März bat Hitler alle Befehlshaber und Kommandeure der Wehrmacht noch einmal zu sich. Im Kabinettssitzungssaal hielt er seine zweieinhalbstündige Rede, in welcher er nicht nur seine Gedanken zum Ostfeldzug darlegte, sondern auch betonte, daß England im Augenblick seine ganze Hoffnung auf die USA und die UdSSR setze; er erklärte, daß die Höchstleistung der US-Rüstungsindustrie erst in 3–4 Jahren erreicht sein werde und daß „Rußland der letzte feindliche Faktor in Europa" sei, der „in diesem oder im nächsten Jahr geschlagen werden müsse".

„Der Bolschewismus", so verkündete er, „ist dem asozialen Verbrechertum gleichzusetzen und eine ungeheuere Gefahr für die Zukunft. Wir müssen von dem Begriff des soldatischen Kameradentums gegenüber den Russen abrücken. Ein Kommunist kann nie ein Kamerad sein. Es handelt sich beim Unternehmen ‚Barbarossa' um einen Vernichtungskampf. Im Kampf gegen Rußland kommt es darauf an, die Vernichtung der bolschewistischen Kommissare und der kommunistischen Intelligenz durchzuführen; Kommissare und GPU-Leute sind Verbrecher und müssen als solche behandelt werden. Im Osten ist Härte Milde für die Zukunft." (Siehe: Below, Nicolaus v.: a.a.O.).

Am 5. April wurde Hitler gemeldet, daß Jugoslawien mit Moskau einen Nichtangriffspakt abgeschlossen habe. Dies überzeugte ihn darin, daß die Sowjets gewillt waren, ihren eigenen Weg gegen Deutschland zu gehen.

Bezeichnend für die Moskauer Finessen war die Tatsache, daß wenige Tage darauf die Gesandten Jugoslawiens, aber auch jene aus Norwegen, Belgien und Griechenland durch Stalin aus der Sowjetunion ausgewiesen wurden. Die Begründung wurde ihnen mit auf den Weg gegeben. Sie lautete:

„Ich betrachte diese Länder nicht mehr als souveräne Staaten.“

LUFTKRIEG ÜBER DEUTSCHLAND UND ENGLAND

Englands Absichten und Taten

Fünf Tage nachdem Winston Churchill Kriegspremier geworden war, hatte das britische Kriegskabinett dem Bomber Command die Erlaubnis erteilt, Angriffe auch ostwärts des Rheins zu fliegen. Noch in der selben Nacht flogen 99 britische Bomber – mehr waren aufgrund des Mangels an schweren Kampfflugzeugen nicht zusammenzubringen – einen Angriff gegen „Ölraffinerien und Eisenbahnanlagen im Ruhrgebiet".

„So begann die strategische Luftoffensive des Bomber Command gegen Deutschland. Diese Angriffe hörten nicht auf, bis Deutschland fast genau fünf Jahre später kapitulierte, nachdem viele seiner Großstädte in Trümmer gelegt waren. Wahrscheinlich sind die Luftangriffe die längste und erschöpfenste Operation gewesen, die es je gegeben hat." (Siehe: Verrier, Anthony: „Bomberoffensive gegen Deutschland 1939–1945").

Verrier, einer der großen Kenner des britischen Luftkrieges, erklärte später in seinem Werk:

„Churchill ist, von seinem wissenschaftlichen Berater, der ‚grauen Eminenz', Lord Cherwell, alias Lindemann, beraten, sehr bald zu der Überzeugung gekommen, daß es eine wirksame und wichtige Aufgabe des Bomber Command sei, in jedem möglichen Maßstab Deutsche ihrer Häuser zu berauben und sie zu töten."

Als Ergänzung dazu wäre zu sagen, daß es ihm genehm war, Soldaten und Zivilisten, Männer, Frauen und Kinder gleicherweise zu töten. Nur viele mußten es sein.

Und die Bevölkerung der britischen Inseln schrie nach immer mehr Bomben und immer größeren Bomdardierungen der Deutschen. Alastair Revie beschrieb dies in seinem Werk „. . . war ein verlorener Haufen" so: „Von den Männern des Bomber Command verlangte man, daß sie sich bis an die Grenze des Erträglichen einsetzten. Diese ärgerten sich über die Gier der eigenen Landsleute nach einem richtigen Blutvergießen unter den Deutschen. Ebenso ärgerten sie sich über die Korruption und den Zynismus der Öffentlichkeit und der Politiker. Sie waren über drei Dinge besonders bedrückt und verstimmt: 1. Über die Forderungen der Öffentlichkeit, mehr Zerstörungen in Deutschland anzurichten (die manchmal so schlimm war wie das Geschrei der Menge vor der Bastille), 2. das Fehlen einer Beständigkeit in der Luftwaffenführung, 3. das Fehlen einer politischen Führung, die den Tatsachen Rechnung trug.

Der dritte Punkt war der niedrige Standard beim Bodenpersonal. Während die Flieger in ihren Bombern und Jägern Mann für Mann Freiwillige waren, war das Bodenpersonal größtenteils eingezogen worden. Auf jedes Mitglied einer Besatzung kamen 14(!) Mann Bodenpersonal, und viele von ihnen waren in den Augen der jungen Piloten ‚Flaschen'!" (Siehe: Revie, Alastair: „. . . und war ein verlorener Haufen").

Bereits im Jahre 1940 hatte Churchill zum Angriff des 16. Dezember 1940 befohlen: „Das Stadtzentrum von Mannheim ist zu treffen."

Dieses Ziel war nach den Worten des Experten Verrier „realistisch, und Anfang 1941 war die genaueste vom Bomber Command gegeben Zielbezeichnung das Stadtzentrum." (Siehe: Verrier, Anthony: a.a.O."

Damit hatte Großbritannien in der dritten Phase seiner strategischen Luftoffensive, die etwa von Oktober 1940 bis Dezember 1940 dauerte, die „Handschuhe ausgezogen", wie Winston Churchill zu sagen beliebte. Mannheim sah nach dem Angriff der Bomber, die sehr bald ins zweite Glied zurücktreten oder in der Versenkung verschwinden würden: Es waren 47 Wellington-, 33 Whitley-, 18 Hampden- und vier Blenheim-Bomber, die neben ihren Sprengbomben noch 14 000 Brandbomben ins „Zentrum von Mannheim" warfen, wie es Churchill befohlen und Air Marschall Sir Richard Peirse, seit Oktober des Jahres Oberbefehlshaber des Britischen Bomber Command, ausgeführt hatte.

„Sie sollten im Stadtgebiet von Mannheim möglichst große Zerstörungen anrichten." (Siehe: The Strategic Air Offensive against Germany, Bd. I S. 226).

Aus diesem Grunde waren sämtliche 47 Wellington-Bomber mit Brandbomben vollgepackt.

Zum Glück für Mannheim und die bisher angegriffenen deutschen Städte war die Zahl der Bomber zu gering, als daß es zu mehr als jenen gegen Mannheim geschickten Bombern gelangt hätte. Darüber hinaus waren sie zu schwach, um solche Bombenlasten zu schleppen wie jene seit 1939 in der Konstruktion und im Bau befindlichen Bomber, die nach der Änderung der britischen Luftkriegspolitik dem Bomber Command durch den Führungsstab zugeteilt wurden. Der Befehl für das Bomber Command lautete: „Bis auf weiteres liegt das primäre Ziel des Bomber Command und seiner Bomber-Offensive in der Zerstörung der deutschen Werke für synthetischen Treibstoff."

Dieser Befehl war von einer Stabsbesprechung formulierte worden, die Luftmarschall Peirse Anfangs Januar 1941 einberufen hatte. Vorausgegangen waren die Fragen des Oberbefehlshabers an Air Marshall A. Coningham, Kommandeur der 4. Bomber Group, an Air Vice Marshall J. E. A. Baldwin, der die 3. Bomber Group führte und an N. H. Bottomley, Kommandeur der 5. Bomber Group, ob es möglich sein werde, Ölraffinerien zu bombardieren. Alle drei waren überzeugt, selbst bei Nacht diese Ziele zu finden und auszuschalten.

Die Ölraffinerie Hamm beispielsweise wurde seit Juni 1940 bis weit in das Jahr 1941 hinein insgesamt 80mal bombardiert, ohne sie damit ausschalten zu können. Die beiden in Brest liegenden Schlachtkreuzer „Gneisenau" und „Scharnhorst" waren viele Male Ziele von Einzel- und Massenangriffen, ohne daß sie außer Gefecht gesetzt werden konnten. Soviel zu der Zielgenauigkeit, die die Befehlshaber der Bomber Groups sich selbst anmaßten.

Es war – um dies voraus zu sagen – der „Butt Report“ aus dem August 1941, der bestätigte, daß die meisten der Bomberbesatzungen nicht näher als auf 5(!) Meilen an die befohlenen Angriffsziele herangekommen waren.

Dies aber war Grund genug für die Führung des Bomber Command, mehr und mehr schwere Bomber zusammenzuziehen und immer größere Mengen an Bomben, Brandbomben und schließlich Napalm-Kanistern auf die Ziele, „die Stadtgebiete zu sein hatten“, zum Einsatz zu bringen.

Die viermotorigen Bomber

Neben den Bestellungen in den USA, die mehr als 11000 und später noch einmal über 12000 strategische Bomber ausmachten, wurde auch in England fieberhaft am Bau schwerer Bomber gearbeitet.

Während von England aus in den ersten drei Monaten des Jahres 1941 wegen des andauernden schlechten Wetters von 3400 Einzel-Bombern nur insgesamt 221 eingesetzt wurden, war man in den Fabriken mit aller Engerie bemüht, mehr Bomber zu bauen.

Da war die Short Stirling, die bereits im Mai 1939 ihren Erstflug unternahm. Die 7. Staffel der 3. Bomber Group erhielt die ersten Maschinen dieses Typs, der mit sieben Mann Besatzung flog: Pilot, Co-Pilot, Navigator/Bombenschütze, Funker, Bordmonteur/MG-Schütze und zwei weitere MG-Schützen.

Diese Maschine war nach einigen Umbauten des Bombenschachtes in der Lage, überschwere Bomben bis zu einem Gewicht von 24500 engl. Pfund mitzunehmen. Da aber der Bombenschacht unterteilt war, konnten sie „nur“ 2000-Pfünder mitnehmen.

Die ersten Bomber des Typs Stirling wurden in der Nacht zum 11. Februar 1941 eingesetzt. Dies war übrigens der erste Viermot-Bombenflug überhaupt. Er startete vom Flugplatz Oakington bei Cambridge. Die drei ersten Maschinen des Typs Stirling trugen jeweils 16500-Pfünder-Bomben. Diese Bomben wurden ausgerechnet auf Rotterdam geworfen.

Die anderen Viermot-Typen waren: Die Lancaster und die Halifax. Die Lancaster war dabei, als in der Nacht zum 25. Februar 1941 Brest bombardiert wurde, während die Halifax in der Nacht zum 11. März 1941 einen Angriff auf Le Havre flogen. Zwei Nächte später griffen sie Hamburg und Bremen an.

Nunmehr konnte das Bomber Command dem Ruf nach mehr Zerstörungen und Verwüstungen in Deutschland immer „besser“ nachkommen, zumal ja im Laufe des Frühjahrs 1941 bis zum Juni dieses Jahres fast alle deutschen Jagdflieger und ebenso die Bombergeschwader aus dem Westen abgezogen wurden und nach dem Osten verlegten.

Die britische Führung und die USA

Winston Churchill schrieb in seinem Werke „Der Zweite Weltkrieg“:

„Der stärkste Angriff der letzten Dezemberwoche 1940 traf am Sonntag, dem 29. Dezember, wieder einmal London. Es war das klassische Beispiel eines Brandbombenangriffes . . .

Der Schaden an Bahnhöfen und Hafenanlagen war bedeutend. Auch Kirchen wurden zerstört oder beschädigt. Die Guildhall erlitt schwere Schäden, und die St.-Pauls-Kathedrale konnte nur durch heldenhafte Aufopferung gerettet werden.“

Das Beispiel hatte dieser Angriff nicht geboten, sondern die Vergeltung auf Mannheim war in dieser Nacht an London geschehen, wie dies formuliert wurde.

Daß diese Auseinandersetzung zur Luft, die sich während des Krieges zu reinstem Terror entwickelte, nicht die einzigen schweren Stunden heraufbeschwor und nicht das einzige Thema waren, wird durch den britischen Kriegspremier bezeugt, der mit Erleichterung die Wiederwahl von Präsident Roosevelt in den USA zur Kenntnis nahm und dazu bemerkte:

„Die Sache der Weltfreiheit war von den verantwortlichen amerikanischen Führern, Republikanern und Demokraten, respektiert worden.“

Bereits am 2. November 1940 hatte Präsident Roosevelt in Cleveland verkündet: „Wir alle – Demokraten, Republikaner und Unabhängige – stehen für die Hilfeleistung an das heldenhafte englische Volk ein. Wir müssen ihm die Erzeugnisse unserer Industrie zur Verfügung stellen.“

Das war zunächst leichter gesagt als getan, denn nach dem System von Cash und Carry mußte England alle Waren zunächst bezahlen und sie dann auch noch mit eigenen Schiffen aus den USA abholen.

Bei Kriegsausbruch hatte England über viereinhalb Milliarden Dollar in US-Devisen, Gold oder Anlagen. In Südafrika arbeiteten alle Goldminen auf Hochtouren, und auf diese Art und Weise wurden während des Jahres 1939–1940 weitere zwei Milliarden Dollar angehäuft. Bis Ende November 1940 hatte England an die USA mehr als viereinhalb Milliarden Dollar für Kriegsgerät und Waffen bezahlt und darüber hinaus US-Wertpapiere in einem Gesamtbetrag von 335 Millionen Dollar, die teilweise von Privatbesitzern beschlagnahmt und in Pfund Sterling bezahlt wurden, in Dollar verkauft.

Die beiden Hauptvertreter des US-Schatzamtes, Sir Frederick Phillips und Morgenthau, waren zufrieden. Großbritannien verarmte, und es war der Tag abzusehen, daß es keine Waffen mehr erhielt, wenn das Cash-and-Carry-Gesetz beibehalten wurde.

Am 8. Dezember 1940 schickte Winston Churchill einen Brief nach Washington.

„Es war eines der wichtigsten Schreiben, die ich jemals aufgesetzt habe.“ Es erreichte den US-Präsidenten, der nach der gewonnenen Wahl erschöpft war und ausruhen mußte, an Bord des US-Kreuzers „Tuscaloosa“, auf dem er eine Kreuzfahrt durch die Karibik machte.

Roosevelt las den Brief. Er hatte noch am 30. Oktober 1940 auf seiner Wahlrede erklärt: „Während ich zu Euch, Ihr Mütter und Väter, spreche, gebe ich Euch noch eine Versicherung: Ich habe es schon einmal (am 23. Oktober in Philadelphia) und werde es wieder und wieder sagen: Euere Söhne werden nicht in ausländische Kriege geschickt“. Nun dachte er darüber nach, „wie er sein Land mitreißen und den Kongreß bestimmen könnte, ihm Gefolgschaft auf dem Weg zu leisten, der mit Sicherheit in den Krieg führen mußte.

Wie hatte er noch wenige Wochen vorher, am 3. November 1940 in Bosten getönt?: „Ich kämpfe, um dieser Nation den Wohlstand und den Frieden zu erhalten. Ich kämpfe, um unser Volk aus dem Krieg herauszuhalten.“

Der Wahlkampf war zu Ende, Roosevelt zum dritten Male US-Präsident geworden, und nun fielen die Masken. Am 17. Dezember, dem Tag nach seiner Rückkehr von der Erholungs-Seereise brachte er anläßlich einer Pressekonferenz seinen besonderen Plan zur Sprache. Dieser gipfelte in dem Satz:

„Bei der überwältigenden Mehrheit der Amerikaner besteht nicht der leistete Zweifel, daß ein erfolgreich sich selbst verteidigendes Großbritannien die beste unmittelbare Verteidigung der Vereinigten Staaten darstellt und daß es daher ganz abgesehen von unserem historischen und allgemeinen Interesse am Fortbestand der Demokratrie in der ganzen Welt, vom egoistischen Standpunkt und für die Verteidigung Amerikas ebenso wichtig ist, daß wir alles unternehmen, um dem britischen Reiche dabei zu helfen, sich selbst zu verteidigen.“ (Siehe: Churchill, Winston: a.a.O.).

Das Leih- und Pachtgesetz wurde ausgearbeitet, mit dem man Großbritannien helfen konnte, und dem Kongreß zur Unterzeichnung vorgelegt. Churchill bezeichnete dieses Gesetz später vor dem Unterhaus als „die uneigennützigste Tat in der Geschichte aller Nationen.“

Was war dieses Leih- und Pachtgesetz? Was bewirkte es und wie, in welcher Art, löste es die Formel des Cash and Carrey ab?

Das Lend-Lease-System: Erster Schritt zum Krieg

Mit dem amerikanischen Lend-Lease-System wurde jene Formel des Cash and Carry, nach welcher Waffen und Material aller Art vorher bezahlt, auf die Käuferschiffe geladen und von diesen transportiert wurden, abgelöst.

Zwar war auch das Cash-and-Carry-System erst im Jahr 1940 nach einer Änderung des Neutrality Act vom 1. Juli 1937 möglich gewesen. Nunmehr aber wurde diese verdeckte Art der Bevorzugung von Großbritannien durch die direkte Form ersetzt. Das Leih-Pacht-System sicherte den Alliierten lange vor dem Eintritt der USA in den Zweiten Weltkrieg die Lieferung aller kriegswichtigen Güter u. a. Waffen, Flugzeuge, Panzer, Schiffe, Fahrzeuge aller Art, Lebensmittel, Rohstoffe, Medikamente und auch Patente zur Herstellung bestimmter Waffen etc. . . .

Ohne Bezahlung, auf Gegenseitigkeit gegründet, was allerdings lediglich eine Formel war, denn die Gegenlieferungen der Alliierten an die USA beliefen sich im gesamten Verlauf des Krieges nur auf 17%.

Nunmehr lieferten die USA alles das, was zur Kriegführung der Alliierten benötigt wurde, selber: sie transportierten es auf eigenen Schiffen und sogar mit eigenen Geleitschiffen, was zu einigen schwerwiegenden Entwicklungen führte, die später dargelegt werden sollen.

Die USA hatten mit diesem Schritt ohne Kriegserklärung den Beitritt ihres Landes zu den Westlichen Alliierten vollzogen und ihre Neutralität aufgegeben. Weitere Fakten kamen hinzu.

Um nur einige vorwegzunehmen: Bereits am 29. Januar 1941 fand in Washington eine britisch-amerikanische Geheimbesprechung statt. Einziger Tagesordnungspunkt war „die gemeinsame Kriegführung für den Fall eines amerikanischen Kriegseintrittes."

Für den alten und neuen US-Präsidenten war die Sache klar: Die USA würden in den Krieg gegen das Deutsche Reich eintreten. Unklar war nur noch der Zeitpunkt des Losschlagens.

Am 24. April wurde von den USA die „Neutralitätspatrouille" der US-Flotte im Atlantik bis auf 26 Grad West und 20 Grad Süd ausgedehnt.

Einen Monat vorher, am 27. März, waren zum zweiten Male US-britische Stabsbesprechungen in Washington abgehalten worden. Sie hatten zur Festlegung einer grundlegenden strategischen Konzeption für den Fall eines Kriegseintrittes der USA, dem ABC-1 Staff Agreement, geführt.

Mit den Schikanen gegen Deutschland ging es nun Schlag auf Schlag weiter. So erhielten die USA durch ein eigens dazu veranlaßtes und im Kongreß durchgesetztes Gesetz die Ermächtigung, die in den US-Häfen festliegenden Handelsschiffe fremder Staaten zu requirieren. Englische Schiffe und Schiffe des gesamten Commonwealth gehörten nicht dazu.

Am 14. Juni wurde von US-Präsident Roosevelt die Verordnung erlassen, alle deutschen Guthaben in den USA einzufrieren, und zwei Tage darauf forderten die USA vom Reich die Schließung aller deutschen Konsulate und die Abreise des Personals bis zum 10. Juli.

Der 1. August sah das US-Ölembargo gegenüber allen „Aggressoren". Damit wurde die Ausfuhr von Treiböl und Flugbenzin in Länder außerhalb der westlichen Hemisphäre und des britischen Machtbereiches verboten. Davon betroffen waren Deutschland und in besonderem Maße Japan. Das konnte in Ostasien nicht ohne Folgen bleiben.

Günstlinge des Lend-Lease-Systems waren Großbritannien und die Staaten des

Commonwealth sowie der Mittlere Osten. Nach dem 22. Juni 1941 kam die Sowjetunion hinzu.

Unter Umgehung aller Aufklärung des Bürgers in den USA waren die USA kriegführender Staat geworden. Nun galt es nur noch, die Bürger dieses Landes durch alle Medien darüber aufzuklären, welch eine Bestie sich hinter der Fassade Deutschlands verbarg, dieses galt es auszurotten, ehe es ganz Amerika besetzte und in die Sklaverei warf. So begann der Fluß der Fehlinformationen und Lügen, die Präsident Roosevelt am 6. Januar 1941 mit folgenden Sätzen einläutete:

„In den kommenden Tagen versuchen wir, dem Volk Sicherheit zu bringen. Wir schauen vorwärts auf eine Welt, die auf vier unverzichtbaren Freiheiten gegründet ist. Diese Freiheiten sind:

1. Freiheit der Rede und der Sprache überall in der Welt.
2. Freiheit einer jeden Person zur Verehrung Gottes auf seine Weise überall in der Welt.
3. Freiheit von ökonomischem Mangel und Frieden für alle Menschen der Erde.
4. Freiheit von Furcht und damit die Reduzierung aller Waffen bis hin zu einem Punkt, daß keine Nation der Erde ihre waffentechnische Überlegenheit dazu benutzen kann, andere Völker zu bedrohen.

Zu diesem Zweck hatten also die USA alle ihre Fabriken auf Kriegsproduktion umgestellt. Zur „Verringerung aller Waffen“ hatten sie eine englische Bestellung über 11000 Fernbomber übernommen und bauten am laufenden Band. Offenbar galt die Formel für die USA nicht.

Doch das war noch immer nicht der Gipfelpunkt der Heuchelei. Es sollte noch schlimmer kommen, denn Mr. President fügte noch hinzu:

„Wenn die Diktatoren bereit sind, einen Angriff auf uns zu unternehmen, werden sie nicht lange auf eine Antwort von uns zu warten haben.“

Zu seiner dritten Amtseinführung als Präsident sagte Roosevelt schließlich am 20. Januar 1941: „Die Demokratie stirbt nicht. Wir wissen es, weil wir ihre Wiederbelebung und ihr Wachsen gesehen haben. Wir wissen: Sie kann nicht sterben.“

Am 27. Mai 1941 erließ der US-Präsident dann eine Proklamation, die an Deutlichkeit nichts mehr zu wünschen übrig ließ:

„Den Zustand des unbegrenzten Notstandes und die Warnung, daß das Volk der Vereinigten Staaten von Amerika stets im Zustand der Bereitschaft sein muß, die westliche Hemisphäre zu verteidigen, sollte jeder kennen.“

In dieser Nacht erklärte er in seinen Kamingesprächen: „Die Nazis haben den Großteil Europas besetzt. In Afrika besetzten sie Tripolis und Libyen und drohen, auch den Suezkanal und ganz Ägypten sowie den Nahen Osten zu vereinnahmen. Sie bedrohen die Freiheit der See durch die Blockade des Atlantischen Ozeans. Die Zahl der von den Nazis versenkten britischen Schiffe war dreimal so hoch, wie die britischen Schiffswerften sie ersetzen können, und mehr als doppelt so hoch, wie die gemeinsamen britisch-amerikanischen Schiffswerfen zu bauen vermögen.

Die Nazi-Überlegenheit im Atlantik bedeutet eine akute Bedrohung der Vereinigten Staaten von Amerika.“ (Siehe: Roosevelt, Franklin Delano: „Nothing to Fear“).

Vorbereitet zu einem Losschlagen waren die USA seit Oktober 1940 mit dem Registrierungstag für 16,5 Millionen junger Amerikaner. Von ihnen wurden als erste Rate im Rahmen einer „Einberufungslotterie" am 29. Oktober in Washington die ersten 9000 Rekruten aus einer Glaskugel gezogen, die ab dem 25. November eingezogen wurden. Dazu der US-Präsident, der den amerikanischen Müttern und Vätern feierlich geschworen hatte, keinen Krieg in Übersee zu beginnen:

„Wir bereiteten uns darauf vor, den Frieden in der Neuen Welt zu erhalten, den freie Männer errichtet hatten und in denen freie Menschen leben."

Sehen wir einmal ab von den Abermillionen Indianern, die getötet, nicht nur ihres Landes beraubt, sondern, soweit sie überlebten, auch in Reservationen abgeschoben wurden und dort ihr Leben fristen mußten, während ihr Land von den sogenannten „freien" US-Bürgern in Besitz genommen wurde.

Die USA gaben bekannt, daß im Jahre 1941 auf diese Weise zu den 500000 vorhandenen Soldaten 800000 hinzukommen würden und in den folgenden Jahren jeweils eine Million zur Verteidigung ihres Landes zu den Waffen gerufen werde. Die seit 1931 darniederliegende und ab 1937 in der Talsohle steckende US-Industrie rollte auf Hochtouren. Die Arbeitslosigkeit war endlich vorbei. Alle verdienten am Krieg in Europa und waren bereit, weiter Waffen über Waffen zu erzeugen und Geld über Geld zu erraffen. Kanonen und Panzer, Flugzeuge und Lastwagen wurden gebaut und so das große Tief überwunden.

Der Krieg in Europa hatte für die USA äußerst segensreiche Auswirkungen.

Der gute Krieg wurde er überall genannt.

Aus dieser Zeit berichtete Ray Wax: „Die US-Army kam mir wie ein Kosakenheer vor. Sie bestand zum Großteil aus Leuten, die nur mitmachten, um dem Gefängnis zu entgehen. Die Richter fragten in solchen Fällen, ob sie sechs Monate in den Knast gehen oder sich lieber zur Army melden wollten." (Siehe: Terkel, Studs: „Der gute Krieg – Amerika im Zweiten Weltkrieg").

Und wie war es mit den Menschenrechten in den USA bestellt? Was hatte Mr. President für die Schwarzen Amerikas geleistet, da er doch für die Freiheit eines jeden einzelnen Menschen seines Landes war?

„Man rief nun nach den Schwarzen. Ihre Muskelkraft, ihre Fertigkeiten, sonst stets übersehen, wurden in den Rüstungsfabriken benötigt. Der perverse Imperativ des Krieges gebar relativ gut bezahlte Jobs auch für schwarze Männer und Frauen, die man sonst nicht einmal mit gutmütiger Vernachlässigung angeschaut hätte." (Siehe: Terkel, Studs: a.a.O.).

Wie hatte der US-Präsident zu dieser Zeit gesagt: „Weg mit Dr. New Deal, hin zu Dr. Win the War!" Dazu mißbraucht zu werden, waren auch die getretenen und verfolgten Schwarzen und Indianer in den USA gut genug.

James Rowe Berster im Weißen Haus zu den Folgen des Krieges in Europa: „Die Konjunktur blühte. Der Krieg brachte Boom – den Aufschwung. Der Krieg war ein Spaß für Amerika. Ich spreche nicht von den armen Seelen, die Söhne und Töchter verloren haben. Aber für uns andere war der Krieg ein Höllenspaß. Farmer in South Dakota, denen ich Spenden gebrachte habe, erstklassiges Rindfleisch und vier

Dollar Unterstützung die Woche, damit sie ihre Familien ernähren konnten, waren nach wenigen Monaten eine Viertelmillion Dollar schwer. Und Admiral Archibald MacLeish bemerkte: „Der Zweite Weltkrieg hat unsere heutige Sicht der Dinge verzerrt. Wir betrachten sie nun nach den Kategorien dieses Krieges, der in gewissem Sinne ein guter Krieg war. Aber die verzerrte Erinnerung daran ermutigte die Männer meiner Generation, beinahe erpicht darauf zu sein, überall auf der Welt militärische Gewalt anzuwenden."

Doch zurück zu Präsident Roosevelt und seinen „Speeches". Er sprach am 29. Dezember 1940 zur Nation und erklärte: „Die USA müssen ein großes Waffenlager der Demokratie sein, aus dem Waffen und immer mehr Waffen nach Großbritannien und in andere Demokratien, die gegen die Faschisten kämpfen, geschickt werden.

Die Demokratien kämpfen gegen die Welteroberung durch die Nazis. Dazu müssen wir jede Tonne Munition und Versorgungsgüter, die wir erübrigen können, liefern, um den in der Frontlinie stehenden Verteidigern der Demokratie zu helfen."

Das war nach den Worten seiner Berater die bedeutendeste Rede, die der US-Präsident seit der Bankkrise von 1933 gehalten hatte.

Die Parole, daß die „Nazi-Überlegenheit im Atlantischen Ozean" eine Bedrohung der US-Küste bedeute, wurde ebensooft gepredigt wie jene, daß nach dem Nazisieg über England die USA im Visier der Nazis lägen. Roosevelt alarmierte die amerikanischen Republiken Mittel- und Südamerikas und forderte deren Verteidigung, die unumgänglich sei für die Sache der Freiheit in der Welt.

„Die Probleme, die uns vereinen", betonte Roosevelt in einem seiner nächtlichen Gespräche mit den Vertretern dieser Länder, „sind militärischer Art. Wir können ihnen nicht aus dem Blickwinkel unserer weisen Denker beikommen, oder jenem der ewigen Sentimentalisten. Was wir sehen, sind kalte und harte Fakten. Das erste fundamentale Faktum ist, daß das, was als europäischer Krieg begonnen und von den Nazis in einen Weltkrieg umgewandelt wurde mit dem Ziel, diese unsere Welt zu beherrschen.

Adolf Hitler betrachtet die Herrschaft über Europa nicht als das Ende seiner Eroberungsgelüste. Die Eroberung Europas war nur ein Schritt zum Aufstoßen des Tores zu allen anderen Kontinenten.

Es ist kein Geheimnis für uns, daß – wenn der Hitlerismus nicht unter Kontrolle gebracht wird – die gesamte westliche Hemisphäre im Bereich der Naziwaffen liegen wird.

Für unsere Verteidigung haben wir nun alle Maßnahmen zu ergreifen. Zunächst alle Maßnahmen, die alle amerikanischen Republiken gemeinsam zu meistern haben, um unsere Hemisphäre gegen jede Gefahr zu schützen.

Im nächsten Jahr 1941 aber müssen wir die größte Waffenproduktion, die jemals begonnen wurde, durchziehen. Jeder Dollar, den wir Großbritannien senden, um den Diktator zu stoppen, gibt uns die Zeit, mehr Kanonen und Panzer zu bauen, mehr Schiffe und Flugzeuge.

Wenn erst die Azoren oder die Capverdischen Inseln von den Deutschen erobert sind, dann ist die Freiheit des Atlantik bedroht. Unter deutscher Herrschaft würden diese Inseln zu U-Boot-Basen werden, zu Kriegsschiffshäfen und Stützpunkten für die Nazi-Luftwaffe. Startplätze gegen die USA, gegen alle Gewässer, die unmittelbar an die amerikanische Küste anbranden. Und sie werden von dort auch die im Südatlantik laufenden Schiffe angreifen und vernichten und als Absprungplatz gegen Brasilien und dessen Unabhängigkeit dienen."

Alles dies sollte die deutsche Wehrmacht schaffen. Daß es sich um reine Hirngespinste handelte, die allein dazu dienten, die Amerikaner reif für eine Kriegsbegeisterung zu machen, von der bis dahin nichts zu verspüren war, ist eingängig. Nicht einer aus der amerikanischen Führungsetage hat auch nur eine Sekunde an eine solche deutsche Expansion geglaubt.

„Keiner", so setzte Präsident Roosevelt noch einen drauf, „kann voraussagen, wann der deutsche Diktator den Angriff in unsere Hemisphäre und gegen uns tragen wird. Aber wir wissen genug, um nun zu ahnen, daß es den Tod bedeutet, auch nur noch einen Tag zu warten, oder bis dahin, wenn sie vor unserer Küste stehen. Unsere Verteidigungshügel müssen einige tausend Meilen ostwärts von Boston liegen. Es ist dumm, so lange zu warten, bis der Feind einen Absprungplatz erreicht hat, von dem er uns direkt angreifen kann. Jene alte Kriegsweisheit sagt: ‚Abwehr eines Gegners muß möglichst erfolgen, bevor dieser seinen Startplatz zum Angriff gegen uns erreicht hat.'

Wir haben die Abwehr durch unsere Patrouillen im Nord- und Südatlantik verstärkt. Wir stellen dazu mehr und mehr Flugzeuge und Schiffe zur Verfügung. Unsere Atlantikflotte ist im vergangenen Jahr besonders gewachsen und wird ständig vergrößert. Diese Schiffe und Flugzeuge warnen feindliche Raider und U-Boote. Und wir werden unsere Wachen verstärken gegen die Errichtung von Nazi-U-Booten nahe unseren Ländern.

Wir müssen alle willens sein, in dieser Verteidigung zu kämpfen, und zwar für die Integrität von ganz Amerika, genauso, wie wir für die Sicherheit unserer eigenen Häuser kämpfen würden.

Es ist höchste Zeit zu erkennen, daß die Sicherheit der amerikanischen Heime im Zentrum unseres Landes die gleiche Realität hat wie die Sicherheit aller Heime beispielsweise in Nova Scotia, auf Trinidad oder in Brasilien.

Unsere nationale Pflicht ist es also:

1. Die innere Verteidigungskraft des Landes zu aktivieren, wann immer dies notwendig ist, und mit allen Kräften die nazistische Vorherrschaft über die westliche Hemisphäre, die Hitler anstrebt, mit aller Kraft zu bekämpfen. Wir sollten die Kontrolle über die See verteidigen und Hitlers Weg hin zu einem Punkt, von dem aus er uns angreifen könnte, mit allen Mitteln stoppen.
2. Unter diesen Gesichtspunkten sollten wir Großbritannien jede Hilfestellung geben, die uns möglich ist, und zwar überall dort, wo Britannien gegen den Hitlerismus verteidigt."

Diese Rooseveltschen Sprüche setzten sich von Woche zu Woche fort und gebaren immer bizarrere Gebilde, die darin gipfelten, daß die Welt „heute in zwei Teile gespalten“ sei „und zwar eine mit humanen christlichen Menschen und Methoden und eine mit heidnischer Brutalität und Versklavung.“ Alles andere als das Christliche hatte er völlig vergessen.

„Diese Nazi-Raider und U-Boote sind Klapperschlangen des Atlantik und eine drohende Gefahr für die freien Wege der See. Die Zeit einer aktiven Verteidigung gegen sie ist notwendig. Die Geschichte hat aufgeschrieben, wer den ersten Schuß abfeuerte. Wir aber werden den letzten Schuß abgeben.“

Den einsamen Höhepunkt aber erreichte Roosevelt mit seiner „Märchenstunde am Kamin“, in welcher er als Märchentante berichtete, „daß die geographischen Experten in Berlin Südamerika in fünf Vasallenstaaten des Deutschen Reiches aufgeteilt haben und den ganzen Kontinent unter ihre Herrschaft bringen“ würden.

„Und sie haben es arrangiert, daß ein Staat dieser neuen Territorien einschließlich der Republik Panama und unserer großen Lebenslinie, des Panamakanals, unsere eigenen Grenzen bedroht. Dieser Plan macht klar, daß die Nazis nicht nur Südamerika, sondern auch die Vereinigten Staaten, unser Vaterland, zu okkupieren gedenken.“

Das war denn doch das Haarsträubendste, was jemals ein Staatsführer von sich gegeben hatte, aber das Verrückteste war es noch nicht, das sollte noch folgen, als der US-Präsident in dieser Rede fortfuhr:

„Unsere Führung hat ein anderes deutsches Dokument aus Hitlers Führungsstab erhalten. Es handelt sich um einen detaillierten Plan für den die Deutschen die höchste Geheimhaltungsstufe gefordert hatten. Sie hielten ihn aber bereit, um ihn wenig später hervorzuholen und in die Tat umzusetzen, sobald Hitler in der Welt dominieren würde.

In diesem Plan wird die Abschaffung aller existierenden Religionen festgeschrieben. Der Protestanten, der Katholiken, Mohammedaner, Hindus, Buddhisten und Juden. Alles Eigentum dieser Kirchen wird vom Reich und seinen Marionetten eingezogen. Das Kreuz und andere Symbole der Religion werden verboten. Der Klerus wird für alle Zeit in Konzentrationslagern verschwinden, und dann wird Adolf Hitler anstelle von Gott als Oberster Herr eingesetzt. Den Platz der Bibel wird Hitlers Buch ‚Mein Kampf‘ einnehmen; und anstelle des christlichen Kreuzes wird das Hakenkreuz verehrt werden und das nackte Schwert.

Ein Gott von Blut und Eisen wird den Platz des Gottes der Liebe und der Barmherzigkeit ersetzen.“

Das war schon nicht mehr bösartig, sondern nur noch komisch. Aber es verfehlte auf harmlose Farmer in den USA nicht seine Wirkung. Hitler und seine Horden sollten nicht über sie kommen, deshalb war es wohl richtig, daß ihr Mr. President sein Versprechen aus dem Wahlkampf korrigierte und alles zu einem kurz bevorstehenden Kampf gegen das Untermenschentum rüstete.

Die Amerikaner machten die Decks klar und besetzten die Gefechtsstationen. „Wir stehen fertig zur Verteidigung unserer Nation, auf welchem Platz und in einem welchen Land auch immer der Kampf stattfindet, im Glauben unserer Väter, zu tun, wozu uns Gott die Kraft gegeben hat.“

Winston Churchill und die britischen Inseln waren Ende 1940 erleichtert und gerettet. Es war zu keiner deutschen Invasion gekommen. Winston Churchill schrieb in sein Tagebuch:
„Das kommunistische Gesindel, das seinen Moskauer Befehlen gehorchte, schwatzte von einem kapitalistisch-imperialistischen Krieg. Doch unsere Fabriken dröhnten, und die ganze englische Nation werkte Tag und Nacht, von Erleichterungen und Stolz erfüllt."
Erleichtert war auch Churchill, als er neben den finanziellen Erleichterungen am 10. Januar 1941 in Downing Street 10 aus dem Munde eines Abgesandten Roosevelts erfuhr:
„Der Präsident ist entschlossen, den Krieg gemeinsam mit Ihnen zu gewinnen. Geben Sie sich darüber ja keinen Zweifeln hin!"
Es war Harry Hopkins, engster Vertrauter Roosevelts, der diese entscheidenden Worte sprach und der fortfuhr, daß Mr. President, „Ihnen mit allen Mitteln und unter allen Umständen zur Seite steht und daß es nichts gibt, was er nicht tun wird, sofern es in seiner menschlichen Macht liegt." (Siehe: Churchill, Winston: a.a.O.).

Deutsche Kampfflieger über England

Generalfeldmarschall Albert Kesselring, Oberbefehlshaber der Luftflotte 2, die gemeinsam mit der Luftflotte 3 die Luftschlacht über England durchführte, hatte für seinen Befehlsbereich angeordnet, daß am 24., 25. und 31. Dezember 1940 keine Angriffe gegen England geflogen wurden. Dazu sagte er später:
„Meine Annahme, daß Gleiches mit Gleichem vergolten würde, erwies sich als irrig. Ich kann mich nicht ganz von der Schuld freisprechen, daß ich mich in diesem Fall und auch später in meinen Handlungen häufig zu sehr von menschlichen Gefühlen habe beeinflussen lassen. Dies stelle ich trotz meiner Verurteilung zum Tode wegen ‚unmenschlicher Kriegführung' fest, wobei ich nicht glaube, desavouiert zu werden. (Siehe: Kurowski, Franz: „Generalfeldmarschall Albert Kesselring – Soldat an allen Fronten").
Zu Beginn der letzten Phase der Luftschlacht über England flogen deutsche Kampfflugzeuge in der Nacht zum 3. Januar 1941 mit 112 Flugzeugen einen Angriff gegen Cardiff. Sie warfen 115 Tonnen Bomben und 392 Brandschüttkästen zu jeweils 36 Brandbomben von 1 kg Gewicht. Bristol war das nächste Ziel, das in der kommenden Nacht von 178 deutschen Flugzeugen angegriffen wurde. Diesmal waren es 154 Tonnen Bomben und 1488 Brandschüttkästen, die schwerste Schäden anrichteten. Avenmouth folgte in der Nacht zum 5. Januar. 103 deutsche Kampfflugzeuge warfen hier 82 Tonnen Sprengbomben und 752 Brandschüttkästen.
Der Angriff auf London in der Nacht zum 10. Januar sah 143 Kampfflugzeuge unterwegs durch die Flakvorhänge der britischen Verteidigung, den britischen

Nachtjägern immer wieder ausgesetzt. 111 Tonnen Sprengbomben fielen und 735 Brandschüttkästen wurden geworfen. Neben London war noch Manchester das Ziel dieses Verbandes.

Portsmouth erlebte einen schweren Angriff in der Nacht zum 11. Januar. Es waren vor allem Hafenanlagen, die als Ziel ausgegeben worden waren. 148 Tonnen Sprengbomben fielen. Hinzu kamen 1409 Brandschüttkästen.

Bereits in der folgenden Nacht wurde London erneut angegriffen, diesmal von 278 Flugzeugen, die 299 Tonnen Sprengbomben und 1421 Brandschüttkästen abwarfen. Avenmouth wurde in der Nacht zum 17. Januar ebenfalls das zweite Mal angegriffen.

Als der Monat Januar 1941 zu Ende ging, waren insgesamt 2400 Einsätze geflogen worden. Die Verluste unter der britischen Zivilbevölkerung betrugen 1550 Tote und 2021 Verletzte.

Das wichtigste Ereignis des Januar war für die Luftwaffe die Führerweisung Nr. 23: „Richtlinien für die Kriegführung gegen die englische Wehrwirtschaft".

Der Monat Februar brachte wegen des permanent schlechten Wetters nur einige wenige Angriffe beider Seiten. Swansea war in zwei aufeinanderfolgenden Nächten zum 20. und 21. Februar Ziel von insgesamt 125 Flugzeugen, die 112 Tonnen Sprengbomben und 1091 Brandsschüttkästen warfen. Erst der März sollte wieder eine Reihe schwerer Angriffe gegen England bringen. So jener gegen Birmingham in der Nacht zum 12. März und der Großangriff mit 316 Bombern gegen Liverpool und Birkenhead. Diese 316 He 111 warfen 303 Tonnen Sprengbomben und 1782 Brandschüttkästen.

In der Nacht zum 14. März traf es Glasgow-Clydeside, und in der folgenden Nacht war wiederum Glasgow-Clydeside Angriffsziel. In beiden Nächten wurden zusammen 503 Tonnen Sprengbomben und 2432 Brandschüttkästen geworfen. Ein Teil davon in einem Nebenangriff in der Nacht zum 15. März auf Sheffield.

London war in der Nacht zum 16. März wieder an der Reihe. 101 Flugzeuge warfen 103 Tonnen Sprengbomben und 397 Brandschüttkästen.

Bristol-Avenmouth in der Nacht zum 17. März und Hull in der Nacht zum 19. März dieses Monats waren die nächsten Ziele. Die Rüstungsanlagen von Hull wurden von 378 Flugzeugen mit 316 Tonnen Sprengbomben und 2140 Brandschüttkästen zugedeckt.

Die nächste Nacht hatte das Ziel London erhalten. Diesmal waren 479 Flugzeuge aufgeboten worden, die 467 Tonnen Sprengbomben und 122,3 Tonnen Brandbomben warfen.

Es folgten in der Nacht zum 22. März Plymouth-Devenport, das von 293 Maschinen angeflogen und gebombt wurde, und ein kleiner Angriff gegen Pembroke.

Insgesamt kosteten die Märzangriffe England 4794 Verletzte und 4298 Tote. Eine erschreckende und schreckliche Bilanz des Bombenkrieges, der eskalierte von nun an zu einer Größenordnung, die als Ausweitung und Vertiefung des Schreckens in die Luftkriegsannalen einging. Im April betrug die Zahl der in England durch den

Luftkrieg getöteten Menschen bereits 6131, und die Zahl der Verletzten stieg auf 6900 an.

Die Angriffe gegen Glasgow-Clydeside in der Nacht zum 8. April, gegen Coventry in der folgenden Nacht, jener auf Newcastle in der Nacht zum 10. April, auf Birmingham, auf Bristol-Avenmouth, Belfast. London – diesmal mit der „Rekordzahl von 685 Flugzeugen, die 890 Tonnen Sprengbomben und 151 Tonnen Brandbomben warfen, trugen zu dieser grausigen Bilanz bei. Porthsmuth, dann wieder 713 Bomber gegen London, mit erstmals über 1000 Tonnen Sprengbomben und 153 Tonnen Brandbomben, Plymouth-Devenport in der Nacht zum 29. April trugen zu dieser Bilanz des Schreckens bei.

Wie diese nüchternen Zahlen zustande kamen, welche Aufgaben die deutschen Bomberbesatzungen auszuführen hatten, das sei am Beispiel einer Besatzung dargelegt.

Gegen Liverpool, London und Greenock

„In der Zeit vom 27. Dezember 1940 bis zum 7. April 1941 flogen wir weitere 16 Einsätze, und zwar mehrfach nach Cardiff, Pembroke, Campletown, Liverpool, Paisley, London und Greenock und wiederum nach Campletown. Die beiden letzteren Einsätze erforderten jeweils eine siebenstündige Flugzeit. Ein Flug gegen Pembroke zur Verminung dieses Hafens wurde mit dem Einsatz anderer Einheiten gegen Avenmouth gekoppelt, um die britische Flakabwehr, insbesondere aber auch die mehr und mehr auftauchenden Nachtjäger-Verbände zu zersplittern.

Der Flug gegen Pembroke war besonders problematisch. Es herrschte schlechtes Wetter und unsere Maschine, die Toni Emil eins, wurde randvoll getankt. Dies sollte – wie sich später herausstellte – unser Glück sein.

Als wir unser Ziel nach der vorausberechneten Zeit erreichten, lagen dort dichter Dunst und Nebel. Diese Stadt in Wales, an einer der zahlreichen Buchten der Milford Haven Bay, lag um diese Zeit meistens unter dichten Nebenschwaden, die vom Atlantik kamen. Es galt, die dort arbeitende Leichtindustrie, die Geräte für Heer und Luftwaffe herstellte, zu vernichten.

Über eine halbe Stunde kurvten wir im Tiefflug über der Carmathen-Bucht, aber das ‚Krähennest', wie wir den Hafen von Pembroke nannten, war nicht zu finden.

Flak und Scheinwerfer meldeten sich nicht, um sich und ihre Standorte nicht zu verraten, die uns auch die Nähe der Ziele angezeigt hätten.

Da wir nicht blindlings werfen wollten, brachen wir den Einsatz ab und flogen mit unseren Minen wieder in Richtung Nantes, unserem Einsatzhafen, zurück.

Kurz vor Ereichen des Hafens meldete ich ‚Landung in 20 Minuten!' als Antwort erreichte uns der FT-Spruch: ‚Ausweichen nach Rennes!'

Als wir uns diesem Ausweichziel entsprechend genähert hatten, erbat ich aber-

U-47 am 20. Februar 1941 aus Lorient zur letzten Feindfahrt auslaufend.

Das mächtige Schlachtschiff Bismarck ging am 27. Mai 1941 verloren.

Deutsche Schiffe in norwegischen Fjorden. Die Flagge an Deck dient als Fliegerzeichen.

Auch U 124 unter Kptlt. Wilhelm-Georg Schulz macht sich zum Auslaufen bereit.

Ein Geleitzug ist angegriffen worden. Zwei Schiffe sind getroffen und brennen.

Die Zerstörungen rund um die Kathedrale von Coventry. Männer des Pionierkorps bei den Aufräumungsarbeiten.

11. Mai 1941: Das Haus Nr. 23 der Queen Victoria Street bricht zusammen.

Die Ju 88 A-5 flog ebenfalls gegen England.

Dies ist die Bf 109 F-1. Im Jahre 1941 ständig auch über Südengland.

Das Torpedoboot „Wolf" in der Biskaya.

Ein Zerstörer Typ 36 A: Z 23.

Die 8. Zerstörerflottille „Narvik" auf Kriegsmarsch.

Siegfried Wuppermann erhielt als Oblt. z. S. im Kampf vor England das Ritterkreuz.

Karl-Erhard Karcher war ebenfalls vor England dabei.

Drei Schnellboot-Asse der 1. S.-Flottille. Oblt. z. S. Töniges erhielt im Kampf vor der englischen Küste am 25. Februar 1941 das Ritterkreuz (rechts). Bernd Klug errang diese hohe Auszeichnung als Kptlt. am 12. März 1941 (links).

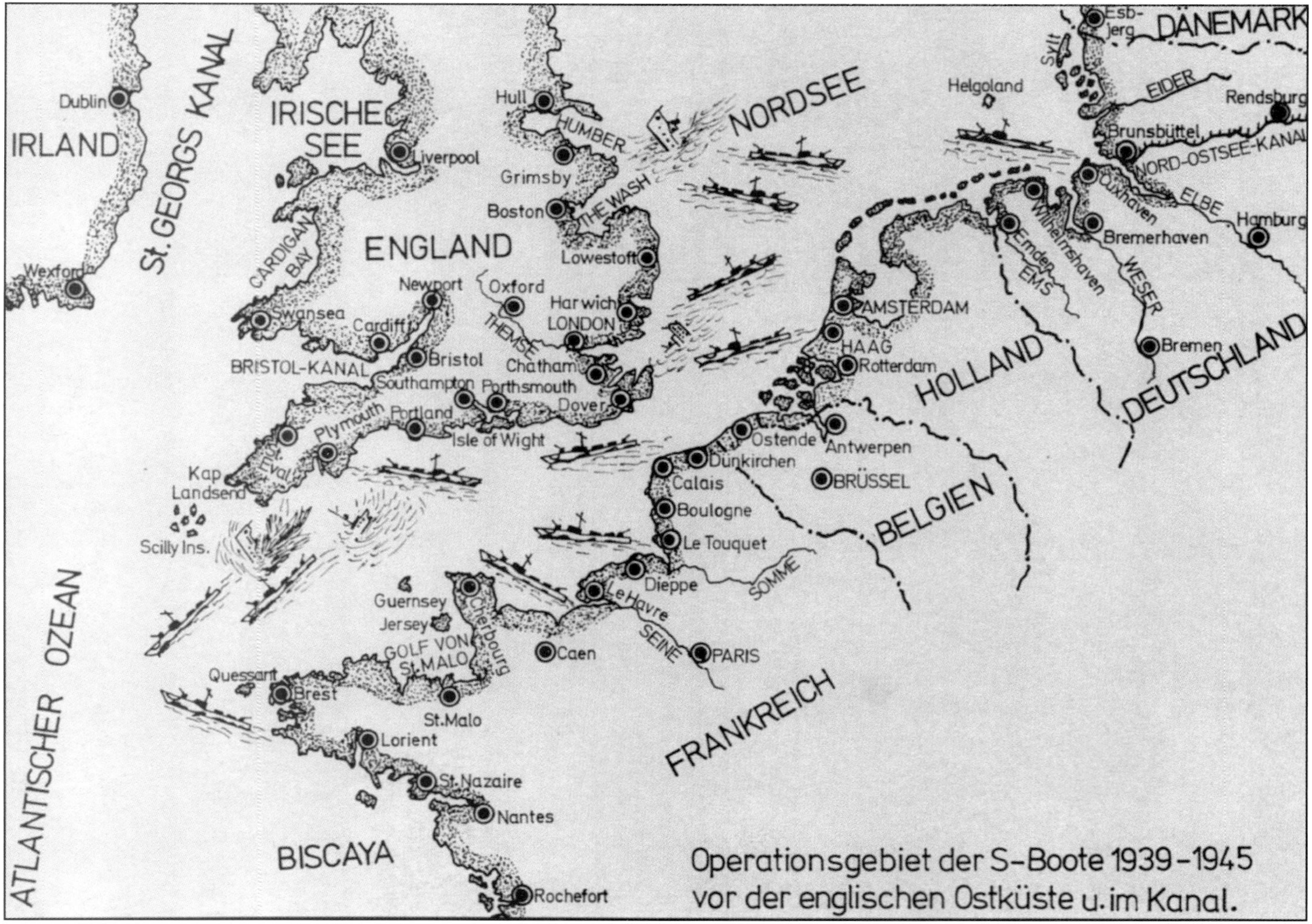

Das Operationsgebiet der deutschen Schnellboote 1939–1945 im Kanal.

Indienststellung des Zerstörers Z 23 am 14. September 1940.

Nach der Indienststellung dieses Zerstörers, der im Einsatz 1941 vorbildlich geführt wurde: (von links:) der IO des Bootes, Kommandant Kpt. Böhme, der Leitende Ingenieur.

mals Landeerlaubnis. Auch hier folgte postwendend der FT-Spruch: ‚Ausweichen nach Melun!'

‚Kommen wir denn noch bis dorthin?' fragte der Flugzeugsführer, Heinz Gericke. Ich errechnete mit Hilfe des ‚Knemeyer' Kompaßkurs, Distanz und Flugzeit. Die Sache war düster. Melun lag südlich von Paris und dorthin hatten wir nach meiner Berechung noch weitere 45 Minuten Flugzeit. Unser Funker stellte die Verbindung mit Melun her. Dort antwortete man uns mit einem ‚qbi – Sicht gleich Null'. Wir wurden nach Evereux umgeleitet. Dieses wiederum lag nordwestlich von Paris.

Unser Treibstoff-Vorrat ging zur Neige. Die Frage unseres Bordfunkers nach den Landemöglichkeiten in Evereux wurde mit: ‚Wolkenuntergrenze 45–50 Meter', angegeben. Die Sicht war 200 Meter.

Wir gingen bis auf 45 Meter herunter und kurvten, bis unser Flugzeugführer den Platz sichtete. Nach einer letzten Steilkurve in Richtung Landebahn bei gleichzeitigem Ausfahren des Fahrwerkes kamen wir richtig herein, setzten auf und rollten aus. Im Ausrollen blieb die rechte Latte stehen. Ich blickte auf meine Fliegeruhr. Es war 6.39 Uhr. Unser Einsatz mit der He 111 hatte 414 Minuten gedauert. Sechs Minuten fehlten an sieben Stunden.

Am 19. Januar 1941 starteten wir von Evereux, wo wir unseren ‚Geburtstag' feierten, nach Nantes." (Siehe: Havighorst, Ludwig: Bericht an den Autor).

Am 7. April flog die Besatzung Havighorst mit dem Flugzeugführer Heinz Gericke, Funker Heinz Zwickler und Bordmechaniker Wilhelm Waschewski nach Greenock. Dies war wieder einer jener Flüge, auf denen die Reichweite der He 111 bis zum letzten ausgeschöpft werden mußte. Greenock, an der Westküste von Schottland gelegen, am Südufer des Clyde, mit seinem Schiffs- und Schiffsmaschinenbau, war Ziel vieler Schiffe. Diese Schiffsrouten zum Hafen sollten vermint werden.

„Als unsere Maschine TE 1 das Zielgebiet erreichte, war es derartig neblig, daß nichts zu erkennen war. Wir stießen bis 250 Meter herunter. Aber immer noch nichts in Sicht. Die Wolkenuntergrenze schien direkt auf den Hafen hinunterzureichen. Die He 111 mußte erneut auf Gegenkurs gehen und nach Nantes zurückfliegen. 500 Minuten dauerte dieser vergebliche Flug, die Tanks waren leergeflogen, aber die Minen noch an Bord."

Die nächste „Tour" ging nach Falmouth. Diesmal wurde der Hafen mit Minen gepflastert. Das hektische Flakfeuer und die wenigen Angriffe britischer Nachtjäger vermochten ihnen nichts anzuhaben.

Zum Angriff am 15. April 1941 gegen Belfast starteten mindestens 150 Flugzeuge (es waren genau 180). Der Hinflug sollte unter Vermeidung des britischen Festlandes über den St.-Georgs-Kanal und die Irischen See erfolgen.

Die Maschinen unser Staffel sammelten nach dem Start. Andere Staffeln des Horstes Nantes kamen hinzu, und als wir den St.-Georgs-Kanal erreichten, flogen wir in einem etwas auseinandergezogenen Pulk. Es schwirrte im Bord-Bord-Funk von Stimmen, die Befehle gaben. Unsere Staffel flog vorn, und das war gut. Wir schlichen uns an das Ziel heran, flogen mit gedrosselten Motoren in den Hafen hinein und legten die Minen aus 350 Meter Höhe mitten in die Hafeneinfahrt. Erst als wir zum Abflug drehten, flammten die ersten Scheinwerfer auf. Unsere Mühle gewann stetig an Höhe, und als wir nach einer Flugstunde und wieder 4000 Meter hoch ‚den gemütlichen Teil in Gestalt des Rückfluges' antreten wollten, schlugen plötzlich Flammen aus dem linken Motor heraus.

‚Fertigmachen zum Aussteigen!' befahl Flugzeugführer Gericke.

‚Moment, Moment!' fiel der Bordmechaniker dem Flugzeugführer ins Wort. ‚Stell die Maschine erst einmal auf den Kopf. Vielleicht werden die Flammen von der Sturzgeschwindigkeit abgerissen.'

‚Also los, Heinz', forderte ich den Flugzeugführer auf, weil ich hoffte, daß dies klappen würde. Heinz Gericke nahm die beiden Gashebel ganz zurück, stellte die Maschine, steiler und steiler werdend, fast auf den Kopf. Der Sturzflug steigerte sich zu einer Geschwindigkeit von etwa 700 Stundenkilometern.

Die Maschine ächzte und schüttelte sich. Wie lange hielten die Flächen diese Belastung noch aus?

‚Abfangen!' rief ich Gericke zu. Gericke fing die He 111 ab und schob langsam die Gashebel wieder nach vorn. Das Unwahrscheinliche war eingetreten. Der linke Motor brannte nicht mehr, er lief sogar wieder ziemlich gut, wenn auch mit vermindeter Leistung.

Nach sieben Stunden und 15 Minuten Flugzeit landeten wir glücklich wieder in Nantes." (Siehe: Havighorst, Ludwig: a.a.O.)

Am 17. April war London das Ziel von insgesamt 685 Flugzeugen, die 890 Tonnen Sprengbomben und 151 Tonnen Brandbomben warfen. Auch diesmal wurde die Maschine von Feldwebel Havighorst wie immer bei Angriffen gegen die britische Metropole von Scheinwerfer zu Scheinwerfer weitergereicht. Durch ständiges Ziehen und Drücken versuchte Gericke, den Flaksalven auszuweichen. Wenn die Detonationen zu nahe an der Maschine lagen, versuchte er durch Wegscheren Distanz zu gewinnen. Einige Male krachten Stahlsplitter in die He 111 hinein. Der Lärm war ohrenbetäubend und die Männer in den Maschinen hatten kaum noch Hoffnung, dieser eisernen Hölle jemals wieder entkommen zu können. Jeden Augenblick konnte ein Volltreffer die He 111 auseinanderfetzen, wie es in dieser Nacht einigen Kameradenmaschinen geschah, deren Feuerbälle sie sehen konnten.

Weil sie über 4000 Meter flogen, schwitzten alle unter der Sauerstoffmaske als säßen sie in einem Backofen. Erst als die Bomben fielen und sie abdrehen konnten, fiel diese gewaltige Anspannung allmählich von ihnen ab.

Der Rückflug verlief glatt, und die Maschinen landeten wohlbehalten in Nantes und auf den anderen Horsten. Die Maschine von Havighorst wurde nach Schiphol umgeleite, weil der Platz in Nantes überfüllt war.

Nach einem weiteren Auftrag gegen Plymouth hatte die Besatzung Havighorst vier Einsätze am 4., 5., 6. und 7. Mai hintereinander zu fliegen. Zweimal waren sie über sieben und zweimal über acht Stunden unterwegs. In der dritten und vierten Nacht stellten sich bei den Besatzungen Alpträume ein, die nicht enden wollten. Nach jedem Flug landeten sie erst nach Sonnenaufgang wieder auf ihren Häfen. Ein paar Stunden Schlaf folgten, und am Nachmittag erfolgte die Einsatzbesprechung zum nächsten Start nach England.

„Der vierte Flug dieser Serie brachte uns wieder einmal in des Teufels Küche. Von Osten kommend flogen wir diesmal das Zielgebiet an und warfen nach Durchstoßen der Flakabwehr die Bomben in das angegebene Ziel. Danach gingen wir auf 180 Grad Südkurs. Mit 450 Stundenkilometern jagte unsere He 111 bei wolkenlosem Himmel nach Süden. Jeder von uns war ganz angespannter Aufmerksamkeit. Jeder suchte seinen Sektor nach verräterischen Zeichen ab. Plötzlich sah ich schräg unter uns voraus am Boden vier oder fünf Lichter aufleuchten, die genau in unserere Flugrichtung wiesen.

‚Wegdrehen, 30 Grad nach rechts!‘ befahl ich Gericke, weil ich diese Lichter für Richtungsweisungen für die britische Nachtjäger hielt.

Drei Minuten nach unserem Kurswechsel leuchteten unter uns abermals Richtungslichter auf, wieder in unsere Flugrichtung. Damit war klar: Der Tommy hatte ein neues Leitverfahren für seine Nachtjäger entwickelt, das diesen Routen unserer Kampfflugzeuge übermittelte.

Sekunden später rief bereits Heinz Zwickler: ‚Jäger von oben links!‘

Sofort scherte Gericke nach links weg. Ein vierfacher Feuerstrahl jagte an der rechten Fläche unserer Maschine vorbei. Wir hatten rechtzeitig die Schußlinie verlassen.

Zwickler eröffnete das Feuer aus seinem MG. Der Jäger griff zum zweiten Mal an. Abermals konnte Gericke unseren Vogel rechtzeitig aus der Schußlinie bringen. Wieder rauschten die Leuchtspurgeschosse an uns vorbei.

Nun fiel auch das MG unseres Bordmechanikers Waschewski in das Abwehrfeuer ein und Gericke drückte die Maschine kräftig an, um möglichst rasch die Küste Englands hinter uns zu bringen.

‚Getroffen!‘ rief Sekunden später Funker Zwickler. Der Gegner, der uns im Nacken saß, drehte qualmend weg und verschwand in der Dunkelheit.

Wir flogen noch einige Minuten im Tiefflug weiter, der französischen Küste entgegen, ehe wir wieder auf Höhe gingen. Die TE 1 landete sicher auf dem Heimathorst und als wir ausgerollt waren, stellte unser Bordwart betrübt fest, daß er etwa 40 Einschüsse zu flicken hatte.“

Die deutsche Luftwaffe baut am Kanal ab

Über den Beginn des Abzuges der Luftwaffe von der Kanalküste und aus den französischen Horsten berichtete Generalfeldmarschall Albert Kesselring in seinem Werk „Soldat bis zum letzten Tag“:

„Zur Vorbereitung des Rußlandfeldzuges wurde unter der unmittelbaren Leitung des OB der Luftwaffe am 20. Februar 1941 auf der Luftkriegsschule in Berlin-

Gatow ein kleiner Arbeitsstab gebildet, dessen Leiter, Oberst i. G. Löbel, mich von Zeit zu Zeit über den Fortgang unterrichtete oder meine Entscheidungen einholte.

Anfang 1941 flog ich nach Warschau, um mich mit dem dortigen OB, GFM von Kluge, auszusprechen und ergänzende Weisungen über den Ausbau der Bodenorganisation zu geben.

Ein zweites Mal flog ich im Mai 1941 die Entwicklungsbasis für meine Luftflotte im Osten ab, stellte fest, daß die Arbeiten (vornehmlich wegen der Witterungs- und Bodenverhältnisse) nicht vor Anfang Juni fertiggestellt sein konnten, aber noch so rechtzeitig, daß der neu bestimmte X-Tag (der 22. Juni) eingehalten werden konnte.

Die operativen und taktischen Überprüfungen ergaben, daß mit den vom OB der Luftwaffe vorgesehenen Kräften der Angriff der Heeresgruppe Mitte nicht in wünschenswertem Umfang unterstützt werden konnte." (Siehe: Kesselring, Albert: a.a.O.).

Erst am 12. Juni verließ Albert Kesselring endgültig seinen Gefechtsstand an der Kanalküste, um an der von Hitler einberufenen abschließenden Besprechung über das Unternehmen „Barbarossa" teilzunehmen. Offiziell führte er weiter im Westen, um dem Gegner vorzutäuschen, daß die deutsche Luftwaffe noch immer am Luftkrieg über England festhalte.

In England selber war man im Verlaufe der letzten Wochen zu der Erkenntnis gelangt, daß der permanente Luftkrieg, mit dem die Insel seit der Niederringung Frankreichs überzogen worden war, nun zu Ende ging. Die englische Spionage- und Horchtätigkeit erkannte, daß mehr und mehr Fliegergeschwader das Gebiet des Kanals und Frankreichs verlassen hatten oder im Begriff standen, dies zu tun.

Dies alles führte man in England nicht nur darauf zurück, daß seit Mitte Februar 1941 die ersten deutschen Truppen in Afrika kämpften, daß am 6. April der Balkanfeldzug begonnen hatte, und die Luftflotte 4 unter General der Flieger, Löhr mit 210 Jägern, 400 Kampfflugzeugen und Stukas sowie 170 Aufklärern in den Balkanfeldzug zog und seit dem 20. Mai 1941 der Sturmangriff aus der Luft auf Kreta erfolgt war, sondern daß auch im Osten sich etwas anbahnte, was nur ein neuer Feldzug, diesmal gegen die Rote Armee, sein konnte.

Dennoch wurde in der Nacht zum 11. Mai 1941 London erneut von 507 Flugzeugen angegriffen, die 711 Tonnen Sprengbomben und 2393 Brandschüttkästen warfen. In London kam es zu 2000 Bränden. Die Stadt hatte allein bei diesem Angriff 1212 Tote und 1769 Schwerverletzte zu beklagen.

Dies sollte allerdings der letzte deutsche Großangriff aus der Luft auf England für die Dauer von drei Jahren werden.

Britische Bombenangriffe auf Deutschland

Am 4. Oktober 1940 hatte im britischen Bomber Command ein Führungswechsel stattgefunden. Air Marshall Sir Charles Portal nahm seinen Abschied. An seine Stelle trat Air Marshal Sir Richard Peirse. In seine Zeit fielen eine Reihe britischer Bombenangriffe gegen Deutschland.

Eine seiner Hauptaufgaben aber war die schnellstmögliche Fertigstellung und Frontreifmachung viermotoriger Fernbomber. In Deutschland war diese Frage mehr als stiefmütterlich bedacht worden. Es gab keinen deutschen Fernbomber.

Sehr bald erfuhr Sir Richard Peirse, daß das vielgelobte Bomber Command nicht über mehr als 200 bis 250 Bomber verfügte. Dies war einer jener Gründe dafür, daß der deutsche Angriff auf Coventry nicht in der gebührenden Weise beantwortet wurde. Man hatte nicht mehr Bomber! Ganz davon abgesehen, daß die Propagandamärchen der gigantischen Verluste von Coventry, die von Dr. Goebbels ausgestreut wurden, britischerseits nie dementiert wurden, so daß auch heute noch namhafte Wochenblätter und Magazine eine Vernichtung von 55 000 Häusern in Coventry während des Angriffs vom 14. auf den 15. November 1940 nannten, obgleich in ganz Coventry keine 55000 Häuser standen und nur die Altstadt, diese aber radikal, betroffen war.

Die Vergeltung dieses Angriffes durch die RAF wurde nicht aus humanen Gründen mit weniger als 100 Flugzeugen geführt, sondern weil man nicht mehr hatte.

Allerdings hatte das Bomber Command noch vor Coventry beispielsweise am 7. und 8. Oktober Berlin mit 542 Bombern angegriffen und eine Reihe Toter und Verwundeter verursacht, sowie einige Kirchen und Krankenhäuser zerbombt.

Zwei jener Krankenhäuser, die schwer getroffen wurden, waren die weltberühmte Charité sowie das Robert-Koch-Krankenhaus. Das Virchow-Krankenhaus wurde am 15. Oktober getroffen. Der Doppelangriff des 21. Oktober auf Schöneberg, Wilmersdorf und Steglitz und der letzte Oktoberangriff am 25. des Monats, der viereinhalb Stunden dauerte, weil die britischen Bomber in vier Gruppen anflogen, löste Hitlers Zorn und den Vergeltungsangriff gegen Coventry aus.

Am 17. November 1940 wurde Hamburg mit 127 Maschinen angegriffen. Nach einem weiteren Angriff von 45 Bombern auf Berlin erfolgte der erste britische Flächenangriff, der vom stellvertretenden Befehlshaber des Bomber Command und Chef der 5. Bomber-Group, Air Vice Marshal Harris, geführt wurde. Mannheim war das Ziel von insgesamt 102 Bombern aller Typen. Die Besatzungen dieser 102 Bomber erhielten den ausdrücklichen Befehl Churchills, „auf das Stadtgebiet" zu zielen.

In der Nacht zum 11. Februar 1941 griffen dann erstmals 189 Bomber der RAF Hannover an. Die ersten Bomber des Typs Short Stirling wurden in derselben Nacht auf Rotterdam angesetzt.

In der Nacht zum 13. Februar griffen 54 Wellingtonbomber und 32 Blenheims die Focke-Wulf-Werke in Bremen an. Ein Luftangriff auf Wilhelmshaven folgte in der Nacht zum 22. Februar.

Im März war es Köln, das in den Nächten zum 2. und 4. dieses Monats angegriffen wurde. In der Nacht zum 3. März erfolgten britische Angriffe gegen Brest, Calais und Rotterdam, um die dortigen Hafenanlagen zu bombardieren. In der Nacht zum 11. März flogen sechs neue Viermot-Halifax-Bomber einen Angriff der 35. Staffel gegen Le Havre mit. 48 Stunden darauf drangen die ersten Viermotorigen in das deutsche Reichsgebiet ein. Hamburg war ihr Ziel. Kiel und Bremerhaven wurden von kleinen Gruppen gebombt.

In der Nacht zum 23. März fanden 130 britische Bomber Ziele in Deutschland. Die Mehrzahl von ihnen flog nach Berlin. In der Nacht zum 31. März begannen die in rascher Folge wiederholten Angriffe gegen die beiden in Brest einlaufenden Schlachtkreuzer „Scharnhorst" und „Gneisenau". Der erste Angriff begann mit 109 Bombern. Die Wirkung – wenn man von den Zerstörungen an französischen Häusern absehen will – war gleich Null.

Daß eines dieser schnellen Großkampfschiffe Deutschlands überhaupt einmal beschädigt wurde, war kein Verdienst des Bomber Command, sondern der 22. Staffel des Küstenkommandos, die am Tage die beiden Schiffe angriff, zwar abgewiesen wurde, aber durch eine Beaufort zum Torpedoabwurf kam. Die Beaufort stürzte sich, gewissermaßen in der Vorwegnahme der Kamikazetechnik der Japaner, auf die „Gneisenau", die mittschiffs getroffen wurde. Flight Officer Kenneth Campbell bezahlte diesen todesmutigen Angriff mit dem Leben. Er wurde posthum mit dem Viktoria-Kreuz, der höchsten britischen Tapferkeitsauszeichnung, belohnt.

Bereits im April beschwerte sich Air Marshal Peirse, daß ein Drittel seiner Bomberkräfte allein gegen diese beiden Großkampfschiffe verbraucht und von ihren wirklichen Aufgaben abgehalten werde.

Während eines Luftangriffes auf Emden, in den späten Abendstunden des 31. März gestartet, warf eine Vickers Wellington die erste 1,8-Tonnen-Bombe.

In der Nacht zum 10. April wurde wieder einmal mehr Berlin angegriffen. Acht Tage später starteten 118 britische Bomber nachts neuerlich nach Berlin. Einige der Bomber warfen ihre Bomben und Brandbomben mitten in die Wohngebiete, was ja auch der erklärte Zweck ihrer Angriffe war. Nach Schöneberg und Schmargendorf kam Wilmersdorf an die Reihe. Charlottenburg war wenig später in Flammen gehüllt. Schwere Bomben mit Verzögerungszünder durchschlugen die Wohnhäuser, um unten in den Kellern, wohin sich die Bewohner in vermeindliche Sicherheit gebracht hatten, zu explodieren. Der Wedding wurde am 10. April verheert, die Hedwigskirche erlitt schwerste Beschädigungen, ohne daß sich die Verursacher nach dem Kriege bemüht hätten, auch nur ein Wort der Entschuldigung dafür zu finden, wie dies deutscherseits in bezug auf Coventry bis in die heutigen Tage alle Jahre wieder kniefällig beteuert wird.

Die Staatsoper wurde jedoch durch Kaskaden von Brandbomben eingedeckt. Die Humboldt-Universität stand in Flammen.

Jener letzte angesprochene Angriff in der Nacht zum 18. April 1941 sah die ersten Viermotorigen auch im Angriff auf Berlin; ihr dumpfes Motorengeräusch sollte von nun an die Nächte Berlins bestimmen. Sie warfen ganze Bündel von 500-Kilo-Bomben.

In der Nacht zum 19. Mai hatte die RAF erstmalig mehr als 350 Flugzeuge zusammengerafft, und damit griff sie Hamburg und Bremen an. 317 Maschinen kamen zum Bombenabwurf. Auch hier war „das Stadtzentrum" Ziel des Angriffs. Bereits am frühen Morgen des 10. Mai hatte eine einzelne „Manchester" acht Bomben und mehrere Pakete Flugblätter über Berlin abgeworfen.

Im Mai starteten englische Bomber „nur fünfmal gegen Berlin." (Siehe: Girbig, Werner: „Im Anflug auf die Reichshauptstadt").

Am 7. Mai war die Bomber Squadron 90 in der 2. Bomber Group aufgestellt worden. Es war die erste Staffel des Bomber Command, die aus einer Lieferung aus den USA stammten. Es handelte sich um viermotorige Bomber des Typs Boeing 17 C – Fortress I".

Den ersten Angriff am Tage unternahmen Halifax-Bomber auf Kiel am 30. Juni 1941. Es war die 35. Staffel, deren sechs Bomber dieses Typs an dem Angriff teilnahmen.

Mit dem Abzug der deutschen Jagdstaffeln vom Kanal hatte das Bomber Command freie Hand bekommen. Die Einsätze steigerten sich im Juli und August 1941. Winston Churchill, der britische Kriegspremier, versuchte damit den sowjetischen Bundesgenossen, den er wenige Wochen vorher noch als „kommunistische Horde" bezeichnet hatte, zu unterstützen. Wie hatte er noch am 22. Juni 1941, dem Tage des deutschen Angiffes gegen die Sowjetunion, getönt?:

„Jeder Mann oder jeder Soldat, der gegen die Nazis kämpft, hat die Unterstützung Englands!"

Der Chef des Bomber Commands erhielt nun eine neue Direktive: „Bestmögliche Wege sind zu suchen, um den Feind zu vernichten."

Air Vice Marshal N. H. Bottomly, Befehlshaber des Bomberkommandos, das er stellvertretend führte, gab Churchill einen Erfahrungsbericht:

„Sir, ich wurde angewiesen, Sie davon zu informieren, eine umfassende Untersuchung der gegenwärtigen politischen, wirtschaftlichen und militärischen Lage des Feindes habe ergeben, daß die schwächsten und verwundbarsten Punkte in der Moral der Zivilbevölkerung liegen.

Es liegen viele Anzeichen dafür vor, daß unsere neuen Angriffe große Wirkung auf die Moral der Zivilbevölkerung haben."

Nunmehr war auch von der Führung des Bomber Command das ausgespochen, was bereits seit dem 10. Mai 1940 praktiziert wurde: „Den Feind und vor allem seine Zivilbevölkerung vernichtend zu treffen." (Siehe: Kurowski, Franz: „Luftkrieg über Deutschland").

Die bereits begonnenen und in den nächsten sechs Monaten ins teuflische gesteigerten Flächenbombardierungen waren damit endgültig abgesegnet worden. Wenn man im Juni auch erst über 400 Bomber verfügte, so war doch der Tag bereits jetzt abzusehen, an dem mehr und mehr schwere viermotorige Bomber eingreifen würden, um der deutschen Zivilbevölkerung den Garaus zu machen. Die britische Führung, die Hitler und die deutsche Luftwaffenführung ebenso wie die deutschen Flieger als Teufel apostrophiert hatte, obgleich sie den Bombenkrieg in die deutschen Städte trug und damit begann, die Zivilbevölkerung in ihr Kalkül einzubeziehen, war nun darauf aus, die Deutschen, was ihre Intensität als Teufel betraf, mindestens um zwei bis drei Potenzen zu übertreffen.

DER KRIEG ZUR SEE

„Admiral Scheer" im Einsatz

Am 6. Januar wies die Seekriegsleitung die in See stehenden Großkampfschiffe und Hilfskreuzer darauf hin, daß etwa Mitte Januar 1941 ein stark gesicherter Geleitzug jenes Gebiet durchlaufen werde, in dem die „Admiral Scheer" unter Kpt. z. S. Krancke operierte.

Eine Woche später, am 18. Januar, kam eine Rauchsäule in Sicht. Kpt. z. S. Krancke entschloß sich dazu, erst nach Einbruch der Dunkelheit anzugreifen, um diesen Gegner am Funken zu hindern. Der Schwere Kreuzer lief am Rande der Sichtweite mit und setzte nach Einfall der Dunkelheit zum Angriff an.

Um 20.17 Uhr ließ der Kommandant aus 22 Hektometer (2200) aus vier 15-cm-Rohren das Feuer eröffnen, ohne das Schiff schwer treffen zu wollen. Von der Brücke des Schweren Kreuzers wurde beobachtet, daß ein Boot zu Wasser gelassen wurde. Der Funkraum konnte kein Funkzeichen des Dampfers auffangen.

Es war der norwegische Motortanker „Sandefjord", der aus Kapstadt kam und 11000 Tonnen Rohöl geladen hatte.

Das übergesetzte Prisenkommando meldete dem Kommandanten, daß dieser Tanker gut Platz für 200 Gefangene habe, die sich an Bord des Schweren Kreuzers befanden.

Kpt. z. S. Krancke ließ die „Sandefjord" durch ein Prisenkommando in Richtung auf die „Nordmark" laufen. Dort sollte sie ihre Vorräte ergänzen und als Prise nach Europa laufen.

Am nächsten Morgen erfuhr Krancke, daß Kpt. z. S. Krüder mit seinem Hilfskreuzer „Pinguin" in der Antarktis einen großen Erfolg errungen habe. (Siehe: Abschnitt Handelstörkreuzer).

Am 20. Januar stellte „Admiral Scheer" – nachdem diese einen neutralen Dampfer hatte laufen lassen, um seine Anwesenheit in diesen Gewässern nicht vorzeitig preiszugeben, einen großen Gegner. Wieder lief der Schwere Kreuzer am Rand der Sichtweite mit. Erst als gegen 16.00 Uhr dieser Dampfer mit Hartruderlegen abdrehte, weil er seinen Gegner dennoch gesichtet hatte, lief die „Scheer" mit AK hinterher. Es war die „Barneveld" auf der Fahrt von Freetown nach Kapstadt. Sie hatte drei Seeoffiziere und 48 britische Seesoldaten an Bord. Die Ladung bestand aus sechs Jagdflugzeugen, 86 Militärfahrzeugen, etwa 1000 Tonnen Munition sowie großen Mengen an militärischer Ausrüstung. Die Gefangenen und alles brauchbare Gerät wurden übernommen, die „Barneveld" danach versenkt.

Bereits eine Stunde nach dem Anhalten der „Berneveld" war ein weiterer Dampfer, die „Stanpark", gesichtet worden. Sie kam aus Port Sudan und war für

Freetown bestimmt. Geladen waren 7000 Tonnen Baumwollsaat und 250 Sack Frischkartoffeln. Sie wurde – da kein Prisenkommando mehr zur Verfügung stand – versenkt. Damit waren binnen dreier Tage drei Dampfer von der „Admiral Scheer" versenkt worden.

Inzwischen hatte die Skl beim Kommandanten des HK „Pinguin" nachgefragt, ob der Einsatz der „Admiral Scheer" im Weddelmeer erfolgversprechend sei. Als Kpt. z. S. Krüder dies bejahte, erhielt die „Scheer" am nächsten Tag Weisung der Skl, ihr Operationsgebiet in die Antarktis zu verlegen.

Am 24. Januar traf die „Scheer" dann wie besprochen mit der „Nordmark" zusammen, die die „Duquesa", ein voll beladenes Schiff mit Verpflegung, im Schlepp hatte. Hier kam sehr bald auch der Hilfskreuzer „Thor" in Sicht. Die Proviantübernahme gestaltete sich problemlos.

Als am Abend der Proviantübernahme eine US-Warnmeldung aufgenommen wurde, die den norwegischen Walkochereien galt, war klar, daß es nach den Worten von Kpt. z. S. Krancke „zwecklos war, jetzt sofort in die Antarktis zu gehen. Er sagte: „Meine Absicht, über den südlichen indischen Ozean erst in der letzten Hälfte des Februar in die Antarktis zu gehen, wird der beste Weg sein."

Nach der Entlassung des Tankers „Eurofeld" am Abend des 24. Januar und der Übergabe von 105 Gefangenen und eines Wachkommandos an den Tanker trat die „Admiral Scheer" einige Tage später, nachdem von der Skl „grün" gegeben worden war, den Marsch in den Indischen Ozean an.

Am 20. Februar wurde im neuen Einsatzraum vom Bordflugzeug des Schweren Kreuzers ein Schiff gesichtet. Es war der englische Dampfer „British Advocate", der 4970 Tonnen Rohöl und 4770 Tonnen Petroleum geladen hatte. Kpt. z. S. Krancke wollte dieses wichtige Schiff als Prise in die Heimat schicken. Vorher aber mußte deren unbrauchbar gemachte Hilfsmaschine wieder in Ordnung sein.

Am Nachmittag wurde ein zweiter Dampfer verfolgt, der vom Bordflugzeug gemeldet worden war. Da dieser Dampfer völlig abgeblendet fuhr, war klar, daß es kein Neutraler war. Es war der Grieche „Grigorios", der mit Stückgut aus New York nach Piräus bestimmt war. Es war der erste „Neutrale", der von der „Admiral Scheer" gestellt worden war. Kpt. z. S. Krancke, durch des Abblenden des Dampfers mißtrauisch gemacht, ließ diesen genau untersuchen. Die Ladung bestand nur aus Banngut. Kisten, die mit dem Roten Kreuz als Medikamente gekennzeichnet waren, enthielten Gewehr- und MG-Schlösser und Munition.

Die „Grigorios" entging ihrem Schicksal trotz der mißbräuchlichen Benutzung des Roten Kreuzes nicht. Sie sank am kommenden Morgen.

Die „Canadian Cruise" wiederum, die an diesem Tage gesichtet worden war, machte auf „Neutraler". An Bord befanden sich geheime Admiralitätsanweisungen und Befehle für das Fahren im Geleitzug. Die Brücke war durch Eisenbeton und Stahlplatten geschützt und mit einem MG bestückt. Der Dampfer hatte widerrechtlich die US-Flagge gehißt und täuschte damit vor, Amerikaner zu sein, obgleich der abgehörte Funkspruch mit der Warnung vor einem deutschen Kriegsschiff nach Mauritius gegangen war und von dort bestätigt wurde.

Kpt. z. S. Krancke ließ ihn versenken und meldete den Fall der Seekriegsleitung.

Am nächsten Tag wurde der holländische Dampfer „Rantaupandjang“ gestellt. Er hatte 3000 Tonnen Steinkohle von Durban für Singapore geladen. Der Dampfer wurde nach Übernahme der Besatzung gesprengt.

Ein Flugzeug des Leichten Kreuzers „Glasgow“ erhielt am 22. Februar Fühlung an der „Admiral Scheer“. Die „Glasgow“ alarmierte alle in der Nähe stehenden Einheiten. Der Flugzeugträger „Hermes“, die Schweren Kreuzer „Canberra“, „Australia“ und „Shropshire“ liefen auf das deutsche Kriegsschiff zu. Ihnen schlossen sich die Leichten Kreuzer „Capetown“, „Emerald“ und „Enterprise“ an. Drei Tage suchte der Gegner das deutsche Schiff. Aber Kpt. z. S. Krancke hatte Glück und wurde mit seinem Schiff nicht gesichtet. Er umlief am 2. März das Kap der Guten Hoffnung und traf am 8. März mit der „Nordmark“ und der „Ermland“ zusammen und übernahm Brennstoff, Proviant und Material aller Art, das benötigt wurde. Am 10. März traf die „Admiral Scheer“ auf die „Alsterufer“, die dem Schweren Kreuzer ein neues Bordflugzeug aus der Heimat und Munition mitbrachte.

Nun trat die „Admiral Scheer“ den Rückmarsch in die Heimat an.

Auf dem Rückmarsch in die Heimat sollte die „Admiral Hipper“, die nach ihrer letzten Unternehmung in Brest eingelaufen war, gemeinsam mit der „Admiral Scheer“ in die Heimat laufen. Die ursprüngliche Absicht der Skl, den Schweren Kreuzer mit den Schlachtschiffen zusammen einzusetzen, hatte sich durch einige Zwischenfälle zerschlagen. „Hipper“ war auf dem Wege zum Dock in Brest mit der Schraube in ein Wrack geraten, die Schraube mußte durch eine neue aus der Heimat geholte Schraube ersetzt werden.

Danach wurde der Schwere Kreuzer im Februar von den britischen Luftangriffen auf Brest gebeutelt. In der Nacht zum 25. Februar fielen sehr viele Bomben in der Nähe des Schiffes. Eine davon nur 10 m (!) vom Dockrand entfernt, die auch die „Hipper“ weiter beschädigte.

Als Kpt. z. S. Meisel meldete, daß die „Hipper“ zum 15. März auslaufbereit sei, erhielt das heimmarschierende Schiff Kranckes am 15. März die Weisung, mit der „Hipper“ gemeinsam den Durchbruch zu unternehmen.

„Admiral Hipper“ lief am Abend des 15. März, von den Topedobooten „Iltis“ und „Jaguar“ geleitet, aus. Damit lief sie vor der „Admiral Scheer“ her.

Bis zum 26. März erreichte die „Hipper“ den Grimstadfjord südlich von Bergen. Hier übernahm sie noch von dem Tanker „Wollin“ Treiböl und erreichte, durch die Zerstörer Z 23 und Z 24 geleitet, am 28. März Kiel.

Die „Admiral Scheer“ wiederum näherte sich am 23. März der Dänemarkstraße. Am 24. März zwang das Wetter den Kommandanten zum Beidrehen und eine Minute nach Mitternacht des 25. März erhielt die „Scheer“ die Freigabe des Durchbruchs. Bei Windstärke 10 lief das Schiff mit kleiner Fahrt auf die Dänemarkstraße zu. Als es aufklarte, brach Krancke den Durchbruch ab, um erst am Morgen des 26. März um 6.00 Uhr mit 18 Knoten Fahrt zum Durchbruch anzusetzen. Zwei gesichteten Kreuzern konnte der Schwere Kreuzer ausweichen. Am 30. März ankerte die „Admiral Scheer“ im Grimstadfjord, ging am Abend dieses Tages dort ankerauf und lief, von Z 23 und Z 24 sowie der „Iltis“ geleitet, in Richtung Heimat. Der Schwere Kreuzer erreichte Kiel am 1. April, dem achten Jahrestag seines Stapellaufes.

Die „Admiral Scheer“ hatte 161 Tage in See gestanden und insgesamt 16 Schiffe des Gegners mit 110175 BRT versenkt. Zwei Tanker mit insgesamt 15 032 BRT wurden als Prisen eingebracht und mehrere Schiffe mit einer Gesamttonnage von 27835 BRT schwer beschädigt.

Das war die erfolgreichste Operation einer Kriegsmarineeinheit gegen die feindliche Zufuhrflotte.

Am selben Tage um 11.00 Uhr kam Großadmiral Raeder an Bord des Schiffes und verlieh der gesamten Besatzung das EK II und einem Teil derselben das EK I. Dem Kommandanten war bereits auf See am 22. Februar 1941 das Ritterkreuz verliehen worden.

Die „Admiral Hipper“ hatte auf diesem Einsatz trotz der Schwächen in der Maschinenanlage ebenfalls noch 40093 BRT feindlichen Handelsschiffsraumes versenkt.

„Mit dem Einlaufen der ‚Scheer‘ ging eine Periode im Zufuhrkrieg zu Ende, die mit dem Einsatz von Schlachtkreuzern den Vorstellungen der Skl schon sehr nahe gekommen war.

Zum Auftreten der „Scharnhorst“ und „Gneisenau“ meinte der britische Seekriegshistoriker Roskill, „sie hätten nicht nur 22 Schiffe mit 115 622 BRT aufgebracht oder versenkt, sondern eine Zeitlang das englische Geleitzugsystem im Nordatlantik völlig durcheinandergebracht und damit einen sehr starken Druck auf die englische Versorgung ausgeübt.“ (Siehe: Bidlingsmaier, Gerhard: „Einsatz der Schweren Kriegsmarineeinheiten im Ozeanischen Zufuhrkrieg“).

„Admiral Hipper“ auf Feindfahrt

Die „Admiral Hipper“ unter Kpt. z. S. Meisel, die bis zum 7. Dezember 1940 den Durchbruch durch die Dänemarkstraße geschafft hatte, erreichte am 10. Dezember ihr Operationsgebiet. Dort stoppten plötzlich beide Seitenmaschinen selbständig. Diese Beschädigungen zwangen den Schweren Kreuzer, die Werft von Brest anzulaufen.

Auf dem Weg zu seinem Versorger „Friedrich Breme“ erhielt Kpt. z. S. Meisel eine Funkmeldung über den Geleitzug HX 93 und versuchte ihn noch zu packen. Obgleich der Schwere Kreuzer nach der Reparatur wieder für 27 Knoten klar war und eifrig Suchkurse steuerte, wurde der Konvoi nicht gefunden. Auch der Tanker konnte erst nach 14stündigem Suchen am 11. Dezember erreicht werden. Die Ölübernahme dauerte bis zum anderen Vormittag 11.00 Uhr.

Unmittelbar danach ging der Kreuzer auf die Suche nach dem inzwischen ebenfalls gemeldeten HX 94 und geriet wenige Stunden darauf in einen Orkan, der das Schiff zum Beidrehen zwang. Am 15. Dezember ersoffen bei der haushoch gehenden See die Luftschächte des Kesselraumes 1. Wasser drang auch in die Maschinenräume ein und verursachten den Ausfall einiger Hilfsmotoren.

Am 16. Dezember mußte abermals Brennstoff übernommen werden. Das Schiff erwies sich als „Brennstoffsäufer".

Kpt. z. S. Meisel ließ abermals in den vorgesehenen Operationsraum laufen, um dort wieder am 18. Dezember von einem neuen Orkan erfaßt zu werden.

Der 20. Dezember sah eine dritte Ölübernahme von der „Friedrich Breme".

Kpt. z. S. Meisel brachte, wie die Skl dies befohlen hatte, sein Schiff trotz der vielen Pannen heil nach Brest.

Es kam allerdings noch zu einigen Zwischenfällen, die hier knapp dargelegt werden sollen.

Am Heiligen Abend hatte „Admiral Hipper" einige Ziele mit seinem Funkmeßgerät erfaßt, die sich schließlich als Geleitzug erwiesen. Dieser steuerte Südostkurs mit etwa 10 Knoten. Ein Torpedoangriff aus größerer Distanz auf einen im Geleit mitlaufenden Hilfskreuzer lief vorbei.

In der Morgendämmerung des ersten Weihnachtstages ließ Kpt. z. S. Meisel zum Angriff andrehen. Um 6.38 Uhr kam das erste „Ziel" in Sicht. Es war ein schwerer Kreuzer.

Kpt. z. S. Meisel ließ mit den 20,3-cm-Geschützen das Feuer auf diesen Gegner eröffnen. Die 10,5-cm-Geschütze schossen auf zwei zusätzlich entdeckte und in guter Schußposition stehende Dampfer.

Der Dreifächer aus den Torpedorohren kam nicht heraus, weil der vordere Rohrsatz verklemmt war und nicht mehr geschwenkt werden konnte.

Als dann um 6.40 Uhr noch zwei Zerstörer in Sicht kamen, ließ Meisel abdrehen und mit großer Fahrt ablaufen. Im „Heckgefecht" gegen die verfolgenden Schiffe erzielte die „Hipper" beim Gegner mehrere Treffer, ohne selbst getroffen zu werden. Bis 7.20 Uhr war dieser Gegner dank der überragenden Schnelligkeit der „Hipper" abgeschüttelt, die bis zu 33 Knoten lief.

Das Schiff war auf den Konvoi WS 5 A gestoßen, der von dem Schweren Kreuzer „Berwick", den Leichten Kreuzern „Bonaventure" und „Dunedin" und dem Flugzeugträger „Furious" sowie einigen Geleitzerstörern geschützt wurde. „Berwick" war von der „Hipper" mit mehreren Granaten getroffen worden, was das Einlaufen nach Alexandria notwendig machte. Sie brachte fünf Tote und einige Verwundete mit.

„Admiral Hipper" lief nach Brest ein, wo er erst am 4. Januar 1941 vom Feind erkannt wurde. Nun erfolgten einige Luftangriffe auf ihn und Brest. Nicht weniger als insgesamt 175 britische Bomber warfen 85 Tonnen (!) Bomben auf den Schweren Kreuzer ohne ihn überhaupt zu treffen.

Bis zum 31. Januar hatte die Werft die Reparatur beendet. Kpt. z. S. Meisel meldete die Gefechtsbereitschaft. Am Abend des 1. Februar lief das Schiff zum neuen Einsatz aus, versorgte am 4. Februar nördlich der Azoren aus der „Spichern" und erhielt am Abend des 9. Februar die Weisung der Skl: „Ansatz frei für ‚Hipper'!"

Am nächsten Tage ging eine Fühlunghaltermeldung von U 37 ein, das Fühlung an ein Gibraltargeleit bekommen hatte. Es war der HG 53, der von Gibraltar nach England lief.

„Hipper auf von U 37 gemeldeten Geleitzug anstreben", befahl die Skl, und mit erhöhter Fahrtstufe lief der Schwere Kreuzer in Richtung dieses Konvois.

An diesem Geleitzug hatte auch das KG 40 und U 37 Erfolge erzielt, insgesamt acht Schiffe herausgeschossen und gebombt.

Am Morgen des 11. Februar, U 37 hatte inzwischen die Fühlung an diesem Geleit verloren, wurde auf der „Admiral Hipper" die erste Sichtmeldung gemacht. Es war der britische Dampfer „Iceland", der nach dem zweiten Schuß aus der Zehnfünf des Schweren Kreuzers stoppte. Die Besatzung wurde an Bord genommen und das Schiff um 15.00 Uhr durch einen Torpedo versenkt.

Nach einem weiteren Angriff der Focke-Wulf 200 des KG 40 zerstreute sich der Konvoi. Kpt. z. S. Meisel erbat Handlungsfreiheit, die ihm von der Marinegruppe West gegeben wurde.

Meisel operierte nun auf den SLS 65, mit dem sich der zersprengte HG 53 vereinigen sollte. Die „Hipper" lief einen großen Bogen um die Schiffe, die durch das Funkmeßgerät erkannt worden waren, und stellte fest, daß es sich um sieben Dampfer handelte.

Am frühen Morgen des 13. Februar griff die „Admiral Hipper" an. Es waren inzwischen 18 Dampfer erkannt worden. Die Schwere Artillerie eröffnete das Feuer um 6.18 Uhr. Zwei Minuten später erfolgte der Befehl zur Feuereröffnung für alle Waffen einschließlich der Torpedowaffe.

Die Salven des Schweren Kreuzers hämmerten durch den Morgen. Die Leichte Artillerie zerschoß die Aufbauten und Brücken der Schiffe, von denen einige das Feuer erwiderten, um aber bald zu verstummen. Die 20,3-cm-Granaten hämmerten unterhalb der Wasserlinie in die Schiffe hinein. Die Torpedowaffe nahm jene Dampfer ins Visier, die liegengeblieben waren. Torpedodetonationen grellten in den Morgenhimmel empor. Mehr und mehr feindliche Schiffe sanken. Andere lagen mit starker Schlagseite brennend auf der See. Zwei Dampfer, die am Rande dieses Höllenlärms liefen, konnten entkommen, den letzten noch schwimmenden Dampfer ließ Kpt. z. S. Meisel ungeschoren und ließ hinübermorsen:

„Save the crews!"

Das ganze Gefecht hatte nur 80 Minuten gedauert. Während dieser Zeit hatte die „Admiral Hipper" den Großteil des Geleitzuges vernichtet oder schwer beschädigt. In sein KTB trug Kpt. z. S. Meisel ein:

„Es wurden einwandfrei vernichtet und unter Wasser gebracht:
13 Dampfer mit geschätzen 75000 BRT. Festgestellte Namen der Dampfer: „Perseus" – 10000 BRT, „Borgstad" – 3924 BRT, „Shrewsbury" – 4542 BRT, „Oswestry Grange" – 4648 BRT."

Im KTB des Schiffes war der Abschuß von zwölf Torpedos vermerkt, von denen elf als Treffer gemeldet wurden. Alle Torpedos bis auf vier und ein Großteil der Munition waren verbraucht worden. Kpt. z. S. Meisel entschloß sich, zur Ergänzung nach Brest zurückzumarschieren. Trotz der Abfangversuche einiger britischer Zerstörer erreichte die „Admiral Hipper" mit dem letzten Rest des Treibstoffes am 14. Februar Brest und ging um 16.00 Uhr ins Dock.

Diesmal hatte der Schwere Kreuzer glücklicher operiert. Doch nun zum Einsatz der beiden Schlachtkreuzer „Scharnhorst" und „Gneisenau" in der Operation „Berlin".

„Scharnhorst" und „Gneisenau" – Höhepunkt des ozeanischen Zufuhrkampfes

Am 14. Oktober 1940 erließ die Seekriegsleitung die „Grundsätzliche Weisung für die Seekriegsführung der Überwasserstreitkräfte im Winter 1940–1941."

Darin wurde der Einsatz der Flottenstreitkräfte gegen den feindlichen Überseeverkehr an ersten Stelle genannt.

Der Flottenchef, Admiral Lütjens, erhielt von der Marinegruppe Nord den Auslaufbefehl für den 28. Dezember aus Kiel. Auf der „Gneisenau" Kpt. z. S. Fein, eingeschifft, verließ er Kiel gemeinsam mit der „Scharnhorst" Kpt. z. S. Hoffmann, und passierte mit einer starken Sicherung, gestellt durch die Boote der 1., 2. und 5. T.-Flottille, voran die 18. Minensuch-Flottille, am Mittag des 29. Dezember 1940 die Sperre bei Skagen. Zwei Me 110 flogen Jagdschutz.

Wegen der groben See mußten die Torpedoboote nach Bergen entlassen werden. Auf der „Gneisenau" entstanden ebenfalls Seeschäden, während die „Scharnhorst" die grobe See unbeschadet überstand.

Am 30. Dezember ließ Admiral Lütjens in der Kalvesnaes-Bucht bei Bergen ankern. Die Schäden könnten, so die an Bord gerufenen Sachverständigen, in Drontheim binnen weniger Tage beseitigt werden.

Dies bewog Lütjens, um 17.00 Uhr nach Drontheim auszulaufen. Doch in der Zwischenzeit hatten sich GA Raeder für den Rückruf der Schiffe und die Reparatur der „Gneisenau" in der Heimat entschieden. Damit mußten die beiden Großkampfschiffe das gefährliche Küstenvorfeld abermals passieren. Der Chef der Operationsabteilung, VAdm. Fricke, wies ausdrücklich auf diese Gefahr hin, ohne Raeder umstimmen zu können.

Am 2. Januar 1941 hatten beide Schiffe das Heimatgebiet wieder erreicht und die „Gneisenau" lief nach Gotenhafen zur Reparatur ein.

Das neue Auslaufen der beiden Schlachtkreuzer erfolgte am 22. Januar 1941. Südlich der Skagerraksperre mußten beide Schiffe ankern, weil die schwere Eislage das rechtzeitige Herankommen der Boote der 1. Torpedoboot-Flottille verhindert hatte. Erst als die Boote am frühen Morgen des 25. Januar in Sicht kamen, wurde der Marsch in Richtung Färöer-Inseln angetreten. Die Färöer-Island-Enge sollte zum Durchbruch genutzt werden.

Dort waren die Chancen bei dem am 27. Januar erwarteten dunklen Wetter günstig. Im Abstand von etwa 50 Seemeilen an der isländischen Küste vorbeilaufend, stieß der Verband am Morgen des 28. Januar auf eine englische Kreuzerpatrouille. Nach der Auswertung der gehorchten Funksprüche handelte es sich um den Kreuzer „Naiad“, der „zwei verdächtige Schiffe“ meldete.

Admiral Lütjens ließ sofort mit Hartruderlegen auf Steuerbord nach Norden drehen und wich bis in das Seegebiet nordostwärts Jan Mayen aus.

Am 2. Februar erfolgte die Ölübernahme aus dem Tanker „Adria“. Bei 18 Grad unter Null und einer See, die zwischen den Stärken 7 bis 9 ging, war dazu der Einsatz eines jeden Mannes erforderlich.

Die Tatsache, daß Admiral Lütjens den Treffpunkt mit der „Adria“ weiter nach Norden verlegt hatte, bewahrte die beiden Schlachtkreuzer davor, der von Admiral Forbes geführten Home Fleet zu begegnen, die bereits am 26. Januar aufgrund einer Agentenmeldung zur Aufklärung ausgelaufen war. Die Home Fleet war mit ihrer zu diesem Aufklärungsmarsch ausgelaufenen Streitmacht, darunter den drei Schlachtschiffen „Nelson“, „Repulse“ und „Rodney“, acht Kreuzern und elf Zerstörern eine Kraft, die den beiden Schlachtkreuzern möglicherweise den Garaus gemacht hätte.

Nur die „Naiad“ sichtete – wie dargelegt – die beiden deutschen Schiffe. Da sie auch von den deutschen Schiffen gesichtet worden war, hatte Admiral Lütjens Nordkurs legen lassen, was sich im Nachhinein als äußerst wichtige Maßnahme herausstellte.

Der Durchbruch durch die Dänemarkstraße erfolgte mit dem Erreichen der Einfahrt durch die Schlachtkreuzer. Am Morgen des 3. Februar wurde diese Enge durchlaufen und um 21.00 Uhr das berüchtigte Cap Nord im Abstand von nur 20 Seemeilen passiert. Damit war die engste Stelle dieses „neuralgischen Punktes auf dem Wege in den Atlantik“ (Fritz-Otto Busch zum Autor) überwunden.

Ein Hilfskreuzer, der am anderen Morgen in Sicht kam, wurde weiträumig umlaufen, und damit befanden sich die beiden deutschen Schlachtkreuzer das erste Mal im Atlantik.

Am Nachmittag dieses Tages gelang es, den Versorger „Schlettstadt“ aufzuspüren. Die beiden Großkampfschiffe versorgten und liefen anschließend nach Nordosten weiter.

Diese in See stehenden Versorger und Tankschiffe sicherten die Einsätze der Großkampfschiffe und Kreuzer ebenso, wie jene der Hilfskreuzer. Sie waren die wichtigste Voraussetzung zum Gelingen der langen Fahrten in den fernsten Gewässern. Ohne sie hätten diese Einsätze nicht stattfinden können. Sie nahmen die größten Opfer auf sich, denn sie waren jedem feindlichen Kriegsschiff wehrlos ausgeliefert. Eine Vielzahl von Tankschiffen war es, die die Versorgung der deutschen Schiffe in See – einschließlich der U-Boote – sicherstellte. Von der

„Adlergrund“ bis zur „Zweena“ waren sie, ob groß oder klein, eingebunden in die Versorgung. Namen wie „Charlotte Schliemann“ oder „Kattegatt“, „Esso Hamburg“ oder „Passat“ waren in aller Munde, wenn es darum ging, die Versorgung der deutschen Kriegsschiffe auf den Sieben Meeren sicherzustellen. Hinzu kamen alle Versorger, wie die „Uckermark“ und die „Altmark“, die „Alstertor“, die „Doggerbank“, die „Ermland“ und vor allem die „Eurofeld“, „Friedrich Breme“, die „Kulmerland“ und die „Nordmark“, um nur einige aus der Reihe der Helfer der Kriegsmarine zu nennen, die still ihre Pflicht taten, von denen heute aber kaum noch jemand spricht. Ehre ihrem Andenken.

Bei westlichen Winden, die in Stärken zwischen 7 bis 8 wehten, den Einsatz der Bordflugzeug verhinderten und auch die Waffenverwendung einschränkten, zogen sich beide Schiffe am Morgen des 8. Februar auseinander, um die Geleitzugroute, die sie erreicht hatten, nach Schiffen abzusuchen. „Gneisenau“ meldete die ersten „Mastspitzen in Sicht!“ Ein Funkspruch verständigte die „Scharnhorst“, daß man den Geleitzug gefunden habe. Es wurde befohlen, daß „Scharnhorst“ aus Norden herunterstoßen solle, während „Gneisenau“ von Süden auf diesen Konvoi operieren würde.

Um 9.58 Uhr meldete die „Scharnhorst“: „Schlachtschiff im Geleitzug!“ Admiral Lütjens befahl daraufhin, den Angriff abzubrechen, da die Skl ein Gefecht mit gleichstarkem Gegner untersagt hatte, um die Operation der beiden Schlachtkreuzer nicht zu gefährden, die auf die Vernichtung feindlichen Handelsschiffsraumes gerichtet war.

Das britische Schlachtschiff „Ramillies“, das den HX 106 geleitete, meldete „Ein schwerer Kreuzer in Sicht, Typ ‚Hipper‘. Eventuell die ‚Admiral Scheer‘.“

Das Schiff wurde „auf dem Rückmarsch nach Norden“ gemeldet. Demzufolge ließ die Britische Admiralität drei englische Suchgruppen auslaufen, um dem vermeindlich auf dem Rückmarsch befindlichen „Panzerschiff“ (später in Schwerer Kreuzer umbenannt) den Rückmarschweg abzuschneiden.

Beide Schlachtkreuzer liefen in das Seegebiet südlich von Grönland zurück. Hier versorgte die „Schlettstadt“ die „Gneisenau“ mit Treiböl, während die „Scharnhorst“ an der „Esso Hamburg“ versorgte. Das war am 14. und 15. Februar der Fall.

Bereits am 12. Februar hatten die Funkstellen der beiden Großkampfschiffe die Erfolgsmeldung der „Admiral Hipper“ aufgenommen. Nun schien die Chance, ebenfalls zum Schuß auf Geleitzüge des HX-Bereiches (Halifax-England und umgekehrt) zu kommen, wieder gegeben.

Während einer Besprechung der Kommandanten auf der „Gneisenau“ erklärte Admiral Lütjens den beiden Kommandanten, daß er sich auf den HX 111 konzentrieren wolle. Dieser war vom deutschen Marineattaché in Washington an diesem Tage 200 Seemeilen ostwärts Halifax gemeldet worden. Damit bestand die Chance, ihn auf etwa 45 Grad West abzufangen. Dies war fünf Grad weiter westlich, als die britische Schlachtschiff-Sicherung einsetzte.

Doch der HX 111 konnte nicht gestellt werden. Die „Gneisenau“ konnte jedoch am 22. Februar mit Hilfe des Bordflugzeuges, (Besatzung Lt. z. S. Mechel und Fw.

Schmid) einige Einzelfahrer sichten und stellen. Nacheinander wurden an diesem Tage vier Einzelfahrer angehalten und versenkt. Es waren: die „Kantara“ mit 3237 BRT, die „Trelawny“ mit 4689 BRT, die „A. D. Huff“ mit 6219 BRT und die „Harles“ mit 5483 BRT. Während dieser Stunden hatte die „Scharnhorst“ den mit Ballast nach Curaçao laufenden Tanker „Lustros“ gestellt und nach Übernahme der Besatzung versenkt.

Übrigens wurden die Besatzungen aller fünf Schiffe, insgesamt 180 Mann, gerettet. Elf Seeleute fielen auf diesen fünf Schiffen.

Es war der „Trelawny“ gelungen, noch einen Hilferuf zu tasten, der von Cape Race aufgefangen wurde. Wenig später war die Britische Admiralität darüber im Bilde, daß schwere deutsche Seestreitkräfte auf der HX-Route operierten.

Admiral Lütjens ließ das Operationsgebiet seiner beiden Schiffe nach Süden auf die Route Sierra Leone – Kapstadt verlegen. Am 27. Februar erfolgte eine weitere Brennstoff-Versorgung aus dem Motortanker „Friedrich Breme“. Die Gefangenen wurden an das Motorschiff „Ermland“ abgegeben, das ebenfalls auf dem Treffpunkt „Lilo“ stand.

In den nächsten Tagen versuchten die Bordflugzeuge der „Scharnhorst“ einen Gegner zu finden, wobei eine der Arado 196 für kurze Zeit verschollen war, aber von der zweiten Maschine wiedergefunden wurde. Die Arado 196 mit der Kennung T3 + HH machte am 6. März eine Bruchlandung und wurde zu 80 Prozent zerstört.

Einen Tag später wurde das Schlachtschiff „Malaya“ entdeckt, das Sicherung für den Konvoi SL 67 lief. Der Kurzfunkspruch an die Gruppe West darüber lautete: „Sehr stark gesicherter Geleitzug Quadrat DT 9919.“

Daraufhin setzte die Seekriegsleitung sofort die beiden nahe beistehenden U-Boote U 124, Kptlt. Schulz, und U 105, Kptlt. Schewe, auf diesen Konvoi an (Dazu mehr im Abschnitt U-Boote am Feind – Erstes Halbjahr 1941).

Admiral Lütjens hielt bis zum späten Nachmittag des 8. März Fühlung am Geleitzug, und um 17.45 Uhr war die „Gneisenau“ bis auf 256 Hektometer an die „Malaya“ herangekommen. Als das Bordflugzeug des englischen Schlachtschiffes den deutschen Verband sichtete und diesen meldete, verließ Admiral Lütjens weisungsgemäß diese Route und lief nach Nordwesten ab, um auf einem vereinbarten Treffpunkt vom Flottentanker „Uckermark“ Treiböl zu übernehmen.

Auf dem Marsch dorthin wurde am Morgen des 9. März der griechische Frachter „Marathon“ mit 7926 BRT von der „Scharnhorst“ gestellt und nach Übernahme der 38köpfigen Besatzung versenkt.

Am 10. März hatten die beiden Schlachtkreuzer die 900-Meilen-Distanz, die sie vom Versorger trennte, überwunden. Die „Ermland“ kam noch hinzu, und allen Kommandanten und Kapitänen erklärte Admiral Lütjens am Nachmittag des 12. März, daß er noch einmal auf die HX-Geleitzugroute operieren wolle, wobei beide Troßschiffe als Aufklärer, jeweils 30 Seemeilen von den Schlachtkreuzern abgesetzt, auf beiden Flanken mitlaufen sollten, um einen möglichst breiten Streifen der See aufklären zu können. Der Marsch nach Nordosten wurde noch am selben Abend angetreten und am nächsten Abend der beabsichtigte Suchstreifen bezogen.

Am 15. März, nach einem Tag vergeblichen Ausgucks, sichtete die „Uckermark“ einen Tanker. Kurz darauf meldete sie einen zweiten Tanker und dann immer mehr Schiffe. Die Aufklärerformation war in einen Schwarm von Einzelfahrern hineingelaufen. Von den ersten vier gesichteten und gestoppten Tankern wurden drei mit einem Prisenkommando besetzt und nach Frankreich entlassen. Der vierte, der gefunkt hatte, wurde von der „Gneisenau“ versenkt.

Die Befragung der Kapitäne ergab, daß es sich bei diesen Schiffen um Fahrzeuge eines aufgelösten Konvois handelte. Die „Scharnhorst“ konnte noch am selben Tag die beiden englischen Motortanker „Athelfoam“ mit 6554 BRT und die „British Strenght“ mit 7139 BRT versenken.

Am nächsten Tage wurden zehn weitere Einzelfahrer gestellt. Die „Gneisenau“ versenkte davon sechs, alles mittlere Frachter mehrerer Nationen, darunter einen Norweger, der für England fuhr. Die „Scharnhorst“ beteiligte sich an dieser Jagd und konnte vier weitere Dampfer, darunter die 8298 BRT große „Mangkai“, versenken.

Mehrere Schiffe funkten bis zu ihrem Untergang um Hilfe, und einige schossen sogar zurück und versuchten unter Einnebelung zu entkommen. Der Dampfer „Chilean Reefer“, der als letzter gestellt wurde, eröffnete das Feuer auf die „Gneisenau“. Er erhielt eine Reihe schwerer Treffer und stand bald darauf, über alles in Flammen gehüllt, auf der See. „Gneisenau“ versuchte, die in die Boote gegangenen Besatzungsmitglieder dieses tapferen Schiffes zu retten. Eines der Boote der „Chilean Reefer“ war bereits an der „Gneisenau“ längsseits gegangen. Die ersten Seeleute waren übernommen worden, als aus einer Distanz von 200 hm die „Rodney“ in Sicht kam und die „Gneisenau“ anmorste:

„What ship?“

„Gneisenau“ ließ sofort das Rettungsboote treiben, ging mit der Maschine an und lief mit Höchstfahrt ab.

Der Signalgast aber, der einen entsprechenden Befehl erhalten hatte, morste zurück:

„HMS Emerald!“

Über Funk wurden die beiden Troßschiffe ebenso wie die „Scharnhorst“ über den nächsten Treffpunkt verständigt. Der gesamte Verband setzte sich in das Gebiet 300 Seemeilen nordwestlich der Azoren ab. Am 18. März wurde dieser Sammelpunkt nach einer Fahrt durch schweres Wetter und grobe See erreicht. Die Brennstoffergänzung dauerte bis zum fruhen Morgen des 19. März. Die Gefangenen, insgesamt auf über 400 Mann angewachsen, wurden an die beiden Troßschiffe übergeben. Anschließend ließ Admiral Lütjens den FT-Spruch tasten: „Gehe nach Brest!“

Nach der Entlassung der beiden Versorger traten die Schlachtkreuzer den Rückmarsch an. Am 20. März passierten sie gegen 21.00 Uhr 20 Grad West nach Osten. Beide Schlachtkreuzer fuhren einen Täuschungskurs und näherten sich in der kommenden Nacht der Küste. Am 22. März standen sie um 3.00 Uhr früh vor der Ansteuerung von Brest, ohne gesichtet worden zu sein. Sie liefen hinter den Sperrbrechern 8, 1 und 9 ein und gingen in Brest vor Anker.

Zwar war es den beiden Schlachtkreuzern nicht gelungen, einen geschlossen laufenden Geleitzug zu stellen und aufzureiben, dennoch stellten sie unter Beweis, daß es möglich war, die gegnerischen Seeverbindungen nachhaltig zu beunruhigen und alle Seestreitkräfte Englands auf diese Weise zu binden.

Darüber hinaus war es gelungen, den Gegner von den beiden auf dem Wege in die Heimat befindlichen Schweren Kreuzern „Admiral Scheer" und „Admiral Hipper" abzulenken und ihnen das Einlaufen zu erleichtern. Captain Roskill würdigte diesen Einsatz mit den Worten:

„Die beiden deutsche Schlachtkreuzer versenkten oder kaperten nicht nur 22 Schiffe mit 115622 BRT, sondern brachten auch für einige Zeit unseren atlantischen Geleitzug-Zyklus völlig durcheinander. Und dies mit ernsten Auswirkungen auf unsere wesentlichen Einfuhren." (Siehe: Roskill, S. W.: „The War at See" Bd. 1).

Diese Phase des Seekrieges mit Hilfskreuzern (über die noch berichtet werden wird), Kreuzern und Schlachtkreuzern war für die Britische Admiralität ein schwerer Schock. Das Glück hatte auf der deutschen Seite gestanden, denn trotz der zahlenmäßig gewaltigen Unterlegenheit hatten die wenigen deutschen Kampfschiffe dem Gegner zur See Paroli bieten können, ohne große Verluste zu erleiden. Erst der nächste Großeinsatz sollte für die Kriegsmarine zu einem der schwersten Verluste des Krieges führen.

DAS UNTERNEHMEN „RHEINÜBUNG“

Das Ende des Schlachtschiffes „Bismarck“

Das Schlachtschiff „Bismarck“, das am 24. August 1940 in Dienst gestellt wurde, hatte gerade seine Probefahrten hinter sich gebracht, als die Skl seinen Einsatz und den des Schweren Kreuzers „Prinz Eugen“, der am 1. August 1940 in Dienst gestellt worden war, befahl.

Zwar sollte das zweite deutsche Schlachtschiff, die „Tirpitz“, ebenfalls bis Ende 1940 einsatzbereit sein, doch ihr erster Einsatz würde erst später erfolgen können.

So wurden denn die „Prinz Eugen“ und die „Bismarck“ zu einem Kampfverband zusammengeschlossen, der in der zweiten Aprilhälfte 1941, zur Zeit der Neumondperiode, zum Einsatz auslaufen sollte.

Bis zu diesem Zeitpunkt sollte auch die in Brest liegenden und überholten Schlachtkreuzer „Scharnhorst“ und „Gneisenau“ wieder einsatzbereit sein und ebenfalls wieder in See gehen.

Mit diesen vier Großkampfschiffen könnte es möglich sein, den britischen Geleitverkehr – im Zusammenarbeit mit den U-Booten – zum Erliegen zu bringen.

Außerdem versprach man sich von diesen Einsätzen zweier Kampfgruppen eine gute Diversionswirkung. Da aber die Maschinenschäden der „Scharnhorst“, die man festgestellt hatte, nicht so rasch beseitigt werden konnten, kam ihr Einsatz nicht in Frage.

Die Weisung der Seekriegsleitung an die Marinegruppen West und Nord, an den Flottenchef und den Befehlshaber der U-Boote, lautete:

„Die Kriegführung im vergangenen Winterhalbjahr hat mit den ersten längeren Schlachtschiffunternehmungen (gemeint ist der Einsatz der beiden Schlachtkreuzer) im freien Seeraum des Atlantik ihren Abschluß gefunden.

Diese Schlachtschiffunternehmungen sowie die Unternehmen des „Kreuzers Hipper“ haben neben beträchtlichen taktischen Erfolgen gezeigt, welche erheblichen strategischen Auswirkungen durch einen derartigen Einsatz der Überwasserstreitkräfte erreicht werden können.

Diese strategischen Wirkungen erstrecken sich nicht nur auf den zum Operationsziel erwählten Seeraum, sondern greifen auch auf andere Kriegsschauplätze (Mittelmeer, Südatlantik) über.

Es muß das Bestreben der Seekriegführung sein, durch möglichst häufige Wiederholung derartiger Operationen ihre Wirkung zu erhalten und zu vertiefen. Hierzu müssen die bisher gewonnenen Erfahrungen ausgenutzt und die Operationen noch weiter ausgebaut werden.

Als entscheidendes Ziel im Kampf gegen England muß im Auge behalten werden, daß es darauf ankommt, die englische Zufuhr vernichtend zu treffen. Dieses Ziel läßt sich am besten und wirkungsvollsten nur im Nordatlantik erreichen, wo alle englischen Zufuhren zusammenlaufen und wo die nötigste Zufuhr England auf dem unmittelbaren Weg von Nordamerika her noch immer erreichen kann. Der Einsatz und das Operationsgebiet der Schlachtschiffe und Kreuzer muß diesem Gesichtspunkt Rechnung tragen. (Siehe: „Operation und Taktik", Heft 3: „Die Atlantikunternehmung der Kampfgruppe ‚Bismarck' – ‚Prinz Eugen'").

Der kurze Operationsbefehl zum Unternehmen „Rheinübung" sah für diese neue Kampfgruppe folgende Aufgaben vor:

1. Auslaufen durch Belt und Nordsee in den Nordatlantik.
2. Angriff auf die durch den Nordatlantik laufende Zufuhr.
3. Nach Durchführung der Aufgabe 2: Einlaufen in westfranzösischen Hafen, zur Ergänzung von Munition und Verbrauchsstoffen. Falls längere Reparaturen oder Planüberholungen erforderlich, nach Möglichkeit Rückmarsch in die Heimat.

Beim Durchbruch der Kampfgruppe „Bismarck" – „Prinz Eugen" wurde mit einer Vielzahl feindlicher Großkampfschiffe gerechnet. Der Beginn des Unternehmens wurde für die Neumondperiode im April – Neumond war am 26. – festgestellt. Dieser Termin verzögerte sich durch einen Grundminentreffer, den die „Prinz Eugen" am 23. April im Fehmarnbelt erhielt; er verursachte einen Kupplungsschaden.

Am 25. April erwog der Flottenchef, Admiral Lütjens, in der entscheidenden Besprechung bei der Skl in Berlin den Aufschub der Operation, bis die „Scharnhorst" wieder einsatzbereit war.

Doch mit der Gefechtsbereitschaft der „Scharnhorst" war nicht vor Sommer zu rechnen, und die „Tirpitz" würde erst im Herbst 1941 zur Verfügung stehen. Damit war alles entschieden, denn die Skl drängte auf die möglichst schnelle Wiederaufnahme des Zufuhrkrieges, um den Gegner nicht mehr zur Ruhe kommen zu lassen. Vor allem war ein Durchbruch schwerer Kriegsmarineeinheiten in den Atlantik im Sommer ungleich schwieriger und gefährlicher als noch im April oder Anfang Mai.

Die Operationen im Atlantik sollten so bald wie möglich wieder aufgenommen werden, lautete das Fazit dieser Besprechung.

Das Flottenkommando meldete die Kampfgruppe zum 18. Mai um 0.00 Uhr einsatzbereit. Die Marinegruppe Nord gab am 17. Mai das Stichwort, nach welchem die Kampfgruppe am 19. Mai mit Beginn der Dunkelheit in den Großen Belt einlaufen sollte. In der Nacht zum 20. Mai liefen „Bismarck" und „Prinz Eugen" in den Großen Belt und erreichten bis zum kommenden Abend Kristiansand. Die Luftaufklärung hatte die Home Fleet noch in Scapa Flow festgestellt.

Am Nachmittag war die Kampfgruppe von Schweden aus im Kattegatt erfaßt worden, und am Abend gab der englische Marineattaché aus Stockholm die Meldung darüber nach London durch.

Im Kafjord bei Bergen erfolgten am Morgen des 21. Mai die Ölergänzung der deutschen Kampfgruppe. Um 23.00 Uhr ging sie wieder in See und lief in das

Seegebiet nördlich Island. Von dort steuerten die beiden Schiffe mit Südostkurs in Richtung Dänemarkstraße.

Der Verband wurde am 23. Mai im Nordeingang der Dänemarkstraße von dem britischen Kreuzer „Suffolk“ gesichtet. Wenig später gelang es auch der „Norfolk“, mit den beiden Schiffen in Kontakt zu kommen. Zwei Kreuzer beobachteten von nun an jede Bewegung der beiden deutschen Großkampfschiffe und meldeten Geschwindigkeit und Kurse laufend weiter, damit die Britische Admiralität schwere Schiffe, möglichst auch Schlachtschiffe, gegen die beiden deutschen Schiffe ansetzen konnte.

Der Chef der Home Fleet, Admiral Sir Tovey, ließ noch um 22.45 Uhr des Meldungstages eine starke Kampfgruppe ankerauf gehen. Sie setzte sich aus dem Schlachtschiff „King George V.“, dem Flugzeugträger „Victorious“ und dem 2. Kreuzergeschwader mit vier Kreuzern und sieben Zerstörern zusammen.

Dem Schlachtkreuzergeschwader unter Führung von Vizeadmiral Holland mit den Schlachtkreuzern „Hood“ und „Prince of Wales“, das sich auf dem Marsch nach Island befand und noch etwa 220 Seemeilen von der Südwestspitze dieser Insel entfernt stand, erhielt Weisung, direkt auf jenen Kurs zu drehen, der sie genau zu den beiden deutschen Schiffen führen würde. Sie mußten nach den Berechnungen der Experten am frühen Morgen des 24. Mai auf die deutsche Kampfgruppe stoßen.

In der Nacht verloren beide Fühlung haltenden Kreuzer den Kontakt mit den beiden deutschen Einheiten. Erst um 2.47 Uhr sichtete die „Suffolk“ die deutschen Schiffe erneut und meldete, daß diese ihren Kurs in der Nacht nicht geändert hätten.

Die als Bewacher in der Enge zwischen Island und den Färöern stehenden britischen Kreuzer „Birmingham“ und „Manchester“ wurden durch den Kreuzer „Arethusa“ verstärkt. Dieser hatte sich auf dem Marsch nach Island befunden, um einen britischen Admiral dorthin zu bringen.

Als am Abend des 23. Mai die „Norfolk“, sehr kurz aus einem Schneeschauer herauslaufend, in Sicht kam, ließ Admiral Lütjens das Feuer eröffnen. Doch sehr bald verschwand dieser Kreuzer wieder im Dunst.

Die Kampfgruppe Holland mit ihren Schiffen sowie der „Norfolk“ und „Suffolk“ liefen unter Wahrung der Funkstille auf dem neuen Kollisionskurs weiter. Am Morgen des 24. Mai um 5.55 Uhr sichteten die beiden Kreuzer die deutschen Schiffe und meldeten an Vizeadmiral Holland.

Der führende Schlachtkreuzer „Hood“ und die ihr folgende „Prince of Wales“ liefen nun im spitzen Winkel auf die deutschen Schiffe zu, um schnellstmöglich in eine gute Schußposition zu gelangen. Sie konnten deshalb aber bei Feuereröffnung um 5.52 Uhr vorerst nur mit den beiden vorderen Türmen A und B in den Kampf eingreifen, während „Bismarck“ und „Prinz Eugen“ den Gegner so ins Visier bekamen, daß alle acht 38-cm-Geschütze der „Bismarck“ und die 20,3-cm-Geschütze der „Prinz Eugen“ zum Schuß kamen.

Es dauerte nur eine Minute, bis alle vier Einheiten in den Kampf eingegriffen hatten. Die dritte Salve der „Bismarck“ traf den britischen Schlachtkreuzer „Hood“, als dieser gerade eine Drehung vollendete, um seine gesamte Hauptartillerie in Schußposition zu bringen. Die 38-cm-Granaten des deutschen Schlachtschiffes schmetterten in die „Hood“ hinein. Zwischen dem achtern Schornstein und dem Mast des Schlachtkreuzers zuckten Explosionsblitze, sprang schließlich eine mächtige Feuersäule empor.

Admiral Lütjens, der sein Fernglas auf die 150 Hektometer entfernt liegende „Hood“ hielt, sah, wie das gesamte Achternschiff des Schlachtkreuzer sich in ein Flammenmeer verwandelte. Einer der achtern Geschütztürme der „Hood“ wurde durch die unerhörte Gewalt einer erneut aufbrandenden Detonation losgerissen, emporgeschleudert und in die See gewirbelt.

Im Kommandostand des Schweren Kreuzers „Prinz Eugen“ rief in diesem Moment Kpt. z. S. Brinkmann: An alle: Der vordere Gegner fliegt in die Luft!

Eine der einschlagenden Granaten der „Bismarck“ hatte die achterne Munitionskammer der „Hood“ voll getroffen und die darin lagernden 112 Tonnen Pulver detonieren lassen, die den Schlachtkreuzer in Stücke rissen.

Mit einer schnellen Ruderkorrektur entging die „Prince of Wales“ dem Zusammenstoß mit der „Hood“. Es war 6.01 Uhr, als der britische Schlachtkreuzer von der Wasseroberfläche verschwunden war. Er nahm 1416 Besatzungsmitglieder mit in die Tiefe. Nur drei (!) Soldaten der „Hood“ entgingen diesem Inferno, das den Schlachtkreuzer verschlungen hatte.

Zwei Minuten später schlugen auf der „Prince of Wales“ die ersten Treffer ein. Ein Volltreffer traf ihre Brücke. Von allen Männern, die sich auf ihr befanden, überlebten nur der Kommandant, Captain Leach, und ein Signalmeister. Drei weitere Treffer der „Bismarck“ aus ihren 38-cm-Türmen und drei 20,3-cm-Treffer der „Prinz Eugen“ forderten neue Opfer.

Es war 6.13 Uhr, als Captain Leach eine künstliche Nebelwand ziehen ließ und hinter dieser abdrehte, um die „Prince of Wales“ vor einem gleichen Schicksal zu bewahren, das die „Hood“ getroffen hatte.

Allerdings hatte die „Prince of Wales“ der „Bismarck“ zwei schwere Treffer ihrer größten Kaliber beigebracht. Einer davon beschädigte die Treibstofftanks des deutschen Schlachtschiffes, so daß die „Bismarck“ von nun an eine deutlich sichtbare Treibstoffspur hinter sich herzog, als der deutsche Verband nach Süden abdrehte.

Britischerseits hatte Admiral Wake-Walker das Kommando über die „Prince of Wales“ übernommen. Es war nur noch eine Frage der Zeit, dann mußte auch dieses britische Schlachtschiff den Weg in die Tiefe antreten. Jene Schiffe der Home Fleet, die hätten Hilfe bringen können, standen noch 300 sm ab.

Anstatt sich nun auf die „Prince of Wales“ zu konzentrieren, liefen „Bismarck“ und „Prinz Eugen“ auf ihrem alten Kurs weiter. Die Bitte von Kpt. z. S. Lindemann an Admiral Lütjens, dem angeschlagenen Gegner nachsetzen zu dürfen, wurde abschlägig beschieden. Warum Admiral Lütjens diese Bitte abschlug, ist ungeklärt. Er nahm die Beweggründe zu diesem Vorgehen wenige Tage später mit auf den Grund der See.

Die Fachleute allerdings glauben den Grund zu wissen. Admiral Lütjens hatte den Auftrag nicht aus den Augen verloren, und dieser lautete: „Kampf gegen die ozeanische Zufuhr zu den Britischen Inseln."

Dies war der Grund, aus dem Admiral Lütjens den angeschlagenen Gegner aus den Fängen ließ. Der zweite aber bestand in der Tatsache, daß aufgrund weiterer Beschädigungen die „Bismarck" in ihrer Geschwindigkeit eingeschränkt war.

Hitlers Nachfrage bei der Seekriegsleitung, warum nicht auch die „Prince of Wales" weiter angegriffen und vernichtet worden sei, was selbst bei Verlust der „Bismarck" im Endeffekt günstiger gewesen wäre, wurde damit beschieden, daß Deutschland nur über dieses eine Schlachtschiff verfüge und daß die „Bismarck" zum gemeinsamen Vorgehen und Angriff in den Weiten der See gemeinsam mit der „Tirpitz" mehr für Deutschland leisten werde.

„Prinz Eugen", die sich mit allen Waffen am Kampf beteiligt hatte, war unbeschädigt aus diesem Kampf herausgekommen. Sie hatte sowohl auf der „Hood" als auch auf der „Prince of Wales" einige Treffer erzielt.

In der Nacht zum 25. Mai entließ Admiral Lütjens diesen Schweren Kreuzer zur selbständigen Handelskriegführung in den Atlantik. Hinter den abdrehenden Schweren Kreuzer eindrehend, nahm die „Bismarck" Kurs auf Brest, und die Verfolger verloren den Anschluß. Es sah so aus, als sollte es ihr gelingen, diesen sicheren, stark mit Flakabwehr bestückten Hafen zu erreichen. Dann wäre die Rechnung von Admiral Lütjens aufgegangen.

Britischerseits galt es nun, in aller Eile ein dichtes Suchnetz um die beiden deutschen Schiffe zu ziehen, durch das sie nicht mehr entkommen konnten.

So wurde von der Britischen Admiralität in den frühen Morgenstunden des 24. Mai die nördlich Gibraltar stehende Force H unter Admiral Somerville mit den Schlachtschiffen „Rodney" und „Ramillies" von jenen Geleitzügen abgezogen, die sie zu sichern hatten. Um 2.40 Uhr dieses Tages hatte Admiral Tovey den Träger „Victorious" mit vier Leichten Kreuzern auf eine Position in Marsch gesetzt, die den deutschen Schiffen voraus lag. Von diesem Flugzeugträger wurden um 22.00 Uhr die Swordfish-Torpedoflugzeuge eingesetzt. Sie fanden trotz des schlechten Wetters die „Bismarck" und die noch bei ihr laufende „Prinz Eugen" und erzielten einen Treffer, der jedoch gegen die Seitenpanzerung der „Bismarck" traf und das Schiff nur leicht beschädigte.

In der Nacht entließ – wie dargestellt – Admiral Lütjens den Schweren Kreuzer und lief allein mit Höchstfahrt weiter.

Am Morgen des 26. Mai wußte keiner der Verfolger mehr, wo sich die „Bismarck" befinden könnte. In dieser günstigen Ausgangslage sichtete ein Catalina-Flugboot das deutsche Schlachtschiff und meldete seine Position und die Richtung über Funk.

Die Force H schwenkte auf den neuen Kurs ein. Gegen Mittag gewannen auch Flugzeuge des Trägers „Arc Royal" Fühlung an der „Bismarck". Eine Stunde später kam sie dem Kreuzer „Sheffield" in Sicht. Die „Sheffield" war von einem der angreifenden eigenen Flugzeuge für die „Prinz Eugen" gehalten und mit Torpedos angriffen worden, denen sie nur mit Mühe entging.

Am Nachmittag des 26. Mai wurde die „Bismarck“ ein zweites Mal angegriffen, 15 Swordfish der „Arc Royal“ unter Führung von LtCdr. Coode versuchten das Abwehrfeuer zu durchstoßen und zum Torpedowurf zu kommen. Zwei abgefeuerte Torpedos erreichten die „Bismarck“. Während der eine die Ruderanlage des Schlachtschiffes lahmlegte, führte der andere ebenso gravierende Schäden herbei. Die „Bismarck“ lag manöverierunfähig auf der See. Ihr Schicksal war besiegelt.

In der Nacht zum 27. Mai wurde sie von fünf Zerstörern der 4. brit. Z.-Flot. unter Capitain Vian angegriffen. Dieser Angriff konnte abgewehrt werden. Am Vormittag des 27. Mai waren „King George V.“ und „Rodney“ in Angriffsposition gekommen. Admiral Tovey befahl die Feuereröffnung auf die „Bismarck“ aus 174 hm Distanz. Es war 8.45 Uhr, als die ersten Salven losbrüllten.

Die „Bismarck“ erwiderte das Feuer mit allen einsatzbereiten Waffen. Da sie nicht manöverieren konnte, wurde sie mehr und mehr von Granaten aller Kaliber eingedeckt. Von der Back bis zum Heck stand schließlich die „Bismarck“ über alles in Flammen. Aus den Flammen heraus blitzen jedoch immer noch die Abschüsse der Geschütze, ohne daß das Schlachtschiff merklich tiefer gesackt wäre.

Die beiden britischen Schlachtschiffe mußten schließlich wegen Brennstoffmangels und Verschuß der schweren Munition abdrehen. Die „Bismarck“ schwamm immer noch. Jetzt aber liefen die Kreuzer „Norfolk“ und „Dorsetshire“ unter Capitain Martin zum Torpedoangriff an. Sie torpedierten die inzwischen wehrlos auf See treibende „Bismarck“ zweimal und schossen sich dann auf das hilflos in der See treibende Wrak ein.

Es war genau 10.36 Uhr, als die „Bismarck“ auf 48. 10 Grad Nord und 16. 12 Grad West – durch Eigensprengung – sank. Von ihrer Besatzung in Stärke über 2000 Mann wurden nur 110 Mann gerettet. Mit dem Schiff ging auch der Flottenchef, Admiral Lütjens, unter. Sein eingeschiffter Flottenstab und der eingeschiffte Beobachtungsdienst teilten das Schicksal ihres Admirals.

Großadmiral Raeder erklärte Hitler, daß die „Bismarck“ mit Sicherheit entkommen wäre und Brest erreicht hätte, wenn sie nicht den entscheidenden Rudertreffer erhalten hätte, der das Schiff manöverierunfähig gemacht hätte.

Hitler sah nach dem Untergang der „Bismarck“ keine weitere Möglichkeit mehr, den ozeanischen Zufuhrkrieg gegen England in der alten Art – mit Großkampfschiffen – weiterzuführen.

Das Schlachtschiff „Bismarck“ war nicht mehr zu seiner eigentlichen Bestimmung, der Führung des Handelskrieges gegen England, gekommen. Acht feindliche Schlachtschiffe und Schlachtkreuzer, zwei Flugzeugträger, vier Schwere und sieben Leichte Kreuzer, 21 Zerstörer und eine Vielzahl an Flugzeugen waren notwendig gewesen, um dieses eine Schiff zur Strecke zu bringen. Es war der Chef der Britischen Home Fleet, der der „Bismarck“ die „Grabrede“ hielt:

„Gegen eine unüberwindliche Übermacht hat die „Bismarck“ einen außerordentlich tapferen Kampf gekämpft und sich der Tradition der alten Kaiserlichen Marine würdig erwiesen: Sie ist mit wehender Flagge gesunken!“ (Siehe: Assmann, Kurt: „Deutsche Seestrategie in zwei Weltkriegen“).

Trotz dieses schweren Verlustes und entgegen Hitlers Bedenken setzte die Skl den Zufuhrkrieg auf den Ozeanen weiter fort.

Die „Prinz Eugen" war am 1. Juni wohlbehalten in den Hafen Brest eingelaufen. Dort blieb sie bis zum 12. Februar 1942 liegen, ehe sie gemeinsam mit den Schlachtschiffen „Scharnhorst" und „Gneisenau" das Unternehmen „Cerberus" durchführte: Den Marsch von Brest durch den Englischen Kanal in die Nordsee.

Das geplante Unternehmen der „Prinz Eugen" zum Vorstoß auf den südlichen Teil der HX-Geleitzugrouten wurde nach der Beölung vom Tanker „Spichern" am 27. Mai abgebrochen, weil das Schiff von der Gruppe West eine Warnung von „fünf Schlachtschiffen im Quadrat BE 5568" erhielt, die mit 220 Grad Kurs und großer Fahrt liefen und offenbar auf die „Prinz Eugen" angesetzt waren. Als dann am 28. Mai nach einer weiteren Ölübernahme und einem Treffen mit dem Spähschiff „Kota Penang" die Maschinenanlage nur noch Fahrt für 28 Knoten erbrachte, ließ Kpt. z. S. Brinkmann die Operation abbrechen und Kurs auf Kap Finisterre nehmen. Von der Mitte der Biskaya meldete er dann seine Absicht, einen französischen Hafen anzulaufen und erhielt von der Skl Kursanweisung nach Brest, wo der Schwere Kreuzer am genannten 1. Juni um 19.30 Uhr eintraf.

Jagd auf die Versorger der Kampfschiffe und U-Boote

Die Britische Admiralität, die ganz genau wußte, daß ein Operieren deutscher Großkampfschiffe und Handelsstörkreuzer ebenso wie von U-Booten in fernen Gewässern nur mit Hilfe einer großen Kette von Versorgern möglich war, begann nun damit, diese zu suchen.

Eine zusammengestellte große Kampfgruppe, bestehend aus mehreren selbständig operierenden Verbänden, wurde angesetzt, um den deutschen Versorgern den Garaus zu machen.

Das Schlachtschiff „Nelson", die beiden Träger „Eagle" und „Victorious" und die Kreuzer „Aurora", „Dunedin", „Kenya", „London", „Neptune" und „Sheffield" operierten nun nach den Sicht- und Funkmeldungen über deutsche Treibölversorger und Troßschiffe.

Am 3. Juni wurde der Tanker „Belchen" mit 6367 BRT nach der Versorgung der U-Boote U 557 und U 111 in der Davis-Straße zwischen Grönland und Labrador gestellt. Die beiden Kreuzer „Kenya" und „Aurora" versenkten ihn. Es gelang U 93, die Überlebenden zu retten.

Einen Tag später erlitt die „Gedania", ebenfalls ein Tanker mit 8923 BRT das gleiche Schicksal. Er wurde durch das Hilfsschiff „Marsdale" aufgebracht. Das Spähschiff „Gonzenheim" wurde von einem Flugzeug des Trägers „Victorious" und dem Hilfskreuzer „Esperance Bay" gesichtet und vernichtete sich beim Näherkommen des Schlachtschiffes „Nelson" selbst. Der mit der „Nelson" zur Sichtungsstelle laufende Kreuzer „Neptune" erhielt Weisung, die „Gonzenheim" zu versenken. Inzwischen war das Schiff von der „Nelson" in Brand geschossen worden. Das brennende Wrak sank nach dem Torpedotreffer schnell.

In dem vorgesehenen Versorgungsgebiet in der Freetown-Natal-Enge versenkten sich am 4. und 5. Juni die beiden Tanker „Esso Hamburg" und „Egerland" selbst, als sich ihnen der Schwere Kreuzer „London" mit dem Zerstörer „Brilliant" näherte und ein Entkommen aussichtslos geworden war.

Am 12. Juni wurde die „Friedrich Breme" im Nordatlantik von dem Kreuzer „Sheffield" gesichtet, der mit AK auf den Tanker zulief und den 10397-Tonner noch außer Schußweite unter Feuer nahm. Die „Friedrich Breme" wurde von ihrer Besatzung selbst versenkt, deren Großteil in die Boote gegangen war.

Am 16. Juni wurde der Tanker „Lothringen", ebenfalls ein 10000-Tonner, von dem Leichten Kreuzer „Dunedin" im Mittelatlantik aufgebracht.

Der 21. Juni sah auf 02 05 Grad Nord und 27 42 Grad West den Untergang der 4422 BRT großen „Babitonga". Als letztes Versorgungsschiff fiel die „Alstertor" am 23. Juni der großen Gruppe der Verfolger zum Opfer.

Bis zum 23. Juni waren acht Versorger gestellt und vernichtet oder aufgebracht worden. Damit war das Versorgungssystem Deutschlands auf See stark angeschlagen. Ein Neuaufbau war aus Mangel an geeigneten Schiffen und erfahrenen Besatzungen nicht mehr möglich.

Der Versuch des Schweren Kreuzers „Lützow" unter Kpt. z. S. Kreisch in den Atlantik durchzubrechen und den Handelskrieg wieder aufzunehmen, wurde am 12. Juni kurz vor Mitternacht von der britischen Luftaufklärung erfaßt. Der Kreuzer stand zu dieser Zeit mit seinen fünf Sicherungszerstörern vor Lindesnes.

Zwei Stunden darauf wurde die „Lützow" von Torpedoflugzeugen der Squadron 42 des Coastal Command angegriffen. Es gelang dem Flight Serganten Lovett, einen Torpedotreffer mittschiffs auf „Lützow" zu erzielen. Mit teilweise ausgefallener Maschinenanlage und starker Schlagseite lief die „Lützow" in die Ostsee zurück und erreichte am Nachmittag des 14. Juni Kiel, wo sie von diesem Zeitpunkt an bis zum Januar 1942 ins Dock mußte.

Die Hoffnungen der deutschen Seekriegsleitung lagen nunmehr ausschließlich auf den Handelsstörkreuzern.

Hilfskreuzer auf den Sieben Meeren im Einsatz

Schiff 16, bekannt als Hilfskreuzer „Atlantis", sollte nach Beendigung der Reparaturarbeiten am Schiffsboden, der beim Einlaufen in die Gazellenbucht der Kerguelen beschädigt worden war, am 11. Januar 1941, als norwegisches Schiff „Tamesis" getarnt, ankerauf gehen.

„Atlantis" steuerte mit Nordwestkurs in Richtung des Schiffahrtsweges Mocambiquekanal – Singapur durch die See. Das Bordflugzeug des Hilfskreuzers sichtete am Morgen des 23. Januar 1941 einen Frachter, der auf Kurs 245 Grad lief.

Der erste Angriff bei Nacht verfehlte das Ziel. Das Bordflugzeug sichtete den Dampfer am folgenden Tage. Ofw. Borchert, der Pilot der He 114 mit dem Beobachter Oblt. z. S. Bulla, erhielten Weisung, die Antenne des Frachters zu reißen, um einen Funkspruch zu verhindern, der die Anwesenheit des Hilfskreuzers verraten hätte.

Beim ersten Überfliegen des Dampfers gelang es, die Antenne abzureißen. Bei diesem Anflug setzte Oblt. z. S. Bulla dem Dampfer zwei mitgeführte 50-Kilo-Bomben direkt vor den Bug. Über das Schiff zurückfliegend, erhielt die Besatzung Feuer der Bordflak und erwiderte dies durch Salven in Brücke und Schornstein. Der Dampfer machte einen Notruf. Es war die 5144 BRT große „Mandasor".

Dem Schiff gelang es noch, ein „q - q - q – chased by raider and bombed" zu funken, bevor die „Atlantis" herangedreht und das Feuer eröffnet hatte. Die zweite Salve lag mitten im Ziel; der Gegner stoppte und brannte mittschiffs." (Siehe: Kurowski Franz: „Bordflieger im Einsatz 1939–1945").

Das Schiff wurde von der Besatzung verlassen, von einem Prisenkommando durchsucht und durch Sprengladungen versenkt.

Das Bordflugzeug machte um 12.11 Uhr eine harte Landung neben dem Schiff. Der Backbordschwimmer unterschnitt, das Flugzeug kenterte und die ins Wasser gestürzten Flieger wurden durch den Kutter der „Atlantis" aufgenommen, der unterwegs war, um das Bordflugzeug mit weiteren Bomben zu versorgen.

Das zu Dreiviertel unter Wasser liegende Flugzeug wurde durch MG-Feuer in den unversehrten rechten Schwimmer versenkt. Damit hatte die „Atlantis" kein Bordflugzeug mehr.

Erst als Schiff 16 am 19. April mit dem Versorgungsschiff „Alsterufer" zusammentraf, dem sich auch die „Nordmark" noch zugesellte, erhielt Kpt. z. S. Rogge zwei neue Arado 196. Es gelang Oblt. z. S. Bulla, aus den in Kisten verpackten Einzelteilen binnen vier Tagen die erste Arado 196 zusammenzusetzen, was ohne Zusammenbauanweisung schwieriger war, als er es sich vorgestellt hatte.

„Atlantis" gelang es in der Nacht zum 1. Februar 1941, das englische Motorschiff „Speybank" mit 5154 BRT aufzubringen. Dieses Schiff hatte wertvolles Ilmenit, Manganerz, Monazit, 300 Tonnen Gummi, Tee und andere Waren geladen. Kpt. z. S. Rogge wollte es nach Westfrankreich entsenden, zumal es in seiner typisch englischen Bauart gut als Hilfsschiff geeignet war.

Am 1. Februar kam ein Schiff in Sicht, dessen Ausguck bereits auf 287 Hektometer (28,7 Kilometer) die „Atlantis" sichtete, einen Warnruf tastete und nach dessen neunmaliger Wiederholung die Bestätigung aus Colombo erhielt, von wo aus eine Warnung an die Schiffahrt hinausging. Am Abend dieses Tages wurde der Tankdampfer „Ketty Bröving" mit 7031 BRT gestellt und als Prise unter Oblt. z. S. Fehler zum Treffpunkt „Eiche" geschickt, wo es auf Schiff 16 warten sollte. Das Schiff war mit 6370 Tonnen Heizöl und 4125 Tonnen Dieselöl beladen, also eine wertvolle Prise.

Nach Versorgung aus der „Tannenfels“ am 8. Februar, es galt Proviant und Treiböl zu übernehmen, ging der gesamte Verband in Kiellinie zum Treffpunkt mit dem Schweren Kreuzer „Admiral Scheer“. Am 16. Februar konnte die „Scheer“ 1200 Tonnen Treiböl aus der „Ketty Bröving“ übernehmen.

Nach einer Besprechung über die künftige Zielaufteilung marschierten die „Atlantis“ und die „Speybank“ als Aufklärer bis zum 25. Februar in den Raum südlich der Seyschellen, um von dort aus in Richtung auf den Chagos-Archipel zu operieren.

Die „Speybank“ meldete am 20. Februar einen Tanker. Aber dies war der französische Marinetanker „Lot“, der die französischen U-Boote „Monge“ und „Pegase“ begleitete.

Am nächsten Tag wurde von der „Speybank“ ein Frachter gesichtet, der sich als japanischer Passagierfrachter entpuppte.

Am 28. März konnte „Atlantis“ die Verbindung mit dem italienischen U-Boot „Perla“ aufnehmen, das aus der „Atlantis“ versorgt werden sollte. „Perla“ erhielt 70 Tonnen Treiböl, Wasser, Schmieröl, Proviant und einige Seekarten.

Ein französischer Passagierdampfer wurde am 5. April gestellt und untersucht. Es war die 14 825 BRT große „Chenonceaux“, die wieder entlassen werden mußte.

Am 16. April fand das geplante Zusammentreffen mit der „Dresden“ ab Mittag statt. Das Schiff gab unter anderem auch Frischwasser und Schmieröl an die „Atlantis“. Es wurde am folgenden Tage entlassen.

Zwei Stunden darauf kam ein abgeblendeter Dampfer in Sicht. „Atlantis“ ging näher heran und eröffnete am folgenden Morgen um 6.25 Uhr das Feuer. Mit der zweiten Salve wurde der Funkraum des Schiffes zum Schweigen gebracht. Von den sechs Treffern auf das fliehende Schiff ging einer in den Maschinenraum, während zwei die 8299 BRT große „Zamzam“ (das ehemalige britische Frachtschiff „Leichestershire“, das an Ägypten abgegeben worden war) in der Wasserlinie trafen. Der Dampfer hatte 100 Ambulanzfahrzeuge, 10000 Faß Schmieröl und 1000 Tonnen Ammonium-Sulfat geladen und war von New York und Baltimore nach Suez bestimmt.

Neben der Ladung waren 202 Passagiere an Bord. Hinzu kam die 139köpfige Besatzung. Alle Passagiere, darunter die Hälfte Frauen und Kinder, konnten ebenso wie auch die Besatzung gerettet werden. 138 der Geretteten waren amerikanische Staatsbürger. Die „Zamzam“ wurde gesprengt.

Am 18. April wurden, wie bereits dargestellt, die beiden Arado 196 von der „Alsterufer“ übergeben. Außerdem bunkerte „Atlantis“ 3523 Kubikmeter Treiböl, 978 Tonnen Wasser, 600 Tonnen Kohle und Proviant. Damit war die Seeausdauer dieses Schiffes bis Ende 1941 sichergestellt.

Am 27. April, nach einem weiteren Treffen mit der „Nordmark“, wurde die „Atlantis“ in das niederländische Schiff „Brastagi“ aus Batavia umgebaut.

Als „Brastagi“ setzte Schiff 16 seine Kaperfahrt fort. Der Motorfrachter „Rabaul“ war das nächste Opfer. Dieser Dampfer von 6809 BRT war bewaffnet und brachte eine Ladung Kohle und Schiffsgut von England nach Kapstadt.

Der Engländer „Trafalgar“ aus Glasgow wurde am 23. Mai kurz vor Kapstadt in Brand geschossen und versenkt. Als nächster Dampfer war die 4762 BRT große „Tottenham“ an der Reihe. Dieser war es gelungen, noch eine Reihe von Notrufen abzusetzen, was Kpt. z. S. Rogge veranlaßte, mit Südwestkurs von der Versenkungsstelle abzulaufen.

Der englische Frachter „Balzac“ mit 5373 BRT, der landwirtschaftliche Produkte geladen hatte, darunter 4242 Tonnen Reis, aber auch 771 Tonnen Teakholz, wollte durch Zickzackkurs dem deutschen Hilfskreuzer entkommen, doch wurde er nach 190 Schuß, von denen nur vier Treffer waren, gestellt. Das Prisenkommando untersuchte ihn. Anschließend erfolgte nach Übernahme der Besatzung seine Versenkung.

Anfang Juli traf die „Atlantis“ mit Schiff 36 „Orion“ zusammen. Letztere erhielt 660 cbm Treiböl und 150 Granaten der Kaliber 15 cm und 7,5 cm. Hinzu kamen 1000 kg Proviant.

Erst in der Nacht zum 12. September bekam Schiff 16 wieder ein Schiff in Sicht, der Norweger „Silvaplana“ mit 4793 BRT. Das Motorschiff setzte in mehrfacher Wiederholung eine Q-Meldung ab. Es wurde aufgebracht, und beide Schiffe verließen den Schauplatz dieses Treffens, weil mehrere englische Stationen die Q-Meldung wiederholten.

Das Treffen mit dem Versorger „Münsterland“ erfolgte am 21. September. Einen Tag vorher war Schiff 45 „Komet“ mit seiner Prise „Kota Nopan“ in Sicht gekommen. Die „Münsterland“ gab an alle Schiffe Verpflegung und Treibstoff aus. Die „Silvaplana“, die mit Schiff 16 gekommen war, wurde mit dem Prisenkommando unter Lt. z. S. Dittmann am 27. September nach Frankreich entlassen. Es galt, seine wertvolle Ladung, 5540 Tonnen Sago, 2160 Tonnen Kautschuk, 541 Tonnen Zinn, ferner Holz, Häute, Kaffee und Gewürze für die deutsche Wirtschaft zu retten.

Kpt. z. S. Rogge verließ mit der „Atlantis“ Mitte Oktober den Pazifik, um in den Südatlantik zurückzukehren, wo die Erfolgsaussichten günstiger waren.

Vom 9. Oktober ab hatte der Hilfskreuzer vor Vana Vana, einem Atoll der Tuamotu-Inseln, geankert. Vor den Henderson-Inseln blieb der Hilfskreuzer ebenfalls einige Tage liegen, und am 18. Oktober nahm die „Atlantis“ Kurs auf Kap Horn. Die „Atlantis“, die noch bis März hätte in See stehen können, war infolge der Schäden an den Schiffsmaschinen gezwungen, ihren Einsatz vorzeitig zu beenden. Die uberschüssigen Mengen Treiböl und Proviant sollte das Schiff auf Wunsch der Skl den U-Booten U 68 und U 126 überlassen, die im Seegebiet nördlich Ascension auf den Hilfskreuzer warten würden.

Diese Versorgung begann noch nicht mit dem Treffen mit U 68 unter KKpt. Karl-Friedrich Merten am 13. November, weil schwere See dies verhinderte. Am 14. November aber erhielt U 68 100 cbm Treiböl und Proviant.

In den frühen Morgenstunden des 22. November wurde U 126 unter Kptlt. Ernst Bauer auf Punkt „Lilie 10“ gesichtet. Mitten in der Ölübernahme kam ein Schwerer britischer Kreuzer der London-Klasse in Sicht. Während U 126 loswarf und tauchte, wurde die „Atlantis“ von dem inzwischen herangekommenen Kreuzer gestellt. Eine Stunde ging das Fragespiel „what Ship?“ hin un her. Aber der Name „Polyphemus“ für die „Atlantis“ war dem Commander-in-Chief South Atlantic, bei dem nachgefragt wurde, nicht bekannt. „Atlantis“ war enttarnt. Die „Devonshire“ eröffnete das Feuer auf den deutschen Hilfskreuzer. „Atlantis“ erhielt mehrere schwere Treffer. Das Feuer konnte nicht erwidert werden, weil sich der Feindkreuzer außerhalb der Schußweite der „Atlantis“ hielt. Kpt. z. S Rogge entschied sich, sein Schiff zu sprengen.

Gleichzeitig mit der Detonation der achtern angebrachten Sprengladung krachte ein Volltreffer in den vorderen Munitionsraum. Das Schiff explodierte förmlich und sank wenige Minuten darauf über das Heck.

Die Besatzung des Hilfskreuzers hatte sich in zwei Motorbooten, vier großen Kuttern aus Eisen, fünf Schlauchbooten und auf Wrackteilen, die zu Flößen zusammengezurrt worden waren, eingerichtet. Sieben Mann waren gefallen.

Was nun folgte, war eine Rettungsaktion über 5000 Seemeilen und gegen dauernde britische Angriffe, die im Folgenden dargestellt werden sollen, wie sie von Kpt. z. S Karl-Friedrich Merten und anderen Autoren berichtet wurden.

U 126 meldete dieses Geschehen in die Heimat und löste dort hektische Tätigkeit aus, die den Schiffbrüchigen dieses Schiffes galt.

Unter erschwerten Umständen konnte U 126 10 Offiziere, 22 Unteroffiziere und 23 Männer des Hilfskreuzers „Atlantis“ unter Deck aufnehmen. 52 weitere Schiffbrüchige wurden in Schwimmwesten an Deck untergebracht. Die übrigen 201 Männer in den Booten wurden von U 126 in Schlepp genommen. Die Schleppfahrt begann um 16.00 Uhr dieses ereignisreichen Tages.

38 Stunden später kam der von der Skl herangeführte U-Boot-Versorger „Python“ unter Kptlt. (S) Gustav Lueders in Sicht. Die „Python“ nahm die Hilfskreuzerbesatzung auf und erhielt am 26. November von der Skl Befehl, ins Versorgungsgebiet vor der südafrikanischen Küste zu gehen, dort die U-Boote U 68, U A, U 124 und U 129 zu versorgen und dann nach Westfrankreich zurückzulaufen.

Am Abend des 30. November traf die „Python“ planmäßig mit U 68 zusammen und begann mit der Treibölabgabe. U A unter KKpt. Hans Eckermann erschien im ersten Büchsenlicht des 1. Dezember auf dem Treffpunkt und erhielt ebenfalls Treiböl und Proviant.

Um 15.30 Uhr wurde ein Schiff mit drei Schornsteinen gesichtet. Es entpuppte sich rasch als englischer Kreuzer. Die Versorgung der U-Boote wurde sofort abgebrochen, und die „Python“ lief nach Nordosten ab. Der Kreuzer drehte nach und verfolgte das Schiff. Durch ein geschicktes Manöver gelang es Kptlt. Lueder, sein Schiff über die inzwischen getauchten U-Boote hinwegzuziehen, um diesen die Chance zum Schuß zu geben.

U A schoß dann auch aus einer Distanz von 3000 m fünf Elektro-Torpedos in zwei Fächerschüssen, die nichts ergaben.

Der englische Kreuzer, die „Dorsetshire“ unter Captain A. W. S. Agar,

Ein Tanker wurde mittschiffs getroffen und brennt aus.

Auf Punkt „Rot“ treffen sich U 103 und U 107 am 19. 6. 1941.

U 124 trifft im Atlantik den Schlachtkreuzer „Scharnhorst".

Im Funkraum von U 124; März 1941.

Ein Frachter erhielt den Torpedotreffer mittschiffs.

U 124 hilft den Besatzungen der ausgesetzten Rettungsboote.

Kapitänleutnant Wilhelm-Georg Schulz, Kdt. von U 124, erhielt am 4. April 1941 das Ritterkreuz.

Kapitänleutnant Karl-Heinz Moehle, Kommandant von U 123 wurde am 26. Februar 1941 ausgezeichnet.

Kapitänleutnant Heinrich Lehmann-Willenbrock, Kommandant des legendären U 96, wurde am selben Tage wie Moehle ausgezeichnet.

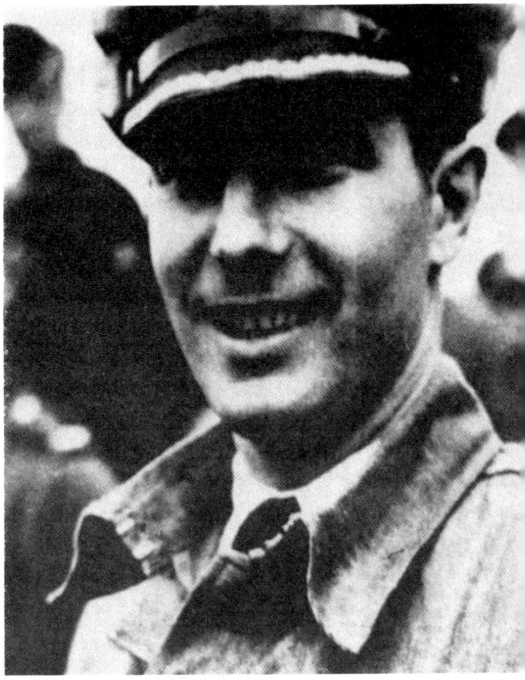

Kapitänleutnant Herbert Kuppisch führte U 94 mit Erfolg. Ritterkreuzverleihung am 14. Mai 1941 (Gefallen am 30. 8. 43).

Kapitänleutnant Herbert Schultze, „Vaddi“ wurde als 15. deutscher Soldat und Kommandant von U 48 am 12. Juni 1941 mit dem Eichenlaub zum RK ausgezeichnet.

Am 29. Mai 1941 errang Kapitänleutnant Claus Corth als Kommandant von U 93 das Ritterkreuz.

Kapitänleutnant Herbert Wohlfarth, Kommandant von U 556, erhielt das RK am 15. Mai 1941.

Mit Erich Zürn wurde einer der ersten Leitenden Ingenieure eines U-Bootes (U 48) am 23. April 1941 ausgezeichnet.

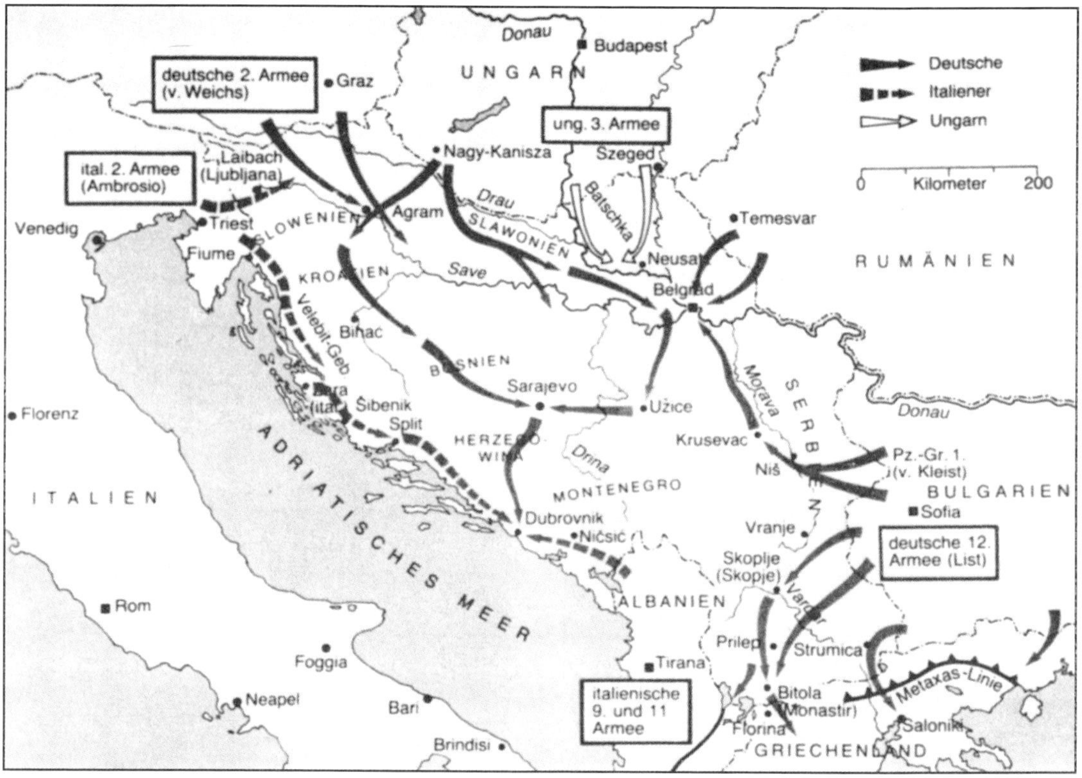

Übersichtskarte über den Balkanfeldzug.

Wien, Schloß Belvedere. Am 25. März 1941 unterzeichnet Jugoslawien seinen Beitritt zum Dreimächtepakt.

Generaloberst Alexander Löhr führte auf dem Balkan die Luftflotte 4.

General Papagos, der Oberbefehlshaber der griechischen Streitkräfte.

Raum Koritza: Eine griechische Panzereinheit bei einer Übung.

Jugoslawische Infanterie marschiert in Stellung.

Belgrad nach dem deutschen Luftbombardement am 7. April.

SS-Hauptsturmführer Fritz Klingenberg, dringt als erster mit seinem Spähtrupp am 12. April nach Belgrad ein. Dafür erhielt er am 14. Mai 1941 das RK.

bemerkte diesen Torpedoangriff nicht einmal. Der Schwere Kreuzer eröffnete aus 180 hm das Feuer. Die „Python" wich nach Steuerbord aus und stoppte. Die Besatzung ging von Bord, während das Sprengkommando die Sprengladungen legten und Brücke und Maschinenräume in Brand steckte. Die Sprengungen erfolgten um 18.40 Uhr. Um 19.20 Uhr war die „Python" gesunken.

Nun waren zwei deutsche Schiffe vernichtet. Ihre Besatzungen, insgesamt 414 Mann hatten elf Boote und sieben Schlauchboote zur Verfügung.

Als der Engländer abgedreht hatte, liefen U 68 und U A an die Rettungsboote heran und nahmen sie in Schlepp. Ein FT-Spruch an den BdU setzte diesen über die Lage in Kenntnis. Admiral Dönitz beorderte sofort U 124 unter Kptlt. Mohr und U 129 unter Kptlt. Nicolai Clausen zu den beiden anderen Booten. Sie sollten so viele Schiffbrüchige wie möglich aufnehmen und mit AK nach Hause kommen.

Eine einmalige Rettungsfahrt nahm ihren Anfang. Kpt. z. S. Rogge war an Bord von U 68 gegangen. Die Motorpinasse von der „Python", die glücklicherweise beim Auftauchen des britischen Kreuzers bei U 68 gelegen hatte und dem U-Boot gefolgt war, leistete in den nächsten Tagen unschätzbare Dienste, indem sie die Versorgung der Flöße und Boote sicherstellte.

Im Innern von U 68 war jeder Platz belegt. An Oberdeck lagen die Schiffbrüchigen in ihren Flößen, und im Schlepp hingen die Rettungsboote. Tag um Tag, unter der glühenden Sonne der Tropenglut und in der eisigen Kälte der Nächte, liefen die deutschen U-Boote weiter, der Heimat entgegen.

Bereits am ersten Tag kam ein südgehender Tanker in Sicht. Beide U-Boote kamen überein, daß die Rettungsaktion Vorrang habe und daß Angriffshandlungen unterbleiben mußten.

Als einige Tage darauf abermals ein Dampfer in Sicht kam, warf U A entgegen der durch Winkspruch erzielten Übereinkunft seine Boote los, warf die Gummiflöße ins Wasser, um auf den Dampfer Jagd zu machen. U 68 mußte sich auch dieses Boot noch anhängen. Mit 12 Booten im Schlepp, das Oberdeck gestopft voll, lief U 68 weiter.

„Ich mißbillige das Verhalten von U A sehr, brachte es doch das Leben der Schiffbrüchigen in Gefahr. Wenn der Frachter funkte und ein Gegner sicher noch in der Nähe war, dann waren die Schiffbrüchigen verloren." (Siehe: Merten, Karl-Friedrich an den Autor und in „Ritter der Sieben Meere" von Karl Alman).

Am 6. Dezember kam U 107 unter Kptlt. Clausen in Sicht. Wenig später auch U 124 unter Jochen Mohr. Beide Boote nahmen einen Teil der Geretten auf, so daß sich nun auf jedem Boote 150 Mann befanden. U 68 konnte die beiden Kameradenboote noch mit Treiböl versorgen.

Am 15. Dezember kam das italienische Boot „Finzi" in Sicht. Drei weitere, „Torelli", „Tazzoli" und „Calvi" folgten. Von ihnen übernahm „Finzi" einen Teil der Schiffbrüchigen, um sie nach Frankreich zu bringen.

Als am 24. Dezember 1941 U 68 nach einem kurzen „Wettrennen" mit U A als erstes in St. Nazaire eintraf, war eine unglaubliche und in der Geschichte des Seekrieges einmalige Rettungsaktion zu Ende gegangen.

Zum letzten Male versammelte Kpt. z. S. Rogge seine Männer auf dem Oberdeck von U 68. Er fand warme Worte der Anerkennung und des Dankes für das einmalige Weihnachtsgeschenk, das die wenigen U-Boote den vielen Müttern und Frauen und Kindern der heil Zurückgebrachten gemacht hatten. Nach 5000 Meilen Seemarsch war die weiträumigste Rettungsaktion der Seekriegsgeschichte zu Ende gegangen.

Am ausgefahrenen Sehrohr von U 68 (dessen Einsatz im Abschnitt über die U-Boot-Kämpfe des Jahres 1941 beschrieben werden wird) flatterten sechs Versenkungswimpel. Das Boot hatte während dieser Feindfahrt 34291 BRT versenkt.

Doch zurück zu den Handelsstörkreuzern.

Die weiteren Hilfskreuzereinsätze in Kurzdarstellung

Alle Einsätze der Hilfskreuzer des Jahres 1941 in der Art und Weise des HK „Atlantis" zur Darstellung zu bringen, würde den Rahmen dieses Werkes über alle Verbände des Deutschen Wehrmacht sprengen. Es soll aber an dieser Stelle gesagt werden, daß sämtliche anderen Hilfskreuzer ebenso aufopfernd gekämpft haben, wie dieses Schiff.

Am 30. April stellte sich nach den Unterlagen der Skl der Stand des Hilfskreuzerausbaues so dar, daß keine weitere Steigerung mehr möglich war. (Siehe KTB der Skl, Teil A, Heft XIV und XV).

Allerdings war auch die Skl der Überzeugung, daß die Hilfskreuzer eines der „wertvollsten Kampfmittel in Ergänzung des U-Boot-Krieges" seien und daß ihr Ausbau beschleunigt durchzuführen sei. Es stellte sich aber heraus, daß im Jahre 1941 lediglich Schiff 28 in der Jahresmitte fertig werden würde.

Dies bedeutete, daß nach dem Verlust einiger dieser Schiffe diese Art der Kampfführung, die große Teile der Royal Navy auf See gebunden hatte, plötzlich zum Erliegen kam.

Schiff 10, Hilfskreuzer „Thor", das im Dezember 1940 vor der Mündung des La-Plata-Flusses gestanden hatte, wurde von Kpt. z. S. Kähler im Gefecht gegen den englischen Hilfskreuzer „Carnavon Castle" erfolgreich geführt. Der Gegner erhielt mindestens acht schwere Treffer, ehe er sich von dem deutschen Hilfskreuzer löste und nebelnd das Weite suchte. Schiff 10 hatte keinen Treffer erhalten. Es ergänzte am 21. Dezember aus dem alten Tankdampfer „Eurofeld" Treiböl und aus der Prise „Duquesa" – die übrigens Verpflegungsstation Wilhelmshaven-Süd genannt wurde – seine Vorräte, indem es 76000 Eier und über 10000 Kilogramm Fleisch übernahm.

Am 7. Januar 1941 trat Schiff 10 den Marsch nach Südosten an. Es traf am 24. Januar mit der „Nordmark" zusammen und erhielt 546 Tonnen Treiböl. Wieder war es die „Eurofeld", die „Thor" versorgte.

Am frühen Morgen des 1. Februar 1941 überlief „Thor" auf Nordkurs den Äquator und erhielt sein neues Operationsgebiet im Atlantik mit der nördlichsten Grenze des 30. Breitengrades. Aus der „Alsterufer" konnte „Thor" schließlich 1000 Schuß 15-cm-Munition übernehmen, womit der Hilfskreuzer wieder voll einsatzfähig war.

Am 25. März wurde der britische Passagierdampfer „Britannia" mit 8799 BRT, der sich mit seiner Artillerie heftig zur Wehr setzte, gestellt und nach Ablegen aller Rettungsboote durch 16 Schuß unter die Wasserlinie versenkt. Da dieser Gegner mehrfach gefunkt und auch Antwort erhalten hatte, lief die „Thor" mit AK auf Kurs 235 Grad ab. Der Schwede „Trolleholm", der im Dienst der Britischen Admiralität Kohlen transportierte, wurde lautlos aufgebracht und am selben Tage wie die „Britannia" versenkt.

Am 4. April wurde ein britischer Hilfskreuzer gestellt. Das Feuer desselben, das aus nur 92 hm Distanz kam, wurde durch Feuer aus zwei Geschützen erwidert. „Thor" erzielte nach der ersten Salve bereits Treffer auf dem Gegner, der wenig später mittschiffs brannte. Nach längerem Kampf, der auch auf der „Thor" zu Ausfällen führte, hißte der Gegner die weiße Flagge unmittelbar vor einem Torpedoschuß der „Thor". Es war der englische Hilfskreuzer „Voltaire", mit 13 301 BRT, der wenig später über den Achtersteven sank. 197 Soldaten des Hilfskreuzers konnten von den 269 Mann starken Besatzung gerettet werden. Schiff 10 mußte während dieses Gefechtes 724 Granaten des Kalibers 15 cm verschießen.

Am 16. April – die „Thor" war inzwischen umgetarnt worden und hatte am 13. April 170 Gefangene an die „Campo Amor" abgegeben – kam der schwedische Erzfrachter „Sir Ernest Cassel" mit 7739 BRT in Sicht. Das Schiff wurde lautlos aufgebracht und nach Übernahme seiner Besatzung gesprengt.

Dies war der letzte Erfolg für Schiff 10 „Thor", die nun auf Heimatkurs ging und am Abend des 30. April nach einer Kaperfahrt von 329 Tagen mit einer Erfolgsserie von 12 Schiffen mit 96602 BRT in Hamburg festmachte.

Schiff 33 – Hilfskreuzer „Pinguin" unter Kpt. z. S. Ernst-Felix Krüder war nach der Durchführung seiner Minenoperation in den australischen Gewässern durch die „Passat" wieder versorgt worden und beabsichtigt, nunmehr in die Antarktis zu laufen, um dort gegen die Walfangflotte des Gegners eingesetzt zu werden. „Pinguin" hatte am 18. November 1940 die „Nowshera" gestellt und gesprengt. Am 20. November war die „Maimoa", mit ihren 10123 BRT ein vollgepackter Proviantdampfer, gestellt worden. Leider konnte das Schiff nicht als „Verpflegungsstation" wie die „Duquesa" eingesetzt werden, da es oftmals gefunkt hatte und der Gegner bald in diesem Seegebiet auftauchen würde. 5000 Tonnen Gefrierfleisch, Butter und Schmalz gingen mit dem Stückgut auf Tiefe.

Am nächsten Tag wurde die „Port Brisbane" mit 8739 BRT – wieder ein wertvolles Kühlschiff – aufgebracht. Auch hier mußte auf die „Ausschlachtung" verzichtet werden, weil die „Brisbane" funkte und ihr Hilferuf von zwei Dampfern wiederholt wurde. Sie hatte ebenfalls 5000 Tonnen Fleisch, Butter und Käse, außerdem noch 2337 Tonnen Wolle, 500 Tonnen Blei und Stückgut geladen. Das Schiff war mit zwei 15,2-cm-Kanonen und einer Achtacht Flak ausgerüstet.

Krüder mußte nunmehr mit voller Fahrt ablaufen und sollte bis zum 10. Dezember 1940 auf der Australien-Kaproute operieren.

Am 30. November gelang es, die „Port Wellington“ mit 8301 BRT zu stellen, die nach England unterwegs und ebenfalls mit Verpflegung vollgeladen war. Kurz nach Mitternacht des 1. Dezember sank dieses Schiff nach zweimaliger Sprengung.

Am 8. Dezember traf sich die „Pinguin“ mit Schiff 16. Während Schiff 16 die Kerguelen verließ, trat Schiff 33 am 9. Dezember den Marsch in die Antarktis an.

Am 17. Dezember sichteten die Ausgucks die ersten Eisberge. Die Skl unterrichtete den Hilfskreuzer, daß die englisch-norwegischen Walfangflotten in einem Seegebiet 200 sm um Süd Georgia stünden. Unter den Walfangmutterschiffen waren die „Thorshammer“ mit 12215 BRT, die „Pelagos“ mit 12 083 BRT, die „Vestfold“ mit 14507 BRT und die „Ole Wegger“ mit 12201 BRT. Ein reiches Feld für einen Hilfskreuzer.

Seit dem 19. Dezember lief die „Pinguin“ die nordwestlichen, ins Bouvetgebiet führenden Kurse und suchte die dortigen Fangplätze von Ost nach West ab.

Am 1. Juanar 1941 stand Schiff 33 auf 55 11 Grad Süd und 00 00 Grad Ost. Seit einigen Tagen ertönte Telefonieverkehr in norwegischer und englischer Sprache, und am 6. Januar wurde ein Funkspruch der „Thorshammer“ gehört. Aber auch die „Ole Wegger“ konnte abgehört werden. In Richtung auf dieses Walfangmutterschiff lief die „Pinguin“ zu.

Am 13. Januar um 23.15 Uhr kamen zwei Grad an Backbord voraus die ersten Lichter in Sicht, wenig später wurden zwei große Schiffe erkannt. In einer Schneeböe schob sich „Pinguin“ bis dicht an die beiden Walfangschiffe heran. 20 Minuten nach Mitternacht wurden zwei Boote ausgesetzt und gleichzeitig die Walfangschiffe mit den Scheinwerfern angeleuchtet. Die beiden Prisenkommandos gingen, ohne Widerstand zu finden, an Bord der beiden Schiffe. Es waren die „Ole Wegger“ und die „Solglimt“ mit insgesamt über 24000 BRT. Sie hatten insgesamt 11000 Tonnen Walöl und 9500 Tonnen Heizöl an Bord.

Die in der unmittelbaren Nähe liegenden Fangboote, zum Teil mit mehreren Walen im Schlepp, wurden aufgebracht. Es waren dies „Pol VIII“, „Pol IX“ und „Pol XX.“ und die „Torlyn“ mit jeweils etwa 247 bis 354 BRT.

Zwei weiter entfernt stehende Fangboote ergriffen die Flucht. Ein drittes Boot, bereits zur „Ole Wegger“ unterwegs, wurde von den beiden fliehenden Booten gewarnt und entkam ebenfalls.

Die Arbeit auf den beiden Walkocherein ging weiter, die längsseits liegenden Wale wurden verarbeitet. Kpt. z. S. Krüder hatten den Männern der Walkochereien Bezahlung ihrer Arbeit und ihres Fanges durch das Deutsche Reich zugesichert. (Dies ist wenige Monate später auch geschehen).

Die „Pinguin“ lief zunächst nach Norden ab, drehte dann – als sie außer Sicht war, auf Westkurs, um der „Pelagos“ einen Besuch abzustatten. Aber erst um 22.09 Uhr tauchten die ersten Lichter eines Fangbootes der „Pelagos“ auf. Um 22.55 Uhr wurde dann die hell erleuchtete Walkocherei „Pelagos“ gesichtet.

HK 33 ging mit Höchstfahrt bis auf 200 m an den Walkocher heran, in dessen

Umgebung fünf Walfangboote lagen. Um 24.00 Uhr wurden die Boote mit dem Prisenkommando ausgesetzt, und Kpt. z. S. Krüder ließ einen Morsespruch absetzten, der der „Pelagos" jedes Funken verbot.

Der Kapitän der „Pelagos" wurde aufgefordert, seine Fangboote zu rufen. Alle sieben kamen dieser Aufforderung nach. Es waren:
„Star XIV", 247 BRT, „Star XIX", 249 BRT, „Star XX", 249 BRT, „Star XXI", 298 BRT, „Star XXII", 303 BRT, „Star XXIII", 357 BRT, „Star XXIV", 361 BRT.

Die „Pelagos" hatte bereits 9500 Tonnen Walöl geladen und noch 800 Tonnen Heizöl an Bord. Ihre Besatzung bestand aus 210 Mann, an Proviant war Verpflegung für 10 Wochen vorhanden.

Leider scheiterte der Versuch, auch noch an die „Thorshammer", die im Weddell-Meer arbeitete, oder an andere dort arbeitende Walfangflotten heranzukommen. Diese waren von den entkommenen drei Walfangbooten gewarnt worden und hatten ihren Telephonieverkehr eingestellt, um nicht eingepeilt zu werden.

Am 18. Januar meldete Kpt. z. S. Krüder seinen Erfolg an die Skl. Die Skl bestätigte den Empfang dieses Erfolgsspruches und veranlaßte, die Walfangmutterschiffe, auf getrennten Wegen nach Westfrankreich zu laufen. Die „Solglimt" und die „Pelagos" erreichten Frankreich.

Am 15. Februar wurde von Schiff 33 die „Nordmark" gesichtet. Sie hatte immer noch die Prise „Duquesa" im Schlepp. Diese gab an Schiff 33 1200 Kisten Eier (insgesamt 372000 Stück) ab und versorgte den Handelsstörer noch mit 23 Rinderhälften und 410 Hammeln. Danach wurde die „Duquesa" – fast ausverkauft – versenkt.

Nach Verlassen der Kerguelen am 25. März 1941 traf Schiff 33 am 2. April auf den Tanker „Ole Jacob", der 1340 Tonnen Treiböl an den Hilfskreuzer übergab. Schließlich übernahm Schiff 33 am 13. April seinen Kreuzerkrieg im befohlenen Operationsgebiet und operierte gemeinsam mit der „Adjutant" bis zum 21. April auf den Tracks, die vom Mocambique-Kanal südlich der Seychellen entlangliefen.

Dort verlegte Kpt. z. S. Krüder den Einsatzraum in das Gebiet nördlich der Seychellen. Hier sichtete die „Adjutant" am 24. April das erste Schiff. Bis zum frühen Morgen des folgenden Tages kam Schiff 33 heran und eröffnete um 5.15 Uhr das Feuer auf diesen Gegner. Es war die „Empire Light", ein Frachter von 6828 BRT, der nach Durban in Südafrika bestimmt war und Erz, Häute und Stückgut geladen hatte.

Das Schiff wurde versenkt, nachdem die Besatzung übernommen worden war.

Der englische Frachtdampfer „Clan Buchanan" mit 7266 BRT wurde am Nachmittag des 27. April gesichtet und erst am folgenden Morgen gestellt. Er war mit Armee- und Luftwaffenausrüstung aus den USA nach Madras unterwegs. Er wurde, da er gefunkt hatte, versenkt.

Dieser Notruf der „Clan Buchanan" war gehört worden. Die „Adjutant" wurde auf den Treffpunkt „Veilchen" befohlen. Schiff 33 setzte seine Operationen fort. Kpt. z. S. Krüder war immer noch bemüht, die vorgesehene Minenoperation gegen

Karachi und Bombay durchzuführen. Darüber hinaus wollte er einen Tanker aufbringen, der, aus dem Persischen Golf kommend, oder nach dorthin gehend, gemeldet worden war.

Das Bordflugzeug des Hilfskreuzers „Pinguin“ unter dem Befehl von Oblt. z. S. Müller sichtete am 6. Mai einen Tanker, der am nächsten Morgen mit einer Salve zum Anhalten gezwungen werden sollte. Es war die „British Empire“ mit 3663 BRT, die einen q-Spruch über „deutschen Raider“ absetzen konnte. Die „British Empire“, auf der ein Funker zurückgeblieben war und noch immer seinen Warnruf tastete, wurde mit drei Torpedos, von denen der letzte traf, versenkt. „Pinguin“ setzte sich auf Südostkurs ab.

Am 8. Mai sichteten die Ausgucks einen Schatten an Backbord. Mit AK drehte die „Pinguin“ ab. Vier Stunden später, es war inzwischen 6.00 Uhr geworden, kam ein Flugzeug in Sicht, umkreiste Schiff 33 und verschwand. Um 12.02 Uhr kam die Maschine zurück und morste den Hilfskreuzer an, um zu erfahren, welcher Nationalität er war. Diese Maschine war von dem britischen Schweren Kreuzer „Cornwall“ unter Captain P. C. W. Manwarning gestartet worden. Der Kreuzer hatte den Notruf der „British Empire“ gehört, seinen Marsch zu den Seychellen abgebrochen und war auf Nordkurs eingeschwenkt.

Nun drehte er nach der Sichtmeldung seiner beiden Bordflugzeuge auf Nordkurs. Die Rauchsäule wurde um 13.52 Uhr vom achteren Ausguck von Schiff 33 gesichtet. Kpt. z. S. Krüder gab sich nach einer entsprechenden Aufforderung als norwegisches Motorschiff „Tamerlane“ aus. Doch der Hilfskreuzer konnte auch nach dem Absetzen einer „RRRR-Meldung“, die auf einen feindlichen Raider hinweisen sollte, nicht gerettet werden. Die „Cornwall“ feuerte die ersten Stoppschüsse, und als sie bis auf 80 hm herangekommen war, ließ Kpt. z. S. Krüder die Reichskriegsflagge hissen und das Feuer eröffnen. Mit den ersten Salven erzielte Krüder auf dem Schweren Kreuzer vier Treffer, die auch dessen Steueranlage zeitweise ausfallen ließen. Die „Cornwall“ lief ab, bis sie außer Reichweite von Schiff 33 war. Zwei Torpedos, die Krüder schießen ließ, wurden von dem in der Luft befindlichen Flugzeug rechtzeitig gemeldet, so daß die „Cornwall“ abdrehen konnte.

Nun schossen die schweren Geschütze dieses Gegners und erzielten die ersten Treffer. Unmittelbar nachdem Kpt. z. S. Krüder den Befehl gegeben hatte, die Gefangenen freizulassen und das Schiff zu verlassen, schlugen vier 20,3-cm-Granaten gleichzeitig auf dem Hilfskreuzer ein. Eine davon durchschlug das Luk V, unter dem noch 130 Minen lagen. Diese detonierten sofort und zerfetzten das Achterschiff. Wenige Minuten später, es war inzwischen 16.29 Uhr geworden, sanken die Reste von Schiff 33. Nur drei Offiziere, 57 Besatzungsmitglieder und 22 Gefangene konnten durch die Boote der „Cornwall“ geborgen werden. 18 Offiziere, 323 Mann und mehr als 200 Gefangene gingen mit dem Hilfskreuzer unter.

Dem Gegner war es gelungen, den erfolgreichsten Hilfskreuzer der Kriegsmarine zu vernichten, auf dessen Konto 32 Schiffe mit 154 619 BRT kamen. (Siehe zu den Rettungszahlen: „Eastern Fleet Intelligence Summary: Tactics of German Raiders on Intervention“. Index-Nr. 814, January 1941).

Schiff 36 „Orion“ unter dem Kommando von FKpt. Weyher, das ja im Dezember 1940 im Verband mit Schiff 45 und der „Kulmerland“ gemeinsam operiert hatte, war nach einer kurzen Aufklärungsfahrt nach Lamutrolk zurückgelaufen, wo es am 31. Dezember 1940 eintraf. Dort konnte es vom Motorschiff „Regensburg“ Frischproviant übernehmen. Während die „Regensburg“ nach Japan zurücklief, erschien am 5. Januar die „Ermland“ auf dem Treffpunkt und übernahm die noch auf Schiff 36 verbliebenen 183 Gefangenen. Am 8. Januar konnten der Hilfskreuzer und die Versorger das Atoll verlassen. Beide gingen auf Nordkurs. Die „Ermland“ schloß sich ihnen an und wurde am folgenden Tage nach Westfrankreich entlassen. Drei Tage darauf liefen Schiff 36 und die „Ole Jacob“, die dort gelegen hatte, in Richtung auf Maug-Island, 800 sm weiter nördlich. Dort wollte FKpt. Weyher die Maschinenüberholung ausführen lassen, die überfällig war und drei Wochen in Anspruch nehmen würde.

Erst am 5. Februar kam Schiff 36 wieder in Fahrt. Als französischer Passagier- und Frachtdampfer getarnt, sollte er im Seegebiet südlich 20 Grad Süd und westlich 80 Grad Ost operieren, neben ihm drei weitere Hilfskreuzer. Es waren Schiff 45, Schiff 33 und Schiff 41. Auf Südost, dann auf Ostkurs laufend, marschierte Schiff 36 in das Gebiet der Salomon-Inseln, um wenig später zwischen Bougainville und Villa Levalla hindurchzulaufen.

Die Prise „Ole Jacob“, die als Spähschiff immer noch dabei war, meldete am 16. Februar ein Sunderland-Flugboot. Dieses wurde wenig später und auch noch am nächsten Tage auf Schiff 36 gesichtet.

Mit Ostkurs auf den Ausgang der Korallensee zusteuernd, versuchte FKpt. Weyher aus dem Bereich der feindlichen Luftaufklärung herauskommen. Die „Orion“ geriet am 20. Februar in einen schweren Sturm, der schließlich Orkanstärke 12 erreichte. Sie lief bei anhaltend schlechtem Wetter zwischen Neu-Caledonien und den Fidschi-Inseln nach Südosten, beölt am 26. Februar bei der „Ole Jacob“ und erreichte ihr neues Operationsgebiet am 15. März. Fünf Tage später gelang es, das Bordflugzeug zum erstenmal zu starten. Aber hier im Indischen Ozean war die See wie leergefegt. Nach einigen Tagen des Kreuzens wandte sich „Orion“ nach Süden und traf mit der „Ole Jacob“ im Geleit am 10. April auf das Versorgungsschiff „Alstertor“ unter Kapitän Nielsen. FKpt. Weyher konnte die dringend benötigten Nachschubgüter empfangen, darunter auch ein Arado 196-Bordflugzeug, Torpedos, Granaten, Bomben für die Flugzeuge, Ersatzteile und – von allen, heiß ersehnt – Post aus der Heimat.

Vor der Südwestküste von Madagaskar stehend kam wiederum kein einziges Schiff in Sicht. Erst in den Morgenstunden des 3. Mai wurde durch das Flugzeug ein Dampfer gesichtet. Es war der Amerikaner „Illinois“. Dieser meldete den Deutschen, obwohl Weyher ihn nicht angreifen ließ. Am 17. Mai wurde wieder aus der „Ole Jacob“ Treiböl ergänzt.

Die Arado 196 sichtete schließlich am 18. Mai einen britischen Dreischornstein-Kreuzer. Das Flugzeug wurde an Bord genommen und mit 13 kn äußerste Kraft abgelaufen. Es gelang, diesem Gegner um Haaresbreite zu entkommen“.

Das japanische Bordflugzeug, das die „Orion“ vor der neuen Arado erhalten hatte, ging am 27. zu Bruch.

Die „Orion“ kreuzte auf den Seewegen Südafrika-Sundastraße. Sie traf sich mit der „Ole Jacob“, übernahm deren noch überschüssige 420 Tonnen Öl und entließ den „kleinen Gefährten“ am 8. Juni nach Bordeaux. Dort traf die „Ole Jacob“ am 8. Juli wohlbehalten ein.

Vom 16. bis 26. Juni arbeiteten sich der Hilfskreuzer südlich des Kap der Guten Hoffnung in den Südatlantik vor, traf am 1. Juli mit Schiff 16 zusammen und tarnte sich als Japaner um. Am 6. Juli setzten beide Hilfskreuzer ihre eigenen Kurse fort. Einen Brasilianer mußte man laufenlassen. Die „Orion“ überlief am 25. Juli zum letzten Male den Äquator und kam am 29. Juli zu ihrem letzten Erfolg, dem Briten „Chaucer“ mit 5792 BRT. Dieses Schiff erwiderte das Feuer der „Orion“ aus einer 4-cm-Flak. Zwei Torpedofächer gingen bis auf einen Aal vorbei. Jener, der traf, detonierte aber nicht.

Im Feuergefecht wurden 392 15-cm-Granaten auf diesen zähen Gegner geschossen, ehe er aufgab und die Besatzung in die Boote ging. Vier weitere Torpedos wurden auf das still und brennend auf der See liegende Schiff geschossen. Sie trafen, aber detonierten nicht.

Der Heimmarsch wurde fortgesetzt. Die „Orion“, noch einmal in das spanische Hilfsschiff „Contramaestre Casado “ umgerüstet, traf – wie von der Skl geplant – am Nachmittag des 16. August auf U 75 unter Kptlt. Ringelmann. An nächsten Abend kam auch das avisierte U 205 unter Kptlt. Reschke in Sicht. Beide U-Boote übernahmen nun die Sicherung des Hilfskreuzers auf der Heimreise. Am 21. August wurde Cap Finisterre passiert und am nächsten Morgen der Hilfskreuzer von einer Staffel He 115 übernommen, welche die Luftsicherung flogen. Die dem Hilfskreuzer entgegengeschickten vier Zerstörer der 5. Z-Flot. unter Kpt. z. S. Berger trafen um 6.19 Uhr beim Hilfskreuzer ein.

Hinter einem Sperrbrecher lief schließlich die „Orion“ am 23. August in die Girondemündung ein und ging um 10.44 Uhr vor Royan vor Anker, um am Nachmittag nach Bordeaux einzulaufen.

Fkpt. Kurt Weyher hatte sein Schiff, auf dem immer wieder technische Schwierigkeiten auftraten und dauernde Reparaturen notwendig wurden, dennoch 517 (!) Tage in ständiger Kampfbereitschaft in See gehalten und 112337 Seemeilen (das sind 213440 km) zurückgelegt. Die „Orion“ war also mehr als fünfmal um die Erde gelaufen. Sie hatte 10 Schiffe mit 62915 BRT versenkt.

Zwei Schiffe waren auf Minen gelaufen, die von der „Orion“ gelegt wurden, und mit Schiff 45 gemeinsam hatte Schiff 36 die „Rangitane“ und die „Triona“ (beide zusammen 21125 BRT) versenkt. Am 21. August erhielt Kurt Weyher das Ritterkreuz, von dem er zum Autor meinte:

„Das ist eine Auszeichnung für alle meine Männer, die in fast zweieinhalb Jahren die Heimat nicht wiedersehen konnten.“

Kein anderer ist berufen, besser und fundierter über die Handelsstörkreuzerfahrten und die damit verbundenen Schwierigkeiten zu sprechen als Kurt Weyher. Hier sein Bericht, den er dem Autor für dessen Buch „Deutsche Offiziere in Staat, Wirtschaft und Wissenschaft“ über diese wirklichen „Ritter der See“ gab:

„Der britische Gegner war in der Abwehr der Handelsstörkreuzer-Raids von Jahr zu Jahr konsequenter geworden. Seine numerische Überlegenheit auf See, seine ausgezeichneten Nachrichtenverbindungen und Ortungsmöglichkeiten auf allen Ozeanen gaben ihm ein entscheidendes Mittel zur Vernichtung der deutschen Handelsstörer in die Hand. Die britischen Handelsschiffe waren nahezu durchweg bewaffnet, und sämtliche Handelsschiffe verfügten über weitreichende Funkanlagen.

War ein Hilfskreuzer erst einmal unter solchen Voraussetzungen lokalisiert, dann begann die Jagd nach ihm mit Kriegsschiffen und Flugzeugen. Angesichts seiner Unterlegenheit mußte er also früher oder später dem Gegner zum Opfer fallen, falls er nicht außergewöhnlich Glück hatte.

Erfolg und Mißerfolg lagen für den Hilfskreuzer sehr dicht beisammen: er war Jäger und Gejagter zugleich.“

Über seine längste Feindfahrt, die je ein kraftgetriebenes Schiff ohne Hafen und Werft abgelaufen hatte, bemerkte Konteradmiral a. D. Weyher dem Autor gegenüber nach dem Kriege:

„Die langen Zeiten bis zu einem neuen Erfolg waren eine bis zum Zerreißen gespannte Nervenbelastung. Monatelanges Schlingern bis an die Grenzen der Stabilität, zwischen Himmel und Kimm, ohne etwas anderes als Wasser ringsum zu sehen, bei brütender Sonne oder bei eisiger Kälte und aufgewühlter See.

Laufende Reparaturen an Maschinen und Kesselanlagen, an Tarnungen und der ewige Wachdienst, der nur ganz selten einen Manne eine ganze Nacht schlafen ließ, waren Belastungen, die sich in 517 Tagen potenzierten.

Keine postalische Verbindung mit der Heimat, Sorgen um das Ergehen der Familie angesichts der dauernd gemeldeten feindlichen Luftangriffe drückten natürlich auf die Stimmung.

Die eintönige, eben knapp ausreichende Verpflegung, ohne Gemüse, ohne Vitamine, ohne Kartoffeln war nicht geeignet, die Lebensgeister besonders aufzufrischen. Zeitweise drückten bis zu 300 Schiffbrüchige aller Rassen auf die geringen Lebensmittelbestände.

Trotz allem aber mußte die straffeste Gefechtsbereitschaft der Besatzung gefordert werden. Jeder Einsatz konnte und – so dachten wohl einige – würde eines Tages der letzte sein.“

Mit der „Komet“ auf Kaperfahrt

Am 31. Dezember 1940 war Schiff 45, die „Komet“ unter dem Kommando von Konteradmiral Eyssen, vier Stunden lang vergeblich hinter einem schnellen Norweger her, der dem Hilfskreuzer aber entkam. Am 3. Januar 1941 überlief das Schiff den Äquator und stieß in das Gebiet der Galapagos-Inseln vor. Doch ehe es dieses Ziel erreichte, wurde es von der Skl umgeleitet, weil es sich dann zu nahe der „westlichen Hemisphäre" genähert haben würde. (Ab dem 22. April wurde dann diese von den Amerikanern beanspruchte Freizone südlich 20 Grad Nord auf 300 Seemeilen längs der US-Ostküste begrenzt.)

Am 12. Februar überschritt die „Komet" den südlichen Polarkreis und nahm wenig später Sprechfunkverkehr auf, der sich als „japanisch" herausstellte. Es handelte sich um einige Walfangmutterschiffe und deren Fangschiffe.

Am 22. Februar kamen die ersten Fangboote in Sicht, kurze Zeit später auch das Mutterschiff, „Nisshin Maru" mit 16801 BRT.

Im Funkverkehr mit dem befreundeten Schiff erfuhr KAdm. Eyssen, daß im Gebiet des Rossmeeres, das er ansteuerte, nur japanische Fangflotten arbeiteten und die Engländer und Norweger höchstens zwischen 80–100 Grad Ost und 62–63 Grad Süd zu finden sein würden.

Das Schiff setzte nach Austausch einiger Waren und Artigkeiten seinen Weg fort und traf um Mitternacht auf die „Tonan Maru", mit 19262 BRT das zweite Walfangmutterschiff der Japaner.

Am 28. Februar erhielt KAdm. Eyssen Weisung der Skl, die Kerguelen anzulaufen, die am 8. März erreicht wurden. Dort traf die „Komet" auf die „Alstertor", die ihr nicht nur Munition, sondern auch die Weihnachtspost überreichte.

Schiff 33, mit dem Walfangboot „Adjutant" im Kielwasser, tauchte am 12. März auf. Die Kommandanten konnten ihre Erkenntnisse und Meinungen miteinander austauschen.

Am 14. März lief Schiff 45 weiter ins Operationsgebiet, um schließlich auf dem Track von Australien nach Südafrika zu operieren. Hier wurde kein Schiff gesichtet. Am 21. April stellte die Skl KAdm. Eyssen frei, wieder in den Pazifik zu laufen, weil sich dort die Lage beruhigt habe. Die „Adjutant", das ehemalige Walfängerboot „Pol IX", wurde nun unter dem Kommando von Lt. z. S. Hemmer zum „Hilfsminenschiff" umgebaut und mit der neuen Bezeichnung KU 63 geführt. Das Boot erhielt neben seiner Minenwurfvorrichtung 20 TMB-Minen, die alte 6-cm-Anhaltekanone der „Komet" und Wasser sowie Verpflegung für zwei Monate. Neuer Kommandant wurde Eyssens Adjutant, Oblt. z. S. Karsten. I. Wachoffizier wurde Lt. Hemmer.

Nach Beendigung dieser Arbeiten nahmen beide Schiffe am 28. Mai Kurs auf den Pazifik. Es ging südlich um Australien herum ins Operationsgebiet, wo die KU 63 zum Minenlegen entlassen wurde. Ziele des Minenlegens waren die Häfen Port Littelton und Port Nicholson (Wellington-Neuseeland). Jeder der beiden Häfen sollte mit zehn Minen verseucht werden.

Alle zehn Minen wurden in der Nacht zum 25. Juni im Hafen von Littelton gelegt. Das Boot lief mit AK ab, um, im Abstand von 60 sm zur Küste laufend den zweiten Hafen zu erreichen.

Trotz der drei Bewacher vor der Einfahrt von Port Nicholson legte KU 63 seine

Minen. Einige Male wurde das Boote von Scheinwerfern erfaßt. Aber um 23.28 Uhr waren die letzten Minen gefallen. KU 63 lief mit AK ab und erlitt 70 sm von Wellington entfernt einen Maschinenschaden. Es mußte mit einem nur Teilleistung ergebenden Antrieb und mit gesetzten Notsegeln weiterlaufen und erschien erst am 1. Juli wieder bei der „Komet". Hier wurden alle wertvollen Dinge ausgebaut und das unbrauchbar gewordene Walfangboot versenkt.

Schiff 45 stieß nun in den Pazifik vor und erreichte in der ersten Hälfte des August nach Ölübernahme von der „Annelise Essberger" das neue Operationsgebiet.

Am 14. August, nach 227 (!) ergebnislosen Tagen in See, tauchte ein Dampfer auf, der nach dem Anhalteschuß sein Geschütz besetzte. Es war der Motorfrachter „Australind" mit 5020 BRT, der nach einigen scharfen Salven aufgab. Sie hatte zwar eine wertvolle Ladung, mußte aber dennoch nach Übernahme der Besatzung gesprengt werden.

Am nächsten Tag kam der Holländer „Brastagie" in Sicht. Dieser war aber zwei Knoten schneller als der Hilfskreuzer und entkam. Er funkte nicht, hatte also offensichtlich die „Komet" nicht entdeckt.

Auch der Angriff auf die „Lochmonar" verlief ergebnislos, da sie zu schnell war. Dennoch wurde bei der Verfolgung dieses Schiffes die „Kota Nopan" mit 7322 BRT gestellt. An Bord befanden sich 2836 Tonnen Sagomehl, 1514 Tonnen Rohgummi, 1228 Tonnen Zinn, 1116 Tonnen Manganerz sowie 345 Tonnen weißer Pfeffer und Muskatnüsse. Da diese Ladung wertvoll und das Schiff nicht beschädigt war, ließ KAdm. Eyssen eine Prisenbesatzung aus drei seiner Offiziere und 21 Mann übersetzen. Zunächst blieb die Prise bei dem Hilfskreuzer. Dieser stellte am 19. August den britischen Frachter „Devon" mit 9036 BRT, der neben einer riesigen Menge an Stückgut auch Maschinen- und Flugzeugteile sowie Transformatoren geladen hatte. Das Schiff wurde gesprengt. Die Besatzung kam an Bord der „Komet". Es waren 31 Engländer und 113 Inder.

KAdm. Eyssen hatte seine Prise gemeldet und forderte für sie Treiböl aus der „Etappe Japan" an.

Am 20. September erreichte die „Komet" den Versorgungstreffpunkt mit dem Versorger „Münsterland", der von Kpt. Uebel geführt wurde. Die „Münsterland" hatte sich wegen eines Taifuns verspätet und traf erst am 21. September ein. Die „Kota Nopan" wurde beölt. Kommandant der Prise war nun Oblt. z. S. Dobbert, I. WO wurde Lt. z. S. Krüer.

Am 21. September gingen sowohl die „Komet" als auch die „Kota Nopan" auf die Heimreise.

Am 26. November erreichten sie mit einer Reihe von Sicherungen Cherbourg. Von dort ging es gegen Mitternacht nach Le Havre weiter, von wo aus die „Komet" am selben Tag um 17.30 Uhr ankerauf ging, um den Durchbruch durch die Straße von Dover anzugehen.

Der Durchbruch gelang. Die englischen Schnellboote, die aus Dover zur Jagd auf den Handelsstörkreuzer ausliefen, kamen zu spät. Das heißt, sie kamen nicht zum Schuß auf die „Komet", weil die vor ihr laufenden Räumboote den Gegner rechtzeitig erkannt hatten und die ebenfalls sichernden Torpedoboote den Kampf mit den Räumbooten gemeinsam gegen die feindlichen Schnellboote aufnahmen. Zwei angreifende Schnellboote wurde beschädigt und eines versenkt.

Am 30. November ging Schiff 45 auf Brunsbüttel-Reede vor Anker und erreichte nach einer Besprechung mit Kpt. z. S. Gumprich, der soeben mit Schiff 10 auslaufen sollte, am Abend Hamburg.

KAdm. Eyssen hatte 516 Tage in See gestanden und sechs Schiffe mit 31005 BRT versenkt. Er hatte keinen einzigen Mann seiner Besatzung verloren.

Gemeinsam mit Schiff 36 hatte die „Komet" zwei weitere Schiffe mit 21124 BRT versenkt.

Die „Kormoran" und die „Atlantis" wieder in See

Schiff 41 „Kormoran" stieß nach der Umrundung des Kaps der Guten Hoffnung mit Nordostkurs in den Indischen Ozean hinein. In der Nacht zum 2. Mai wurde das Wagnis vollendet, und am nächsten Morgen meldete FKpt. Detmers, daß sein Schiff durchgekommen sei und er zwecks Versorgung zum Treffpunt „Veilchen" laufe.

Dort verorgte der Hilfskreuzer an der „Alstertor" und lief in den kommenden Wochen auf dem Südafrika-Australien-Track, ohne auch nur ein Schiff zu sichten.

In der Nacht zum 13. Juni erfolgte die erste Sichtmeldung. Es war ein amerikanischer Frachter. Der Hilfskreuzer drehte ab, weil Angriffe auf US-Schiffe verboten waren.

Am Morgen des 15. Juni kam erneut ein Schiff in Sicht. Detmers verzichtete auf seine Verfolgung, als dieser Gegner plötzlich in Richtung Colombo abdrehte, weil dieser Hafen nur noch 200 sm voraus lag.

Zwischen Colombo und Sabang kreuzend, ohne auch nur ein weiteres Ziel zu sichten, ließ Detmers schließlich in den Golf von Bengalen eindrehen, um dort die beabsichtigte Minensperre vor Madras zu legen.

Als am Nachmittag des Tages, an dem er die Ausgangsposition zum Minenwerfen erreichten wollte, ein Schiff gesichtet wurde, operierte Detmers darauf zu, um dann, als die Aufbauten des Schiffes deutlich herauskamen und der Anschein entstand, dies könne ein Kriegsschiff sein, auf 180 Grad zu drehen und mit AK abzulaufen.

Der Gegner verfolgte zunächst die „Kormoran", drehte dann aber, als er feststellte, daß er nicht schneller lief als der Verfolgte, weg und verschwand. Es war klar: dies war ein englischer Hilfskreuzer gewesen. Später wurde eruiert, daß es der Hilfskreuzer „Canton" mit 15 784 BRT gewesen war, dessen Bewaffnung jene der „Kormoran" weit übertraf.

In den ersten Morgenstunden des 26. Juni wurde der Jugoslawe „Velebit" mit 4153 BRT in Brand geschossen und dann versenkt. Am selben Tage gelang es noch, den Frachter „Mareeba" mit 3472 BRT zu stellen und nach einer Durchsuchung zu sprengen.

Nach Überholungsarbeiten, die vom 2. bis 17. Juli andauerten, wurde das Schiff umgetarnt, und Detmers beschloß, auf eine geplante Minenaktion zunächst zu verzichten und in die Gewässer südlich Sumatras und Javas zu marschieren und dort auf Schiffe zu warten. Danach wollte er im Vorstoß nach Süden die Gewässer von Australien erreichen.

Wochenlang war die See leer. Erst am 13. August abends wurde ein Dampfer gesichtet, der als Lockvogel erkannt wurde, wie sie vor Geleitzügen vorherliefen, um die Situation zu erkunden.

Detmers ließ ablaufen und erst am Abend des 14. August wieder auf den alten Generalkurs gehen. Bis zum Mittag des 1. September hatte sein Schiff südlich und westlich von Sumatra und Java nichts gesichtet. Erst am Abend dieses Tages tauchte ein großer Passagierdampfer auf, der aber mindestens einen Knoten schneller war als der Hilfskreuzer und nicht erreicht werden konnte.

Die Suche nach Schiffen ging weiter. Erst am 23. September kam ein Dampfer in Sicht. Es war das griechische Schiff „Stamatios G. Embiricos" mit 3941 BRT. Das Schiff wurde aufgebracht und gesprengt.

Die Kreuzfahrt der „Kormoran" im Arabischen Meer wurde vom Kommandanten Detmers am 29. September beendet. Das Schiff lief auf Südostkurs zum Treffen mit dem Versorger „Kulmerland", Kapitän Pschünder, die am 16. Oktober erreicht wurde. Nachdem sich beide Schiffe aus Sicherheitsgründen 200 sm nach Norden abgesetzt hatten, (die „Kulmerland" war gesichtet worden) begann am 18. Oktober die Übernahme von 3328 Tonnen Treiböl und Verpflegung. Am 26. Oktober meldete die „Kormoran" die durchgeführte Versorgung. Dies war ihr letzter Funkspruch.

FKpt. Detmers wollte zur westaustralischen Küste vorstoßen um den britischen Flottenstützpunkt Perth zu verminen. Doch dies gelang nicht, da gerade bei seiner Ankunft ein Konvoi, geleitet von den Kreuzern „Cornwall" und „Dorestshire" den Hafen verlassen hatten und Schiff 41 Nordkurs steuern mußte, um nicht von dieser „Mahalla" überkarrt zu werden.

Am 19. November 1941 befand sich Schiff 41 vor dem Hafen Sharelsby an der westaustralischen Küste. Um 15.55 Uhr wurde hier ein Leichter Kreuzer der Perth-Klasse gesichtet. FKpt. Detmers ließ auf 260 Grad nach Backbord drehen und versuchte mit Höchstfahrt zu entkommen. Aber der Kreuzer war doppelt so schnell wie der deutsche Hilfskreuzer und kam rasch näher. Als er „what ship?" rief, ließ Detmers zurückwinken: „Straat Malakka" aus Batavia.

Der Signalspruch kam nur sehr langsam „rüber". Die Flaggensignale wurden mit Absicht verstümmelt, so daß es 90 Minuten dauerte, bevor der Gegner das Gefecht eröffnete.

Der Kreuzer lief bis auf 10 hm heran und lief dann mit gleicher Fahrt wie die „Kormoran" querab. Um 17.30 Uhr, als alles klar zu sein schien, befahl FKpt. Detmers die Tarnung fallenzulassen. Mit dem Aufziehen der Reichskriegsflagge am Großmast eröffnete die „Kormoran" das Feuer. Der erste Schuß fiel sechs Sekunden nach der Enttarnung. Nach insgesamt zehn Sekunden feuerten alle vier

Geschütze und es folgten acht Vollsalven im Abstand von jeweils fünf (!) Sekunden. Eine Geschwindigkeit, die niemals anderswo erreicht wurde. Der Gegner erhielt sofort Treffer in Brücke und Artilleriestand. Die Torpedowaffe schoß einen Zweifächer und die Back des Gegners knickte mitsamt der Vorderkante der Türme ab, als der Treffer einschlug.

Dann aber nahmen die Geschütze des Gegners das Feuer auf. Der vierte Turm schoß sehr gut. Der erste Treffer aus diesem Turm ging durch den Schornstein der „Kormoran" und durchschlug mit seinen Splittern den Funkraum. Ein weiterer Treffer explodierte im Kesselraum und einer im benachbarten Ölbunker, der sofort in Flammen stand. Ein neuer Treffer vernichtete die Transformatoren der Hauptmaschinenanlage; ein weiterer tötete und verwundete Bedienungen am dritten Geschütz.

Beim Versuch, die ausgebrochenen Brände zu bekämpfen und die Maschinenanlage wieder klar zu bekommen, starben Kptlt. (Ing.) Steher, Lt. (Ing.) von Gazen und 14 Mann.

Als der australische Kreuzer achtern an der „Kormoran" vorbeilief, feuerte er nicht mehr, und FKpt. Detmers beschloß, nach Backbord, auf Parallelkurs zum Gegner zu gehen und ihn zu vernichten. Es gelang ihm, vier Torpedos des Feindkreuzers auszuweichen. Plötzlich aber fiel die gesamte Maschinenanlage aus. Schiff 41 lief aus und lag dann unbeweglich auf See.

Der Gegner hatte in der Zwischenzeit eine Reihe weiterer Treffer erhalten. Hier der Bericht von FKpt. Detmers über das Ende des dramatischen Gefechtes:

„Um 19.25 Uhr ließ ich das Feuer einstellen. Der Gegener war jetzt etwa 100 hm ab und trieb mehr, als er lief, ein lichterloh brennendes Wrack. Nach Schätzung meines AO, Oblt. z. S. Skeries, hatten wir etwa 500 Granaten auf ihn abgefeuert. In der schnell hereinbrechenden Finsternis kam der Umriß des Gegners nun rasch außer Sicht. Um 21.00 Uhr war er verschwunden." (Siehe: Bericht von Kpt. z. S. a. D. Detmers zum Ende von Schiff 41).

Der deutsche Hilfskreuzer war so schwer beschädigt worden, daß er aufgegeben werden mußte. In elf Booten gingen die Besatzungsmitglieder von Bord. Aus Luk I wurden zwei große Stahlrettungsboote mit Motor zu Wasser gebracht. Als ein vollbesetztes Schlauchboot beim Zuwasserlassen platze, stürzten die etwa 40 Männer darin in die See. Zwei (!) konnten geborgen werden, die übrigen ertranken.

Am 20. November um 00.15 Uhr ging FKpt. Detmers als letzter Mann der Besatzung von Bord. Kurz vorher waren Flagge und Wimpel niedergeholt worden. Wenig später krachten die Sprengladungen auseinander. Das Schiff schwamm immer noch, bis sich die an Bord befindlichen 360 Minen 35 Minuten nach Mitternacht entzündeten und die „Kormoran" auseinanderrissen.

190 Mann der Besatzung und ein chinesischer Hilfskoch wurden bis zum 27. November von den australischen Motorschiffen „Koolinda", „Yandra", dem britischen Tanker „Trocas" und dem Passagierschiff „Centaur" geborgen und in Carnavon und Freementle an Land gebracht. Zwei Rettungsboote mit 103 Besatzungsmitgliedern erreichten am 26. November die Küste. Der Truppentransporter

„Aquitania“ konnte am 23. November 24 Mann und einen weiteren Chinesen bergen. Dann wurde noch ein zweiter Chinese gefischt.

Damit waren drei chinesische Helfer und 317 Mann der Besatzung gerettet. 76 Männer waren gefallen oder ertrunken.

Es war der australische Kreuzer „Sidney“ unter Capitain Joseph Burnett gewesen, der dem Hilfskreuzer dieses tödliche Duell geliefert hatte. Dieser Kreuzer blieb verschollen. Er ist irgendwo untergegangen; niemand weiß, wo! Alle Suchaktionen der australischen Marine blieben ergebnislos. Es ist wahrscheinlich, daß der Kreuzer durch Munitionskammer-Explosion vernichtet wurde. Immerhin brannte er über alles. Als einziger Überrest dieses Kreuzers wurde von dem Hilfsschiff „Heros“ 160 sm nordwestlich von Carnavon ein Charly-Rettungsfloß gefunden, das zur „Sydney“ gehörte hatte.

Auf seiner elfmonatigen Kaperfahrt hatte die „Kormoran“ 11 Handelsschiffe mit 68 274 BRT versenkt oder aufgebracht. Theodor Detmers erhielt am 4. Dezember 1941 das Ritterkreuz.

In den Unterlagen der Seekriegsleitung wird in den Operationsheften (Nr. 10) diese Unternehmung der „Kormoran“ als Tat dargestellt, „die in der Kriegsgeschichte wohl einmalig ist“.

Torpedoboote und Zerstörer im Einsatz 1941

Als Hauptaufgabe zu Beginn des Jahres 1941 sah der Führer der Torpedoboote und Zerstörer die sichere Geleitung der auslaufenden Hilfskreuzer aus ihren Stützpunkten in der Heimat. So wurde, beginnend mit der Geleitfahrt für die „Kormoran“ ab dem 7. Dezember 1940 aus Frederickshaven nach Norden und den dazwischen durchgeführten Minenaufgaben im Gebiet von Dover bis hin zum Geleit des Blockdebrechers „Alstertor“ von Cuxhaven bis Hoek van Holland eine breite Palette an Fahrten durchgeführt. Von Hoek van Holland wurde die „Alstertor“ über Kap Gris Nez nach Brest geleitet. „Seeadler“ und „Greif“ meisterten dieses Aufgabe, die am 19. Januar 1941 beendet wurde.

Das Torpedoboot „Falke“ sollte zum Unternehmen „Berlin“ klarmachen. Mit ihm die Boote T 5, T 9, T 10 der 1. und 2. T.-Flot. Sie geleiteten mit „Falke“ von der 5. T.-Flot. die beiden Schlachtkreuzer „Scharnhorst“ und „Gneisenau“ durch das Skagerrak und dienten als U-Bootsicherung. Am 26. Januar wurden die kleinen Schiffe von Admiral Lütjens nach Bergen entlassen. Von dort aus liefen sie nach einer Treibölergänzung wieder nach Stavanger. Devensive Minensperr-Aufgaben folgten, darunter eine Minenoperation mit den Minenschiffen „Tannenberg“, „Königin Luise“ und „Brummer“, die am 4. Februar mit dem Werfen begannen.

Um 3.48 Uhr wurden die Torpedoboote vom Chef der Minenschiffgruppe Nord entlassen. „Falke“ und T 10 machten um 11.12 Uhr in Stavanger fest.

Neben diesen im Norden durchgeführten Minenunternehmungen wurden vor allem im Westen von einigen Verbänden Minen vor der englischen Küste gelegt. Allerdings standen der 5. T.-Flot. nur noch zwei Torpedoboote der „Raubtierklasse“ „Jaguar“ und „Iltis“ zur Verfügung, weil in den vergangenen Wochen nacheinander „Seeadler“, „Greif“, „Kondor“ und „Falke“ zur Werftliegezeit und Überholung nach Rotterdam in die Werft gegangen waren.

„Jaguar“ und „Iltis“, auf dem Ankerplatz A auf Brest-Reede liegend, liefen Nacht für Nacht aus, um bei der Ile Ronde zu ankern, weil die Fliegerangriffe auf Brest und seine Reede beinahe allnächtlich stattfanden.

Am 21. Februar marschierten beide Boote nach Cherbourg, um die Sicherung für das Minenunternehmen „Augsburg“ zu übernehmen. Querab von Ouessant aber erlitt „Iltis“ einen Stagbruch am achtern Mast. Wegen der groben See machten beide Boote kehrt und liefen nach Brest zurück.

Am 24. Februar gingen sie wieder ankerauf und marschierten nach Cherbourg. Dort verholten sie am 25. Februar zur Minenübernahme, nahmen je 40 Minen an Bord und legten zum Unternehmen „Augsburg-A“ ab. Der Marsch ging in das Seegebiet vor Eastburne. 41 Minuten nach Mitternacht des 26. Februar hatten beide Boote das Operationsgebiet erreicht und begannen mit dem Werfen. Bis 1.39 Uhr war die letzte Mine geworfen. Beide Boote traten unbemerkt den Rückmarsch nach Cherbourg wieder an.

Drei weitere gleiche Minenunternehmungen dieser beiden Boote folgten, bevor die gesamte Minensperre zwischen Dungeness und der Isle of Wight gelegt war.

Bei der 5. T.-Flot. in Cherbourg ging am 5. März ein Fernschreiben ein, daß nun die Minensperre „Augsburg-B“ gelegt werden sollte. KKpt. Marks, der die Flottille vertretungsweise für den erkrankten KKpt. Schmidt führte, ließ zum Seebahnhof verholen und wiederum je 40 Minen laden.

Wieder liefen „Jaguar“ und „Iltis“ zum Minenlegen vor der feindlichen Küste aus. Das Ziel war Beachy Head. Das Werfen geschah ohne Feindsichtung.

Während der Operation „Heftnadel“, einer Meilen-Probefahrt der „Admiral Hipper“, die von Brest aus angetreten wurde, liefen „Iltis“ und „Jaguar“ von Cherbourg nach Brest, wo sie am Abend des 9. März eintrafen. Am nächsten Morgen liefen sie in den Handelshafen ein, um 24 Stunden später mit 27 kn Fahrt auszulaufen und die U-Bootsicherung für die „Hipper“ zu fahren. Sie begleiteten den Schweren Kreuzer bis zu dessen Rückkehr um 18.32 Uhr.

Kommandant von „Jaguar“ war Kptlt. Hartenstein, der der Meinung war, daß auch „Iltis“ und sein Boot eine Werftliegezeit haben müßten. Doch waren sie die einzigen Torpedoboote im Westraum und mußten durchhalten, bis die überholten Boote wieder der Front zur Verfügung standen.

Am 31. März kehrte KKpt. Schmidt zur Flottille zurück. Unter seiner Führung liefen „Iltis“ und „Jaguar“ am 21. März zum Einholen der „Gneisenau“ und der „Scharnhorst“ aus, die aus dem Kreuzerkrieg im Atlantik zurückkehrten. In der Biskaya stehend, kamen die beiden Schlachtkreuzer in Sicht. Eine Viertelstunde später hatten die beiden T-Boote ihre Position zur U-Boot-Sicherung eingenommen.

Bis 2.00 Uhr des 23. März war die Biskaya durchlaufen. Die Sperrbrecher 8 und 9 der 3. Sicherungsdivision lotsten nun die beiden Großkampfschiffe in den Hafen von Brest ein. „Jaguar“ und „Iltis“ wurden mit Dank vom Flottenchef entlassen.

Nunmehr verließ Kptlt. Werner Hartenstein den „Jaguar“, um zur U-Waffe zu gehen. (Er fiel am 12. März 1943 als KKpt. und Kommandant von U 156 auf See. Seit dem 17. September trug er das Ritterkreuz).

Als neuer Kommandant von „Jaguar“ hatte Kptlt. Paul sein Boot am 23. März zusammen mit „Iltis“ nach Cherbourg zu führen, um von dort aus zur Ölergänzung nach Helgoland zu marschieren.

Vor Erreichen der Nordsee griff ein englischer Bomber an. Bei seinem dritten Angriff – die Bomben waren bereits weitab gefallen – flog der Bomber in das Abwehrfeuer der Flakwaffen der beiden T-Boote hinein. Er wurde getroffen und stürzte, eine dichte Rauchwolke hinter sich herziehend, nach einer steilen Rechtskurve in die See.

Westlich Den Helder wurden sie abermals angegriffen, diesmal von einem Martin-Bomber, der jedoch nicht durch den Flakvorhang durchstieß, sondern abdrehte, ohne zu werfen.

Am 25. März um 0.10 Uhr ankerten beide T-Boote auf der Reede von Helgoland, liefen mit dem Hellwerden in den Osthafen, wo die Reparaturen beginnen sollten. Diese erfolgten zügig, und um 20.00 Uhr liefen beide Boote in Kiellinie durch das Skagerrak nach Egersund. Von hier aus ging es am 26. März nach Stavanger weiter, wo „Iltis“ um 2.00 Uhr des 27. und „Jaguar“ erst um 6.00 Uhr eintrafen, weil er unterwegs vor Egersund einen Ruderversager gehabt hatte und mit Schlepperhilfe laufen mußte.

In Bergen stieß das allein vorauseilende Boot „Iltis“ zu den beiden Zerstörern Z 23 und Z 24 der 8. Z.-Flottille unter FKpt. Pönitz. Am 30. fand eine Besprechung über die Geleitaufgabe „Admiral Scheer“ statt. Der Schwere Kreuzer war von Booten der 2. T.-Flot. unter KKpt. Riede mit den Booten T 6, Kptlt. Wolfram, T 7, Kptlt. Erhardt, T 8, Kptlt. Erdmann und T 10 Kptlt. Hoepner, bereits am 23. Oktober 1940 auslaufend, nach Stavanger geleitet worden. Die Boote hatten ihn noch am anderen Morgen bis auf 61–45 Grad Nord und 03–20 Grad West geleitet, ehe sie nach Bergen entlassen worden waren und der Schwere Kreuzer seinen Einsatz begann.

Nun kehrte die „Admiral Scheer“ von erfolgreicher Feindfahrt zurück und sollte von Torpedobooten und Zerstörern eingeholt werden.

Neuaufbau der Zerstörerwaffe

Kommodore, dann Konteradmiral, Erich Bey, der nach der Vernichtung der 4. Z.-Flot. vor Narvik Führer der Zerstörer und zugleich Befehlshaber der Kampfgruppe Nordnorwegen geworden war, hatte nach dem Desaster bei Narvik und dem vorausgegangenen Verlust von „Leberecht Maass“ und „Max Schultz“ die bestehenden vier Zerstörer-Flottillen in zwei gekürzt und die noch vorhandenen zehn Zerstörer diesen beiden Flottillen zugeführt.

Die 5. Z.-Flot. unter FKpt. Berger (der ab dem 1. März 1941 Kpt. z. S. war) und die 6. Z.-Flot. unter Kpt. z. S. Schulze-Hinrichs wurden im Dezember 1940 durch die 8. Z.-Flot. ergänzt. Dieser war aus Traditionsgründen und zur Erinnerung der Name „Narvik“ beigegeben. Ihr Flottillenchef wurde FKpt. (ab 1. April 1941 Kpt. z. S.) Pönitz. Zur letzteren Flottille traten die neu in Dienst gestellten Zerstörer Z 23 (ab 15. September 1940) und Z 24 (ab 26. Oktober 1940). Am 30. November 1940 kam Z 25 hinzu und Z 26 sowie Z 27 stellten für diese Flottille am 11. Januar 1941 und 26. Februar in Dienst. Im Verlaufe des Jahres 1941 sollten noch Z 28 (am 9. August), Z 29 (am 25. Juni) und Z 30 (am 15. November) hinzukommen.

Die Kommandanten der Zerstörer dieser neuen Flottille waren:
Z 23: Fregattenkapitän Böhme.
Z 24: Korvettenkapitän Saltzwedel.
Z 25: Korvettenkapitän Gerlach.
Z 26: Korvettenkapitän Ritter und Edler von Berger.
Z 27: Fregattenkapitän Smid.
Z 28: Fregattenkapitän Erdmenger.
Z 29: Fregattenkapitän Rechel.
Z 30: Kapitän zur See Kaiser.

Es standen also wieder drei Zerstörerflottillen auf dem Papier. Aber die neuen Boote waren noch nicht voll „kriegsfähig“, und nur einige wenige waren in der ersten Hälfte des Jahres 1941 für die Operation verfügbar.

Die beiden Boote Z 23 und Z 24 hatten vom 21. bis 24. März nach Bergen verholt und geleiteten von dort aus vom 26. bis 28. März die „Admiral Hipper“ durch das Skagerrak.

Am 30. März liefen Z 23 und Z 24 mit FKpt. Pönitz an Bord des ersten Zerstörers sowie „Iltis“ aus Bergen aus. Die „Admiral Scheer“ wurde am 30. März in den Grimstadfjord befohlen und sollte von dort aus von den genannten Booten nach Süden geleitet werden.

Am Morgen des 31. März schlossen die Boote zur U-Boot-Sicherung an den am Vorabend gesichteten Schweren Kreuzer heran. Der Konvoi passierte Christiansand und Skagen; bei Anholt erschien ein Sprerrbrecher und übernahm den Verband zum Einlaufen nach Kiel. Hier wurde „Iltis“, einzeln laufend, nach Kiel entlassen.

Beim Auslaufen der „Bismarck“ mit der „Prinz Eugen“ standen erstmals wieder mehrere Zerstörer in See. Von der mittleren Ostsee ab wurden die beiden Großkampfschiffe begleitet. Bei Kap Arcona stießen am Abend des 19. Mai die Zerstörer „Friedrich Eckoldt“ unter FKpt. Schemmel und Z 23 unter FKpt. Böhme zum Schiffsverband. Zwei Sperrbrecher setzten sich vor und sicherten den Verband beim Marsch zum Großen Belt. Bei Punkt „Rot“ stieß der Zerstörer „Hans Lody“

mit dem Chef der 6. Z.-Flot., FKpt. Schulze-Hinrichs, an Bord zum Verband. Diesen Zerstörer führte FKpt. Pfeiffer.

Mit einer Vorpostenboot-Rotte der 10. VP-Flottille erschienen noch „Karl Galster“ unter KKpt. von Bechtolsheim und „Erich Steinbrinck“ unter FKpt. Johannesson am frühen Morgen des 20. Mai beim Verband, der damit so stark wie nie einer zuvor gesichert war.

Die Sperrlücke bei Christiansand wurde passiert und am frühen Morgen des 21. Mai das Seegebiet von Bergen erreicht. Während die „Bismarck“ in den Grimstadfjord einlief, ging die „Prinz Eugen“ mit Lotsenhilfe durch den Korsfjord und ankerte gemeinsam mit den Zerstörern in der Kalvenesbucht. Zur See hin legten sich der Tanker „Wollin“ und ein weiterer Dampfer vor. Am Abend des 21. Mai um 20.00 Uhr erfolgte der Weitermarsch. Spitze lief der Zerstörer „Hans Lody“, gefolgt von zwei weiteren Zerstörern, denen die „Bismarck“ und die „Prinz Eugen“ folgten. Am 22. Mai wurden vor Drontheim die Zerstörer entlassen und die beiden Großkampfschiffe setzten ihren Marsch fort.

Im Westen war inzwischen auch die 5. Z.-Flot. im Frühjahr 1941 wieder einsatzbereit. Sie lag zunächst in den Häfen der französischen Atlantikküste.

Eine der ersten Aufgaben war das Einbringen des HK „Thor“ durch Boote der 5. Z.-Flot. Zwischen der Biskaya und dem Kanal liefen die Boote dieser Flottille im wechselnden Dienst zu Geleitfahrten und Minenunternehmungen aus. Kpt. z. S. Berger war als Flottillenchef auf den Zerstörer „Erich Steinbrink“ übergestiegen, der von Rolf Johannesson geführt wurde. „Friedrich Ihn“ hatte KKpt. Wachsmuth als Kommandant und „Bruno Heinemann“ führte KKpt. Alberts.

In dieser Zeit war die 5. T.-Flot. noch immer in der planmäßigen Werftliegezeit. Am 4. April marschierte auch „Iltis“ in die Werft nach Schiedam. „Jaguar“, das letzte Boot dieser Flottille, lag zur Runderneuerung in der Rosenbergwerft zu Stavanger.

Dieses Boot übernahm nach Beendigung der Reparatur den Geleitdienst für den Flakjäger 21 und den Versorger „Python“, der U-Boote des Typs VII A-C auf See versorgen und diesen damit eine doppelte Seeausdauer geben sollte.

Während der Geleitfahrt versuchte ein britischer Bomber das Geleit anzugreifen. Kptlt. Paul ließ das Abwehrfeuer aus allen Waffen eröffnen. Der Bomber drehte ab, griff die „Phyton“ an und wurde auch von ihr abgewiesen. Ein weiterer Angriff eines Bombers schlug ebenfalls fehl. Leider war der Flakjäger 21 durch Havarie ausgefallen. Er hätte hier eine gute Chance gehabt, den niedrig fliegenden Bomber abzuschießen.

Nach Ende dieser Aufgabe ging „Jaguar“ am 20. April 1941 in die Smith-Werft nach Rotterdam. Erst am 13. Mai war für „Greif“, „Kondor“ und „Seeadler“ die Werftliegezeit in Rotterdam zu Ende. Diese drei Boote liefen nach Kiel, marschierten von dort aus in die Ostsee, um nach der Grundüberholung ihre Einsatzbereitschaft wiederherzustellen. „Falke“ und „Jaguar“ folgten wenig später nach.

Am 16. Juni marschierten die Boote der 5. T.-Flot. unter Führung des Kommandanten von „Seeadler“, KptLt. Kohlauf, mit diesem Boot, „Falke“ und „Jaguar“

nach Aarhus. „Greif“ folgte nach. Im Skagerrak wurde das Lazarettschiff „Oberhausen“ getroffen und nach Frederickshavn geleitet.

Von dort aus liefen „Seeadler“, „Falke“, „Greif“ und „Jaguar“ am 20. Juni abends nach Skagen. Dort erhielt Kptlt. Kohlauf als stellvertretender Flottillenchef um 7.00 Uhr des 22. Juni 1941 ein Fernschreiben folgenden Inhalts:

„Seit 5.00 Uhr Kriegszustand mit Sowjetrußland. Einlaufen Frederickshavn.

Die Boote der 5. T.-Flot. operierten von nun an im Nordraum. Am 7. Juli geleiteten sie den Kreuzer „Nürnberg“ nach Horten. Dort standen sie auf und ab, bis die Kreuzer „Leipzig“ und „Emden“ mit zwei Sperrbrechern auftauchten, die sie auf dem Wege ostwärts von Skagen bis nach Frederickshavn geleiteten.

Am 21. Juli traf KKpt. Moritz Schmidt wieder ein und übernahm seine Flottille. Am 28. Juli ließ er zwei Boote nach Christiansand-Süd verlegen.

Als letztes Boot der Flottille traf am 3. August „Kondor“ in Frederickshavn ein. Es sollte den Zerstörer „Theodor Riedel“ nach Norden geleiten. T 2 schloß sich diesem kleinen Geleitzug an, der vor Skudesnes von „Theodor Riedel“ entlassen wurde.

Ein reger Geleitverkehr der Torpedoboote der 5. T.-Flot. setzte ein. Die Torpedoboote hatten nach dem Untergang von T 6 am 7. November 1940 und „Wolf“ am 8. Januar 1941 bis Ende August 1941 keine Verluste mehr erlitten. Neu in Dienst gestellt werden konnten die Boote T 13 bis T 17 des Torpedobootstyps 37. Damit war der Torpedobootsverband um drei Boote stärker als zu Beginn des zweiten Kriegsjahres am 1. September 1940.

Im Juni 1941 wurden die Operationen der Zerstörer sowohl im Norden als auch im Westen fortgesetzt. Der Ausmarsch des Schweren Kreuzers „Lützow“ unter Kpt. z. S. Kreisch, der wenig später Führer der Torpedoboote und Zerstörer werden sollte, zum Handelskrieg in den Atlantik wurde von fünf Booten der 5. und 8. Z.-Flot. geleitet. Der Verband wurde vorzeitig gesichtet und am 13. Juni von Torpedoflugzeugen des Typs „Bristol-Beaufort“ angegriffen. Trotz des dichten Feuervorhanges der Flak wurde die „Lützow“ von einem Torpedo getroffen und mußte den Rückmarsch nach Kiel antreten. Bis zum Januar 1942 blieb das Schiff in Kiel im Dock.

Am 16. Juni marschierten Z 23 und Z 24 der 8. Z.-Flot., kurzzeitig der 5. Z.-Flot. unterstellt, von Kiel nach Brest, um diese bei dem Auftrag zu unterstützen, die „Scharnhorst“ und „Gneisenau“ bei ihren Probefahrten in der Biskaya zur Herstellung ihrer Einsatzbereitschaft zu sichern.

Als die „Scharnhorst“ nach Ende ihrer Maschinenreparatur am 21. Juni zum Marsch nach La Pallice auslief, wurde das Schiff von allen verfügbaren Zerstörern geleitet. Kurz nach dem Einlaufen in La Pallice wurde die „Scharnhorst“ von britischen Bombern angegriffen. Drei Blindgänger durchschlugen das Schiff, zwei weitere Bomben detonierten und verursachten schwere Schäden auf der „Scharnhorst“. Mit 3000 Tonnen Wasser im Schiff lief der Schlachtkreuzer am 24. Juli – wieder von allen Zerstörern gesichert – nach Brest zurück, wo er am 25. Juli eintraf.

Dannach erfüllten die Zerstörer der Westflottille eine Reihe weiterer Aufträge. So wurde Schiff 36, „Orion“, eingeholt, das von FKpt. Weyher 517 Seetage lang und insgesamt fünfeinhalbmal um den Äquator geführt worden war.

Das neue Operationsgebiet für die Seestreitkräfte

Wie bereits im Abschnitt über die Torpedoboote angeklungen, hatte die Entscheidung Hitlers am 22. Juni 1941 einen zweiten Hauptkriegsschauplatz geschaffen. Dazu bemerkte Großadmiral Erich Raeder:

„Ich wußte, daß damit die vielleicht wichtigste Entscheidung des Krieges gegen meinen Rat gefallen war, worüber ich Hitler in eingehenden Vorträgen nie im Unklaren gelassen hatte.“

Für das Unternehmen „Barbarossa“ hatte die Kriegsmarine folgende Weisung erhalten: „Der Schwerpunkt des Einsatzes der Kriegsmarine bleibt auch während des Ostfeldzuges eindeutig gegen England gerichtet.“

Dennoch mußte sie Einheiten für Operationen in der Ostsee und im Hohen Norden Europas abgeben, wie bereits angeklungen. Darüber hinaus aber sollte ein Ausbrechen sowjetischer Seestreitkräfte aus der Ostsee verhindert werden.

Wie viele deutsche Kriegsfahrzeuge benötigt werden würden, die Nachschubwege in der Ostsee zu sichern, Minen zu legen und zu räumen, sollte die nächste Zeit zeigen.

Diese neuen Aufgaben bedeuteten eine empfindliche Schwächung der Seestreitkräfte im Kampf gegen England.

Durch den Kampf in der Ostsee waren darüber hinaus bei der Kriegsmarine neue Führungsstäbe notwendig.

Die Marinegruppe Nord, Generaladmiral Carls, unterstellte den Ostseeraum dem Befehlshaber der Kreuzer, B. d. K. Vizeadmiral Schmundt. Für den Finnischen Meerbusen war der F. d. T. Führer der Torpedoboote Kpt. z. S. Bütow, zuständig. Darüberhinaus wurden die Stäbe des Marinebefehlshabers C und D aufgestellt. Diese sollten den Küstenschutz in den eroberten Gebieten übernehmen.

Dem Befehlshaber der Sicherung Ostsee – B. S. O. – Vizeadmiral Mootz, unterstanden lediglich die mit der Verteidigung der dänischen Meerengen beauftragten Einheiten sowie die Schulverbände und Stutzpunkte. Der Führer der Minenschiffe F. d. M. Kpt. z. S. Boehmer, wurde dem B. d. K. unterstellt.

Da nach dem Erreichen von Leningrad der sowjetischen Ostseeflotte der letzte Stützpunkt genommen sein und sich diese damit in einem hoffnungslosen Zustand befinden würde, waren vorher größere deutsche Seeoperationen zu vermeiden.

„Nach dem Ausschalten der russischen Flotte“ – so weiter im Operationsplan ‚Babarossa‘ – „wird es darauf ankommen, den vollen Seeverkehr in der Ostsee, dabei auch der Nachschub für den nördlichen Heeresflügel über See sicherzustellen (Minenräumung).“

Zu Beginn von „Barbarossa“ standen in der Ostsee also weder Torpedoboote noch Zerstörer oder U-Boote, wenn man von der Schulflottille absehen will.

Die sowjetische Ostseeflotte hingegen bestand aus zwei Schlachtschiffen, drei Kreuzern, 47 (!) Zerstörern und Torpedobooten sowie 96 U-Booten. Die Torpedoboote und Zerstörer der Roten Flotte waren auf die Baltische Flotte und die Nordmeer-Flotte verteilt. Jene 19 Zerstörer der Schwarzmeerflotte traten vorert noch nicht in Erscheinung.

Die sowjetischen Zerstörer begannen unmittelbar nach Beginn des Feldzuges gegen die UdSSR mit der Verminung der Irbenstraße, der Zufahrtswege nach Riga und anderen deutschen „Zielen“.

Geführt wurden sie von KAdm. Drozd. Es stand zu erwarten, daß auch im nordnorwegischen Raum und in der westsibirischen See mit Zerstörern der Roten Armee gerechnet werden mußte.

Vom 8. bis 10. Juli wurde die 6. Z.-Flot. unter Kpt. z. S. Schulze-Hinrichs nach Nordnorwegen verlegt. Am 10. Juli trafen die Boote „Hans Lody“, „Karl Galster“, „Hermann Schoemann“, „Friedrich Eckold“ und „Richard Beitzen“ in Kirkenes ein.

Anläßlich eines Gespräches mit General der Gebirgstruppe Dietl trug Kpt. z. S. Schulze-Hinrichs den Plan eines Überraschungsvorstoßes gegen den sowjetische Nachschubverkehr vor. Dietl war erfreut über diese zusätzliche Hilfe und stimmte voll zu.

Der Vorstoß wurde in zwei Gruppen vorgetragen. Nach zunächst gemeinsamem Marsch von Kirkenes nach Norden mit dem Ziel der sowjetischen Murmanküste, erfolgte in der Dunkelheit die Teilung. Die Gruppe I erreichte die sowjetische Küste bei Kap Teriberka und lief daran entlang nach Osten weiter. Am Ende ihres Vorstoßes angelangt, wurde ein kleiner Geleitzug gesichtet. Es waren: Das Wachschiff „Passat“, und die beiden Trawler „RT 32“ und „RT 67“. Im Artilleriegefecht wurde die „Passat“ und RT 67 versenkt. „RT 32“ setzte sich nach einigen Treffern an der Küste auf Grund. Er wurde später wieder flottgemacht und eingeschleppt.

Die Gruppe II lief bis Iokanga, fand aber nichts und machte kehrt. Nach 37-stündiger Feindfahrt ankerten beide Gruppen unversehrt im Tamanfjord westlich der Varangerhalbinsel.

Drei Tage darauf erfolgte ein ergebnislos verlaufender Vorstoß gegen eine vermutete Fischfangflotte des Gegners, die nicht gefunden werden konnte.

Vier Tage darauf wurde der sowjetische Zerstörer „Stremitelnyj“ von einer Ju 88 der 5./KG 30 gebombt und sank.

Am 22. Juli liefen vier der genannten Zerstörer zum dritten Vorstoß ins Eismeer aus. „Hans Lody“ mußte wegen einer Kesselreparatur allein zurückbleiben.

Als der Verband von zwei sowjetischen Flugbooten angegriffen wurde, ließ Kpt. z. S. Schulze-Hinrichs das Feuer eröffnen. Beide Flugzeuge drehten ab, ohne geworfen zu haben.

Am Abend des 23. Juli stieß der deutsche Zerstörerverband aus dem bergenden Nebelfeld heraus und ging auf Südkurs, um ins Weiße Meer zu laufen. Das sowjetische Vermessungsschiff „Meridian" wurde gestellt und in Brand geschossen. Von der hohen Qualmwolke angezogen, tauchten am Morgen des 24. Juli zwei Flugboote auf. Eines davon wasserte aufgrund eines von Schulze-Hinrichs befohlenen „Rotsternschusses", mit dem dieser das rote russische ES beantwortete, und blieb einige 100 Meter vor dem deutschen Zerstörer liegen, der den Verband anführte. Dieser eröffnete das Feuer. Mit einer gewaltigen Benzinexplosion flog das Flugboot in die Luft. Das zweite drehte über Land ab, konnte aber den nachgeschickten Salven der Zerstörer entkommen und diese melden.

Damit war die Absicht, ungesehen Murmansk zu erreichen, vereitelt. Kpt. z. S Schulze-Hinrichs ließ mit AK nach Norden ablaufen. Dennoch erreichten 15 sowjetische Bomber die Ziele, warfen aber alle zu früh. Der zweite Bombenangriff, 30 Minuten darauf, war ebenso erfolglos. Hunderte Bomben des Gegners fielen hinter den ablaufenden und zackenden Zerstörern in die See. Mit Nordkurs ließ Schulze-Hinrichs in das große Nebelfeld zurücksteuern, in dem sie untertauchten.

Dennoch gelang es einem dritten Bomberpulk, auf die letzten im Nebel verschwindenden Zerstörer zu werfen. Aber auch sie hatten „nicht genug Zielwasser getrunken", wie einer der Männer auf der Brücke des Führerzerstörers trocken bemerkte.

Am Abend des 24. Juli erreichten die vier Zerstörer erfolglos Kirkenes.

Anfang August unternehm Kpt. z. S. Schulze-Hinrichs mit seiner Flottille einen größeren Vorstoß gegen die Kildininseln und die von roten Kräften besetzte Mündung des Kolafjords. Dabei waren „Richard Beitzen", „Friedrich Eckold", „Hans Lody". „Hermann Schonemann" mußte mit Getriebeschaden zurückbleiben.

Die Fahrt ging in die Motowskij-Bucht. Dort sollten Zerstörer der Roten Flotte und sogar Kreuzer aufgetaucht sein und die deutschen Stellungen im Hohen Norden beschossen haben. Schulze-Hinrichs erklärte nach dem Krieg dem Autor: „Wir faßten diesen Einsatz als Entlastungsvorstoß für Dietls Gebirgsjäger auf."

10 Seemeilen vor der Kildininsel wurde das sowjetische Wachschiff „SKR 12 Tuman" gesichtet. Das Vorpostenboot stand unter dem Kommando von Lt. Sestakow. Es eröffnete das Feuer und wurde nach kurzem Gefecht versenkt.

Als die sowjetische Küstenartillerie auf die deutschen Zerstörer das Feuer eröffnete und die Einschläge sehr nahe bei den Zerstörern lagen, befahl Schulze-Hinrichs, Zickzackkurse zu steuern. „Richard Beitzen" erlitt dabei durch einen Nahtreffer einen schweren Maschinenschaden und mußte von „Friedrich Eckold" nach Tromsö geleitet werden, während „Hans Lody" den Rückmarsch nach Kirkenes antrat.

Als die Truppen der Heeresgruppe Nord den Vorstoß nach Riga intensivierten und die Stadt bereits am 26. Juni erreichten, um am folgenden Tage nach Riga einzudringen, hatten sich die Kriegsschiffsverbände des Gegners, die dort lagen, zurückgezogen. Sie drangen aber immer wieder bis in die Bucht von Riga und in den Rigaer Meerbusen ein, das ja bis zum 1. Juli umkämpft war. Hier lief der Zerstörer „Statniy" in der Nacht zum 18. August auf eine Mine und sank. Ein großer Schlag gegen die Zerstörerwaffe der Roten Flotte aber wurde durch deren Evakuierungsaufgaben ermöglicht, die das Ziel hatten, alle noch in Riga befindlichen Truppen herauszuholen und nach Kronstadt oder Leningrad zurückzubringen.

An dieser Evakuierungsaufgabe waren der Kreuzer „Kirow“, 18 Zerstörer, sechs Torpedoboote, 28 Minensucher, sechs U-Boote, 83 kleine Hilfskriegsfahrzeuge, ein Tanker und 25 kleine Frachter beteiligt. Die gesamte weite Bucht war durch deutsche Minen verseucht. Das X. sowjetische Schützenkorps lief, auf den Zerstörern und den anderen Booten untergebracht, auf die Jumindasperre. Hier gingen die sowjetischen Zerstörer „Skroyj“, „Sverdlow“, „Kalinin“, „Artem“ und „Volodarskij“ sowie mehrere kleine Einheiten verloren. Die Zerstörer „Gordyj“ und „Slavnyj“ wurden durch Minentreffer beschädigt. Das war ein schwerer Schlag für die Zerstörerflotte der Sowjetunion.

(Am 9. August waren US-Präsident Roosevelt und Premierminister Churchill auf dem US-Kreuzer „Augusta“, der in der Argentinabucht vor Neufundland lag, zusammengetroffen. Churchill war auf der „Prince of Wales“ dort eingetroffen.

Nach viertägigen Verhandlungen wurde hier am 12. August 1941 die „Atlantik-Charta“ proklamiert.)

Zwischen Tromsö und Kirkenes versahen die drei restlichen Zerstörer der 6. Z.-Flot. im September 1941 den Geleitdienst für Truppentransporte. „Hans Lody“ mußte nach wenigen Fahrten wegen einiger Rohrreißer in den Kesseln nach Kiel entlassen werden. Wenig später wurde „Friedrich Eckoldt“ bei der Versammlung eines Geleitzuges auf der Reede von Tromsö von einem Schiff gerammt und erlitt so schwere Schäden, daß auch er reif für die Werft war.

Damit standen im Hohen Norden nur noch „Karl Galster“ im Transporteinsatz und brachte in schneller Fahrt Truppen nach dem Hohen Norden zu „Dietl“, wie die Männer der Besatzung sagten.

Eine Geleitsicherung wichtiger Schiffe aber mußte eine ganze Zeitlang entfallen. Da dies dem OKM zu gefährlich für die wichtigen Schiffe war, wurde im Dezember 1941 die 8. Z.-Flot. unter Kpt. z. S. Pönitz mit fünf Zerstörern nach Kirkenes verlegt, um die Nachfolge der 6. Z.-Flot. anzutreten.

Mit den Booten Z 25 (dem Führerzerstörer), auf den Kpt. z. S. Pönitz bei den Unternehmungen einstieg), Z 23, Z 24, Z 26 und Z 27 marschierte Pönitz bereits am 1. Dezember von Bergen, wohin die Flottille befohlen worden war, durch das Schärenfahrwasser und ankerte im Örstenfjord. Am nächsten Vormittag wurde die Fahrt nach Drontheim fortgesetzt. Diesmal führte Z 23 unter FKpt. Böhme den Verband an. In Drontheim gaben sie, an den Dampfer „Ohlrogge“ längsseits gehend, ihre Minen ab und liefen in die Drontheimer Werft, wo in den nächsten Tagen Schäden repariert wurden.

Am 4. Dezember wurden die Minen wieder geladen. Um 24.00 Uhr ging die Flottille ankerauf und trat mit Lotsenhilfe den Marsch durch die Schären nach Norden an. Tromsö wurde unbehindert erreicht. Nach Brennstoffübernahme an der Ölpier gingen alle Boote auf der Reede vor Anker.

Unter Führung von Kpt. z. S. Pönitz, der diesmal auf Z 26 eingeschifft war, marschierte die Flottille am 10. Dezember kurz vor Mittag in Kiellinie nach Norden, nahm um 15.25 Uhr die Formation zum Legen einer Scheinsperre auf und setzte danach ihren Marsch fort.

Am 11. Dezember ging um 14.00 Uhr ein FT-Befehl des Admirals Nordmeer ein: „Einlaufen Bökfjord unter Minengeleit M 30 und M 17."

Da dieses Minengeleit wegen des Schneetreibens nicht rechtzeitig eintraf, standen die Zerstörer zwischen Bökfjord und Vardö auf und ab. Zeitweise verloren sie einander aus der Sicht. Die Kollisionsgefahr war groß. Nach stundenlangem Warten wurde im Varangerfjord vor Jacobself geankert. Als dann auch noch eine U-Boot-Warnung des Admirals Nordmeer einging, die vor einem Feind-U-Boote in Varangerfjord warnte, wurde für die „Tanga" U-Boot-Sicherung gefahren und in Richtung Bökfjord gelaufen.

Nun erst gestand Admiral Nordmeer das Einlaufen ohne Minengeleit zu. Wertvolle Zeit und wertvoller Treibstoff waren „vergurkt" worden. Südlich der Insel Reynö im Bökfjord wurde geankert.

Am Abend des 23. Dezember gingen die Boote wieder ankerauf und marschierten nach Kirkenes, wo sie ihre Minen dem Dampfer „La France" übergaben und danach zur Treibstoffübernahme am Tanker „Weißenburg" längsseits gingen.

Die Flottille war bereits am 15. Dezember durch den Admiral Nordmeer begrüßt worden.

Z 26, das eine Stunde nach dem Auslaufen zu einer neuen Operation am Abend des 16. Dezember einen Maschinenschaden erlitt, der den Flottillenchef dazu zwang, auf Z 25 überzusteigen, wurde um 23.45 Uhr nach Kirkenes entlassen. Die übrigen Boote traten erneut zur Unternehmung gemäß Operationsbefehl an. Sie liefen mit 25 kn Fahrt und erreichten am anderen Morgen gegen 9.15 Uhr die Barentsee, um dort in einem breiten Aufklärungstreifen auf Kurs 180 Grad zu laufen. Kurz nach 17 Uhr sichtete Z 27 voraus einen Schatten, dann weitere, die kurz nach der Sichtbesserung gesehen werden konnten, um kurz darauf wieder in einer Nebelbank zu verschwinden.

Um 17.05 Uhr meldete Z 25 über die UK-Sprechverbindung „In Sieben Grad zwei Torpedoboote!"

Unmittelbar darauf gab Z 27 Sichtalarm, und wenige Minuten darauf erhielten die Boote vom Flottillenchef einen Befehl zur Kursänderung auf 30 Grad.

Um 17.22 Uhr begann ein Gefecht gegen vermeintliche Zerstörer der G-Klasse. KKpt. Smid gab für Z 27 Feuererlaubnis. Um 17.28 Uhr wurde von Z 27 ein Torpedo-Vierfächer geschossen. Von diesem fielen nur drei Schüsse, beim vierten Torpedo versagte der Luftausstoß durch Vereisung des Ausstoßkolbens. Von dem um 17.30 Uhr geschossenen Dreierfächer lief nur ein Torpedo in Richtung Feind. Grund für die beiden Versager war wieder die Vereisung der Ausstoßkolben. Dazu KKpt. Smid im KTB des Bootes:

„Es muß festgestellt werden, daß die Torpedowaffe in der kalten Jahreszeit nicht frontbereit ist." (Siehe Unterlagen an den Autor und Kurowski, Franz: „Torpedoboote und Zerstörer im Zweiten Weltkrieg").

Der anvisierte Zerstörer drehte kurz nach Abgabe des Fächerschusses, somit konnte er nicht mehr getroffen werden. Aber beim linken, zuerst beschossenen Zerstörer brandete um 17.31 Uhr eine starke Detonation mit hoher Wasser- und Rauchsäule empor. Danach war von ihm nichts mehr zu sehen.

Unmittelbar danach eröffnete der vordere feindliche Zerstörer das Artilleriefeuer. Z 25 und Z 27 erwiderten es, und kurz darauf fielen auch Z 23 und Z 24 ein.

Der Artillerieoffizier des Z 27 beobachtete zwei Treffer mit starker Wirkung am Ziel. Einer schlug achtern, der zweite mittschiffs ein. Nach den Treffern lief dieser Gegner nur noch 12 kn Fahrt. Der Gegner warf Nebelbojen und nebelte aus Kannen. Um 17.49 Uhr befahl Kpt. z. S. Pönitz, das Gefecht abzubrechen. Mit hoher Fahrt wurde der Rückmarsch angetreten. Da an der Küste dichter Nebel herrschte, wurde von einer Einsichtnahme der Küste abgesehen. Die Flottille marschierte nach Tromsö, wo um 17.00 Uhr des 18. Dezember geankert wurde.

Das Gefecht hatte nicht mit sowjetischen Zerstörern, sondern mit englischen Minensuchern stattgefunden, von denen die „Hazard" und die „Speedy" schwer getroffen nach Murmansk eingeschleppt wurden.

Das nächste Unternehmen war eine Minenlegeaufgabe im Westfahrwasser des Weißen Meeres. Das Unternehmen verlief ohne Zwischenfall.

Torpedoboote bei der Eroberung von Ösel und Dagö

Die Kämpfe vom 13. September bis zum 5. Oktober um die beiden genannten Inseln wurden von den Booten T 11, T 2, T 5 und T 8 der 2. T.-Flot. in der Operationsgruppe West mitbestritten. Hierbei handelte es sich um Scheinunternehmen auf der Westseite, von See her, die den Einsatz der 61. ID erleichtern sollten. Diese war gegen die Inseln Ösel und Moon eingesetzt.

Außerdem hatten die T-Boote neben den Kreuzern „Emden" und „Leipzig" – die „Köln" kam hinzu – die Aufgabe, die gegnerischen Batterien auf den Inseln niederzukämpfen.

Die Boote erfüllten diese Aufgabe mit Bravour und konnten mehrere Feindstellungen zerschlagen.

Die auf der Halbinsel Sworbe zusammengedrängten Verteidiger der Roten Armee wurden vom 25. bis zum 27. September durch die „Leipzig", Kpt. z. S. Stichling, die „Emden" unter Kpt. z. S. Mirow sowie T 11, T 7 und T 8 wirkungsvoll unter Feuer genommen.

Die Verlegung der Baltenflotte unter VAdm. Ciliax vom 23. bis 29. September in die Aalandsee, mit dem Ziel, einen Ausbruch der sowjetischen Flotte in die Ostsee zu verhindern, ließ auch die Boote der 2. T.-Flot. neben den Kreuzern zum Einsatz kommen.

Bei der Eroberung von Dagö waren die Torpedoboote am Scheinunternehmen „Westfalen" beteiligt. Es waren T 2, T 5, T 7 und T 8, die am 12. Oktober mit sieben Minensuchern ausliefen, um den Leichten Kreuzer „Köln" nach Kap Ristma zu geleiten. Hier schossen sie die erkannten Küstenbatterien der Verteidiger zusammen und halfen in dieser Weise mit, daß Dagö ohne große eigene Verluste erobert werden konnte.

In den Westen verlegt, konnte KKpt. Heinrich Erdmann, der Flot.-Chef der 2. T.-Flot., vom 23. November an mit seinen Booten an der Einholung verschiedener Hilfskreuzer teilnehmen und im Verein mit der 8. Minensuch-Flottille, KKpt. von Kamptz, und der 1. Räumboot-Flottille unter KKpt. Forstmann die Schiffe sicher in die Häfen geleiten. Bei der Abwehr der feindlichen, aus Dover auslaufenden Schnellboote in der Nacht zum 28. November, mit dem Ziel, Schiff 45 „Komet" zu vernichten, waren neben den Räumbooten, die diesen Feind zuerst sichteten, die Torpedoboote entscheidend beteiligt. T 4 schoß ein S-Boot in Brand, das kurz darauf sank. Zwei weitere feindliche S-Boote wurden von T 7 und T 12 in Brand geschossen und liefen ab, ohne ihre Torpedos geschossen zu haben. Schiff 45 erreichte wohlbehalten Dünkirchen.

Als es am 2. Dezember galt, Schiff 10 „Thor" hinauszubringen, war die 2. T.-Flot. abermals zur Stelle. Mit T 2 unter Kptlt. Gödecke, T 4 unter Kptlt. Sommerlatt, T 7 unter Kptlt. Quaet-Faslem und T 12 unter Kptlt. Mellin wurde die „Thor" sicher nach La Rochelle geleitet, von wo aus der Hilfskreuzer dann in sein Operationsgebiet auslief.

Diese Einsätze zeigten mehr als viele Worte die Wirksamkeit der Torpedoboote und Zerstörer ebenso wie ihre vielseitige Verwendbarkeit auf. Torpedoboote und Zerstörer der Kriegsmarine kämpften auf allen Kriegsschauplätzen. Sie legten Minen, geleiteten Großkampfschiffe und Handelsstörer, wurden zu Transportfahrten eingesetzt und konnten in der Schlußphase des Zweiten Weltkrieges noch einmal mit der Rettung deutscher Menschen und verwundeter Soldaten aus dem Osten ihre Einsatzbereitschaft bis zum letzten Tag unter Beweis stellten. Die letzten standen bis zum 10. (!) Mai auf Rücktransporten im Einsatz.

Deutsche Schnellboote im Kampf

Mit Jahresbeginn 1941 kamen einige neue Boote zur 1. und 2. Schnellboot-Flottille. So erhielten die Oberleutnante Christiansen und Töniges mit S 101 und S 102 ihr neues Boot, während Oblt. z. S. Künzel kurz darauf S 103 übernahm.

Als am 7. Januar 1941 eine Aufklärermeldung einen in See stehenden kleinen Geleitzug meldete, legten die einsatzklaren Boote der 1. S.-Flot. zum Einsatz in Richtung englische Südküste ab. Kptlt. Birnbacher führte den Verband. In einem weiten Suchstreifen auseinandergezogen, liefen die Boote dem Konvoi entgegen. Auf der Brücke von S 101 wurde schließlich der erste Schatten gemeldet. Es war ein Dampfer von geschätzten 1000 BRT. Oblt. z. S. Christiansen gab den Befehl zum

Torpedoschuß. Nach Ablauf der Laufzeit hallte eine mächtige Detonation durch die Nacht. Eine etwa 100 m hohe Feuersäule stob empor. Als sich die folgende dichte Rauchwolke verzog, war von diesem Dampfer nichts mehr zu sehen. Es war die „H. H. Petersen", die hier ihr Ende gefunden hatte. Alle übrigen Boote kamen nicht zum Schuß.

Ende Januar erfolgte der nächste voll durchgezogene Angriff nach zwei wegen stürmischer See abgebrochenen Feindfahrten. Von Ymuiden aus liefen die Boote der 1. S.-Flot. vor die englische Südküste. Es war so kalt, daß das überkommende Spritzwasser sofort gefror. Die Boote waren bereits wenige Minuten nach dem Auslaufen von dichten Eisschichten überzogen.

Als Feindzerstörer in Sicht kamen, versuchte Oblt. z. S. Künzel auf S 103 den vordersten Zerstörer mit seinen Torpedos zu vernichten. Der erste Aal blieb im Rohr liegen, der zweite lief hinter dem plötzlich mit der Fahrt heraufgehenden Zerstörer her. Unverrichteter Dinge mußten die Boote umkehren.

Die 2. S.-Flot. konnte hingegen zur gleichen Zeit einige Erfolge erzielen. So am 5. und 6. Januar. Mit den Booten S 30, S 54, S 58 und S 59 stießen sie in den Küstenraum von Ipswitch und Newcastle vor. Im Abwehrfeuer der Geleitfahrzeuge konnte S 30, Oblt. z. S. Feldt, einen Dampfer von 500 BRT versenken.

Der 18. Februar sah einen weiteren Einsatz der 1. S.-Flot. Es waren S 28, S 101, und S 102, die in Richtung zur Themsemündung liefen und die vorgesehene Lauerstellung im Planquadrat 7358 erreichten. Gegen 3.00 Uhr waren bei dichtem Nebel aus etwa 300 Grad Nebelsignale von Dampfern zu hören. Alle drei Boote liefen nun in den Abschnitt „L-Gelb" auf den Geleitzug zu, der West- und Nordwestkurs steuern mußte. Hier der Bericht von Oblt. z. S. Töniges:

„Gegen 3.30 Uhr befand ich mich mit S 102 mitten im Geleitzug, denn jetzt vernahm ich aus allen Richtungen Notsignale. Bei der schlechten Sicht konnte ich jedoch immer noch keinen Gegner ausmachen. Erst als sich die Sicht besserte, bekam ich im Quadrat 7383 einen Dampfer von geschätzten 5000 Tonnen in Sicht. Ich drehte sofort mit Kurs 200 Grad auf ihn zu und schoß mit Lage 70 und 6 kn Gegenfahrt um 3.51 Uhr den Backbordtorpedo. Der Aal traf den Gegner hinter dem Schornstein. Geringe Feuererscheinung, aber der Dampfer sank sofort. Torpedolaufzeit zirka 25 Sekunden. Im Ablaufen bekam ich einen Dampfer aus dem Nebel heraus so nah vor den Bug, daß es nicht mehr möglich war, zu schießen.

Der Dampfer aber schoß mit MG; das Feuer lag im Kielwasser. Ich lief zunächst mit langsamer Fahrt ein Stück ab, um ihn von der anderen Seite zu packen, und bekam dabei im Quadrat 7383 einen 4000-Tonnen-Dampfer in Sicht, der gestoppt hatte und eine Sternlampe sowie ein Seefallreep ausgebracht hatte. Bei ihm legte soeben ein kleineres, wahrscheinlich Lotsenfahrzeug an. Aus Lage 90 Grad schoß ich um 3.59 Uhr den Steuerbordtorpedo. Der Dampfer brannte sofort und sank mit dem Heck voraus. Kurz darauf trat erneut Sichtverschlechterung ein.

Auf verschiedenen Kursen versuchte ich den vermuteten Geleitzug zu schneiden, um so wieder auf ihn zu stoßen. Dies konnte bei den Wetterverhältnissen jedoch nur durch Zufall geschehen.

Um 4.30 Uhr trat ich den Rückmarsch an. Die übrigen Boote hatte ich aus der Sicht verloren. Um 10.45 Uhr machte ich in Ymuiden fest.“ (Siehe: Töniges, Werner an den Autor und Kühn, Volkmar: „Schnellboote im Einsatz 1939–1945“).

Am Donnerstag, dem 20. Februar 1941, meldete der Wehrmachtsbericht: „Ein Schnellboot versenkte trotz starken Nebels in der südlichen Nordsee zwei bewaffnete Handelsschiffe mit zusammen 10 000 BRT“.

Beim nächsten Schnellbooteinsatz unter der englischen Südküste versenkte S 30, unter Oblt. z. S. Feldt vor Lowestoft den britischen Geleitzerstörer „Exmoor“, während S 28 unter Kptlt. Klug am folgenden Abend bei einem Vorstoß bis vor Cromer den britischen Frachter „Minorca“ torpedierte.

Ein Doppeleinsatz der 1. und 3. S.-Flot. unter Führung von Kptlt. Kemnade ging am 7. März in den Seeraum vor Cromer und Southwild. Dies war übrigens der erste Einsatz der 3. S.-Flot., die am 15. Mai 1940 aufgestellt worden war und unter Kptlt., später KKpt., Kemnade bis zum Juli 1943 kämpfte, ehe ein Wechsel des Flottillenchef erfolgte.

Zu diesem Einsatz teilte Kptlt. Birnbacher seine 1. S.-Flot. in zwei Gruppen auf. Zur Gruppe I gehörten S 39, S 101 und S 102. In der Gruppe II liefen S 26, S 27, S 28 und S 29.

Die Gruppe I konnte bereits gegen 22.12 Uhr die ersten Schatten im Operationsgebiet sichten. Diese Sichtmeldung wurde über UK-Verbindung dem FloChef gemeldet. Der Schatten entpuppte sich als Dampfer. Dahinter aber standen einige Zerstörer.

S 102, Oblt. z. S. Töniges, griff um 22.14 Uhr den Dampfer an. Aus 1200 m fiel der Torpedoschuß aus dem Steuerbordrohr. Dieser Aal ging vorbei. Eine Minute darauf fiel der Schuß aus dem Backbordrohr. Auch er lief vorbei.

Danach setzte Töniges sein Boot etwas heraus, um erneut angreifen zu können. Hierbei kam S 101 in Sicht. Töniges überließ es dem Kameraden, Oblt. z. S. Christiansen, den nächten Schuß auf diesen Gegner abzufeuern, weil dessen Boot günstiger stand. S 101 schoß und traf den Gegner, der rasch sank.

S 102 lief nun zur Untergangsstelle des Dampfer, um Schiffsbrüchige zu retten. Hier Werner Töniges mit seinem Bericht dieser Situation:

„Von dem umherschwimmenden Holz, das der Dampfer als Oberdecksladung geladen hatte, hörten wir laute Rufe. Ich setzte zur Rettung an, was bei der Dünung und dem vielen Holz für das Boot gefährlich werden konnte. S 101 übernahm auf meine Bitte hin den Schutz für mein Boot gegen vielleicht auftauchende Gegner. Es gelang uns, den Kapitän des Dampfers zu ‚fischen‘.“

Inzwischen hatten auch die Boote der 3. S.-Flot. Fühlung am Gegner erhalten. Kptlt. Kemnade führte S 31, S 57, S 59, S 60 und S 61 heran. Letzteres, unter dem Kommando von Oblt. z. S. Gernet, kam zuerst zum Schuß. Die beiden Torpedos dieses Bootes trafen die „Boulderpool“ und ließen diesen Dampfer von 4805 BRT rasch sinken. S 31, Oblt. z. S. Hans-Jürgen Mayer, versenkte den Dampfer „Kenton“. Die übrigen Boote wurden von der massiven Zerstörersicherung abgedrängt.

Besser aber erging es den Booten der 1. S.-Flot., die weiter auf diesen Geleitzug operierte. S 28, Oblt. z. S. Klug, schoß noch am 7. März den Dampfer „Corduff" mit 2346 BRT heraus. Die beiden Boote S 101 und S 102, die die Fühlung verloren hatten, wurden durch den Befehlsübermittler des Flottillenchefs wieder auf die „Spur" gelenkt. „Geleitzug steht bei Gamma, Kurs Süd!" klang es über die UK-Verbindung.

Beide Boote operierten darauf zu. Um 1.30 Uhr hatten sie den Geleitzug wieder in Sicht. S 102 griff an. Der Torpedo aber ging durch das Schlingern des Bootes knapp vorbei. Um 1.34 Uhr erfolgte der zweite Schuß. Dieser war auf einen Dampfer gezielt, der das Feuer sofort erwiderte und aus 600 m mit seinen 10,5-cm-Kanonen und mit schweren Maschinenwaffen schoß. S 102 mußte hakenschlagend ablaufen. Der Torpedo ging vorbei. S 102 hatte sich damit verschossen und trat den Rückmarsch an. Alle anderen Boote liefen ebenfalls nach Ymuiden zurück.

Die Märzeinsätze folgten nun in dichter Abfolge. Während noch in der geschilderten Nacht S 27, Oblt. z. S. Büchting, den Dampfer „Rey" versenkte, konnte auch S 29, Oblt. z. S. von Mirbach, den Dampfer „Dotterel" mit 1385 BRT vernichten.

So meldete der Wehrmachtsbericht am 8. März 1941: „Bei einem Vorstoß gegen die englische Südküste griffen Schnellboote stark gesicherte Geleitzüge an und vernichteten trotz heftiger Gegenwehr drei britische Zerstörer und sechs bewaffnete Handelsschiffe mit insgesamt 28 400 BRT, darunter zwei Tanker."

Am 9. März liefen vier Boote der 1. S.-Flot. zum nächsten Angriff aus. Wieder war der Verband in zwei Gruppen aufgeteilt, deren erste um 0.45 Uhr des 10. März mit S 26 und S 102 bei Punkt „Sigma" in Lauerstellung lagen. Aus 330 Grad kam hier ein Schatten in Sicht. Da er direkt voraus stand, wich S 102 nach Westen aus. Der Schatten passierte das Boot 1000 m achteraus.

Erst um 5.35 Uhr wurden dann mehrere Schatten gesichtet. Es waren zwei Zerstörer und dahinter 20, dann gar 30 Handelsschiffe. Das war das Zeichen zum Angriff für alle Boote. Als die beiden Zerstörer S 102 in nur 500 m Seitenabstand passiert hatten, eröffnete das Boot mit einem Schuß auf einen großen Tanker die Schießzeit. Der Torpedo ging knapp vor dem Bug des Tankers vorbei, weil dieser ihn sichtete und mit der Fahrt zurückging. In diesem Moment sichtete einer der beiden Zerstörer S 26 und eröffnete das Feuer. Andere Zerstörer tauchten auf, schossen Leuchtgranaten, so daß der gesamte Geleitzug hell erleuchtet wurde.

Dann ließen beide Zerstörer von S 26 ab und liefen quer durch den Konvoi direkt auf S 102 zu, das offenbar von dem Tanker gemeldet worden war. Sie schossen abwechelnd Leuchtgranaten und 10,5-cm-Granaten. Oblt. z. S. Töniges entschloß sich dazu, zweimal mit Höchstfahrt durch den Konvoi zu laufen, weil er annahm, daß der Konvoi auch achtern eine Zerstörersicherung hatte und er demzufolge nicht nach Norden ablaufen durfte.

Hierüber ein Gefechtsbericht des Kommandanten von S 102: „Ich lief eine Zeitlang mit Westkurs in die Wash. Die Zerstörer legten aber einen Leuchtfächer nach dem anderen vor mein Boot. Ich drehte und durchlief den Geleitzug zum zweiten Mal. Dadurch war ich wenigstens vor Zerstörerbeschuß sicher, denn für diese bestand die Gefahr, eigene Schiffe zu treffen. Den sporadischen Beschuß durch die Dampfer nahm ich in Kauf.

Ein gütiges Geschick bewahrte das Boot vor Verlusten, und mit Ostkurs kam ich schließlich aus dem Leuchtgranatenfächer heraus und steuerte Punkt ‚Sigma' an.

Da es schon dämmerte, mußte ich nun den Rückmarsch antreten. Um 10.30 Uhr machte ich in Ymuiden fest."

Beim nächsten Einsatz am 12. März konnte S 28, Kptlt. Klug, den Dampfer „Trevethoe" mit 5257 BRT durch Torpedoschuß versenken.

Der 18. März sah wieder die 1. S.-Flot. mit sechs Booten voll im Einsatz. Vor der englischen Südküste kamen auf der angegebenen Warteposition um 2.00 Uhr mehrere Schatten in Sicht, die S 102 meldete. Es war ein Konvoi, vor dem ein großer Zerstörer lief. Den dunklen Horizont im Rücken wartete S 102 auf eine günstige Gelegenheit zum Schuß. Um 2.20 Uhr schoß es beide Torpedos, die Oberflächenläufer wurden und hinter dem anvisierten Zerstörer vorbeigingen. Binnen 50 Sekunden war der Backbordtorpedo nachgeladen, so daß Töniges nach der Drehung auf einen nachfolgenden Tanker schießen konnte. Dieser vollzog aber nur Sekunden nach der Schußabgabe eine 20-Grad-Kursänderung, so daß auch dieser Torpedo vorbeilief. Da aber der Konvoi in zwei Kolonnen lief, wurde von diesem Aal ein Dampfer der zweiten Kolonne getroffen und sackte sofort über den Achtersteven ab.

Das Abwehrfeuer der Zerstörer setzte schlagartig ein. Mit 9 kn Fahrt lief S 102 nach Süden ab. Sobald das Boot gedrehte hatte, stellte Töniges fest, daß dieses Feuer nicht ihm, sondern einem Kameradenboot galt.

S 102 drehte wieder auf den Geleitzug zu und schoß um 2.20 Uhr den letzten Torpedo auf einen Dampfer, der direkt nach dem Treffer mit fürchterlichem Krachen und grellen Stichflammen in die Luft flog. Es war die bis unter die Lukendeckel mit Munition vollgestopfte „Daphne II". Der vorher getroffene Dampfer konnte offenbar noch eingeschleppt werden, denn er tauchte nicht auf der britischen Versenkungsliste auf.

Nach diesen Märzeinsätzen des Jahres 1941 schrieb eine große englische Tageszeitung Ende des Monats: „Die deutschen Motortorpedoboote (lies: Schnellboote) stehen im Begriff, unsere Nachschubwege im Kanal völlig lahmzulegen. Man kann sich ausrechnen: Sobald die Küstentonnage verbraucht sein wird, setzen die Deutschen ihr tödliches Spiel in demselben Maße weiter fort."

Der Englische Kanal war zu dieser Zeit die Hauptlebensader für die britischen Inseln, und neben der deutschen Luftwaffe waren es vor allem die Schnellboote, die diese Lebensader abzuklemmen drohten.

Im April gingen die Einsätze weiter. Die 2. S.-Flot., vertretungsweise von Oblt. z. S. Feldt geführt, unternahm mit den Booten S 43, S 41, S 42, S 55 und S 104 am 17. April einen Angriff auf einen britischen Konvoi vor Greath Yarmouth. Während S 42 unter Oblt. z. S. Meentzen den Dampfer „Effra" versenkte, gelang es diesem Boot, im gemeinsamen Angriff mit S 43, Oblt. z. S. Feldt, noch die „Ethel Ratcliff" mit 5673 BRT zu torpedieren. S 55, Lt. z. S. Howaldt und S 104,

Oblt. z. S. Roeder, schossen gleichzeitig auf den Dampfer „Nereus", der ebenfalls sank.

Am 29. April stieß die 1. S.-Flot. mit den Booten S 26, S 27, S 29 und dem „ausgeliehenen" S 55 im Seegebiet westlich Cromer auf einen kleinen Konvoi; nur S 29 unter Oblt. z. S. von Mirbach kam zum Schuß und versenkte den Dampfer „Ambrose Fleming".

Damit waren vorerst die Einsätze im Kanal beendet, denn nun zeichnete sich für die Schnellboote ein neuer Kriegsschauplatz ab.

Im Frühjahr bereits erhielten einige S-Boot-Kommandanten das Ritterkreuz für ihre schneidigen Angriffe, der ihre Nußschalen gegen zehn- bis fünfzigmal größere Schiffe anrennen und obsiegen ließ.

Oblt. z. S. Töniges erhielt diese Auszeichnung am 25. Februar 1941. Am 12. März wurde der Führer der Torpedoboote, dem die Schnellboote noch unterstanden, Kpt. z. S. Hans Bütow, und am selben Tage auch Kptlt. Hans Klug mit dem Ritterkreuz ausgezeichnet. Oblt. z. S. Feldt folgte am 25. April nach, und am 8. Mai konnte auch Oblt. z. S. Christiansen das Ritterkreuz in Empfang nehmen, während Oblt. z. S. Siegfried Wuppermann diese Auszeichnung am 3. August erhielt.

Der neue Schnellboot-Kriegsschauplatz Ostsee

In den ersten Junitagen 1941 flogen KKpt. Petersen, Chef der 2. S.-Flot., und sein Flottilleningenieur. Kptlt. (Ing.) Gördes nach Helsinki. Die Skl beabsichtigte, zum Unternehmen „Barbarossa" außer einem Minenschiffsverband auch die 1. und 2. S.-Flot. sowie eine Räumboot-Flottille in die finnischen Schären zu verlegen.

Die 1. S.-Flot. erhielt mit ihrem Begleitschiff „Tsingtau" einen Liegeplatz in den Porkkala-Schären zugewiesen, während die 2. S.-Flot. mit der „Tanga" in die Abo-Schären laufen sollte, wohin auch die 5. R.-Flot. und die Minenschiffsgruppe Süd marschierte.

Liegeplatz der 1. S.-Flot. war Helsingfors (Helsinki). Der Führer der deutschen Seestreitkräfte im Finnischen Meerbusen, Kpt. z. S. Bütow, richtete sich mit seinem Stab ebenfalls in Helsingfors ein.

Beginnend mit dem 12. Juni marschierten beide S.-Flottillen nach Osten. Im Kanal herrschte demzufolge in den nächsten Wochen Ruhe, denn auch die 3. S.-Flot. wurde nach Gotenhafen verlegt, wo sie auf ihren Einsatzbefehl warten sollte.

Lediglich die am 1. Oktober 1940 aufgestellte 4. S.-Flot. unter Führung von Kptlt. Bätge lief in die verlassenen Stützpunkte ein, um den Gegner vor der englischen Südküste im Kanal weiter in Atem zu halten.

Am 5. Juli wurde unter der Führung des dazu abgestellten Kptlt. Klug die 5. S.-Flot. aufgestellt und zum Finnischen Meerbusen in Marsch gesetzt. Liegeplatz der 2. S.-Flot. war hier die Insel Pensar.

Auf dem Flugplatz bei Belgrad zerstörte jugoslawische Maschinen.

Im Kuschlov-Gebirge am 6. April: Deutsche Panzer rollen nördlich von Xanthi über die griechische Grenze.

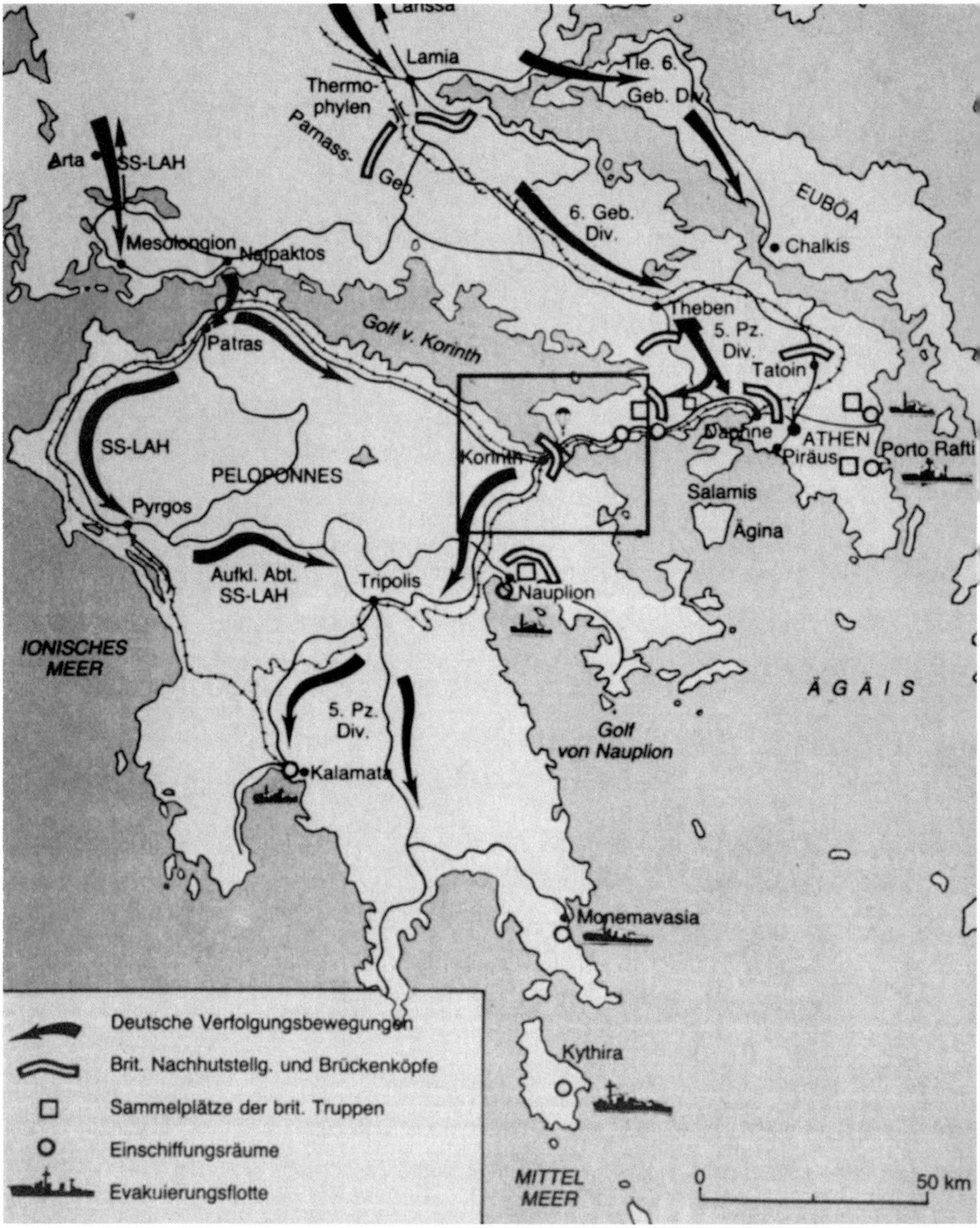

Der Vorstoß durch Griechenland und über den Peloponnes.

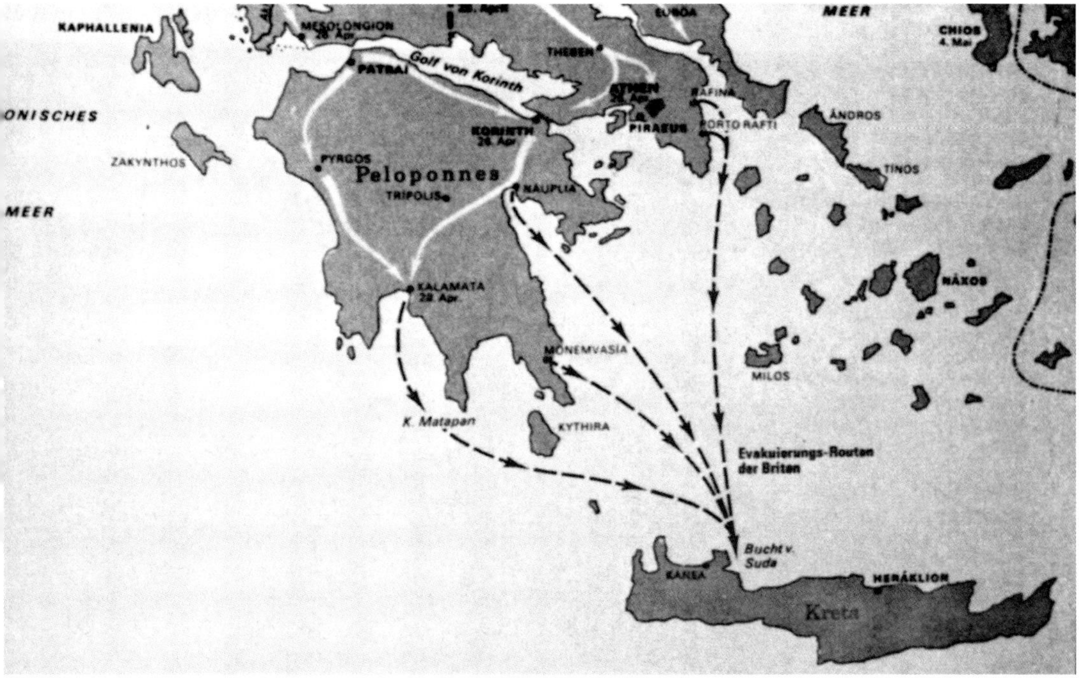

Fluchtrouten der britischen Truppen nach Kreta.

Deutscher Panzervorstoß in Nordgriechenland.

Ein erobertes jugoslawisches Geschütz wird von Soldaten der 73. Infanteriedivision untersucht.

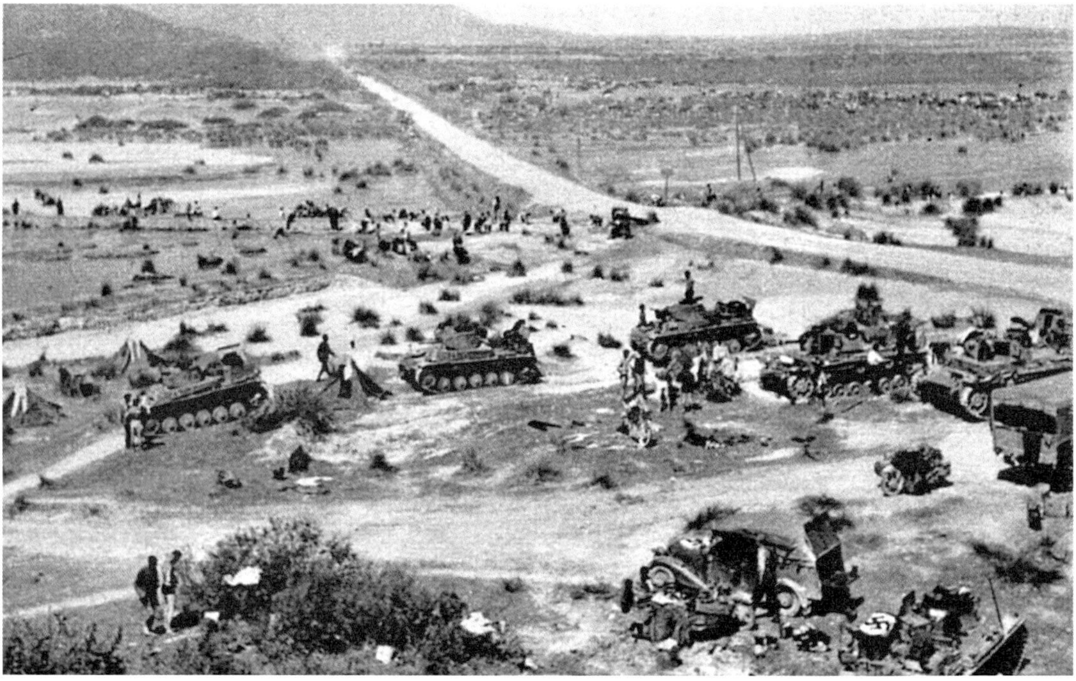

Panzeransammlung nach dem überwundenen Thermophylen-Gebirge.

20. April 1941: SS-Obergruppenführer Sepp Dietrich verhandelt mit General Tsolakoglu die Kapitulation.

König Georg II. von Griechenland.

In Athen tagt der große griechische Thronrat. In der Mitte König Georg II.

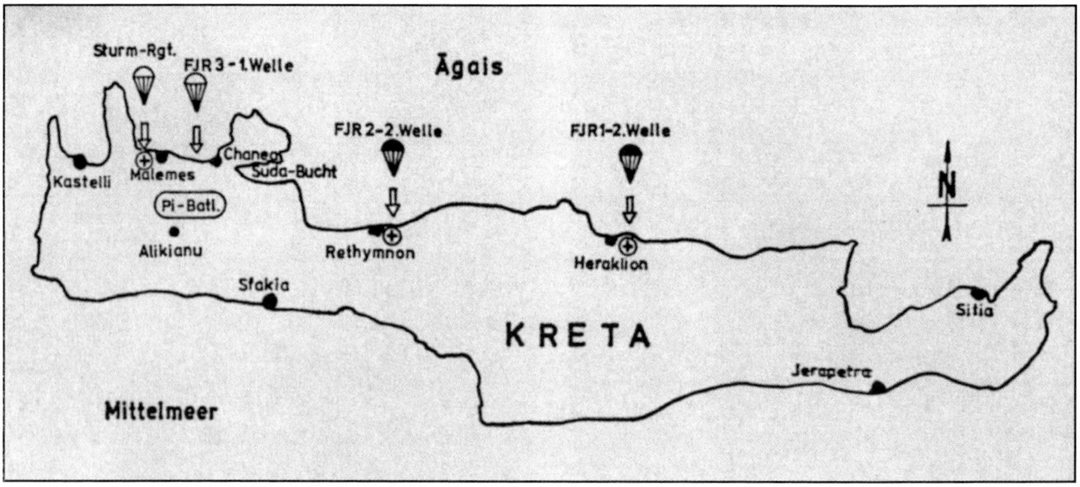

Die geplanten Absetzräume auf der Insel Kreta.

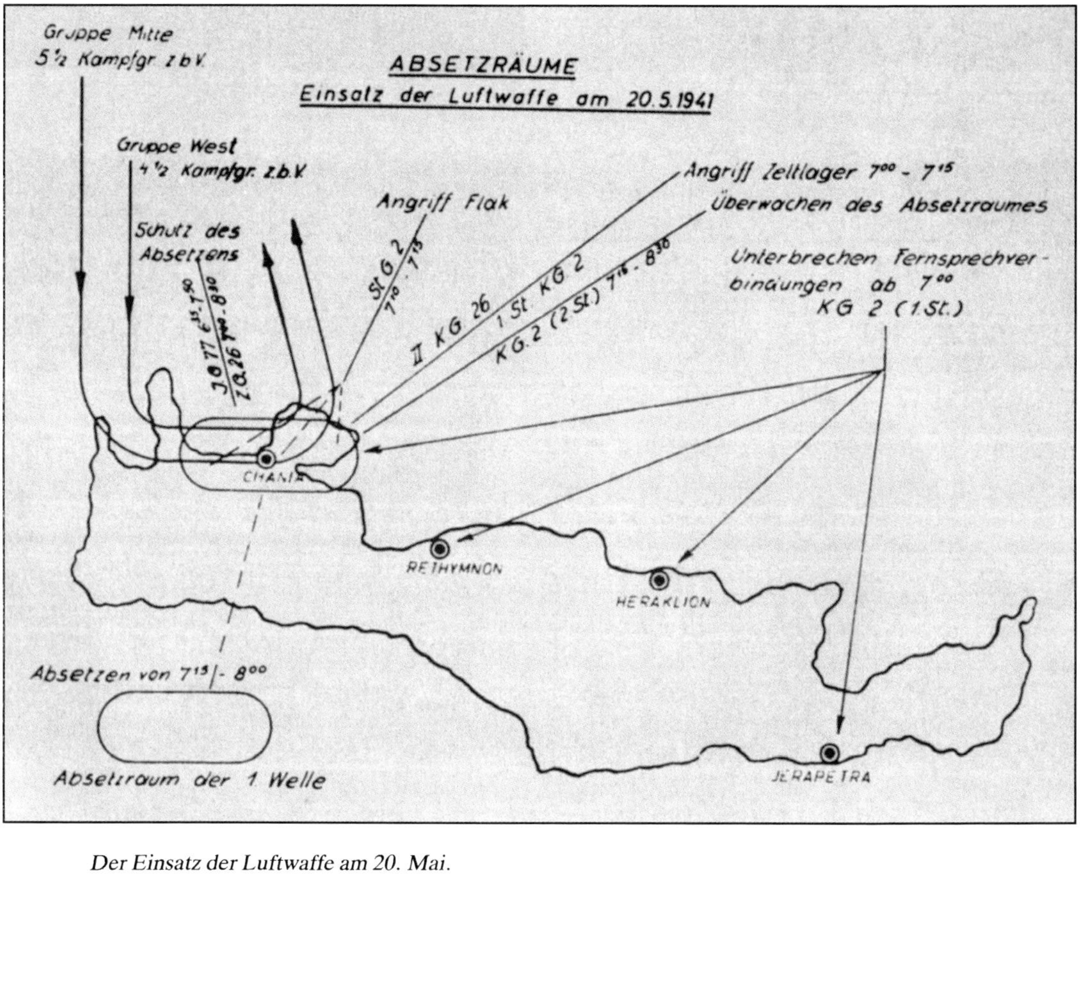

Der Einsatz der Luftwaffe am 20. Mai.

Ein Lastensegler des Typs DFS 230 wird in Deutschland für den nächsten Einsatz klargemacht.

Fallschirmjäger der ersten Stunde warten auf das Zeichen, die Ju 52 zu besteigen.

Der Kanal von Korinth.

Blick durch die enge Durchfahrt.

Die Brücke über den Kanal vor ihrer Sprengung.

Die Boote der 1. S.-Flot. liefen mit der „Carl Peters“ am 15. Juni in Richtung Finnland aus ihrem Zwischenliegeplatz Danzig-Neufahrwasser aus. Am 17. Juni folgte Kptlt. Klug mit den Booten S 27, S 28 und S 29. Diese drei Boote bildeten den Grundstock der in Gotenhafen neu aufzustellenden 5. S.-Flot.

Im Hafen von Helsingfors machten S 26, S 39, S 40 und S 101 am frühen Morgen des 18. Juni fest. Sie hatten die 512 sm in einer durchschnittlichen Fahrt von 30 kn je Stunde hinter sich gebracht. Auf dem Schlepper „Föhn“ fand wenig später eine Kommandantenbelehrung statt. Es ging um die Fahrten durch das schwierige Fahrwasser der Schären.

Am Abend des 20. Juni erhielt KKpt. Birnbacher ein Fernschreiben der Seekriegsleitung: „X-Zeit 22. 6. 1941, 03.00 Uhr. Flottille sichert die Minenschiffe gegen Überraschungen beim Ausbringen der Sperren.“

Vier S-Boote begleiteten am späten Abend des 21. Juni die Minenschiffgruppe Nord zum Legen der „Apoldasperre“ zwischen Orö und Takhona. Als die Boote nach der durchgeführten Aufgabe in die Stützpunkte zurückliefen, war der Ostfeldzug eine Stunde alt.

An dieser Stelle sei vorab, um den Zusammenhang nicht zu oft zu zerreißen, der weitere Einsatz der S-Boote im Osten in knapper Skizzierung dargelegt, ehe mit dem Einsatz der Minenschiffe der letzte Abschnitt, die Überleitung zu den U-Booteinsätzen des ersten Halbjahres 1941, folgen soll.

Schnellboote gegen die Sowjetunion

In der Nacht zum 23. Juni erfolgten die ersten Schnellbootangriffe gegen sowjetische Einheiten. Dabei versenkte S 44 unter Oblt. z. S. Opdenhoff das sowjetische Wachboot MO 238. Es war dies das erste Schiff der Roten Flotte, das durch deutsche Schnellboote vernichtet wurde.

In den Nächten zum 25. und 26. Juni legte die 2. S.-Flot. nördlich Kap Tachkona die „Sperre D“ mit 36 TMB-Minen.

Die „Sperre D-2“ wurde in der Nacht zum 26. Juni vom Minenschiff „Brummer“ mit 100 EMC-Minen gelegt. 50 Sprengbojen kamen gleichzeitig dazu. Bei der Sicherung dieses Minenschiffes gerieten Boote der 2. und 5. S.-Flot. auf eine zu Beginn des Krieges gelegte sowjetische Minensperre. S 43 und S 106 sanken am frühen Morgen des 27. Juni nördlich von Dagö. Die Besatzungen wurden von den Kameradenbooten geborgen. Dennoch war dies ein herber Verlust für die Schnellbootwaffe bereits in den ersten Kriegstagen des Ostfeldzuges.

Als die am späten Abend des 23. Juni von ihrer Minenunternehmung heimlaufenden Schnellboote in großer Entfernung ein U-Boot des Gegners sichteten, liefen S 56 und S 35 darauf zu und schossen Torpedos. Das Boot tauchte weg, wurde aber ein paar Stunden später wieder gesichtet. Diesmal liefen S 56, Oblt. z. S., S. Wuppermann, und S 35, Oblt. z. S Weber, mit schneller Fahrt darauf zu und eröffneten aus ihren MG vom Turm aus das Feuer, in das die Flakwaffen einfielen. Es traf das U-Boot S-3, das aber zunächst das Feuer aus seiner 10-cm-Bugkanone erwiderte. Als nun auch S 35 in das Feuer einfiel, verließen die Männer an der Bugkanone des sowjetischen U-Bootes ihr Geschütz und gingen in Deckung. Beide S-Boote flitzten vor dem Gegner her und warfen Wasserbomben. Das U-Boot lief genau in die Detonationswelle hinein und sank.

Über 100 Seeleute des Gegners wurden von den beiden S-Booten geborgen. Diese Männer gehörten zu drei (!) U-Booten, von denen zwei bereits vernichtet worden waren. Sie alle waren von S-3 aufgepickt und sollten nach Leningrad gebracht werden.

Eine andere Gruppe der 3. S.-Flot. kämpfte in dieser Nacht gegen das sowjetische MTB 47 (Motortorpedoboot). Das Boot wurde zerschossen und eingeschleppt, als es den Kampf aufgab.

Am Abend des 26. Juni brachen die Boote der 3. S.-Flot. zu einem Minenunternehmen auf. Hierbei stießen sie auf dem Marsch ins Wurfgebiet auf einen leichten sowjetischen Schiffsverband unter dem Kommando von KAdm. V. P. Drozd, der ebenfalls zu einem Minenunternehmen ausgelaufen war.

Bei dem sich entwickelnden Seegefecht griffen S 59, Oblt. z. S. Müller, S 31, Lt. z. S. Haag, an. Sie torpedierten den Zerstörer „Storozevoy". Im zweiten Anlauf versenkten S 59 und S 60 einen dahinter laufenden Dampfer und beim dritten Angriff wurde der Minensucher T-208/Ski von S 35 und S 60 versenkt.

Die 3. S.-Flot. verlegte nach der Inbesitznahme von Libau am 1. Juli in den dortigen Hafen.

Am 4. Juli wurde der 1. S.-Flot. eine besondere Aufgabe übertragen. Sie griff Hangös Hafen an, dabei wurden die Boote von Bombern der Roten Luftflotte angegriffen. Die Bomben fielen alle ins Kielwasser der schnell ablaufenden Boote. Das MG-Feuer der Bomber forderte einige Verwundete auf S 26 und S 27.

Am 10. Juli waren die einsatzklaren Boote der 1. S.-Flot. im Finnischen Meerbusen auf der Suche nach sowjetischen Schiffen. Es konnte nur der bereits am 5. Juli auf eine finnische Sperre aufgelaufene lettische Dampfer „Rasma" mit 3202 BRT versenkt werden.

Erst der Einsatz des 22. Juli brachte mit der Versenkung des sowjetischen Torpedokutters TK-71 und eines Schleppers den nächsten zählbaren Erfolg.

Dann folgte der Vorstoß der 3. S.-Flot. unter Kptlt. Kemnade; er sah ein Zusammentreffen von S 55 (Führerboot der Flottille) und S 54 mit einem sowjetischen Zerstörer im nördlichen Rigaer Meerbusen. Nach einem Fehlangriff gelang es S 54, Lt. z. S. Wagner, den Zerstörer „Smelyj" zu versenken. In der nächsten Nacht wurde der Eisbrecher „Lacplesis" von einem Boot der 3. S.-Flot. vernichtet.

Das Unternehmen des 13. August, zu dem die 1. S.-Flot. um 19.30 Uhr in den Finnischen Meerbusen lief, brachte einen harten Zweikampf. Die Boote S 26, S 39 und S 40 folgten einer Sichtmeldung von S 28 und sichteten ein Schiff. Als die Boote nahe herangekommen waren, eröffnete das fremde Fahrzeug das Feuer aus einer 4-

cm-Kanone. S 39 wurde getroffen. S 26, auf dem der Flottillenarzt eingeschifft war, lief zur Versorgung der Verwundeten heran, die übrigen Boote versuchten dieses Fahrzeug zum Schweigen zu bringen. Der Gegner wehrte sich verbissen. Über alles in Flammen stehend, schossen seine Kanoniere weiter, bis das Boot sank. 23 Mann der Besatzung konnten gerettet werden. Von ihnen erfuhr Kptlt. Klug, daß dieser Gegner M-101, ein Minensucher der Fugasklasse, gewesen war. Der Minensucher war von Reval nach Kronstadt unterwegs.

In der Nacht zum 19. August versenkte S 58, Oblt. z. S. Geiger, vor dem Südeingang des Moonsundes den vor Anker liegenden Minensucher M-51/„Pirmunas".

Beim Einsatz der Minenschiffe „Brummer" und „Roland" übernahmen die Boote der 3. S.-Flot. die Sicherung und legten selber ebenfalls je sechs EMC-Minen.

Als am 28. August der Hafen von Reval endgültig geräumt wurde, rief der F. d. T. die 1. S.-Flot. um 13.00 Uhr an und befahl deren Einsatz. Die finnische Luftaufklärung hatte einen großen sowjetischen Schiffsverband gemeldet, und um 18.00 Uhr erfolgte die zweite Meldung der Finnen, daß dieser Verband nun in günstiger Position laufe.

Die Boote S 39, S 40, S 101, S 26 und S 27 verließen unmittelbar danach den Hafen Helsinki und marschierten mit 24 kn Marschfahrt nach Süden in den Konvoibereich des Gegners hinein. Auf Sichtweite herangekommen, tauchte ein förmlicher Mastenwald vor den Booten auf.

Zerstörer der Roten Flotte eröffneten auf die Zickzackkurse laufenden Schnellboote das Feuer. Dieser Beschuß steigerte sich derartig, daß es keine Chance gab, den Abwehrring zu durchbrechen. Als KKpt. Birnbacher wieder angreifen ließ, es war der dritte Versuch, wurde auch dieser von den Feindzerstörern abgewiesen. KKpt. Birnbacher mußte den Angriff abbrechen. Die Boote liefen nach Helsinki zurück.

Als am Abend des 7. September Boote der 5. R.-Flot. ostwärts Seiskaari einen Minenriegel legten, sicherte die 1. S.-Flot. diesen Riegel mit 40 Sprengbojen. Eine weitere Minensperre, die in der Nacht zum 11. September gelegt wurde, konnte wieder von der 1. S.-Flot. durch Sprengbojenwerfen gesichert werden.

Der Einsatzraum Kanal und englisches Küstenvorfeld

Am 11. August 1941 kam die 4. S.-Flot. im Kanal zu ihren ersten größeren Erfolgen. S 49, Lt. z. S. Günther, versenkte aus einem vor Dungeness aufgefaßten Konvoi den Dampfer „Sir Russel" mit 1548 BRT. Der nächste Einsatz dieser Flottille erfolgte am 20. August. Die einsatzbereiten Boote wurden auf einen von der Funkaufklärung erfaßten Konvoi angesetzt.

S 48, Oblt. . S. von Mirbach, versenkte daraus den polnischen Dampfer „Czenstochowa" und torpedierte das britsche Motorschiff „Delewood".

Kptlt. Bäte, der Flottillenchef, sah sich auch im September gezwungen, alle Einsätze mit seinen wenigen Booten zu fahren. Allerdings kamen Zug um Zug weitere Boote hinzu, bis sich die 4. S.-Flot. als voll ausgewachsener Verband mit folgenden Booten und Kommandanten formiert hatte:

S 42: Oblt. z. S. Popp,
S 42: Oblt. z. S. Karl Müller,
S 48: Oblt. z. S. von Mirbach,
S 49: Lt. z. S. Günther,
S 50: Oblt. z. S. Karcher,
S 51: Oblt. z. S. Hans-Jürgen Meyer,
S 53: Oblt. z. S. von Block,
S 64: Oblt. z. S. Wilcke,
S 104: Oblt. z. S. Rebensburg,
S 105: Lt. z. S. Howaldt,
S 109: Oblt. z. S. Bosse.

Am 7. September versenkte S 50, Oblt. z. S. Karcher, den Dampfer „Dunacarron", S 42 gelang es, den Norweger „Eikhaug" zu torpedieren und zu versenken. Der Gegner war gezwungen, durch diese dauernden deutschen Angriffe mehr und mehr Bewacher, Geleitboote und MTBs nach dem Süden zu verlegen.

Dennoch versenkten die Boote der 4. S.-Flot. auch am 17. September aus einem Konvoi ostwärts Cromer den Dampfer „Teddington" mit 4762 BRT, der auf das Konto von S 51 kam, während S 50 die „Tetela" mit 5489 BRT torpedierte. Dieser Dampfer konnte eingeschleppt werden. Anfang Oktober 1941 kehrte die 2. S.-Flot., nunmehr unter dem Befehl von Kptlt. Feldt stehend – KKpt. Peterson sollte die Führung der Schnellboote insgesamt übernehmen – in den Kanal zurück. Sie lief am Abend des 12. Oktober mit den Booten S 41, S 47, S 53, S 62, S 101 und S 105 zum ersten Einsatz unter die englische Küste nach Cromer aus. S 53, Oblt. z. S. Block, und S 105, Lt. z. S. Howaldt, versenkten gemeinsam die „Chewington" mit 1537 BRT. Der Frachter „Roy" wurde ebenfalls durch Torpedobeschuß versenkt.

Einen Monat darauf gelang es der 2. S.-Flot., die immer wieder ausgelaufen war, erneut zum Erfolg zu gelangen. Sie stellte einen britischen Konvoi vor Great Yarmouth. S 104, Obtl. z. S. Rebensburg, versenkte den Marinetanker „War Methar" mit 5502 BRT, S 105, Lt. S. Howald, den Dampfer „Aruba" und S 41 unter Oblt. z. S. Popp den Frachter „Waldinge", mit 246 BRT ein kleiner Kolcher.

Durch das dichte Abwehrfeuer der Geleitzugsicherung erhielt S 41 zwei schwere Treffer. Es gab Verwundete und Tote. Das Boot mußte auf dem Rückmarsch in Schlepp genommen werden.

Am 24. November schloß sich ein Angriff der 4. S.-Flot. an, die auf einen Konvoi ostwärts von Orfordness operierte. Die Boote S 50, S 51, S 52, S 109 und S 110 griffen im Abwehrfeuer der englischen Zerstörer und Geleitboote an. Der Tanker „Virgilia" mit 5723 BRT wurde von S 109, Lt. z. S. Bosse, versenkt. Der niederländische Frachter „Groenlo" wurde von S 52 und der Dampfer „Blairnevis" mit 4155 BRT von S 51 auf den Grund des Meeres geschickt.

Am 29. November stellte die 4. S.-Flot. einen englischen Geleitzug nordwestlich Cromer. S 51 schoß den Dampfer „Cormarsh“ mit 2848 BRT heraus. S 52 tat dasselbe bei der „Empire Newcomen“ mit 2840 BRT und S 64 unter Oblt. z. S. Wilcke torpedierte den kleinen Tanker „Asperity“ mit nur 699 BRT.

Inzwischen war die 3. S.-Flot. auf ihrem Weg ins Mittelmeer. Dort sollte sie unter Kptlt. (Kapitänleutnant [Kemnade], der kurz darauf zum Korvettenkapitän befördert wurde) wenig später KKpt. Kemnade, bis zum Mai 1943 im Einsatz stehen und dem Afrikakorps immer wieder Hilfe leisten.

Die Hauptaufgabe der deutschen Schnellboote im Kanal und vor der Südküste Englands, im Mittelmeer und in der Ostsee sollte in Zukunft noch härter sein, noch entschlossener zugreifen, wie das Jahr 1942 dies unter Beweis stellen wird.

Die deutschen Minenschiffe

Die Schiffe der Minenschiffgruppe Nord erhielten am 18. November 1940 ein Gkdos-Schreiben, nach welchem ihr Einsatz nicht vor dem 10. Dezember erfolgen werde. Um die ausstehende Zeit zu nutzen, wurden die Minenschiffe „Tannenberg“ und „Hansestadt Danzig“ zu Übungen in der Ostsee kommandiert, während „Königin Luise“ Weisung erhielt, zur Maschinenüberprüfung in die Werft zu gehen.

In Kiel wurde das Geleit zusammengestellt. Die „Hansestadt Danzig“ hatte Weisung erhalten, den Flakschutz für ein nach Gotenhafen zu schleppendes Dock zu übernehmen. Mit im Geleit waren die Vorpostenboote V 1210 und V 1208. Ein Sperrbrecher sollte das Fahrwasser vor der „Hansestadt Danzig“ erkunden. Um 19.25 Uhr des 20. November 1940 meldete Sperrbrecher 37 über Funk, daß 10 sm vor dem Geleitzug eine Mine hochgegangen war.

KKpt. Schroeder, Kommandant der „Hansestadt Danzig“, beschloß, den Kleingeleitzug dennoch zu führen und durchzuhalten, weil die Fliegergefahr es ratsam erscheinen ließ, möglichst schnell aus der westlichen Ostsee hinauszukommen.“ (Siehe Kurowski, Franz: „MS Hansestadt Danzig“ und Bericht des Kommandanten).

Bis zum 21. November wurde der vereinbarte „Punkt grün“ erreicht, wo das Geleit aufgelöst werden konnte.

Am 28. November fuhr die „Hansestadt Danzig“ als Zielschiff für Gefechtsübungen der „Bismarck“ und erhielt am 30. November ein Fernschreiben der Minenschiffgruppe Nord, bis spätestens am 3. Dezember um 16.00 Uhr in Swinemünde einzulaufen.

„Vom 3. bis zum 15. Dezember machte mein Schiff verschiedene Fahrübungen einzeln und im Verband mit der inzwischen herangekommenen „Tannenberg“. Am 18. Dezember marschierten wir nach Stettin, wo wir bis zum 31. Dezember mit 12-stündiger Bereitschaft lagen.“

Nach einer Reihe von Einsätzen im „Abkommschießen", zu „Schwelversuchen" und anderen Versuchsoperationen für die Torpedoinspektion verlegte die „Hansestadt Danzig" am 26. Januar 1941 nach Swinemünde. Nordostwärts des Schiffes lag eine 15 sm breite lose Eisdecke, die in den nächsten 24 Stunden fest werden würde und jede Fahrmöglichkeit für das Schiff ausschloß. Ein Auslaufen nach Aalborg, wo das Schiff in die Werft gehen sollte, war wegen der dortigen Eislage nicht möglich. Der Befehlshaber der Sicherung Ostsee befahl, sich nicht einfrieren zu lassen. KKpt. Schroeder ließ am 27. Januar einen FT-Spruch an M 31 absetzen (das Boot war ihm zu einer weiteren Übung beigeben worden): „Nicht einfrieren lassen, sofort offenes Wasser aufsuchen; bis spätestens 7.00 Uhr Eislage, Fahrmöglichkeit und Standort melden."

Der FT-Spruch von M 31 lautete: „Bin an der Sichtgrenze der losen Eisdecke. Noch befahrbar. Standort unverändert." Um 12.30 Uhr funkte M 31: „Oderbank-West, halte nun Fahrmöglichkeit für ausgeschlossen, versuche Nordwesten durchzubrechen."

Nachdem KKpt. Schroeder M 31 Erlaubnis gegeben hatte, sich abzusetzen, funkte das Boot am frühen Morgen des 28. Januar:

„Ganze westliche Ostsee vereist. Laufe Kiel, da Beanspruchung Bootskörper nicht mehr zu vertreten und Boot in zwei Tagen nirgends mehr einlaufen und Öl ergänzen kann. Erbitte Einverständnis."

Dieses Einverständnis wurde erteilt, und danach legte die „Hansestadt Danzig" zu Versuchen für das OKM ab. Diesmal gestaltete sich auch das Einlaufen der „Hansestadt Danzig" nach Swinemünde als sehr schwierig, denn bei Temperaturen um 12 Grad minus seit vielen Tagen war das Eis noch dicker geworden. Die Fahrt war nur noch mit Eisbrechern möglich.

Damit mußte die Werftliegezeit der „Hansestadt Danzig" bei der Marineausrüstungsstelle Swinemünde andauern.

Nach der Werftliegezeit, den Fahrübungen, Nachtübungen und Schießübungen verlegte die „Hansestadt Danzig" am 11. Juni 1941 nach Gotenhafen, wo sie am Nachmittag festmachte. Auch die „Tannenberg" hatte nach Gotenhafen verlegt. Den versammelten Kommandanten wurde der Operationsbefehl für den Fall „Barbarossa" übergeben.

Die im Ostsee-Einsatz vorgesehenen Seestreitkräfte standen unter dem Befehl des Marinegruppenkommandos Ost, Generaladmiral Carls. Ihm unterstand auch der Befehlshaber der Kreuzer, Vizeadmiral Schmundt, in Swinemünde und der Führer der Torpedoboote, Kpt. z. S. Bütow. Teile dieser Verbände wurden bereits im Einsatz dargestellt. Bei der Minenschiffgruppe Nord, deren Einsatz hier knapp durchleuchtet werden soll, handelte es sich um die Minenschiffe „Tannenberg", „Brummer" und „Hansestadt Danzig". Die Führung der Gruppe lag in den Händen von Fkpt. Schönermark.

Hinzu kamen unter dem Kommando des Führers der Minenschiffe, Kpt. z. S. Bentlage, die Minenschiffe „Preußen", „Grille", „Versailles", „Skagerak". (Dieser Verband wurde nur zum friedensmäßigen Werfen der „Wartburg-Sperre" eingesetzt).

Im Rahmen der Vorbereitungen zu „Barbarossa“ lief die „Hansestadt Danzig“ am späten Abend des 12. Juni aus Gotenhafen aus. Sie hatte die Handelsflagge gesetzt und fuhr nach Finnland. Unterwegs wurden mehrfach sowjetische Schnellboote auf Patrouillenfahrt gesichtet und über Funk gemeldet. Mit Hilfe dreier finnischer Lotsen, die nacheinander an Bord kamen, erreichte das Minenschiff Prostvik, wo geankert wurde. Am 20. Juni wurden auf der „Tannenberg“ vom Chef der Minenschiffgruppe Nord die bevorstehenden Aufgaben verteilt und erklärt.

Um 13.00 Uhr des 21. Juni erfolgte der Befehl zum Legen der „Apolda-Sperre“. Der B. d. K ließ durchtasten: „An alle“ ‚Weimar‘, ‚Erfurt‘, ‚Eisenach‘, ‚Coburg‘, ‚Apolda‘, ‚Corbeta‘ durchführen.

Um 19.04 Uhr lief die „Hansestadt Danzig“ mit der „Tannenberg“ zum Legen der „Apolda-Minensperre“ aus.

Die beiden Minenschiffe wurden von Booten der 5. R.-Flot. geleitet. Um 22.38 Uhr begann im vorgegebenen Planquadrat das Werfen der Sprengbojen. Um 22.51 Uhr setzte der gesamte Minenwurfverband die Kriegsflagge. 20 Meter hinter dem Heck der „Hansestadt Danzig“ detonierte zehn Minuten später eine Sprengboje. In fünf Meter Abstand ging eine zweite hoch, so daß die Splitter teilweise an Deck flogen. Dann erfolgte im Abstand von 30 Metern eine dritte Sprengbojen-Detonation. Dennoch ging das Werfen weiter. Die zwei Strecken mit 179 und 127 Sprengbojen wurden in knappester Zeit geworfen. Als die dritte Strecke eben in Angriff genommen worden war, kamen an Backbord drei Fahrzeuge in Sicht. Sie wurden als Zerstörer angesprochen. Von ihnen lief einer genau auf die „Hansestadt Danzig“ zu. Die beiden anderen Fahrzeuge stellten sich als sowjetische Schnellboote heraus. Dennoch wurde auch die dritte Strecke geworfen. Damit hatte die „Hansestadt Danzig“ insgesamt 428 Sprengbojen geworfen.

Die vierte Teilstrecke wurde – bei auf Parallelkurs mitlaufenden Feindfahrzeugen – dennoch geworfen, und um 1.09 Uhr war das Werfen von 544 Sprengbojen beendet.

Nun begann das Werfen der Verseuchung, die um 2.33 Uhr einsetzte. Die „Tannenberg“ lief in 1000 m Seitenabstand ebenfalls zur Verseuchung. Fahrzeuge an Backbord, dann Fliegeralarm, folgten, und der gesamte Minenwurfverband beteiligte sich am Abwehrfeuer gegen die feindlichen Bomber, die daraufhin abdrehten.

Um 7.43 Uhr war der Minenschiffsverband nach Tassaluoto-Feuerschiff zurückgekehrt und ankerte dort. Zwei Stunden später ging die „Hansestadt Danzig“ wieder ankerauf und lief zur Insel Urksor, wo erneut geankert wurde. Der Befehlshaber der Kreuzer ließ per FT-Spruch folgendes mitteilen:

„Ausspreche Anerkennung für die durchgeführte Unternehmung. Weiter ran an den Feind!“.

Vom 1. bis 7. Juli lag die „Hansestadt Danzig“ getarnt bei der Insel Uksor. Am 8. Juli verholte sie mit Schlepperhilfe auf den Strom, um gegen 20.30 Uhr im Verband mit der „Tannenberg“ und der „Preußen“ auszulaufen.

Das Ende der Minenschiffe „Hansestadt Danzig", „Tannenberg" und „Preußen"

Aus dem KTB von KKpt. Wilhelm Schroeder sei im Folgenden das Geschehen auf der „Hansestadt Danzig" dargestellt:

„Der Minenschiffsverband befand sich unter der Führung von FKpt. von Schönermark auf dem Rückmarsch nach Swinemünde. Gegen 18.45 Uhr wurde KKpt. Schroeder ein schwedisches Kriegsfahrzeug gemeldet, das der Kommandant später als Minenboot ‚Sandön' oder dessen Schwesterschiff ausmachte. Das Fahrzeug lag gestoppt und ließ den Minenschiffsverband auf sich zukommen.

20 Minuten darauf drehte dieses Fahrzeug auf den Verband ein, von dem ‚Tannenberg' und ‚Preußen' innerhalb der schwedischen Hoheitsgewässer, ‚Hansestadt Danzig' am Rande oder schon außerhalb davon lief.

Das schwedische Fahrzeug passierte die ‚Tannenberg' an der Steuerbordseite. Als es am Heck der „Tannenberg" wieder in Sicht kam, gab der Signalgast der ‚Hansestadt Danzig' das internationale Signal: ‚Ich möchte mit Ihnen in Signalverkehr treten!'

Dieses Signal und die folgenden waren schlecht zu erkennen weil die Flaggen teilweise durch die Takelung des schwedischen Minenbootes verdeckt waren. Zudem war auch die Beleuchtung ungünstig. Ich beobachtete aber, daß ‚Tannenberg' das Gegensignal vorgehißt hatte. Das Minenboot setzt ein weiteres Signal, das nicht auszumachen war. Nachdem es etwa 100 m an ‚Tannenberg' vorbeigelaufen war, drehte es wieder auf und lief hinter dem Verband her.

Mein Signalpersonal machte jetzt das Signal für ‚Drehen Sie nach Backbord!' beim Gegner aus.

Nach dem Niedergehen dieses Signals auf dem Minenboot erfolgte auf der ‚Preußen' eine Detonation. Kurz darauf auch auf der ‚Tannenberg'. Mit AK ging die ‚Hansestadt Danzig' zurück. Die Alarmglocken wurden gelegt und die Besatzung eilte auf die Alarmstationen.

‚Preußen' drehte auf ‚Hansestadt Danzig' und sackte langsam über den Vordersteven; sie war anscheinend manöverierunfähig. Da ich befürchten mußte, mit ihr zu kollidieren, denn wir liefen in einem Abstand von 400 m aufeinander zu, mußte ich mein Schiff nicht nur zum Stehen bringen, sondern noch weiter zurückgehen.

‚Preußen' kam etwa 100 m an mir vorbei, als ich gestoppt hatte. Auf Rückwärtsgang waren unsere beiden Maschinen nicht gleichzeitig gesprungen. Die Backbordmaschine sprang zuerst an, so daß das Schiff trotz Gegenruderns nach Backbord drehte. In diesem Augenblick kam der Blinkspruch von der ‚Tannenberg':

‚Sind Sie klar?'

Ich antwortete: ‚Jawohl!'

Wenige Sekunden darauf erfolgte eine Detonation in Höhe des Hilfsmaschinenraumes. Das Schiff legte sich sofort nach Steuerbord über. Ein Teil der Backbord-Treibölbunker wurde nach oben ausgeblasen. Der Hilfsmaschinenraum lief sofort bis oben hin voll. Er konnte nicht mehr betreten werden. Eine starke Stichflamme schlug aus der Hauptmaschine. Das Maschinenoberlicht und mehrere Teile des Bootsdeckes wurden hoch in die Luft geschleudert. Der Schornstein zerflatterte. Trümmer aller Art flogen durch die Luft.

Durch den sofortigen Ausfall des Hilfsmaschinenraumes fielen Strom und die Lenzpunpen aus. In der Hauptmaschine waren besonders an der Steuerbordseite Beschädigungen festzustellen. Die Verwundeten befanden sich fast alle in der Hauptmaschine.

Im Maschinenraum stieg das Wasser auf drei Meter an. Beide Motoren waren ausgefallen. Die ‚Hansestadt Danzig' war nicht mehr manövrierfähig. Es brannte im Hauptmaschinenraum. Da die Feuerlöschpumpe versagte, wurde dem Brand mit Handfeuerlöschern zu Leibe gegangen. Vollkommen gelöscht konnte er nicht werden.

Durch das mustergültige Verhalten des Bootsmannsmaaten Gentzow und des Divisionsfeldwebels Dudziak sowie einer Anzahl weiterer Männer, deren Namen ich noch feststellen muß, wurden sämtliche Verwundeten aus der Maschine herausgeschafft. Gemeinsam mit dem Navigationsoffizier (er war der Friedenskapitän dieses Schiffes) und aufgrund der mir gemachten Meldungen des Maschinisten Dudziak, der die Wache im Hauptmaschinenraum hatte, über den Zustand der Maschine bildete ich mir ein einwandfreies Urteil dahin, daß das Schiff ein Wrack war.

Ich befahl daher, die Boote zu Wasser zu lassen, die Schwimmflöße über Bord zu werfen und zum Aussteigen klar zu sein.

Während dieser Zeit legte sich die ‚Hansestadt Danzig' noch weiter nach Steuerbord über. Die Schlagseite betrug etwa 20 Grad. Da zwei unserer Geleit-R-Boote auf das Schiff zu hielten, ließ ich den Kutter und die Jolle besetzten, die Schwimmflöße aber nicht, sondern befahl der Besatzung, nach vorheriger Übergabe der Verwundeten an das erste längsseits kommende R-Boot überzusteigen. Es war R 31. Kutter und Motorjolle fischten drei Mann, die ohne Befehl – durch die Explosion veranlaßt – über Bord gesprungen waren.

Der NO, der Adjutant und Obersteuermann Flörken warfen alle Geheimsachen, die in eisernen Kisten klar zum Versenken waren, über Bord. An Bord geblieben ist nur eine Quadratkarte, die Karte D 60 mit den Blauwegen ohne eingezeichnete Sperren, die Faut und der Befehl des Verbandsführers für den Rückmarsch. Ich versuchte diesen Befehl aus der Kajüte zu bergen. Dort lag aber infolge der Explosion alles durcheinander, so daß ich mich mit dem Suchen dieses unwichtigen Befehls im Interesse der Besatzung nicht länger abgeben konnte.

Der NO versuchte die Karten zu holen, konnte aber das Kartenhaus nicht mehr betreten, das im Innern zusammengebrochen war.

Funkmaat Böndel hatte zur gleichen Zeit, wie mir später gemeldet wurde, befehlsgemäß die beiden Funkschlüssel ‚M' über Bord geworfen.

Nach dem Ablegen von R 31 kam R 64 längsseits. Kdt. dieses Räumbootes war Lt. z. S. Jedicke. Auf dieses R-Boot stiegen die restlichen Besatzungsmitglieder über – bis auf mich.

Nachdem die Besatzung das Schiff verlassen hatte, ging ich noch einmal durch alle begehbaren Räume. Da das Schiff nur langsam wegsackte, glaubte ich es verantworten zu können, Sonderführer Lt. z. S. (S) Flagge, Lt. z. S. Kaufmann, Sonderführer (Obersteuermann) Flörken und den Maschinisten Dudziak noch einmal an Bord zurückzurufen, um nach Verwundeten oder Vermißten zu suchen. Nachdem mir alle vier gemeldete hatten, daß sie keinen Mann mehr hätten finden können, ließ ich sie wieder auf das R-Boot übersteigen.

Ich bat mir von R 64 zwei Sprengpatronen aus, um ein schnelles Sinken des verlorenen Schiffes zu erreichen. Zum Anlegen der Sprengpatronen kamen Maschinist Dudziak und Mechaniker-Gefreiter Rathje sowie der Mechaniker-Gefreite Briester von R 64 zu mir an Bord.

Unter der Wasserlinie an Backbord wurden die Sprengpatronen angelegt. Als mir von R 64 zugerufen wurde, daß sich das Schiff noch weiter nach Steuerbord übergelegt habe (etwa bis 30 Grad), und ich selber die gleiche Feststellung machte, gab ich den drei Soldaten den Befehl, die Sprengpatronen mit einer Zeitzündung von neun Minuten auszulösen. Danach stiegen die drei Soldaten auf R 64 über, ich selbst folgte ihnen als letzter, nachdem ich mich davon überzeugt hatte, daß das Schiff nicht mehr zu retten war.

Wir legten uns nun mit R 64 etwa 200 m hinter das Heck der „Hansestadt Danzig“, bis wir gewiß waren, daß die Sprengpatronen gezündet hatten.

Zu diesem Zeitpunkt flog etwa 500 m von uns entfernt die ‚Preußen‘ in die Luft und sank sofort.

Nach Ablauf der neun Minuten zündeten beide Sprengpatronen, so daß ich annehmen mußte, daß unser Schiff auch schneller sinken würde. R 64, das zum Führerboot gerufen worden war, lief nun dorthin.“

Soweit der direkte Bericht von Fregattenkapitän a. D. Wilhelm Schroeder. Sonderführer Krause meldete seinem Kommandanten, er habe von dem Kommandanten des schwedischen Bootes erfahren, daß die „Danzig“ mitten in einer schwedischen Minensperre sitze. Demnach mußte die schwedische Sperre weit über die Grenze der schwedischen Hoheitsgewässer hinausgegangen sein.

Durch die Meldung von Lt. z. S. Kaufmann, daß alle Geheimsachen aus der Funkbude vernichtet seien, hatte ein erneutes Herangehen an die „Danzig“ keinen Sinn mehr. Ein Längsseitsgehen wäre nun nicht mehr zu verantworten gewesen.

Auch die zuerst auf eine Mine gelaufene „Tannenberg“ war bereits um 18.30 Uhr gesunken.

Am Schluß seines Berichtes über den Untergang der ihm anvertrauten drei Minenschiffe, von denen die „Hansestadt Danzig“ sechs Tote, die „Tannenberg“ zehn Tote und die „Preußen“ vier Tote zu beklagen hatte, erklärte FKpt. von Schönermark:

„Der schwedische Kommandant des Minenschiffes, ‚Sandön‘ hat dem Chef der 5. R.-Flot. und mir mitgeteilt, daß der schwedische Rundfunk seit dem 1. oder 2. Juli täglich vor dieser Sperre gewarnt habe; damit habe er angenommen, daß die Sperre auch diesem deutschen Verband bekannt sei. Trotzdem ist sein unüberlegtes und langsames Handeln in keinster Weise zu verstehen. Wenn er uns mit dem Scheinwerfer angemorst und uns mit AK entgegengelaufen wäre, wären die Minentreffer höchstwahrscheinlich vermieden worden.

Das Verhalten aller Besatzungen verdient Anerkennung. Es ist überall mit Ruhe und restloser Einsatzbereitschaft gearbeitet worden. Besonders aber muß das hervorragende selbständige Arbeiten aller Räumbootkommandanten anerkannt werden, die mit nicht hoch genug anzuerkennender Umsicht an das Rettungswerk herangingen. Ihnen ist es zu verdanken, daß so geringe Verluste an Menschenleben eingetreten sind.

gez. von Schönermark Chef der Minenschiffsgruppe Nord."

Auch KKpt. Schroeder bezeugte durch seine Eintragung ins KTB die vorbildliche Haltung seiner gesamten Besatzung, „vom ältesten Offizier bis zum jüngsten Mann".

Auch er würdigte das großartige kameradschaftliche Verhalten von R 31 und R 64.

Drei Minenschiffe, die sich seit dem ersten Kriegstag durch unermüdlichen Einsatz ausgezeichneten hatten, waren damit für immer verloren. Sie seien in diesem Werk für das Jahr 1941 stellvertretend für alle übrigen Minenschiffe, von deren Einsatz noch im nächsten Jahresband zu berichten sein wird, genannt.

DER U-BOOT-KRIEG JANUAR – JUNI 1941

Sinken der Zahl der Frontboote

Von November 1940 an bis in den Februar 1941 hinein war die Zahl der deutschen Front-U-Boote immer weiter gesunken. „Eine Zeitlang“, so Großadmiral Dönitz, „standen mir nur 18 Boote für die operative Kriegsführung im Atlantik zur Verfügung. Von ihnen war etwa jeweils ein Drittel, also waren es im allgemeinen nicht mehr als sechs Boote, manchmal nur drei, am Feind. Es führten demnach in der U-Boot-Waffe zeitweise nur 120 bis 240 Mann Krieg gegen den Hauptgegner, die große Seemacht England.

Die hohen Zahlen, welche die U-Boote als Namen trugen, z. B. U 570 oder gar U 820, bedeuteten nicht, daß wir eine entsprechende große Menge an U-Booten besaßen. Sie sollten lediglich dem Gegner die Feststellung der geringen Stärke unserer U-Boot-Waffe erschweren.“ (Siehe: Dönitz, Karl: „Zehn Jahre und zwanzig Tage“).

Da der Befehlshaber der U-Boote bereits am 14. Dezember 1940 in einer „Wunschliste“ an die Seekriegsleitung den besonderen Wunsch nach einem Luftwaffenverband zur Aufklärung geäußert hatte, um für die „weiträumige Aufklärung Klarheit zu gewinnen, wo der Gegner fährt, und auch den direkten Ansatz der U-Boote durch Aufklärermeldungen möglich zu machen“, wurde er zum 2. Januar 1941 nach Berlin zum Vortrag vor den OB der Kriegsmarine, Großadmiral Raeder, bestellt.

Nachdem Dönitz seine Vorstellungen von der Wichtigkeit der Luftaufklärung für die U-Boot-Waffe dargelegt hatte, schickte ihn sein Oberbefehlshaber direkt weiter zum Chef des Wehrmachtsführungsstabes, General Jodl im OKW. Er sollte diesem die unhaltbare Lage im U-Boot-Krieg darlegen und seine Wünsche persönlich vortragen.

Dönitz hielt sich nicht lange mit Vorreden auf, sondern forderte den täglichen gleichzeitigen Einsatz von zwölf Maschinen des Typs Fock Wulf 200, „Condor“, die die größte Reichweite hatten. Einige Exemplare dieses großen „Vogels“ waren bereits bei der I./KG 40 in Bordeaux vorhanden.

Hitler griff nun erstmalig in den Bereich der Luftwaffe des Reichsmarschalls Göring ein und unterstellte Dönitz am 7. Januar 1941 die I./KG 40, die ihm vorher von Göring verweigert worden war.

Damit kam die „Kriegführung der U-Boote einen sehr entscheidenden Schritt weiter“, notierte Dönitz in seinem KTB.

Daß Göring gar nicht einverstanden war, zeigte sich am 7. Februar 1941, als der

Reichsmarschall mit seinem Befehlszug in der Nähe der Befehlsstelle des BdU in Frankreich eintraf. Göring versuchte den BdU dahin zu bewegen, der Aufhebung des Führerbefehls beizupflichten. Dönitz lehnte ab.

„Wir schieden grollend“, lautete Dönitz’ Kommentar zu dieser Unterredung.

Oberstleutnant Martin Harlinghausen, Chef des Stabes des X. Fliegerkorps, flog zu Dönitz, um mit ihm gemeinsam den Einsatz dieser „Fernaufklärergruppe“ zu besprechen. Martin Harlinghausen, der auch als Generalstabsoffizier immer wieder Einsätze geflogen und eine Reihe feindlicher Schiffe versenkt hatte, war bereits am 4. Mai 1940 mit dem Ritterkreuz und am 30. Januar 1942 als achter deutscher Soldat mit dem Eichenlaub zum Ritterkreuz ausgezeichnet worden und kannte sich im Krieg der Luftwaffe über See hundertprozentig aus. In ihm fand Dönitz einen sachkundigen Helfer, um den Einsatz dieser Gruppe optimal zu gestalten. In der Folgezeit konnten die U-Boote mehrfach an Geleitzüge herangeführt werden, die von den „Condor“-Maschinen aufgefaßt und gemeldet worden waren.

Oftmals wurde in den Sommermonaten des Jahres 1941 ein U-Boot-Rudel durch die I./KG 40 an die Konvois herangeführt. Oft dauerte das Heranführen mehrere Tage, an denen auch die Maschinen des I./KG 40 durch Bombenangriffe diese Geleitzüge dezimierten.

Die Januareinsätze 1941

Die ersten italienischen U-Boote, die nach einer Absprache mit Admiral Parona, dem italienischen Führer der U-Boote, am Atlantikkampf teilnehmen sollten, waren bereits im Spätherbst 1940 in Bordeaux, ihrem zukünftigen Stützpunkt, eingetroffen. Nacheinander trafen hier 27 italienische U-Boote ein. Anfang Oktober waren die ersten Boote gemeinsam mit deutschen Booten westlich des Nordkanals eingesetzt. Vom 10. Oktober bis zum 30. November 1940 standen die italienischen Boote insgesamt 243 Tage in See und hatten ein (!) Schiff mit 4866 BRT versenkt. Im selben Zeitraum hatten deutsche U-Boote 80 Schiffe mit 435 189 BRT vernichtet.

Es zeigte sich, daß einmal die Bauart der italienischen U-Boote zu hochgezogen war und deren Türme bei Tag und Nacht ein gut erkennbares Ziel boten. Sie hatten keinen Diesel-Zuluftmast und mußten demzufolge ständig mit geöffnetem Turmluk fahren, damit die Diesel die notwendige Verbrennungsluft erhielten. Bei schlechtem Wetter schlugen die Brecher über den Turm, Wasser rauschte ins Boot und verursachte Störungen an den elektrischen Anlagen.

Admiral Parona und sein kenntnisreicher Verbandsingenieur, Kpt. z. S. Feno, ließen die Boote neu herrichten. Die Türme wurden verkürzt und verkleinert und mit einem Diesel-Zuluftmast versehen.

Am 1. Januar 1941 war es denn auch das italienische Boot „Bagnolini“ unter KKpt. Tosoni-Rittoni, das den britischen Hilfskreuzer „Nothern Pride“ torpedierte.

„Cappellini“ unter KKpt. Todaro versenkte am 5. Januar den britischen Dampfer „Shakespeare“„ mit 5029 BRT. Neun Tage später konnte KKpt. Todaro die 7472 BRT große „Eumaeus“ mit der Torpedowaffe zum Stoppen bringen und mit der Artillerie versenken.

„Torelli“ unter FKpt. Longobardo versenkte am 15. Januar zwei Schiffe mit zusammen 9180 BRT und kam am folgenden Tage noch auf die „Nicolas Filines“ zum Schuß, die nach dem Torpedotreffer liegenblieb und danach mit der Artillerie versenkte wurde. Am 28. Januar kam er zu seinem vierten Erfolg auf dieser Feindfahrt und versenkte die 5198 BRT große „Urla“ aus dem Konvoi HX 102 s. Dazwischen war noch „Marcello“ unter KKpt. Carlo Teppati und am 31. Januar „Dandolo“ unter KKpt. Ricardo Boris zum Schuß gekommen.

An deutschen Booten waren am Januarerfolg mit 23 Schiffen U 65 unter von Stockhausen, U 124 Schulz, U 105 Schewe, U 106 Oesten, U 96 Lehmann-Willenbrock, U 94 Kuppisch, U 123 Moehle und U 93 Korth beteiligt.

Klaus Kort schoß aus dem Konvoi SC 19 drei Schiffe heraus, darunter den 10668 BRT großen Dampftanker „W. B.Walker“.

Den großen Schlag aber landete U 96 unter Kptlt. Heinrich Lehmann-Willenbrock. Hier der Bericht seiner zweiten und dritten Feindfahrt des Jahres 1941:

Am 9. Januar lief U 96 zu seiner zweiten Feindfahrt aus. Bereits auf der ersten hatte es sechs Schiffe mit zusammen 37037 BRT versenkt und die „Pendrecht“ mit 10746 BRT torpediert. Nunmehr wollte der „Recke“, wie der Kommandant von seiner Besatzung genannt wurde, es genau wissen.

Operationsgebiet war der Seeraum der Rockall-Bank – Western Approaches. Hier wurde am 16. Januar ein schneller sehr großer Einzelfahrer gesichtet. Im Unterwasser-Nachtangriff wurde die „Oropesa“ (14118 BRT) mit einem Zweifächer angegriffen. Beide Aale trafen und stoppten den großen Passagierdampfer, der allerdings leer lief. Bevor er kenterte und über den Achtersteven sank, hatte er zwei weitere Torpedos erhalten.

In der folgenden Nacht wurde der nächste schnelle Einzelfahrer gesichtet. Mit dreimal AK setzte sich U 96 zum Angriff vor. Die beiden Torpedos des Fächerschusses verließen um 7.45 Uhr die Rohre und stoppten die 14935 BRT große „Almeda Star“. Auch sie brauchte zwei weitere Fangschüsse, ehe sie sank.

Durch FT-Spruch wurde das Boot zur Torpedoergänzung nach Lorient zurückgerufen, wo es am 22. Januar einlief. Es hatte auf dieser nur 14 Tage dauernden Feindfahrt zwei große Dampfer mit insgesamt 29053 BRT versenkt.

Am 30. Januar verließ U 96 den Stützpunkt zur dritten Feindfahrt. Es hatte 14 Torpedos übernommen und Verpflegung und Treiböl ergänzt.

Das Operationsgebiet südlich Island war am 12. Februar erreicht. Ein Bewacher kam in Sicht und sich an diesen annähernd kam U 96 an ein Kleingeleit mit vier Schiffen heran. Der erste Torpedo lief vorbei, da der Dampfer unmittelbar nach dem Schuß wegdrehte. Dieser Dampfer eröffnete Sekunden nach dem Wegdrehen das Feuer auf U 96, das sich absetzte und einen Tanker verfolgte. Getaucht angreifend, wurde der Motortanker „Clea“ mit 8074 BRT getroffen. Der zweite

Torpedo traf unter dem achteren Mast. Auch nach dem dritten Aal lag die „Clea" gut im Wasser.

Lehmann-Willenbrock ließ auftauchen und das Buggeschütz besetzen. Das Boot lief dicht an die „Clea" heran und schoß sie in Brand, ohne daß ein Sinken erkennbar gewesen wäre. Es mußte ein vierter Topedo her. Nachdem sie diesen mittschiffs erhalten hatte, sank sie sehr schnell.

U 96 lief ab und stieß vier Stunden später auf den britischen Tanker „Arthur F. Corwin". Der Zweiertreffer ließ diesen 10516 BRT großen Tanker sinken.

In den ersten Morgenstunden des 18. Februar wurde der britische Dampfer „Osprey" angegriffen. Um 2.27 Uhr lief der erste Torpedo, der das mittschiffs getroffene Schiff rasch sinken ließ. Seine Tonnage war 5589 BRT.

Erst am Vormittag des 22. Februar kam das nächste Schiff in Sicht. Es war der mit kleiner Fahrt laufende britische Tanker „Scottish Standard" mit 6999 BRT, der am Vortage von einer der genannten Fock Wulf 200 der I./KG 40 getroffen worden war und nun einen Hafen zu erreichen suchte.

Um 15.49 Uhr wurde er vom Fangschuß von U 96 getroffen und sank. Vor einem plötzlich auftauchenden Zerstörer mußte U 96 mit Alarmtauchen in den „Keller". Einige Wasserbomben fielen, lagen aber zu kurz.

Am 23. Februar sichtete der II. WO, der die Wache ging, einen Geleitzug. Eine Sichtmeldung wurde an den BdU getastet. Das Boot gab für alle auf diesen Konvoi angesetzten Boote Peilzeichen. Der Angriff auf den Konvoi wurde vom BdU für 21.00 Uhr freigegeben.

U 96 drehte zum Angriff heran. Die UZO wurde auf den Turm gereicht. Der I. WO als Torpedowaffenoffizier bezog dahinter Posten und visierte den von Lehmann-Willenbrock angegebenen Dampfer an. Es war die 10946 BRT große „Huntingdon". Der Dampfer konnte entkommen, weil eine Korvette der Geleitzugsicherung das Boot abdrängte.

Eine halbe Stunde später aber war U 96 wieder herangeschlossen. Das Ziel hieß „Svein Jarl", ein Munitionsdampfer von 1908 BRT, der um 1.16 Uhr des 24. Februar nach dem Treffer buchstäblich in die Luft flog. Ein Duzend mächtige Detonationen riß in ihn Stücke. Eine Minute später waren die Hauptteile des Dampfers von der Wasseroberfläche verschwunden.

Um 2.20 Uhr versenkte U 96 noch den Dampfer „Sirikishna" mit 5458 BRT.

Mit Schnelltauchen mußte U 96 wieder in den „Keller" gehen. Das Wasserbomben-Bombardement setzte ein, als das Boot in 50 m Wassertiefe schwebte. Es gab eine Reihe von Schäden. Zwölf Stunden dauerte die Verfolgungsjagd, dann war plötzlich Stille. U 96 war noch einmal davongekommen. Das Boot tauchte auf Sehrohrtiefe auf, und nach einem sichernden Rundblick ließ der Kommandant auftauchen. Die Frischluftumwälzer trieben Schwaden frischer Luft durch die Kammern des Bootes.

U 96 hatte sich verschossen und trat den Rückmarsch an. Es hatte sieben Schiffe mit insgesamt 49490 BRT versenkt.

Die Februar-Einsätze

Im Februar waren es neben U 96 vor allem U 107 unter Kptlt. Hessler, U 37 unter Kptlt. Clausen, U 103 unter KKpt. Schütze und U 95 unter Kptlt. Schreiber, die größere Erfolge erzielen konnten. Hessler versenkte drei Schiffe und war an der Versenkung eines vierten mit „Bianchi" beteiligt. Clausen brachte es auf drei gesicherte Versenkungen, U 95 unter Schreiber schaffte bis zum 5. März fünf Versenkungen.

Günther Prien mit U 47 konnte aus dem OB 290 drei Schiffe versenken und eines torpedieren. Am 28. Februar konnte er wieder einen Erfolg melden. Zum ersten Male schrieb sich Kptlt. Klaus Scholtz mit U 108 in die Liste der erfolgreichsten U-Boote ein, als er am 22. Februar die kleine „Texelstroom" versenkte und am 28. Februar die „Effna" mit 6441 BRT durch einen Fächerschuß unter Wasser brachte.

Bei U 47 aber lief der Tod mit, wie die zehnte Feindfahrt erweisen sollte. Prien hatte sich von Dönitz ein neues Boot ausgebeten. Er wollte weiterkämpfen und nicht Schulflottillenchef werden. Admiral Dönitz hatte ihm eines der neuen Boote des Typs IX D-2 für weite ozeanische Verwendung versprochen. Nur noch eine Feindfahrt mit U 47 sollte absolviert werden.

Es war so, als wollte das Schicksal – oder wie auch immer man jene rätselhafen Vorkommnisse nennen möchte, die sich mit U 47 ereigneten – verhindern, daß dieses „abgefahrene Boot" noch einmal zur Feindfahrt auslief.

Bei der Probefahrt am 15. Februar 1941 zeigte sich am Zylinderblock des Steuerbord-Diesels ein Riß. Der Defekt wurde rasch beseitigt, ein weiterer Zwischenfall konnte ebenfalls behoben werden so daß U 47 zur 10. Feindfahrt am 20. Februar 1941 ablegte. Otto Kretschmer, Kommandant von U 99, stand auf der Pier.

„Bis dann, Otto!" verabschiedete sich Prien bei seinem Freund.

„Machs gut, Prientje, in zwei Tagen bin ich draußen. Halte mir einen Geleitzug bereit!", so lautete Kretschmers Antwort.

Das Boote legte von der Isère ab und marschierte in den Operationsraum. Es meldete am 25. Februar einen Geleitzug und operierte darauf. Am frühen Morgen des 26. Februar kam Prien auf vier Dampfer des Konvois OB 290 zum Schuß. Nacheinander gingen der belgische Dampfer „Kasongo", das schwedische Motorschiff „Diala", das norwegische Motorschiff „Borgland" und noch ein Schwede in Gestalt des Dampfers „Rydboholm" mit der Fahrt herunter. Drei dieser Schiffe sanken, die 8106 BRT große „Diala" entkam schwer angeschlagen mit letzter Kraft.

Am 28. Februar versenkte Priens Boot noch den von U 99 angeschossenen Dampfer „Holmelea" mit der Artillerie. Damit hatte U 47 bereits wieder vier weitere Versenkungserfolge und eine Torpedierung auf seinem Konto.

Am 28. Februar trafen sich U 47 und U 99 am Geleitzug. Prien konnte Otto

Kretschmer mitteilen, daß er kurz vorher U 100 gesehen und daß Schepke ihm einen Gruß für Kretschmer mitgegeben habe. „Schepke muß mit U 100 dicht hinter uns stehen, Otto!“ bekräftigte Günther Prien.

„Zu dritt werden wir es schaffen“, meinte Kretschmer. „Wenn wir nur erst wieder voll herangeschlossen haben!“

„Genau, Otto!“ sekundierte Prien.

In diesem Augenblick hob sich der Nebel etwas, und beide Brückenwachen sahen fast gleichzeitig den Konvoi, der mit etwa 40 Schiffen in einer Distanz von drei Seemeilen an den beiden Booten vorüberglitt. Auf der ihnen zugewandten Flanke preschten von achtern aufdampfend zwei Zerstörer nach vorn. Einer davon drehte plötzlich auf die beiden Boote zu, die nach einem letzten Winken hinüber und herüber wegtauchten und mit AK der Batterien abliefen.

Beide Boote wurden den ganzen Tag über von den Zerstörern unter Wasser gehalten. Als U 99 am Abend auftauchte, fing der Oberfunkmaat des Bootes, Oberfunkmaat Kassel, einen FT-Spruch der Operationsabteilung der U-Boote auf, daß am nächsten Morgen Suchflugzeuge starten und den Konvoi für die U-Boote suchen würden.

Am nächsten Tag fand U 99 den Konvoi nicht mehr. Erst als es Abend wurde, erreichte das Boot drei brennende und bereits im Sinken befindliche Dampfer dieses Geleitzuges, die von einer Fock Wulf 200 „Condor“ der Aufklärung gesichtet und zerbombt worden waren. Ein Einzelfahrer, der eine Stunde später auftauchte, entging dem ihm angetragenen Torpedo und entkam.

Als bis zum 4. März noch immer keine Erfolgsmeldungen oder eine Standortmeldung der eingesetzten Boote im U-Boot-HQ eingegangen war, ließ der BdU alle im Operationsgebiet südlich Island stehenden U-Boote einen neuen Suchstreifen quer zum Kurs des Geleitzuges bilden. In diesem Streifen operierten nunmehr U 47, U 95, U 99 und U 100. Auf einer Breite von 24 Seemeilen auseinandergezogen standen die Boote in diesem Streifen und harkten mit ostwärtigem Kurs durch die See.

Morgens um 4.45 Uhr des 6. März meldete sich U 47 abermals. Priens Boot hatten einen neuen Geleitzug gesichtet, der von den North-Minches aus mit 8 kn Fahrt, Kurs Nordwest durch die See lief. Sofort drehte U 99 auf diesen Geleitzug ein. Mit AK ließ Kretschmer auf ihn zuhalten. Es war der Kovoi OB 293, ein aus England westgehender Geleitzug in Richtung USA-Küste.

Der Geleitzug war von einer besonders starken Zerstörersicherung begleitet. Am 7. März wurde er von U 99 erreicht. Es war erst eine Stunde nach Mitternacht, und Kretschmer ließ sein Boot um die Geleitzugspitze herum auf die rechte Flanke laufen, auf der er sich im Mondschatten befand. Danach ließ er U 99 etwas achteraus sacken und sichtete unmittelbar darauf drei Zerstörer, die als Steuerbordsicherung liefen. U 99 mußte sich weiter absetzen.

Zwei Stunden später, U 99 hatte wieder herangeholt, kam ein riesiger Schatten in Sicht. Dieser Dampfer gehörte offenbar nicht zum Geleitzug, sondern war ein großer und schneller Einzelfahrer. Kretschmer ließ sich diesen „großen Happen“ nicht entgehen. Der Einzelschuß traf den Schiffsriesen, der sofort mit der Fahrt heruntergīng und einen Notruf tastete. „Es war die britische Walkocherei ‚Terje Viken‘, die sofort stoppte und als riesiges, nun nicht mehr zu verfehlendes Ziel auf der See lag.“ (Siehe: Kretschmer, Otto, in: Terence Robertson: „Der Wolf im Atlantik“).

Ein zweiter Torpedo wurde ohne Verzug auf den ebenfalls in Sicht gekommenen Tanker „Athelbeach“ mit 6568 BRT geschossen. Als die „Athelbeach“ nicht sinken wollte, ließ Kretschmer näher herangehen. Er kannte sich mit Dampfern aus, und dieser Tanker, das sah er sofort, würde nicht sinken. Er mußte noch einen Fangschuß haben.

Dieser Torpedo traf den Tanker im Wellenkanal und ließ ihn binnen weniger Minuten sinken.

In diesem Augenblick fing der Funkmaat des Bootes den letzten FT-Spruch von U 47 auf. Darin ließ Prien noch einmal Standort, Kurs und Fahrtstufe des Konvois durchgeben, an den sich U 47 angehängt hatte.

Kretschmer aber wollte zunächst zu der großen Walkocherei zurückkehren, um diese, die sicherlich noch schwamm, unter Wasser zu bringen. Als das Boot in den Nahbereich dieses Schiffes kam, fanden die Brückenwächter wohl einige brennende Schiffe auf der See, aber von der „Terje Viken“ war nichts mehr zu sehen.

„Die ist mit Schicherheit gesunken“, sagte der II. WO, doch Kretschmer schüttelte zweifelnd den Kopf, und er sollte rechtbehalten, denn die 20638 BRT große „Terje Viken“ wurde erst am 14. März von zwei britischen Zerstörern und einer Korvette versenkt. Dennoch kam dieses große Schiff auf das Konto von U 99.

Wenig später fing U 99 einen Funkspruch von U 70 auf. Kptlt. Matz meldete schwere Schäden am Turm. Wenig später wurde das Boot von U 99 gesichtet, weil Kretschmer darauf hatte zudrehen lassen, um gegebenenfalls helfen zu können. Die beiden Signalgasten der Boote traten in Winkerverkehr. Aber noch ehe der Austausch der Fragen und Antworten beendet war, tauchten aus einer Regenböe heraus zwei feindliche Korvetten auf. Beide Boote gingen mit Alarmtauchen in den „Keller“.

Während U 99 der sich anschließenden Wabojagd entkommen konnte, wurde U 70 den ganzen Tag über von den Korvetten „Arbutus“ und „Camellia“ verfolgt und schließlich von einer genau deckend liegenden Wasserbombenserie auseinandergerissen. Dennoch konnten der Kommandant und einige Männer der Besatzung des Bootes gerettet werden.

Als U 99 nach der Waboverfolgung wieder auftauchte, fing der Funkmaat des Bootes einen weiteren Funkspruch auf. Dieser zeigte ihnen, daß auch U A unter Kptlt. Eckermann bei einer Wasserbombenverfolgung schwere Schäden erlitten hatte und den Rückmarsch nach Lorient antreten wollte.

In Kernevel, dem Hauptquartier des BdU, wurden alle diese Meldungen mit großer Besorgnis aufgenommen. Es schien sich ein schwerer Schlag gegen die in See stehenden U-Boote anzubahnen, denn im Verlauf des 7. März hatte man U 47 immer wieder vergeblich gerufen. Doch das Boot meldete sich nicht mehr.

Wie U 47 sank

Über das Ende von U 47 gab Lieutenant Commander J. M. Rowland, Kommandant des britischen Zerstörers „Wolverine", wenige Tage später im Feststellungsbüro der Britischen Admiralität in London dem Befehlshaber der Western Approaches, Captain Creasy, einen mündlichen Rapport. Hier ist dieser Bericht im Wortlaut:

„Ich begleitete mit meinem Zerstörer ‚Wolverine' den Konvoi OB 293. Am Abend des 7. März standen wir südostwärts von Island. Wir hielten genauen Kurs und schossen keine Leuchtgranaten, um den Standort unseres Konvois nicht zu verraten. Dann gab es U-Boot-Alarm, und ich eilte auf die Brücke.

Um 00.23 Uhr des 8. März horchte der Horchgast am Asdic-Gerät Schraubengeräusche. Eine halbe Minute darauf sichtete der Ausguck voraus Rauchwolken.

Ich operierte mit 18 kn Fahrt auf diese Stelle zu und gab Signal an die ‚Verity', die als zweiter Zerstörer auf der Steuerbordseite des Konvois lief. Als unser Ausguck Kielwasser sichtete, ließ ich auf 32 kn heraufgehen. Um 00.27 Uhr erkannte ich auf einiger Distanz ein U-Boot und ließ auf AK heraufgehen.

Als die ‚Verity' um 00.32 Uhr Leuchtgranaten schoß, tauchte das Boot. Die Distanz zu mir betrug noch etwa eine Seemeile. Um 00.48 Uhr, als der Horchraum ‚over head' meldete, ließ ich einen Wasserbombenteppich werfen. Wenig später bekamen wir wieder Kontakt, und ich ließ abermals einen Wabofächer, diesmal mit acht Wasserbomben werfen. Anschließend ließ ich noch eine überschwere Wasserbombe nachfolgen.

Gegen 3.31 Uhr – wir hatten in der Zwischenzeit nichts mehr von dem U-Boot gehört oder gesehen – meldete mein Ingenieur-Offizier Ölflecke auf der See. Er ließ davon eine Probe nehmen und kam nach kurzer Analyse zu der Überzeugung, daß dieses Öl von einem deutschen U-Boot sein müsse.

Wenige Minuten später faßten wir das U-Boot erneut auf und warfen wieder Wasserbomben. Um 4.03 Uhr sichteten wir eine weitere Ölspur. Als wir dieser Spur nachliefen, meldete der Horchraum plötzlich Schraubengeräusche. Aber sie kamen von achteraus. Wir mußten es mit einem sehr erfahrenen und versierten Kommandanten zu tun haben, der uns wieder einmal genarrt hatte.

Auf Gegenkurs gehend, sichteten wir schließlich um 5.18 Uhr das U-Boot, das aufgetaucht war.

Ich befahl: ‚AK voraus!' und wenig später: ‚Klar zum Rammen!' Doch das Boot bemerkte uns rechtzeitig und kippte wieder an. Im Wegtauchen sah ich, daß es drehte, und befahl meinem Rudergänder, mitzudrehen. Zum Glück für uns war das Wasser sehr klar. Ich erkannte deutlich die Hecksee des niederstoßenden Bootes und sah eine keilförmige Blasenspur ausgestoßener Preßluft am Heck.

Als wir über dem Boot standen, ließ ich einen Zehnerteppich werfen. Es war genau 5.22 Uhr. In Intervallen von jeweils vier Sekunden wurden jeweils zwei

Wasserbomben geworfen, und zwar mit kleiner, mittlerer und tiefer Einstellung. Ich lief nach Abgabe des Befehls zur Steuerbordnock und sah, daß die Steuerbord-Racks ihre Wasserbomben genau dort in die See schleuderten, wo sich die eine Seite der Blasenspur befand. Das U-Boot konnte kaum mehr als 15 m tief heruntergekommen sein.

Ich ließ aufdrehen, um nach Wrackteilen zu suchen, doch im gleichen Moment meldete der Mann im Horchraum einen neuen Kontakt. Ich ließ auf diesen neuen Gegner eindrehen. Dort aber, wo die Wasserbomben geworfen worden waren, sah ich kurz nach den Detonationen orangerote Flammen auf der See, die etwa zehn Sekunden lang aufleuchteten und dann erschloschen.

Drei Stunden später stellten wir fest, daß die neuen Kontakte von keinem U-Boot, sondern von Schweinsfischen, einem dichten Schwarm, stammten, die uns zum Narren gehalten hatten. Sofort ließ ich wieder zurücklaufen und die Stelle aufsuchen, wo wir die Flammen auf der See gesehen hatten."

Das war der Bericht von Lieutenant Commander Rowland und der Kommentar, den Captain Creasy dazu gab, lautete:

„Ich bin sicher, daß es U 47 gewesen ist, das Sie am Morgen des 8. März mit Wasserbomben belegt, und daß sie das Boot wahrscheinlich versenkt haben."

So war es! Die „Wolverine" hatte U 47 vernichtet. Der strahlende Stern von Günther Prien war für immer erloschen. Nach zehn Feindfahrten und einem Gesamterfolg von 31 versenkten Schiffen mit 184102 BRT, darunter das britische Schlachtschiff „Royal Oak", ferner vier torpedierten Schiffen mit 31500 BRT sowie einem Nahtreffer auf dem Kreuzer „Norfolk" hatte die See U 47 mit seiner gesamten Besatzung behalten.

Der Untergang von U 99 und U 100

Dies sollte noch nicht das Ende der Märzverluste sein, die die U-Boot-Waffe erlitt. Neben U 47 sollten auch U 99 und U 100 nicht mehr von ihren Feindfahrten zurückkehren.

Erst am 23. Mai – als jede Hoffnung auf eine Rückkehr von U 47 aufgegeben werden mußte, – erließ Admiral Dönitz einen Tagesbefehl für die U-Boot-Waffe. Hier der Wortlaut:

„Günther Prien, der Held von Scapa Flow, und seine tapfere Besatzung unternahmen ihre letzte Fahrt.

Wir U-Boot-Männer verneigen uns und grüßen ihn und seine Besatzung. Auch wenn ihn nun der weite Ozean deckt: Günther Prien steht doch noch mitten unter uns.

Kein Boot wird nach Westen laufen, das er nicht begleitet, das nicht von seinem Geiste mitnimmt. Kein Schlag wird von uns gegen England geführt, den er nicht, zum Angriff drängend, mitführt.

Wir verloren ihn und gewannen ihn wieder; Symbol ist er uns geworden für unseren harten unerschütterlichen Angriffswillen gegen England.

Der Kampf geht in seinem Geiste weiter . . . Dönitz."

Am 21. Februar 1941 lief U 99 unter Kptlt. Otto Kretschmer zu einer neuen Feindfahrt aus. In den vergangenen Feindfahrten hatte er sich zum „Tonnagekönig" aufgeschwungen und war als 6. deutscher Soldat mit dem Eichenlaub zum Ritterkreuz ausgezeichnet worden (am 4. November 1940; Kretschmer erhielt, bereits in Gefangenschaft, am 26. Dezember 1941 als 5. deutscher Soldat die Schwerter zum Ritterkreuz mit Eichenlaub).

Fast gleichzeitig mit U 99 waren auch – wie bereits geschildert – U 47 und U 100 zu ihrer neuen und letzten Feindfahrt ausgelaufen.

Nachdem am 15. März der Konvoi HX 112 von U 110 unter Kptlt. Lemp gesichtet und gemeldet worden war, hoffte auch U 100 unter Schepke zum Schuß zu kommen. Mit AK lief es auf den Konvoi zu, der inzwischen bereits herbe Verluste erlitten hatte.

Einer jener Kommandanten, die an diesem Geleitzug Erfolge errangen, war wieder Otto Kretschmer. Er begann am Abend des 16. März seinen Angriff und schoß bis zum Morgen des 17. März sechs Schiffe aus dem HX 112 heraus, von denen fünf sanken. Der 9314 BRT große französische Motortanker „Branche Comte" konnte jedoch nicht unter Wasser gebracht werden.

Inzwischen war auch U 100 herangekommen. Geben wir an dieser Stelle Captain Donald MacIntyre, dem Chef der Escort Group, welche den Konvoi zu sichern hatte, das Wort.

MacIntyre war mit seinem Führungszerstörer „Walker" und den Zerstörern „Vanoc", „Volunteer", „Sardonyx" und „Scimitar" sowie den Korvetten „Bluebell" und „Hydrangea" auf der Hut vor den gemeldeten U-Booten.

Es war die „Scimitar", die ein U-Boot meldete, das sich später als U 100 herausstellte.

„‚Scimitar' meldete das Boot sechs sm voraus laufend. Sofort ließ ich alle vorn stehenden Geleitfahrzeuge auf dieses Boot zu operieren. ‚Walker' und ‚Vanoc' liefen mit großer Fahrt zur ‚Scimitar', um ihr bei der Jagd zu helfen.

Als wir bis auf drei sm an das Boot herangekommen waren, tauchte es weg. Zwei Stunden suchten wir nach ihm, aber es blieb spurlos verschwunden.

‚Walker' lief zum Konvoi zurück, während ‚Vanoc' und ‚Scimitar' die Suche fortsetzten. Nach einer weiteren Stunde gaben auch sie auf.

Gerade als ich aufzuatmen begann, schmetterte der harte Schlag einer Torpedodetonation durch den Morgen des 17. März. Es war das schwedische Motorschiff ‚Korshamn', das getroffen worden war. U 99 hatte, zwischen zwei Zerstörern unserer Sicherung hindurchlaufend, diesen Angriff gefahren, wie sich später herausstellte. Das Boot wurde unter Wasser gedrückt und ‚Walker' lief in einer leichten Kurve auf einen weißen Gischtstreifen zu, der aber von einem anderen U-Boot stammen mußte. Es standen also zwei U-Boote dicht nebeneinander am Konvoi.

Ich gab den Befehl, auf 30 Knoten heraufzugehen, aber das U-Boot, das neu aufgetaucht war, ging sofort wieder hinunter. Als wir Sekunden später die Gischtflecken der Luftausblasung überliefen, ließ ich einen Zehnerfächer Wasserbomben werfen. Die zehn Wasserbomben detonierten mit hartem Krachen. Zweieinhalb Sekunden darauf dröhnte eine Explosion und ein orangeroter Blitz sprang aus der See empor. Wir glaubten dieses Boot versenkt zu haben. Aber 90 Minuten später hatten wir mit demselben Boot wieder Kontakt."

Soweit der direkte Bericht von Capitain MacIntyre. U 100, das während der Wasserbombenverfolgung schwere Schäden erlitten hatte, konnte gegen 3.00 Uhr des 17. März nicht länger unter Wasser gehalten werden. Es stand plötzlich dicht unter dem Zerstörer „Vanoc" und wurde von dessen Radarstation entdeckt. Wieder soll Capitain MacIntyre die folgenden Ereignisse schildern, wie er sie sah:

„Ich befahl AK für die ‚Walker' und Lieutenant Bray rief mir zu: ‚Sie müssen das U-Boot gesichtet haben, Sir!'

Da kam auch schon der Blinkspruch von der ‚Vanoc': ‚Haben soeben ein U-Boot gerammt und zum Sinken gebracht!'

Die ‚Vanoc' hatte U 100 mittschiffs gerammt. Kapitänleutnat Schepke, der Kommandant des Bootes, der gehofft hatte, der Zerstörer würde achtern am Boot vorbeilaufen, wurde durch die Wucht des einhauenden Zerstörerstevens in dem zusammengedrückten Turm seines Bootes eingequetscht. Die Wucht des Aufpralls riß ihm beide Beine ab, und als die ‚Vanoc' herausging, wurde der Kommandant von U 100 über Bord geschleudert und verschwand, um sich schlagend, in der See. Nur noch seine Mütze schwamm auf dem Wasser.

Von der Besatzung von U 100 konnten wir nur fünf Männer bergen. Sie wurden von unseren Zerstörerleuten versorgt und ärztlich betreut.

In den Minuten dieses Untergangs eines deutschen U-Bootes fing der Asdicmann des Führerzerstörers „Walker" einen neuen Ortungsimpuls auf. Wieder Capitain MacIntyres Bericht folgend, erfahren wir:

„Ich wollte es einfach nicht glauben, daß hier in unmittelbarer Nähe des versenkten Bootes ein zweites sein könnte, und äußerte auch dem Asdic-Offizier, First-Lieutenant Lengton, gegenüber meinen Zweifel. Aber der Mann am Asdic meldete auf Langtons Frage: ‚Ja, Sir, es ist ein U-Boot!'

Als sich ‚Walker' zum nächsten Angriff drehte, erhielt ich von ‚Vanoc' den Warnruf: ‚U-Boot ist hinter ihnen aufgetaucht!'

Die Geschütze der ‚Walker' begannen zu feuern.

Auf dem Turm des U-Bootes blitzte ein Handscheinwerfer auf: ‚Wir sinken! Stoppen Sie Ihr Feuer!'

Das machte mit klar, daß der Kampf vorüber war. Es war U 99 unter Kapitänleutnant Kretschmer, das wir knapp eine halbe Stunde nach U 100 versenkt hatten.

Von der Besatzung von U 99 fielen drei Soldaten, zwei davon wurden vermißt. Der dritte aber, Oblt. (Ing.) Schröder, ging mit U 99 auf Tiefe, als er sicherheitshalber noch einmal ins Boot zurückkehrte und die Entlüftung der Tauchzelle I öffnete, damit das Boot auch sicher und rasch sank und nicht etwa nur beschädigt in die Hand des Gegners fiel.

Damit war auch Schepke, der 7. Träger des Eichenlaubes zum Ritterkreuz gefallen. Die U-Boot-Waffe hatte ihre drei Tonnagekönige verloren.

Auf Schepkes Erfolgsliste standen 37 versenkte Schiffe mit 245842 BRT und fünf Schiffe, die torpediert worden waren.

Otto Kretschmer aber hatte mit seinen Booten U 23 und U 99 die Zahl von 54 Schiffen mit weit über 200000 BRT versenkt, wie die Liste ausweist, die Terence Robertson in seinem Werk veröffentlichte.

Das war ein herber Verlust für die U-Boot-Waffe. Insgesamt waren fünf U-Boote in diesem Seeraum verlorengegangen. Neben den bereits genannten Booten war es noch U 551 unter Kptlt. Schrott. Dazu Großadmiral Karl Dönitz nach dem Kriege:

„Der Tod von Prien und Schepke mit ihren Besatzungen und der Verlust von U 99 trafen meinen Stab und mich besonders hart. Schepke war ein Draufgänger, Kretschmer hatte in einmalig erfolgreichen Unternehmungen 44 Schiffe mit 266629 BRT und einen Zerstörer versenkt. Priens größte Tat war die Vernichtung des englischen Schlachtschiffes ‚Royal Oak' in Scapa Flow gewesen. Prien war ein ganzer Mann, charakter- und temperamentvoll. Voller Lebenskraft- und Freude und voller Hingabe an seinen Beruf. Seinen Männern war er ein Vorbild."

Daß der März ein überaus erfolgreicher Monat gewesen war und der Gegner in diesem Monat und dem folgenden April 84 Schiffe mit 492395 BRT verlor, konnte nicht darüber hinwegtrösten, daß die größten deutschen Kommandanten ihren Einsatz mit dem Tode oder der Gefangenschaft bezahlt hatten.

Im März war es noch Oesten mit U 106, der mehrfach erfolgreich war und in seinem Einsatzrekord auch das britische Schlachtschiff „Malaya" stehen hatte, das er als großen Frachter angesprochen und torpediert hatte.

Kptlt. Schultze wiederum, Kommandant von U 48, konnte aus dem Konvoi HX 115 vier Schiffe herausschießen. Schewe auf U 105 und Fritz-Julius Lemp mit U 110 waren neben Oesten noch am SL 68 erfolgreich. Am letzten Tag des März konnte Kptlt. Engelbert Endraß den schwedischen Motortanker „Castor" mit 8714 BRT versenken.

Schultze setzte am 2. April die Vernichtung feindlicher Tanker fort, als er die 9957 BRT große „Beaverdale" vernichtete. Am Abend dieses Tages kam Endraß erneut zum Schuß. Zwei Schiffe des SC 26 fielen ihm und seinem Boot U 46 zum Opfer. Rosenbaum, Kentrat, Metzler, Kuppisch und Gysae hingen ebenfalls am SC 26, der nicht weniger als acht Schiffe sicher, möglicherweise auch noch zwei weitere Schiffe verlor, unter ihnen auch der Hilfskreuzer „Worcestershire" mit 11402 BRT, der von U 74 unter Kptlt. Kentrat torpediert worden war.

Ein weiterer Kommandant trat im April immer wieder ins Rampenlicht. Es war Kptlt. Günter Hessler, der bis zum 30. April sechs Schiffe versenkte, darunter am 21. April den britischen Dampfer „Calchas" mit 10305 BRT. Er sollte wenig später die erfolgreichtste Feindfahrt des Zweiten Weltkrieges mit seinem U 107 durchführen.

Lassen wir an dieser Stelle den März-April-Einsatz von U 124 Revue passieren, so wie diese Feindfahrt von KKpt. Georg-Wilhelm Schulz dem Autor berichtet wurde.

Am 23. Februar lief U 124 unter Kptlt. Schulz zu seiner vierten Feindfahrt aus. Das Boot sollte mit zwei anderen im Seegebiet vor Freetown operieren. U 124 trat mit mittlerer Marschfahrt den Südmarsch an. Auch diesmal hatte der erfahrene Kommandant wieder zwei junge Wachoffiziere an Bord, die später zu den großen Assen der U-Boot-Waffe zählen sollten. Da war einmal Oblt. z. S. Johann Mohr als I. WO und Oblt. z. S. Werner Henke als II. WO, Dr. med. Hubertus Goder war als „Himmelsabwehrkanone" – lies Arzt – an Bord kommandiert worden. Eingestiegen war auch der PK-Mann der Kriegsmarine Hans Dietrich.

Zunächst lief U 124 den Hafen von Las Palmas an, um an dem Tanker „Germania" eine Ölversorgung vorzunehmen. Im Unterwassermarsch lief das Boot in den Hafen ein. Der große deutsche Tanker, der seit Kriegsbeginn in diesem Hafen von Gran Canaria lag, wurde ungesehen erreicht. In der Nacht wurde beölt und Marterial sowie Proviant übernommen, ehe sich U 124 um 4.00 Uhr wieder verabschiedete. Ziel war die westafrikanische Küste vor Freetown. Hier befand sich im Frühjahr 1941 der Sammelpunkt aller aus Südamerika um das Kap der Guten Hoffnung laufenden für England bestimmten Geleitzüge.

Gleichzeitig mit den hier operierenden Booten waren auch die beiden deutschen Schlachtkreuzer „Scharnhorst" und „Gneisenau" auf ihrer Atlantikunternehmung in diesen Seeraum eingedrungen.

Der I. WO, Oblt. z. S. Mohr, hatte gerade die Wache, als vom steuerbordachternen Ausguck ein Schatten gemeldet wurde. Mohr erkannte eine Kriegsschiff-Silhouette und ließ den Kommandanten auf den Turm rufen.

Oblt. z. S. Mohr schlug vor, zwei Zweifächer zu schießen, um das Schiff, das in einem Seitenabstand von etwa 7000 m lief, auch sicher zu packen. Kptlt. Schulz ließ auf AK heraufgehen, um in eine bessere Schußposition zu gelangen; dies sollte ein Desaster verhindern. Als das Boot bis auf 4000 m herangekommen war, sagte Oblt. z. S. Mohr verblüfft: „Das scheint ja die ‚Scharnhorst' zu sein. Und der zweite große Schatten dahinter könnte dann die ‚Gneisenau' sein, Herr Kaleunt!"

Schulz, der gehofft hatte, auf das in diesen Gewässern operierende britische Schlachtschiff „Malaya" zum Schuß zu kommen, konnte sich nicht entscheiden. Deshalb ließ er einen Kurz-FT an den BdU tasten: „Zwei schwere Einheiten im Quadrat XZ 12, Kurs Süd, Frage: Stehen eigene Seestreitkräfte im Operationsgebiet?"

Immer spitz bleibend, und diesen beiden großen Gegnern nur die Schmalseite zeigend, lief U 124 in 4000 m Distanz mit. Beide Schlachtschiffe – so wurden sie angesprochen – machten zu dieser Zeit nur etwa sieben Knoten Fahrt.

In dem Augenblick, als die Antwort aus der Operationsabteilung des BdU einging, daß der letzte Standort der beiden deutschen Schlachtkreuzer ganz in der Nähe von U 124 gemeldet worden sei, stieß das vorn laufende „Schlachtschiff" plötzlich eine dicke Rauchwolke aus und lief mit sich rasch steigernder Fahrt, die schnell 28 Knoten erreichte, weiter. Das zweite Schiff schor ins Kielwasser des ersten ein und nahm ebenfalls volle Fahrt auf.

Sehr schnell kamen „Scharnhorst" und „Gneisenau", um diese beiden Schiffe handelte es sich, außer Sicht.

Am frühen Morgen des 7. März ging auf U 124 ein FT-Spruch des BdU ein, nach welchem die beiden Schlachtkreuzer den SL 67 aufgefaßt hatten. U 124 erhielt mit U 105 Befehl, darauf zu operieren. Sie erhielten noch die Warnung, daß sich auch das Schlachtschiff „Malaya" am Geleitzug befinde.

Mit großer Fahrt lief U 124 dem Sierra-Leone-Geleitzug entgegen. Als der Kommandant am Nachmittag des Tages auf den Turm gerufen wurde, waren Kriegsschiffsmasten gesichtet worden, die rasch größer heraustraten.

Kptlt. Schulz ließ mit Alarmtauchen hinuntergehen und das Boot in Sehrohrtiefe einpendeln. Durch das Angriffssehrohr erblickte der Kommandant ein großes Kriegsschiff. Diesmal war es die „Malaya". Aber noch stand sie für einen Torpedofächer zu weit ab.

Mit AK der E-Maschinen versuchte Schulz eine etwas günstigere Schußposition zu erlaufen. Drei Stunden lang manöverierte das Boot hin und her, dann war es dank einer Kursänderung der „Malaya" bis auf 4000 m herangekommen. Das Schiff stand voll im Fadenkreuz. Aber Schulz erkannte noch rechtzeitig, daß er diesmal die „Gneisenau" aufs Korn genommen hatte, und beschloß einen Scheinangriff zu fahren. Er befahl, so zu steuern, daß er breitseits zur „Gneisenau" auftauchen konnte, damit man dort gleich erkannte, daß er sich nicht mit Angriffsabsichten trug. Außerdem befahl er die Signalpistole mit dem ES bereitzuhalten.

Auf gleichem Kurs zu dem Schlachtkreuzer „Gneisenau" durchbrach U 124 die Wasseroberfläche und schoß das Erkennungssignal. Die „Gneisenau" wurde sofort mit Hartruderlegen „spitz". Von seiner Brücke wurde ebenfalls das ES geschossen. U 124 ging nun mit kleiner Fahrt heran und legte sich längseits. Wenig später erschien Admiral Lütjens auf der Brücke, und Wilhelm-Georg Schulz meldete ihm und erklärte, daß er durch das gesichtete Bordflugzeug herangeführt worden sei und daß sie bereits zweimal in guter Schußposition gewesen seien.

Admiral Lütjens war sichtlich geschockt, daß es einem U-Boot gelungen war, sich seinem Schiff ungesehen zu nähern. Hätte der Torpedowaffenoffizier oder Schulz während des Unterwassermarsches auf den Knopf gedrückt, würde es keine „Scharnhorst" und möglicherweise auch keine „Gneisenau" mehr geben.

Nachdem noch Post an den Schlachtkreuzer übergeben worden war, legte U 124 wieder ab. Wenig später wurde U 105 gesichtet und passiert. Schulz ließ einen Winkspruch zum Kameradenboot hinübermachen, der von Kptlt. Schewes Signalgast erwidert wurde.

In der Nacht zum 8. März griff das Boot den in Sicht gekommenen Geleitzug an, und Schulz ließ sich in den Konvoi einsickern. Ein Zerstörer lief knapp 700 m an ihm vorbei. Dann tauchte ein riesiger Schatten auf: diesmal war es die „Malaya". Doch als diese eine halbe Stunde später, fast wäre U 124 in Schußposition gekommen, einen Kurswechsel um 40 Grad vornahm und mit AK davonlief, war die Chance vertan.

„Alle Rohre klar zum Überwasserschuß!" befahl Schulz, als sie nach zweimaligem Ausweichen vor Zerstörern in guter Schußposition liefen.

Um 5.47 Uhr fiel der erste Einzelschuß, und binnen 21 Minuten hatte das Boot die gesamte Chargierung verschossen. An vier der fünf anvisierten Dampfern bliesen die Torpedodetonationen empor. Die Schiffe blieben schwer getroffen liegen und schossen Seenotraketen.

Unmittelbar vor U 124 hatte auch U 105 geschossen und den Dampfer „Harmodius“ versenkt.

Alle Geleitfahrzeuge schossen nun Leuchtgranaten in alle Himmelsrichtungen. U 124 hatte hier die Dampfer „Nardana“, „Hindpool“, „Thielbank“ und „Lahore“ versenkt.

Das Boot mußte eine zweistündige Wasserbombenverfolgung über sich ergehen lassen, kam aber gut frei, ohne jedoch den Konvoi noch einmal zu erreichen.

Der Weitermarsch nach Freetown wurde angetreten. Dort aber fand das Boot keine Schiffe und lief nach Westen ab, um von dem Hilfskreuzer „Kormoran“ Treibstoff zu übernehmen. Diese Ölübernahme erfolgte am 18. März.

Währenddessen war es U 105 und U 106 gelungen, vor Freetown den SL 68 zu stellen und eine Reihe Schiffe daraus zu versenken. U 106 gelang es – wie angeklungen – die „Malaya“ zu torpedieren, so daß dieser über 30000 Tonnen große Riese vom Einsatzplatz davonhinken mußte.

In den Raum Feetown zurücklaufend, traf sich U 124 mit der „Admiral Scheer“, die dringend Weißmetall benötigte und einige Ersatzteile für ihr Funkgerät. U 124 hatte beides.

90 Seemeilen südwestlich von Freetown kam dann das Boot am 30. März auf den britischen Dampfer „Umona“ zum Schuß und versenkte ihn. Am 4. April folgte die „Marlene“ nach, die mit 6507 BRT schon ein gutes Schiff war. Drei Tage darauf ereilte den kleinen Kolcher „Portadoc“ das Schicksal, und am 8. April wurde der englische Dampfer „Tweed“ gesichtet.

Zum Unterwasserangriff heranlaufend, traf der geschossene Torpedo das nur 2697 BRT große Schiff. Durch das Sehrohr sah Wilhelm-Georg Schulz, wie die Besatzung Hals über Kopf in die Boote ging. Er ließ auftauchen und an eines der zu dicht besetzten Boote herangehen. Es zeigte sich, daß es so beladen der groben See keine 24 Stunden standhalten konnte. Das zweite Boot aber, das größer war, trieb kieloben in der See. Auf dem Kiel hockten etwa zehn Seeleute.

Wilhelm-Georg Schulz, der alte Handelsskipper, ließ herangehen und die zehn Seeleute an Bord nehmen. Dann richteten seine Männer das Boot wieder auf, schöpften es leer und dirigierten es zu dem überladenen ersten Boot hinüber. Die zehn Männer halfen beim Ausschöpfen mit. Dann wurde eine Reihe Seeleute aus dem überladenen Boot in das große Boot umgeladen. Beide Boote wurden mit Trinkwasser und Lebensmitteln versorgt und mit den Weisungen für die zu steuernden Kurse versehen, um zur rettenden Küste zu gelangen.

Ein junger Schiffsoffizier der „Tweed“ mit Namen Howard „Dick“ Baker rief dem Kommandanten des U-Bootes zu, daß er diese Rettungsaktion melden werde.

Baker überlebte wie Wilhelm-Georg Schulz den Krieg. Er suchte später nach dem Kommandanten von U 124 und fand ihn auch. Beide Überlebenden reichten einander die Hand zu einer bis zum Tode reichenden Freundschaft.

Am 11. April sank der griechische Dampfer „Aegeon“, und am nächsten und übernächsten Tage waren es die „St. Helena“ und die „Corinthic“, die den Torpedos dieses Bootes zum Opfer fielen.

Als U 124 am 1. Mai nach 69 Seetagen in den Hafen von Lorient einlief, flatterten am ausgefahrenen Luftzielsehrohr zwölf Versenkungswimpel. In Lorient überreichte Admiral Dönitz dem Kommandanten von U 124 das Ritterkreuz.

Anfang September dieses Jahres übergab Schulz sein Boot an seinen Nachfolger Johann Mohr.

Mai und Juni im Versenkungsspiegel

Der Mai 1941 sah als ersten Erfolg eines U-Bootes die Versenkung des britischen Dampfers „Nerissa“ mit 5583 BRT durch U 552 unter Kptlt. Erich Topp. Dieser Kommandant hatte vorher zwei kleinere Boot gefahren. Mit U 552 sollte er noch eine Reihe großartiger Feindfahrten unternehmen, davon zwei gegen die US-Küste.

Neben den bekannten Namen wie Schütze mit U 103, Schreiber mit U 95, Liebe mit U 38, Schewe mit U 105 und Kuppisch mit U 94 schrieben sich auch jüngere Offiziere in die Versenkungsliste ein. So Oblt. z. S. Adalbert Schnee, der auf U 201 die ersten Versenkungserfolge am Konvoi OB 318 erzielte, an dem außerdem auch noch U 110 unter Lemp und Wohlfahrt mit U 556 erfolgreich waren.

Wohlfahrt konnte auch am HX 126 zum Schuß kommen; er versenkte im Mai 1941 fünf Schiffe und torpedierte zwei weitere, darunter den 13037 BRT großen britischen Motortanker „British Security“.

Zum ersten Male erfolgreich war auch Eberhard Wetjen auf der ersten Feindfahrt. Nachdem er am 27. April den ersten Dampfer versenkt hatte, fiel den Torpedos seines U 147 am 31. Mai das zweite Schiff zum Opfer.

Am 2. Juni griff Wetjen das britische Motorschiff „Mocambo“ an und konnte es mit einem Zweifächer torpedieren. Während dieses Angriffs war es dem britischen Zerstörer „Wanderer“ und der Korvette „Periwinkle“ gelungen, das Boot einzukreisen. Mit Wasserbomben wurde es versenkt. Kein Mann der Besatzung überlebte.

Insgesamt wurden im Mai 63 Schiffe durch U-Boote versenkt und vier Schiffe torpediert.

Der Kampf am OB 318

Dieser Geleitzug, der wie alle anderen der OB-Klasse von Liverpool nach Nordamerika lief, war einer der am stärksten gesicherten Konvois überhaupt. Ende April in Liverpool zusammengestellt, verließ er mit 17 Schiffen diesen Hafen. Unterwegs kamen noch weitere 12 Schiff hinzu, die in westschottischen Häfen beladen worden waren. Aus dem Forth of Clyde kamen weitere fünf und aus Milfort Haven noch einmal vier Schiffe hinzu.

Damit hatte der Geleitzugkommodore, Konteradmiral D. W. B. Mackenzie, zunächst 38 Schiffe zu betreuen und sie sicher ans Ziel zu bringen. Über Funk wurde er schließlich, bereits in See stehend, davon unterrichtet, daß sich weitere vier Frachter aus Island seinen Geleitzug anschließen würden.

Mit diesen 42 Schiffen sollte er laut Weisung geschlossen nach der Position 50–50 Grad Nord und 35–00 Grad West laufen. Dort, wo keine U-Bote mehr zu erwarten waren, sollte sich der Konvoi auflösen, und die einzelnen Schiffe sollten ihre Bestimmungshäfen selbständig anlaufen.

Auf dem Weg zum Sammelpunkt wurde der OB 317 von der 7. Geleit Group unter KKpt. I. H. Bockett-Pugh gesichert. Der Group Commander war auf dem Führerzerstörer „Westcott" eingeschifft. Neben diesem Zerstörer gehörten zwei weitere Zerstörer, eine Sloop, fünf Korvettten und ein Fischdampfer zum Geleitverband.

Von allen zehn Geleitfahrzeugen verfügte lediglich die „Westcott" über Radar. Um auch die Abwehr aus der Luft einzubinden, hatte die 15. Group des Coastal Command zusätzliche Sicherung im Rahmen ihrer Reichweite zu fliegen.

Am 7. Mai sollte die 3. Geleit Group unter KKpt. A. J.Baker-Cresswell 150 sm südlich von Reykjavik die bisherige Geleitzugsicherung ablösen.

Am Nachmittag des 2. Mai lief der OB 316 aus Liverpool aus. Die 38 Schiffe (ohne jene aus Island) hatten eine Tonnage von insgesamt 204811 BRT. Unter ihnen fünf Tanker, die in die Karibische See laufen sollten, um aus den dortigen Raffinerien Treiböl und Benzin zu holen, das für Army, Navy und Royal Air Force bestimmt war.

Am Abend des 4. Mai erreichte der Konvoi den Nordausgang des Minch-Kanals. Hier übernahm Zerstörer „Westcott" die Führung. Nach Erreichen der Freien See ließ der Kommodore den Kurs 74 Grad legen. Der Sicherungs-Chef, KKpt. Bokkett-Pugh, umkreiste mit der „Westcott" den Geleitzug. Den ganzen 5. Mai wurde dieser aus der Luft durch die 15. Group des Coastal Command gesichert. Außerdem waren noch einige Maschinen der 612. Squadron und „Hudson-Seeflugzeuge" der 220. und 269. Squadron unterwegs. In dieser Phase des Marsches war der OB 318 unangreifbar. Sollte es ein U-Boot dennoch versuchen, mußte es mit seiner Vernichtung rechnen.

Am 6. Mai lief U 95 unter Kptlt. Schreiber zum Angriff gegen den Konvoi HX

122 an und sichtete ihn am Morgen des 7. Mai. Der Kommandant ließ sofort Standort, Fahrtstufe und Richtung dieses Konvois durchtasten, um die fünf anderen U-Boote, die mit ihm Suchkurse gelaufen hatten, darauf anzusetzen.

Dieser FT-Spruch, der nicht dem OB 318 galt, wurde von der Horchabteilung der Britischen Admiralität gehorcht. Dieses warnte den OB 318 und befahl eine Kursänderung auf 62 Grad Nord. Danach geriet der OB 318 auf ein deutsches U-Boot. Es war U 94 unter Kptlt. Kuppisch. Das Boot meldete den neuen Konvoi, und der BdU setzte alle in der Nähe stehenden Boote darauf an.

Um 9.00 Uhr des 7. Mai war Kptlt. Baker-Cresswell auf dem Führerzerstörer „Bulldog" mit zwei weiteren Zerstörern, dem Hilfskreuzer „Ranpura", drei Korvetten und dem Fischdampfer „St.Apollo" mit den vier Islandschiffen zum Konvoi gestoßen, der damit komplett war. Am Abend dieses Tages hatte U 94 an dem Geleitzug Anschluß gefunden und griff an. Es war kurz nach 21.00 Uhr, als der Wachgänger am Asdicgerät der „Bulldog" einen U-Boot-Kontakt erhielt. Er meldete, und KKpt. Baker-Cresswell ließ die „Bulldog" zwischen der 8. und 9. Kolonne des Konvois hindurch nach achtern laufen.

Plötzlich zerrissen zwei harte Detonationsschläge die Stille der Nacht. Kurz nacheinander wurden die „Eastern Star" und „Ixion" mit 10263 BRT von den Torpedos des georteten Bootes getroffen. Die „Eastern Star" stand Sekunden nach dem Treffer in hellen Flammen. Sie glich zwei Minuten später einem feuerspeienden Vulkan. Auch die „Ixion" geriet in Brand, „Wasserbomben werfen!" befahl der Group Commander. ‚Rochester' von ‚Bulldog': Werfen Sie Wasserbomben!"

Kptlt. Allen, Kommandant der „Rochester", begann die Bekämpfung des U-Bootes mit einem Zehnerfächer Wabos. Wenige Sekunden darauf sichtete der Ausguck der „Sloop" nahe an Backbord querab ein ausgefahrens U-Boot-Sehrohr und meldete dies.

Fast gleichzeitig damit erfaßte der Zerstörer „Amazon" das U-Boot mit seinem Asdic, lief mit AK darauf zu und warf ebenfalls Wasserbomben. Unmittelbar darauf eröffente auch „Bulldog" das Wabo-Bombardemet. Laufend warfen die drei genannten Boote ihre Wasserbomben. Doch plötzlich war das U-Boot von der Ortung verschwunden. U 94, um dieses Boot hatte es sich gehandelt, war seinen Verfolgern entkommen.

Nach dem Treffer auf „Ixion" eine Stunde nach Mitternacht sank die „Eastern Star" um 1.15 Uhr. Die „Ixion" schien man einschleppen zu können. Doch auch sie sank dann um 2.45 Uhr ganz überraschend. Mit diesem Schiff gingen 900 Postsäcke mit Briefen und Päckchensendungen für Amerika unter.

Die Operationsabteilung des BdU hatte unmittelbar nach der Erfolgsmeldung von U 94 alle weiter nördlich stehenden Boote weiter nach Westen dirigiert. Es waren dies: U 110 unter Kptlt. Fritz-Julius Lemp, und U 201 unter Oblt. z. S. Adalbert Schnee.

U 110 hatte sich nahe an den Geleitzug herangearbeitet, konnte jedoch in der mondhellen Nacht nicht angreifen. Es setzte am frühen Morgen des 9. Mai eine Fühlunghaltermeldung ab, die auch noch U 96 und U 556 heranführte. Vier Boote standen damit am Konvoi angriffsbereit.

Den ersten Angriff dieser Boote führte U 110. Lemp ließ einen Vierfächer schießen, der die „Esmond", ein Schiff aus der Steuerbordkolonne, traf. Dann dröhnte eine zweite Torpedodetonation von dieser Seite, und die „Bengore Head" blieb getroffen liegen. Die „Esmond" stellte sich eine Minute nach dem Treffer auf den Kopf, und während die aus Fahrzeugen bestehende Decksladung in die See stürzte, stieß das Schiff selber in die Tiefe der See hinunter. Wenige Minuten später brach die „Bengore Head" auseinander.

Diese beiden Schiffe kamen auf das Konto von U 110. Ein wildes sinnloses Schießen begann. Die Geleitfahrzeuge warfen Schreckwasserbomben. Buntsternschüsse erhellten den grauen Vormittagshimmel, und Konteradmiral Mackenzie ließ den ganzen Konvoi eine Gefechtswendung nach Backbord ausführen. KKpt. Baker-Cresswell organisierte nun die Angriffsgruppe. Die „Aubritia" bekam das U-Boot als erste in die Ortung seines Asdic. Das Boot kam bis auf 800 m heran, ehe die Ortung versagte und Kptlt. Smith einen Zehnerfächer mit Einstellung zwischen 35 und 70 m werfen ließ.

Als das Asdic wieder klar gemeldet wurde, stellte man fest, daß das U-Boot in Richtung auf die sinkenden Handelsschiffe zugedreht hatte. Kptlt. Smith ließ hinterherlaufen und einen weiteren Zehnerfächer mit Tiefeneinstellungen zwischen 50 und 120 m werfen.

Plötzlich zeigte sich vor den beiden ebenfalls in Angriffsposition gelaufenen Zerstörern „Broadway" und „Bulldog" eine kabbelige Stelle auf der See, und gleich darauf durchbrach ein U-Boot die Wasseroberfläche. Es war U 110.

Die „Bulldog", die auf Rammkurs lief, drehte weg. Baker-Cresswell sah, daß sich die Besatzung des U-Bootes auf dem Vorschiff sammelte; er glaubte, sie wolle das Buggeschütz besetzen. Deshalb ließ er das Feuer eröffnen.

Der U-Boots-Turm wurde getroffen. Das Gros der U-Boot-Besatzung sprang ins rettende Wasser. Einige Männer wurden tödlich getroffen.

Die „Broadway" aber lief mit AK direkt auf das U-Boot zu. Durch einen Morsespruch wurde sie am Rammen gehindert, drehte auch ab, rammte aber dennoch das U-Boot leicht. Das vordere Tiefenruder von U 110 schnitt ein klaffendes Loch in die Backbordseite des Zerstörers und riß ihm außerdem die Backbordschraube ab. Die „Broadway" hatte sich selber schwer beschädigt.

Von U 110 wurden 34 Soldaten aufgefischt und von den drei an der Jagd beteiligten Sicherungsfahrzeugen versorgt. KKpt. Baker-Cresswell ließ ein Prisenkommando an Bord von U 110 gehen, das jeden Winkel des Bootes durchsuchte.

Im Kommandantenraum fanden sie das Ritterkreuz von Kptlt. Lemp, das KKpt. Baker-Cresswell übergeben wurde. Das Enterkommando fand außerdem die Schlüsselmaschine des Bootes mit allen dazu gehörenden Unterlagen, die noch bis Ende Juli gültig waren. Durch diesen Fund (nicht etwa durch die verschiedensten Entschlüsselungsdienste, wie immer veröffentlicht) war es bis Ende Juli möglich, die wichtigsten deutschen Funksprüche an die U-Waffe zu entschlüsseln.

U 110 sollte nun durch die „Bulldog" nach Island eingeschleppt werden. Doch am 11. Mai sank das Boot in der groben See. Die Erbeutung war mißlungen.

Nunmehr war U 201 herangekommen und schoß vier Torpedos. Die „Empire Cloud“ und die „Gregalia“ sanken.

Am frühen Morgen des 10. Mai kam dann auch noch U 556 heran. Kommandant dieses Bootes war Kptlt. Wohlfahrth, der zwei Einzelschüsse schießen ließ. Dann drehte das Boot weg, um nachzuladen und mit der gesamten Charierung noch einmal zum Schuß heranzuschließen.

Seine beiden Einzelschüsse erzielten keine Versenkung. Dennoch traf der erste die „Aelbryn“, während der auf die „Chaucer“ geschossene Torpedo vorbeiging.

Da es zum zweiten Angriff zu hell geworden war, ließ Wohlfahrt sein Boot am Rande des Sichtkreises mitlaufen, um sich vorzulegen und dann im Unterwasserangriff zum Schuß zu kommen.

Um 7.52 Uhr ließ Wohlfahrt einen Einzelschuß aus Rohr I schießen. Die „Empire Caribou“ sank zwei Minuten nach dem Treffer.

U 556 nahm die Verfolgung des Konvois auf. Drei Stunden später wurde ein Nachzügler gesichtet. Der Torpedo lief unter dem Kiel des Schiffes durch. Wohlfahrt ließ diesen Gegner weiter verfolgen, und am Abend dieses Tages um 20.37 Uhr wurde der belgische Frachter „Gand“ getroffen und mit der Artillerie versenkt.

In einer Suchharke aufgestellt, gewannen sieben U-Boote am 19. Mai Anschluß an den HX 126. U 556 kam als erster heran, und Wohlfahrt schoß drei Schiffe aus diesem Konvoi heraus, darunter den 13037 BRT großen Motortanker „San Felix“. Insgesamt verlor der Geleitzug HX 126 elf Schiffe.

Rettungsaktion für das Schlachtschiff „Bismarck“

Am 26. Mai stieß U 556 vollkommen verschossen auf dem Rückmarsch auf einen großen Kriegsschiffsverband mit dem Schlachtkreuzer „Renown“ und dem Flugzeugträger „Arc Royal“. Es stiegen gerade vom Flugdeck des Trägers Torpedomaschinen auf. Sie sollten die „Bismarck“ vernichten. „Nur ein Torpedo, und wir hätten den Träger getroffen, so nahe kamen wir an ihn heran“, meldete Kptlt. Wohlfarth nach seiner Rückkehr. Dies aber hätte sicherlich das Schicksal der „Bismarck“ entscheidend beeinflußt.

Zur gleichen Zeit befand sich U 74 unter Kptlt. Eitel-Friedrich Kentrat auf dem Weg in sein Operationsgebiet. Das Boot erhielt am Abend des 26. Mai über Funk den Befehl, in den Kampfraum der „Bismarck“ einzudringen. Um 21.05 Uhr dieses Tages nahm Oberfunkmaat Haller auf U 74 einen FT-Spruch der „Bismarck“ auf. Er lautete:

„Werde von Trägerflugzeugen angegriffen. Lufttorpedotreffer!“ Um 23.25 Uhr meldete die „Bismarck“ sich abermals mit einem Funkspruch: „Bin umringt von ‚Renow‘ und leichten Seestreitkräften.“ Der dritte FT-Spruch, den U 74 Funkmaat aufnahm, hatte den Wortlaut: „Schiff nicht länger manöverierfähig. Wir kämpfen bis zur letzten Granate."

Am anderen Morgen trafen sich U 74 und U 556, und letzteres setzte einen Blinkspruch ab: „Muß Fühlunghalter aufgeben. Brennstoffgrenze erreicht und keine Torpedos."

Kentrat ließ zurückblinken: „Verstanden! – Wir übernehmen Fühlunghalter!"

Oberfunkmaat Haller nahm noch einen vierten FT-Spruch der „Bismarck" auf: „Erbitten U-Boot zum Schiff zur Bergung des Kriegstagebuchs!"

Durch die stürmische See lief U 74 zum Treffpunkt mit der „Bismarck", um diese Aufgabe zu erfüllen. Um 10.38 Uhr wurden Kentrat in den Funkraum gerufen und hörte gemeinsam mit dem Oberfunkmaaten die starken Sinkgeräusche des deutschen Schlachtschiffes.

Vor feindlichen Kriegsschiffen tauchend und in Sehrohrtiefe diesem Feindverband entgegensteuernd, konnte Kentrat durch das Sehrohr die Schiffstrümmer der „Bismarck" sehen. Leichen trieben vorbei.

„Es war der fürchterlichste Augenblick meines Lebens", sagte Eitel-Friedich Kentrat dem Autor. Er ließ sein Boot auftauchen um nach Überlebenden zu suchen. Nach 48 Stunden intensiver Suche hatte U 74 drei (!) lebende Seeleute der „Bismarck" geborgen. Vom Gegner wurden 110 Männer gefischt, und der Dampfer „Sachsenwald" fand noch zwei Seeleute des deutschen Schlachtschiffes.

Weitere Junieinsätze U 107 und die U-Boot-Falle

Am frühen Morgen des 1. Juni 1941, es war der erste Pfingsttag, hatte Kptlt. Günther Hessler soeben die Erfolgsmeldung des Vortages in sein KTB eingetragen und las es noch einmal nach. Es war die 5664 BRT große „Sire", ein britischer Dampfer, der nach dem Treffer um 7.42 Uhr auf Tiefe gegangen war. Dies hatte der versenkten Tonnage des Bootes 5664 hinzugefügt.

Ein prüfender Blick zurück zeigte dem Kommandanten, daß er mit U 107 seit dem Auslaufen zur zweiten Feindfahrt am 29. März sein elftes Schiff versenkte hatte und daß die Tonnage dieser elf Schiffe sich um etwa 69000 BRT bewegte. Mit den vier Versenkungen der ersten Feindfahrt in Höhe von 18500 BRT hatte das Boot am frühen Morgen des 1. Juni also gut 87000 BRT feindlichen Schiffsraumes versenkt. Unter ihnen die „Calchas" mit 10305 BRT.

Die Besatzung konnte an diesem „friedlichen" Morgen nacheinander an Deck gehen und schnell eine Zigarette rauchen, was im Boot selbst streng verboten war.

Diese Idylle wurde um 11.00 Uhr mit einer Sichtmeldung des II. WO unterbrochen. Günter Hessler wurde auf den Turm gerufen. Der erste Blick auf den inzwischen herausgetretenen Gegner zeigte ihm, daß es mit diesem komischen Vogel seine besondere Bewandtnis hatte. Der Dampfer zackte ohne jedes System.

Oberst Alfred Sturm führte das Unterneh-
men Kanal von Korinth.

Max Schmeling war auf Kreta dabei, mußte aber vorzeit
Lazarett.

Lastensegler des I./Sturm-Regiments bei der Brücke über den Tavronitis gelandet.

„. . . dann wird gelandet!"
Hier mit dem Fallschirm.

Und mit der bewährten Ju 52.

Nachlandungen treffen ein.

Die ersten Briten ergeben sich.

Auch bei Malemes nach langem Kampf.

Ein Zeltlager für die Verwundeten wurde errichtet. Im Vordergrund die Alu-Stoßkappen der abgeworfenen Versorgungsbehälter. Brütende Hitze und der Wassermangel plagten die Verwundeten

Generalleutnant Student bei seinen Fallschirmjägern auf Kreta. Besorgte Gesichter zeigen eine vorübergehende, schlechte Lage in diesem Kampfabschnitt an

In der Sudabucht: Englische gesunkene Schiffe.

Von Bombenangriffen getroffene Schiffe.

Feuerkampf eines Fallschirmjägers mit seiner typischen Maschinenpistole MP 40.

Eine erschöpfte Gruppe Fallschirmjäger hat etwas Deckung gefunden. Der bewegliche Versorgungsbehälter konnte Waffen, Munition, Verbandszeug und Verpflegung enthalten.

Ein medizinischer Versorgungsbehälter wird in eine Ju52 gewuchtet.

Ein medizinischer Versorgungsbehälter ist an seinem Bestimmungsort angekommen. Hier bei der 2.Gruppe (Schirmer) für Dr. Langemeyer, der für die vielen Verwundeten dringend Medikamente und Verbandszeug brauchte.

Bei der Bergung von Verwundeten, kam es auch bei der Fallschirmjägersanitätstruppe zu hohen Verlusten.

Auf dem Gefechtsstand von Generalmajor Ringel, Kdr. der 5. Gebirgsdivision. Von links, Ringel, Student und Generalmajor Schlemm, Chef des Stabes des XI. Fliegerkorps.

Oberst Bräuer auf seinem Gefechtsstand im Gespräch mit Major Schulz (links).

Hessler befahl nach zehnminütiger Beobachtung, im Unterwassermarsch an diesen Dampfer heranzugehen.

Das Boot wurde vom Leitenden Ingenieur in Sehrohrtiefe eingependelt. Durch das Sehrohr sah Hessler den Gegner noch immer seine seltsamen Kurse laufen. Er manöverierte das Boot näher heran. Als der Dampfer in die Zieloptik einwanderte, gab Hessler um 14.09 Uhr den Befehl zum Fächerschuß aus den Rohren I und III. Beide Torpedos gingen am Ende der Laufzeit 20 achtern hoch. Das Achterschiff des Dampfers wurde von einer Qualm- und Flammenfontäne verhüllt. Das Dampfer stoppte und blieb auf der See liegen.

Hessler ließ um sein Heck herumlaufen und beobachtete unterdessen das Treiben auf Deck des etwa 5000-Tonners. Zwei Boote wurden zu Wasser gelassen, und Günter Hessler berichtete seiner Besatzung:

„Es sind merkwürdig feine Leute mit schnieflich feinen weißen Päckchen. Das sind keine Seelords. Da stinkt es sehr gewaltig! An Oberdeck sind auch Leute versteckt. Vati sieht Leute aus dem Aufbau des Siganldecks herauslinsen. Zwei Geschütze sind erkennbar, aber sie sind unbesetzt."

„U-Boot-Falle, Herr Kaleunt", gab der I. WO zu bedenken.

„Sieht so aus, Witte! Das ist entweder eine U-Boot-Falle oder ein Hilfskreuzer, der seine ‚Panic Party' von Bord geschickt hat, um uns zum Auftauchen zu verleiten. – Rohr II klar zum Fangschuß! – Rohr II – Los!"

Nach nur 23 Sekunden Laufzeit traf der Torpedo und riß die ganze Bordwand dieses Schiffes auf. Einer der Kästen, unter denen Geschütze verdeckt standen, wurde weggeblasen. Darunter kam eine 15-cm-Kanone zum Vorschein.

Auf einmal wimmelte es auf dem Dampfer von Seeleuten. Doch nun hatten sie keine Chance mehr, in die Boote zu gelangen. Der Dampfer sank, nach Backbord kenternd, über den Achtersteven. Es war der Hilfskreuzer „Alfred Jones" mit 5013 BRT.

U 107 lief weiter auf Suchkurs. Am 5. und 6. Juni mußte Hessler zwei US-Dampfer laufen lassen. Am Abend des 6. Juni drehte U 107 auf den Kurs ein, der das Boot zum Versorger „Egerland" führte. Aber am frühen Morgen des 7. Juni erhielt das Boot über Funk Nachricht, daß die „Egerland" über „Punkt Rot" gesunken sei. Der FT-Spruch stammte von U 38.

U 107 lief nun in sein altes Operationsgebiet zurück, denn es hatte noch für etwa vier Wochen Proviant und noch einige Torpedos. Auch das Treiblöl reichte.

In der Nacht zum 8. Juni wurde ein großer Dampfer gesichtet. Um 4.42 Uhr traf der geschossene Torpedo die 7816 BRT große „Adda", die über den Achtersteven sank.

Fünf Tage später, am 13. Juni, wurde dann von U 107 das 14. Schiff dieser Feindfahrt, die 4981 BRT große „Pandias" gestellt und versenkt. Sie hatte 8 000 Tonnen Kohlen und elf Spitfires für Alexandria an Bord.

Hessler ließ einen Funkspruch tasten: Insgesamt 90272 BRT EH 34, U 107.

Am 25. Juni wurde Günter Hessler über Funk verständigt, daß er das Ritterkreuz des Eisernen Kreuzes erhalten habe. Das Boot hatte effektiv auf dieser Feindfahrt

14 Schiffe mit 86699 BRT versenkt. Heute wissen wir, daß dies die erfolgreichste Feindfahrt des Zweiten Weltkrieges war, die ein U-Boot durchgeführt hatte.

Insgesamt wurden im Juni 1941 65 Schiffe versenkt und drei Schiffe torpediert.

Neben Hessler waren an diesen Erfolgen vor allem noch Scholtz, Schütze, Schultze, Mützelburg und Suhren, Hardegen und Metzler beteiligt.

Kptlt. Schultze konnte auf dieser Feindfahrt mit U 48, das zum erfolgreichsten U-Boot der Kriegsgeschichte werden sollte, mit der „Pendrecht" einen Motortanker von 10746 BRT versenken. Erich Topp tat es ihm mit U 552 gleich, als er am 18. Juni den britischen Dampfer „Norfolk" mit 10948 BRT durch Torpedofächerschuß versenkte. Kaufmann mit U 79 traf die 10356 BRT große „Tibia", ebenfalls ein Motortanker, schwer. Der Tanker konnte aber eingeschleppt werden.

In diesem Monat waren auch einige italienische Boote am Werk. „Marconi" unter KKpt. Pollina versenkte einen kleinen Dampfer südwestlich von Cape St. Vincent. „Verniero" unter KKpt. Petroni schoß auf zwei Schiffe des Konvois HG 64 und „Marconi" unter Oblt. z. S. Pollina versenkte zwei Schiffe mit insgesamt 4787 BRT. „Emo" und „Velella" kämpften ebenfalls am OG 63, jedoch ohne zählbaren Erfolg. Dennoch: die italienischen Boote versuchten im Atlantikkampf mitzumachen.

Der Mai und Juni dieses Jahres brachten einen Gesamterfolg von 119 versenkten Schiffen mit 635635 BRT, wie nach dem Kriege eruiert werden konnte.

Zum folgenden großen Sommerloch erklärte Admiral Dönitz, der BdU: „Es sollten nun im Juli und August 1941 zwei Monate mit geringen U-Boot-Erfolgen kommen. Nur 8–12 Boote standen in dem riesigen Seeraum zwischen Grönland und den Azoren und suchten den Verkehr. Die U-Boot-Kriegführung mit so geringen Bootszahlen und ohne Aufklärung war eben nicht einfach. Im Raume Freetown hatten die Engländer als Folge der großen Verluste den Verkehr so weit wie möglich eingestellt. Ich ging im Nordatlantik daher mit der U-Bootaufstellung in den Ostteil zurück."

Dennoch betrug die Versenkungszahl dieser beiden Monate, mit denen der erste Teil des U-Boot-Krieges des Jahres 1941 abgeschlossen werden soll, noch 45 Schiffe mit 174519 BRT.

Einen besonderen Erfolg erzielte U 558 unter Kptlt. Krech, als er gewissermaßen als Abschluß dieser schwierigen Zweimonatsphase im Atlantik am 28. August das britische Motorschiff „Otaio" aus dem OS 4 herausschoß und damit 10298 BRT auf sein Konto brachte. Sein Schwesterboot U 557 unter Kptlt. Ottokar Paulshen konnte aus diesem Konvoi vier Schiffe herausschießen. Damit hatte er nach seinem Maierfolg mit einem Schiff immerhin fünf Versenkungserfolge erzielt. Er sollte später noch im Mittelmeer zu einigen Erfolgen kommen.

DER AFRIKAFELDZUG BIS ZUR SCHLACHT BEI SOLLUM

Rommel tritt auf

Am 6. Februar traf GenMaj. Rommel in Berchtesgaden ein und meldete sich beim Oberbefehlshaber des Heeres. Feldmarschall von Brauchitsch erteilte ihm den Auftrag, als Kommandierender General ein Armeekorps zu übernehmen, das vorerst aus einem Sperrverband und einer Panzer-Division bestehen und in Nordafrika zum Einsatz kommen solle. Mit dem Eintreffen der ersten deutschen Truppen in Afrika sei Mitte Februar zu rechnen; die letzen Teile dieser 5. Leichten Division würden etwa Mitte April eintreffen. Ihnen folgen sollten die einzelnen Teile der 15. PD, deren letzte Einheiten Ende Mai auf dem afrikanischen Kriegsschauplatz eingetroffen sein würden.

Rommel war bekannt, daß italienische Truppen am 13. September 1941 in Libyen eine Offensive begonnen hatten und daß diese nun mit einem Fiasko zu enden schien.

Mussolini hatte um Hilfe gebeten und Hitler hatte ihm am 19. Januar 1940 in Berchtesgaden Hilfe versprochen.

In seinem Werke „Krieg ohne Haß" führte Erwin Rommel aus: „Es war vorgesehen, die motorisierten italienischen Verbände in Nordafrika meinem Befehl zu unterstellen. Ich selbst sollte unter das Kommando des Marschalls Graziani treten."

Am Nachmittag des 6. Februar meldete sich GenMaj. Rommel bei Hitler. Zur Geländeerkundung in Nordafrika wurde Rommel Hitlers Chefadjutant, Oberst Schmundt, als Begleiter beigegeben. Am 7. Februar traf Erwin Rommel auch seinen Chef des Stabes, Major von dem Borne, und einige Offiziere des Stabes. Am Tage darauf hatten sich Schmundt, von dem Borne und Rommel gerade zu einem Gespräch über die Lage und die zu treffenden Entscheidungen zusammengesetzt, als Feldmarschall von Brauchitsch eintrat, und Rommel die von Hitler ausgeprochene Beförderung zum Generalleutnant übermittelte.

Generalleutnant Rommel, Oberst Schmundt und Major von dem Borne flogen am 11. Februar nach Rom. Sie hatten am selben Tage eine Unterredung mit Mussolini und General Guzzoni, und noch am Nachmittag flogen sie mit General Roatta nach Catania. Dort besprach sich Rommel mit Generalleutnant Geisler, dem Kommandierenden General des X. Fliegerkorps. Rommel erfuhr, daß Bengasi gefallen sei und daß die englischen Truppen im Begriff stünden, nach Tripolitanien einzufallen.

Rommel bat Geisler, noch in der Nacht den Hafen von Bengasi mit starken

Verbänden anzugreifen und mit dem ersten Büchsenlicht des 12. Feburar auch die britischen Kolonnen zur Front anzugreifen.

Am nächsten Tag flogen Rommel und seine Begleitung nach Tripolis. Eine Stunde später stand Rommel General Gariboldi gegenüber, der von General Guzzoni den Oberbefehl übernommen hatte. Er setzte ihm auseinander, wie er sich die Verteidigung Tripolitaniens am Rande der Syrte vorstellt.

In einer He 111 flog Rommel mit Oberstleutnant Schmundt über das Kampfgebiet hinweg. Als sie gegen Abend zurückkamen, war General Roatta eingetroffen. Er brachte die Befehle des Duce mit. General Gariboldi stellte den Vormarsch des X. AK mit den Divisionen „Brescia" und „Pavia" in den Raum Syrte-Buerat für die nächsten Tage in Aussicht. Die Panzer-Division „Ariete" sollte mit ihren 60 alten Panzern in den Raum westlich Buerat nachrücken.

Am 12. Februar waren als Voraustruppen das Feldlazarett 4/572, die Wasser-Kolonnen 800 und 804 sowie die Kraftfahrzeug-Abteilung (Werkstatt) in Tripolis eingetroffen. GenLt. Rommel besuchte sie am 12. Februar in ihren Quartieren außerhalb von Tripolis. Dann flog er mit seinem Chef des Stabes nach Homs, wo eine italienische Brigade besichtigt wurde. Anschließend ging es nach Tripolis zurück, wo die ersten Kampftruppen, die AA 3 und die PzJägAbt. 39, am Abend des 14. Februar im Hafen erwartet wurden.

Als der Dampfer „Saalfeld" angelegt hatte, ging Major von Wechmar, Kdr. der AA 3, von Bord und meldete dem Kommandierenden General. Er erhielt folgende Weisung:

„Wechmar, Sie müssen binnen fünf Stunden entladen haben und marschbereit sein!"

Pausenlos wurde die Nacht hindurch gearbeitet. Mit Tagesanbruch des 15. Februar standen die AA 3 und die PzJägAbt. 39 unter Major Jansa am Kai im offenen Viereck abmarschbereit. Sie erhielten ihre Tropenausrüstung und wurden um 11.00 Uhr vor dem Gouvernementsgebäude von Rommel verabschiedet.

Der Befehl „An die Fahrzeuge!" ließ alle aufsitzen. Sie rollten an ihrem neuen Kommandierenden General vorbei, fuhren durch das Araberviertel ostwärts und erreichten nach einem Marsch von 26 Stunden die vordersten Linien in Syrte.

Als Wechmar und sein Adjutant, Oberleutnant von Fallois, am nächsten Mittag in Syrte aus dem Wagen sprangen, um sich bei dem Kommandeur der hier führenden Division „Pavia" zu melden, trat ihnen Rommel aus der Halle des Wüstenhotels entgegen.

„Willkommen in der Wüste, Wechmar!" begrüßte Rommel den Abteilungskommandeur, um sogleich fortzufahren: „Ich habe für Sie folgenden Auftrag:

1. Sicherung der rechten Flanke der auf den Höhen ostwärts Syrte eingesetzten Division ‚Pavia'.
2. Aufklärung vorantreiben in Richtung Nofilia – El Agheila.
3. Zusammenarbeit mit der italienischen Aufklärungs-Abteilung Santa-Maria, deren Führer gleich hier sein wird."

„Wir brauchen einen Funknamen für Ihre Abteilung, Wechmar", fuhr Rommel fort. Sie heißen vorerst ‚Tiger'!" Dann wandte er sich seinem Chef des Stabes zu. „Der Funkspruch, Borne!"

Major i. G. von dem Borne ließ den vorbereiteten FT-Spruch an das Führerhauptquartier absetzen: „Die ersten deutschen Truppen haben soeben die vorderste Front in Afrika erreicht!"

„Gewaltsame Aufklärung auf Agheila!" befahl Rommel der AA 3. Die beiden verstärkten Spähtrupps, die von Wechmar ansetzte, wurden von Oberleutnant Everth, dem Chef der Panzerspähkompanie und Oberleutnant Winrich Behr, Chef der Kradschützen-Kompanie, geführt.

Im ersten scharfen Gefecht wurden während des Vorstoßes drei englische Spähwagen vernichtet und ein weiterer angeschossen. Dieses Gefecht in den Morgenstunden des 24. Februar wurde im Wehrmachtsbericht des 26. Feburar 1941 erwähnt:

„An der libyschen Küste südostwärts Agedabia stießen in den Morgenstunden des 24. Februar ein deutscher und ein englischer motorisierter Spähtrupp zusammen. Eine Anzahl englischer Kraftfahrzuge, darunter mehrere Panzerspähwagen, wurden vernichtet, einige Gefangene eingebracht. Auf deutscher Seite entstanden keine Verluste."

Die 5. Leichte Division und ihr Kommandeur

Am 8. Februar 1941 lief bei der 11. PD in Rumänien ein Fernschreiben aus dem FHQ ein, in dem der Kommandeur des PR 15 dieser Division, Generalmajor Johannes Streich, Befehl erhielt, sich sofort zwecks anderer Verwendung in Wünsdorf bei der Führungsgruppe des Heeres zu melden. Das Ritterkreuz sei ihm verliehen worden.

Als GenMaj. Streich dort eintraf, wurde er von GenOberst Halder über seine beabsichtigte Verwendung als Kommandeur der für Afrika bestimmten 5. Leichten Division unterrichtet.

Am Abend des 18. Februar fuhr Streich von Berlin nach Rom, und von dort flog er weiter nach Tripolis. An Bord der Maschine befand sich ein Teil seines Stabes und Teile des Stabes des Generalkommandos.

Am 22. Februar erreichte Streich Tripolis. Damit war er der erste Divisionskommandeur des Afrikakorps auf afrikanischem Boden.

Zwei Tage später trafen das MG-Bataillon 8, OberstLt. Ponath, und der übrige Divisionsstab mit einem Geleitzug in Tripolis ein. Um 18.30 Uhr gingen die Soldaten an Land. In der Frühe des 28. Februar wurde entladen, und wenig später waren die Soldaten dieses Bataillons zur Begrüßung durch GenMaj. Streich und General Gariboldi, dem Nachfolger von Marschall Graziani, in der Wüste angetreten.

Um 03.00 Uhr des 1. März marschierte das Bataillon los. Syrte wurde erreicht und nach kurzer Rast der Weitermarsch nach En Nofilia angetreten. Am 2. März wurde der gesamte Verband um weitere 60 Kilometer bis zum Arco dei Fileni vorgezogen, der die Grenze zwischen Tripolitanien und der Cyrenaika bildete. Drei Kilometer weiter ostwärts bezog das MG-Batl. 8 Stellungen beiderseits der Straße und südlich davon mit Front nach Osten und Süden. Von seinem Gefechtsstand am Arco dei Fileni aus befahl GenMaj. Streich am 1. März die Besetzung der Enge von Mugtaa.

Der erste Panzervorstoß

Am 11. März wurde das PR 5 in Tripolis ausgeladen, dessen I. Abteilung Johannes Streich als Major in Wünsdorf geführt hatte. Damit war ein Großteil der 5. Leichten AD auf afrikanischem Boden.

Am 15. März trat eine gemischte deutsch-italienische Abteilung geführt vom Regimentsstab z. b. V. 200 unter OberstLt. Graf Schwerin, zu einer gewaltsamen Erkundung in Richtung Murzuk an. Dazu gehörte die 1./MG 8 mit einem Zug und die 4./MG 8 mit einem Pakzug. Die Führung dieser Kompanie wurde Oberleutnant Goedeckemeyer übertragen. Diese Streife legte in den Fezzan hinein über 2000 Kilometer zurück.

GenLt. Rommel flog am 19. März ins FHQ, um dort seinen Bericht zu erstatten und neue Weisungen zu holen. Hitler verlieh ihm nachträglich das Eichenlaub zum Ritterkreuz für den Einsatz seiner 7. PD im Frankreich-Feldzug.

Beim OB des Heeres erfuhr Rommel, daß in absehbarer Zeit kein entscheidender Schlag gegen die Briten geplant sei. Erst nach Eintreffen der 15. PD sollte angegriffen und der Gegner im Raume Agedabia vernichtet werden. Danach könne, wenn die Gelegenheit günstig sei, Bengasi genommen werden.

Rommel entgegnete, daß es nicht mit Bengasi allein getan sei, sondern daß die gesamte Cyrenaika zurückgewonnen werden müsse, da der Raum Bengasi allein nicht gehalten werden könne. Dazu in seinen Erinnerungen:

„Ich war über das Bestreben des Feldmarschalls von Brauchitsch und des Generalobersten Halder wenig erbaut, nach Afrika nur geringe Truppenmassen zu schicken und das weitere Schicksal des Kriegsschauplatzes dem Zufall zu überlassen. Die momentane britische Schwäche im Mittleren Osten hätte mit aller Energie in Afrika ausgenutzt werden müssen, um die Initiative endgültig an uns zu reißen."

GenMaj. Streich hatte vor Rommels Abflug noch einen Befehl des Kommandierenden Generals erhalten, El Agheila in Besitz zu nehmen.

Am 23. März setzte er die AA 3 zur Aufklärung auf El Agheila an. Am Nachmittag dieses Tages gab er Befehl zur Wegnahme der Ortschaft. Die AA 3 sollte dies im Handstreich besorgen.

Als der Morgen des 24. März kalt heraufzog, war die AA 3 bereits im Vorstoß auf El Agheila. Ein Funkspruch von Oberleutnant Behr zeigte dem Kommandeur, daß die Kradschützen hart am Nordrand der Stadt standen und nur sehr schwache Gegenwehr verspürten.

„Angriff – hinein!" befahl Wechmar über Funk. Er selbst rollte zur Spitze vor. Oberleutnant von Fallois nahm einige Panzer. In wilder Fahrt rollten sie El Agheila entgegen. Als die Abteilung die Stadt erreichte, saßen die Kradschützen bereits darin. Auf dem Holzturm wehte die Flagge der Abteilung.

Wenig später tauchte Rommel hier auf, der am 21. aus Deutschland zurückgekehrt war. Zusammen mit von Wechmar und Major i. G. Mauser, dem Ia der 5. Leichten, kletterte er auf den Turm und gab hier seine weiteren Befehle: „Unser nächstes Ziel ist Marsa el Brega."

Dieser Angriff auf Marsa el Brega fand jedoch ohne die Mitwirkung der AA 3 statt. Rommel hatte ihn für den 30. März vorgesehen.

Generalmajor Streich fuhr mit dem PR 5, Oberst Olbrich, am 29. März nach vorn und richtete sich dicht vor der Sperrstellung der Engländer hinter einem Sandhügel ein.

Der erste Angriff am Morgen des 30. März drang nicht durch. Massiertes Artilleriefeuer schlug in den deutschen Vorstoß hinein und forderte Verluste. Der Gefechtsstand von GenMaj. Streich wurde getroffen. Der Angriff blieb liegen.

Am Abend ließ GenMaj. Streich den Kommandeur des MG-Bataillons 2, Major Voigtsberger, rufen.

„Voigtsberger, Sie greifen nach dem Einfall der Dunkelheit mit Ihrem Bataillon, links herausgestaffelt, direkt nördlich der Straße vom Strand her an und fallen dem Gegner in die Flanke."

Voigtsberger ließ sein Bataillon antreten. Schlagartig brachen die Männer in die Stellungen ein, an der Spitze der drahtige Major. Hier zeigte sich zum ersten Male in Afrika die Flankenempfindlichkeit des englischen Gegners. Er wich aus diesen Stellungen zurück, und im gemeinsamen Angriff nahm die 5. Leichte Marsa el Brega in Besitz.

Die Panzer, die seit dem Morgen des 1 .April unter Oberst Olbrich angegriffen hatten, vor der Festung auf die Aufklärungsabteilung der britischen 2. PD gestoßen waren und diese zurückgeschlagen hatten, vernichteten 50 Schützenpanzer und eine Menge Lastwagen. Marsa el Brega war in deutscher Hand.

Noch in der Nacht ließ GenMaj. Streich aus eigenem Entschluß die gesamte Division zu den Spitzengruppen aufschließen.

„Hauser"? sagte er zu seinem Ia, „wir setzen den Vorstoß auf Agedabia fort."

Der Divisionsgefechtsstand wurde noch am 1. April in das Palmenwäldchen westlich Marsa el Brega vorverlegt.

In den frühen Morgenstunden des 2. April eröffnete die Artillerie mit einem kurzen massierten Feuerschlag das Antreten der Kampfgruppe Ponath. Gegen Mittag hatte sich die Kampfgruppe bis auf 4 km Agedabia genähert. Ein Flankenangriff des Gegners wurde von der 5./MG 8 und der 2./PzJägAbt. 39 aufgefangen. Bei der Verfolgung des Gegners wurden 17 Spähwagen und 6 Lkw, die sich festgefahren hatten, erbeutet.

Durch die Luftaufklärung erfuhr GenMaj. Streich wenig später, daß die Engländer eine größere Anzahl von Panzern südlich des Vormarschweges der Division, hinter Sandhügeln gut getarnt und gedeckt, in Stellung gebracht hatten.

Zur Bekämpfung dieser Panzeransammlung schickte Streich eine Abteilung seines Panzer-Regiments vor. Gegen 15.30 Uhr traten die deutschen Kampfwagen ins Gefecht mit englischen Mark-IV-Panzern. Aus 1000 m Entfernung wurden sieben Feindpanzer abgeschossen. Der Rest zog sich in die Wüste zurück. Dies war das erste Panzergefecht in der Wüste.

Inzwischen hatte der Kampf um Agedabia seinen Höhepunkt erreicht. GenMaj. Streich war mit seinem Gefechtsstab bis auf drei Kilometer vor Agedabia vorgezogen. Hier ergaben sich am frühen Morgen des 3. April – Agedabia war bereits gefallen – 200 Engländer.

Rommel traf am Mittag des 3. April ein. Er erfuhr, daß sich nur noch das Fort halte. Sofort erwog er die Möglichkeiten des weiteren Angriffes.

„Streich", sagte er, „wir sollten von der Vormarschstraße aus nach rechts ausholen, um den Gegner von der Küste fort und in die Wüste zudrängen."

Eine ähnliche Entwicklung voraussehend, hatte Streich bereits vorher die II./PR 5 gestaffelt und weit rechts ausholend um Agedabia angesetzt, um den noch im Fort sitzenden Gegner auszuheben.

Agedabia wurde genommen. Die Brunnen in der Stadt waren mit Minen verseucht. Auch der Parkplatz vor dem englischen Hauptquartier war buchstäblich mit Minen gepflastert.

Noch im Laufe des Nachmittags stieß die 5. Leichte 20 km über Agedabia hinaus und bildete in der offenen Wüste einen Igel.

Angriff auf Mechili

In ihrer Igelstellung lag die gesamte 5. Leichte Division fest und war mit ihren Spritvorräten am Ende. Als Rommel am 4. April eintraf, um mit Streich die Lage zu erörtern, befahl er, sämtliche verfügbaren Lastwagen des Gefechtstrosses zu entladen und mit doppelter Fahrerbesetzung nach rückwärts zu schicken, um Sprit, Munition und Verpflegung heranzuschaffen.

Bis zur Rückkehr der Lkw-Kolonne war die gesamte Division mit Ausnahme der Kampfgruppe Ponath zur Bewegungslosigkeit verurteilt. Bis Tripolis hatten die Wagen 1000 km zurückzulegen. Es konnten also mehrere Tage vergehen, an denen die Division nicht einsatzbereit war.

Dies war der Kampf der ersten Monate in Afrika. Er war gekennzeichnet durch Truppenmangel, Mangel an Nachschub und geprägt von Rommel, der trotzdem nicht aufgab, sondern mit vielen Aushilfen und Improvisationen so etwas wie einen Bewegungskrieg führen und durchhalten und sogar Geländegewinne erzielen konnte.

Am nächsten Morgen erschien Rommel abermals bei der 5. Leichten. GenMaj. Streich hatte in seinem Kübelwagen übernachtet, weil dies die einzige Möglichkeit war. Rommel befahl, die Brennstofftanks sämtlicher Fahrzeuge zu entleeren und mit diesem Kraftstoff die Panzer zu versorgen. Dann konnte Streich noch am selben Tage über Giof el Mater nach El Mechili vorstoßen.

„Das Gros der Division folgt Ihnen nach Rückkehr der am Vortage losgeschickten Lkw-Kolonne!" entschied Rommel.

General Zamboon, der mit einer der italienischen Divisionen nachgezogen hatte, riet Rommel davon ab, auf der Todespiste nach Giof el Mater zu fahren, weil sie – die Italiener – seinerzeit auf ihrem Rückzug die gesamte Piste mit sogenannten Thermosflaschen-Minen verseucht hätten.

Rommel aber drängte auf die Durchführung seiner Befehle. Gegen Abend war das Umtanken beendet. Auf Rommels Befehl hin wurde der Vormarsch in der Nacht und ohne Licht angetreten.

Mit donnerndem Getöse gingen die ersten Minen hoch. Dann krachte es dicht vor Streichs Befehlswagen.

„Was war das?" fragte dieser seinen Adjutanten, Leutnant Seidel.

„Das muß ein Munitionswagen unserer Pioniere gewesen sein, Herr General", entgegnete dieser.

„Dort vorn!" rief jetzt der Fahrer und deutete mit der Linken voraus. Genau vor ihnen brannte mit mächtigem Flammendom ein Munitionswagen aus.

„Etwas rechts einschlagen und vorbeifahren!" befahl der Div.-Kommandeur. Der Fahrer befolgte diesen Befehl, und so passierten sie den brennenden Munitionswagen und drehten dann wieder auf die Piste zurück. „In der Spur des Vordermannes fahren"! rief der General, als der Fahrer nach links ausscheren wollte.

Bald hatten sich die Spitzenfahrzeuge im losen Flugsand festgefahren. Die Räderfahrzeuge blieben stecken. Bei dem Versuch der nachfolgenden Wagen, den steckengebliebenen Fahrzeugen auszuweichen, erlitten sie das gleiche Schicksal.

Im Morgengrauen ließ GenMaj. Streich den Marsch fortsetzen. Aber nur ein kleiner Teil des Verbandes konnte weiterfahren. Vor allem blieben die Panzer erneut wegen Spritmangels liegen.

In seinem Kübelwagen setzte sich nunmehr der Divisionskommandeur an die Spitze des Verbandes. Gegen Mittag erreichten sie einen ausgetrockneten Salzsee, 20 km südlich El Mechili. Hier wurde halt gemacht.

Endlich landeten am Salzsee die beiden avisierten Ju 52 mit Benzin. Kaum waren die Männer beim Entladen, da griffen englische Kampfflugzeuge im Tiefflug an. Sie feuerten aus MG und Bordkanonen auf die beiden Ju 52; diese gingen in Flammen auf.

Alles lag jetzt am Salzsee fest. Während man untätig wartete, kam Oberst Graf Schwerin, der ja zur Erkundung vorgeschickt worden war, zurück. Er hatte südlich

El Mechili die Bewegungen beobachtet und konnte Generalleutnant Rommel, der inzwischen auch eingetroffen war, melden:

„Mechili stark vom Feind besetzt. Angriff aber möglich."

Rommel flog zur weiteren Erkundung los und kehrte am Nachmittag zum Salzsee zurück. Nachdem sich die beiden Männer beraten hatten, sagte Rommel:

„Es ist jetzt 17.00 Uhr, Streich. Um 18.00 Uhr gehen Sie mit der Gruppe Schwerin auf Mechili vor und nehmen es. Ich werde der italienischen Artillerie Befehl geben, Ihren Angriff zu unterstützen."

Auf dem ausgetrockneten Salzsee gingen abermals Ju 52 nieder, um die 5. Leichte zu versorgen. Vier englische Jäger wagten einen Tiefangriff. Die Soldaten schossen mit Karabinern auf die Angreifer und einer wurde von einer 2-cm-Flak abgeschossen. Am selben Abend trafen acht Panzer der I./PR 5 hier ein. Major Bolbrinker hatte sie herangeführt. Damit hatte GenMaj. Streich wenigstens einige schwere Waffen zur Verfügung.

„Nehmen Sie Mechili morgen vormittag" befahl Rommel am späten Abend.

Am nächsten Morgen fuhr GenMaj. Streich mit den Führern seiner KGr. und Einheiten auf Mechili vor, um eine günstige Einbruchstelle zu finden. Plötzlich tauchte vor ihnen eine lange englischen Wagenkolonne auf. Streich fuhr zu seinem Gefechtsstand zurück. Major Bolbrinker, der ebenfalls die dicken Staubwolken der Lastwagen erkannt hatte, alarmierte seine Panzer: „Alles mir nach auf El Mechili!" befahl er.

Die sieben Panzerkommandanten hörten diesen Befehl über ihre Sprechverbindungen und rollten mit dem Kommandeur los. Bolbrinker sah wenig später, wie eine Gruppe englischer Fahrzeuge direkt auf den GefStand von GenMaj. Streich losfuhr und daß mehrere MG das Feuer auf diesen eröffneten.

Im Gefechtsstand selbst gab GenMaj. Streich den Befehl zur Feuereröffnung. Jeder, der ein Gewehr tragen und abschießen konnte, ballerte los. Auch der General schoß mit seinem Karabiner auf die anrollenden Feindfahrzeuge. Plötzlich schwenkte die Masse dieser Fahrzeuge scharf nach Westen ab.

„Los, Rickert! Mit den beiden Zwozentimetern zur parallelen Überholung hinterher!" rief Streich, der die sich ihm hier bietende Chance erkannte.

Der Adjutant fuhr mit den beiden „Zwillingen" los und jagte in wilder Fahrt hinter den Engländern her. Der Div.-Kommandeur fuhr im Kübel den acht Panzern von Bolbrinker nach. Dicht vor Mechili, dort, wo die Engländer ihre Schützengräben ausgehoben hatten, eröffnete Feindpak das Feuer. Die acht deutschen Panzer erwiderten es. Drei, vier Pak fielen aus, aber auch drei eigene Panzer blieben abgeschossen liegen.

In diesem Augenblick kam aus Westen eine große Lkw-Kolonne auf Mechili zurück. Es waren dieselben Wagen, die Leutnant Rickert mit den beiden Zwozentimetern verfolgte.

„Schicken Sie der Kolonne ein paar Schüsse entgegen"! rief Streich dem zunächst haltenden Panzerkommandanten zu.

Der Panzer ruckte herum, aus seiner Kanone blitzte der Abschuß, und die erste

Granate heulte der Kolonne entgegen und ließ einen der Lastwagen in die Luft fliegen. Die nächsten Schüsse waren ebenfalls Volltreffer. Die lange Wagenkolonne mit dem Gros der Besatzung von Mechili an Bord, die sich hatte absetzen wollen, blieb stehen. Die Engländer kamen mit erhobenen Händen von ihren Fahrzeugen herunter. Ein paar deutsche Soldaten hatten 2000 Engländer und insgesamt vier Generale gefangengenommen. Die 5. Leichte hatte hier zwei Bataillone der 2. indischen Brigade (mot.) und rückwärtige Dienste der 2. englischen PD mit dem Stab einschließlich des Divisionskommandeurs, GenMaj. Gambier-Parry, kassiert.

Englische Offiziere baten GenMaj. Streich darum, das Gefechtsfeld nach Bekleidung und Brennmaterial absuchen zu dürfen. Ferner baten sie um Lebensmittel für ihre Truppen. GenMaj. Streich stellte ihnen Lastwagen zur Verfügung, mit denen sie Lebensmittel aus ihren eigenen Lagern herausholen konnten, soviel sie wollten. Er überließ den britischen Generalen ihre eigenen Befehlswagen zum Übernachten.

Tobruk – Das Verdun in der Wüste

Am 9. April war die Kampfgruppe Ponath bis auf 2 km an die starkbesetzten Höhenzüge 30 km vor Tobruk herangekommen, als heftiges Artilleriefeuer sie zum Absitzen und Eingraben zwang. Mit bloßen Augen erkannten die Männer drei Feindbatterien in offener Feuerstellung. OberstLt. Ponath schickte die Kfz zurück. Dann gingen die Männer des MG 8 los, und am nächsten Morgen begann der Angriff.

In weit auseinandergezogener Schützenkette gingen sie gegen die britischen Stellungen vor. Als kein Abwehrfeuer erfolgte, dachte man bereits an eine Finte. Aber der Gegner hatte lediglich im Schutze der Nacht diese Stellungen verlassen und war nach Tobruk zurückgewichen. Sofort wurden die Fahrzeuge vorgeholt, aufgesessen, und in wilder Fahrt ging es hinterher. Der an der Spitze fahrende Krad-Spähtrupp mußte mehrfach feindlichen Spähpanzern ausweichen. Auf einem Kilometerstein lasen die Soldaten: „Tobruk – 19 Kilometer!"

Als Kilometer 18 erreicht war, prasselte heftiges Artilleriefeuer auf die Männer herunter. Das Feindfeuer mußte infolge mangelnder Deckungsmöglichkeiten unterlaufen werden. Die Männer rannten in Richtung der Brücke, über welche die Via Balbia einen Quereinschnitt überwand. Noch waren sie nicht herangekommen, als die Brücke mit Donnergetöse in die Luft flog.

Die Kampfgruppe Ponath blieb liegen. Als schließlich die eigene Artillerie herangekommen war und das Feuer gegen den Feind aufnahm, atmeten alle auf. Durch ihre Gläser und auch mit bloßem Auge erkannten die Männer um OberstLt. Ponath, wie ein britisches Geschütz nach dem anderen ausgeschaltet wurde. Dann sahen sie einige Sankas, die durch das Feuer rollten, die Verwundeten aufluden und in voller Fahrt zurückrasten.

Wenig später trat das MG 8 zum zweitenmal in 2 km Breite zum Angriff an. Abermals schlug den Männern dichtes MG- und Gewehrfeuer entgegen. Erneut mußte Deckung gesucht werden. Als dann festgestellt wurde, daß der Gegner seine Bunkerstellungen zusätzlich durch dichte Drahthindernisse auf den Sohlen der Wadis gesichert hatte, stellte OberstLt. Ponath den Angriff ein.

Wenig später erschien GenMaj. Streich bei OberstLt Ponath und befahl dem Bataillon den Angriff auf die Festung von Süden her. „Sie werden dabei von den Panzern des PR 5 unterstützt."

Am 11. April kurz nach Mittag wurde der Angriff auf Tobruk fortgesetzt. Das PR 5 kam heran. Es verfügte noch über 20 einsatzbereite Wagen. Im Flächenangriff, zwei Kompanien von MG 8 vorn, zwei weitere links rückwärtsgestaffelt, rechts von diesen die 20 Panzer, so fuhren sie vor. Artilleriefeuer schlug mitten in die vorgehende Gruppe ein. Kaum waren 2 km durchfahren, als die Soldaten ihre Fahrzeuge verlassen mußten. Stürmend ging es vorwärts. Das feindliche Artilleriefeuer wurde unterlaufen, doch wenig später verlegte das Feuer zurück, und wieder lagen sie mittendrin und wurden außerdem auch von MG-Feuer und von der Pak empfangen.

„Volle Deckung!" befahlen die Kompaniechefs. Die Soldaten buddelten sich ein.

Die Panzer schossen auf alles, was sich zeigte. Einer nach dem anderen wurde kampfunfähig geschossen, dann fuhren die letzten zurück, als es hieß, der Angriff sei eingestellt.

Die Nacht brach herein. Der Bataillons-Adjutant, Oblt. Prahl, fuhr um 9.00 Uhr zur Division. Als er zurückkam, brachte der den neuen Angriffsbefehl mit. Wieder sollten alle Panzer – einige weitere waren aus den Werkstätten nach vorn gekommen – gleichzeitig mit ihnen angreifen.

Um 11.00 Uhr rollten die Panzer heran. In schneller Fahrt preschten sie durch das erneut einsetzende Artilleriefeuer und mitten durch die Stellungen des MG 8. Als die letzten durchgerollt waren, sprangen die Männer um OberstLt. Ponath auf und rannten hinterher. Die Panzer kamen nach vorn außer Sicht, aber wenig später tauchten sie wieder auf. Aus dem Turmluck rief einer der Offiziere, in dem Ponath Olbrich erkannte, ihm zu: „Wir kommen nicht durch! 400 m vor uns ein breiter und tiefer Panzergraben."

Wieder mußten sich die MG-Schützen eingraben. Als sich die dichten Staubwolken verzogen, die von den vor- und zurückgerollten Panzern verursacht worden waren, sahen sie breite Drahtwände, ab und zu von niedrigen Steinwehren durchbrochen. Weiter rückwärts auf hohen Pfählen Beobachtungsstände. Sobald einer der in voller Deckung gegangenen Soldaten den Kopf hob, begann das Feindfeuer.

Oblt. Prahl eilte abermals durch das starke Feindfeuer zum DivGefStand. Dort erhielt er den Befehl: „MG 8 bleibt, wo es ist. Es gräbt sich ein und hält die erreichten Stellungen."

Die Nacht fiel ein. Mit ihr kroch die Kälte, die sich durch die dünne Kleidung fraß. Am Morgen brannte die Sonne. Mit ihr kamen die Fliegen. Um 11.00 Uhr wurde der Bataillonskommandeur zum DivGefStand befohlen. Als er um 17.00 Uhr zurückkam, war er zweimal durch dichtestes Feindfeuer gelaufen.

Oberstleutnant Ponath hatte von Rommel Befehl erhalten, den Angriff an diesem Tage fortzusetzten. Dazu sollten sechs Artillerie-Abteilungen um 18.00 Uhr einen zusammengefaßten Feuerschlag auf die Drahtbefestigungen legen und die dortigen MG-Stände vernichten. Ferner sollte eine Batterie 8,8-cm-Flak der I./Flak 18 in offener Feuerstellung auffahren und in direktem Richten auftauchende Feindpanzer gezielt bekämpfen. Eine leichte Flak-Batterie sollte ebenfalls bis vor das Drahthindernis fahren und die erkannten MG-Nester vernichten. Für das MG 8 ergab sich folgender Einsatzbefehl:

„2. und 3. Kompanie in vorderster Linie brechen mit je einem unterstellten Pakzug ein, rollen die feindlichen Stellungen etwa 500 m rechts und links auf und bilden einen Brückenkopf für den mit dem Rest des Bataillons bis zum Straßenkreuz durchstoßenden Kommandeur.

Bei günstigem Verlauf des Angriffs wird das PR 5 mit Hellwerden am morgigen Tag ebenfalls einbrechen und bis Tobruk durchstoßen."

Es war 17.50 Uhr, als die leichte Flak-Batterie in schneller Fahrt aus ihrer Deckung herausrollte und zum Drahthindernis vorfuhr. Dicht hinter der 5./MG 8, die von Hauptmann Bartsch geführt wurde, bezog die 8,8-cm-Batterie offene Feuerstellung. Sie wurde Sekunden später vom Artilleriefeuer des Gegners erfaßt. Die Batterie wurde vernichtet. Von der leichten Batterie kam kein einziges Geschütz zurück. Die Bedienungen waren bis auf einen Leutnant und sechs Soldaten gefallen.

Oberstleutnant Ponath wartete um 18.00 Uhr auf den versprochenen Feuerschlag. Neben ihm blickte Hauptmann Bartsch auf die Uhr. Der Feuerschlag erfolgte nicht.

„Dann also ohne Feuerschutz, Herr Oberstleunant!" sagte der Kompaniechef. Ponath nickte. „Fünfte – Sprung auf . . . maaarsch! . . . Marsch!"

Sie erreichten den Panzergraben. Hier wurden sie abermals von MG-Feuer empfangen und liefen zurück. OberstLt. Ponath entschloß sich, nunmehr bei Nacht den Angriff fortzusetzen. Er wollte tief eindringen, einen Brückenkopf bilden und dann am anderen Morgen mit Unterstützung des PR 5 aus dem Brückenkopf heraus in die Tiefe der Festung eindringen.

In der Nacht brachte Oberleutnant Prahl den Divisionsbefehl zur Fortsetzung des Angriff. Dieser sicherte zu, daß die Panzer um 2.00 Uhr eintreffen würden. Es seien 24 einsatzbereit. 24 von 120, mit denen das PR 5 nach Afrika überführt worden war.

Die Nacht ging zu Ende, sie hatte hohe Verluste gebracht. Kurz nach 3.00 Uhr hörte man die Geräusche der näherkommenden Panzer. Oberst Olbrich führte sie selbst. Seltsamerweise stellte der Gegner bei Erscheinen der Panzer das Feuer ein. Die Panzer fanden den vorbereiteten Übergang über den Panzergraben und rollten hinüber. Der Spitzenpanzer rollte auf eine nicht geräumte Mine und blieb liegen. Der Wagen von Oberst Olbrich hielt neben dem Bataillonskommandeur.

„Lassen Sie Ihre Leute aufsitzen, Ponath, dann könnten wir noch bei Dunkelheit weit vorstoßen."

„Gut, dann lasse ich Teile aufsitzen, während die übrigen vor den Panzern hermarschieren. Die Siebte folgt mit ihren Pak im Mannschaftszug."

Noch war es dunkel. Die rechts und links vorfahrenden Panzer schossen die feuernden MG-Stände zusammen.

Als es hell wurde, befand sich die 7./MG 8 noch im Feuerbereich der feindlichen Stützpunkte. Oberleutnant Richter-Karge, ihr Chef, fiel. Viele seiner Soldaten teilten sein Schicksal im deckungslosen Gelände.

Die vorgehenden Sturmgruppen sahen plötzlich keine 800 m voraus eine Fahrzeugkolonne, die sich als Pak erwies, als sie die Tarnungen abwarf und losballerte. Die schweren Panzer rollten vor, die mittleren blieben in der Mitte und die leichten machten den Schluß. Der erste Panzer erhielt einen Treffer. Gleich darauf fiel ein zweiter, dann ein dritter aus. Nacheinander schossen die engl. Pak den deutschen Panzern die Ketten herunter. Schließlich lagen elf der 24 Panzer brennend und bewegungslos auf dem Gefechtsfeld.

Oberst Olbrich befahl den Rückzug. Als er die MG-Acht-Männer erreichte, sagte er zu Ponath, daß sie aufsitzen sollten, damit er sie aus dem Feuer zurückfahren könne. Der Oberstleutnant lehnte ab.

„Ihr braucht doch nur vorzurücken!“ rief er wütend. „Die englische Infanterie baut doch schon ab!“

„Wir werden sämtlich abgeschossen, Ponath!“ erwiderte Olbrich. Damit hatte er sicherlich recht, denn die Türme seiner Panzer waren durch den Beschuß bereits weitgehend blockiert und konnten das Flak- und Pakfeuer nicht erwidern.

Das MG-Bataillon 8 verlor vor Tobruk binnen 12 Tagen 700 Mann. Es hatte aufgehört zu bestehen. Fast die gesamte Waffenausstattung war verlorengegangen.

Am Abend des 14. April vernahmen die wenigen, die diese drei Angriffe auf Tobruk überlebt hatten, daß Oberstleutnant Gustav Ponath für seinen Durchstoß nach Derna das Ritterkreuz verliehen worden sei.

Tobruk hielt nach wie vor den Eroberungsversuchen stand. Rommel setzte ab 16. April eine Panzerabteilung der „Ariete“ mit insgesamt 18 Kampfwagen gegen die Höhe 187 – den Ras el Madauuar – an. Englische Artillerie schoß diese Panzer zusammen.

Am 19. April setzte Rommel schließlich die eben erst aus Tripolis herangekommenen schweren Kompanien des Kradschützen-Bataillons 15 auf Tobruk an. Auch dieser Versuch blieb im Feuer der englischen Artillerie liegen. Am 14. April fiel Gustav Ponath. Auch ihm war Tobruk zum Schicksal geworden.

Als nächstes kamen die Teile des Schützen-Regiments 115 an die Reihe, das unter Führung von OberstLt. Zintel zur Front gestoßen war und zur 15. PD gehörte. Major Busch, Kommandeuer des I./SR 115, wurde im Gelände von Rommel eingewiesen. Hinzu kamen Soldaten des PiBatl. 33 der 15. PD.

Bis zum 3. Mai versuchte Rommel, die Festung zu Fall zu bringen. Die Kradschützen kämpften verbissen. Auch sie erlitten schwere Verluste. Sie mußten in der Nacht zum 4. Mai herausgezogen und in Ruhestellung bei Capuzzo verlegt werden. Tobruk fiel nicht.

Die Panzerschlacht bei Sollum

Als die englischen Nachschubprobleme mit der Ankunft jenes großen Konvois beseitigt waren, der in der Operation „Tigerwurf" 295 Panzer auf fünf großen Handelsschiffen nach Alexandria brachte, rüstete sich die englische Führung in Kairo zum großen Schlag gegen Rommel. Sie beabsichtige, schneller zu handeln, als Rommel, dem dazu die 15. PD zugeführt wurde.

General Wavell, der Oberkommandierende in Kairo, meldete am 10. Juni dem Chef des Empiregeneralstabes seinen Plan: „Wenn die Bewegungen im Süden zum Zusammenstoß mit den gepanzerten Kräften des Gegners führen, wird dieser zerschlagen werden."

Durch den deutschen Funkhorchdienst waren diese Angriffsvorbereitungen erkannt worden. Erwin Rommel stellte seine Kräfte zur Abwehr bereit. Gegenüber der Linie Capuzzo-Sollum wurde die 15. PD eingesetzt. Von den insgesamt 160 Panzern, die von OberstLt. Hans Cramer Mitte Mai in einem Gewaltmarsch durch die Wüste zur Front gehetzt worden waren, blieben dreiviertel unterwegs liegen. Mit dem kläglichen Rest hatte Cramer den Angriff auf das vom Gegner wiederbesetzte Capuzzo gefahren und das Fort zurückgewonnen. Nun trafen nach und nach die übrigen Panzer vorn ein und standen zur Abwehr des englischen Angriffs bereit.

Die 5. Leichte, die im Raume südlich Tobruk lag, wurde am 14. Juni, als der feindliche Großangriff unmittelbar bevorstand, alarmiert, um 21.00 Uhr vorgezogen und auf die rechte Flanke gebracht. Am frühen Morgen des 15. Juni griff der Gegner sowohl in der Ebene als auch auf dem Hochplateau in breiter Front an.

In den Stellungen auf dem Halfayapaß schrillte es Alarm. Granaten gingen auf den Paß nieder. Dann rollten die Panzer heran.

Hauptmann Wilhelm Bach, Kdr. des I./SR 104, Eroberer und Verteidiger des Passes, hob den Arm und ließ ihn dann niederfallen. Auf dieses Zeichen hatten die Kanoniere der Flak gewartet. Mit peitschendem Knallen flitzen die ersten Granaten aus den Rohren. Die Pak fiel ein. Dazwischen schmetterte das Feuer der eingebauten MG.

„Treffer!" rief einer der Kanoniere, als er sah, wie ein Panzer getroffen wurde und seine detonierende Munition in Kaskaden hochging. Dem nächsten Mark II wurde die Kuppel heruntergeschossen. Zwozentimeter-Flak fiel in das Feuer ein, und dann feuerten die Geschütze der italienischen Batterie unter Major Pardi.

Unten, auf der Sohle des Passes, lag die 1./SR 104. Dort rollten die englischen Panzer auf das von der Kompanie angelegte Minenfeld. Fünf Mark II gingen in Flammen auf. Keiner der an dieser Stelle angreifenden Panzer kam durch.

Bei der 3./SR 104, die seit Anfang Juni von dem blonden zähen Hannoveraner Hauptmann Voigt geführt wurde, blieb der Gegner ebenfalls liegen. Der Halfayapaß hielt.

Am frühen Morgen des 16. Juni stießen die schnellen britischen Truppen mit dem

Gros der 7. PD links am Halfayapaß – im „Wüstenschleicher" – vorbei nach Norden. Die 300 Panzer erreichten Capuzzo und Musaid. Beide deutschen Stellungen wurden von ihnen genommen. Ein Panzerverband trennte sich danach vom Gros ab und holte weit nach Süden zu einer kühnen Umgehungsoperation aus. Die Panzerspitzen stießen auf die vordersten Stellungen der 5. Leichten. Mit ihren Panzern, zahlenmäßig stärker, gelang der 7. PD der Durchstoß. Schon rollten sie auf jene beherrschende Höhe zu, welche die Bezeichnung 208 trug. Hier stand eine (!) deutsche Flak-Batterie.

Gefreiter Huebner, Richtschütze des Geschützes „Anton" dieser Batterie, sichtete einen Pulk von 30 Panzern mit direktem Kurs auf Höhe 208 und meldete Oberleutnant Ziemer. Unmittelbar darauf begann der Artilleriefeuerschlag des Gegners. Die Sollumschlacht hatte begonnen.

Oberleutnant Paulewicz, der Stützpunktführer, befahl, das Feuer nur aus kürzester Distanz zu eröffnen. Die vier Flak eröffneten aus 800 m das Feuer. Die Panzer drehten und rollten – unter Zurücklassung der ersten abgeschossenen Angreifer – davon. Abermals trommelte die britische Artillerie auf die Stellungen ein.

Um 11.00 Uhr kamen die Panzer wieder. Es waren 70 und alle vom gefährlichen Typ Mark II. Erst als die E-Messer an den „Achtacht" „Entfernung 1000!" durchgaben, wurde das Feuer eröffnet. Binnen weniger Minuten wurden 11 Mark-II-Tanks abgeschossen.

Die plötzlich im Rücken der Höhe 208 erscheinenden Panzer stellten sich als eigene vom PR 5 heraus, die einen Entlastungsangriff fuhren. Am Nachmittag rollte der Gegner in zwei Stoßgruppen heran. In der ersten 40 und in der zweiten 20 Panzer. Das Duell Flak gegen Panzer begann. Wieder grelle Trefferblitze und wuchtige Explosionen. Erste Mark II blieben brennend liegen. Einige kamen näher heran. Aus kurzer Distanz – Abschuß und Einschlag der Granate verschmolzen zu einem Krachen – wurden die nächsten Panzer abgeschossen.

Auf einmal herrschte Ruhe. Kein Schuß fiel mehr. Der Gegner rollte nach allen Richtungen auseinander. Zwei der zurückpreschenden Panzer wurden noch aus großer Distanz vernichtet.

Für eine Weile war wieder Ruhe. Dann tauchten auf der Flanke zehn Feindpanzer auf. Bereits aus 5000 m Entfernung eröffneten die Flakmänner das Feuer. Zwei wurden getroffen, als sie näher herangekommen waren. Die übrigen drehten ab.

Eine Stunde später sah der K 3 des Geschützes Huebner, daß sich abermals 85 Feindpanzer bereitstellten. Schon griffen sie in Richtung Höhe 208 an. Diesmal würden sie es wohl geschafft haben, wenn nicht in letzter Sekunde die Panzer des PR 5 eingegriffen hätten.

Aus einem schmalen Wadi herausstoßend, rollten sie in schneller Fahrt dem Gegner in die Flanke. Panzer kämpfte gegen Panzer. Der Gegner zog sich entnervt nach kurzem Feuerwechsel zurück. Als der Abend anbrach, war die Entscheidung der Sollumschlacht gefallen. In dem britischen Generalstabswerk „Her Majesty's Stationary Office", das 1956 erschien, heißt es über diesen Tag der englischen Panzer vor der Höhe 208:

„Die so hoffnungsvoll begonnene Operation „Battleaxe“ scheiterte, weil es nicht gelang, die entscheidende Halfayastellung zu nehmen und an dem Stützpunkt 208 vorbeizukommen. Die Tapferkeit und die Feuerkraft der Verteidiger war zu groß. Die deutsche Acht-Acht erwies sich als eine tödliche Waffe gegen alle britischen Panzertypen. Das Zusammenwirken von Panzern mit ganz weit vorn eingesetzten 8,8-cm-Batterien war für die britische Führung eine Überraschung und ein wichtiger Faktor ihrer Niederlage. Der Sieg Rommels war ein Sieg seiner Führung, seiner überlegen kämpfenden Soldaten und seiner besseren Waffen.“

Hauptmann „Hannes“ Kümmel und seine Panzer

Als der Gegner Capuzzo und Sollum erstürmt hatte und die Kradschützen den Befehl erhielten, sich abzusetzen, um nicht in Gefangenschaft zu geraten, rollten die 50 Panzer der 7. englischen PD in schneller Fahrt direkt auf Bardia zu.

Eine einzige 8,8-cm-Flak, die Oberleutnant Tocki von der PzJägAbt. 33 nach vorn holte, hielt den Gegner hier auf, indem sie drei Panzer außer Gefecht setzte. Die übrigen Panzer blieben stehen und nebelten sich ein. Diese Verzögerung genügte, um die Panzer des PR 8 herankommen zu lassen. An der Spitze Oberleutnant Johannes Kümmel, Chef der 1./PR 8, mit zwei Panzern IV.

„Erste Abteilung Frontalangriff!“ befahl der RgtKdr., OberstLt. Cramer, über Funk. Major Fenski, der Abteilungskommandeur, nahm den Befehl auf.

„Erste, Zwote und Dritte im Breitkeil fahrend. Die Erste fährt durch, Zwote und Dritte eröffenen das Feuer!“

Kümmel, noch immer im offenen Panzerluk stehend – bei geschlossenem Turm herrschten in den Stahlkästen Temperaturen von 60 bis 65 Grad – beobachtete den auftauchenden Gegner. Er vernahm den Peitschenknall der vorbeiflitzenden Granaten. Mit Vollgas rollte er vorwärts. Sie unterfuhren das Feindfeuer, erreichten die für ihre „Stummel“ ausreichende kurze Schußentfernung und machten Schießhalt. Aus drei Kurzrohrkanonen peitschen die Abschüsse. Einer der angreifenden Mark II platzte auseinander. Die nachrollenden Panzer III der Kompanie erreichten ihren Chef und schossen ebenfalls. Ringsum war die Hölle los.

„Feuer“ befahl Kümmel, als der Richtschütze seines Wagens den Gegner im Visier hatte. Die Kanone knallte. Der Panzer IV schüttelte sich unter dem Rückstoß. In der Drehbewegung erhielt der Mark II einen Treffer in die Flanke und blieb liegen. Aber er schoß noch aus der Kanone auf den Panzer III von Uffz. Olsberg. Der deutsche Panzer brannte Sekunden später. Der nächste Schuß setzte den Mark II endgültig außer Gefecht.

„Weiter!“ Sie rollten mitten in eine vorgezogene feindliche Pak-Kompanie hinein und walzten sie nieder. Durch seinen Kopfhörer vernahm Kümmel die Hilferufe von Oberleutnant Stiefelmeyer, der mit seiner Kompanie festlag.

„Wir kommen nicht durch!“ meldete der AbtKdr. Major Fenski zurück. „Erbitten Entsatzvorstoß!“

„Zwote Abteilung kommt aus der linken Flanke!“ befahl OberstLt. Cramer. Er selbst setzte sich an die Spitze der zurückhängenden Wagen und fuhr in schneller Fahrt vor. Weiter rechts voraus sah er die Panzer der II./PR 8 und fuhr in schneller Fahrt dorthin. Noch weiter rechts voraus standen die Panzer der I./PR 8 im Kampf, von denen einer nach dem anderen ausfiel.

„Schneller!“ trieb Hans Cramer die Kompanie an. Sie rollten im Breitkeil vor. Immer mehr eigene Panzer wurden getroffen, blieben schwarzqualmend zurück. Plötzlich sah sich OberstLt. Cramer einer Gruppe von 20 Mark II gegenüber, die in rascher Fahrt an der linken Flanke seines Regiments entlangrollten. Diese Tanks sollten mit ihren 4-cm-Kanonen die Entscheidung herbeiführen.

„Kümmel eindrehen und dem Panzerpulk in die Flanke fallen!“ befahl Cramer. Der Oberleutnant drehte ab. Rund die Hälfte seiner Panzer, darunter auch die beiden Panzer IV mit den 7,5-cm-Kanonen, folgten dicht aufgeschlossen. Aus den „Stummeln“ peitschten die ersten Abschüsse in die Flanken der Feindpanzer. Die ersten Gegner blieben getroffen liegen. Mit zwei seiner schweren Panzer IV, mit der 7,5-cm-Kampfwagenkanone kurz, schoß „Hannes“ Kümmel innerhalb kürzester Zeit acht Mark II ab. Damit rettete er das Regiment und vielleicht auch mehr.

OberstLt. Cramer bekam dadurch etwas Luft. Er wollte nun die Entscheidung erzwingen. „Schwenkung nach Osten!“ befahl er. In dem Augenblick, als der Kampfwagen auf rumpelnder Kette drehte, erschütterte ein Treffer den Wagen. Cramer spürte einen schweren Schlag, dann einen scharfen Schmerz an Kopf und Arm. Er war durch Granatsplitter verwundet worden.

Das Gefecht wurde abgebrochen. Sie fuhren in die eigenen Bereitstellungen zurück. Von den Panzern der 1./PR 8 fehlte genau die Hälfte. Den anderen Kompanien war es ähnlich ergangen.

Der eigene Versuch, Capuzzo im Handstreich zurückzugewinnen, war gescheitert. Allerdings war auch das Vordringen des Gegners an diesem 16. Juni aufgehalten worden. Rommel erkannte, daß die alte Taktik, die er auch hier verfolgte, nicht weiterhelfen würde. Daher strebte er nunmehr eine andere Lösung an. Er vermerkte in seinem persönlichen Tagebuch:

„Oftmals kann man mit einer bloßen Schwerpunktverlegung, die für den Gegner überraschend kommt, eine Schlacht entscheiden.“ Er hatte die Kämpfe der 5. Leichten genau verfolgt und faßte einen neuen Entschluß. Er fuhr zur 5. Leichten und trieb diese Division an, in schneller Fahrt in den Raum nordostwärts Sidi Omar vorzudringen und von dort aus den Angriff auf Sidi Suleiman fortzusetzen.

Dies war die entscheidende Wendung der Schlacht. Sofort befahl er, alles, was von der 15. PD nördlich Capuzzo freigemacht werden konnte und motorisiert war, herauszuziehen und auf die linke Flanke der 5. Leichten zu werfen, um in gemeinsamem Angriff am folgenden Morgen Sidi Suleiman zu erreichen und den Feind zu vernichten.

Um 4.30 Uhr am folgenden Morgen gab GenMaj. Neumann-Silkow, Kommandeur der 15. PD, den Angriffsbefehl. Bei der 5. Leichten fuhren die Panzer an der Spitze ebenfalls los. Die deutsche Gegenoffensive des 17. Juni in den Rücken des Gegners begann.

Als erste trafen die Panzer des PR 8 auf den Gegner. Die Abteilung Fenski stieß in die Flanke des britischen Panzerverbandes hinein. Der heftige Panzerkampf entbrannte. Eine große Zahl abgeschossener Feindpanzer blieb auf dem Gefechtsfeld zurück.

Gleichzeitig traf auch die 5. Leichte auf den Gegner, schoß sich den Weg frei und erreichte gegen 6.00 Uhr den Raum von Sidi Suleiman.

Sie stieß im Vorfahren – Rommel hatte den Befehl ausgegeben, weiter bis nach Halfaya an die Küste zu fahren und den Sack hinter den Engländern zuzumachen – auf eine Lastwagenkolonne des Gegners, die zusammengeschossen wurde. In der Nähe auftauchende Feindpanzer wurden mit schwerem Feuer eingedeckt, und um 9.25 Uhr funkte General Creagh an den Führer der Wüstenstreikräfte, daß er nicht mehr weiter wisse. General Beresford-Peirse möge doch auf den Gefechtsstand Creagh's kommen, um die Lage zu entwirren.

Wenig später erreichte das PR 5 den Befehlsstand von Brigadegenaral Messervy und überrannte ihn. Die 4. britische Panzerbrigade war führerlos geworden.

Während Oberleutnant Kümmel mit den Resten seiner Kompanie den Felswänden des Halfayapasses entgegenrollte und links und rechts hinter ihm das Regiment nachfolgte, traten die Überlebenden der 4. brit. Panzerbrigade den schnellen Rückzug an.

Es war kurz nach 16.00 Uhr, als die beiden deutschen Divisionen den Halfayapaß erreichten und nun aus dem Rücken nach Norden angriffen. Der Gegner wurde geworfen. Doch durch die große Lücke zwischen Sidi Omar und dem Halfayapaß konnten die geschlagenen englischen Streitkräfte sich nach Osten absetzen und der Einschließung in letzter Sekunde entkommen.

Generalmajor Neumann-Silkow, der vom schlachtentscheidenen Einsatz des Oberleutnants Kümmel unterrichtet worden war, schlug ihn zum Ritterkreuz vor, das Kümmel am 9. Juni 1941 erhielt.

Der Gegner war vernichtend geschlagen. Er hatte auf dem Gefechtsfeld 220 Panzer verloren. Von den eigenen Panzerausfällen konnten viele wieder instandgesetzt werden. Lediglich 25 eigene Panzer waren Totalverlust. Das erste große Panzerduell in der Wüste zwischen dem DAK und den brit. Wüstenstreitkräften war erfolgreich beendet.

DER FELDZUG AUF DEM BALKAN

Die beteiligten Truppen

Der italienische Griechenlandfeldzug, von Hitler als „entsetzlich dumm“ bezeichnet, erforderte dennoch deutsche Hilfe, die Hitler seinem Freund Mussolini nicht versagen wollte.

In der Führerweisung Nr. 20 vom 13. Dezember 1940 befahl er die Vorbereitungen zur Operation „Marita“, wie der Feldzug auf dem Balkan mit Decknamen genannt wurde.

Der darin vorgesehene deutsche Griechenlandfeldzug hatte den Sinn, dem italienischen Bundesgenossen zu Hilfe zu kommen. Andererseits aber sollte auch die von den Engländern angestrebte Bildung einer zweiten Front auf der Balkanhalbinsel verhindert werden. Als dritte wichtige Komponente kam die Sicherung der rumänischen Erdölfelder hinzu, die durch britische Luftangriffe aus Griechenland heraus gefährdet waren.

Nachdem die Zustimmung der bulgarischen Regierung vorlag, rückten Anfang März 1941 Verbände der 12. Armee unter GFM List nach Bulgarien ein und marschierten bis zum Ende des Monats an der bulgarisch-griechischen Grenze auf.

Jugoslawien wurde nicht in den Aufmarsch einbezogen, weil zwischen diesem Land und Deutschland eine Vereinbarung getroffen worden war, daß sich Jugoslawien neutral verhalten und im Gegenzug kein deutscher Soldat jugoslawischen Boden betreten werde.

Am 27. März aber erfolgte in Belgrad ein Staatsstreich. Unter dem Chef des jugoslawischen Generalstabes, General Simovic, wurde eine neue Regierung gebildet. Dabei kam es zu antideutschen Demostrationen in Belgrad und anderen Städten des Landes. Erst aufgrund dieser Meldungen versammelte Hitler am Mittag des 27. März alle Spitzen der Wehrmacht und des Staates in der Reichskanzlei und verkündete seinen Entschluß, „Jugoslawien als Staatsgebilde und auch militärisch zu zerschlagen“.

Das Unternehmen „Barbarossa“, der Feldzug gegen die Sowjetunion, sollte um vier Wochen zurückgestellt werden. Noch am Abend des 27. März wurde die Führerweisung Nr. 25: „Blitzkrieg gegen Jugoslawien“ unterzeichnet. Er sollte mit dem Griechenlandfeldzug zugleich gestartet werden.

Der für 1. April geplante Beginn des Griechenlandfeldzuges wurde auf den 6. April verschoben. Dann würde auch der deutsche Aufmarsch gegen Jugoslawien vollzogen sein.

Bis dahin hatte das Heer noch die „Nordgruppe“ aus der 2. Armee unter GenOberst Frhr. von Weichs aufzustellen und in der Steiermark zum Angriff bereitszustellten.

In der 2. Armee standen das IV. GebKorps und das LI. ArmKorps. Sie sollten aus der Steiermark in Richtung Agram und Laibach antreten.

Das XXXXVI. PzKorps mit der 14. und 8. PD sowie der 16. ID (mot.) sollte unter dem Befehl von Gen. d. Pztr. von Vietinghoff am 10. April aus dem Raum Westungarn bei Barcs über die Drau ebenfalls auf Agram vorstoßen.

In der Südgruppe befand sich die 12. Armee unter GFM List. Ihr standen folgende Truppen zur Verfügung:

Nördlich Xanthi: das XXX. GebKorps mit der 50. und 154. ID. Es erhielt den Auftrag, nach Thrakien vorzustoßen.

Aus dem Raum Petrisch kam das XVIII. AK mit der 72. ID, dem verstärkten IR 125 und der 5. und 6. GebDiv. Dieses starke Korps wurde gegen die für uneinnehmbar gehaltene Metaxas-Linie angesetzt. Die dem Korps zusätzlich zugeführte 2. PD hatte den Auftrag, die Metaxas-Linie westlich zu umfassen.

Aus dem Raum Kjustendil wandte sich das XL. AK mit der 73. ID, der 5. und 9. PD und der Waffen-SS „Leibstandarte Adolf Hitler“ nach Süden, denn Ziel dieses Korps war der südserbische Raum.

Auftrag der 12. Armee war es, die jugoslawisch-griechisch-britischen Kräfte durch schnelle Panzervorstöße zu trennen, sie aufzuspalten und nacheinander einzeln zu vernichten.

Zangenbewegung gegen Belgrad

Der deutsche Angriff gegen Jugoslawien begann am Morgen des 6. April um 5.15 Uhr mit fünf aufeinander folgenden starken Luftangriffen der Luftflotte 4, General der Flieger Löhr, die vor allem auch Belgrad zum Ziel nahm. Insgesamt warfen 484 Stuka und Bomber ihre Bomben. Das Regierungsviertel wurde ebenso getroffen wie die Befehlszentrale des jugoslawischen OB, General Simovic. Das gesamte jugoslawische Nachrichtennetz brach zusammen.

Am 7. April griffen 11 Bomber des X. FlK. den Hafen von Piräus an. Sie trafen einen großen Munitionsfrachter, dessen Explosion schwere Schäden an den Hafenanlagen hervorriefen. Zwölf Schiffe mit 51. 569 BRT, 60 Leichter und 25 Motorsegler wurden zerstört.

Die aus Bulgarien antretende Panzergruppe 1 unter Gen. d. Kav. von Kleist stürmte mit dem XIV. PzK, darin die 5. und 11. PD, sowie die 60. ID (mot.), nach Norden und Südwesten. Die nach Norden angesetzte 11. PD und die 60. ID (mot.) hatten die Aufgabe, Belgrad so rasch wie möglich zu erreichen und nach Süden abzuriegeln.

Von Norden war das XXXXVI. PzK unter Gen. d. PzTr. von Vietinghoff gen. Scheel als Stoßverband der 2. Armee angesetzt worden. Die 14. PD dieses Korps stürmte nach Eroberung der Brücken von Barcs und Zakany am 8. April in rascher

Fahrt in einem der schnellsten Panzerraids des Krieges vorwärts. Sie gewann Agram am 10. April, erkämpfte den Raum Karlovac bis zum 12. und stürmte, mit der AA 40 voraus, dem PR 36 unter Oberst Jesser dichtauf, bis zum 15. April nach Sarajewo und stand zwei Tage später bereits in Dubrovnik.

Die 8. PD wiederum bildete die Spitzengruppe jenes von Norden direkt auf Belgrad vorstoßenden nördlichen Zangenarmes. Mit ihr rollte die 18. ID (mot.) vorwärts.

Der südliche Zangenarm – allen voran die 11. PD – erreichte bis zum Abend des 12. April den Südrand von Belgrad. Die 6. jugoslawische Armee, die sich diesem Panzerkeil entgegenwarf, strömte fliehend zurück. Fast gleichzeitig damit war auch die 8. PD an den nördlichen Stadtrand von Belgrad herangerückt. Die Stadt war eingeschlossen.

Am 11. April traf Hitler mit Teilen des WFSt., dem Arbeitszug „Atlas" und dem Führer-Sonderzug, in Tauchen-Schauereck, dem vorgeschobenen FHQ, ein, wo Hitler bis zum 24. April 1941 blieb.

Das XXXXI. PzK, das am 11. April von Temesvar in Westrumänien angetreten war, hatte die Drau bis zum Mittag des 12. April erreicht. Hier war es eine Einheit der Waffen-SS-Division „Das Reich", die von sich reden machte. Hauptsturmführer Fritz Klingenberg, Chef der 2./KradSchtzBatl. „Das Reich", setzte am Nachmittag des 12. April mit zehn seiner Männer in einem Motorboot über den Fluß und drang nach Belgrad ein. Er stieß auf den deutschen Militärattaché, Oberst Toussaint. Dieser ließ den Bürgermeister kommen, und der wiederum übergab nach einer längeren Verhandlung Belgrad um 18.45 Uhr kampflos. Klingenberg erhielt das Ritterkreuz.

Erst in der kommenden Nacht drangen auch die beiden von Norden und Süden herangekommenen Panzerverbände in die Stadt ein, und im Morgengrauen folgten jene der motorisierten Divisionen nach. Es fiel kein Schuß. Belgrad war der Straßenkampf erspart geblieben.

General Simovic trat am 14. April zurück. Sein Nachfolger, General Katafatovic, wurde ermächtigt, Waffenstillstandsverhandlungen einzuleiten. Er ließ am Morgen des 17. April Parlamentäre zur deutschen Führung entsenden und die Verhandlungen einleiten. Am selben Tag, um 15.25 Uhr, wurde in Belgrad der jugoslawische Waffenstillstandsvertrag von General Katafatovic unterzeichnet, der am folgenden Tage in Kraft trat. Insgesamt gingen 344000 Jugoslawen in die Kriegsgefangenschaft. König Peter II. und die Regierung Simovic gingen über Jerusalem nach London ins Exil.

Dieser Feldzug wurde ebenfalls mit der Bezeichnung „Blitzfeldzug gegen Jugoslawien" versehen. Er hat nach den Worten des General W. K. Nehring wiederum „die volle Bewährung der Panzertruppe und ihrer Führung gebracht. Der Aufmarsch und die Durchführung mit ‚fliegendem Start' je nach Eintreffen der Verbände hatte bewiesen, daß Panzerverbände in ungünstigem Gelände gut vorankamen."

Dies war einer der „leichtesten" Siege der deutschen Wehrmacht. Er kostete 151 Tote, 15 Vermißte und 392 Verwundete.

Geben wir General Nehring zu diesem Komplex ein Schlußwort, das die Sachlage beleuchtet:

„Das Geheimnis des Erfolges lag wieder in der Überraschung, die durch das Tempo der Operation bedingt war, im schnellen Handeln aller Führer, im gewandten Zusammenfassen ausreichender Kräfte an der operativ und taktisch richtigen Stelle, also in der Beachtung von Guderians Panzerlehre: ‚nicht kleckern, sondern klotzen!'"

Was aber war mit Griechenland?

Panzerraid nach Saloniki

Nachdem General Böhme, KommGen. des XVIII. GK, am 4. April den Angriffsbefehl für sein Korps zum 6. des Monats gegeben hatte, traten die beiden GebDivisionen, das verstärkte IR 125 und die 2. PD um 5.20 Uhr dieses Tages an. Während die Infanterie vor der Werkgruppe Malianga und an der Rupelenge vor der Werkgruppe Usita liegenblieb und schwere Verluste erlitt, gelang der 5. GebDiv. unter GenMaj. Ringel am 8. April nach schweren Kämpfen der Durchbruch durch die Metaxaslinie.

Die Entscheidung fiel jedoch nicht hier, sondern auf dem rechten Flügel des Korps. Dort waren die 6. GebDiv. unter GenMaj. Schörner und die 2. PD unter GenLt. Veiel angetreten und erzwangen einen raschen Durchbruch.

Die 2. PD, der einige Verbände der 6. GebDiv. unterstellt worden waren, rollte mit dem Angriffssignal auf den beiden Ausgangsstraßen von Petrisch aus durch die nur schwach besetzten Grenzsperren der Jugoslawen. Bei Novo Selo erhielten die Spitzen Artilleriefeuer. Binnen zehn Minuten wurden die serbischen Schützen und ihre Geschütze im Punktfeuer zusammengeschossen. Aber die Brücke über die Strumica war von den Jugoslawen zerstört.

Die Panzer rollten durch eine sofort erkundete Furt und setzten ihren Vorstoß fort. Eine Abteilung dieser Division kämpfte sich bis zum Mittag durch das schlechte Gelände, durch Straßenengpässe vorwärts und erreichte Strumica.

Vor Valandovo waren die Straßen und Brücken zerstört, so daß erst am Nachmittag des 7. April der Weitermarsch nach Kosturino angetreten werden konnte, wo die Grenze nach Griechenland war.

GenLt. Veiel ließ seine Division nicht über die stark gefährdete Straße durch das gewundene Wardartal fahren, sondern wählte die Piste zwischen Wardartal und dem Dorian-See, was sich als richtiger Entschluß erwies.

Bis um 23.00 Uhr dieses Tages wurde Nowo Dorian erreicht. Ein feindlicher Panzerangriff aus Richtung Valandovo war bereits von der Vorausabteilung abgewehrt worden. Zehn alte Renaultpanzer blieben zerschossen auf der Plaine zurück.

Die gesamte 2. PD, die inzwischen aufgeschlossen hatte, wurde am Morgen des 8. April auf die Grenze angesetzt. Die hier befindlichen Geschütz- und MG-Stände wurden durch das Punktfeuer der Panzer zerschossen. Während die Panzer weiterrollten, stieß eine aus der PzAA 5 und dem SR 2 gebildete KGr. über Megalie nach Westen durch und nahm gegen Mittag die Ortschaft Polykastron in Besitz, die am Axionfluß lag.

Die Masse der 2. PD aber rollte in schneller und schneller werdender Fahrt in Richtung Saloniki durch. Es ging in die Ebene hinunter. Erst beim Bahnhof Matallikon versteifte sich der Feindwiderstand. Er wurde im überschlagenden Einsatz gebrochen. Die Panzer und das SR 2 unter Oberst von Vaerst rollten weiter. Die Panzer zerschossen die Geschützstellungen links und rechts der Straße, und die Schützen räumten sie aus.

Die 19. griech. ID (mot.) warf sich bei Kilkis diesem Ansturm entgegen. Das Gefecht sah erstmals auch in Griechenland verbissene Panzerduelle, die von den deutschen Panzern für sich entschieden wurden. Die griechischen Panzer veralteter Modelle waren nicht imstande, den deutschen Kampfwagen lange Widerstand zu leisten, und von den englischen Helfern war weit und breit nichts zu sehen.

Kilkis wurde in Besitz genommen. GenLt. Veiel gab Befehl zum weiteren Vorstoß, denn auch hier ging es darum, die einmal gewonnene Chance, den Gegner im Laufen zu halten, zu nutzen.

Kurz vor Mitternacht wurde Saloniki erreicht. Ein Parlamentär fuhr in die Stadt und forderte General Rangavis, den dortigen Befehlshaber, zur Übergabe auf. Doch dieser hatte bereits eine Stunde vorher dem in der Stadt residierenden deutschen Generalkonsul die Übergabe abgeboten. Damit hatte er seine Stadt vor der Vernichtung bewahrt. Kampflos rollte die 2. PD nach einem sagenhaft schnellen Raid in Saloniki ein.

Dieser Vorstoß und die Erfolge der 6. GebDiv. veranlaßten den OB der griechischen Armee Ostmazedonien, Generalleutnant Bakopoulos, um Waffenruhe nachzusuchen. Darin schloß er ausdrücklich auch die gesamte Metaxaslinie ein.

Das XVIII. Korps nahm das Angebot an. Um 10.30 Uhr wurde die bedingungslose Kapitulation zugesagt und um 13.00 Uhr unterzeichnet.

Die britische 1. PzBrig., die westlich des Axios stand, wurde ebenso wie die britischen Luftwaffenverbände von der griechischen Führung angefordert, den weiteren Durchstoß der deutschen Verbände zum Stehen zu bringen. Keine der griechischen Forderungen zur Hilfeleistung wurde erfüllt. Das deutsche XVIII. GK hatte die volle Bewegungsfreiheit zum weiteren Vorstoß nach Westgriechenland gewonnen.

Das XXXX. PzK, das aus dem Raume Kjustendil am 6. April angetreten war, hatte mit der 9. PD (die im Feldzug gegen Holland den Auftrag erhalten und ausgeführt hatte, die in der Festung Holland gelandeten Fallschirmjäger zu entsetzen und den schnellen Durchbruch zu erzwingen) bei ihrem Angriff auf der Straße Kumanovo-Skopje zunächst eine starke Bunker- und Paklinie zu überwinden. Im Vorrollen eröffneten die Panzer unter GenLt. von Hubicki das Feuer und zerschossen diese Grenzbefestigungen. Dabei stießen sie bis nach Kriva Panlanka vor. Erst bei der Paßhöhe von Stracin kam die Division zum Stehen. Hier wurde das I./SR 10 unter Major Gorn an der stehenden Panzerkolonne vorbei vorgezogen und griff gleichzeitig mit den Kradschützen des KB 59 die genannte Höhe an. Es gelang, die Paßstraße freizukämpfen und den Panzern den Weg zu ebnen.

Die 73. ID konnte mit ihrer Vorausabteilung unter Major Stiefvater die Stadt Stip nach vierstündigem Häuserkampf erobern. Anschließend gelang es dieser Division, 30 Kilometer Geländegewinn zu erzielen.

Die beiden Offiziere, Major Gorn und Major Stiefvater, erhielten für ihren Einsatz in Jugoslawien das Ritterkreuz.

Mit dem PR 33 voraus rollte die 9. PD in Richtung Kumanovo weiter. Im Gefecht mit zwei jugoslawischen Divisionen an der Picinja erlitten diese schwere Verluste und wichen seitwärts aus. Ohne sich um diese Truppe zu kümmern, fuhren die Panzer weiter in Richtung Skopje. Als der Abend aufzog, hatte das XXXX. PzK nicht weniger als vier jugoslawische Divisionen zerschlagen und deren Reste in alle Winde zersprengt.

Nun wurde das Korps durch Armeebefehl nach Süden angesetzt. Nächstes Ziel war Bitolj. Am 8. April nahm die 9. PD im Wardartal mit der 73. ID Verbindung auf, Skopje war gefallen.

Die jugoslawische Führung befahl den Rückzug ihrer Divisionen auf das Westufer des Wardarflusses. Die Jugoslawen forderten nun über Funk den Einsatz griechisch-britischer Truppen zu ihrer Rettung an und vor allem den Einsatz der Royal Air Force gegen die deutschen Panzerspitzen, um sie zum Stehen zu bringen.

Die griechische Führung lehnte das Hilfeersuchen ab, und als Folge davon brach der jugoslawische 3. Armeebereich zusammen.

Von Skopje aus hatte die Waffen-SS-Leibstandarte „AH“ die Führung im XXXX. PzK übernommen. SS-Obergruppenführer Sepp Dietrich setzte die Aufklärungs-Abt. seines Verbandes an. In 66 Serpentinen ging es über den 1500 m hoch gelegenen Paß. Dichtes Schneetreiben verwehrte fast alle Sicht. Die jugoslawischen Sicherungen wurden aus ihren MG-Nestern hinausgeschossen. Vor einer 40 m langen gesprengten Brücke blieb dieser Angriffskeil schließlich liegen. Eine Kp. des PiBatl. 86 – der KGr. unterstellt – stand bei der notdürftigen Reparatur der Brücke bis zur Brust im eiskalten Wasser. Sie schaffte es bis zum Morgen.

Die Panzer rollten dann einzeln über die Brücke, formierten sich und stießen in schneller Fahrt weiter, dem Gegner dicht auf den Fersen bleibend. So blieb diesem keine Zeit mehr, die folgenden Brücken zur Sprengung vorzubereiten, und es gelang, sechs weitere Brücken unzerstört zu gewinnen und der 9. PD den Weg in den Rücken der jugoslawischen Division „Wardar“ zu ermöglichen. Diesen Gegner zwangen schnelle Rochaden und Dauerfeuer zur Flucht. Die zurückliegenden Feind-Batterien wurden im Vorfahren zerschossen und die Ortschaft Debar erobert. Wieder machte die schnelle gemischte Vorausgruppe Gorn diesen Erfolg möglich. Zwei Generale, 150 Offiziere und 2500 Soldaten der Division „Wardar“ gingen hier in die Gefangenschaft. Neun Artillerie-Batterien und 12 Pak wurden erbeutet.

Durch diesen unerhört schnellen Raid aus Südserbien heraus bestand für den linken Flügel der griechischen Zentralarmee die Gefahr, umfaßt und abgeschnitten zu werden. Das griechische Oberkommando errichtete nun eine neue Abwehrfront, in die sich endlich auch die 1. brit. PzBrig. einschob. Gegen diese griechischen Umgruppierungen trat das XXXX. PzK aus dem Raum Bitolj über die griechische Grenze hinweg an.

Wieder rollten die Panzer in einem dichten Keil voran. Die „Leibstandarte" drang bis zum Klidipaß vor. Hier aber war wegen der vielen Sperren und der raffinierten Verminung des gesamten Geländes ein Durchbruch mit Panzern nicht möglich. Erst mußten die Höhen beiderseits des Passes in deutscher Hand sein. Danach konnte mit dem Räumen der gelegten Minensperren begonnen werden.

Als am 13. April der Südausgang des Passes von den Infanteriekräften gewonnen worden war, tauchten hier plötzlich die Kampfwagen der 1. brit. PzBrig. auf. Aus dem Raum südostwärts der Straße vorrollend, stießen sie in die deutschen Infanterie-Kpn. hinein. Panzer, Pak und Sturmgeschütze standen noch tief im Paßinnern. Lediglich einige 8,8-cm-Flak konnten nach vorn in Stellung gebracht werden. Diesen gelang es, die angreifenden Panzer aus großer Distanz abzuschießen. Acht der angreifenden Feindpanzer standen nach mehreren Salven in Flammen. An dieser Stelle zeigte sich erstmalig die überragende Feuerkraft und Reichweite der Flak, die allen bisher bekannten Panzerkanonen überlegen war. Der Gegner zog sich zurück.

Die 9. PD durchfuhr den Paß und rollte weiter auf Kozani vor. Dadurch waren die Stellungen der griechischen 19. und 20. ID bedroht, die durch die 1. Pz. Brig. gedeckt werden sollte. Nun befahl das britische Oberkommando Griechenland der 1. PzBrig., sich weiter zurückzuziehen.

Die britischen Panzer gaben ihre Stellungen auf und überließen die griechischen Truppen ohne schwere Waffen ihrem Schicksal.

Als der Klidipaß überwunden war, zog GenLt. Veiel das PR 33 an der gesamten Division vorbei nach vorn und gab ihm den Auftrag, Kozani in Besitz zu nehmen.

Bei Ptolemais erhielten die vorfahrenden Panzer plötzlich Artilleriefeuer. Eine dort befindliche Brücke war gesprengt, die Straße an mehreren Stellen aufgerissen. Außerdem tauchten hier britische Panzer auf.

Auf einem Feldweg, der glücklicherweise die Panzer trug, wurde ein Sumpfgelände überwunden. Staffelweise rollten die Panzer vor, machten Schießhalt, schossen die Feindpanzer, die in Reichweite operierten, in Brand und überholten im raschen Vorziehen andere Feindpanzer, die nach links und rechts auszubrechen versuchten und teilweise im Sumpf hängenblieben.

Solcherart schoß sich das PR 33 den Weg frei. Über 30 brennende und zerschossene Feindpanzer und zwei Feindpak blieben hier auf der Strecke.

Dieser harte Schlag veranlaßte die 1. brit. PzBrig., sich in der Nacht zum 14. April hinter der bereits ausgewichenen australischen Brigadegruppe zurückzuziehen.

Am Morgen des 14. April folgte die 5. PD der 9. PD nach und stieß nun in

Richtung Siatista-Paß vor. Die dort stehende 12. griech. ID wurde auseinandergesprengt, ihre weichenden Truppen in Richtung Kitovo verfolgt und auf Flößen und Fähren der Aliakmon überschritten.

Am 15. April hatte auch die „Leibstandarte“ die Höhe 800 an der Rückzugstraße der Westmazedonienarmee umfassend angegriffen und mit Unterstützung der schweren Flak den Weg geöffnet. Kastoria wurde von der AA des Regiments besetzt, 12000 Gefangene gemacht und 36 Geschütze erbeutet. Damit war der Westmazedonienarmee der Rückzug abgeschnitten.

Am 18. April fand in Athen ein Kriegsrat statt. Am selben Tage ging Ministerpräsident Koryzis in den Freitod.

Am Abend des 19. April kamen in Joannina der griechische Armeebefehlshaber und die Kommandierenden Generale zusammen. Sie beschlossen, die Waffen zu strecken und die 16 Divisionen der Armee Westmazedonien, der Zentral- und Epirusarmee zu übergeben.

Am Mittag des 21. April fand in Larissa die Unterzeichnung der Kapitulationsurkunde statt. 140000 griechische Soldaten gingen in die Gefangenschaft. Die 12. Armee hatte nun nur noch die Aufgabe, das britische Expeditionskorps zu überwinden und nach Süden durchzubrechen.

General Wilson, der OB der britischen Expeditionsstreitkräfte in Griechenland, trug sich mit der Absicht, die deutschen Truppen im Raume des Olymp zum Stehen zu bringen. Er ließ alle Kräfte in diesen Raum umdirigieren. So auch die 2. neuseel. ID und die 6. austral. ID, ebenso die 1. brit. PzBrig. und die australische Brigadegruppe aus dem Klidipaß.

Der Durchbruch der Panzer

Die Kämpfe am Olymp mußten die Entscheidung bringen. Das XXXX. PzK mit der 9. PD an der Spitze rollte in Richtung Servia weiter. Als sie den Aliakmon erreichte, waren dort alle Brücken gesprengt worden. Der Gegner hatte sich auf dem jenseitigen überhöhten Steilufer in guten Bergstellungen eingenistet.

Dennoch gelang es den Voraustruppen, einen Brückenkopf über den Aliakmon zu errichten. Teile des SR 11 setzten über und versuchten diese Bergstellungen auszuschalten. Sie wurden blutig abgewiesen. Die Vorstöße am 16. und 17. April scheiterten ebenfalls. Erst nach einem Stukaangriff, an dem bis zu 50 Flugzeuge teilnahmen, war der letzte Widerstand gebrochen. Der Gegner setzte sich ab, und die Pioniere begannen mit dem Brückenschlag.

Am 20. April konnten die ersten deutschen Panzer über diese Brücke fahren. Seit dem 14. April war die 5. PD von Konzani aus hinter den Truppen der weichenden griechischen Zentralarmee hergerollt. Sie drehte dann nach Westen ein, um in den Rücken der Armee zu stoßen und sie zur Aufgabe zu zwingen. Die 5. PD konnte den Aliakmon ohne Schwierigkeiten überschreiten. Das Gros der Division erhielt Befehl, über Grevena nach Süden in die thessalische Ebene vorzustoßen. Dadurch wäre sie in Flanke und Rücken der am Olymp verteidigenden griechisch-britischen Kräfte gelangt.

Jedoch erzwang das XVIII. GK am Olymp mit der 6. GebDiv. und der 2. PD die Entscheidung. Beide Verbände hatten am 10. und 11. April den Axios überschritten und waren gegen den Unterlauf des Aliakmon angetreten. Für den 13. April wurde der Übergang über diesen Fluß befohlen. Der 6. GebDiv. gelang es ohne Feindbeschuß. Im Abschnitt der 2. PD aber bei Neselion schoß der Feind aus allen Waffen. Es waren Nachhuten der 2. neuseel. ID, die hier das Absetzen ihres Gros sicherstellen wollten.

Am 14. April wurde der Vormarsch fortgesetzt und die Ortschaft Katerini am Fuße des Olymp erreicht. Vor dem Paß stauten sich die beiden deutschen Divisionen. Es kam bereits zu Kämpfen der rechten KGr. der 2. PD gegen die 5. australische Brigade. Der Kampf gestaltete sich dramatisch. Feindbatterien schossen auf die festliegenden Panzer und erzielten mehrere Treffer. Erst ein Nachtangriff eines Schützen-Bataillons boxte den Paß frei. Die Paßstraße aber war an mehreren Stellen durch Sprengungen, darunter auch zwei Brücken, blockiert. Erst am 18. April konnte er reibungslos durchfahren werden. Die Panzer nahmen das nächste Ziel ins Visier: Larissa! Bei Aj Trias stießen sie auf britische Panzer, die das Absetzen der eigenen Truppen zu decken hatten. Sie wurden im gemeinsamen Kampf mit der Sturmgeschütz-Abteilung 190, die großen Anteil am Erfolg der 2. PD hatte, in die Flucht geschlagen.

Hier ist es notwendig, den besonderen Einsatz dieser Abteilung, die seit Beginn des Balkanfeldzuges der 2. PD unterstellt war, zu würdigen, handelt es sich bei ihr ja ebenfalls um einen gepanzerten Verband, auch wenn die Sturmartillerie nach dem Willen ihres Schöpers, des späteren Generalfeldmarschalls Erich von Manstein, als motorisierte Artillerie zur Unterstützung der Infanterie gedacht war.

Sturmgeschütz-Abteilung 190 auf dem Balkan

Als die 2. PD bei Dimitros, 20 km südwestlich von Katerini, auf heftigen Widerstand stieß, wurden die Sturmgeschütze unter ihrem Kommandeur, Oberstleutnant Haupt, der Kampfgruppe I, Oberst Kölitz, zugeführt und am 17. April ein Kilometer vor Dimitros vorgezogen. Am 18. April erreichte sie nach Überwinden des vom Gegner eingesehenen Höhenrückens von Elason den Einsatzraum und stieß um 18.30 Uhr gemeinsam mit Panzern und dem I./SR 2 in Richtung Menekses-Höhen vor. Die Schützen waren auf den Panzern und Sturmgeschützen aufgesessen.

Die Angreifer wurden von hektischem Artilleriefeuer empfangen. Ein Geschütz der 2. Batterie erhielt drei Treffer, konnte den Marsch aber fortsetzen. Feindliche

4,7-cm-Pak verwehrte den Sturmgeschützen den Weg über die Serpentinen zu den Höhen.

Aus kürzester Entfernung wurden diese Paknester von den genau schießenden Sturmgeschützen ausgeschaltet. Immer wieder ging beim Gegner Munition hoch. In einer Engstelle stießen die Sturmgeschütze auf Sprengungen und mußten umkehren, um den nachfolgenden Pionieren Platz zu machen. Bei diesem schwierigen Wendemanöver geriet das Geschütz von Lt. Plikat (von der 2. Battr.) zu nahe an die Böschung. Es stürzte der nachgebenden Böschung hinterher in die Tiefe. Ein Toter und vier Verletzte waren das Ergebnis.

Dennoch wurde der Gegner durch das genaue Feuer der Sturmgeschütze derart demoralisiert, daß er in der Nacht das Höhengelände aufgab.

Südlich Lamia mußte die StGeschAbt. 190 noch einmal vorrollen, um den an den Thermophylen festgeklammerten Gegner dort hinauszuschießen. Dieser Auftrag entfiel jedoch, da bekanntgeworden war, daß die 5. PD an diesem Tage Athen erreicht habe.

Zurück zu den Panzerdivisionen, die nach Athen „unterwegs" waren.

Sturmlauf nach Athen

Nachdem der Menekses-Paß durch das Mitwirken der Sturmgeschütze überwunden worden war, wurde am 19. April der Vorstoß der Panzer fortgesetzt.

Gegen Mittag war Larissa erreicht, nachdem im Raume Makrohorion der letzte Haltversuch des Gegners, der 14 Panzer einsetzte, mit dem Abschuß aller Feindwagen geendet hatte. Dennoch waren die Briten und Commonwealth-Verbände durch diesen Halt in die Lage versetzt worden, Artillerie-Batterien in Stellung zu bringen und einige Panzer und Spähwagen damit anzuhalten.

Das britische Expeditionskorps zog sich nun fluchtartig in Richtung Athen zurück, um sich irgendwo in Südgriechenland einzuschiffen. Die 12. Armee erließ den Befehl zur schnellen und rücksichtslosen Verfolgung. Doch diese konnte erst am Morgen des 21. April einsetzen, da die Versorgungstruppen noch weit zurückhingen.

Um diesen Vorsprung zu halten und den Gegner am schnellen Abfließen zu hindern, wurden deutsche Kampfflugzeuge eingesetzt. Diese vernichteten in Tiefflügen allein am 19. April 30 Feindpanzer aus der Luft. Auf der 40 Kilometer langen Strecke von Larissa bis nach Pharsala lagen dicht bei dicht die zerbombten Fahrzeuge und Panzer. Ebenso sah es auf der Strecke von Theben nach Athen aus.

Das XXXX. PzK verfolgte den weichenden Gegner mit der ihr seit dem 20. April unterstellten 2. PD, sowie seiner eigenen 5. und 9. PD. Die beiden GebDivisionen wurden dem in der II. Welle führenden XVIII. GK unterstellt.

Die 5. PD, die am weitesten südlich stand, schwenkte aus dem Becken von Trikala nach Süden ein und fuhr das Wettrennen nach Athen an der Spitze.

Als bei Domokos auch noch die 9. PD auf die Straße nach Athen eindrehte, war diese bald überfüllt. So nahm es nicht wunder, daß sich die 5. PD bei den Thermopylen festfuhr, wo eine Reihe von Sprengungen die Straße unpassierbar gemacht hatte. Am 21. April stand dann der Fluß der Bewegungen still. Die 9. PD mußte herausgezogen werden und wurde nach Volos umdirigiert. Am 23. April wurde auch die 2. PD, die von der Küstenstraße her einschwenkte, bei Stylos angehalten, um die Lage bei Lamia zu entflechten.

Britische Pakriegel schossen aus den versteckten Hangstellungen an den Thermopylen. Beiderseits der gesprengten Straße hatte sich die 6. austral. Div. in Stellung begeben, und an der Küstenstraße war von den Neuseeländern die Streckenführung unterbrochen worden, indem sie 16 Serpentinen gesprengt hatten.

Die 5. PD, die am 21. April hier eintraf, blieb demzufolge liegen. Es waren die Gebirgsjäger, die nun in einem 80-km-Marsch durch das Gebirge dem Gegner in den Rücken fielen.

Gleichzeitig damit griffen ebenfalls am 24. April die Panzer des PR 31 an. Die 1./PR 31, die vorn fuhr, wurden mitten im Paß von dichtem Pakfeuer empfangen. Acht ihrer Panzer und Sturmgeschütze gingen verloren. Der deutsche Panzerangriff brach – das erstemal in Griechenland – zusammen. Auch die darüber hinaus vorgestoßenen Gebirgsjäger blieben liegen. Stukas griffen an und bombten die Stellungen des Gegners, der hier noch einmal versuchte, durch sein Halten das Gros der britischen Expeditionskräfte zu retten.

Daß ihnen diese Absicht gelang, zeigten die ab dem 20. Mai stattfindenden Kämpfe deutscher Fallschirmjäger und der 5. GebDiv auf Kreta, wo ihnen jene Soldaten gegenüberstanden, die durch diese Kampfhandlungen auf dem Festland die Chance erhielten, zu den Schiffen zu entkommen und auf die Insel zu gelangen.

Erst gegen 23.00 Uhr des 24. April verstummte das Feindfeuer. Der Gegner rückte ab, und die Panzer setzten zur Verfolgung an. Ziel war Theben.

Am Mittag des 25. April war diese Stadt von den Vorausabteilungen der 5. PD erreicht und genommen. Die Verfolgung wurde nach dem Auftanken und Aufmunitionieren fortgesetzt. Am 27. April um 8.00 Uhr früh fuhr die 5. PD in die griechische Hauptstadt ein. 30 Minuten später wurde auf der Akropolis von Athen die Reichskriegsflagge gehißt.

Wähend die 5. PD in Athen verblieb, rollten die 2. PD und die 6. GebDiv. nach Megara weiter, erreichten den Kanal von Korinth, wo unmittelbar vorher die Fallschirmjäger des FJR 2 unter Oberst Sturm die Brücke über den Kanal im Handstreich zu nehmen versucht hatten.

Dieses Wagnis wäre um ein Haar gelungen, aber durch einen Zufallstreffer der britischen Artillerie wurden jene Sprengladungen, welche von den Fallschirmjägern aufgenommen worden waren, getroffen und damit die Brücke vernichtet.

Dennoch: Die nachfolgenden Truppen konnten über eine von den Pionieren gebaute Behelfsbrücke übersetzen, über welche nun auch die Gebirgsjäger und die Panzer der 2. PD übersetzten und die Verfolgung des Gegners auf dem Peloponnes antraten.

Am 29. April drangen die Panzer in die Hafenstadt Kalamata ein. Dort warteten noch immer 5000 Mann britischer und eine große Zahl jugoslawischer Truppen auf ihre Einschiffung. Sie gerieten in Gefangenschaft.

Nur 24 Stunden eher, und hier wäre das Gros der britischen Expeditionsstreitmacht in deutsche Hand gefallen.

Der Balkanfeldzug war zu Ende. Eines sollte an dieser Stelle festgehalten werden: Die deutsche Panzertruppe hatte sich auch in diesem panzerungünstigen Gelände glänzend bewährt und entscheidenden Anteil an der in nur fünf Wochen geschaffenen Niederringung der Serben, Griechen, Briten und Commenwelth-Verbände gehabt. Allerdings war die Oberste deutsche Führung sich noch nicht darüber im klaren, daß diese fünf Wochen Aufschub nun dem Ostfeldzug fehlten. Das erste große Ziel des Feldzuges, Moskau und Leningrad noch vor Einfall des Winters zu erreichen, ließ sich nicht mehr verwirklichen.

Unmittelbar nach Ende dieses Feldzuges waren fast alle Divisionen aus Jugoslawien abgezogen worden und sein ganzer Raum war kaum in deutscher Hand, noch weniger war es gelungen, die jugoslawischen Truppen, die sich in die Berge geflüchtet hatten, zu entwaffnen. Das war ein entscheidender Fehler. Er sollte der Bildung der jugoslawischen Partisanenarmee Vorschub leisten und den Partisanenkrieg einleiten, der so hohe Opfer forderte und keine Entscheidung brachte.

Es gilt in Fachkreisen nicht als ausgeschlossen, daß die Opferung von Jugoslawien und Griechenland den späteren Endsieg der Alliierten sicherstellte.

Der Balkanfeldzug kostete die deutsche Wehrmacht 2559 Tote, 5820 Verwundete und 3169 Vermißte.

Am 30. April wurde die Besetzung des griechischen Festlandes abgeschlossen. Insgesamt gingen 223000 griechische und 21900 britische Soldaten in die Kriegsgefangenschaft.

DER KAMPF UM KRETA

Sprung am Kanal von Korinth

Für den 25. Januar 1941 war auf dem Berghof in Berchtesgaden, der als Ausweich-Führerhauptquartier galt, eine Aussprache zwischen Reichsmarschall Göring und Hitler angesetzt worden. Es ging dabei auch um die Frage des weiteren Einsatzes der Fallschirmtruppe. Deshalb bat Hermann Göring General Student, ihn zu begleiten.

Göring nahm Student auch zu „einer Tasse Tee“ mit zu Hitler, und Student konnte sich „beim Führer zurückmelden“. Seit Rotterdem war er infolge eines Tangential-Kopfschusses dienstunfähig gewesen.

Auf der Rückfahrt im Sonderzug des Reichsmarschalls kamen die beiden Luftwaffenführer auf die Aktivierung des Kampfes gegen England zu sprechen. Nachdem Hitler ihnen erklärt hatte, daß „Seelöwe“ – die Invasion Englands – nicht mehr in Frage komme, mußte ein Weg gefunden werden, um England im Mittelmeerraum den Todesstoß zu versetzten.

Dazu führte Göring aus, daß neben dem Mittelmeerraum auch der Nahe Osten in Frage komme, weil beide für das britische Empire wichtig seien.

„Italien“, so Göring, „kann die Engländer nicht allein aus dem Mittelmeer vertreiben. Es braucht ja jetzt schon Hilfe, um sich dort halten zu können. Sie, Student, sollten mir eine Möglichkeit nennen, wie wir entweder Gibraltar, den Suezkanel, Cypern, Malta oder Kreta in unseren Besitz bekommen können.“ (Siehe: Bericht von Generaloberst Kurt Student an den Autor).

„Wir kamen darin überein, daß die Eroberung der letztgenannten Ziele durchaus im Rahme des Möglichen läge.“ (Siehe: Student, Kurt: „Sprung in die Hölle“ von Karl Alman).

Als die Engländer dann im Verlauf ihres raschen Rückzuges aus Griechenland den Kanal von Korinth erreichten und über die Funkhorchabteilung in Belgrad festgestellt wurde, daß sie die Sprengung von mit Dynamit gefüllten Kähnen im Kanal von Korinth planten, um die Kanalböschung zum Einsturz zu bringen, faßte Generaloberst Löhr, OB der Luftflotte 4, den Entschluß, diese Absicht durch den Einsatz eines Teiles der Fallschirmtruppen zu lösen.

Dazu war er von Generalmajor Korten, Chef des Generalstabes seiner Luftflotte, angeregt worden, der diese Idee hatte. Der OB verabsäumte es, das OKL zu bitten, General Student mit dieser Aufgabe zu betrauen und auch die Vorbereitungen und die Durchführung zu erarbeiten. Diesem wäre es gelungen, die zusätzlich zur Verfügung stehenden Fallschirmjäger seiner 7. Fliegerdivision mit anzusetzen, alle Feindkräfte des Gegners mit seinen auf dem Peloponnes zurückweichenden britischen Kräften an ihrer Einschiffung zu hindern und damit ein Entkommen nach Alexandria und vor allem nach Kreta zu verhindern.

Deutsche Fallschirmjäger in Heraklion.

Major Schulz und Oberleutnant Kerfin mit dem Bürgermeister der Stadt.

Ein melancholischer Augenblick der Ruhe vor dem nächsten Einsatz in Heraklion.

An eroberten britischen Fahrzeugen vorbei, stürmen die Fallschirmjäger vor

Eine Ju 52 schwebt auf dem schwer umkämpften Flugplatz Malemes ein, auf dem schon viele Ju's und brennende Flugzeugwracks stehen.

Dr. Heinrich Neumann eroberte die Höhe 107 mit und schuf die Voraussetzungen zum Gewinn des Flugplatzes Malemes.

Als Feldwebel errang Wilhelm Kempke auf Kreta das Ritterkreuz.

Major Walter Koch wurde auf Kreta schwer verwundet.

Oberst Richard Heidrich führte auf Kreta das Fallschirmjäger-Regiment 3.

Hauptmann Walter Gericke kämpfte von Malemes bis nach Chania, RK am 14. Juni 1941.

Oberst Bernhard-Hermann Ramcke stellte mit seinen nachgelandeten Kräften die Lage zum Angriff her.

Generalmajor Ringel im Seitenwagenkrad unterwegs zu seinen Gebirgsjägern.

Auch General Student ist unterwegs zur Truppe (im Seitenwagen).

Major Kroh, Kampfgruppenführer Rethymnon meldet dem General.

Kurt Student bei der Parade.

Kurt Student während einer kleinen Pause.

Oberst Bräuer und Major Schulz bei Heraklion.

Bei Malemes zu Bruch gegangene Me 110, die zur Unterstützung der Fallschirmjäger Tieffliegerangriffe flog.

Besprechung zwischen Generalmajor Ringel (links) und General Student.

General Ringel zeichnet verdiente Gebirgsjäger aus.

Der Abschluß auf Kreta: Oberst Bräuer erstattet Generaloberst Löhr Meldung.

Zurück blieben die Gräber der Kameraden. Ganz rechts das Grab von Major Derpa.

Dies war der wichtigste Punkt des Korith-Einsatzes, und der wurde von der Luftflotte 4 vernachlässigt, sehr zum Unheil der Fallschirmjäger und Gebirgsjäger, die wenig später zum Sturmangriff aus der Luft auf Kreta angesetzt wurden.

General Student war zur gleichen Zeit in Berlin mit den Vorbereitungen zum Unternehmen „Merkur" – dem Luftangriff und Luftlandeeinsatz auf Kreta – beschäftigt. Indessen marschierten jene Soldaten seines XI. Fliegerkorps (die 7. Fliegerdivision, war zu diesem Korps aufgestockt worden), die das „Detachement Süßmann" bildeten, an ihre Maschinen, um ohne Wissen ihres Kommandierenden Generals zum Luftlandeeinsatz gegen den Kanal von Korinth zu starten.

Es war am späten Nachmittag des 25. April 1941, als die Fallschirmjäger des FJR 2 unter Oberst Alfred Sturm auf dem bulgarischen Flugplatz Plovdiv zu ihren Maschinen marschierten. Sie wurden zunächst nach Larissa überflogen. Von dort starteten sie am anderen Morgen zum Sprungeinsatz am Kanal von Korinth.

Kampf und Verfolgung

Die 200 Kilometer bis zum Ziel waren einschließlich des Starts in etwa 90 Minuten zurückgelegt. Die Gruppen des KG z. b. V. 2 überflogen das Pindosgebirge, erreichten den Golf von Korinth und gingen von hier aus auf Südkurs.

Sich dicht über See haltend, legten sie den Anflug in niedrigster Höhe zurück, um erst kurz vor Erreichen des Ziels auf die Absetzhöhe von 120 m hochzuziehen.

Die Lastensegler der Pioniere wurden hier ausgeklinkt und glitten auf die zugewiesenen Ziele herunter.

Oberst Sturm, der Kommandeur des FJR 2, sprang mit zweien seiner Bataillone südlich des Kanals. Das dritte Bataillon wurde nördlich des Kanals abgesetzt.

An der Spitze des Verbandes aber landeten die Lastensegler mit den Fallschirmpionieren und dem FJ-Zug unter Lt. Teusen.

Als die erste Fallschirmjäger-Kp. sprang, flog bereits die Brücke über den Kanal mit Donnergetöße in die Luft. Hier die Schilderung des Herganges von der ersten Landung an, die von dem damaligen Lt. Hans Teusen aufgezeichnet wurde.

„Als wir landeten, feuerten die beiden Flak-Batterien am Südende der Brücke über den Kanal hinweg. Mit den ersten Männern meines Zuges ging ich gegen die Brücke vor. Der Feind wurde durch die am Körper mitgeführten MPi niedergehalten. Handgranaten brachten die MG-Stellungen des Gegners zum Schweigen. Schemenhaft tauchten Tommies aus Pulverdunst und waberndem Staub auf und wurden außer Gefecht gesetzt.

Meine erste Gruppe rannte bereits über die Brücke, die ersten mit Lastenseglern abgesetzten Fallschirmpioniere enterten ins Brückengestänge und rissen die Zündkabel heraus. Sie schichteten die entschärften Sprengladungen etwa in der Brückenmitte am Rande der Fahrbahn auf.

Es schien so, als hätten wir es geschafft. Als ich dann gerade eine Meldung schrieb, um diese dem Kommandeur überbringen zu lassen, sah ich plötzlich einen PK-Mann mitten auf der Brücke, der mitten im Heulen feindlicher Flakgranaten seine Aufnahmen machte. Es war der Kriegsberichter E. von der Heyden. Als ich den Zettel aus dem Meldeblock riß, hörte ich einen weiteren Flakabschuß von der nördlichen Brückenseite. Sekunden darauf erscholl auf der Brücke eine gewaltige, dumpf grollende Detonation, der ein donnerartiges Krachen folgte.

Ich sah, wie die Brücke über den Kanal von Korinth in der Mitte durchbrach und daß die Männer meines Zuges, die sich darauf befanden und der Kriegsberichter mit in die Tiefe gerissen wurden." (Siehe: Teusen, Hans: Bericht an den Autor).

Eine Flakgranate des Gegners war in die aufgeschichteten Sprengladungen hineingeschlagen und hatte sie hochgejagt. Die Brücke war vernichtet, das vordringliche Ziel der Fallschirmjäger nicht erreicht, aber die Sprengung des Kanals dennoch verhindert worden.

Hptm. Gerhard Schirmer sammelte seine Kompanie, zu der auch der Zug Teusen gehörte. Mit zwei Beute-Flak stürmte er in Richtung Korinth hinter dem zurückgeschlagenen Gegner her. Der Flugplatz von Korinth wurde freigekämpft, die Feindstellungen überwunden und dieser Platz für notwenig werdende Truppennachlandungen gesichert.

Da der Kommandeur des II./FJR 2 verwundet worden war, übernahm Hptm. Schirmer das Bataillon und erhielt von Oberst Sturm die Weisung, den Feind in Richtung Argos und Nauplia zu verfolgen. Es begann eine Verfolgung, die in der Regimentsgeschichte als der „Argonautenzug" dargestellt wurde.

Nauplia, die erste Hauptstadt des von der Türkei verlassenen Griechenland, war vom Feind geräumt worden. Auf Tolon weiterstoßend, wurde auch dieser Hafen vom Zug Teusen gewonnen, allerdings erst nach hartem Kampf. Der Gegner streckte hier die Waffen. 1400 Briten gingen in die Gefangenschaft. Hans Teusen erhielt für diesen Husarenstreich am 14. Juni 1941 das Ritterkreuz.

Auch Hptm. Gerhard Schirmer wurde mit dem Ritterkreuz ausgezeichnet, denn er hatte es geschafft, den gesamten Peloponnes vom Feind zu säubern. Allerdings gelang es mehr als 10000 Briten, sich nach Kreta abzusetzen. Dort sollten sie sich der ohnehin starken Verteidigung der Insel zugesellen.

Der für den Nachmittagseinsatz vorgesehene Verband des III./FJR 2 brauchte nicht mehr einzugreifen.

Das Unternehmen „Merkur" – Seine Vorbereitungsphase

Mit dem Unternehmen „Merkur" hatte General Kurt Student eine völlig selbständige Operation der Fallschirm- und Luftlandetruppe geplant. Es war, wie der britische Brigadegeneral Fuller betonte, „das erste Emporheben einer Armee in die

Luft. Dieser Angriff bedeutete eine Revolution in der Taktik. Von allen Operationen des Krieges steht der Angriff aus der Luft auf Kreta, was Kühnheit anbelangt, an der Spitze.

Weder zuvor noch danach wurde ähnliches versucht. Es war kein Luftangriff, sondern eine Invasion aus der Luft." (Siehe: Fuller, Majorgeneral J. F. C.: „Der Zweite Weltkrieg").

General Student war am 20. April 1941 ins vorgeschobene FHQ am Semmering geflogen. In seiner Begleitung Oberstleutnant Heinz Trettner, sein Ia. Sie meldeten sich im Hotel Panhans, dem HQ des Ob. d. L., bei Reichsmarschall Göring.

Das erste Gespräch führte Kurt Student mit General Jeschonnek, dem Generalstabschef der Luftwaffe. Er erfuhr, daß der Balkanfeldzug mit der Eroberung des Peloponnes (wie dargestellt) abgeschlossen werden sollte.

Kurt Student war der Überzeugung, „daß ein so starker Stützpunkt wie die Insel Kreta nicht in den Händen des Gegners belassen werden konnte. Der Gegner konnte von Kreta aus zu jeder Zeit zu einem neuen Angriff auf das griechische Festland oder die griechischen Inseln antreten."

Einige Stunden später trug Student seinen Plan auch Reichsmarschall Göring vor und fand dessen volle Zustimmung.

Am Vormittag des 21. April fuhren Student und Trettner zum Führerzug, der etwa 20 km seitab nahe einem Tunnel stand. Nach einer Vorbesprechung mit GFM Keitel und General Jodl wurde Hitler hinzugebeten, der erst gerufen werden wollte, wenn alle Vorfragen abgeklärt waren.

General Student trug dem Obersten Befehlshaber der Wehrmacht vor, daß es ihm möglich sei, die Insel Kreta zu erobern. Dazu Student:

„Ich erklärte Hitler, daß die Insel gleichzeitig an mehreren Stellen von vielen KGr. von Fallschirmjägern überraschend angegriffen wird . . . Es sollte aber dafür gesorgt werden, daß gleichzeitig mit den Luftlandungen und Fallschirmeinsätzen auch Truppen auf dem Wasserweg die Insel erreichen und in den Kampf eingreifen." (Siehe: Kurowski, Franz: Gespräche mit Generaloberst Student).

Hitler erklärte, daß der Angriff so bald wie möglich erfolgen solle. „Jeder Tag früher ist ein Gewinn", erklärte er, „jeder Tag später ein Verlust!" (Damit spielte er auf den Ostfeldzug an, der unmittelbar bevorstand).

Die 22. Luftlandedivision, die beim Einsatz gegen die Festung Holland zum Fallschirmkorps gehörte hatte, war nicht verfügbar. Sie war bereits im März 1941 zur Sicherung der Erdölfelder von Ploesti nach Rumänien verlegt worden. Hitler stellte für diesen Einsatz die 5. Gebirgsdivision unter Generalmajor Ringel zur Verfügung, die sich im Griechenlandfeldzug bereits ausgezeichnet hatte.

General Student flog mit Oberstleutnant Trettner nach Berlin zurück. Gemeinsam erstellten sie den endgültigen Angriffsplan. Dieser sah vor, daß die Flugplätze von Malemes und Heraklion im Westen und Osten der Nordküste gleichzeitig angegriffen und in Besitz genommen werden sollten, ebenso die kretische Hauptstadt Chania sowie Flugplatz und Ortschaft von Rethymnon. Die durchschnittliche Belegung der drei Flugplätze war mit 25–40 Maschinen erkundet worden.

In Chania galt es, das Hauptquartier von General Freyberg, dem Oberkommandierenden auf der Insel, im Handstreich in Besitz zu nehmen.

Am 16. Mai trugen die Regimentskommandeure und Kampfgruppenführer in Athen, Hotel Grande Bretagne, dem Kommandierenden General ihre Pläne vor.

Auf der Insel

Bereits am 30. April hatte General Freyberg den Oberbefehl über alle auf der Insel stehenden alliierten Kräfte übernommen. Er hatte im Gespräch mit General Wavell am selben Tage die vier möglichen Landezonen der Deutschen genau umrissen. Sein Operationsstab erarbeitete am 3. Mai den Operationsbefehhl Nr. 10, der von den Abschnitten Heraklion, Rethymnon, Sudabucht, Malemes und Chania ausging.

Die Gesamtstärke der ihm zur Verfügung stehenden Inselbesatzung betrug 30 000 Mann Empiretruppen und 11000 griechische Soldaten. Von Kairo aus wurden alle Register gezogen, um diese geballte Truppenmacht weiter zu verstärken. Am 10. Mai konnte General Freyberg die Aufstellung der 10. neuseeländischen Brigade unter Colonel Kippenberger befehlen. Die 4. Brigade führte Brigadier Inglis, während die 5. Brigade unter dem Kommando von Brigadier Hergest stand.

Admiral Cunningham wurden alle Marineoperationen zur Verteidigung von Kreta übertragen.

Es gelang Admiral Cunningham, noch am 16. Mai das II. Batl. des Leicestershire-Regiments mit voller Ausrüstung von Alexandria nach Heraklion auf Kreta zu bringen. In der Nacht zum 19. Mai waren 700 Mann der Highlands und der Sutherlands in Timbaki gelandet worden.

Der zu Mitte Mai angesetzte deutsche Angriff mußte zweimal verschoben werden. Letzter Termin war der 20. Mai 1941.

Der Ansatz der deutschen Kräfte

Die erste Welle der Luftlandekräfte sollte in den Morgenstunden des 20. Mai 1941 starten. Ihre Angriffsziele waren der Flugplatz Malemes, Chania und die Sudabuch.

Die zweite Welle, die wegen der geringen Zahl an Maschinen des Typs Ju 52 notwendig wurde und aus den zurückkehrenden Ju 52 der ersten Welle bestehen sollte, würde am Mittag um 13.00 Uhr starten und die Flugplätze Rethymnon und Heraklion zum Ziel haben. Die Kräfte für die erste Welle bestanden im Fallschirmjäger-Sturmregiment unter Generalmajor Meindl. Seine Bataillone wurden wie folgt angesetzt:

I. Bataillon: Major Koch, Landung mit Lastenseglern gegen die Flakstellungen bei Chania, Sudabucht und Flugplatz Malemes. Besitznahme der Höhe 107 nahe Flugplatz Malemes.

II. Bataillon: Major Stentzler, Sprungeinsatz ostwärts des Flugplatzes Malemes, westlich Spilia.

III. Bataillon: Major Scherber, Sprungeinsatz ostwärts des Flugplatzes Malemes.

IV. Bataillon: Hptm. Gericke, Sprungeinsatz westlich der Straßenbrücke über den Tavronitis.

Das Fallschirmjäger-Regiment 3 unter Oberst Richard Heidrich, ebenfalls in der ersten Welle zum Einsatz kommend, erhielt folgende Ziele zugewiesen:

I. Bataillon: Hauptmann Frhr. von der Heydte, Sprungeinsatz auf der Ebene am Zuchthaus Agya. Raum Straße Chania – Suda.

II. Bataillon: Major Derpa, Sprungeinsatz ostwärts des Zuchthauses Agya. Besetzung der Höhen von Galatas.

III. Bataillon: Major Heilmann, Sprungeinsatz als Vorhut des Regiments im Raume Galatas – Daratsos – Straße Alikianou-Chania.

FschPiBatl. 1: Major Liebach, (ohne 3. Kp.) Sprungeinsatz nördlich des Raumes Alikianou.

Unter Oberst Alfred Sturm sollte die zweite Welle am Mittag zum Sprungeinsatz starten. Ihre Angriffsziele waren:

I. Bataillon: Major Kroh (verstärkt) Sprungeinsatz gegen den Flugplatz von Rethymnon.

II. Bataillon: (hier nicht eingesetzt).

III. Bataillon: Hauptmann Wiedemann (ebenfalls verstärkt), Sprungeinsatz zwischen Flugplatz und Stadt Reythmnon.

Das Fallschirmjäger-Regiment 1 unter Oberst B. Bräuer, ebenfalls in der zweiten Welle eingesetzt, wurde von diesem zu folgenden Haupteinsätzen kommandiert:

I. Bataillon: Major Walther, Sprungeinsatz bei Gournes, ostwärts Heraklion-Stadt- und Flugplatz.

II. Bataillon: Hauptmann Burckhardt, Sprungeinsatz ostwärts Heraklion.

III. Bataillon: Major Schulz (Karl-Lother), Sprungeinsatz gegen die Stadt Heraklion.

II. Bataillon/FJR 2, Major Schirmer, Sprungeinsatz bei Heraklion als Eingreifreserve.

Neben den Einheiten des VIII. Fliegerkorps standen General Student noch eine Reihe von Kampfverbänden der Luftwaffe, darunter die I. und II./Kampflehrgeschwader z. b. V., die I./Luftlandegeschwader 1 und die Kampfgruppen z. b. V. 2, 3, 40, 60, 101, 102, 105, 106 sowie die 1./KGr. z. b. V. 172 zur Verfügung. Students Antrag, ihm auch das gesamte VIII. Fliegerkorps für die Dauer dieses Angriffs zu unterstellen, wurde abgelehnt.

Der Angriff

Am Morgen des 20. Mai 1941 startete auf dem Flugplatz Tanagra die 1./LL-Sturmregiment unter Oblt. Alfred Genz als Vorausabteilung. Sie würde eine Stunde vor den nächsten Sturmtruppen auf kretischem Boden landen und mit ihren Lastenseglern DFS 230 die Ziele genau ansteuern. Bereits in der Luft erhielten sie britisches Flakfeuer. Genz' Männer eroberten handstreichartig trotz schwerer Verluste die britischen Geschütze der außer Gefecht zu setzenden Batterie. Genz hatte danach nur noch 34 Mann zur Verfügung, als ein FT-Spruch des FJR 3 einging: „Wir kommen nicht nach Chania durch. Schlagt Euch zu uns durch!"

Sekunden später wurde das Funkgerät dieser Eingreifgruppe durch einen Gewehrtreffer außer Gefecht gesetzt.

Trotz starken Feindfeuers und weiterer Verluste gelang es dieser Kampfgruppe, bei der glücklicherweise auch Oberarzt Dr. Stehfen war, sich durchzuschlagen.

Das Fallschirmjäger-Sturmregiment startete eine Stunde später und fiel um 7.15 Uhr bei Malemes ein. Das II. Batl. konnte wegen der dichten Staubentwicklung auf dem Platz erst gegen 8.00 Uhr abgesetzt werden. Der Gegner am Flugplatz von Malemes war stärker als gemeldet. Er lag nicht in den „erkannten" Stellungen, sondern gut getarnt in stark ausgebauten und mit Drahthindernissen versehehen Stellungen in überaus schwierigem Gelände.

Die 3./LL-Sturmregiment kämpfte opfervoll gegen die leichte und schwere Flak am Flugplatzrand von Malemes. Die leichte Flak konnte vom Zug Ofw. Arpke am Nordrand von Malemes ausgeschaltet werden. Lt. Musyal gelang es mit nur drei LS, die schwere Flak 800 m westlich des Westplatzrandes außer Gefecht zu setzen. Der Kompaniezug unter Oblt. v. Plessen rang den Gegner am Westrand in dem dort befindlichen Wäldchen nieder. Ofw. Scheel konnte die Verteidiger hart südlich des Südwestrandes überwältigen. Während dieser Kampfhandlungen wurden die Verwundeten mustergültig von Oberarzt Dr. Weizel betreut. Dr. Weizel übernahm ab 9.30 Uhr die Kompanieführung, weil alle Offiziere ausgefallen waren.

Die Höhe 107 jedoch, das erklärte Ziel dieser Kampfgruppe, konnte nicht erstürmt werden.

Das III. Batl. des FschJägSturmregiments wurde mit allen Teilen verzettelt abgesetzt. Dadurch fielen der BatlKdr. mit seinem Stab und die Chefs der 10. und 12. Kp. mit der Masse ihrer Kpn. sofort aus.

Lediglich der 9. Kp. gelang es trotz der schweren Verwundung ihres Chefs, Hptm. Witzig, sich mit einigen Teilen im Verlauf des Tages zum Regiment durchzuschlagen.

Die Einheiten des IV. Batl. und der Regimentsstab wurden jedoch richtig abgesetzt. Sie gingen unmittelbar nach Errichtung des RgtGefStandes in Richtung zur Brücke und zum Westteil des Flugplatzes Malemes vor. Durch starkes Feuer von der Höhe 107, die ja nicht genommen werden konnte, wurden sie getroffen. Beim

Vorgehen in Richtung Tavronitisbrücke wurde GenMaj. Eugen Meindl durch Brustschuß schwer verwundet; für ihn übernahm Hptm. Gericke die Kampfführung in diesem Abschnitt.

GenMaj. Meindl befahl, die Höhe 107 durch Teile des II. Batl. unter dem Kommando von Major Stentzler in Besitz zu nehmen. Major Stentzler und Hptm. Gericke wurden gegen Mittag von GenMaj. Meindl persönlich eingewiesen. Die schweren Waffen des II. Batl., die im Verlaufe des Nachmittags eintrafen, wurden dem IV. Batl., Hptm. Gericke, zur Unterstützung des Angriffs gegen den Nordrand der Höhe 107 unterstellt. Der Flugplatz Malemes war noch immer nicht gefallen.

Teilen des II. Batl. unter Stentzler gelang es noch am Nachmittag, durch Umfassung von Süden mit der 7. Kp. und von Westen mit der 5. Kp., gegen die Höhe 107 vorzustoßen und ihren Südteil zu besetzen. Am Abend gelang es Oberstabsarzt Dr. Neumann, nach der Verwundung von Major Koch, die Reste des I. Batl. an den Nordhang der Höhe 107 heranzubringen, ohne jedoch die Höhenstellung des Gegners zu überwinden.

In den späten Abendstunden übernahm Major Stentzler die Regimentsführung in vorderster Linie, während GenMaj. Meindl trotz der schweren Verwundung die Gesamtführung behielt.

Das I./FschJägSturmregiment war durch das Abreißen von vier Lastenseglern geschwächt, drei weitere explodierten beim harten Aufsetzen. Dennoch war es erfolgreich und konnte die Flakbatterie westlich des Flugplatzes niederkämpfen. Der Versuch aber, das feindliche Zeltlager auf den Hängen der Höhe 107 wegzunehmen, mißlang. Major Koch war durch einen Kopfsteckschuß verwundet worden. Die Überlebenden gruben sich ein.

Das IV./FschJägSturmregiment unter Hptm. Gericke wiederum war von Megara aus planmäßig gestartet. In der Maschine von Hptm. Gericke flog auch GenMaj. Meindl mit. Der Stab des Regiments befand sich ebenfalls in dieser Maschine, ebenso Oberstabsarzt Dr. Neumann, Kdr der FschSanAbt. 7, der den Truppenverbandsplatz in Tavronitis einrichten sollte.

Beim Sprungeinsatz wurde das Bataillon von den Höhen und Hängen der Höhe 107 heftig beschossen. Der Gegner beherrschte von dieser Höhe aus die Straße und das Flußbett des Tavronitis mit der dortigen Brücke.

Als GenMaj. Meindl die Brücke unterqueren wollte, hatte sich das Feuer neuseeländischer Scharfschützen bereits auf diesen Punkt konzentriert. Fallschirmjäger fielen durch Kopf- und Brustschüsse. Einer von ihnen war auch der Regimentskommandeur. Dieser erhielt einen Brustquerschuß und wurde nach Tavronitits geschafft, wo inzwischen die 3./SanAbt. 7 den ersten notdürftigen Verbandsplatz eingerichtet hatte.

Das III./FschJägSturmregiment erreichte Kreta erst mit zweistündiger Verspätung, weil der Platz von Megara durch die vorangegangenen Starts in einer dicken Staubwolke lag.

Es wurde falsch abgesetzt, und zwar mitten in ein stark ausgebautes feindliches Stellungssystem hinein. Sofort in heftige Kämpfe verwickelt, konnte sich Oblt.

Horst Trebes mit dem Rest des Bataillons kämpfend zum IV. Bataillon durchschlagen. Das Gros des Batl. war aufgerieben worden, fast alle Offiziere einschließlich des BatlKdrs. ausgeschaltet.

Im Lande- und Absprungraum der Gruppen Malemes, Chania und Rethymnon griffen Verbände des VIII. FlK im vorbereitenden Bombenwurf, mit Zerstörerkräften und Jagdfliegern an. Die Angriffe auf die britischen Zeltlager und Flakstellungen und die Kasernen in Heraklion und Rethymnon halfen den Fallschirmjägern, sich wenigstens in den erreichten Räumen zu halten.

Die Geleitzerstörer und Jäger konnten die 502 eingesetzten Ju 52 wirkungsvoll schützen. Nur sieben (!) gingen während des Absetzens der ersten Welle verloren.

Verlustreicher Kampf bei Galatas

Im Einsatzraum Mitte hatte Oberst Heidrich mit dem FJR 3 einen schweren Stand. Das III. Batl. unter Ludwig Heilmann, das den vorgesehenen Absprungplatz für das nachfolgende Regiment freikämpfen sollte, sah bereits im Anflug die dicken Qualmwolken der einhauenden Stukabomben. Die KGr. überflog die Insel von Westen, voran die 9. Kp., dabei der BatlKdr. Die KGr. erhielt starkes Feuer, als die Maschinen auf die Sprunghöhe heruntergingen. Nördlich der Straße von Chania flammte das Abwehrfeuer auf. Die Neuseeländer schossen aus allen Waffen auf die niedergehenden Fallschirmjäger und den Absprungplatz. Leblose Gestalten hingen an den Schirmen in den Bäumen und Telegraphendrähten. Einige Fallschirmjäger wurden von den Agaven aufgespießt. Im Nahkampf schaltete Heilmann mit seinen Männern eine Feindstellung aus. In der Verfolgung einer Gruppe Neuseeländer geriet Heilmann mit einem (!) Oberjäger in das Feuer von deren Nachhut. Der Oberjäger stürzte getroffen zu Boden, Heilmann mußte in volle Deckung tauchen. Er sah, wie zur Linken der Chef der 9. Kp. vorwärts lief und dann von einer Kugel getroffen zu Boden stürzte. Rechterhand stürmte sein Adjutant eine Höhe empor und vernichtete eine MG-Stellung im Handgranatenduell. Als die Neunte versuchte, sich näher an Galatas heranzuschieben, erhielt sie schweres Feuer und erlitt hohe Verluste.

Die Kp. blieb liegen, aber die Höhe südlich Galatas war in ihrem Besitz. Heilmann ließ sich mit dem Regiment verbinden. Oberst Heidrich befahl, die Höhe zu halten und alles zum Angriff auf Galatas vorzubereiten.

Seine Frage nach den übrigen Kompanien konnte Heilmann nicht beantworten. Erst am Abend erfuhr er, daß die 11. Kp. mitten im Gebirge abgesetzt worden war und sich zum I. Batl. durchgeschlagen hatte. Die 12. Kp. erlitt fürchterliche Verluste. Sie wurde zum Teil über einem Stausee abgesetzt. Eine Anzahl Fallschirmjäger konnte sich nicht rechtzeitig aus den Gurten befreien. Sie ertranken.

Die 10. Kp. wurde bei Daratsos in die feindlichen Stellungen und in ein Truppenlager hineingeworfen und kämpfte einen aussichtlosen Kampf gegen vielfache Übermacht. Der Chef der 10. Kp wurde tödlich verwundet.

Das II./FJR 3 unter Major Derpa sprang mit Oberst Heidrich an Bord der Führermaschine bei Chania. Das Batl. landete sicher.

Beim Angriff auf die Kastellhöhe, den Oberst Heidrich sofort ansetzte, fiel Major Derpa.

Das FschPiBatl. unter Major Liebach sprang wie vorgesehen bei Alikianou im Rücken des FJR 3 und löste seinen Auftrag – Rückendeckung für das FJR 3 zu bilden – erfolgreich. Es kämpfte heraneilende Feindgruppen nieder.

Das I./FJR 3 unter dem Befehl von Hptm. Frhr. von der Heydte hatte Auftrag, als zweite KGr. hinter dem Batl. Heilmann zu starten, nahe dem Zuchthaus Agya zu springen und die Straße Alikianou – Chania für den Gegner zu sperren. Außerdem sollten die Höhen südlich davon in Besitz genommen werden.

Es war 7.10 Uhr, als der BatlKdr. an der offenen Tür stand. Unter sich erkannte er das Dorf Alikianou. Die Maschinen waren bereits auf Sprungtiefe heruntergegangen.

„Im Tal voraus erglomm ein riesiger Spiegel. Das war das Wasserreservoir, das als Merkzeichen diente. Dann erklang dröhnend das Boschhorn. Es bedeutete: ‚Springen!'"

Hptm. Frhr. von der Heydte landete umittelbar am Rande des Wasserbeckens. Er sah keine Soldaten seines Bataillons, nur die zurückfliegende Ju 52 entfernte sich von Sekunde zu Sekunde mehr. Als der Kommandeur allein zu einem weißen Gebäudekomplex hinüberging, hörte er bereits das Feuern von MG und Karabinern, das aus dem Raume Galatas zu ihm herüberpeitschte. Kurz darauf erreichte er das riesige Zuchthaus von Agya. Das große Eisentor war geöffent. Ein sMG stand am Eingang. Die Männer der schweren Kp. unter Fw. Gabbay waren im Straßengraben in Stellung gegangen. Fw. Ackermann war mit seinen Männern auch dorthin gelangt.

Aus Richtung der Galatashöhen hallte immer nach starkes Feuer. Dort vernahm man das Hacken schwerer Bren-MG des Gegners. Dazwischen Handgranaten-Detonationen.

Hptm. von der Heydte führte nun das I. Batl vor. Nach 100 m erhielten sie MG-Feuer. Durch einen Olivenhain gedeckt, gingen sie weiter. Sie kreuzten den Cladiso und stürmten mit der 2. Kp. voraus in Zickzackspüngen durch das Tal. Oblt. Knoche kämpfte mit seiner Kp. den Landeraum frei. Die 3. Kp. unter Oblt. Straehler-Pohl ging zu jenem Haus vor, das durch ein sMG verteidigt wurde, und nahm es nach kurzem Kampf in Besitz.

Die 1. Kp. machte Hptm. von der Heydte noch Sorgen, denn sie lag in schlechtem Gelände fest. Der Hptm. eilte persönlich dorthin. Er wies eine eigene Werfergruppe ein, das Feuer auf eine Feindstellung zu eröffnen, die er persönlich erkundete. Beide Werfer eröffneten das Feuer und schossen auch dieser Kp. den Weg frei.

Der Chef der 4. Kp. wurde schwer verwundet, wenig später traf es Oblt. Knoche ebenso.

Als englische Panzer angriffen, wurden sie durch die wenigen Panzerbüchsen aufgehalten. Einer von ihnen blieb schwer getroffen liegen.

Oblt. Hagl traf wenig später mit seinem Zug der 2. Kp. beim Bataillonskommandeur ein und machte Meldung.

Hundert Meter hinter dem BatlGefStand richtete Oberarzt Dr. Petrisch seinen Verbandsplatz ein. Als der BatlKdr. gegen Mittag dort eintraf, waren zwölf Schwerverwundete bereits mustergültig versorgt.

Der Gegner griff am Nachmittag die 2. und 3. Kp. an, wurde aber nach erbitterten Kämpfen Mann gegen Mann abgewiesen. Doch die Munition ging zur Neige.

Als der erste Kampftag für das I./FJR 3 zu Ende ging, hatte dieses Bataillon seinen Geländestreifen gehalten, aber schwere Verluste erlitten.

Bereits beim Anflug auf Kreta war Generalleutnant Süßmann, dem General Student die 7. FlDiv. übergeben hatte, bei der Insel Ägina tödlich verunglückt. Der Lastensegler war abgerissen und auf die Insel Ägina gestürzt. Sämliche Insassen fanden den Tod. Die übrigen Flugzeuge des Divisonsstabes landeten planmäßig etwa 600 m ostwärts des Stausees. Oberst Heidrich übernahm die Divisionsführung.

Die Bilanz der Fallschirm- und Luftlandungen des ersten Tages und der ersten Welle boten sich auf dem Korpsgefechtsstand des XI. FlK verwirrend und nur in Einzelheiten dar. Noch am Vormittag hatte General Student Oberstleutnant Snowadzki mit einer Ju 52 nach Kreta geschickt. Er sollte auf dem Flugplatz Malemes, den Student bereits in deutscher Hand wähnte, das Flugplatzkommando bilden.

GenMaj. Schlemm, Chef des Generalstabes, und Oberstleutnant Trettner, der Ia, waren völlig ahnungslos, was alles auf Kreta geschehen sein mochte. Major Mors, der Ic, hatte bisher vergeblich versucht, mit den Funkstellen auf Kreta Verbindung aufzunehmen.

Als Oberstleutnant Snowadzki von Kreta zurückkehrte, meldete er, daß der Flugplatz von Malemes nach wie vor in feindlicher Hand sei.

Zum Start der zweiten Welle um 13.00 Uhr kam es nicht. Obgleich von den 502 eingesetzten Ju 52 495 heil wieder zurückkehrten, war es unmöglich, die Maschinen rechtzeitig zu betanken. Es gab keine Tankwagen. Teilweise mußte das Benzin aus Fässern mit Handpumpen in die Flugzeuge gepumpt werden.

Um 12.57 Uhr hatte General Student den ersten Funkspruch von Kreta erhalten. Er kam von Oberst Heidrich, der das FJR 2 als Verstärkungstruppe anforderte. Aber Oberst Sturm hatte keine Unterlagen über den Landeplatz, und die Flugzeugführer verfügten nur über die Karten ihres ursprünglichen Einsatzortes. Dahin startete das FJR 2 denn auch um 13.30 Uhr. Das Rgt. hatte für diesen Einsatz nur zwei Bataillone zur Verfügung, weil das II. Batl. unter Hptm. Schirmer der Gruppe Ost, Heraklion, unter Oberst Bräuer zugeteilt war.

Kampfgruppe Kroh bei Rethymnon

Um 13.30 Uhr, mit „nur" halbstündiger Verspätung, startete die KGr. Kroh vom Flugplatz Megara. Sie sprang eine Viertelstunde nach dem Bombenwurf der Stukas. Die letzten Gruppen des FJR 2 starteten aber erst zwei Stunden später.

Während die 4./FJR 2 genau über dem Zielgebiet abgesetzt wurde, landete die ihr nachfolgende 3. Kp. sieben Kilometer westlich der zugewiesenen Höhe 217 in wildem Felsengebiet, wo es eine Anzahl Sprungverletzter gab.

Die 1. Kp. wiederum sprang dicht bei der 4. in der Nähe des Flugplatzes Rethymnon. Beide Kpn. wurden aus Richtung Flugplatz heftig beschossen und blieben im Angriff auf den Platz vor einem Weinberg liegen.

Mit der 3. Kp. war auch der Stab mit Major Kroh gesprungen. Kroh sammelte diese Kp., die von Oblt. v. Roon geführt wurde, und die 2./FschMG-Batl. 7 und ging damit zum Flugplatz vor. Der 3. Kp. gelang es, den Nordhang des Weinbergs zu erstürmen. Aber auch sie wurde im Gegenstoß wieder geworfen.

Mit den Resten der 1. und 4. Kp. gelang dann der Sturm auf diese Höhe. Doch der Angriff auf den Flugplatz, den Oblt. v. Roon mit einer Kp. unternahm, scheiterte am Abwehrfeuer, das aus gut getarnten Höhenstellungen auf die Kp. herunterprasselte.

Bei der zweiten Angriffsgruppe, dem III./FJR 2 unter Hptm. Wiedemann und einigen Unterstellungen, wurde erst um 14.00 Uhr gestartet. Noch in der Luft erhielt diese KGr. heftiges Feuer. Bis 16.30 Uhr waren die letzten ihrer Jäger beiderseits der Plantaniasbrücke gelandet. Nur ein Teil der Waffenbehälter konnte in dem schwierigen Gelände gefunden werden.

Hptm. Wiedemann stieß nach dem Sammeln auf Rethymnon vor. Es gelang ihm, die Verteidigungsstellungen ostwärts der Stadt zu durchstoßen und bis zum Stadtrand vorzudringen, wo er mit seinen Männern liegenblieb.

Um 18.00 Uhr erfolgte hier ein Gegenangriff. Eine Stunde darauf mußte Hptm. Wiedemann den schrittweisen Rückzug befehlen. Die KGr. zog sich bis Peribolia zurück. Hier hielt sie allen weiteren Feindangriffen stand.

Die dritte Gruppe des Angriffsraumes Rethymnon wurde von Major Schulz geführt. Sie setzte sich aus Teilen der 13. und 14. Kp., der 2./FJR 2, dem RgtNachr-Zug und dem Stab des FschMG-Batl. 7 zusammen. Westlich des Flugplatzes sollte sie als Regimentsreserve springen und dort zum Einsatz kommen, wo dies notwendig wurde.

Die 2. Kp. wurde allem Anschein nach durch starkes Feindfeuer am Absprung gehindert. Major Schulz erreichte mit wenigen Männern um 22.00 Uhr den RgtGef-Stand. Hier stieß er auf den RgtAdj., der ihm meldete, daß der Stab falsch abgesetzt worden sei und daß Oberst Sturm vermißt werde. (Alfred Sturm war mit zehn Soldaten seines Stabes mitten in eine englische Stellung hineingesprungen und mußte sich nach mehrstündigem Feuergefecht ergeben).

Major Schulz übernahm die Führung des FJR 2 und erreichte, nach Westen vorrückend, in der kommenden Nacht die KGr. Wiedemann, die an der Plataniasbrücke im Abwehrkampf stand.

Heraklion und das FJR 1

Unter dem Kommando von Oberst Bräuer sollte das FJR 1 mit unterstellten Einheiten um 15.15 Uhr starten. Der Start verzögerte sich mit den letzten Einheiten bis auf 18.00 Uhr. Die deutschen Zerstörer Me 110 konnten nur bis 16.15 Uhr über den Zielräumen bleiben, so daß das Rgt. ohne Luftunterstützung absetzen mußte. Die Bombenangriffe des VIII. FlK hatten den Gegner nicht vernichtet, sondern nur in Deckung gezwungen. Hinzu kam, daß die Gesamtstärke des FJR 1 um rund 600 Mann schwächer als vorgesehen war.

Das II./FJR 1, das den Flugplatz im gleichzeitigen Angriff von zwei Seiten erobern sollte, geriet beim Anflug in stärkstes Flak- und dann MG-Feuer. Viele Fallschirmjäger wurden bei der auf 200 m erhöhten Absetzhöhe im Schirm hängend getroffen.

Die Ostgruppe unter dem Befehl von Hptm. Burckhardt kam zu keinem geschlossenen Angriff. Die gegen den Flugplatz hin ansteigende Höhe wurde durch die 5. und 8. Kp. unter den Oberleutnanten Herrmann und Platow erreicht. Oblt. Platow und einige seiner Männer und Offiziere stießen bis zum Plateau vor, wurden dort aber niedergeschossen.

Oblt. Hermann hatte – noch im Schirm hängend – einen Kopfschuß erhalten, der ihn zeitweise erblinden ließ. Er wurde von seinem Hfw. gestützt und von einem Gefreiten auf der anderen Seite gehalten und in Deckung geschafft. Hptm. Burckhardt gelang es am Abend, etwa 70 Mann seines Bataillons am Fuß der Höhe 182 zu sammeln.

Die westliche KGr., das II./FJR 1 unter Hptm. Dunz, sprang am Westrand des Flugplatzes ab und wurde binnen 20 Minuten aufgerieben. Von diesem Batl. fielen in den ersten Stunden bereits zwölf Offiziere und 300 Mann. Acht Offiziere und 100 Mann wurden verwundet. Nur eine Handvoll konnte diesem Desaster heil entkommen.

Vom I./FJR 1 wurde nur die 3. Kp. im Absprungraum Gournes zeitgerecht und richtig abgesetzt. Der BatlStab und die 1. und 2. Kp. folgten mit dreistündiger Verspätung. Die 4. Kp. erhielt auf dem Absprungplatz wegen der vorgeschrittenen Tageszeit keine Starterlaubnis mehr und wurde später an anderer Stelle abgesetzt.

Die 2. Kp. die zwei Kilometer westlich von Gournes die dort gelegene Funkstation im Handstreich nehmen sollte, wurde ebenfalls fünf Kilometer zu weit ostwärts abgesetzt und traf verspätet beim Batl. ein. Dieses sicherte nach Süden und Osten und besetzte auch die genannte Funkstelle.

Oberst Bräuer, der mit dem RgtStab um 18.40 Uhr im Raum ostwärts Gournes eintraf, entschloß sich, sofort mit der Sicherung des I. Batl. unter Oblt. Graf Blücher auf den Flugplatz vorzugehen, den er schon im Besitz des II. Batl. wähnte. Mit den Spitzen erreichte er gegen 23.40 Uhr den Osthang der Flugplatzhöhe und stieß hier auf starken Feind. Mit einem Zug der 2. Kp. erreichte Oblt. Graf Blücher kämpfend die Höhe am Ostrand des Flugplatzes. Der RgtGefStand wurde auf einer Höhe nördlich der Straße zwei Kilometer ostwärts des Flugplatzes eingerichtet.

Das II./FJR 2, ohne seine 5. Kp. und ohne die 6., die wegen Ausfalls von Ju 52 auf dem Festland zurückgelassen werden mußten, sollte erst nach dem III./FJR 1 springen, kam aber bereits vor diesem Batl. über dem Absprungplatz an, setzte ohne Gegenwehr ab und übernahm die Sicherung nach Westen und Süden.

Das III./FJR 1 unter Major Karl-Lothar Schulz erreichte seine Absetzräume zwei Kilometer westlich und südlich Heraklion ebenfalls verspätet und weit auseinandergezogen.

Es wurde beim Absetzen bereits unter Feuer genommen. Um 18.00 Uhr gelang es, die Absetzräume freizukämpfen. Hierbei erlitt die 9. Kp. schwere Verluste. Oblt. Singer, ihr Chef fiel. Unter Führung von Karl-Lother Schulz gingen alle Männer in Richtung auf die Stadtmauer von Heraklion vor. Major Schulz gab die neuen Befehle aus. In der Nacht sollte Heraklion im Sturm genommen werden.

Die Entscheidung im Stabe des XI. Fliegerkorps

In der Nacht zum 21. Mai 1941 stand die Schlacht um Kreta auf des Messers Schneide. General die Flieger Student erwog ernstlich, die Operation aufzugeben. Dies aber hätte den Verlust aller bereits auf Kreta gelandeten 7000 Fallschirmjäger bedeutet. Alle Funkmeldungen, die seit dem Nachmittag in der Korpsfunkstelle eingegangen waren, hatten nach Hilfe gerufen. An keiner Stelle war es gelungen, einen der drei Flugplätze zu erobern, um dort die wartenden Gebirgsjäger der 5. GebDiv. nachzulanden.

General Student rang sich zu dem Entschluß durch, den Flugplatz Malemes zu erobern, um wenigstens diesen für die Gebirgsjäger freizumachen.

Er sagte später dem Autor: „Auf diesem Platz allein ein Luftlandeunternehmen mit 500 schweren Transportmaschinen zu basieren, bedeutete, nun alles auf eine Karte zu setzen. Aber es blieb kein anderer Ausweg. Der eindeutige Schwerpunkt wurde auf Malemes gelegt.“ (Siehe: Student, Kurt, an den Autor).

Um definitive Nachrichten über die zu erwartenden schweren Nachtkämpfe zu erhalten, wagte es Hptm. Kleye vom Stab des XI. FlK, im Morgengrauen des 21. Mai nach Kreta zu fliegen. Er landete drei Kilometer westlich Malemes und hatte sofort Kontakt mit den Jägerstäben. Die Nachrichten lauteten besser als befürchtet. In der Nacht hatte der Gegner keinen entscheidenden Angriff vorgetragen. Damit hatte er seine große Chance vertan. Kleye meldete, zurückgekehrt, dringenden Munitionsbedarf. Wenig später starteten sechs Ju 52, die mit Munition aller Art vollgepackt waren, und landeten an genau der gleichen Stelle auf dem Strand, die vorher Hptm. Kleye benutzt hatte. Es gelang, die Maschinen unangefochten zu entladen. Die vorher prekäre Situation war nun entspannt.

Am frühen Morgen des 21. Mai griff das I./FJSturmRgt. unter Führung von Oberstabsarzt Dr. Neumann vom Nordhang der Höhe 107 aus an, stieß in die Absetzbewegungen des Gegners hinein und besetzte die Höhe. Nur an deren dem Flugplatz zugewandten Rand hielt sich der Gegner noch mit einer Pak.

Zur gleichen Zeit erhielt Hptm. Gericke den Befehl zur Eroberung des Platzes Malemes. Angriffsbeginn sei 15.00 Uhr.

Vom Korpsstab erfuhr Oberst Heidrich, daß im Sprungeinsatz dem Sturmregiment zwei weitere Kpn. zugeführt würden. Starke Kampffliegerverbände würden ab 14.00 Uhr den Angriff vorbereiten.

Noch vor Angriffsbeginn schwebte eine einzelne Ju 52 ein, die den Auftrag hatte, Schwerverwundete, darunter auch GenMaj. Meindl, auf das Festland zu holen. Sie wurde im Niedergehen beschossen, drehte weg und setzte wie die Maschinen vorher auf dem heißen Sand auf. Es war Lt. von Koenitz, der dieses Husarenstück ausführte und alle bereitgestellten Verwundeten aufnahm, ehe er wieder nach Athen startete.

Es gelang mit zwei Beute-Flak 4 cm, die beiden noch am Westrand des Platzes feuernden britischen Flak zum Schweigen zu bringen. Die 3./FschJägSturmRgt. wurde zur Einweisung der nach der Eroberung eintreffenden Gebirgsjäger bereitgestellt.

Gegen 16.00 Uhr landeten die ersten Gebirgsjäger im Feuer der Briten. Binnen weniger Minuten stand eine Reihe von Ju 52 in Flammen. Die herausspringenden Gebirgsjäger bargen im Verein mit den Fallschirmjägern die verwundeten Kameraden und die Waffen. Damit waren die ersten Entsatztruppen, wenn auch unter schweren Verlusten, auf der Insel eingetroffen.

Der Flugplatz Malemes war nun in deutscher Hand. Die größte Gefahr war gebannt, aber die Verluste waren einfach zu hoch. Mit 580 Mann war das III./FJSturmRgt. gesprungen. 250 waren sofort gefallen, 115 wurden verwundet, 135 blieben vermißt. Ihr Tod galt als sicher. 80 (!) Fallschirmjäger konnten diesem Inferno entkommen. Was aber war mit den zugesagten Reserven?

Bernhard Hermann Ramcke kommt!

Als sich am späten Abend des 20. Mai von allen Seiten des Rollfeldes von Topolia Fallschirmjäger meldeten, die hatten zurückbleiben müssen, weil ihre Maschinen beim Start ausgefallen waren, sammelte Oberst Ramcke sie auf. Es meldeten sich bei ihm auch die Oberleutnante Kiebitz und Voßhage mit ihren Kompanien, die nicht mitkommen konnten. Auf diese Weise hatte er schließlich 550 Fallschirmjäger um sich versammelt. Er erhielt die Genehmigung, mit diesen Männern am Nachmittag des 21. Mai westlich Malemes zu springen, um den wichtigen Landeplatz restlos freizukämpfen und die Feindeinwirkung auf diesen zu beenden.

Sie starteten zwei Stunden nach der vorgesehenen Reserve-KGr. unter Hptm. Schmitz und landeten sicher auf dem befohlenen Absprungplatz.

Oberst Ramcke übernahm die Führung der gesamten KGr. West. Er warf sofort die Pak unter Hptm. Kiebitz zu Hptm. Gericke nach vorn. Am späten Abend versammelten sich die Kommandeure in seinem GefStand. Oberst Ramcke gab Major Stentzler, den Hauptleuten Gericke und Schmitz den Befehl, am Morgen des 22. Mai „mit allen Kräften zum schnellen Vorstoß nach Osten anzutreten und die Verbindungen mit der KGr. Oberst Heidrich bei Chania aufzunehmen." (Siehe: General der Fallschirmtruppe Ramcke an den Autor).

Die am Nachmittag des 21. Mai auf Malemes im dichten Feindfeuer gelandeten Gebirgsjäger des GJR 100, die das „Höllentor nach Kreta", wie Malemes genannt wurde, heil oder leicht verwundet passiert hatten, wurden von Oberst Utz gesammelt. Als der Abend einfiel, hatte dieser vier Kpn. beieinander. Eine davon setzte er sofort zur Säuberung der weit in die See vorspringenden Halbinsel Spatha ein, weil dort in der Bucht von Kolimwari in der Nacht zum 22. Mai die beiden leichten Schiffsstaffeln der Gebirgsjäger landen sollten, die in den Tagen zuvor aus griechischen Motorschiffen- und Booten zusammengestellt worden waren und einen Teil der 5. GebDiv. nach Kreta bringen sollten.

Bei Galatas und Rethymnon am 21. Mai

In der Frühe des 21. Mai erwartete Major Heilmann mit dem III./FJR 3 den Gegenangriff des Gegners von der Kastellhöhe von Galatas aus. Dieser Angriff erfolgte glücklicherweise nicht. Schlachtflieger griffen wenig später die Kastellhöhe an. Danach kamen einige Ju 52 und warfen – durch die ausgelegten Fliegersichttücher eingewiesen – Munition und Verpflegung ab. Einige „Bomben" mit Verbandsmaterial wurden besonders begrüßt.

Das Bataillon Heilmann war noch immer zersplittert, aber es hielt dem Druck des Gegners stand.

Bei Rethymnon stellten sich die Fallschirmjäger der KGr. Kroh zum Angriff auf den Flugplatz Rethymnon bereit. Kurz vor Angriffsbeginn aber griff der Gegner um 4.00 Uhr an. Der Angriff wurde zwar abgewiesen, vereitelte aber den eigenen. Um 9.00 Uhr griff der Gegner ein zweites Mal an. Diesmal gegen den Südflügel der KGr. Kroh. Die Weinberghöhe war nicht mehr zu halten, sie mußte schrittweise aufgegeben werden. Die KGr. zog sich unter starkem Feinddruck auf eine Ölfabrik zurück, die 1800 m ostwärts des Flugplatzes lag, hart ostwärts des Dorfes Stavromanos, direkt am Meer.

Als die Nachricht von der Gefangennahme von 56 Kameraden am Strand bekannt wurde, ließ Major Kroh zum Gegenangriff antreten und die 56 Fallschirmjäger befreien.

Ab 7.30 Uhr bis zum Nachmittag bombten deutsche Kampfflugzeuge des Typs Do 17 die erkannten Feindstellungen zusammen. Aber die Hälfte der geworfenen Bomben fiel in die eigenen Linien und forderten einige Opfer. Die am Nachmittag des 21. auftauchenden Ju 52 aber warfen ihre Verpflegungsbomben größtenteils in die eigenen Stellungen. Ein Teil ging im Niemandsland nieder und wurde von Freiwilligen geborgen.

Als die Australier um 16.00 Uhr im Süden und Südosten angriffen, blieben sie 400 m vor den eigenen Linien liegen. Kurz vor Mitternacht versuchten sie die Kastellhöhe in Besitz zu nehmen. Auch hier wurden sie abgewiesen. Damit ging der zweite Kampftag für das FJR 2 zu Ende.

Heraklion wird erstürmt

Das III./FJR 1 unter Major Karl-Lothar Schulz eröffnete den Angriff auf die mauerumwehrte Stadt Heraklion um 2.30 Uhr mit Werferfeuer. Dann griffen die Fallschirmjäger an. Sie konnten nun sicher sein, daß das Tor nicht vermint war. An der Spitze seiner Männer stürmte Karl-Lother Schulz nach vorn. Die Barrikaden des Gegners am Tor wurden durch Handgranatenwürfe überwunden. Stunden dauerte der Kampf Mann gegen Mann; dann reichten sich die beiden Kampfgruppen – eine Strandgruppe unter den Oberleutnanten von der Schulenburg und Becker hatten von dort aus angegriffen, um den Feindwiderstand zu zersplittern – mitten in der Stadt die Hand.

Der griechische Stadtkommandant und der Bürgermeister übergaben die Stadt. Die Engländer aber hielten sich nicht daran. Der Kampf gegen sie gewann an Boden, bis die englische Zitadelle erreicht war. Doch hier war nichts mehr zu machen, zumal die Meldungen zeigten, daß das Bataillon sich binnen weniger Sekunden oder Minuten verschossen haben würde.

Major Schulz mußte den Rückzug befehlen. Das Bataillon räumte Heraklion. Schulz empfahl dem Bürgermeister der Stadt, die Zivilisten in Sicherheit zu bringen, da bald deutsche Kampfflieger angreifen würden.

Am späten Nachmittag des 21. Mai wurde Heraklion und vor allem die Zitadelle von Stukas angegriffen und gebombt. Damit war dennoch für das Bataillon Schulz der zweite Tag auf der Insel erfolglos zu Ende gegangen.

Die Tragödie der Leichten Schiffsstaffeln

Die Erste Leichte Schiffsstaffel war am frühen Morgen des 20. Mai mit insgesamt 30 Fahrzeugen aus Piräus, dem Hafen von Athen, ausgelaufen. An Bord das III./GJR 100 und einige Fallschirmjäger.

Die Zweite Leichte Schiffsstaffel mit etwa der gleich großen Zahl an Fahrzeugen und den Männern des II./GJR 85 an Bord war gleichzeitig in Euböa ausgelaufen. Ihr Weg würde sechs Stunden länger sein. Ein dritter Schiffsverband, die „Schwere Schiffsstaffel", lag als Reserve in Piräus auslaufbereit. In ihr waren größere Schiffe, vor allem Küstenmotorschiffe, versammelt.

Generalmajor Julius Ringel hatte den Einsatz dieser leichten „Nußschalen" zuerst abgelehnt, aber man hatte ihm den Start befohlen. Zum Autor sagte er anläßlich der Gestaltung des Werkes „Der Kampf um Kreta":

„Ich hatte ein ungutes Gefühl. Die leichtesten Feindverbände konnten diese unbewaffneten kleinen Schiffe, die zudem nur sehr ungenügend gesichert wurden, in die See fegen und meinen Gebirgsjägern den Tod durch Ertrinken bringen. Alles in mir sträubte sich, aber ich mußte diesen Befehl ausführen."

Als Kap Sunion passiert wurde, die Südostspitze des griechischen Festlandes, kam für beide Schiffsstaffeln jeweils ein (!) italienischen Torpedoboot in Sicht. Es war für die Erste Leichte Schiffsstaffel die „Lupo", für die Zweite Leichte Schiffsstaffel die „Sagittario".

Am Morgen des 21. Mai war die Erste Leichte Schiffsstaffel in den Hafen von Milos eingelaufen. Die Zweite tauchte gegen Mittag auf, und jetzt konnte die Erste wieder ankerauf gehen. Gegen 22.30 Uhr, die Schiffe waren nahe an Kreta herangekommen, gab es auf ihnen allen Alarm. Voraus flammten Scheinwerfer auf. Sekunden nachdem diese die deutschen Schiffe aufgefaßt hatten, brüllten die Mündungsfeuer einiger Feindzerstörer durch die Nacht. Das erste Schiff flog in die Luft. Feuer peitschte durch die Nacht. Die „Lupo" flitze hin und her. Sie erhielt im Verlauf des Gefechtes mit dem hoch überlegenen Gegner 18 (!) Treffer, ehe sie den Kampf aufgeben mußte, weil keines der 30 Schiffe mehr in Sicht war. Zehn Motorsegler gingen verloren.

Die Zweite Leichte Schiffsstaffel wurde im Morgengrauen des 22. Mai von den Engländern aufgespürt. Die „Sagittario" versuchte, den Verband einzunebeln. Nur wenige Schiffe gingen verloren. Durch die „Hatz" auf diese „Nußschalen" verspäteten sich die britischen Kampfschiffe, und so konnten sie von den im ersten Büchsenlicht startenden deutschen Stukas gesichtet und gebombt werden. Der erste Zerstörer wurde durch einen Volltreffer vernichtet. Dann traf es einen Kreuzer schwer. Drei schwere Einheiten seiner Mittelmeerflotte mußte England hier abschreiben. Es waren Ju 88 gewesen, und zwar die I./LG 1 unter Hptm. Cuno Hoffmann, und He 111 der III./KG 30 sowie einige Do 17 des KG 2 unter Oberst Rieckhoff, die zwei schwere Schiffe versenkten und die „Naiad" und „Carlisle" beschädigten.

Erst am Nachmittag dieses Tages tauchten Ju 87 des StG. 2, Oberstleutnant Dinort, hier auf, flankiert von der I. und II./KLG 1 unter Hptm. Kollewe. Die Jaborotte des KLG 1 unter Obtl. Huy der III./JG 77 erzielte mehrere Treffer auf dem Schlachtschiff „Warspite". Ju 87 versenkten den Zerstörer „Greyhound"; die Ju 88 und Ju 87, die gemeinsam den Kreuzer „Gloucester" angriffen, brachten diesen zum Sinken. Der Kreuzer nahm seinen Kommandanten, Capitain Rowley, 45 Offiziere und 648 Mann Besatzung mit in die Tiefe.

Der Kreuzer „Fiji" wurde von zwei Me-109-Jabos der I./LG 2, Hptm. Ihlefeld, so schwer getroffen, daß er aufgegeben werden mußte. „Naiad" und „Carlisle" wurden ein weiteres Mal getroffen, das Schlachtschiff „Valiant" leicht beschädigt. Damit hatte der britische Flottenverband diese Angriffe auf die „Nußschalen" teuer genug erkauft.

Einer Gruppe Gebirgsjäger, die 5000 (!) m von Kap Spatha entfernt ihr brennendes Schiff verlassen mußte, gelang es unter Anspannung aller Kräfte, das rettende Ufer zu erreichen. Sie schleppten in einem Schlauchboot 15 Schwerverletzte mit sich, die ebenfalls gerettet wurden. Als es Tag wurde, standen diese 100 Reichenhaller Jäger auf Kreta.

300 Offiziere, Unteroffiziere und Soldaten aber behielt die See. Unter ihnen auch Oberstleunant Ehal, der Kdr. des III./GJR 100.

Der dritte Tag bei allen Kampfgruppen

Als der Gegner am Morgen des 22. Mai beim IV./FJSturmRgt. angriff und zwischen Straße und Küste mit Lastwagen und Panzern durchzubrechen versuchte, konnte Oblt. Kiebitz mit der ihm am Vorabend von Ramcke unterstellten Pak zwei Panzer abschießen. Der Angriff brach zusammen.

Oberst Ramcke eilte auf den GefStand von Hptm. Gericke und wies dort auch Major Stentzler und Hptm. Schmitz ein. Das Batl. Stentzler wurde so lange angehalten, bis die Umfassung der inzwischen angetretenen Gebirgsjäger unter Oberst Utz, Kdr. GebJägRgt. 100, wirksam geworden war.

Am Mittag dieses Tages traf der Chef des Stabes des XI. FlK, Generalmajor Schlemm, in Malemes ein, um die Zuführung und Einweisung der Verstärkungen zu leiten und die Verbindung mit Athen zu verbessern.

Die Fallschirmjäger des Rgt. 3 saßen immer noch in den Niederungen vor Galatas und Chania. Oberst Heidrich versuchte mit aller Kraft den britischen Umklammerungsring hier zu durchbrechen und eine gemeinsame Front mit der Westgruppe herzustellen. Wenn das gelang, dann war die Inbesitznahme von Chania und Suda nur noch eine Frage der Zeit.

Oberst Heidrich befahl dem II. Batl., Galatas anzugreifen. Dieser Angriff wurde für den 23. Mai vorgesehen.

Im Kampfraum Rethymnon griff der Gegner gegenüber dem I./FJR 2 (Major Kroh) auch am Morgen des 22. Mai wieder an. Zwei Bataillone beteiligten sich an diesem Angriff, der von zwei Panzern des Royal Tank Regiment unterstützt wurde. Australier und Griechen versuchten diese deutsche Stellung auszunehmen.

Der Angriff blieb liegen. Zur Bergung der Verwundeten im Niemandsland wurde ein Waffenstillstand geschlossen. Die Waffen schwiegen, und die Sanitäter beider Seiten bargen die auf dem Gefechtsfeld liegenden Verwundeten.

Bei der KGr. Wiedemann hatte sich in den Stellungen um Peribolia das verstärkte III./FJR 2 eingerichtet. Das Batl. hatte am Nachmittag durch Abwurf aus Ju 52 Munition, Verpflegung und Material aller Art erhalten.

Ein feindlicher Angriff gegen die Kapellenhöhe südlich von Peribolia wurde von der 11. Kp. abgewiesen. Der Angriff eine Stunde darauf tobte bis 18.42 Uhr, ehe der Angreifer sich nach schweren Verlusten zurückzog. Die 9. Kp., die die Kapellenhöhe verteidigte, erlitt weitere Verluste durch starken Beschuß aus West und Ost. Im Schutz dieser Feuerglocke griffen die Briten noch einmal an und brachen in dem Augenblick, als die deutsche Front um Peribolia zurückgenommen wurde, in die Stellungen der damit isoliert liegenden 9. Kp. ein.

Diese mußte sich auf den Friedhof zurückziehen und sich hinter dessen Mauern zur Rundumverteidigung einrichten.

Mit einer Handvoll Fallschirmjägern trat schließlich Lt. Kühl zu einem verzweifelten Gegenstoß an. Diese wenigen Männer warfen den Gegner. Die Kirchhofshöhe war noch einmal gerettet.

Im Kampfraum Heraklion wurde der 22. Mai zu einem Tag der bitteren Entschlüsse für das FJR 1. Das III. Batl. wurde zur Übergabe aufgefordert. Major Schulz ließ dem Parlamentär ein Schreiben mitgeben, dessen Text er dem Autor mitteilte:

„Die deutsche Wehrmacht hat den Auftrag, Kreta in Besitz zu nehmen. Sie wird diesen Auftrag erfüllen."

Wenig später erteilte Oberst Bräuer dem Bataillon Befehl, dort, wo es sich gerade befand, die Straße nach Westen zu sperren. Die erneute Eroberung von Heraklion wurde zurückgestellt. Oberarzt Dr. Langemeyer richtete in dem Bergdorf Tselikakä den Verbandsplatz für das Batl. Schulz ein. Das Batl. Schirmer schickte ebenfalls alle Verwundeten und Kranken hierher.

Die Kampfgruppe Gericke ging am Morgen des 23. Mai aus eigenem Entschluß vor, als die vorgeschobenen Beobachter eine Rückwärtsbewegung des Gegners meldeten. Die KGr. Schmitz und Stentzler schlossen sich diesem Vorgehen an. Von Schlucht zu Schlucht, von Höhe zu Höhe stießen die Fallschirmjäger vor. Das gesamte Höhengelände bis westlich Platanias fiel den Angreifern zu, die hier stehenden Batterien des Gegners wurden ausgeschaltet. Die Fallschirm-ArtAbt. unterstützte das Vorgehen der KGr. Gericke mit genau geleitetem und gezieltem Feuer.

Die Reste des zerschlagenen I. Batl. wurden unter Zuführung von Versprengten anderer Verbände in zwei Kp. zu jeweils 80 Mann zusammengefaßt und Oblt. Stolz unterstellt. Es stellte sich hinter dem II. Batl. bereit.

Am Morgen dieses Tages übernahm offiziell GenMaj. Julius Ringel die Führung der

Gruppe West. Alle ostwärts Malemes stehenden Fallschirm-Einheiten wurden unter Oberst Ramcke zur Gruppe Ramcke zusammengeschlossen.

Der Kampf der vereint angreifenden Gebirgsjäger und Fallschirmjäger gegen die Felsennester und MG-Stände der Briten und Griechen wurde am Abend des 23. Mai erfolgreich abgeschlossen.

Am nächsten Morgen begann der Angriff auf die Höhen von Pyrgos südlich Malemes, wo sich der Gegner noch hielt. Bis 13.00 Uhr wurde von der 3./FJR 1, die unter Befehl von Oberarzt Weizel dem II. Batl. unterstellt und diesem zugeführt worden war, das Dorf Isichtos erreicht. Danach wurde sie von Oberst Ramcke als Regimentsreserve zum RgtGefStand geschickt.

An allen anderen Abschnitten gestaltete sich dieser Tag „ruhiger“ als die beiden vorangegangenen. Es stellte sich heraus, daß die Abwehrkraft des Gegners trotz der Überlegenheit an Zahl und Waffen nicht viel länger standhalten würde. Wenn auch die einzelnen Kampfgruppen die endgültigen Ziele noch nicht erreicht hatten, so waren sie doch an den erreichten Punkten immer ein Dorn im Fleische der Verteidiger. Sie banden den Gegner, so daß dieser an keiner Stelle Kräfte abziehen und in bedrohte Abschnitte werfen konnte.

24. Mai – Der Gegner wird weich

Am frühen Morgen des 24. Mai stieß ein Spähtrupp unter Oblt. Göttsche (NachrOffz. des FJSturmRgt.) in Richtung Platanias vor. Das ihm entgegenschlagende Feuer zeigte, daß der Gegner immer noch die beiderseits der Straße liegenden Höhen besetzt hielt. Als dann aber die Gebirgsjäger rittlings der Höhe 259 die Umfassungsbewegung vollzogen hatten, griff auch das II. Batl. unter Stentzler an. Die KGr. Gericke stieß geschlossen nach. Die Fallschirmjäger stürmten über Agya-Marina hinaus bis an die Höhen ostwärts und südostwärts Stahana-Chatania vor.

Der erste Kontakt mit Teilen des FJR 3 in Gestalt der FschPiKp. unter Oblt. Griesinger konnte aufgenommen werden. Im Verein mit der Gruppe Utz, GebJägRgt. 100, konnte die endgültige Vereinigung mit der Gruppe Mitte bei Chania hergestellt werden. Die Ausgangslage zum Sturm auf Chania war erreicht.

Bei Rethymnon gestaltete sich allerdings die Lage am 24. Mai sowohl bei der KGr. Kroh als auch bei der KGr. Wiedemann kritisch. Die Männer waren seit dem 20. Mai kaum zur Ruhe gekommen. Der Gegner hatte bei Tag und Nacht versucht, diese KGr. zu vernichten. Am 24. Mai begann er wieder ab 8.00 Uhr mit dem Artilleriefeuer. Der folgende Angriff mit schwächeren Kräften wurde abgewehrt. Um 10.00 Uhr aber griffen australische Verbände an. Ihnen voraus rollte ein Panzer. Rasch stieß dieser vor, schoß auf die deutsche Pakstellung am Südostrand der Ölfabrik und setzte sie außer Gefecht. Doch auch dieser Angriff brach im Abwehrfeuer der deutschen Kräfte zusammen.

Die Australier aber waren zäh, sie wollten es wissen und griffen am frühen Nachmittag ein drittes Mal an, diesmal mit einigen Panzern. Major Kroh befahl einen Gegenstoß, um sich von diesem Druck zu befreien.

Nun stieß Obtl. v. Roon mit seiner 3. Kp. aus der Ölfabrik in Richtung der australisch-griechischen Stellungen bei Kimari vor. Sie erreichten die ersten Häuser der Ortschaft, warfen den Gegner hinaus und zwangen diesen zum Rückzug in das Gelände südlich Kimari. Dieser Entlastungsstoß brachte das Ende der Tagesangriffe. Die Fallschirmjäger hatten Gelegenheit, einige Stunden zu schlafen.

Gegen 10.00 Uhr am 25. Mai stieß der Gegner ein weiteres Mal nach Artillerieunterstützung auf die Höhen von Kimari vor. Die Kp. v. Roon mußte auf das Hochplateau nordostwärts Kimari ausweichen, wo sie sich in dem dortigen Felsengewirr einrichtete. (Obtl. Arnold von Roon erhielt am 9. Juli 1941 das Ritterkreuz).

Der im Raum um die Ölfabrik eingesetzte Großteil des I. Batl. hatte am Morgen des 25. Mai noch eine Kampfstärke von sechs Offizieren und 250 Mann. Im Keller der Ölfabrik lagerten 30 Schwerverwundete.

Die Verpflegung war knapp. Erst als am Nachmittag dieses Tages auf dem Hochplateau bei der 3. Kp. durch Ju 52 Verpflegung und Munition abgeworfen wurde, war die Lage wieder gefestigt. Gleichzeitig damit wurde ein Korpsbefehl abgeworfen. Um 21.00 Uhr hielt Major Kroh ihn in den Händen. Er lautete: „Durchschlagen nach Heraklion und Vereinigung mit der Gruppe Ost."

Auch die Gruppe Wiedemann war am 24. und 25. Mai mehrfach angegriffen worden. Der Gegner kam überwiegend aus Richtung Rethymnon. Er drang bis auf 200 m an die 3. Kp vor. Lt. Molsen trat zum Gegenstoß an und stieß mitten in den Angriff der Australier hinein. Diese wandeten sich zur Flucht und ließen 25 Tote zurück. Von nun an griff der Gegner nicht mehr aus Westen an.

Der erste Wehrmachtsbericht über den Kampf auf Kreta wurde am 25. Mai 1941 über den Rundfunk bekanntgegeben. Zum ersten Male hörten die Menschen in Deutschland, daß deutsche Fallschirmjäger und Gebirgstruppen auf einer Insel im Mittelmeer mit Namen Kreta gelandet waren. Am späten Nachmittag des 24. Mai bereits war dieser ausführlichen Meldung eine kurze Sondermeldung vorausgegangen, die lapidar den Einsatz deutscher Fallschirmjäger und Gebirgsjäger auf Kreta darstellte.

Endkampf um Galatas

Am frühen Morgen des 25. Mai ließ Hptm. Gericke seinen GefStand auf den RgtGefStand von Agya-Marina nach Stalos vorziehen. Oberst Ramcke stellte das II. Batl. rechts und das IV. Batl. links zum Angriff auf das Höhengelände nördlich Galatas bereit. Das I. Batl. unter Oblt. Stolz blieb als RgtReserve zurück.

Zwischen den beiden Bataillonen stellte Oberst Ramcke etwas zurückgestaffelt das Batl. Schmitz bereit. Nach rechts hatte Major Stentzler Anschluß an die Gebirgsjäger.

Nach dem Angriff der Stukas im ersten Büchsenlicht auf erkannte MG-Stellungen und Geschützstellungen in und vor Galatas, einem folgenden Bombardement durch He-111-Kampfflugzeuge und einer Wiederholung dieser Angriffe sollte die Gruppe Ramcke um 12.00 Uhr antreten. Doch kurz vorher wurde das Antreten auf 16.50 Uhr verschoben, weil noch zwei Stukaangriffe geflogen werden sollten. Einer dieser Angriffe erfolgte um 16.35 Uhr, der nächste blieb aus. Ramcke befahl den Angriff.

Kurz vor Beginn dieses Angriffs war der Kommandierende General des XI. FlK, General der Flieger Student, bei den Fallschirmjägern des IV. Bataillons gewesen, um anschließend zum II. Bataillon zu fahren. Er gab Major Stentzler den Befehl, im Anschluß an die Gebirgsjäger anzugreifen.

Es hatte General Student nicht in Athen gehalten, er wollte bei seinen Fallschirmspringern sein, und so war er – entgegen dem Rat des Stabes – nach Kreta geflogen. Sein Erscheinen hatte eine ungeheuere moralische Wirkung auf die Fallschirmjäger. Jetzt wußten es alle: Der Sieg war ihnen nicht mehr zu nehmen!

Das II. Batl. nahm in ungestümem Vorpreschen die stark besetzten Höhen nordwestlich und nördlich Galatas.

Hinter ihr trat die KGr. Gericke an und nahm teilweise im Handgranatenkampf die Höhenzüge bei Koljenvithra.

Am 26. Mai gliederte sich die KGr. Ramcke um. In einem Olivenhain 500 m nördlich Galatas war Oberst Ramcke untergezogen.

Die Gebirgsjäger hatten nach einem erbitterten Kampf Galatas am frühen Morgen des 26. Mai in Besitz. Oberst Utz erhielt von GenMaj. Ringel den Befehl, weiter vorzugehen. Er wollte Chania noch am Nachmittag des 26. Mai erstürmen, doch das GJR 85 konnte erst am frühen Morgen des 27. Mai in die Angriffsposition vorgekommen sein.

Bei Rethymnon ließ Major Kroh in der Nacht zum 26. Mai alles zum befohlenen Durchbruch nach Heraklion vorbereiten. Um 2.00 Uhr begann der Abmarsch entlang der Küste nach Nordosten. An der alten Abwurfstelle gliederte Major Kroh seine 250 Männer um. Er ließ insgesamt vier Kpn. zusammenstellen und eine schwere Kp. bilden.

In der kommenden Nacht sollte dann der endgültige Durchbruch erfolgen. Am Abend des 26. Mai aber wurde dieser Korpsbefehl zum Durchbruch widerrufen. Der neue Befehl lautete: „FJR 2 hält in den alten Stellungen aus und fesselt den Gegner."

Major Kroh beschloß, diese Stellungen weiter auszudehnen, und am Abend des 27. stürmte die 3. Kp. unter Oblt. v. Roon die Höhe 156. Die 1. Kp. nahm wenig später die benachbarte Höhe 217 ostwärts des Abwurfplatzes. Die 2. Kp. stieß weiter nach Süden vor und nahm die Ortschaft Prinos in Besitz.

Die KGr. Wiedemann bei Peribolia wurde am Morgen des 27. Mai mit starken Kräften in ihrem Ostteil angegriffen. Nach 100 Minuten Trommelfeuer rollten vier

Panzer gegen den rechten deutschen Flügel vor. Die Batterie Thorbecke (2./FschArtAbt. 7) schoß zwei Panzer ab. Der Feindangriff blieb liegen.

Auch die Kapellenhöhe wurde am Nachmittag des 27. Mai angegriffen. Hier aber saßen die Männer der 9. Kp.; sie gaben diese Höhe nicht preis. Die angreifenden Australier blieben im MG-Feuer liegen. Die KGr. Wiedemann, seit Durchbruch des Rgt.-Stabes nach Peribolia von Major Schulz geführt, hielt ihre Stellungen.

Chania fällt – Der Sieg ist errungen!

Am frühen Morgen des 26. Mai gingen zunächst die Stoßtrupps des IV. und II. Batl. vor und stellten fest, daß der Gegner sich weiter in den alten Stellungen verteidigte. Hfw. Barnabas vom II. Batl. führte seinen Spähtrupp durch die vordersten Linien des Gegners und schaltete mehrere feindliche Widerstandsnester aus. Durch diesen Spähtrupp wurde der Gegner hier weich und zog sich nach Einsetzen des deutschen Artilleriefeuers um 10.00 Uhr zurück.

Auch die Gebirgsjäger konnten die Feindstellungen durchstoßen. Die letzten Höhen südwestlich Chania wurden vom II. Batl. überwunden. Der Angriff gegen Chania gewannn rasch an Boden. Hier der persönlich Bericht von Generalmajor a. D. (Bw) Walter Gericke:

„Ein großes Zeltlager vor den Toren der Stadt wird im ersten Ansprung überwunden. Die ersten Kampfflugzeuge griffen in das Kampfgeschehen ein. Das zäh verteidigte Dorf unmittelbar vor Chania wurde von den Bomben der Stukas vernichtet."

Der Kampf drohte zu erlahmen. Für 16.00 Uhr waren noch einmal Stukas zugesagt, doch sie kamen nicht. Als es dämmerte, zog ein sMG-Zug vor, durchstieß die Front des Gegners und stürmte dann mit allen anderen am frühen Morgen des 27. Mai los.

Der Vorstoß nach Chania hinein begann. Gemeinsam stießen das II. Batl. unter Major Stentzler und die Gebirgsjäger nach Chania hinein. Aber an der Spitze rollte die motorisierte KGr. Schmitz. Sie drang in die Stadtmitte vor und hißte auf dem Roten Kirchturm die Reichskriegsflagge. Chania war durch die vorhergehenden Bombenangriffe stark zerstört. Der Gegner hatte sich auf die Halbinsel Akrotiri zurückgezogen. Die Panzerjäger der KGr. Schmitz läuteten den Sieg ein. Die Gebirgsjäger konnten einige hundert Italiener befreien, die während des Griechenland-Abenteuers Mussolinis in Kriegsgefangenschaft geraten waren. Sie waren völlig zerlumpt und teilweise barfuß.

Die Nacht zum 28. Mai verlief ruhig. Am Morgen des 28. Mai übernahm Oberst Ramcke auf Befehl des XI. Fliegerkorps die Führung über den gesamten Kampfabschnitt West. Er richtete seinen GefStand am Stadtrand von Chania ein. Major Stentzler übernahm die Stadtkommandantur Chania. Der Lagebericht der Gruppe

West, den Oberst Remcke am 28. Mai meldete, zeigte, daß das FschJägSturmRgt. vom 20. bis 27. Mai 272 Gefallene, 499 Verwundete und 395 Vermißte zu beklagen hatte.

Noch immer aber kämpften bei Rethymnon die Fallschirmjäger unter Major Kroh. Sie sollten von der Gebirgsjäger-KGr. unter Oberstleutnant Wittmann und anderen KGr., so jener unter Oberst Krakau, die in schnellster Fahrt über die Insel preschten und den Feind nicht mehr zum Sichsetzen kommen ließen, befreit werden.

Am 28. Mai hatte Major Kroh den Entschluß gefaßt, wieder nach Westen in den alten Einsatzraum vorzugehen und in Richtung auf den Flugplatz Rethymnon Geländegewinne zu erzielen.

Der Angriff auf Prinos schlug jedoch nicht durch. Am 29. Mai wurde von Ju-52-Flugzeugen Verpflegung und Munition abgeworfen. Stoßtrupps tasteten die Feindstellungen ab. Der Angriff auf Kimari am Abend des 29. Mai schlug durch. Der Gegner wurde geworfen und setzte sich in einem Olivenhain fest. Die 2. Kp. nahm Prinos in Besitz, und Hans Kroh ließ das gesamte Batl. nachziehen. Er wollte am 30. Mai mit geballter Kraft den Angriff nach Westen durchziehen.

Um 6.30 Uhr des 30. Mai ließ Major Kroh zum Angriff auf die Ölfabrik antreten. An einem Straßenknie stieß die Spitzengruppe plötzlich auf Kräder, Pak und Lkw, auf denen deutsche Soldaten aufgesessen waren. Es waren Teile des Kradschützen-Batl. 55 der 5. GD, die wenig vorher im Raum um die Ölfabrik 1200 Australier gefangengenommen hatten und nun zum Entsatz der KGr. Kroh herankamen.

Nach zehn Tagen heftiger Kämpfe und vielen Krisen war auch für die KGr. Kroh die Zeit gekommen, da sie ausruhen konnte.

Die Gruppe hatte ebenfalls schwere Verluste erlitten. Sie zählte noch neun Offiziere und 448 Mann.

Die Gruppe Wiedemann, die am Vortage von Australiern in Peribolia in Bedrängnis gebracht worden war, sah den Ausbruch der Australier. Bei der KGr. Major Schulz um Peribolia (der Gruppe Wiedemann) und die Kapellenhöhe versuchte der Gegner noch am Mogen des 29. Mai mit starker Artillerie- und Werferunterstützung die Verteidiger hinauszuwerfen. Aber auch dieser letzte australische Angriff wurde abgewiesen. Um 12.00 Uhr dieses Tages hörten die Verteidiger um Major Schulz plötzlich Gewehr- und MG-Feuer.

„Das sind doch deutsche MG!" rief einer der erfahrenen Waffenmeister. Er sollte sich nicht getäuscht haben. Wenig später wurden auch deutsche Leuchtkugeln geschossen. Kradschützen der Gebirgsjäger stießen eine Stunde später zu ihnen nach Peribolia durch.

Am Morgen des 30. Mai ergaben sich hier 1100 Australier. Das FJR 2 verlor im gesamten Kampfraum Rethymnon 550 Mann an Gefallenen. 500 weitere Soldaten des Regiments gerieten in Gefangenschaft, sie wurden wenig später mitsamt Oberst Sturm befreit.

Beim Fallschirmjäger-Regiment 1 im Kampfraum Heraklion

Am 29. Mai ließ Oberst Bruno Bräuer alle Einheiten seiner Kampfgruppe zum Sturm auf Heraklion antreten. Die vorgehenden Gruppen erhielten nur wenig Feuer. Der Gegner zog sich nun auch hier zermürbt zurück. Dieser Rückzug artete in eine wilde Flucht aus. Heraklion war zum zweiten Mal, diesmal aber bis zum Kriegsende in deutscher Hand.

Am 30. Mai 1941 gab das Oberkommando der Wehrmacht bekannt: „Die am 20. Mai durch eine gewaltige Luftlandung begonnenen Operationen zur Besitznahme des britischen Bollwerkes Kreta nähern sich ihrem Abschluß. Der feindliche Widerstand ist überall zusammengebrochen. Die im Westteil der Insel aus Gebirgs- und Fallschirmjägern gebildete Angriffsgruppe hat nach überaus harten Kämpfen bei glühender Hitze und unter größten Bewegungsschwierigkeiten den Feind geschlagen und zersprengt.

Die Entsetzung der eingeschlossenen Fallschirmjäger bei Rethymnon, die sich über acht Tage lang einer starken feindlichen Übermacht gegenüber tapfer behauptet haben, ist vollzogen.

Die Reste der zersprengten britischen Einheiten flüchteten, von unseren Truppen verfolgt, gegen die Südküste, um sich dem weiteren Kampf durch Einschiffung zu entziehen.

Den rund 20000 Mann deutscher Truppen hat auf Kreta ein in festen, gut ausgebauten Stellungen und mit schweren Waffen und Panzern ausgerüsteter Gegner gegenübergestanden, der sich aus 28000 britischen, 10000 griechischen und 4000-Arbeitsdienst-Soldaten zusammensetzte. Dieser doppelt so starke Gegner wurde durch eine starke Flottensstreitmacht geschützt.

Die Gesamtverluste der deutschen Wehrmacht betrugen:
Beim Heer: 51 Offiziere (davon 20 Tote) und 1171 Soldaten (davon 301 Tote).

Bei der Luftwaffe (Flieger- und Fallschirmtruppe): 297 Offiziere (darunter 105 Tote), 4464 Soldaten aller Dienstgrade (darunter 927 Tote).

Die Zahl der Vermißten betrug: insgesamt: 614 beim Heer.
Bei der Luftwaffe betrug die Zahl der Vermißten 2097 Mann. (Sie waren größtenteils gefallen oder ermordet worden)."

Neuseeländische Historiker beziffern die Zahl der Verluste der britischen Landstreitkräfte an Toten, Gefangenen, Verwundeten und Vermißten auf 15743 Soldaten aller Dienstgrade. Die Verluste der britischen Marine wurden mit 2110 Mann angegeben.

Tagesbefehle von Hitler und Reichsmarschall Göring bezeugten den Lebenden und den Toten des Kretafeldzuges ihre Ehrerbietung. Viele Soldaten wurden mit dem Ritterkreuz ausgezeichnet, alle Soldaten mit dem EK II und eine große Anzahl mit dem EK I. Kreta war zum einmaligen Erfolg einer neuen Waffe geworden. Gleichzeitig aber wurde diese Insel zum „Schwanengesang für die deutsche Fallschirmtruppe."

So sagte Hitler am Tage der Vorstellung der Ritterkreuzträger des Kretaunternehmens am 19. Juni 1941 in Rastenburg:

„Kreta hat bewiesen, daß die Tage der Fallschirmtruppe vorüber sind. Die Fallschirmwaffe ist eben eine reine Überraschungswaffe; der Überraschungsfaktor aber hat sich abgenutzt."

Trotz des großen Sieges und allen Lobes, das Hitler den Fallschirmjägern und Gebirgsjägern zollte, hatte Hitler den Glauben an diese Waffe verloren, nicht zuletzt unter dem Eindruck der hohen Verluste stehend, die dieser Einsatz gekostet hatte. So blieb der Sieg auf Kreta lediglich als Ende des Balkanfeldzuges bestehen.

General der Flieger Student erhielt für Kreta keine Auszeichnung. Das war für jeden Teilnehmer auf der Insel eine Unmöglichkeit. General Student erhielt über ein Jahr lang keine Möglichkeit mehr, Hitler Vortrag zu halten. Mit seinen Denkschriften vermochte er weder Göring noch Hitler in Zukunft zu überzeugen.

ZWISCHENZEIT IN DER WÜSTE

Beiderseitige Vorbereitungen

Um Tobruk und Sollum hatte sich der Krieg festgefressen. Die Soldaten des Deutschen Afrika-Korps, die völlig unerfahren im Tropendienst in den Kampf geworfen worden waren, hatten in den vergangenen Monaten große und unangenehme Überraschungen erlebt.

Die Männer der beiden deutschen Disvisionen hatten gelernt, wie man den Gluthauch des Ghibli überlebt; sie lernten, in der vegetationslosen Wüste Deckung zu finden und Fahrzeuge und Waffen in richtiger Art tief in den Sand einzugraben, ohne mit ihnen verschüttet zu werden.

Das Wichtigste aber, was sie erfahren hatten, war die Tatsache, daß sie den Gegner schlagen konnten; daß sie den alten britischen Kolonialsoldaten trotz geringerer Zahl an Menschen und Waffen mindestens ebenbürtig waren und die besseren Führer hatten.

Das gab von Anfang an eine unvergleichlich hohe Kampfmoral. Jeder Mann, der als Ersatz nach Afrika kam, wurde von dieser Kampfmoral ergriffen.

Das Hauptproblem in der Wüste aber lernte das DAK erst jetzt kennen: das des Nachschubs. Täglich wurden 1500 Tonnen an Nachschub benötigt, einschließlich Wasser und Verpflegung. Soviel konnte einfach nicht auf Schiffen über das Mittelmeer herangeschafft werden. Der Transportweg für den Nachschub, der das Mittelmeer heil passierte, war endlos lang. Allein von Tripolis bis zum Halfayapaß betrug er 2000 Kilometer.

Bereits wenige Tage nach der verlorengegangenen Offensive „Battleaxe" schrieb der britische Kriegspremier, Sir Winston Churchill, am 21. Juni 1941 an den Oberkommandierenden in Kairo, A. P. Wavell:

„Ich bin zu dem Entschluß gekommen, daß dem öffentlichen Interesse am besten gedient ist, wenn General Sir Claude Auchinleck an Ihrer Stelle zum Befehlshaber der Armee im Nahen Osten ernannt wird."

Damit war Wavell aus der Wüste in die – Wüste geschickt worden. Das System der Sündenböcke funktionierte also auch bei der britischen Armee. Am 1. Juli wurde General Auchinleck zum Befehlshaber in der Wüste ernannt.

Das Deutsche Afrika-Korps, mit ihm auch Rommel, hatten das Pech, daß der Rußlandfeldzug am 22. Juni 1941 begann. Rußland besaß die unbestrittene Priorität gegenüber allen anderen Kriegsschauplätzen. Denn dort entschied sich der Krieg.

Erwin Rommel, am 1. Juli 1941 zum General der Panzertruppe befördert, hoffte immer noch auf die Zuführung von zwei weiteren Panzer-Divisionen. Wäre dies erfolgt, hätte er den Panzerkrieg in der Wüste noch im Jahr 1941 für sich entschieden.

Inzwischen war die 5. Leichte Division in 21. PD umbenannt worden. Generalmajor von Ravenstein hatte die Führung der Division übernommen.

Bis Ende Oktober waren auf britischer Seite 300 Crusader-Panzer, 300 Stuart-Panzer, 170 Infanteriepanzer „Matilda“, 34000 Lastwagen, 600 Feldgeschütze, 80 schwere und 160 leichte Flak, 200 Pak und 900 Granatwerfer in Afrika eingetroffen.

General Cunningham genehmigte schließlich einen von drei vorgelegten Offensivplänen für „Crusader“ – Kreuzfahrer – , wie die neue Offensive genannt wurde.

Der Beginn des Angriffs, der für den 15. November vorgesehen war, mußte auf den 18. November verschoben werden, weil die 2. südafrikanische Division, die aus Abessinien nach Marsa Matruk verlegt worden war, verspätet mit Material versorgt wurde und ihr Kommandeur, Generalmajor Brink, es ablehnte, unvorbereitet anzugreifen.

General der Panzertruppe Rommel erkannte sehr klar, daß der Gegner spätestens bis zum Jahresende zu einem neuen Schlag ausholen würde. Wenn er diesem Schlag zuvorkommen wollte, mußte er versuchen, Tobruk in die Hand zu bekommen, um diese zweite Front auszuschalten. Deshalb ließ er den Einschließungsring um die Festung im September und Oktober dichter ziehen. So gewann er bis Mitte Oktober günstige Ausgangsstellungen zu einem Großangriff auf die Festung.

Anstelle der dritten von ihm unabdingbar notwendig erachteten Panzer-Division war der Panzergruppe Afrika die aufgestellte 90. Leichte Afrika-Division unter Generalmajor Max Sümmermann zugeführt worden. Die ersten Truppen dieser Divison trafen im August 1941 im Lufttransport in Afrika ein. Ihr Kernstück waren die Schützenregimenter 155 und 200 sowie das „Afrika-Regiment 361“.

In der Panzergruppe Afrika stand auf der einen Seite das Deutsche Afrika-Korps unter GenLt. Ludwig Crüwell mit der 15. und 21. PD, der 90. Leichten Afrika-Division und der Division „Savona“; auf der anderen das XXI. italienische Armeekorps, geführt von KorpsGen. Navarrini, mit den Divisionen „Trento“, „Bologna“, „Brescia“ und „Pavia“.

Rommel selbst plante mit dieser Truppe drei verschiedene Operationen. Zum einen wollte er in der Lage sein, jedem englischen Angrif zu begegnen. Darüber hinaus ließ er die Grenzbefestigungen ausbauen und riesige Minensperren anlegen, die sich zwischen Sidi Omar und Sollum hinzogen. Zwischen Tobruk und der Ostflanke der Küste lag das DAK.

„Crusader“ rollt!

Am Abend des 17. November 1941 regnete es in der Wüste zwischen Tobruk und dem Halfayapaß in Strömen. Zum erstenmal seit sechzig Jahren ergoß sich hier ein Wolkenbruch. Ein gewaltiges Gewitter ging nieder. Blitze durchzuckten die Dunkelheit. Bei Gambut und am Halfayapaß gingen Zelte und Geschütze im Wasser unter. Soldaten ertranken in der Wüste. Und dann schallte durch die Funkverbindungen das Stichwort: „Hochwasser! – Hochwasser! – Hochwasser!“

In dieser Nacht, vom sintflutartigen Regen vor jedem Gesehen- und Gehörtwerden geschützt, rollte eine britische Panzerarmada von 1000 Wagen durch die Wüste in die Bereitstellungen.

Als die ersten Nachrichten von drei weit auseinanderliegenden Vorstößen des Gegners bei Rommel eintrafen und GenLt. Ludwig Crüwell sich besorgt über die Entwicklung äußerte, meinte Rommel, daß dies nur Aufklärungsvorstöße sein könnten.

Am Abend dieses 18. November 1941, als die Bewegungen des Gegners liefen und überall erkannt wurden und Generalmajor von Ravenstein auch vor seiner Front Panzerfeind meldete, erkannte die Panzergruppenführung, daß der Gegner zu seiner Offensive angetreten war. Am Abend dieses 18. November war es sicher, die Engländer marschierten mit rund 1000 Panzern, 100000 Soldaten und 1000 Flugzeugen. Damit war die Stoßkraft der 8. Armee größer als jemals zuvor.

Der englische Angriff des 19. November 1941 – Deutscher Gegenstoß

Auf ihrem Vorstoß aus dem Raume Maddalena in den Raum Gabr Saleh stieß die 4. Brigade der brit. 7. PD mit ihrem 3. Royal Tank Regiment 20 Kilometer ostwärts Gabr Saleh auf Einheiten der AA 3. Diese zogen sich unter dem starken Druck der Feindpanzer nach Nordwesten in den Raum westlich Gasr el Arid zurück.

Die 7. brit. Brigade stieß ebenfalls ohne Feindberührung bis zum Flugplatz von Sidi Rezegh vor. Das 6. Royal Tank Regiment, das hier als stählerner Stoßkeil fungieren sollte, erhielt erst bei Sidi Rezegh erste Gefechtsberührung. Es waren die in Afrika eingetroffenen Fremdenlegionäre des IR 361.

Am Mittag dieses Tages trat die 22. brit. Brigade zum Sturm auf die von italienischen Streitkräften verteidigte Stellung Bir el Gobi an. Hier blieb sie liegen. Die in Bir el Gobi eingeschlossene italienische Division „Jungfaschisten“ verteidigte sich tapfer. Die Panzer-Division „Ariete“ griff in den Kampf ein und schoß fünf britische Panzer ab.

Am Mittag dieses 19. November hatte die deutsche Führung noch kein klares Bild von der Lage. In der mittäglichen Lagebesprechung stimmte General Rommel dem Vorschlag des Kommandeurs der 21. PD zu, eine starke Kampfgruppe auf Gabr Saleh antreten zu lassen.

„Oberst Stephan führte die Panzerkampfgruppe der 21. PD und vernichtete die zwischen Sidi Omar und Gabr Saleh vermuteten feindlichen Aufklärungsstreitkräfte und richtete sich nach Erreichen von Gabr Saleh zur Abwehr ein.

Die 15. PD bezieht einen Verfügungsraum südwestlich von Gambut, damit sie jederzeit an den Brennpunkten einzusetzen ist.“ So lautete der Befehl des DAK.

Wenig später trat die Kampfgruppe Stephan an. Sie bestand aus den 120 einsatzbereiten Panzern des PR. 5, zwölf leichten Feldhaubitzen und vier 8,8-cm-Flak. Die Masse der Division folgte mit Sicherheitsabstand nach. Es war genau 15.30 Uhr, als die Kampfgruppe etwa 8 Kilometer nordostwärts von Gabr Saleh auf den Gegner – die 4. britische Panzerbrigade ohne das 3. Royal Tank Regiment – stieß.

Aus der Bewegung operierend, riß Oberst Stehpan beide Panzerabteilungen vor. Bald standen die ersten brennenden Feindpanzer auf der Plaine. Lastwagen und Mannschafts-Transportwagen explodierten. Der Gegner wich und wurde von den rasant nachdrängenden Panzern nach Süden gedrückt. Der Trigh el Abd wurde passiert. Stuartpanzer versuchten diesen Rückzug aufzuhalten, 23 wurden abgeschossen. In schnellen Rochaden fuhren alle Kompanien des Regiments 5 diesen Angriff. Schießhalte wurden gemacht, mit zusammengefaßten Feuerschlägen der Gegner getroffen, vernichtet und dann weitergefahren. Weitere zwanzig Panzer wurden getroffen. Drei eigene Panzer gingen in diesem Gefecht verloren.

Am Abend dieses Tages rief GenMaj. von Ravenstein den Kommandierenden General des DAK, Crüwell, an und schlug vor, die 15. mit der 21. PD zu vereinen und mit dieser Streitmacht den Gegner anzugreifen und zu vernichten. Der Stabschef, OberstLt. Bayerlein, trug den Vorschlag Rommel vor. Dieser gab GenLt. Crüwell für den nächsten Tag freie Hand und wies ihn an, die Feindkräfte im Raume Bardia – Tobruk – Sidi Omar zu vernichten, bevor sie in der Lage wären, den deutschen Belagerungsring um Tobruk zu gefährden.

Am Morgen des 20. November rollte die 21. PD in den Raum Sidi Azeiz, um nach dem 3. Royal Tank Regiment zu suchen, das die AA 3 zurückgedrängt hatte. Doch dieses Regiment war bereits wieder zu seiner Brigade südostwärts Gabr Saleh zurückgekehrt. Die 21. PD stieß ins Leere. Sie schwenkte nach Erreichen von Sidi Azeiz nach Süden ein und blieb 20 Kilometer nordwestlich von Sidi Omar wegen Treibstoffmangels in der Wüste liegen.

Am 20. November trat auch die 15. PD aus dem Raum 13 Kilometer südwestlich Gasr el Arid an, um den Feind zu suchen und zu schlagen. Sie rollte in einem weiten Bogen bis nach Sidi Azeiz. Im Raum nordostwärts Gabr Saleh stieß sie auf die 4. britische Brigade. Erneut entbrannte der Panzerkampf. Die Panzer schossen bis zum Einfall der Dunkelheit im schnellsten Feuertakt aufeinander. Wieder zeigte sich die deutsche Art der Panzerführung überlegen. Von den 123 Panzern, die der 4. Brigade am Morgen dieses Tages noch zur Verfügung standen, wurden 55 abgeschossen. Damit waren dieser Brigade von ursprünglich 165 Panzern nur noch 68 übriggeblieben.

Um 21.00 Uhr sendete das Britische Rundfunkprogramm der BBC: „Die Eight Army hat mit 75000 hervorragend bewaffneten Soldaten in der westlichen Wüste eine große Offensive begonnen, mit der die deutsch-italienischen Streitkräfte in Afrika vernichtet werden sollten.“

Unmittelbar darauf ließ Rommel einen Funkspruch an das DAK absetzen und diesem befehlen, die beiden Panzer-Divisionen zusammenzufassen und gegen den Feind in einer Panzerschlacht zum Einsatz zu bringen.

Die Panzerschlacht bei Sidi Rezegh

In der Nacht befahl General der Pz. Tr. Rommel dem Deutschen Afrika-Korps: „Angriff 21. November aus dem Raume 25 Kilometer westlich Sidi Omar in den Rücken des heute gegen Tobruk vorstoßenden Gegners Richtung Belhamed." Fünf Stunden später ergänzte er diesen Angriffsbefehl mit folgendem dringenden Funkspruch: „Die Situation ist ernst! So schnell wie möglich los!"

General Crüwell, der am frühen Morgen die Verbände des DAK für diesen neuen Angriff formiert hatte, führte in seinem „Moritz" – einem erbeuteten englischen Mammut-Befehlswagen, diesen Angriff des DAK in den Rücken der 7. PD.

Das DAK hatte sich an diesem trüben regnerischen Morgen vom Gegner des Vortages gelöst. Es beließ nur kampfkräftige Nachhuten, durch Pak und 8,8 cm-Flak verstärkt, mit Front nach Süden und Südosten am selben Kampfplatz und trat in breiter Front zum neuen Angriff an. Dieser zielte in nordwestlicher Richtung auf Belhamed und Sidi Rezegh. Während die 21. PD Belhamed als Ziel zugewiesen bekam, sollte die 15. PD über Sidi Muftah auf Sidi Rezegh vorgehen.

Noch während des Vorrollens stellten sich etwa 100 Feindpanzer den beiden deutschen Divsionen entgegen. Sie wurden in schnellem Feuertakt und gruppenweisem Vorfahren zurückgedrängt. In einem einzigen Schwung durchrollend, erreichte das DAK bis zum Mittag den Raum der Höhenstufe südostwärts Sidi Rezegh. Der von den Engländern dort gehaltete Flugplatz konnte nicht zurückgewonnen werden. Britische Pak und Artillerie der Support Group schoß auf die deutschen Panzer. Zur gleichen Zeit versuchten die Panzer der 7. brit. PD, aus der Flanke anrollend, die deutschen Panzer zu vernichten. Der Versuch mißlang. Dreißig englische Panzer bezahlten diesen Angriff mit ihrem Abschuß. Bis zum Abend dieses Tages wurde weitergekämpft. Dann lösten sich beide deutsche Panzer-Divisionen vom Feind, und während die 15. PD bei Sidi Muftah eine Igelstellung bezog, richtete sich die 21. PD im Raume südlich Punkt 175 in einer Igelstellung ein.

Noch in der Nacht wurden die beiden Panzer-Divisionen des DAK aus ihren Igelstellungen in Marsch gesetzt. Die 15. PD erhielt Befehl, in den Raum südlich Gambut zu rollen und mit der 21. PD den Raum Zaafran zu erreichen. Von dort aus sollte am 22. November südlich des Trigh Capuzzo der Gegner in beweglicher Kampfführung gestellt und vernichtet werden.

Es gelang GenLt. Crüwell, die 15. PD unbemerkt vom Feind umzugruppieren und gegen die tiefe Flanke des Gegners anzusetzen. Das PR 8 erhielt von ihm den Befehl, die 4. Brit. Panzer-Brigade einzukreisen und zu vernichten, während die 21. PD zum Angriff auf den bei Sidi Rezegh stehenden Gegner angesetzt wurde. Als Cramers Panzer auf den Gegner trafen, zog sich dieser geschickt zurück.

„Wir stoßen nach"! befahl Oberst Cramer und rollte mit der II. Abteilung vorwärts. Die einfallende Abenddämmerung und die bald darauf einsetzende Dunkelheit ließ die Fühlung mit dem Gegner zunächst verlorengehen, dennoch entschloß sich Cramer für die Fortsetzung der Verfolgung.

„Der Kommandeur der I. Abteilung zu mir!" befahl er. Als Major Fenski eingetroffen war und sich meldete, sagte Cramer: „Fenski, Sie fahren mit Ihrer Abteilung Spitze. Sobald Sie auf Panzerfeind stoßen, melden Sie mir und versuchen gleichzeitig den Gegner zum Kampf zu stellen."

Wenige Minuten später rollte die I./PR 8 nach vorn und übernahm die Spitze. Es war stockfinster. Im Spitzenfahrzeug stehend, konnte Fenski kaum die Hand vor den Augen erkennen. Dennoch ließ er im Schritt – dicht aufgeschlossen – weiterfahren. Das Glück war ihnen hold, ganz unvermittelt stießen sie auf eine dichte Panzeransammlung. Es sah so aus, als seien diese Wagen verlassen. Mit dem lichtstarken Nachtglas versuchte Fenski etwas zu erkennen: nichts war zu sehen!

„Vorsichtig weiterfahrten! Alle Waffen klar! Die Ansammlung umzingeln!" befahl Fenski über Sprechfunk.

Oberleutnant Beck, der Abteilungsadjutant, eröffnete die „Feindseligkeiten", indem er weiße Leuchtkugeln schoß, um den Nachfolgenden zu zeigen, wo sie waren.

Der erste Feindpanzer warf jetzt den Motor an und rollte los. Ein Feuerstoß aus einem MG und ein Schuß aus der Kanone ließ ihn stehenbleiben. Dann versuchten im Nordteil drei, vier Kampfwagen der Engländer abzudrehen. Ein kurzer harter Feuerschlag aus mehreren Panzerkanonen ließ sie binnen kürzester Zeit in Flammen aufgehen. Die übrigen Panzerkommandanten ergaben sich. Der Ring um die britische 4. Panzerbrigade sowie um Versorgungsfahrzeuge der 8. Husaren war geschlossen. Gefangene wurden aus den Panzern herausgeholt. Wenige Minuten darauf meldete Fenski seinem mit Vollgas anbrausenden Regimentskommandeur:

„Einen Brigadegeneral, 17 Offiziere und 150 Mann gefangengenommen. 35 Panzer, eine Reihe Geschütze und mehrere Funkwagen erbeutet." „Danke, Fenski!" sagte Hans Cramer, „das ist für Sie das Ritterkreuz".

Aber Major Günther Fenski, einer der besten Soldaten, die jemals die schwarze Panzermontur trugen, sollte diese Auszeichung nicht mehr lebend in Empfang nehmen können. Am nächsten Tag fiel er in der Schlacht am Totensonntag. Am 31. Dezember 1941 wurde ihm posthum das Ritterkreuz verliehen.

Einen weiteren Erfolg erzielte an diesem Tag die 21. PD. General d. Pz. Tr. Rommel hatte sie am Mittag persönlich gegen den bei Sidi Rezegh stehenden Gegner angesetzt, mit der Weisung, den hier stehenden Gegner zu vernichten und den Flugplatz von Sidi Rezegh zu erobern.

Die Panzergrenadiere der 21. PD gingen mit der Masse der AR 155, unterstützt durch Truppenteile der 90. Leichten, nach Norden vor, während gleichzeitig die Masse des PR 5, unter Oberst Stephan über die Achsenstraße bei Ed Duda marschierend, die Gegend westlich des Flugplatzes erreichte und von hier aus direkt nach Osten antrat.

rwin Rommel als Generalmajor und einer der erfolgreichsten
ınzerführer im Frankreichfeldzug. Auf ihn fiel Hitlers Wahl,
n die Lage in Afrika 1941 zu wenden.

Sein taktisches Geschick, sein Improvisationstalent gepaart mit sehr viel Glück, brachten ihm den Spitznamen „Wüstenfuchs" ein. Er war bei Freund und Feind hochangesehen.

Ein deutscher Panzer IV mit kurzer 7,5cm-Kanone wird verladen, um nach Afrika gebracht zu werden. Er nimmt in Tripolis an der ersten Parade der deutschen Truppen teil.

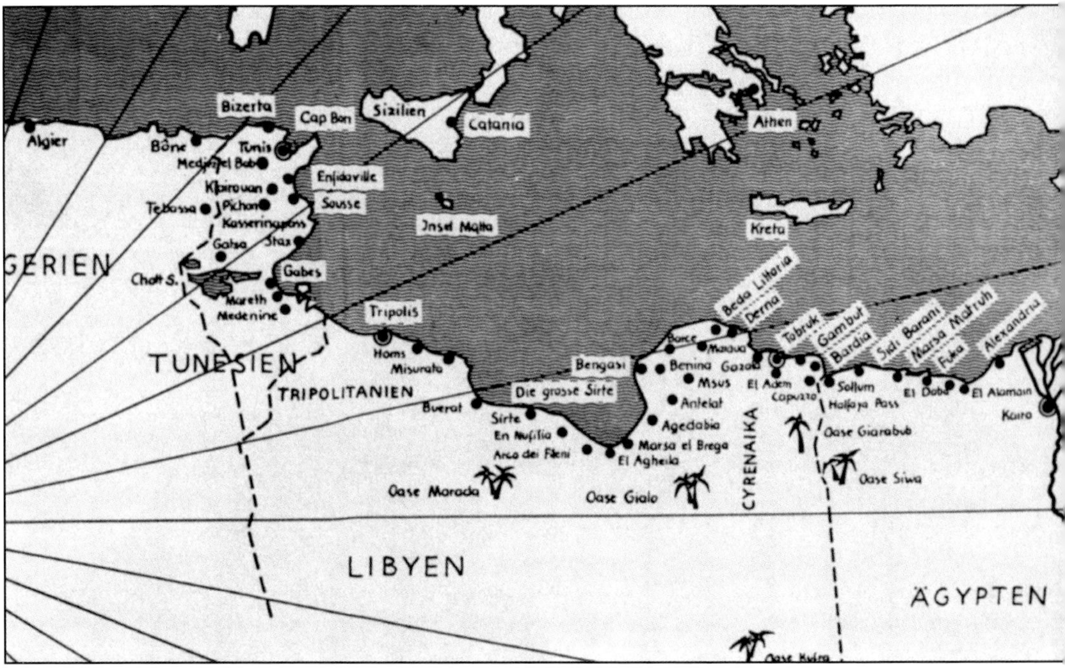

Der Gesamtkriegsschauplatz Afrika zwischen Bône und El Alamein

Willkommen in Tripolis (2. von rechts Generalleutnant Rommel).

Rommel begrüßt die ersten angetretenen Truppen (links der italienische OB in der Wüste General Italo Gariboldi).

Der Arco dei Fileni: das Tor zur Wüste.

Rommel startet zum Erkundungsflug.

Rommel und Oberstleutnant Bayerlein im Spähpanzer „Greif".

Im ausbrechenden Ghibli geht es vorwärts.

Rommels „Mammut" unterwegs über die Paßstraße von Halfaya.

Hauptmann Otto Stiefelmayer, Chef der 1./PR 8 (rechts).

Rommel (links) und sein Chef des Stabes, Oberst Gause.

Bereitstellung: Generalmajor Neumann-Silkow, Kdr. der 15. PD (vorn) mit Hptm. Fromm.

Generaloberst Rommel und Oberstleutnant Bayerlein nehmen die Meldung eines gefangengenommenen brit. Generals entgegen.

Es geht vorwärts!

Das Fort Capuzzo.

Hauptmann Hannes Kümmel, der „Löwe von Capuzzo".

Das Emblem des Afrikakorps wird auf den Fahrzeugen angebracht.

Oberstleutnant Gustav-Georg Knabe führte das Kradschützen-Bataillon 15. Mit ihm errang er am 1. Juni 1941 das RK.

Hauptmann Curt Ehle führte in diesem Verband die 1. Kompanie. Am 27. Juli erhielt er das Ritterkreuz.

Generalmajor Walter Neumann-Silkow, Kdr. der 15. PD.

Oberstleutnant Eduard Crasemann Kommandeur des Artillerie-Regiments 33 (mot.), RK am 26. Dezember 1941.

Kradschützen rollen durch ungewohntes Gelände. Die spitzen Steine in der Wüste sollten den Kradreifen noch schwer zu schaffen machen.

Die Panzerspitze rollt mit leichten Panzer I und II nach Agedabia hinein

Eine 8-Tonner-Zugmaschine mit angehängter schwerer 15cm-Feldhaubitze wühlt sich durch den Staub. Jedes sich bewegende Fahrzeug, war schon von Weitem an den Staubfahnen zu erkennen.

Hauptmann Wolfgang Wahl erhielt für die hervorragende Führung des II./Panzerregiment 8 am 6. Januar 1942 das Ritterkreuz.

Oberst Hans Cramer führte das Panzerregiment 8 im Rahmen der 15. Panzerdivision und erhielt für seine Leistungen schon am 27. Juni 1941 das Ritterkreuz.

Zwei schwere 8-Rad Panzerfunkwagen (Sd.Kfz. 263) in Bengasi.

Voraus sind Staubfahnen am Horizont. Feindfahrzeuge oder nur ein Sandsturm?

Die fünf Meldefahrer der Panzeraufklärungskompanie 580. Otto Henning (Bildmitte) überlebte als Einziger!

2cm-Flak auf Selbstfahrlafette sichert den Luftraum, vorne links sitzend Oberfeldwebel Helms.

Damit hatte Rommel wieder einen seiner überraschenden Zangenangriffe gestartet. Er traf den Gegner völlig überraschend. Aber im Vertrauen auf ihre hier stehenden 180 Panzer nahmen die Briten den Kampf an. Das Panzerduell um den Flugplatz Sidi Rezegh begann.

Die Panzer unter Oberst Stephan hatten ihre Angriffsformation eingenommen. Der Chef der 4. Batterie, PzArt.Rgt. 155, Oblt. Hoffmann, fuhr den Panzerangriff mit und stellte durch Beobachtung und Feuerleitung sicher, daß die II./ Pz.Art.Rgt. 155 dem Panzerangriff Feuerunterstützung geben konnte.

Die Panzer fuhren genau in die Flanke der brit. 22. Panzerbrigade hinein, die sich von Süden nach Norden bewegte. Auf breiter Front blafften die Panzerabschüsse. Die ersten Panzer gingen in Flammen auf. Ein vollbepackter Munitionswagen ging in einem wahren Flammenregen hoch. Rochierend, immer wieder kompanieweise Schießhalt machend und feuernd, rollten die deutschen Panzer vor. Oberst Stephan setzte beide Abteilungen ein und dirigierte sie auf die Ziele.

Die Reste der 7. Panzerbrigade und die 7. Support Group, die seit drei Tagen den Flugplatz von Sidi Rezegh hielten, wurden vernichtend geschlagen.

Als die Dunkelheit einfiel, war der Gegner am Ende, und General Gott, der Kommandeur der 7. PD, befahl den Rückzug auf die Stellung der südafrikanischen Division. Von ihren 79 Panzern verlor die 22. Panzerbrigade 45. Der Flugplatz von Sidi Rezegh war in deutscher Hand. Der Ausbruchsversuch aus Tobruk wurde vereitelt.

Die Schlacht am Totensonntag

Am Abend des 22. November meldete die Panzergruppe Afrika, daß sie in den Kämpfen der vergangenen Tage 207 britische Panzer abgeschossen und daß das Korps Gambarra ebenfalls 50 Panzer und rund 200 gepanzerte Wagen vernichtet hatte.

In der Dunkelheit wurden die Verbände des DAK geordnet. Während die 21. PD sich in breiter Front südlich Sidi Rezegh sammelte und auf beiden Flügeln schnelle Eingreifreserven bereitstellte, sammelte die 15. PD im Raum südwestlich von Sciaf-Sciuf. In einem sechs Seiten langen Funkbefehl, der das DAK in den ersten Morgenstunden erreichte, hieß es unter anderem:

„Die Panzergruppe erzwingt am 12. November durch konzentrischen Angriff des DAK und Teile des Korps Gambarra die Entscheidung im Raume südostwärts Tobruk. Das Korps Gambarra wird hierzu mit Teilen der Panzerdivision ‚Ariete' um 8.00 Uhr von El Gobi aus in Richtung Gambut angreifen.

Das DAK greift am 23. November um 7.00 Uhr unter straffer Zusammenfassung der Kräfte mit Schwerpunkt auf seinem linken Flügel in allgemeiner Richtung El Gobi an, kesselt den Gegner ein und vernichtet ihn.

Mittellinie für den Angriff, zugleich Stoßlinie, ist die Höhe 176 – 6 Kilometer südostwärts Sidi Rezegh – Bir el Gobi. Die Stoßlinie beginnt bei Höhe 176 mit Zahl 30. Der Korpsgefechtsstand ist in Gegend Belhamed eingerichtet."

Als GenLt. Crüwell am frühen Morgen des 23. November diesen langen Funkbefehl erhielt, dessen Entschlüsselung mehrere Stunden in Anspruch nehmen würde, entschloß er sich, auf seinem GefStand in Gabs el Arid dazu, im Sinne Rommels anzugreifen, ohne erst die Entschlüsselung abzuwarten.

Um 5.30 Uhr fuhr GenLt. Cürwell in Begleitung seines Stabschefs sowie einiger Ordonnanzoffiziere und Melder vom Gefechtsstand ab. Nur im Befehlswagen „Moritz", den zwei Kübelwagen begleiteten, in denen der kleine Gefechtsstab untergebracht war, fuhr er nach vorn, um seine Division in dieser Entscheidungsschlacht persönlich zu führen.

Während die 21. PD in Sidi Rezegh in schweren Abwehrkämpfen gegen die angreifenden Panzer der 7. PD der Briten stand und die italienische Division „Pavia" einen Ausbruchversuch der Besatzung von Tobruk – der von 60 Panzern unterstützt wurde – aufhielt, erreichte die 15. PD unter Führung von GenMaj. von Ravenstein – mit dem Kommandierenden General dabei – am Nachmittag den Raum südlich Hagfed el Haiad tief im Rücken des Gegners. Hier trafen schließlich auch die Panzerspitzen der Division „Ariete" ein. Die 120 leichten Panzer dieser Divsion vereinigten sich mit denen der 15. PD.

Zum neuen Angriff setzte Crüwell alle Panzer im geschlossenen Verband an. Das PR 8 kämpfte im Schwerpunkt. Links davon rollten die italienischen Kampfwagen vor. Auf der rechten Flanke fuhr das PR 5.

Dieser stählerne Keil traf wenig später auf eine tiefgestaffelte Pak- und Artilleriefront der Südafrikaner. Die ersten deutschen und italienischen Panzer brannten. Das Gefecht Panzer gegen Panzer setzte ein. In der Tiefe des Gefechtsfeldes entwickelten sich verbissene Panzerduelle. Immer dichter wurde der Gegner in der deutschen Zange zusammengepreßt. Immer mehr Feindpanzer standen zerschossen auf dem Gefechtsfeld dieser größten afrikanischen Panzerschlacht. Aber noch war der Kampf nicht entschieden. Das PR 8 wurde schließlich zum Zünglein an der Waage. Aus dem Gefechtsbericht des Kommandeurs des PR 8 über die Totensonntagschlacht hier die entscheidenden Passagen:

„Der Vormittag verging mit erfolgreichen Kämpfen gegen feindliche Trosse und der Beschaffung von Unterlagen für den schweren Angriff des Nachmittags. Er wurde mit dem Tode des Abteilungskommandeurs der I./PR 8, Major Fenski, der schon am Morgen fiel, teuer genug bezahlt. Auch der Regimentskommandeur, OberstLt. Cramer, geriet mit seinem Befehlswagen, seinem Begleitfahrzeug, weit in den Rücken des Feindes vorstoßend, in die feindliche Artilleriestellung. Trotz mehrerer Treffer auf seinen Panzer schlug er sich mit wertvollen Ausklärungsergebnissen wieder zur I. Abteilung durch.

Gegen Mittag wurde durch den Vorstoß auf Bir el Gobi die Verbindung mit der italienischen PD „Ariete" hergestellt. Der Nachmittag sollte dem Regiment den schwersten Kampf des gesamten Afrikafeldzuges bringen.

Das PR 8 stand um 14.30 Uhr im Raum von Sidi Muftah mit Front nach Norden in folgender Gliederung zum Angriff bereit:
Links: Panzer-Regiment 8, rechts unterstelltes PR 5 mit 40 Panzerkampfwagen. Beide Regimenter sind trefferweise aufgestellt.
1. Treffen: I./PR 8, dabei der Regimentsstab, dahinter die 3./Flak 33.
2. Treffen: II./PR 8
Auf Befehl der Division soll das SR 115 bei der II./PR 8 – die als Panzerunterstützungs-Abteilung den Schützen den Einbruch ermöglichen soll – aufgesessen, dichtauf folgen.

Es gelingt dem SR 115 nicht, in der Bereitstellung den Anschluß an das PR 8 zu gewinnen, da es im Sumpfgelände bei Sidi Muftah steckenbleibt und aus Osten und Norden starkes Artilleriefeuer erhält. Hinter dem PR 5 wird das SR 200 zum Angriff bereitgestellt.

Um 14.45 Uhr befiehlt die Division ‚Antreten!' Angriffsziel ist die Vernichtung der im Raum Sghifet-Adeimat befindlichen südafrikanischen, durch starke Panzerverbände verstärkten Division.

Unter Feuerschutz der eigenen Artillerie rollt der Panzerangriff vorwärts. Um 15.30 Uhr ist die I./PR 8 unter Führung von Hptm. Kümmel in den Feind eingebrochen und vernichtet zahlreiche Abwehrwaffen. Dieser Einbruch lähmt den Gegner. Er ergibt sich, wo die Panzer stehen. Das Feuer in Front und Flanke durch Pak und Panzerflak erstirbt für Minuten. Das Artilleriefeuer auf die II./PR 8 und die rückwärtigen Teile hält dagegen unvermindert an. Hauptmann Kümmel funkt dringend um Nachführung von Schützen, die das Gefechtsfeld auskämmen und die Gefangenen übernehmen sollen. Endlich kommt von links rückwärts das SR 115 aufgesessen in die Einbruchstelle der I./PR 8 vor. Das verstärkte Panzer-Regiment ist inzwischen erneut angetreten. Der Regimentskommandeur hat sich entschlossen, den Angriff nunmehr rücksichtslos vorzureißen, ohne noch auf die Schützen zu warten.

Um 16.00 Uhr steht das verstärkte PR 8 tief im Feind. Die I./PR 8 ist im Angriff nach Norden durch die tiefe Verteidigungszone des Gegners. Die II./PR 8 dreht etwas nach Nordwesten, um den Schützen, die jetzt hinter ihr liegen, Luft zu schaffen und einen Gegenstoß von zirka 20 Feindpanzern in die linke Divisonsflanke im Keime zu ersticken.

Inzwischen ist das PR 5 mit seiner Masse dem schweren Artilleriefeuer nach Osten ausgewichten. Nur wenige Panzer haben sich Hptm. Kümmel angeschlossen und fahren dort den Angriff mit. Dieses Ausweichen ist entgegen dem Befehl von OberstLt. Cramer erfolgt und droht den Angriff zu zerreißen und zu verzetteln. Von diesem Zeitpunkt an ist auch die Funkverbindung mit dem PR 5 abgebrochen.

Da die II./PR 8 durch Abwehr des feindlichen Panzerangriffs und durch Warten auf das Nachfolgen der Schützen der schnell vorrollenden I./PR 8 nicht folgen kann, lebt das Abwehrfeuer des Gegners immer wieder auf. Langsam frißt sich die II./PR 8 unter Führung von Hptm. Wahl, der nach OberstLt. Ramsauer die Führung übernommen hat, trotzdem nach Norden vor. Sie boxt sich durch die feindliche

Tiefzone mit dem Ziel, die gegnerische Artillerie, die den Schützen so schwer zu schaffen macht, zu vernichten.

Um 16.30 Uhr bietet sich dem Regimentskommandeur, der inmitten der II. Abt. kämpft, folgendes Gefechtsbild:

Seine I. Abt. ist im Durchbruch nach Norden durch die feindliche Tiefzone, mit dem Ziel, die immer noch feuernde Artillerie des Gegners zu vernichten. Seine II. Abt. steht links rückwärts gestaffelt, tief gegliedert im Feind und verhält, damit die Schützen herankommen können. Mit dem unterstellten PR 5, das völlig nach rechts abgekommen ist, ist nun nicht mehr zu rechnen.

Kurz entschlossen befiehlt der RgtKdr. dem Führer der II. Abt. Hptm. Wahl: ‚II./PR 8 macht im Feinde kehrt und bringt die Schützen unter allen Umständen nach vorn!‘

Im Feuerkampf wird diese Bewegung vorbildlich ausgeführt, obwohl die drei Kompaniechefs (Oblt. Wuth, Lt. Adam und Oblt. Körner) fallen und viele eigene Panzer brennen. Die dem Regiment unterstellte Flak-Batterie (3./Flak 33) unter Führung des Abteilungskommandeurs, Hauptmann Fromm, unterstützt in stärkstem Abwehrfeuer mit Ruhe und Sicherheit das Lösen der in den Gegner verbissenen Panzer. Durch diese Bewegung der II. Abt. gelingt es, die Schützen einige hundert Meter vorzureißen. Sehr schnell aber steht danach die II./PR 8 wieder allein am Feind.

Der immer noch zähe und straff geleitete Widerstand des Gegners hält an. Das Artilleriefeuer schlägt mit unverminderter Heftigkeit zwischen die Panzerwagen.

Inzwischen ist die Funkverbindung mit der I./PR 8 um 16.25 Uhr abgerissen, da Paktreffer das Funkgerät des Abteilungskommandeurs zertrümmert haben. Hptm. Kümmel fährt und führt, hoch im Panzer stehend, in der Rechten die Kommandoflagge, seiner Abteilung vorausfahrend, seinen Auftrag durch. Um 16.55 Uhr meldet er dem Kommandeur:

‚Erste Abteilung zum Flugplatz Sidi Rezegh durchgebrochen. Verbindung mit der von Norden her angreifenden 21. PD hergestellt.‘

Noch vor Einfall der Dunkelheit ist die Entscheidung gefallen. Der aus großer Tiefe genährte feindliche Widerstand ist durch den Durchbruch der I./PR 8 ins Wanken geraten und an der eisernen Front der II./PR 8 zerbrochen.

Ein leuchtendes Beispiel und Vorbild soldatischer Haltung gibt in diesem Kampf der Divisionskommandeur, GenMaj. Neumann-Silkow, der dem Angriff seines Panzer-Regiments dichtauf gefolgt ist.

Eine noch nicht zu übersehende Zahl an Panzern, Geschützen und Pak bleiben auf dem Gefechtsfeld liegen. Über 1000 Gefangene werden bis Einfall der Dunkelheit gemacht.“

Soweit der Gefechtsbericht. Doch zurück zu den anderen Verbänden, zunächst zur 21. PD.

Einsatz der 21. Panzer-Division

Die 21. PD erhielt am frühen Morgen des 23. November den Auftrag, mit der Infanterie und der Artillerie – das PR 5 wird dem Angriff der 15. PD zugeführt, jeden feindlichen auf Tobruk zielenden Angriff abzuwehren. Die ohne Panzer kämpfende 21. PD hielt die Nordfront der Schlacht bei Sidi Rezegh fest in der Hand. Sie verhinderte die Vereinigung der Truppen des XXX. brit. Corps mit der Besatzung von Tobruk.

Als sich die Dunkelheit über die Wüste ausbreitete, brannten allerorten Feindpanzer und eigene Kampfwagen. Die Schlacht war jedoch noch nicht entschieden. Dieser Kampf hatte die Briten 70–100 Panzer gekostet. Geschütze und Selbstfahr-Lafetten kamen hinzu. Die Zahl der Kraftfahrzeuge ging in die Hunderte. Die 5. südafrikanische Brigade war auseinandergesprengt, die 22. Panzerbrig. zerschlagen, viele weitere Verbände ebenfalls stark angeschlagen.

Auf deutscher Seite konnte man sich auch erst nach Mitternacht ein klares Bild von der Lage verschaffen. Die Verbände wurden geordnet, ihre Verluste festgestellt. Allein das PR 8 hatte 14 Panzer II, 30 Panzer III und 9 Panzer IV verloren, von denen allerdings nur ein Teil Totalverluste waren. Zwei Drittel konnten wieder instandgesetzt werden; dennoch betrugen die Einsatzstärken nur noch insgesamt 61 Panzer und vier Befehlswagen.

Rommel ließ einen Funkspruch nach Berlin absetzen:

„Absicht für den 24. November 1941:

a) Die Vernichtung der 7. PD des Gegners vollenden
b) mit Teilen meiner Kräfte gegen Sidi Omar vorgehen, mit der Absicht, den Feind an der Sollumfront anzugreifen."

Am frühen Morgen des 24. November stieß Rommel, schon wieder mit seiner Begleitstaffel unterwegs, auf den Kommandeur der 15. PD und befahl GenMaj. Neumann-Silkow, sich zum Angriff vorzubereiten.

Zwei Stunden später, um 6.00 Uhr, stieß er, weiterfahrend, auf der Achsenstraße, auf den „Moritz" von GenLt. Crüwell. Dieser meldete Rommel: „Der Feind ist bei Sidi Rezegh vernichtet und nur mit Teilen entkommen, Herr General!"

Rommel sah sich durch diese Meldung in seinem Beschluß bestärkt, nun mit einem schnellen Panzerraid nach Südosten tief in den Rücken des Gegners vorzugehen. Er sagte Crüwell:

„Die Angriffsgruppe Tobruk ist zum großen Teil vernichtet. Wir fallen jetzt über den Feind an der Ostfront her und vernichten die Neuseeländer und die Inder. Es ist höchste Eile geboten! Wir müssen die Schockwirkung der Niederlage ausnützen und sofort in schärfstem Tempo mit allen Teilen nach Sidi Omar vorgehen."

Panzerkampf zwischen Sidi Omar und Sidi Azeiz

Rommel befahl am Abend des 24. November, am folgenden Tag den Gegner bei Sidi Omar und Sollum mit den Divisionen des DAK anzugreifen und zu vernichten. Nach seiner Überzeugung mußte der Gegner – noch immer auf der Flucht – nach Südosten und Osten zurückweichen. Dazu stand ihm neben der 15. und 21. PD, noch die PanzerDiv. „Ariete" zur Verfügung. Rommel schob die 21. PD am weitesten nach Osten, ließ die „Ariete" am westlichsten Punkt seiner Stellung einschieben und versuchte, selbst die 15. PD führend, den Gegner in der Mitte anzugreifen. Zugleich aber wollte er Sidi Omar wieder zurückgewinnen, das verlorengegangen war. Zu diesem Angriff führte er der 15. PD auch noch das PR 5 der 21. PD zu.

Beide Panzer-Regimenter traten getrennt zum Angriff auf Sidi Omar an. Sehr bald kam das PR 5 in Gefechtsberührung mit der 7. ind. Brigade, die unmittelbar vor den Panzern unter OberstLt. Stephan diesen Raum erreicht hatte. In dem folgenden harten Panzerduell gingen viele deutsche Panzer verloren. Deutsche Panzer erzielten ebenfalls Abschußerfolge. Sie zerschossen einen breitgefächerten Pakriegel, doch dann war ihre Kraft gebrochen. Auf dem Gefechtsfeld fiel der Regimentskommandeur, als sein Befehlswagen von einem Volltreffer durchschlagen wurde. Major Mildebrath übernahm die Führung des PR 5.

Zur gleichen Zeit lief auch das PR 8 auf starken Panzerfeind auf, der in einem erbittert geführten Gefecht niedergerungen werden konnte.

Rommel versuchte nun die 15. PD umfassend anzusetzen. In breiter Gliederung nach Westen herausgesetzt, rollten die schnellen Teile der Division westlich um Sidi Omar herum. In dieser Lage griffen 20 englische Panzer an, überwiegend Mark II. In dem folgenden Gefecht wurden 16 davon abgeschossen. Es waren Teile der 7. Panzerbrigade, die bisher auch dem PR 8 empfindliche Verluste beigebracht hatten.

Als der Abend dieses 25. November 1941 einfiel, hatte Erwin Rommel das erstrebte Ziel nicht erreicht. Zwar war es ihm gelungen, mit dem DAK den Trigh Capuzzo westlich von Sidi Azeiz erreichen und einen Geländeabschnitt von cirka 30 Kilometer zu gewinnen, aber der Gegner war noch nicht geschlagen. Und die weiteren Angriffe des PR. 5 auf Sidi Omar schlugen ebenfalls nicht durch. Ein Funkspruch, um 20.00 Uhr von dort an das HQ der Panzergruppe abgesetzt, lautete:

„Feste Cirener nach schwerem Kampf, jetzt 8 Kilometer südwestlich Fort Sidi Omar. Beim PR 5 noch zwölf Panzerkampfwagen, davon nur zwei einsatzbereit. Regimentskommandeur gefallen. Abteilungskommandeur vermißt. Erbitte Befehl!"

Das PR 8, das wenig später auch Meldung machte, hatte noch 53 einsatzbereite Wagen. Die Division „Ariete" wurde den ganzen Tag über von der 1. südafrikanischen Division und von der 4. brit. Brig. aufgehalten und bedrängt.

Am Abend des 25. November befahl Rommel der 21. PD, von der er annahm, daß sie bereits den Halfayapaß genommen habe, „weiter nach Süden vorzustoßen und am Halfaya vorbei, Sollum passierend, auf Bardia hin anzugreifen.“ Doch GenMaj. von Ravenstein konnte erst am 26. November antreten.

Das Gewissen der Armee

Oberstleutnant Westphal war sich darüber im klaren, daß sich die Lage am Umklammerungsring von Tobruk von Stunde zu Stunde verschlechterte und daß die Gefahr eines feindlichen Ausbruchs und Durchbruchs aus der Festung ständig wuchs. Sobald dies geschah, würde es kritisch an der Festung werden. Dann hatte der Gegner das Ziel seiner Offensive erreicht, und die lange Belagerung von Tobruk war sinnlos geworden.

Den ganzen 26. November über hielten in diesem Raum die erbitterten Kämpfe an. Schließlich mußte die KGr. Böttcher, die sich bis zur Selbstaufopferung geschlagen hatte, den schmalen Korridor freigeben. Sie wich zurück und bezog südlich hinter der Div. „Trieste“ eine Aufnahmestellung. Damit hatten die Neuseeländer an der Achsenstraße die Verbindung zwischen sich und der Festung Tobruk hergestellt.

Am Morgen des 26. November hatte Siegfried Westphal fieberhaft versucht, Rommel zu erreichen und ihm die kritische Lage bei Tobruk zu melden. Nicht weniger als fünf Fieseler Störche, die als Kuriermaschinen zum DAK oder zu Rommel unterwegs waren, wurden von der RAF abgeschossen.

So verging dieser entscheidende Tag mit der Suche nach dem Oberbefehlshaber und dem Kommandierenden General.

Als schließlich alle Versuche, Rommel zu erreichen, fehlschlugen, handelte Westphal selbständig. Er ließ einen Funkspruch an das Generalkommando das DAK absetzen:

„Unter Aufhebung aller entgegenstehenden Befehle hat das DAK sofort im Eiltempo auf Tobruk zu marschieren. Kommando Panzergruppe Afrika Ia.“

Dieser Funkspruch drang zur 21. PD durch, und als Major Frhr. von Süsskind, der Ia der 21. PD, ihn seinem Kommandeur überreichte, unterschrieb dieser die Quittung, las den Spruch und bemerkte trocken: „Also zurück nach Tobruk!“ Die Division drehte und boxte sich durch.

Als von Ravenstein schließlich vor Rommel stand und ihm meldete, sagte dieser verblüfft: „Was soll das heißen? Was wollen Sie hier?“

Nun war die Verblüffung bei von Ravenstein. Er meldete Rommel den Funkspruch und dieser explodierte:

„Das ist aufgelegter Schwindel! Die Engländer müssen unseren Funkschlüssel haben. Der Befehl ist eine Täuschung und kommt von ihnen.“

Als Rommel am Abend dieses Tages beim Stabe in El Adem erschien, begrüßte er niemanden. Er stieg in seinen Befehlsomnibus, sah die Karten an und studierte die Meldungen und Funksprüche, die sein Ia hinter ihm hergejagt hatte.

Anschließend ließ er sich von Westphal Bericht erstatten. Danach erkannte er die Entscheidung, die sein Ia als „operatives Gewissen der Armee" gefällt hatte, als richtig an und reichte OberstLt. Westphal zum Ritterkreuz ein.

Wo bleiben die Italiener?

Am Morgen des 27. November war die 15. PD unter GenMaj. Neumann-Silkow, die zuerst Sollum angreifen sollte, auf direktem Wege nach Tobruk gefahren. Sie traf plötzlich auf den Gefechtsstand der 5. neuseeländischen Brigade bei Sidi Azeiz. Oberst Hans Cramer führte das PR 8 in schneller Fahrt nach Sidi Azeiz. Sie stießen auf Pak und Artillerie und schossen die Feindstellungen zusammen. In raschem Ansprung überrollten sie auch die Infanteriegräben und MG-Nester und zerschlugen die Brigade. Etwa 700 Neuseeländer gingen in die Gefangenschaft.

Den 28. November sollte die 21. PD benutzen, den Feind beim Punkt 175 und Saafran anzugreifen und nach Osten abzuriegeln. Zugleich sollte die Division Anschluß nach Norden suchen, wo die 90. Leichte verteidigte. Links davon vorgehend, griff die 15. PD die südliche Höhenstufe von Sidi Rezegh an und warf die hier eingesetzten Panzer des Gegners zurück. Als es Abend wurde, atmete Rommel auf, denn nun hatte er wieder eine gute Chance, auf dem Gefechtsfeld um Sidi Rezegh einen Teil der 8. Armee ausschalten zu können.

Der 29. November sollte die Entscheidung bringen. GenMaj. Böttcher, der anstelle des in Gefangenschaft geratenen GenMaj. von Ravenstein die 21. PD führte, schloß mit der Division den Kessel nach Osten. Er hatte gleichzeitig mit Front nach Süden zu kämpfen, von woher die 7. PD und die 1. südafrikanische ID angriffen.

Die 15. PD war über Bir Bu Creimisa nach Norden gerollt und nahm in den Abendstunden den wichtigen Höhenrücken bei El Duda in Besitz. Gleichzeitig stieß die 90. Leichte von Norden auf Belhamed vor. Es gelang ihr jedoch nicht, bis zu den Spitzengruppen der von Süden heraufkommenden 15. PD durchzustoßen.

Die PD „Ariete", die südlich der 15. PD kämpfte, wurde zur Verstärkung des Einschließungsringes nach Norden heraufgezogen.

Als sich die Panzer zum Auftanken und Aufmunitionieren von der Höhe bei El Duda zurückzogen, brach ein starker feindlicher Nachtangriff, der eine halbe Stunde vor Mitternacht begann, in die dünnen Linien der Schützen ein, die nur noch 150 Mann zählten. El Duda ging verloren. Insgesamt wurden an diesem Tage 20 englische Panzer abgeschossen.

Der 30. November sah die Fortsetzung der deutschen Angriffe auf die eingeschlossenen Neuseeländer. Während der Kämpfe des Vormittags konnte kein

Geländegewinn erzielt werden. Als die 15. PD am Nachmittag nach Norden rollte und auf der Höhe westlich Sidi Rezegh nach Osten zum Angriff auf diese Verteidigungsbastion eindrehte, kam es erneut zu schweren Kämpfen.

Hier führte die Kampfgruppe Mickl mit dem SR 155 und der KGr. Böttcher, die Mickl übernahm, nachdem GenMaj. Böttcher die Führung der 21. PD erhielt, den entscheidenden Schlag. Die Kampfgruppe stürmte gemeinsam mit dem MG-Batl. 2, unterstützt von einer Stoßgruppe des PR 8, nach Sidi Rezegh hinein. Von drei Seiten vorgehend, gelang es ihr, den Feind im Nahkampf zu werfen und Sidi Rezegh zurückzugewinnen. El Duda aber blieb im Besitz der Engländer.

Oberst Johann Mickl erhielt am 13. Dezember das Ritterkreuz.

Die 21. PD verfügte an diesem Tage über 15 mittlere und sechs leichte Panzer. Die Lage bei der 15. PD sah mit 28 mittleren und elf leichten Panzern etwas besser aus. Allein die 7. brit. PD unter Gen Maj. Gatehouse verfügte noch über 120 Panzer.

Der 1. Dezember sah die 15. PD wieder im Angriff, wobei ihr alle nur mögliche Unterstützung gegeben wurde. Zwei Abt. des PzAr.Rgt. 33, eine 21-cm-Mörser-Batterie des ARKO 104, das Regiment z. b. V. 200 und das MG-Batl. 2 sowie das K 15 wurden dem PR 8 unterstellt. Der Gegner wurde bei Belhamed geworfen. Dieser Angriff blieb liegen.

Nordostwärts von Sidi Rezegh stand die KGr. Mickl in schweren Kämpfen gegen die 4. brit. Brigade, die einen Entlastungsvorstoß führte. Der Angriff wurde abgewiesen. Der Korridor von Tobruk zu den Briten außerhalb der Festung wurde eingedrückt. Tobruk war wieder eingeschlossen.

Die Kräfte der Panzergruppe Afrika waren erschöpft, glücklicherweise auch die der britischen 8. Armee. Die britische Offensive „Crusader" – eine der größten Schlachten in Afrika – war beendet. Die 8. Armee meldete den Verlust von 814 Panzern aller Art. Ihr standen noch 100 Panzer zur Verfügung.

Am 2. Dezember 1941 ließ Erwin Rommel einen Funkspruch in das FHQ nach Rastenburg tasten:

„In den ununterbrochenen schweren Kämpfen vom 18. November zum 1. Dezember wurden 814 Panzerkampfwagen und Spähwagen des Feindes vernichtet, 127 Flugzeuge abgeschossen. Die große Beute an Waffen, Munition und Fahrzeugen ist noch nicht zu übersehen. Die Gefangenenzahl hat 9000 überschritten, darunter drei Generale."

Am Abend des 5. Dezember schrieb Rommel in sein KTB: „Der Vorstoß des DAK hat den Feind bei Bir el Gobi nicht vernichtend getroffen, zumal die Mitwirkung des ital. mot.-Korps ausgeblieben war. Es muß damit gerechnet werden, daß der Gegner sich im Raume Gobi mit frisch herangeführten Verbänden verstärkt und sehr bald selbst mit überlegenen Kräften zum Angriff antritt . . .

Trotzdem erscheint es noch möglich, durch einen mit den Resten der deutschen und italienischen beweglichen Divisionen entschlossen durchgeführten Angriff im Raum um Gobi eine günstige Entscheidung herbeizuführen. Wenn es hierbei jedoch nicht gelingt, wesentliche Teile des Gegners zu vernichten, dann muß auch im

Hinblick auf die schweren eigenen personellen und materiellen Verluste der Entschluß zum Abbrechen des Kampfes und zum Rückzug in die Gazalastellung, später zur Aufgabe der Cyrenaika, erwogen werden."

Nach dieser Erkenntnis versuchte Rommel es am 6. Dezember 1941 noch einmal. Das DAK trat zum Angriff an. Die 15. und 21. PD rollten mit dem Rest ihrer Kampfwagen ins Gefecht. Der harte Schlagabtausch mit den britischen Kräften zwang diese bereits zum Ausweichen auf Bir el Gobi. Wenn jetzt die beiden Divisionen „Ariete" und „Trieste" eintreffen würden, wäre die Schlacht gewonnen. GenLt. Crüwell, der diese Chance erkannte, ließ Funkspruch über Funkspruch an Rommel tasten, auch an den Kommandierenden General Gambarra. Immer wieder der gleiche Ruf:

„Wo bleiben Gambarra und seine Divisionen?" Schließlich ließ er sogar im Klartext funken. Aber die beiden Divisionen kamen nicht. Der Kommandierende General dieses XX. italienischen Korps meldete General Bastico: „Meine Truppen sind zu abgekämpft und nicht mehr einsatzbereit."

Am 7. Dezember tobte der Kampf weiter. Nacheinander blieben die deutschen Panzer liegen, versandet, von Artillerie und Fliegern zerschossen. Als GenMaj. Neumann-Silkow die Panzer noch einmal vorzureißen versuchte, geriet er in einen Artillerie-Feuerüberfall. Im offenen Luck seines Panzer stehend, erhielt er einen Volltreffer und war sofort tot. Oberst Erwin Menny übernahm auf dem Gefechtsfeld die Führung der Division, bis am 9. Dezember GenLt. Gustav von Vaerst neuer Divisionskommandeur wurde.

Generalleunant Crüwell, der Rommel am Vortage bereits gebeten hatte, den Rückzug zu befehlen, sprach am nächsten Tag noch einmal mit Rommel. Dieser rang sich dazu durch, den Befehl zum Rückzug zu geben. Dieser Rückzugsbefehl rettete das DAK vor der völligen Vernichtung.

Der Rückzug aus der Sicht das DAK

Während die Verteidigung der Westfront von Tobruk aufrechterhalten blieb, setzten sich in der Nacht zum 8. Dezember das DAK und das italienische motorisierte Korps ab. Bis zum 12. Dezember erreichte die Panzergruppe Afrika die Gazalalinie.

Am folgenden Tage gelang es der verstärkten britischen Gardebrigade, die Stellungen des XX. italienischen AK zu durchbrechen und mit vorgeschobenen Aufklärungsstreitkräften Bir Temrad, rund 20 Kilometer hinter der Front, zu erreichen. Gleichzeitig damit wurden die Flankenstellungen des DAK umgangen. Die Gefahr bestand, daß diese Panzerkräfte im schnellen Vorstoß den Pistenknotenpunkt Mechili vor den deutschen Verbänden erreichten und ihnen den Nachschub abschnitten.

Hier griff das XX. italienische AK mit allem, was es noch hatte, den eingebrochenen Gegner an und vernichtete den Großteil der Gardebrigade. 800 Gefangene wurden gemacht, darunter auch der Brigadekommandeur. Zahlreiche Geschütze und 20 Panzer wurden vernichtet.

Ein Vorstoß von 150 Panzern und Spähwagen gegen den Rücken des DAK konnte ebenfalls abgewehrt werden. Am 15. Dezember meldete Rommel dem OKW:

„Nach vierwöchigen ununterbrochenen und verlustreichen Kämpfen zeichnet sich trotz hervorragender Einzelleistungen ein Nachlassen der Kampfkraft der Truppen ab, zumal der Nachschub an Waffen und Munition völlig ausgeblieben ist. Die Armee beabsichtigt daher, den Raum um Gazala am 16. Dezember noch zu halten. Der Rückzug über El Mechili-Derna, spätestens in der Nacht zum 17. Dezember wird unvermeidbar sein, um der Überrundung durch den überlegenen Feind und damit der Vernichtung zu entgehen."

Bis nach Marsa El Brega

Der Rückzug ging – wie von Rommel geplant– zügig weiter, und am 25. Dezember wurde Agedabia erreicht. Es war dem Gegner nicht gelungen, das DAK oder Teile der Panzergruppe Afrika zu umfassen und einzukassieren.

Auch bei Agedabia war die Lage für die deutsch-italienischen Truppen nicht rosig, und Rommel entschloß sich dazu, noch weiter zurückzugehen und – hinhaltend kämpfend – die Truppen bis in die Marsa el Brega-Stellung zu dirigieren. Mit dem Ia des DAK, OberstLt. Westphal, überflog er in seinem Fieseler Storch diese neue 60 Kilometer breite Verteidigungslinie zwischen Marada und Marsa el Brega, um sich an Ort und Stelle einen Überblick über die Abwehrmöglichkeiten zu machen. Die Lage schien günstig. Hier, bei Marsa el Brega, konnte Tripolitanien wirksam verteidigt werden.

Es gelang Erwin Rommel, das Commando Supremo davon zu überzeugen, daß nur bei Marsa el Brega der Gegner gehalten werden konnte.

Einen Tag, nachdem die deutsch-italienischen Truppen in Agedabia eingetroffen waren, berichtete die britische Nachrichtenangentur Reuter aus Kairo für die Londoner Gazetten folgendes:

„Die Reste des Deutschen Afrika-Korps und der italienischen Armee fluten längs der Syrte auf der nach Tripolis führenden Straße zurück. Das Hauptziel der Eight Army, die Vernichtung der feindlichen Streitkräfte in der westlichen Wüste, ist erreicht. Die deutschen Panzerkräfte sind zerschlagen. Eine Handvoll deutscher Panzer versuchen voller Panik nach Tripolis zu entkommen."

Am 27. Dezember begann die Panzerschlacht bei Agedabia. Die aufgefrischte brit. PzBrig. rollte in schneller Fahrt über El Haseiat vor, während das Gros der

8. Armee frontal angriff. Drei Tage dauerte die Panzerschlacht. Es gelang Rommel, den Gegner zum Kampf mit umgekehrter Front zu zwingen. Am 28. Dezember stießen 60 Panzer der 15. und 21. PD auf jene 90 Kampfwagen, die die 22. PzBrig. ins Gefecht warf. Es kam zu einem langen Panzerduell. Als der Kampf zu Ende ging, brannten 37 englische Panzer auf dem Gefechtsfeld. Die beiden Divisionen des DAK aber hatten ganze sieben Panzer verloren.

Vor der Front selbst wurden die Feindpanzer von der Flak empfangen. Hier standen die Achtacht des Flak-Regiments 135, das von Major Hecht geführt wurde. Hechts Kanoniere schossen die Feindpanzer bereits aus 2 Kilometer Distanz ab. Mehr und mehr Panzer blieben liegen. Am 4. Februar 1942 erhielt Major Max Hecht für diesen Abwehrerfolg das Ritterkreuz.

Es wurden vor der Front 136 abgeschossene brit. Panzer gezählt. Die letzten Panzer der 22. PzBrig. konnten, verfolgt von drei oder vier Panzern IV, in die Wüste entkommen. Nur die Tatsache, daß den meisten deutschen Panzern der Sprit ausging, rettete die britischen Reste vor der Vernichtung.

Die frontal angreifenden englischen Divisionen wichen ebenfalls nach Nordosten aus. Der Abend des 29. Dezember 1941 zeigte auf, daß die Gefahr für die Agedabia-Stellung vorüber war.

Erwin Rommel nutzte diese Zeit der Ruhe dazu aus, seine Truppe geordnet und Schritt um Schritt in die Marsa el Brega-Stellung zurückzunehmen.

DER OSTFELDZUG

Allgemeine Lage beider Seiten

Nachdem Hitler bereits am 31. Juli 1940 seine Entscheidung bekanntgegeben hatte, die Sowjetunion im Frühjahr 1941 zu zerschlagen, wurde dieser Feldzug monatelang erörtert.

Im Tagebuch von Generaloberst Halder wird Hitlers Beurteilung der Lage folgendermaßen widergegeben:

„Je schneller Rußland zerschlagen wird, desto besser. Die Operation hat nur Sinn, wenn wir diesen Staat in einem Zuge schwer zerschlagen. Gewisser Raumgewinn allein genügt nicht. Stillstehen im Winter ist bedenklich. Daher besser zuwarten. Aber der bestimmte Entschluß, Rußland zu erledigen, besteht. Das Ziel ist die Vernichtung der Lebenskraft Rußlands. Es zerlegt sich in:

1. Stoß auf Kiew mit Anlehnung am Dnjepr.
2. Stoß auf die sowjetischen Randstaaten mit Richtung Moskau.
3. Zusammenfassung aus Norden und Süden. Später Teiloperation auf das Ölgebiet von Baku.“

Der Operationsentwurf Ost lag bereits am 5. August 1940 vor, aber erst am 18. Dezember 1940 erließ Hitler die Füherweisung Nr. 21, „Fall Barbarossa“, mit folgenden Kernpunkten (auszugsweise):

„Die deutsche Wehrmacht muß darauf vorbereitet sein, auch vor Beendigung des Krieges gegen England Sowjetrußland in einem schnellen Feldzug niederzuwerfen.

Die Vorbereitung der Oberkommandos sind auf folgender Grundlage zu treffen:

I. Allgemeine Absicht:

Die im westlichen Rußland stehende Masse des russischen Heeres soll in kühnen Operationen unter weitem Vortreiben von Panzerkeilen vernichtet, der Abzug kampfkräftiger Teile in die Weite des russsichen Raumes verhindert werden.

In rascher Verfolgung ist dann eine Linie zu erreichten, aus der die russische Luftwaffe reichsdeutsches Gebiet nicht mehr angreifen kann. Das Endziel der Operation ist die Abschirmung gegen das asiatische Rußland aus der allgemeinen Linie Wolga – Archangelsk. So kann erforderlichenfalls das letzte Rußland verbleibende Industriegebiet am Ural durch die Luftwaffe ausgeschaltet werden . . .

III. Die Führung der Operation:

a) Heer (in Genehmigung der mir vorgetragenen Absichten):

In dem durch die Pripjetsümpfe in eine südliche und eine nördliche Hälfte getrennten Operationsraum ist der Schwerpunkt nördlich dieses Gebietes zu bilden. Hier sind zwei Heeresgruppen vorzusehen.

Der südlichen dieser beiden Heeresgruppen – Mitte der Gesamtfront – fällt die

Aufgabe zu, mit besonders starken Panzer- und mot. Verbänden, aus dem Raum um und nördlich Warschau vorpreschend, die feindlichen Kräfte in Weißrußland zu zersprengen. Dadurch muß die Voraussetzung geschaffen werden für das Eindringen von starken Teilen der schnellen Truppen nach Norden, um im Zusammenwirken mit der aus Ostpreußen in allgemeiner Richtung Leningrad operierenden nördlichen Heeresgruppe die im Baltikum kämpfenden feindlichen Kräfte zu vernichten.

Erst nach Sicherstellung dieser vordringlichen Aufgabe, welcher die Besetzung von Leningrad und Kronstadt folgen muß, sind die Angriffsoperationen zur Besitznahme des wichtigen Verkehrs- und Rüstungszentrums Moskau fortzuführen.

Nur ein überraschend schnell eintretender Zusammenbruch der russischen Widerstandskraft könnte es rechtfertigen, beide Ziele gleichzeitig anzustreben.

Bei der südlich der Pripjetsümpfe angesetzten Heeresgruppe ist der Schwerpunkt im Raum von Lublin in allgemeiner Richtung Kiew zu bilden, um mit starken Panzerkräften schnell in die tiefe Flanke und den Rücken der russischen Kräfte vorzugehen und diese dann im Zuge des Dnjepr aufzurollen.

Sind die Schlachten südlich bzw. nördlich der Prijpetsümpfe geschlagen, ist im Rahmen der Verfolgung anzustreben:

Im Süden: Die frühzeitge Besitznahme des wehrwirtschaftlich wichtigen Donezbeckens.

Im Norden: Das schnelle Erreichen von Moskau. Die Einnahme dieser Stadt bedeutete politisch und wirtschaftlich einen entscheidenden Erfolg, darüber hinaus den Ausfall des wichtigen Eisenbahn-Knotenpunktes . . ."

Die Heeresgruppen und ihre Verbände

In der deutschen Heeresgruppe Nord (Generalfeldmarschall Ritter von Leeb) standen die Panzergruppe 4 (Generaloberst Hoepner) mit dem XXXXI. Panzer-Korps und dem LVI. Panzer-Korps, die 18. Armee (Generaloberst von Küchler) mit dem XXXVIII. und XXVI. AK sowie der 16. Armee (Generaloberst Busch) mit dem I. AK und dem XXXIX. PzK bereit, um von Ostpreußen aus in die baltischen Länder und auf Leningrad vorzustoßen. Dazu standen an Panzerdivisionen die 1., 6. und 8. PD sowie zwei ID (mot.) zur Verfügung, die etwa 570 Panzer besaßen.

Der Heeresgruppe Mitte (Generalfeldmarschall von Bock), welcher die Hauptaufgabe zufallen sollte, Moskau zu erobern, unterstanden die 4. Armee (Generalfeldmarschall von Kluge), die 9. Armee (Generaloberst Strauss), die Panzergruppe 2 (Generaloberst Guderian) und die Panzergruppe 3 (Generaloberst Hoth). Mit insgesamt acht Panzer-Divisionen und 6 Infanterie-Divisionen (mot.) verfügte sie über rund 930 Panzer.

Die Heeresgruppe Süd (Generalfeldmarschall von Rundstedt) war mit der 11. Armee (Generaloberst Ritter von Schobert), der 17. Armee (General der Infanterie von Stülpnagel), der 6. Armee (Generalfeldmarschall von Reichenau) und der Panzergruppe 1 (Generaloberst von Kleist) mit insgesamt vier Panzer-Divisionen und einer fünften als Reserve mit insgesamt 750 Panzer ebenfalls mit starken Stoßspitzen versehen.

Insgesamt standen dem Unternehmen „Barbarossa“ 118 Infanterie-Divisionen, 15 Infanterie-Divisionen (mot.) und 19 Panzer-Divisionen zur Verfügung.

Die vermuteten sowjetischen Kräfte waren 118 Infanterie-Divisionen, 20 Kavallerie-Divisionen, 40 Brigaden (mot.) und Panzer-Brigaden.

Aus den fünf sowjetischen Militärbezirken zwischen Petsamo im Norden und Sewastopol im Süden waren mit Beginn des Feldzuges fünf Fronten gebildet worden.

In der „Nordfront“ unter Generalleutnant Popow (Leningrader Militärbezirk) standen folgende Truppen bereit: 14. Armee (Generalleutnant Frolow), 7. Armee (Generalleutnant Gorolenko), 23. Armee (Generalleutnant Pschennikow), 8. selbständige Brigade Hangö/Finnland.

In der „Nordwestfront“ (Baltischer Militärbezirk) standen unter Führung von Generaloberst Kusnezow die Truppen der 8. Armee (Generalmajor Sobennikow), 11. Armee (Generalleutnant Morosow), 27. Armee (Generalmajor Bersarin).

Die Führung der „Westfront“ (Westlicher Militärbezirk) hatte Armeegeneral Pawlow übernommen. Ihm standen zur Verfügung: 3. Armee (Generalleutnant Kusnezow), 10. Armee (Generalmajor Golubew), 4. Armee (Generalmajor Korbokow).

Die „Südwestfront“ (Kiewer Militärbezirk) unter Generaloberst Kirponos setzte sich aus folgenden Truppenverbänden zusammen: 5. Armee (Generalleutnant Potopow), 6. Armee (Generalleutnant Musytschenko), 26. Armee (Generalleutnant Kostenko), 12. Armee (Generalmajor Ponedelin).

In der „Südfront“ (Odessaer Militärbezirk) unter Armeegeneral Tjulenew waren folgende Verbände vereinigt: 18. Armee (Generalleutnant Smirnow), 19. Armee (Generaloberst Tscherewitschenkow), 9. selbständiges Schützen-Korps (auf der Krim).

Es stellte sich heraus, daß viele der sowjetischen Oberen Befehlshaber, die Armeen hätten führen sollen, nicht mehr existierten und daß im Rang 1–2 Stufen niedrigere Generale Armeeführer waren. Dies war auf die Säuberungswelle Stalins in den Jahre 1935/38 zurückzuführen, denen insgesamt 700 Divisionskommandeure, Kommandierenden Generale und Oberbefehlshaber von Armeen zum Opfer gefallen waren. Gleiches galt für die Truppe, wo nicht selten Majore Regimenter führten sowie Oberste Divisionskommandeure waren.

Stärke und Rüstungsstand der Roten Armee

Obwohl auf deutscher und sowjetischer Seite eine genaue Kenntnis über Stärke und Waffenausstattung der jeweils gegnerischen Truppen fehlten, war man deutscherseits sicher, die UdSSR in einem Sommer-Blitzfeldzug niederringen zu können. Die Abteilung „Fremde Heere Ost" unter Oberst Kinzel war der Annahme, daß die Rote Armee allein im europäischen Rußland 213 Großverbände stationiert habe, die auf 10000 Panzer aller Art und 6000 Flugzeuge zurückgreifen könnten. Der Personalbestand einer Division der Roten Armee wurde auf nicht mehr als 9000 Mann angenommen.

Auf Moskauer Seite meldete die Raswedupr unter General Golikow, dem Vorsitzenden des Rates der Volkskommissare, Stalin, 120 deutsche Divisionen, denen 4000 Panzer und etwa 4000 Flugzeuge zur Verfügung stünden.

Während deutscherseites die Kampfkraft des Gegners erheblich unterschätzt worden war, hatte man sie auf sowjetischer Seite zahlenmäßig überbewertet. Der deutsche Panzerbestand von 3580 lag noch annähernd im Schätzungsbereich; die deutsche Luftwaffe, deren tatsächliche Kampfstärke an der Ostfront am 2. Juni 1941 1945 Maschinen betrug, war jedoch weit überschätzt worden.

Trotz der zahlenmäßigen Überlegenheit der Roten Armee rechnete die deutsche Führung damit, daß der sowjetische Widerstand innerhalb einer Frist von 9–17 Wochen zusammenbrechen werde.

Die Rote Armee wiederum hegte den Nimbus ihrer Unbesiegbarkeit. Die Führung unter Stalin erwartete, daß sich mit Kriegsbeginn gegen Deutschland und nach erfolgtem Einmarsch nach Deutschland dort die „werktätigen Massen" erheben und der Roten Armee helfen würden, den gemeinsamen Feind zu bekämpfen und niederzuringen.

Stalin war nicht bereit, vorzeitig in den Zweiten Weltkrieg einzutreten. Wie aus einigen seiner Reden bekannt wurde, beabsichtigte er, zunächst seine eigene strategische Lage zu verbessern und erst dann zuzuschlagen, wenn einer der Gegner am Boden lag. Vor allem trachtete er danach, sich den Rücken nach Ostasien, freizumachen.

Als der japanische Außenminister Yosuke Matsuoka, aus Berlin nach Tokio reisend, seine Heimfahrt in Moskau unterbrach und Stalin aufsuchte, hatte dieser völlig überraschend den sowjetischen Anspruch auf Nordsachalin aufgegeben. Damit war das letzte Hindernis zwischen der UdSSR und Japan beseitigt, stand somit einem beiderseitigen Nichtangriffspakt nichts mehr im Wege. Das Abkommen wurde am 13. April unterzeichnet. Es sollte eine Geltungsdauer von fünf Jahren haben. Beide Seiten versicherten, ihren gegenseitigen Besitzstand nicht anzutasten und sich während der Dauer des Krieges neutral zu verhalten.

Am 6. Mai 1941 wurde Josef Stalin durch einen Erlaß des Präsidiums zum Vorsitzenden des Rates der Volkskommissare ernannt. Sein engster Mitarbeiter wurde Aleksandr Poskrebyschew. Wjatscheslaw Molotow übernahm das Amt des Chefs des Außenkommissariates.

Auf diese Meldungen hin wurde in der Weltpresse der Argwohn geäußert, daß die vermehrte Konzentration der sowjetischen Führung auf einen Eintritt der UdSSR in den Zweiten Weltkrieg hindeute.

In einer Ansprache an die Adresse der Absolventen der Sowjetischen Militärakademie hatte Stalin bereits geäußert, daß er mit einem Angriff Deutschlands auf die UdSSR rechne.

Diese Ansprache wurde auch dem deutschen Botschafter Friedrich Werner Graf von der Schulenburg in mehreren Versionen zugespielt. Eine davon brachte gar zum Ausdruck, Stalin habe den Krieg gegen Deutschland als unvermeidbar bezeichnet.

Während des Balkanfeldzuges im April 1941 war eine Kampfgruppe der Panzergruppe Kleist handstreichartig in die Belgrader Sowjetbotschaft eingedrungen und hatte dort sowjetische Dokumente sichergestellt, unter denen sich eine Grundsatzerklärung Stalins vom März 1941 befand, in der niedergelegt war, daß „die Sowjetunion im gegebenen Augenblick überraschend gegen Deutschland losschlagen" werde.

Der neue sowjetische Verteidigungskommissar, Marschall Semjon Timoschenko, der Kliment Woroschilow abgelöst und in Georgij Shukow einen neuen Generalstabschef bekommen hatte, war mit der Reform der Roten Armee beschäftigt, die erst im Jahre 1942 abgeschlossen sein würde. Unter seiner Führung standen jene 3107000 Soldaten des Heeres, der Seekriegsflotte und der Fliegerkräfte.

Ende Mai 1941 wurden auf Befehl von Verteidigungskommissar Timoschenko 893000 Reservisten eingezogen. Bis Mitte Juni werde – so seine Meldung an Stalin – die Rote Armee 303 Divisionen und 39 mechanisierte Korps stark sein.

Timoschenko war es auch, der die nach dem Spanienfeldzug aufgrund einer Intervention des Marschalls Iwan G. Kulik abgeschafften Panzerdivisionen neu hatte aufstellen lassen. Nicht weniger als 58 Verbände standen noch vor Kriegsausbruch bereit. (Siehe: „Die Streitkräfte der Roten Armee").

Unter Timoschenko waren es vor allem die Generale Georij K. Maladin, Wassilij D. Sokolowskij, Nikolaj F. Watutin und Aleksandr M. Wassilewskij, die sich der großen Aufgabe des Aufbaues widmeten.

Zur Neuausrüstung mit kriegstechnisch voll ausgereiften Panzern rollten seit dem Frühjahr 1941 bis zum 22. Juni 1941 neue T 34 aus den Fabrikhallen zur Truppe. Die Serienfertigung neuer Jagdflugzeuge (wie Jak 1, LaGG 3 und Mig 3) liefen ebenfalls an. Die ersten 1540 Maschinen dieser Baumuster waren den Fliegerverbänden mit Kriegsanbruch bereits zugeführt.

Über diese Entwicklung war weder die deutsche Führung noch die Abteilung „Fremde Heere Ost" informiert, da jede nachrichtendienstliche Tätigkeit jenseits der deutsch-sowjetischen Demarkationslinie in Polen oder in Rußland selber streng untersagt worden war.

Trotz der Breite des Angriffsraumes, der zwischen der Barentsee und dem Kaspischen Meer 3000 Kilometer betrug, rechnete man in Hitlers Umgebung, von ihm dazu animiert, mit einem Feldzug, der zwischen neun und 17 Wochen Dauer haben konnte. Hitler selbst war davon überzeugt, daß die Konzeption des Blitzkrieges, die in Polen, Frankreich und auf dem Balkan erfolgreich geblieben war, mit den gleichen schnellen Ergebnissen auch gegen Rußland zum Tragen kommen würde.

Durch starke Panzermassierungen im Abschnitt der Heeresgruppe Mitte wollte Hitler schnell und ungeachtet aller seitlich zurückbleibenden Feindverbände in die Tiefe des Raumes vorstoßen und den Gegner dann, von beiden Seiten nach innen einschwenkend, von seinen rückwärtigen Verbindungen abschneiden und vernichten. Es war die Konzeption, die zu den dann auch stattfindenden Kesselschlachten führte.

Mit der Infanterie wurde dann frontal angeriffen und die in den jeweiligen Kesseln steckenden Feindverbände würden aufgerieben oder gefangengenommen.

Eine wichtige Aufgabe hatte die Luftwaffe in diesem Operationsplan zu erfüllen. Sie hatte die feindlichen Rückzugswege, Straßen, Bahnlinien und Engpässe zu vernichten und so das Abfließen feindlicher Verbände nach Osten zu verhindern.

Diese Zangenoperation sollte von den erfahrenen Panzerführern durchgeführt werden. Alles mußte im vorgegebenen Rahmen stattfinden, denn eines stand fest: die deutschen Panzerverbände, die für das Unternehmen „Barbarossa“ nur 756 Panzer mehr zur Verfügung hatten als gegen Frankreich, mußten sich in ihrer Stoßkraft sehr rasch abnützen, was allein schon von der Weite des zu überbrückenden Raumes her gegeben war. Hinzukommen würde das prekäre Treibstoffproblem, denn spätestens mit Beginn des Unternehmens „Barbarossa“ würden die sowjetischen Treibstofflieferungen, die bis zum 21. Juni 1941 nach Deutschland gingen, den deutschen Bedarf von 6000 Tonnen täglich um mindestens 4000 Tonnen verringern, die dann von anderswoher beschafft werden mußten. Dies konnte nur aus Rumänien geschehen. Der zu Ende 1940 eingelagerte Benzinvorrat von 1,4 Millionen Tonnen würde bei vollem Einsatz der Wehrmacht nur etwa drei Monate ausreichen. Dieselkraftstoff war noch knapper; dieser würde nur für etwa einen Monat reichen.

Bei der Truppe befanden sich noch immer 926 Panzer I und II, deren Wirksamkeit nicht dem Stand der Technik entsprach. Neue Panzertypen standen derzeit nicht zur Verfügung. Es würde mindestens bis Ende 1942 dauern, bevor neue durchschlagskräftige Panzer, z. B. der Panther und der Tiger, zur Truppe gelangen würden. Im Kampf gegen T 34 oder KW I und II waren selbst die 5-cm- und 7,5-cm-Kanone der Panzer III und IV fast wirkungslos.

Darüber hinaus war es der erwartete Personalbedarf, der den Beteiligten um Hitler Sorgen bereitete. Allerdinges hatten die bis zu diesem Zeitpunkt erlittenen Kriegsverluste von 100000 Mann die tot oder verwundet waren, ersetzt werden können. Doch die 450000 Mann des Ersatzheeres, mit denen man bei Einbeziehung der Geburtsjahrgänge 1921 und 1922, die ja bereits eingezogen waren, rechnen durfte, konnten in einem länger als nur einen Sommer dauernden Feldzug gegen die Sowjetunion nicht ausreichen, um die Ausfälle auch nur annähernd auszugleichen.

Das Transportproblem – Die wichtigste Voraussetzung zum Blitzfeldzug

Die erste Aufgabe, die zum Gelingen des Ostfeldzuges erfüllt werden mußte, war ein so gut wie möglich getarnter personeller und materieller Aufmarsch. Er mußte zum größten Eisenbahnaufmarsch der Geschichte werden, wenn diese Operation voll durchschlagen sollte. Dieser Aufmarsch wurde durch die Bevollmächtigten Transportoffiziere der Armeeoberkommandos innerhalb ihrer Armeebereiche geführt und gesteuert.

In enger Zusammenarbeit mit der militärischen Eisenbahnabteilung-Ost in Warschau und den Transportchefs beim OKH wurden jene Transportkommandanturen bestimmt, in deren Händen diese gewaltigen Transportleistungen liegen sollten. Es waren dies: Warschau, Krakau, Königsberg und Danzig. Als dritte Kraft im Bunde der Führungsstäbe kam das Generaldirektorium der Ostbahn in Krakau hinzu. Alle wurden mit Ausnahme des letzteren durch das Reichsverkehrsministerium gesteuert. Die Generaldirektion der Ostbahn unterstand als einzige des Reiches nicht dem Reichsverkehrsministerium, sondern wurde durch das Generalgouvernement Polen geführt. Dies sollte sich als Hindernis herausstellen, das erst nach einem geharnischten Protest des Transportchefs teilweise behoben wurde.

Die Generaldirektion der Ostbahn arbeitete auf der untersten Ebene mit polnischen Bahnarbeitern, die sich trotz schlechter Besoldung und Ernährung voll einsetzten. Der schwache Lokomotivpark mußte durch Unterstützung der Reichsbahn vergrößert werden. Daß die Reichsbahn oftmals Lokomotiven von „Leipzig Einundleipzig" zur Verfügung stellte, trug nicht zur bestmöglichen Zusammenarbeit bei.

Zunächst galt es, noch immer verdeckt, die Streckenleistung zu erhöhen und vor allem die Ausladefähigkeit an den Zielbahnhöfen optimal zu gestalten. Gleichzeitig damit mußten Straßen, Zufahrtswege und Rampen gebaut werden.

Am 21. Januar 1941 fand in Berlin eine Besprechung aller führenden Persönlichkeiten des Transportwesens statt, an der Spitze der Reichsverkehrsminister und der Transportchef der deutschen Wehrmacht. Auf dieser Besprechung wurde Übereinstimmung über die generellen Fragen des Transportes erzielt.

Die zweite Besprechung am 4. Februar 1941 in Krakau, zu welcher die Generaldirektion der Ostbahn eingeladen hatte, sah alle Interessenten der Bahn und jene des militärischen Transportwesens zur Stelle. Hier ging es um wichtige, ja vielleicht sogar entscheidende Details. Hauptziel dieser Besprechung war es, die volle Ausnutzung der Streckenkapazität des Generalgouvernements zu erreichen.

Das hier geforderte theoretische Soll an Zügen belief sich auf 181 am Tage. Die Minimalforderung betrug 130 Züge täglich. Im Januar 1941 waren auf diesen Strecken nur 92 Züge täglich gefahren. Allerdings war der harte und schneereiche Winter an dieser Minimalzahl schuld. Zum Schneeräumen hatten im Bereich der gesamten Streckenführung nicht weniger als 10000 Mann täglich eingesetzt werden müssen. Verstopfungen und Rückstaus waren die Folge dieser verminderten Zugleistung. Im Rückstau blieben täglich bis zu 30000 Waggons liegen. Dadurch waren an den Beladebahnhöfen Engpässe an Leerraum-Waggons entstanden. Es wurde erkannt, daß die eingesetzten Lokomotiven nicht winterfest waren. Hier mußte einschneidende Abhilfe geschaffen werden. Hinzu kamen Umsiedlertransporte, die den Zugverkehr erheblich störten.

Auf dieser letzten gemeinsamen Besprechung vor Feldzugsbeginn einigten sich alle Beteiligten darauf, daß der Wehrmacht je Tag 33 Züge zur Verfügung gestellt werden mußten. Mit 31 weiteren Zügen war allein die Kohlebevorratung durchzuführen, während der Straßenbau mit 26, die Eisenbahnkohle mit 20 und die Rüstungsindustrie mit 19 Zügen täglich auszustatten waren. Der sonstige Güterverkehr beanspruchte 24 Züge.

Wichtig war, daß im nach wie vor laufenden deutsch-russischen Warenaustausch täglich 16 Züge eingeteilt waren. Mit den kleineren Kontingenten von jeweils fünf Zügen für den Bahnbau und das Befestigungsmaterial und zwei Zügen für Betriebsstoff stellten sich die Zahl der täglich verkehrenden Züge im Generalgouvernement auf 181.

Mitte Januar 1941 begann im Friedensfahrplan und, nur allmählich sich steigernd, der getarnte Aufmarsch. Dessen Gesamtablauf sollte in fünf Staffeln geschehen. Es wurde dabei in Kauf genommen, daß die letzte Staffel nicht mehr vor Feldzugsbeginn ihr Ziel erreicht haben würde.

Auf sechs Transportstraßen wurde der Aufmarsch gefahren. Das Durchschnittstempo betrug 24 km/h. 144 Züge liefen je Tag. Wenn man sich vergegenwärtigt, daß für eine Infanteriedivision 70 und für eine voll aufgestockte Panzerdivision 90 - 100 Züge notwendig waren, dann wird der Zeitaufwand deutlich, den es kostete, das Ostheer erst einmal in seine Ausgangsstellungen zu bringen.

Das Nachvornbringen der Offensivbevorratung, wie sie für einen neuen Blitzfeldzug notwendig war, wurde so gelöst, daß die Nachschubzüge an die Transportzüge der einzelnen Divisionen angehängt wurden. Die Ausladezeiten waren so knapp bemessen, daß alle noch nicht voll ausgeladenen Züge planmäßig wieder zurückfahren mußten, auch wenn sie noch Material hatten.

Im Generalgouvernement standen für die 6. und 17. Armee und den Südflügel der HGr. Mitte drei große Hauptstrecken zur Verfügung. Es waren dies:

Krakau – Przemysl,

Tunel – Radom – Demblin – Terespol,

Tschenstochau – Warschau – Platerow.

Die zwischen Przemysl und Terespol liegende Lücke im Bahnnetz wurde durch mehrere Querverbindungen überwunden. Eine zusätzliche Zubringerstrecke überschritt bei Kutno die Grenze. Damit konnte man täglich 192 Züge bis zur Ausgangslinie San – Bug heranbringen.

Die erste Staffel, die vom 15. Februar bis zum 17. März lief, beförderte in erster Linie solche Divisionen mit deren Ausrüstung und Bevorratung, die aus Frankreich nach dem Osten geschafft wurden. Im „Tempo 12" – zwölf Züge binnen 24 Stunden – wurden jene zwölf Divisionen, die herangeschafft wurden, nach dem Osten geschleust. Insgesamt kamen zu den zwölf Zügen am Tage noch 890 Versorgungszüge, 200 Züge für die Luftwaffe, 60 für die Baubataillone und 25 für Kolonnen hinzu.

Die zweite Staffel sah vom 16. März bis zum 10. April noch gesteigerte Transportbewegungen. 35 Heerestruppen- und Divisionsbewegungen rollten nach Osten. Hinzu kamen 656 Versorgungszüge für den Generalquartiermeister und 210 Züge für die Luftwaffe.

Der Urlauberverkehr wurde ab dem 15. März um 40 Prozent gedrosselt und mit Beendigung der zweiten Staffel am 10. April eingestellt.

Vom 13. bis 24. April rollte die dritte Transportstaffel. Sie umfaßte insgesamt 1400 Truppenzüge und zusätzlich etwa 210 Versorgungszüge. Wie hoch die Zahl der Luftwaffenzüge bei der dritten Staffel war, ist nicht mehr bekannt.

Die vierte Staffel vom 27. April bis zum 15. Mai bewältigte 1900 Züge für Truppen und eine entsprechende Zahl an Versorgungszügen.

Dies alles wurde in einem Höchstleistungsfahrplan geschafft, der nach Ende dieser Staffel wieder aufgegeben wurde.

Die 5. Staffel, die vom 16. Mai bis zum 19. Juni rollte, beendete den Aufmarsch. In ihr wurden die Reserven des OKH an den Ausgangspunkt geschafft. Hinzu kamen täglich 96 Versorgungszüge für die Luftwaffe, die erst sehr kurzfristig ihren Aufmarsch beendete, weil sie bis zur letzten Sekunde für den Kampf gegen England benötigt wurde.

Vom 15. Februar bis zum 9. Juli rollten insgesamt 11784 Züge mit einem Wagenbedarf von insgesamt 200000 Waggons und einer Durchschnittsentfernung von 800 Kilometer nach dem Osten. Rechnet man alle Aufmarschvorbereitungen hinzu, wurden von der Reichsbahn vom 1. Januar bis zum 9. Juli 1941 33800 Züge abgefertigt. Eine heute noch unvorstellbare Leistung, die über jedes Lob erhaben ist.

Auf einer letzten Besprechung in Zossen am 6. Juni 1941 wurde erklärt, daß die UdSSR in etwa zehn Wochen ausgeschaltet sei und daß die politische Absicht bestehe, sie in einen Nationalitätenstaat umzuwandeln.

„Nach dem Rußlandfeldzug", so notierte später Oberst Hermann Teske in seinem Tagebuch, „erfolgt die Umorganisierung der Deutschen Wehrmacht für die Operationen auf weiteste Entfernungen."

In den „Besonderen Anordnungen für das Eisenbahnwesen" hieß es in Ziffer 1: „Der Eisenbahn kommt im weiten russischen Raum für den Nachschub entscheidende Bedeutung zu, die mit der Entfernung von der Grenze wächst. Größe der Entfernungen, Mangel an Straßen und Weitmaschigkeit des Bahnnetzes erhöhten den Wert der wenigen vorhandenen Strecken."

Daß Deutschland auch in bezug auf das Eisenbahnwesen völlig unzureichend für einen Feldzug gegen die UdSSR gerüstet war, geht aus der Tatsache hervor, daß es im Jahre 1939 weniger Lokomotiven als im Jahr 1914 gab. Daß die Reichsautobahn dazu ihren Teil beigetragen hatte, indem der Gütertransport auf das Kraftfahrzeug umgelastet wurde, sei am Rande bemerkt. Daß auch die Personaldecke der deutschen Reichsbahn nicht ausreichte, wurde sehr bald mit erschreckender Konsequenz klar.

Allein jene für die drei Heeresgruppen aufzustellenden Feld-Eisenbahn-Kommandos bedeuteten für die Reichsbahn eine sofortige Abgabe von 60000 Arbeitern, Technikern und Lokführern.

Nach wie vor aber rollten im Rahmen des deutsch-sowjetischen Wirtschaftsaustausches Tag für Tag die Öl- und Getreidezüge über die Brücke von Przemysl. Wenn es dem Gegner zu Beginn des Feldzuges gelang, diese im Bereich der 17. Armee liegende Brücke zu sprengen, würde dies für den deutschen geplanten Blitzfeldzug eine spürbare Bremsung bedeuten. Dem Kommandeur der 101. Leichten Division, Generalmajor Marcks, der als Generalstabsoffizier des OKH vorher den Feldzugsplan gegen die Sowjetunion weitgehend erarbeitet hatte, sollte es überlassen bleiben, diese Brücke handstreichartig in Besitz zu nehmen und zu sichern.

Nach dem 21. Juni rollten die Güterzüge des deutsch-sowjetischen Austausches über diese Brücke. Eine Entgleisungsanlage war inzwischen installiert worden, für den Fall, daß die Rote Armee den Plan hatte, mit einem Panzerzug über die Brücke vorzudringen.

Um 6.30 Uhr des 22. Juni 1941 befahl GenMaj. Marcks dem Kdr. des InfRgt. 228 seiner Division, die Brücke im Handstreich zu nehmen. Der Kampf um die Brücke tobte mehrere Tage lang, bis es GenMaj. Marcks gelang, Przemysl aus vom Rücken her zu erobern. Die Brücke wurde teilweise beschädigt. Bei diesen Gefechten verlor GenMaj. Marcks ein Bein. Es dauerte etwa 14 Tage, ehe die Brücke wieder befahrbar war.

Sehr bald sollten sich im Zuge der Vorverlegung der Kampfstätten die Ausladebahnhöfe als zu weit hinter der Front gelegen erweisen. Die mit allen verfügbaren Mitteln vorangetriebenen Hauptvorbaustrecken der HGr. Mitte nach Osten führten bis nach Shmerinka. Doch auch dies genügte nicht, denn von dort aus hatten die Transportkolonnen sehr bald Kolonnenwege von 150 Kilometer bis zur Front zurückzulegen. Es gelang den weiteren verstärkten Anstrengungen der Eisenbahner, durch Anlegen eines Gegenstandes den Kolonnenweg auf 100 Kilometer zu verkürzen.

Soweit zunächst jene entscheidende, oftmals unberücksichtigte Voraussetzung für den „Blitzfeldzug" der deutschen Wehrmacht im Osten, der fast vier Jahre dauern sollte.

Deutsche Planungen für „Barbarossa“

Ende Juli 1940, der Frankreichfeldzug war siegreich beendet worden, machten der Oberbefehlshaber des Heeres, GFM Walther von Brauchitsch, und sein Chef des Generalstabes, Generaloberst Franz Halder, die Abteilungschefs des Oberkommandos des Heeres mit Hitlers neuem Plan bekannt: Dem Angriff gegen die Sowjetunion.

General Erich Marcks wurde wenige Tage später der Auftrag erteilt, einen Operationsplan vorzulegen. Zur gleichen Zeit sollte auch der Quartiermeister I, Generalmajor Friedrich Paulus, eine Studie über diesen geplanten Feldzug erstellen.

General der Artillerie Alfred Jodl, Chef des Wehrmachtsführungsstabes, ließ die grundlegenden Faktoren des Ostkrieges durch die OKW-Abteilung „L“ unter Generalmajor Warlimont untersuchen.

Der Operationsplan Marcks sah vor, daß die Heeresgruppe Mitte entlang der Achse Brest Litowsk – Minsk – Smolensk direkt nach Moskau vorstoßen müsse. Erst nach Erreichen dieses Zieles sollte sie unter Zurücklassung von Ordnungs- und Sicherungskräften nach Süden einschwenken, um gemeinsam mit einer zweiten Kräftemassierung die Ukraine zu erobern, womit die Versorgung der eigenen Truppen gesichert sein würde.

Eine dritte Kräftegruppe wiederum sollte direkt in Richtung Leningrad vorstoßen und die Stadt und den Hafen in Besitz nehmen. Als äußeste Grenze nach Osten wurde im Marcksschen Operationsplan die Linie Astrachan – Gorkij – Archangelsk genannt. Generalmajor Paulus erhielt Weisung, diese Überlegungen zusammenzufassen, daraus den Kräftebedarf für alle drei Stoßgruppen zu ermitteln und den Ansatz und Aufmarsch des Heeres festzulegen.

Das Oberkommando der Wehrmacht empfahl entsprechend diesen Plänen die Bildung dreier Heeresgruppen. Und zwar sollte die Heeresgruppe Nord in Richtung Leningrad vorstoßen, die Heeresgruppe Mitte sollte Moskau zum Ziel erhalten und die sowjetischen Hauptstreitkräfte vernichten, wozu sie am stärksten mit Panzerverbänden versehen wurde. Die Heeresgruppe Süd wiederum erhielt zunächst Kiew als Ziel. Alle drei Heeresgruppen hatten Weisung, sich auch gegenseitig zu unterstützen. Ihnen würden, gemessen an ihren Aufgaben, die Fliegerkräfte der Luftwaffe zugeführt werden.

Die Entwürfe wurden durch Generaloberst Halder und seinem Chef der Operationsabteilung, Oberst Adolf Heusinger, in mehreren Planspielen geprüft. Danach unterzeichnete von Brauchitsch die Aufmarschanweisung des Oberkommandos des Heeres.

Zwischen der Auffassung des Oberkommandos der Wehrmacht, jener des Heeres und Hitlers Intentionen war noch eine große Differenz zu überbrücken, weil Hitler mit seiner Führerweisung Nr. 21 neue Akzente setzte, die nicht den Vorstellungen von Brauchitschs und Halders entsprachen, denen ein sofortiger Angriff mit Stoßrichtung Moskau vorschwebte.

Am 30. März 1941 trat Hitler vor die versammelten Kommandeure und Befehlshaber der Wehrmacht und faßte in einer langen Rede vor diesen 200 Generalen seine Absichten zusammen. Ausgehend von der Notwendigkeit der Vernichtung des Bolschewismus, sei dieser Krieg ein Kampf „Zweier Weltanschauungen". In diesem Kampf müsse man den alten soldatischen Standpunkt aufgeben und sich so verteidigen, wie man angegriffen werde. Er betonte, daß die Weigerung der UdSSR, der Genfer Konvention von 1929 beizutreten, ein Zeichen dafür sei, daß sie nicht beabsichtige, diese einzuhalten, womit deutsche Kriegsgefangene nicht dem Schutz des Völkerrechts unterstünden. Dies sei auch durch die Erfahrungen mit der sowjetischen Kriegsführung in Polen, Finnland, Estland, Lettland, Litauen und Rumänien bekanntgeworden.

Hitler stieß zunächst auf Widerwillen der Generalität. So äußerten diese auch anläßlich eines neuen Führererlasses vom 13. Mai 1941 ihre Bedenken gegen die von Hitler befohlenen „schonungslosen Maßnahmen gegen jede Bedrohung von seiten der feindlichen Zivilbevölkerung". Es gelang dem Oberbefehlshaber des Heeres, GFM von Brauchitsch, diesen „Gerichtsbarkeitserlaß des Oberbefehlshabers der Wehrmacht" zu unterlaufen.

Nachdem Iwan Maiskij am 13. Juni 1941 in London durch Antony Eden vor einem nahe bevorstehenden deutschen Angriffsschlag gewarnt worden war und Botschafter von der Schulenburg und Gustav Hilger den in Moskau weilenden Wladimir Dekanosow und damit durch diesen das sowjetische Außenkommissariat vor Hitlers Absichten warnten, wie Hilger selber in seinem Werk darlegte, mußte auch Stalin wissen, daß es bald zum offenen Schlagabtausch kommen werde.

Die täglichen Zwischenfälle an der deutsch-sowjetischen Demarkationslinie und die Einflüge deutscher Fernaufklärer tief nach Rußland hinein veranlaßten die Armeegenerale Iwan. W. Boldin, Michail Pirkonos, Dimitrij Pawlow und Iwan Tjulenew, ihren Oberbefehlshaber Marschall Timoschenko zu energischen Abwehrmaßnahmen aufzufordern. Diesen Aufforderungen und seinen eigenen Plänen folgend, ließ Marschall Timoschenko die unter General Iwan Konjew im Nordkaukasus stehende Armee als Verstärkung heranziehen. Darüber hinaus ließ er alle Verbände näher zur Grenze hin aufrücken. Durch diese Maßnahme kamen deutsche Beobachter im Juni zu der Auffassung, daß die UdSSR ihrerseits noch vor Deutschland die Initiative ergreifen und zum Angriff antreten werde.

Stalin aber pokerte weiterhin um Zeitgewinn, den die Rote Armee zur Reorganisation noch benötigte. Er versuchte alle Nachrichten über den bevorstehenden deutschen Angriff herunterzuspielen, in welcher er die Gerüchte über einen vor der Tür stehenden Krieg als „plumpe Propaganda" abtat. Alle Truppenbewegungen auf beiden Seiten hätten nichts mit den guten deutsch-sowjetischen Beziehungen zu tun. Dadurch wollte er der deutschen Führung den Eindruck vermitteln, daß er zwar über den deutschen Aufmarsch voll orientiert war und Gegenmaßnahmen ergriffen hatte, aber immer noch an den Verträgen festzuhalten beabsichtigte.

An diesem 14. Juni versammelte Hitler neben dem engsten Führungskreis mit Göring, Raeder, Brauchitsch, Halder, Keitel und Jodl die Oberbefehlshaber der zusammengestellten Heeresgruppen, der Armeen und der Luftflotten um sich.

Nach den Vorträgen der Feldmarschälle Wilhelm Ritter von Leeb, Fedor von Bock und Gerd von Rundstedt ergriffen nacheinander Generaloberst Keller, Generalfeldmarschall Kesselring und Generaloberst Alexander Löhr das Wort.

Für die Räume Norwegen, Lappland und die Ostsee trugen Generaloberst Nikolaus von Falkenhorst und Vizeadmiral Hubert Schmundt vor.

„Rußland", so erklärte Hitler in der Mittagspause, „muß niedergerungen werden, damit Großbritannien nachgibt. Wir können den Zeitpunkt jetzt noch bestimmen. Später aber, sobald sich die amerikanische Hilfe für Großbritannien auswirkt, ist dies vorbei." (Siehe: von Below, Nicolaus: „Als Hitlers Adjutant 1937–1945).

Hitler wurden in den folgenden Tagen eine Reihe Bedenken vorgetragen. Admiral Canaris sagte voraus, daß „die deutschen Armeen auf den eisigen Ebenen Rußlands verbluten" würden. (Siehe dazu: Colvin, J.: „Master Spy", New York, 1950).

Die nach der aufgestellten Zeittafel zu treffenden Maßnahmen liefen ab. Dicht hintereinander rollend erreichten 17000 Eisenbahnzüge mit vier Generalkommandos, 14 Panzer- und 12 Infanterie-Divisionen den vorgesehenen Bereitstellungsraum. Den drei an „Barbarossa" beteiligten Luftflotten wurden nunmehr die Kampfverbände zugeführt, die teilweise direkt aus ihrem Einsatzgebiet am Kanal und aus Frankreich heraus nach Osten flogen. Am 17. Juni erteilte Hitler den Befehl zum Angriff am 22. Juni um 3.00 Uhr. Vorher aber mußte erst das Stichwort „Dortmund" ausgegeben worden sein.

In Moskau waren vom NKWD des Kommissariats Wnutrennich Diel, das NKWD – das unter Merkulow ausgegliedert worden war – mit einem Geheimerlaß vom 31. Mai 1941 beauftragt worden, „ohne Lärm und Panik weitere Deportationen von Menschen einzuleiten, denen wir mißtrauen müssen." Der Ausführungsbefehl erging am 4. Juni 1941. (Siehe: Lewytzkyj, ...).

Bis zum 22. Juni 1941 wurden vom KGB daraufhin 21114 Personen aus Litauen, 16205 Menschen aus Lettland und 11157 Esten verschleppt. Die Zahl der gefangenen Polen und Ukrainer lag bedeutend höher. Gleichzeitig damit begannen die sowjetischen Sicherheitsorgane, estnische Offiziere in Peteri zu erschießen. Litauische Offiziere wurden im Konzentrationslager Prowienicke umgebracht. In den Wäldern um Riga starben Tausende Letten.

Am 21. Juni 1941, keine 24 Stunden vor Beginn des Unternehmens „Barbarossa", lief ein deutscher Feldwebel zur Roten Armee über und gab den Zeitpunkt des befohlenen Angriffs bekannt (wie Marschall Shukow in seinen Memoiren schrieb). Timoschenko und sein Chef des Stabes, Shukow, wollten sofort höchste Alarmstufe geben. Dies wurde ihnen von Stalin verboten. Er genehmigte nur einen kurzen Befehl an die Truppe. Die Mitglieder des Politbüros wurden allerdings im Kreml zusammengerufen.

In diesem Befehl, den General Watutin 30 Minuten nach Mitternacht des 22. Juni an die Oberbefehlshaber der westlichen Militärbezirke funken ließ, wurde der Truppe befohlen, Feuerstellungen zu beziehen. Alle Frontfliegerkräfte wurden auf den Feldflugplätzen zusammengezogen und die Abwehrbereitschaft der Luftverteidigung befohlen.

Zur gleichen Zeit, da in Moskau die Mitglieder des Politbüros zusammengerufen wurden, herrschte in Berlin fieberhafte Tätigkeit.

In einem chiffrierten Telegramm erhielt der deutsche Botschafter in Moskau die Anweisung, das sowjetische Außenkommissariat aufzusuchen und Molotow über ein deutsches Memorandum zu informieren, das in Berlin um 3.30 Uhr durch den Reichsaußenminister dem sowjetischen Botschafter Dekanosow vorgelesen und dann ausgehändigt wurde.

Der Kernsatz des Memorandums erklärte, daß Deutschland nicht mehr gewillt sei, tatenlos dem immer dichter werdenden Aufmarsch von Truppen der Roten Armee an der Demarkationslinie zuzusehen. Der Führer habe den Befehl erteilt, dieser Bedrohung des Reiches mit allen zur Verfügung stehenden Mitteln entgegenzutreten.

Der Stellvertreter des Führers fliegt nach England

Wer auf dem Berghof bei Berchtesgaden an diesem 10. Mai 1941 nicht damit gerechnet hatte, es werde eine gleiche Überraschung geben wie ein Jahr zuvor mit dem Beginn des Westfeldzuges, der sah sich getäuscht. Die Überraschung, die der Adjutant von Rudolf Heß, Karl-Heinz Pintsch, mitbrachte, war noch größer und – sie war dies wirklich, auch für eingeweihte Kreise.

Um 10.00 Uhr erschien Pintsch auf dem Berghof und meldete dem Wachhabenden Offizier, daß er einen dringenden persönlichen Brief seines Vorgesetzten an Hitler habe, den er persönlich übergeben müsse.

Hitler schlief noch, und Pintsch wurde gebeten, in der Vorhalle zu warten. Albert Speer, der wenig später hinzukam, wartete ebenfalls. Wegen der Dringlichkeit seiner Angelegenheit bat Pintsch den Reichsminister, ihm den Vortritt zu lassen. Speer stimmte zu. Pintsch wurde in die Wohnhalle gerufen. Dazu Albert Speer:

„Während ich noch einmal in meinen Skizzen blätterte, hörte ich plötzlich einen unartikulierten, fast tierischen Aufschrei. Dann brüllte Hitler: ‚Sofort Bormann! – Wo ist Bormann?'"

Hitler hatte den Brief seines Stellvertreters gelesen, in dem Heß ihm mitteilte, daß er nach England geflogen sei, weil er dort mit einflußreichen Politikern Verbindung habe und hoffe, in Gesprächen mit diesen, den Krieg beenden zu können.

Bormann, der gleich darauf erschien, erhielt Hitlers Weisung, sofort Göring, von Ribbentrop und General Ernst Udet nach dem Berghof zu rufen.

Als diese Mitarbeiter Hitlers eingetroffen waren, beriet sich Hitler lange mit ihnen. Inzwischen hatte er von Pintsch und dem zweiten Adjutanten von Heß herausgefunden, daß dieser am Nachmittag des 10. Mai mit einer Me 110, die für einen Langstreckenflug vorbereitet wurde und Zusatztanks erhielt, vom Flugplatz Augsburg-Haunstetten gestartet sei. Das Ziel konnten die beiden nicht nennen. Sie wußten nur, daß die allgemeine Richtung Nordsee gewesen sei. Heß habe sich die neuesten Wettermeldungen für die Nordsee geben lassen und auch Kartenmaterial für Nordengland.

‚Hitler meinte schließlich: „Wenn er nur in der Nordsee ersaufen würde! Dann wäre er spurlos verschwunden, und wir könnten uns Zeit lassen für eine harmlose Erklärung." (Siehe: Lang, Jochen von: „Der Sekretär").

Nach langer Beratung wurde Heß für geistig gestört erklärt; Reichspressechef Dietrich formulierte am 12. Mai eine entsprechende Verlautbarung.

Als Antwort darauf kam eine Nachricht aus England, daß Rudolf Heß dort wohlbehalten gelandet sei und daß er sich bei guter Gesundheit befinde.

Dies machte eine zweite Verlautbarung notwendig. Nun war Heß geistig nicht mehr auf der Höhe und sei auch körperlich nicht mehr gesund. Es sei von Magnetiseuren und Astrologen beeinflußt worden, gegen welche noch ermittelt werde.

„Der Krieg", dies zu veröffentlichen hatte Hitler befohlen, „gehe weiter. An der Fortführung des Kampfes gegen Englands ändert sich nichts." (Siehe: Below, Nicolaus v.: „Als Hitlers Adjutant 1937–1945").

Was war geschehen? Wer wußte oder ahnte etwas von diesem Flug des Stellvertreters des Führers außer seinen beiden Adjutanten, die Hitler verhaften und ins Konzentrationslager sperren ließ?

Am 9. Mai, dies wurde später bekannt, hatte Heß an den Reichsleiter der Partei, Richard Walter Darré geschrieben. Darin hieß es:

„Lieber Parteiführer Darré,

ich weiß nicht, wie Sie zu der Idee gekommen sind, ich würde Mitte dieses Monats eine Versammlung abhalten. Ich stehe vor einer sehr großen Reise und kann nicht absehen, wann ich zurückkommen werde. Ich kann mich daher nicht auf einen Termin festlegen, werde mich jedoch bei meiner Rückkehr wieder an Sie wenden."

Am 10. Mai lieh sich Rudolf Heß eine Fliegerkombination und zog diese über die Hauptmannsuniform. Er trug sich bei der Flugabfertigung in Augsburg-Haunstetten unter dem Mädchennamen seiner Frau ein. Flugziel sei Stavanger in Norwegen gewesen.

Aus einem Brief an seine Frau, den er am 21. Juni 1947 in Nürnberg schrieb, berichtete Heß u. a.:

„Ich flog auf direktem Kurs. Es war grandios einsam über der Nordsee. Der Himmel war reingefegt, ach, nur zu reingefegt mit einer geschlossenen Wolkendecke in 500 m Höhe. Ich sagte mir: Durchhalten – komme was da wolle!

Ich hatte dann das Glück, daß über England ein Dunstschleier lag. In diesen drückte ich hinein, das heißt, ich flog mit Vollgas aus ein paar tausend Meter Höhe auf die Küste hinunter, bekam eine unheimliche Geschwindigkeit. Ihr hatte ich es zu verdanken, daß hinter mir herjagende Spitfire nicht aufholten.

So überquerte ich Schottlands Ostküste etwa um 22.00 Uhr etwas südlich Holy-Island und verschwand mit 750 Stundenkilometer für meine Verfolger, und ich hütete mich, wieder aufzutauchen. Ich steuerte im Tiefflug den Cheviot Hill als vorher schon festgelegten Richtpunkt an . . .

Etwa 20 Minuten vor 23.00 Uhr befand ich mich über Dungavel, dem Landsitz des Herzogs von Hamilton, meinem ahnungslosen Gastgeber in spe. Nun kurvte ich für den Fallschirmabsprung auf die Sicherheitshöhe von 2000 m hinauf. Ich landete neben der Türe eines Farmhauses. Aus der Tür trat ein Mann ins Freie und fragte mich, ob ich ‚british oder German?' sei. Er half mir – ich hatte eine Knöchelverletzung erlitten – sehr nett ins Haus zum Kaminfeuer und zu einer Tasse Tee." (Siehe: Heß, Ilse: „Ein Schicksal in Briefen").

Heß' erklärtes Ziel, mit der britischen Führung Fühlung aufzunehmen und Großbritannien zur Aufnahme von Friedensverhandlungen mit Deutschland zu veranlassen, schlug fehl. Heß wurde bis Ende des Krieges in England interniert und nach Ende des Krieges im Oktober 1945 nach Nürnberg gebracht.

Vor dem Internationalen Militärtribunal, dem „Forum der Rache", wurde er wegen der Führung eines Angriffskrieges, Kriegsverbrechen und Verbrechen gegen die Menschlichkeit angeklagt. In den schwerwiegenden Fällen völlig entlastet, erhielt er wegen „Vorbereitung und Führung eines Angriffskrieges" eine lebenslage Freiheitsstrafe.

Die Prüfung der Sachlage, ob bei Kriegsausbruch am 1. Spetember 1939 ein einziger Satz des Völkerrechts niedergelegt sei, nach dem ein Staatsoberhaupt, Minister oder General oder wer auch immer wegen einer solchen Handlung persönlich und strafrechtlich zur Verantwortung gezogen werden könne, verlief negativ. Es gab keinen solchen Passus; nicht ein einziges Wort. Bei den zahlreichen Kriegen der Nachkriegszeit wurde denn auch kein einziger der Hauptbeteiligten wegen der „Vorbereitung und Führung eines Angriffskrieges" vor Gericht gezogen.

Seit dem 10. Mai 1941 bis zu seinem Tode am 17. August 1987, also von seinem 47. bis zu seinem 93. Lebensjahr, insgesamt somit 46 Jahre, hat Rudolf Heß aufgrund eines Urteils im Gefängnis gesessen, ohne daß dafür ein einziger Rechtsgrundsatz bestand.

Und noch immer ist der Kern seiner Inhaftierung und alles das, was einer endgültigen Aufklärung dienen könnte, von den Britischen Behörden bis zum Jahre 2017 gesperrt.

Recht oder Unrecht – Justizterror oder Gnade, dies ist in diesem Fall keine Frage.

Der Angriff beginnt

Am Sonntag, dem 22. Juni 1941, begann um 3.30 Uhr der Ost-Feldzug. Bereits vorher waren deutsche Piloten, die den Blindflug beherrschten, in die UdSSR eingeflogen und hatten die vorgeschobenen sowjetischen Frontflugplätze ebenso wie die weiter im Hinterland gelegenen Fliegerhorste des Gegners mit Bomben und anschließend mit Bordwaffen belegt.

In einem völlig neuen Angriffsverfahren wurden zunächst 66 sowjetische Flugplätze bombardiert und weit über 1200 Flugzeuge in der Luft, vor allem aber am Boden zerstört.

Obgleich der Warnfunkspruch von General Watutin zu Angriffsbeginn allen sowjetischen Streitkräften bereits 90 Minuten vorlag, wurde die Rote Armee völlig überrascht.

Hitler verließ noch am 22. Juni Berlin und reiste in sein vorgeschobenes Hauptquartier Wolfsschanze bei Rastenburg. Hier erfuhr er noch am 22. Juni, daß alle wichtigten Flußübergänge gelungen waren und daß das Heer jenseits des Bug, der Dubissa und der Memel bereits tiefe Brückenköpfe gebildet habe, aus denen heraus die Panzerverbände weiter nach Osten vorstoßen konnten.

Lediglich im Südabschnitt der Ostfront konnte kein Durchbruch erzwungen werden. Bei der HGr. Süd unter Generalfeldmarschall von Rundstedt wurde auf der gesamten Frontbreite gekämpft. Erst nach zwölf Tagen gelang hier der Weiterstoß bis zum Djnestr, hinter den sich die dort eingesetzten Teile der Roten Armee zurückzogen.

Damit reduzierte sich der Angriff der Heeresgruppe Süd auf das Niveau einer Nebenoperation zur Fesselung weiterer Feindkräfte. Ebenso geschah dies im Nordabschnitt der Ostfront. Dort war die HGr. Nord unter GFM von Leeb mit der 16. und 18. Armee aus Ostpreußen heraus mit dem Ziel angetreten, die baltischen Republiken so schnell wie möglich zu durchstoßen und über Luga nach Leningrad vorzustoßen. Die Panzergruppe 4 unter Generaloberst Hoepner sollte den beiden Infanterie-Armeen vorausrollen und den Boden vorbereiten.

Der Hauptstoß des Unternehmens „Barbarossa" aber lag im Mittelabschnitt der Ostfront, der unter dem Kommando von GFM von Bock stand. Hier standen auch die 4. Armee unter GFM von Kluge und die 9 .Armee unter Generaloberst Strauß als Infanterie-Verbände. Um die zu den geplanten Durchbruchs- und Einkesselungs-Raids nötige Schnelligkeit und Schlagkraft zu sichern, waren der HGr. Mitte die PzGr. 2 unter Generaloberst Guderian und die PzGr. 3 unter Generaloberst Hermann Hoth zugeteilt worden. Sie hatten die geplanten weiträumigen Zangenangriffe durchzuführen, deren Ziel Minsk, Smolensk und dann Moskau waren.

Als diese beiden Panzergruppen beiderseits von Brest Litowsk vorbrachen, entwickelte sich im Raume Bialystok – Minsk bereits nach wenigen Tagen des Kampfes die erste Kesselschlacht des Ostfeldzuges.

Mit Kriegsbeginn hatte Stalin weitere Reservisten-Jahrgänge einberufen lassen. Die betroffenen sowjetischen Militärbezirke erhielten eine neue Gliederung. Die Heeregruppen „Nordwestfront“ unter General Kusnezow, „Westfront“ unter General Pawlow und „Südfront“ unter General Kirponos bildeten das Zentrum der sowjetischen Abwehr gegen die deutsche HGr. Mitte.

Gegenüber der HGr. Nord war es die „Nordfront“ unter General Popow und im Abschnitt der HGr. Süd die „Südfront“ unter General Tjulenjew. Andere Großverbände kamen hinzu.

Dem staatlichen Verteidigungskomitee wurde das Oberkommando STAWKA unterstellt. Obgleich nominell noch immer Timoschenko Vorsitzender des Verteidigungskomitees war, übernahm nun Stalin die Führung. Ihm zur Seite standen für die Heerestruppen General Shukow und für die Flotte General Kusnezow. In der STAWKA repräsentierten Molotow und Woroschilow den höchsten Partei- und Regierungsausschuß.

Gleichzeitig mit diesen kriegswichtigen Veränderungen wurden erweiterte Sicherheitsmaßnahmen ergriffen: So auch die Auflösung der autonomen Sozialistischen Sowjetrepublik der Wolgadeutschen und die Verschleppung der dort lebenden Deutschen zur Zwangsarbeit nach Zentralasien, eine Maßnahme, die schon auf den Transporten und dazu in Lagern ungeheure Verluste an Menschen forderte.

Die Insassen aller Gefängnisse zwischen Tartu (Dorpat) und Kischinew, bei Riga, Glebokic, Dobromil und Sambor wurden auf Befehl von Merkulow ermordert. In Lemberg wurden 3298 Menschen erschossen. Im Konzentrationslager Berezwecz wurden weitere 4000 Menschen kurz vor dem Eintreffen der Truppen der 17. Armee und einiger westukrainischer Freiwilligen-Bataillone erschossen.

Die Schlacht im Großraum Bialystok – Minsk, erste Kesselschlacht des Rußland-Feldzuges genannt, begann am 24. Juni.

Am 24. Juni erging folgender Befehl des OKH an die HGr. Mitte:

„Die Panzergruppe 3 durchbricht in Zusammenarbeit mit der 9. Armee die grenznahen feindlichen Kräfte in Gegend nördlich Grodno und schafft durch rasches Vorgehen in Gegend nördlich Minsk in Verbindung mit der von Südwesten auf Minsk vorstoßenden Panzergruppe 2 die Voraussetzung für die Vernichtung der im Gebiet um Bialystok und Minsk stehenden Kräfte.“

GFM von Kluge sollte das Vorgehen der beiden Panzergruppen koordinieren. Sein Gegenüber, Marschall Timoschenko, erkannte die Gefahr, welche den drei in Westpolen eingesetzten Sowjetarmeen drohte. Er setzte in Minsk das neue Armeeoberkommando 13 ein. Dieses erhielt den Auftrag, mit allen zur Verfügung stehenden Truppen den Zusammenbruch der HGr. „Westlicher Militärbezirk“ zu verhindern.

In der Nacht zum 25. Juni erreichten die Spitzenverbände der PzGr. 3 die Autobahn Minsk – Moskau, während die Panzerverbände der PzGr. 2 unter Generaloberst Guderian sich die Bewegungsfreiheit auf der Rollbahn Brest-Litowsk – Smolensk erkämpfen konnten.

Durch diese schnellen Bewegungen über 200 Kilometer nach Osten hatten beide Panzergruppen bereits die Divisionen des „Westlichen Militärbezirks“ überflügelt.

Am 25. Juni wurden die deutschen Flügelverbände angehalten und ihnen befohlen, den ostwärts Bialystok gebildeten Kessel auszuräumen. Vor allem sollte mit dem Stehenbleiben den deutschen Infanterie-Verbänden das Aufschließen ermöglicht werden.

Marschall Timoschenko befahl an diesem 25. Juni den „Ausbruch mit aller Kraft!“

Die volle Wucht dieser sowjetischen Ausbruchsversuche traf vor allem die Kräfte des VIII. AK, die von Gen. d. Art. Heitz geführt wurden, die nordwestlich von Nowogrodek standen, sowie das XXXXVII. AK (mot.) unter Gen. d. PzTr. Lemelsen im Raume Slonim.

Hier wurde vom OKH das AOK 2 unter Generaloberst Frhr. von Weichs eingesetzt, das bei Bialystok – Nowogrodek führte, während die 4. Armee und die 9. Armee Befehl erhielten, ihre Divisionen den bis Minsk vorgeprellten Panzerverbänden nachzuführen.

Am Vormittag des 26. Juni befahl GFM von Bock beiden Panzergruppen, so schnell wie möglich in den Raum Minsk vorzustoßen, um dort den weiteren Kessel um die Verbände der Heeresgruppe „Westlicher Militärbezirk“ zu schließen.

Am selben Tag noch rückten die 12. PD unter Generalmajor Harpe und die 20. PD unter GenLt. Stumpff auf Minsk vor. Von Süden her kam ihnen die 17. PD unter GenMaj. Weber entgegen. Damit war ein zweiter Kessel gebildet. Am 27. Juni hißten die Soldaten der 12. PD in Minsk die Reichskriegsflagge.

Den Flankenschutz übernahm hier die 20. ID (mot.) unter GenMaj. Zorn, der von Süden nach Norden eindrehte, und die 3. PD unter GenLt. Model, die im Raume Sluzk den Flankenschutz übernahm.

Im Waldgebiet von Kalista wurden die Spitzenverbände der „Berliner-Bären-Division“, wie die 3. PD genannt wurde, von starken Feindverbänden angegriffen. Es kam zu erbitterten Waldgefechten. Am 28. Juni schloß sich weit hinter den vorgeprellten Panzerverbänden der Kessel von Bialystok. Hier hielten von links nach rechts: Das VIII. AK, das XX., XXXXII., VII. und IX. AK mit insgesamt 12 Infanterie-Divisionen. Die 23. ID unter GenMaj. Hellmich und Teile der 87. ID unter GenLt. von Studnitz drangen am 28. Juni in Bialystok ein.

Der Kampf in dem dichten Wald- und Buschgelände im Raum ostwärts Bialystok forderte auf deutscher Seite schwere Opfer. Die 78. ID verlor 340 Mann, die 292. ID 550 und die 263. ID gar 650, während die 137. ID mit Verlusten von 700 Mann schwer getroffen worden war. Erst Ende Juni ging die Schlacht zwischen Bialystok, Minsk und Nowogrodek zu Ende.

Am 28. Juni wurde Marschall Timoschenko abgelöst. Für ihn übernahm GenLt. Jeremenko als neuer Befehlshaber den „Westlichen Militärbezirk“. Er richtete folgenden Tagesbefehl an die Truppe:

„Halt an der Beresina und Verteidigung! – Kein Schritt mehr zurück!“

Erst am 7. Juli gingen die letzten Kampfhandlungen in diesem weiten Gebiet zu Ende, und am 8. Juli erließ GFM von Bock aus seinem HQ in Baranowitschi einen Tagesbefehl:

„Die Doppelschlacht von Bialystok und Minsk ist abgeschlossen. Die Heeresgruppe stand im Kampf mit drei russischen Armeen in Stärke von etwa 32 Schützendivisionen, acht Panzer- und sechs mechanisierten Brigaden sowie drei Kavalleriedivisionen.

Auch die übrigen Verbände, denen es gelungen ist, sich der Einkreisung zu entziehen, sind in ihrer Kampfkraft geschwächt.

Die blutigen Verluste des Gegners sind sehr hoch. Die Zählung der Beute und der Gefangenen bis zum gestrigen Tage ergab:

287704 Gefangene – 2585 Panzer – 1449 Geschütze, 245 erbeutete Flugzeuge."

Die endgültigen Zahlen an erbeuteten Geschützen lautete 1809, während sich die Zahl der abgeschossenen und erbeuteten Panzer auf 3332 erhöhte.

Erst nach dieser ersten schweren Niederlage, bei der 40 sowjetische Divisionen untergingen oder dezimiert wurden, holte Josef Stalin den Begriff vom „Großen Vaterländischen Krieg" aus der Schublade der Geschichte hervor, in welcher er seit 1812 gelegen hatte. Er rief gleichzeitig zur Bildung von Partisanenverbänden auf, welche die Weisung erhielten, die Wälder im Rücken der deutschen Truppen in Brand zu stecken, alle Vorräte und Unterkünfte zu vernichten und deutsche Nachschubkolonnen zu überfallen.

Die geschlagenen sowjetischen Generale, denen es gelungen war zu entkommen, erlitten ein bitteres Schicksal. Am 1. Juli bereits erschoß ein NKWD-Kommando die Generale Dimitrij Pawlol und Aleksandr Korobkow. Wenig später wurden Nikolaj Klitsch, Wladimir Klinowskich, Akleksandr Kosublitzkij und eine Reihe weiterer Generale erschossen.

Im gleichen Zuge wurden Tausende deutscher Kriegsgefangener ermordet, darunter auch Verwundete, und zwar auf Anordnung der Kommandeure der Fronttruppen, die sich auf einen Befehl Stalins beriefen.

Hitler plante nun, „Nach der Niederwerfung der Sowjetunion in sechs Wochen" (diese Zeit nannte er dem japanischen Botschafter Oshima) den „Weltblitzkrieg gegen England und die USA" zu führen. In der Operationsabteilung des OKH wurden bereits die Pläne für eine Besetzung Rußlands westlich des Urals ausgearbeitet und festgelegt, daß 56 Divisionen ausreichen würden, um den sowjetischen Raum unter Kontrolle zu halten. Welch schrecklich falsches Bild von der Sowjetunion, die damals schon riesige Industriegebiete im Ost-Ural, wenn auch unter furchtbaren Menschenopfer geschaffen hatte.

Martin Bormann notierte in seinem Notizbuch: „Jetzt kommt es darauf an, den riesigen Kuchen handgerecht zu zerlegen und ihn zum einen beherrschen, zum anderen verwalten und drittens ausbeuten zu können." Das bedarf kaum eines Kommentars.

Durch tiefen Sand geht es vorwärts.

Rommel mit seinem Stab Bayerlein (rechts), Westphal (links)

General Crüwell befehligte das Deutsche Afrika Korps und geriet in englische Gefangenschaft, als sein „Storch“ notlanden musste.

Rommel, wie ihn jeder kennt.

Auf dem Panzer stehend und beobachtend.

In einer Geschützstellung.

Oberstleutnant Hans-Levin von Barby im verstärkten Afrika-Rgt. 361, RK am 13. 12. 1941.

Oberstleutnant Albert Panzenhagen, der Kommandeur des Afrika-Rgt. 361.

von links: Oberst Olbrich und Generalmajor Streich.

Rommel in einem seiner Befehlsfahrzeuge, hier der berühmte leichte Sd.Kfz. 250 „Greif".

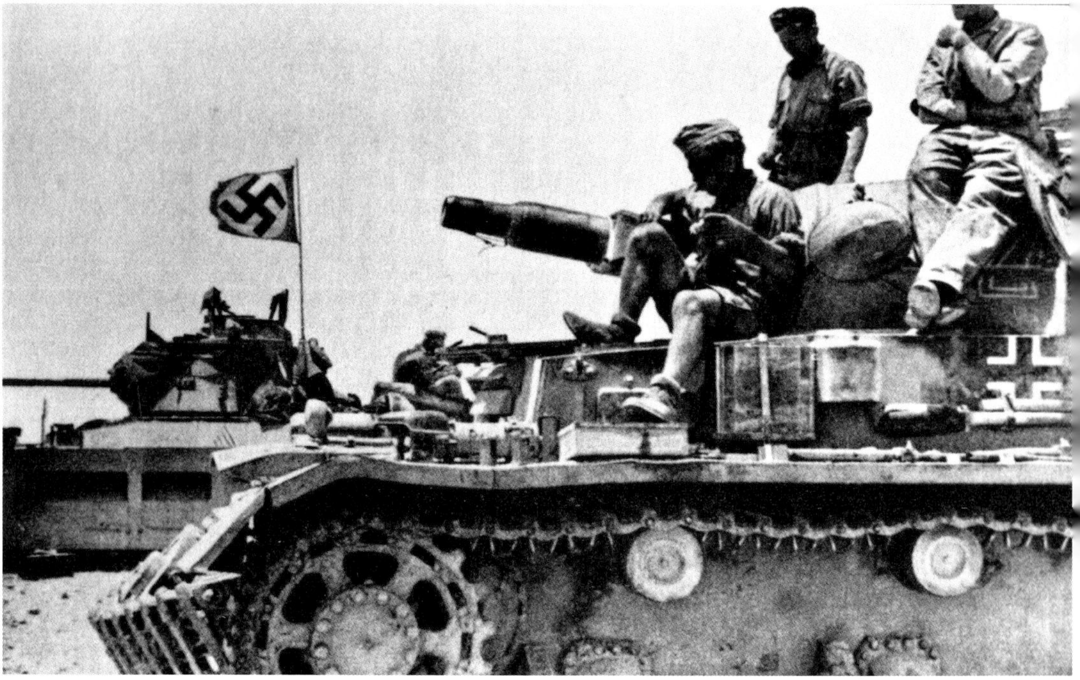

Ein Panzer IV mit „Stummel" (Kurzrohrkanone) in Bereitschaft, dahinter ein mit einer Flagge gekennzeichneter englischer Beutepanzer „Matilda". Die Fahne sollte weithin anzeigen: Eigener Panzer, nicht schießen!

Zwei Ritterkreuzträger des Flakregiments 33, rechts Theo Schwabach, links im Schatten, Reinhard Melzer, darüber das Rohr einer erfolgreichen 8,8cm-Flak, der Schrecken aller gegnerischen Panzer.

Rommels „Greif" begegnet italienischen „Bersaglieri", die ein englisches Beutefahrzeug steuern.

Ein Panzerregiment auf dem Marsch zum nächsten Einsatzraum.

Die Panzerschlacht am Totensonntag ist entbrannt.

Das Kampffeld von Sidi Rezegh.

Die Aufklärungsabteilung 33 rollt durch Bengasi, vorneweg ein Kfz. 15, dahinter ein 8rad-Funkwagen Sd.Kfz. 263.

Ein 8rad-Spähwagen Sd.Kfz. 232 mit Rahmenantenne und zusätzlichem Pakschutz an der Front, kann auf ebener Piste endlich seine Geschwindigkeit ausfahren.

Der italienische Oberbefehlshaber General Gariboldi und Erwin Rommel. Zwischen Rommel und dem italienischen Oberkommando kam es immer wieder zu Spannungen.

1941/42: Rommels „Greif" links und ein mittlerer Gruppenwagen Sd.Kfz. 251.

Verladung in Neapel. Das meiste Material musste per Schiff nach Nordafrika gebracht werden.

Sie fahren einem ungewissen Schicksal entgegen, viele Schiffe wurden auf dem Weg nach Tripolis versenkt und die Verluste bei den beförderten Soldaten waren hoch.

Die Überfahrt ist geschafft, erste Mahlzeit aus der Feldküche unter afrikanischen Palmen.

Ein paar Fahrten und schon hat der Ford 3-tonner LKW die typische „Afrikafarbe"

Reifenflicken war eine oft geübte Tätigkeit, denn Dornen und spitze Steine verursachten viele Reifenpannen.

Unter Edu Neumann erkämpfte sich das Jagdgeschwader 27 erste große Erfolge.

Eine Me 109 E des JG. 27, jagt der nordafrikanischen Küste entlang.

Eine Präzisionskamera wird zu einem Me 110-Fernaufklärer getragen.

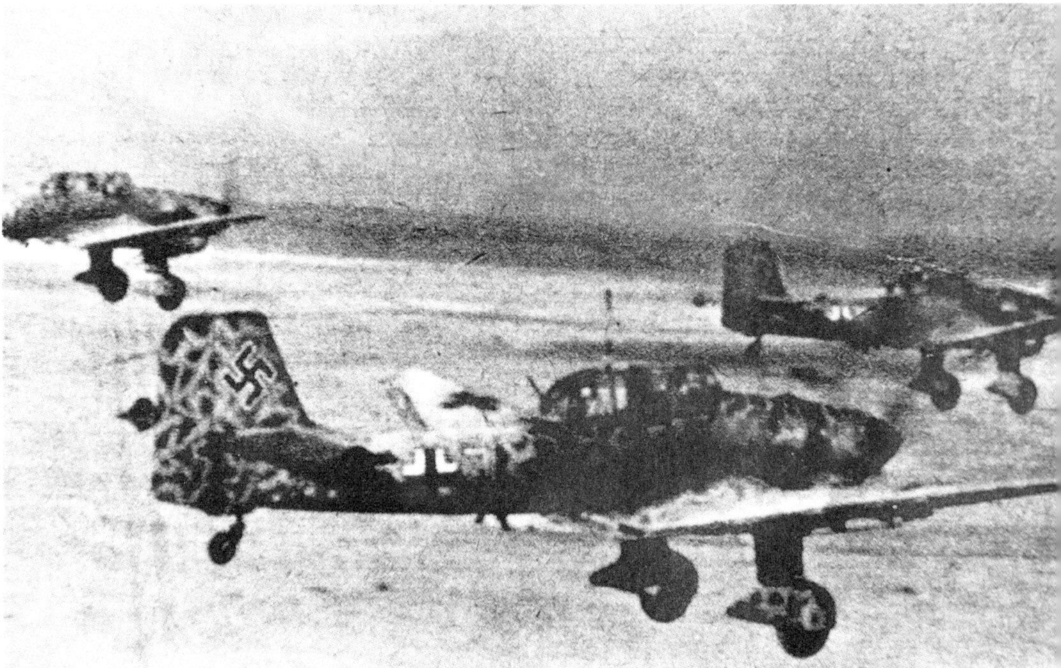

Stuka-Unterstützung wurde angefordert und schon ist ein Verband Ju 87 in der Luft.

Fortsetzung der Offensive

Die schnellen Verbände der HGr. Mitte waren nach dem Sieg bei Bialystok – Minsk weiter vorgestoßen. GFM von Brauchitsch unterstellte beide Panzergruppen der 4. Armee des GFM von Kluge. Diese wiederum trat ihre Infanterie-Verbände an die 2. Armee unter GFM von Weichs ab. Damit war eine einheitliche Führung der schnellen Zangenverbände zur nächsten Kesselschlacht sichergestellt.

Die PzGr. 3 erhielt nunmehr Befehl, von Minsk in nordostwäriger Richtung vorzustoßen, um an der Düna die Verbindung mit dem rechten Flügel der HGr. Nord herzustellen.

Die PzGr. 2 wiederum sollte in Richtung Dnjepr vorgehen.

GFM von Kluge, der den Oberbefehl über beide PzGr. übernommen hatte, wollte die vorrollenden Divisionen beider Panzergruppen anhalten, um erneut das Aufschließen der Infanteriekorps abzuwarten. Doch diese hatten bereits Brückenköpfe über Düna und Dnjepr gebildet. GenOberst Guderian setzte das XXIV. AK (mot.) bereits über Bobrujsk auf Mogilew an. Die 3. und 4. PD gewann bis Ende Juli das Ostufer der Beresina. Rogatschew wurde erstürmt und der hier sehr breite Dnjepr überwunden. Der zweite Verband in Gestalt des XXXXVII. AK war von Baranowitschi aus nach Minsk durchgestoßen und griff nun auf und beiderseits der Rollbahn Minsk – Smolensk – Moskau in Richtung Smolensk an.

Die vorn rollende 18. PD unter GenMaj. Nehring konnte die Brücke über die Beresina bei Borissow im Handstreich nehmen und erreichte damit den Raum hart westlich von Smolensk.

Die im Norden der HGr. Mitte operierende PzGr. 3 unter GenOberst Hoth hatte zwischen Minsk und Molodetschno den Vorstoß nach Nordosten fortgesetzt. Das XXXIX. AK (mot.) unter Gen. d. PzTr. Schmidt erreichte mit der 7. und 20. PD bei Lepel die Beresina und setzte sofort über.

Das benachbarte LVII. AK (mot.) unter General d. PzTr. Kuntzen setzte die 18. ID (mot.) unter GenMaj. Herrlein auf Polozk und die 19. PD unter GenLt. von Knobelsdorff auf die Dissna ein.

Hier blieb die PzGr. 3 zunächst liegen, da Marschall Timoschenko den Abschnitt zwischen Polozk und Orscha sehr stark befestigt und neue Truppen in diesen Raum geworfen hatte. Es waren:

Die 19. Armee unter Generalleutnant Konjew,
die 20. Armee unter Generalmajor Kurotschkin,
die 21. Armee unter Generalleutnant Jefremow und die
22. Armee unter Generalmajor Jershakow.

Die 16. Armee, geführt von Generalleutnant Lukin, bildete im Raume westlich Smolensk die Reserve.

Die 1. Schützendivision (mot.) der Roten Armee rollte in den ersten Julitagen dieses Jahres mit einem neuen Panzer ins Gefecht, dem T 34. Er war allen bis dahin im Einsatz befindlichen deutschen Panzern überlegen und konnte nur durch die Achtacht-Flak sicher bekämpft werden.

Während die HGr. Mitte nach Erreichen von Shlobin liegenblieb und auch im Nordabschnitt der Ostfront keine Vorwärtsbewegungen mehr gemeldet wurden, hing die HGr. Süd mit ihrem Nordflügel im Raume der Pripjetsümpfe fest, die sich wie ein Keil in die Nordfront der 6. Armee hineinschob. Hier kämpften in den Urwäldern die 5. Sowjetarmee gegen die 6. Armee unter GFM von Reichenau.

Der 2. Armee oblag nun die Aufgabe, die täglich länger werdende Südflanke der HGr. Mitte zu schützen. Damit wurde das XXXXIII. AK unter Gen. d. Inf. Heinrici beauftragt. General Heinrici arbeitete auf die schnellstmögliche Abdekkung des Raumes zwischen Bobrujsk und Sluzk hin. Das nach rechts anschließende XXXV. AK unter GenLt. Kaempfe schlug sich frontal durch die Pripjetsümpfe hindurch. Zum ersten Mal im Rußlandfeldzug mußte hier gewonnenes Gelände wieder aufgegeben werden. Dann aber ging es wieder vorwärts.

Es gelang der PzGr. 3, die feindliche Front zu durchbrechen und zur Düna vorzuprellen. Am 8. April setzte als erste Division der Panzergruppe die 20. PD bei Ulla, westlich Witebsk, über die Düna. Die HGr. Mitte stand im Begriff, die Landbrücke von Somlensk zu gewinnen. Dagegen waren sowohl die HGr. Nord, als auch die HGr. Süd noch weit von ihren strategischen Zielen entfernt. Dies bedeutete, daß die HGr. Mitte weit von den beiden Flügeln des Heeres nach Osten vorgeprellt war und ihre Flanken dem Stoß des Gegners offen darboten.

Am 12. Juli trug der Chef des GenStabes des Heeres, GenOberst Halder, in sein KTB ein: „Ich hänge durchaus nicht an dem Gedanken des Weitereilens der beiden Panzergruppen nach Osten. Ich kann mir sehr wohl vorstellen, daß Hoth mit erheblichen Teilen nach Norden eindrehen muß, um die neu entstehende 19. Sowjetarmee und die russische Gruppe Newel im Rücken zu fassen. Guderian wiederum muß nach Süden eindrehen, um den an seinem Südflügel stehenden Feind einzukesseln, vielleicht sogar darüber hinaus in den Bereich Kiew hinunterzustoßen."

Von Moskau war um diese Zeit, Mitte Juli 1941, nicht mehr die Rede.

Sowjetische Gegenangriffe

Am 13. Juli wurde eine Sondermeldung mit folgendem Wortlaut verbreitet: „Die Stalinlinie ist in kühnem Ansturm an allen entscheidenden Stellen durchbrochen."

Bereits am 10. Juli hatte Marschall Timoschenko im Mittelabschnitt der Ostfront den Oberbefehl über alle in diesem Großraum stehenden Armeen übernommen und daraus die Heeresgrupppe „Westfront" gebildet. Er erhielt den Genossen Bulganin aus dem Zentralkomitee der KPdSU zum politischen Kommissar. Die sowjetische Heeresgruppe „West" verfügte an diesem 10. Juli über folgende Verbände:

22. Armee – Generalmajor Jershakow mit dem LI. und LXII. Schützenkorps.
20. Armee – Generalleutnant Kurotschkin mit dem II., XX., LXIX. Schützenkorps und dem VII. mech. Korps.
19. Armee – Generalleutnant Konjew mit dem XXXXIII. Schützenkorps.
13. Armee – Generalleutnant Gerassimenko mit dem XX. mech. Korps.
21. Armee – Generaloberst Kusnezow mit dem LXIII., LVI. und LXVII. Schützenkorps.
16. Armee – Generalleutnant Lukin mit verschiedenen in Aufstellung befindlichen Verbänden.

Zur Verstärkung der Verteidigung der Landbrücke von Smolensk, welche Aufgabe die 16. Armee übernommen hatte, wurde vom sowjetischen Oberkommando die HGr. „Zentralfront" gebildet, die von GenOberst Kusnezow neben seiner eigenen 21. Armee übernommen wurde. Dazu wurde ihm die 13. Armee zugeführt. Zwischen Beresina und Dnjepr richteten sich die Divisionen dieser neuen „Front" zur Verteidigung ein.

Aus den Schützenkorps und Panzerbrigaden der asiatischen Militärbezirke wurde die „Reservefront" aufgestellt, die täglich Verstärkungen aus Fernost erhielt. Unter dem Kommando von GenLt. Bogdanow stehend, verfügte sie über die 29. Armee im Großraum Ostaschkow, die 30. Armee im Raume Welikije Luki, die 24. Armee bei Wjasma, die 28. Armee im Raume Brijansk und die 31. und 32. Armee, die noch den Großraum Moskau schützten.

Diese Heeresgruppe, die weit zurückhing, erhielt den Sonderauftrag, eine weitere Verteidigungslinie aufzubauen und damit die Sicherung der Hauptstadt zu gewährleisten. Zugleich befahl die STAKWA – das Oberkommando der Roten Armee – Gegenangriffe. So erhielt die „Westfront" Weisung, Witebsk zurückzuerobern und den Raum Gorodok-Orscha freizuhalten.

Der Heeresgruppe „Zentralfront" wurde der Auftrag erteilt, die Dnjeprlinie zu halten und die deutsche PzGr. 2 am Überschreiten dieses Flusses zu hindern. Die Hauptteile beider Heeresgruppen sollten sich zum Gegenangriff bei Smolensk bereitstellten.

Der erste sowjetische Gegenangriff begann am 13. Juli. Er war gegen die Panzergruppen 2 und 3 gerichtet. Das Gros der deutschen Infanterie-Verbände, die 4. Armee und die 9. Armee, lag noch weit zurück. Die 2. Armee kämpfte in den undurchdringlichen Pripjetsümpfen um ein Durchkommen.

Die drei Panzerkorps der PzGr. 2 wurden bei ihrem Aufmarsch am Dnjepr schwer eingedeckt. Das XXIV. AK (mot.) unter General von Geyr befand sich bei Stary Bychow gerade in der Übergangsphase über den Fluß. Links davon erreichte die Spitzendivision des XXXXVI. AK (mot.) unter Gen. d. PzTr. von Vietinghoff bei Schklow den Dnjepr. Das südlich der Rollbahn angetretene XXXXVII. AK (mot.) unter Gen. d. PzTr. Lemelsen traf soeben die Vorbereitungen zur Bildung des ersten Brückenkopfes zwischen Orscha und Kopys jenseits des Dnjepr.

Auf die 17. PD des XXXXVII. AK (mot.) stieß der sowjetische Angriff. Die Division mußte über den Dnjepr zurückweichen. Doch der nachdrängende Gegner wurde am Ostufer gestoppt. GenMaj. Ritter von Weber wurde in diesem Einsatz schwer verwundet. Er starb einige Tage darauf als einer der ersten Divisionskommandeure an der Ostfront.

Als die PzGr. 2 zum Angriff übergehen wollte, wurde sie vom Angriff der 13. Sowjetarmee gepackt. Schnelle Verbände der Roten Armee drangen in Mogilew ein. Der Feind trieb einen tiefen Keil zwischen das XXXXVI. und XXXXVII. AK (mot.).

Es war eine glückliche Fügung, daß an diesem Tage die ersten Infanterieverbände am Dnjepr eintrafen. Es waren die vorausgeworfenen Kampfgruppen des VII. AK unter General d. Art. Fahrmbacher, mit den Infanteriedivisionen 7, 15, 23 und 78.

Im Ringen um Mogilew kam es zur Schlacht. Diese sollte sich mit den abschließenden Gefechten bis zum Monatsende hinziehen. Es waren die Soldaten der 15. ID unter GenLt. Hell, welche Mogilew schließlich zurückeroberten.

Die Schlacht um Smolensk war inzwischen entbrannt. Zwischen Witebsk im Norden und Gomel im Süden standen die Hauptkräfte der PzGr. 2 und der 4. Armee im Kampf gegen die Rote Armee. Die deutsche Infanterie ging schrittweise vor und brachte den Panzerverbänden spürbare Entlastung, so daß diese schließlich wieder zum Angriff frei wurden.

Im Norden dieser Front, im Abschnitt der PzGr. 3, drang deren LVII. AK (mot.), geführt von Gen. d. PzTr. Kuntzen, bis nach Newel vor. Hier sollte die Verbindung mit der HGr. Nord aufgenommen werden. Das XXXIX. AK (mot.) unter Gen. d. PzTr. Schmidt konnte ostwärts Witebsk nach Osten vordringen. Da inzwischen auch die beiden Infanteriekorps der PzGr. 3 herangekommen waren, wurde auch ihr fühlbar Entlastung zuteil.

Das VI. AK unter General der Pioniere Förster wurde zwischen den beiden mot. Korps mit der 6. und 26. ID nordwestlich Witebsk rasch nach Norden angesetzt. Das V. AK wiederum stieß mit der 5. und 35. ID, geführt vom Kommandierenden General, Gen. d. Inf. Ruoff, südlich Witebsk in die Lücke hinein.

Da auch die 4. Armee unter GFM von Kluge bis Mitte Juli zur PzGr. 2 aufgeschlossen hatte, konnte sie ihre Korps bei Shlobin und Mogilew einsetzen. Die 137. ID des IX. AK wurde von ihrem Kdr., GenLt. Bergmann, in die Stellungen der 17. PD eingeschoben, die nunmehr von GenMaj. Ritter von Thoma geführt wurde. Damit war letztere zu neuer Verwendung frei.

Der Kampf um Smolensk

Das XXXXVI. AK (mot.) stieß mit der 29. ID (mot.) unter GenLt. von Boltenstern als Spitzenverband direkt auf Smolensk vor.

Bis zum Abend des 15. Juli konnten starke Infanterie-Stoßtrupps in die südwestlichen Vororte dieser Stadt eindringen.

Damit stand die PzGr. 2 tief im Rücken der sowjetischen Verbände. Da auch das XXXXVI. AK (mot.) direkt auf Jelnja vorgestoßen war und damit bereits etwa 100 Kilometer ostwärts Smolensk stand, bildete sich zwischen Jelnja und Smolensk ein südlicher Umfassungskeil.

Von Norden her hatte das XXXIX. AK (mot.), allen voraus die 7. PD unter GenMaj. Frhr. von Funck, am 15. Juli die Rollbahn Smolensk – Moskau in Höhe von Jarzewo erreicht. Damit war der Kessel bei und ostwärts Smolensk um Teile der 16., 19. und 20. Sowjetarmee bereits so gut wie geschlossen.

In den nächsten Tagen gelang es einigen zum Letzten entschlossenen Durchbruchsverbänden der Roten Armee, den noch schütteren Einschließungsring zu durchbrechen und – wenn auch unter Zurücklassung der schweren Waffen – nach Osten zu entkommen.

Die Generalobersten Guderian und Hoth trafen sich am 16. Juli nahe Smolensk und berieten das weitere Vorgehen ihrer beiden Panzergruppen. Sie kamen überein, nicht auf das Herankommen ihrer Infanteriekorps zu warten, die noch 150 Kilometer weiter rückwärts standen, sondern direkt auf Moskau weiterzufahren.

Nunmehr schaltete sich abermals das OKH in die Befehlsgebung der HGr. Mitte ein. Es befahl das Abdrehen starker Teile der PzGr. 3 nach Norden zur Unterstützung der HGr. Nord. GFM von Kluge übernahm erneut die Führung beider Panzergruppen, während GenOberst Frhr. von Weichs die Armeekorps der 4. Armee unterstellt wurden. Dieser befahl das sofortige Aufrücken bis in Höhe der Panzertruppen.

Das OKH sah mit Erreichen der gesteckten Ziele – der Landbrücke von Smolensk – den Vorstoß der HGr. Mitte zunächst als beendet an. Es hatte Moskau als wichtigstes Ziel dieser Operation bereits aufgegeben und ließ die HGr. Mitte stehen.

Damit gab die Oberste deutsche Führung dem Feind die notwendige Atempause, seine Kräfte umzugruppieren, neu zu ordnen und deren Verteidigungskraft durch Zuführung von Reserven zu stärken.

Die HGr. „Moskauer Front“ unter dem Kommando von GenLt. Atremjew konnte auf diese Weise entstehen und mit der 32., 33. und 34. Armee die erste Schutzstellung für Moskau besetzten und ausbauen. In dieses sowjetische Bauprogramm wurden einige hunderttausende Zivilisten hineingeworfen. Diese schufen die Verteidigungslinie zwischen Nudol – Dorochowo – Borowsk – Wyssokinitschi.

Noch immer wurde am Ost- und Südostrand des Kessels von Smolensk gekämpft. Das XXXIX. AK (mot.) stand hier mit seinen drei Divisionen in einer Breite von 80 Kilometern im Einsatz. Unterstützt von zwei Infanteriedivisionen der PzGr. 2, die ebenfalls aufgeschlossen hatten, mußten sie seit dem Abend des 18. Juli den Kampf gegen zwölf eingeschlossene Sowjetdivisionen aufnehmen, die mit letzter Kraft den Ring zu durchstoßen suchten.

Am 19. Juli eröffnete die Rote Armee mit schnellen mot-Verbänden, die unter Generalleutnant Jeremenko zu einem Stoßverband zusammengeschlossen waren, von Osten her einen Vorstoß nach Smolensk. Es gelang der 129. sowj. Schützendivision und der 57. Panzerbrigade, den östlichen Einschließungsring zu durchbrechen und die noch immer in der Stadt verteidigenden Kräfte zu verstärken.

Erst nach Eintreffen des V. AK mit der 5. ID unter GenMaj. Allmendinger und der von GenLt. Fischer von Weikersthal geführten 35. ID gelang es, den Angriff von sechs Schützen-Divisionen der Roten Armee gegen den Umfassungsriegel abzuwehren. Beide Divisionen erlitten hierbei schwere Verluste.

Da nun auch das VIII. AK der 9. Armee unter General der Artillerie Heitz herangekommen war und die 8. ID unter GenMaj. Hoehne, die 129. ID unter GenMaj. Rittau und die 137. ID unter GenLt. Bergmann in die Umklammerungsfront eingebaut werden konnten, war der Einschließungsring dicht genug, um alle sowjetischen Ausbruchsversuche zu stoppen.

Es gelang der 137. ID, mit der in der Stadt kämpfenden 29. ID (mot.) Verbindung aufzunehmen und diese zu verstärken.

Die PzGr. 3 nördlich Smolensk schob ihre Divisionen an den Wop vor und bildete hier eine Abwehrfront gegen die sowjetischen Verbände, die aus Osten angriffen. Die Divisionen, die von Lomonossowo im Norden bis zur Mündung des Wop in den Dnjepr im Einsatz standen, waren: die 18. ID (mot.), die 20. PD, die PzLehr-Brigade 900 und die 12. und 7. PD. Gegen die 50 Kilometer lange nach Osten gerichtete Front dieser Verbände griffen sieben sowjetische Schützendivisionen in der letzten Woche des Juli an.

Im Raume Jarzewo kämpfte die 7. PD. An dieser Stelle wurden erstmals vom Gegner Salvengeschütze (Raketenwerfer) eingesetzt, die je Geschütz 16 Raketen abfeuern konnten.

Bei der PzGr. 2 war insbesondere der Raum Jelnja zum Zentrum sowjetischer Angriffe geworden. Hier griff die 24. Armee unter GenLt. Katschalow an. Im Rücken der 7. PD standen immer noch in Smolensk die 16. und 20. Sowjetarmee im Abwehrkampf.

In einem Befehls-Durcheinander, das die Truppenführung zu lähmen drohte, versuchten das OKH und OKW gleichzeitig in die Geschehnisse einzugreifen. Dies zwang GenOberst Guderian dazu, am 27. Juli ins HQ der HGr. Mitte nach Borissow zu fahren. Dort erfuhr er, daß die Oberste Führung nicht mehr nach Moskau wollte, sondern daß die PzGr. 2 wieder nach Süden einschwenken und in den Raum zurückrollen sollte, aus dem sie gerade kam.

Noch immer waren die Verbände der PzGr. 2 in schweren Abwehrkämpfen am Wop und bei Jelnja gefesselt. Die 10. ID (mot.) stand im Großraum Jelnja in der Verteidigung. Sie hatte in einem raschen Vorstoß die Stadt erobert und sah sich hier allein einer starken angreifenden Feindmassierung gegenüber.

GenLt. Schaal verteidigte mustergültig. Als auch hier Ende Juli die Infanterie-Divisionen aufgeschlossen hatten, war die Lage bereinigt. Die Rote Armee war am Ende ihrer Kraft, und STAWKA befahl den Ausbruch der Kräfte aus Smolensk und dem gesamten Smolensker Raum nach Osten.

Noch aber wurde schwer und erbittert um Jelnja gekämpft, das, etwa 100 Kilometer ostsüdostwärts von Smolensk gelegen, zum Dreh- und Angelpunkt der

Kämpfe beider Seiten geworden war. In 13 Angriffen von starken Verbänden, mit Panzerkeilen voraus, versuchte die Rote Armee die Stellungen der PzGr. 2 auszuhebeln.

Die 10. PD in und bei Jelnja verlor 60 Prozent ihres Fahrzeugbestandes. Die SS-Division „Das Reich", die an der engsten Stelle des Kessels um Smolensk stand, mußte sich einmal sogar vor dem übermächtigen aus Smolensk entwichenen Gegner zurückziehen, um das verlorengegangene Gelände sofort wieder zu besetzen und erneut dichtzumachen.

An der Südflanke des Kessels, etwa 30 Kilometer nördlich von Rosslawl, wurde die Front des IX. AK zurückgedrückt. Erst als die 263. ID unter GenMaj. Haeckel hier eingeschoben wurde, konnten die sowjetischen Verbände wieder zurückgedrängt werden. Im Rücken der südlichen Kesselfront aber standen noch drei sowjetische Divisionen der 28. Armee, die versuchten, von Süden eine Schneise für die eingeschlossenen Divisionen freizuschlagen.

Als die Rote Armee ihren Ausbruch begann und mit dem V. mech. Korps voran durchzubrechen versuchte, eröffneten die in Stellung gegangenen deutschen Panzerjäger und Flak das Feuer. Der Angriff des Gegners brach zusammen. Dutzende brennender Panzer und gepanzerter Fahrzeuge blieben zerschossen liegen. Der Feind ergab sich. Am 5. August erließ GFM von Bock, als OB der HGr. Mitte, folgenden Tagesbefehl:

„Mit der Vernichtung der bei Smolensk abgeschnittenen russischen Divisionen hat die drei Wochen währende Schlacht am Dnjepr und Düna und um Smolensk mit einem neuen glänzenden Sieg deutscher Waffen und deutscher Pflichterfüllung ihren Abschluß gefunden. An Beute wurde eingebracht: 309110 Gefangene, 3205 erbeutete oder vernichtete Panzer, 3000 Geschütze und 341 Flugzeuge.

Dankbar und stolz blicke ich auf eine Truppe, die solcher Leistung fähig ist."

Die HGr. Mitte hatte im Ostfeldzug bis zum 1. August 1941 ebenfalls hohe Verluste an Menschen, Waffen und Material hinnehmen müssen. Sie verlor durch Tod, Verwundung oder Vermißtsein insgesamt 74500 Soldaten aller Dienstgrade.

Die Umstellungsphase – Neue Führerweisungen

Das OKH erhielt nun von Hitler die Weisung, eine neue Operation einzuleiten, dazu das Ostheer neu zu ordnen und zusammenzustellen. Da die Panzerbestände zusammengeschrumpft waren, wurde nun wieder größerer Wert auf Operationen der Infanterie-Armeen gelegt.

Die PzGr. 3 wurde der 9. Armee, GenOberst Strauß, unterstellt, die PzGr. 2 hingegen durch Zuführung des VII. AK unter Gen. .d. Art. Fahrmbacher, des IX. AK unter Gen. d. Inf. Geyer, und des XX. AK unter Gen. d. Inf. Materna verstärkt und in „Armeegruppe Guderian" umbenannt.

Alle übrigen Infanteriedivisionen bildeten die 4. Armee, die ab sofort wieder von GFM von Kluge übernommen wurde. Diese 4. Armee sollte als einziger Großverband der HGr. Mitte weiter nach Osten antreten. Die 9. Armee erhielt eine neue Stoßrichtung nach Norden, in Richtung zu den Waldai-Höhen. Die Armeegruppe Guderian sollte in die Ukraine vordringen, die 2. Armee in Richtung Kiew vorstoßen. Von Moskau war auch jetzt nicht die Rede. Hitler hatte einen anderen Plan, um an die Hauptstadt heranzukommen.

Der Widerstand der Roten Armee hatte sich trotz der gewaltigen Menschen- und Materialverluste weiter gefestigt. Daß nur die HGr. Mitte bis zum 1. August 1941 ihr Angriffsziel erreicht hatte, während die beiden Heersgruppen im Norden und Süden zurücklagen, hing damit zusammen.

In der Führerweisung Nr. 33 vom 19. Juli 1941 hatte Hitler befohlen, daß die HGr. Mitte schnelle Verbände nach Norden ebenso wie nach Süden abzugeben habe, um die „Fortsetzung des Vormarsches auf Moskau mit den Infanterieverbänden durchzuführen." Daraus resultierten auch die Verstärkungen durch Infanteriekorps, die allerdings durch die Wegnahme der Panzerverbände wieder zunichte gemacht wurden.

Die wenige Tage später hinausgehende Ergänzungsbestimmung verlegte die Offensive zur HGr. Süd. Es hieß darin:

„Sobald es die operative und die Versorgungslage erlaubt, ist ostwärts des Dnjepr die PzGr. 1 und 2 unter der 4. PzArmee zusammenzufassen, um – gefolgt von Infanterie- und Gebirgsdivisionen – nach Gewinnung des Industriegebietes von Charkow über den Don nach Kaukasien vorzustoßen." Generaloberst Halder, der Chef des Generalstabes des Heeres, notierte am 28. Juli in seinem KTB: „Die Unsinnigkeit der nunmehr beschlossenen Operation führt zu einem Auseinanderlaufen der Kräfte und einem Stehenbleiben an der entscheidenden Stelle auf Moskau."

Am 30. Juli, nach einer Reihe von Gesprächen des OKH mit Hitler, erließ letzterer eine neue Weisung, nach welcher sich die HGr. Mitte in der augenblicklich gehaltenen Linie zur Verteidigung einzurichten habe, um sich auf das weitere Antreten gegen Moskau vorzubereiten. Hitler gab den Heeresgruppen-Befehlshabern nur in der Frage nach, daß er die PzGr. 3 bei der HGr. Mitte beließ, während die PzGr. 2 in den Bereich der HGr. Süd verlegen sollte.

Das OKH und die HGr. Kommandos bestürmten Hitler weiter. Dieser entschloß sich am 4. August dazu, mit seinem Chefadjutanten, Oberst i. G. Schmundt, und dem Chef der Operationsabteilung des OKH, Oberst i. G. Heusinger, ins HQ der HGr. Mitte nach Borisow zu reisen.

Die dort anberaumte Besprechung sah neben GFM von Bock auch die beiden Bfh. der Panzergruppe 2 und 3, die Generalobersten Guderian und Hoth anwesend. Hitler hörte sich deren Vorträge an. Beide Panzerführer sagten übereinstimmend, daß ihre Panzergruppen nach einer dreiwöchigen Ruhe- und Auffrischungszeit ab Mitte August den Vorstoß auf Moskau antreten und diese Stadt in Besitz nehmen könnten.

Danach ergriff Hitler das Wort. Er stelle Leningrad und die Ukraine in den Mittelpunkt seiner Ausführungen und strategischen Überlegungen. Zuerst sollten die Ukraine und die Krim erobert werden, danach würde Moskau noch vor Beginn des Winters an die Reihe kommen.

Die Oberbefehlshaber der Panzergruppen 2 und 3 flogen in ihre Hauptquartiere zurück und bereiteten den Angriff auf Moskau vor, in der vagen Hoffnung, daß Hitler sich dennoch für ihre Pläne entscheiden würde.

Die 2. Armee unter GenOberst von Weichs baute in dieser Zeit eine sichere Abwehrfront zwischen Gomel und Kritschew auf, während die motorisierten Divisionen der PzGr. 2 zwischen dem Sosh und der Desna eine feste Front bildeten. Mitte August zog sich die Rote Armee an dieser gefährdeten Flanke in den Raum südwestlich von Brjansk zurück.

Nun war die Südflanke der HGr. Mitte gesichert, und die Stäbe bereiteten den Angriff auf Moskau vor. Der erarbeitete Plan sah folgende Aufstellung der Kräfte der HGr. Mitte:

Panzergruppe 2: Stoß über Orel und Brjansk in Richtung Tula zur Abdeckung der Südflanke.

2. Armee: Angriff über Brjansk und südlich an Kaluga vorbei auf Moskau.

4. Armee: Stehenbleiben in der erreichten Front. Abdrehen des linken Flügels nach Wjasma. Danach frontales Vorgehen auf Moskau.

Panzergruppe 3: Vorgehen des rechten Flügels auf Wjasma, danach Vorstoß über Gshatsk auf Moskau.

9. Armee: Angriff über Rshew auf Klin und Moskau. Der linke Flügel in loser Verbindung mit der 16. Armee der HGr. Nord, die über das Waldaigebiet nach Südosten antritt.

GFM von Brauchtisch erarbeitete eine Denkschrift, in welcher er Moskau als das vorrangige Ziel des deutschen Angriffes bezeichnete. Er lehnte Leningrad und die Ukraine mit dem Hinweis ab, daß diese weitgesteckten Ziele vor Einbrechen des Winters nicht mehr erreicht werden könnten.

Am 18. August ging diese Denkschrift im Führerhauptquartier Wolfschanze in Rastenburg ein. Hitlers Antwort: „Grundsätzliche Weisung vom 21. August 1941" aber lautete: „Der Vorschlag des Heeres für die Fortführung der Operation im Osten vom 18. August stimmt mit meinen Absichten nicht überein.

Ich befehle folgendes:

1. Das wichtigste, noch vor Einbruch des Winters zu erreichende Ziel ist nicht die Einnahme von Moskau, sondern im Süden die Fortnahme der Krim, des Industrie- und Kohlengebietes am Donez sowie die Abschnürung der russischen Ölzufuhr aus dem Kaukasus. Im Norden die Eroberung Leningrads und die Vereinigung mit den Finnen.

Die vor dem Nordflügel der Heeresgruppe Süd stehenden starken russischen Kräfte sollen vernichtet werden, bevor sie hinter die Desna und den Sula-Abschnitt ausweichen. Nur dadurch wird der Heeresgruppe Süd die notwendige Sicherheit in ihrer Nordflanke zur Durchführung der ostwärts des Dnjepr in Richtung auf Rostow und Charkow gerichteten Operationen gegeben werden.

Die HGr. Mitte soll daher ohne Rücksicht auf spätere Operationen so viele Kräfte nach Süden ansetzen, daß die russischen Kräfte vernichtet werden können, dabei aber in der Lage bleiben, Feindangriffe gegen die Mitte ihrer Front abzuwehren.

Die baldige Einnahme der Krim ist von aller größter Bedeutung für die gesicherte Ölversorgung Deutschlands, die so lange gefährdet ist, als sich starke russische Fliegerverbände auf der Krim befinden.

Erst wenn die russischen Kräfte vor der Heeresgruppe Süd vernichtet sind und sich die Heeresgruppe Nord mit den Finnen zu einem Einschließungsring vor Leningrad vereinigt haben, sind die Voraussetzungen dafür gegeben, mit der HGr. Mitte die vor ihr stehenden Feindkräfte mit Aussicht auf Erfolg anzugreifen und zu zerschlagen."

Die Frontbefehlshaber mußten sich fügen.

Generaloberst Halder traf am 23. August im HQ der HGr. Mitte ein, um Hitlers Befehle zu erläutern und das Heeresgruppenkommando auf die neue Aufgabe einzustellen.

Die PzGr. 2 unter Guderian befand sich zu dieser Zeit bereits im Angriff zwischen Pripjet und der Densa. Die 2. Armee ebenfalls.

Diese beiden Armeen fielen dementsprechend für sechs Wochen zum Angriff gegen Moskau aus. Sie hatten Befehl, nach Süden vorzustoßen. Dieses Antreten der Armeegruppe Guderian wurde von der Führung der Roten Armee zunächst als Schein- und Ablenkungsangriff betrachtet, der gestartet worden sei, um den Hauptangriff gegen Moskau zu verschleiern. Aus diesem Grund ließ GenLt. Jeremenko, OB der neugebildeten „Brjansker Front", nur hinhaltenden Widerstand leisten und beschränkte sich darauf, den Moskau nach Westen vorgelagerten Abwehrabschnitt zwischen Brjansk und Wjasma zu befestigen und in bestmöglichen Verteidigungszustand zu versetzen. Mitte August stand diese neugebildete Heeresgruppe „Brjansker Front" mit der 50. Armee von Norden nach Süden in der Abwehrfront.

Die 13. Armee, die im Süden dieser Abwehrfront verteidigte, wurde gleich zu Anfang des neuen deutschen Angriffs überrannt. Die 3. PD unter GenLt. Model durchtrennte am 24. August die Bahnlinie Kiew – Moskau. Damit war die Ukraine von Zentralrußland abgeschnitten.

Bis Ende September verharrte die Front der HGr. Mitte in jenen Räumen, in denen sie nach Ende der Smolensker Schlacht stehengeblieben war. Ohne ihre an der Kesselschlacht um Kiew beteiligten Großverbände, Panzergruppe 2 und 2. Armee, stand sie in der besagten Front mit der 4. Armee, der 9. Armee und der Panzergruppe 3 mit ihren Infanterie-Divisionen im Abwehrkampf. Lediglich als Reserve stand der 4. Armee die 10. PD zur Verfügung. In der 9. Armee gab es keine einzige Panzerdivision, während der PzGr. 3 die 19., und 20. PD und die Lehr-Brigade (mot.) 900 zur Verfügung standen.

Hinter der HGr. Mitte standen unter dem Befehlshaber im Rückwärtigen Heeresgruppengebiet, General der Infanterie von Schenckendorff, zwei Infanterie-, zwei Sicherungs-Divisionen und die 1. SS-Kavalleriebrigade. Diesen Verbänden, denen sich sehr rasch die ersten Ost-Bataillone zugesellten, oblag der Objektschutz an Bahnen, Brücken und Bahnhöfen. General von Schenckendorff verlegte seinen GefStand von Baranowitschi nach Smolensk.

Die Kesselschlacht um Kiew

Nach Ende der Kesselschlacht bei Smolensk wurde die Frage der Weiterführung der Operation im Ostfeldzug akut. Der OB des Heeres, GFM von Brauchitsch, sah ebenso wie sein Generalstabschef, GenOberst Halder, und die Führung der HGr. Mitte das Hauptziel aller weiteren Operationen in der Zerschlagung der militärischen Kraft der Sowjetunion. Dies, so sahen sie es, war am schnellsten und sichersten zu erreichen, wenn weiter direkt auf Moskau angetreten wurde.

Auf diesem Wege mußten sich die Sowjets den deutschen Verbänden stellen, weil einmal Moskau die Hauptstadt der UdSSR war und zum anderen alle Eisenbahnlinien hier zusammenliefen. Ihr Verlust würde das Ende der operativen Bewegungsfreiheit der Roten Armee bedeuten.

Hitler hingegen wollte die Entscheidung auf den beiden Flügeln herbeiführen. Die Eroberung der ukrainischen Kornkammer, der Ölgebiete des Kaukasus und der Krim erschienen ihm vordringlicher als ein rascher militärischer Sieg.

Diese Forderung war nur durchführbar, wenn die HGr. Mitte nach dem großen Sieg bei Smolensk angehalten und zugunsten der beiden HGr. Nord und Süd entscheidend geschwächt wurde. Damit waren die schnellen Erfolge der HGr. Mitte wieder in Frage gestellt.

Hitler sah sich im eigenen Stab und auch beim OKH nicht voll bestätigt. Bedenken wurden laut und bis zur Mitte des August wurde beraten und verworfen und wieder beraten. Der strategische Grundsatz, daß die Vernichtung der feindlichen Streitkräfte an erster Stelle zu stehen habe, wurde von Brauchitsch und Halder vertreten. Kiew und Leningrad waren in ihren Augen Nebenziele.

Nach ihrer Überzeugung mußte nach einer kurzen Auffrischungs- und Verstärkungszeit der Angriff gegen Moskau wieder aufgenommen werden. Jedes Entfernen der Panzertruppen von diesem Ziel bedeutete deren Verzettelung und Aufbruch. Die zeitraubenden langen Märsche führten zu nichts anderem als zum Verschleiß der Gefechtskraft der Truppe.

Hitlers Berater im OKW machten sich diese Gedenkengänge des OB des Heeres zu eigen und versuchten ihn umzustimmen. Aber auch sie konnten Hitler nicht von der Gefährlichkeit seiner Ansicht überzeugen.

Am 21. August 1941 fiel die Entscheidung. Hitler lehnte den Vorschlag des OKH ab und befahl die Fortsetzung der Operation nach den bereits dargelegten Richtlinien.

Am 22. August erging, dieser Weisung entsprechend, der Befehl zur Vernichtung der im Raum vor Kiew stehenen Feindkräfte. Zu dieser Zeit hatte die HGr. Süd den weiten Raum zwischen Bug und Dnjepr mit den Kräften der PzGr. 1, der 11. Armee und des rumänischen Heeres ausgeräumt. Die 17. Armee stand anschließend zwischen Krementschug und Tscherkassy am Dnjepr. Hier wurde auch die PzGr. 1 zusammengezogen.

Nordwestlich von der 17. Armee schloß sich am Dnjepr die 6. Armee an. Sie hielt den starken Brückenkopf der Roten Armee bei Kiew umschlossen und hatte nach den erfolgreichen Kämpfen bei Gomel mit ihrem linken Flügel den Anschluß an die 2. Armee erreicht. Diese wiederum stand in einem nach Süden geöffneten Kreisbogen bis Nowy Sybkow und sollte durch Angriff nach Süden den Raum verengen, gegen den die PzGr. 2, der neuen Weisung entsprechend, zur Umfassung angesetzt wurde.

Die Rote Armee stand mit sehr starken Kräften im Dnjeprbogen, dessen Spitze der Brückenkopf Kiew bildete, und war offensichtlich gewillt, diesen Raum um jeden Preis zu halten. Die Hartnäckigkeit, mit der sie diese Absicht durchführten, kam der deutschen Operation zugute.

DIE KESSELSCHLACHT VON KIEW

Sowjetische Kräfte in Kiew – Das Vorspiel

Das russische Oberkommando STAWKA ließ in Kiew Miliztruppen zusammenstellen, in die auch Frauen- und Jugend-Bataillone eingegliedert wurden. Man schanzte fieberhaft und baute Bunkeranlagen. „Die Gruppe Kiew" sollte sie verteidigen. Sie wurde nach Nordwesten verschoben, um die dort anrollende 14. PD aufzuhalten. Die 206. SD der Roten Armee wurde nach Südwesten gegen die dort stehende 13. PD angesetzt. Sie bildete nördlich von Fastow die Gruppe „Maschykino", die sich ebenfalls aus Milizen zusammensetzte.

Das in Ausbildung begriffene III. Luftlandekorps der Roten Armee wurde zudem nach Kiew geworfen.

Am 10. Juli übernahm Marschall Zemon Budjonnyj den Oberbefehl über die „Südfront". Sein Chef des Generalstabes wurde GenMaj. Prokowskij, Leiter der Operationsabteilung war General Kulik. Der Kriegskommissar trug den damals noch völlig unbekannten Namen Nikita Chruschtschow.

Marschall Budjonnyj gab den kürzesten Befehl seiner Laufbahn heraus: „Keinen Fußbreit zurück! – Halten! – Gegenangriff!"

Dann folgten detaillierte Befehle an die 5. und 6. Armee, alle Panzerverbände zusammenzufassen und gegen den vorspringenden Keil der PzGr. 1 anzusetzen. Der Doppelangriff, deren erster von Malin und Fastow aus geführt wurde, während der zweite aus dem Raum Korosten und westlich Berditschew erfolgen sollte, sah vor, die gesamte PzGr. 1 einzukesseln und zu vernichten.

Dies führte zu den bereits dargelegten Kämpfen der HGr. Süd mit dem Höhepunkt der Kesselschlacht von Uman.

Die STAWKA befahl angesichts der verlorenen Schlacht bei Uman den Rückzug der HGr. „Südfront". Bessarabien und die westliche Ukraine wurden von der Roten Armee geräumt. Der deutsche Vorstoß der 17. und 11. Armee und jener der PzGr. 1 zum Dnjepr begann. Es gab – mit einer Ausnahme – in diesem Raum keine weiteren großen Truppenansammlungen der Roten Armee mehr. Nur Odessa wurde noch von der sowjetischen Küstenarmee unter GenLt. Safronow bis zum 16. Oktober 1941 gehalten.

Stalin befahl, die Dnjeprlinie unter allen Umständen zu halten. Aus den zur Front kommenden Reservedivisionen bildete die Rote Armee die 37. und 38. Armee. Die Masse der an der Südfront eingesetzten Fliegerverbände wurde im Raum Dnjepropetrowsk, – Krementschug, Kriwoj Rog, Kachowka, Cherson und Dnjepropetrowsk in Verteidigungzustand versetzt.

In Dnjepropetrowsk bildete Marschall Budjonnyj eine Reservearmee, die von

GenMaj. Malinowskij geführt wurde. Sie wurde nach dem Untergang der alten 6. Sowjetarmee im Kessel von Uman ebenfalls 6. Armee genannt. In langer Reihe von Korosten im Nordwesten bis hinuter nach Dnjepropetrowsk im Südosten und von dort nach Cherson am Schwarzen Meer herumschwenkend, lagen die deutschen Divisionen zunächst fest.

Die PzGr. 1 stieß weiter nach Osten vor. In ihrem Rücken blieb die eingeschlossene Stadt Kiew zurück. Dort gab es kein Herankommen an den mittleren Dnjepr.

Am 5. August gab GenOberst von Kleist, Befh. der PzGr. 1, dem III. AK (mot.) Befehl, die Dnjeprbrücken bei Krementschug im Handsteich zu nehmen. Als die Vorausabteilung der 14. PD bei Krjukow den Dnjepr erreichte, lag das jenseits des Flusses gelegene Krementschug unerreichbar fern, denn die Dnjeprbrücken waren vom Feind gesprengt worden. Krjukow wurde am 9. August von der 13. PD und der 5. SS-Division „Wiking" erobert. Beide Divisionen schlossen mit breiter Front zum Fluß auf.

Das III. AK ging weiter nach Südosten vor. Da die 6. und 17. Armee inzwischen aufgeschlossen hatten, war auch die Flankenbedrohung beseitigt. Am 19. August wurde die 14. PD von starken Panzerverbänden des Gegners angegriffen. Diese sollten ihr den Weg nach Dnjepropetrowsk verlegen. 21 Feindpanzer wurden abgeschossen. Die Division erreichte den Raum 15 Kilometer vor dieser Stadt. Teile der SS-Division „Wiking" drangen am 22. August in Dnjepropetrowsk ein, wo Kräfte von drei sowjetischen Divisionen verteidigten. Nach dreitägigen erbitterten Kämpfen Mann gegen Mann war erst der Westteil der Stadt in deutscher Hand. Die Flußübergänge zum Ostteil waren geprengt. Über eine Floßbrücke konnten schließlich leichte Fahrzeuge der 13. PD in den Ostteil übersetzen.

Feindliche Artillerie, Schlachtflugzeuge und Bomber versuchten die Floßbrücke zu vernichten. Als der Kampf hier zu Ende ging, hatte das III. AK starke Verluste erlitten. Auf der anderen Seite gingen 33 248 Rotarmisten in die Gefangenschaft. 341 Panzer und 591 Geschütze wurden erbeutet.

Das XIV. AK (mot.) der PzGr. 1 stieß auf Kriwoj Rog vor, während dem XXXXVIII. AK (mot.) Nikolajew zum Ziel gegeben wurde. (Siehe den vorausgegangenen Abschnitt).

Die 6. Armee, die inzwischen mit ihren drei Korps vollzählig nordwestlich von Nikolajew eingetroffen war, erkannte, daß sich die Feindtruppen nach Westen über den Bug zurückgezogen hatten, um den von Osten anrollenden Verbänden der 16. PD und der „Leibstandarte" zu entkommen. Es gelang der 9. sowj. KavDiv. und den Schützendivisionen 130 und 164, in einem überraschenden Angriff die Linien der 16. PD zu überrennen und nach Osten auszubrechen.

Nördlich und ostwärts von Nikolajew tobten 72 Stunden lang erbitterte Gefechte, ehe diese Stadt völlig eingeschlossen war. In einem schneidigen Angriff stieß das I./SR 64 unter OberstLt. Werner Marcks am 16. August bis zum Ostrand von Nikolajew durch. Er sollte später in Afrika das Ritterkreuz erringen und am 21. September 1944 als 593. deutscher Soldat mit dem Eichenlaub zum RK ausgezeichnet werden. Major von der Mark, der Kdr. des II./SR 64, drang mit sechs Soldaten nach

Nikolajew ein und hißte auf dem dortigen Wasserturm die Reichskriegsflagge. Wenig später fiel er in den Straßenkämpfen.

Nach dem Vorstoß des XIV. AK mit der 9. PD und der 25. ID (mot.) über Kriwoj Rog zum Dnjeprbogen beiderseits Saporoshje war der gesamte Dnjeprbogen in deutschem Besitz.

Die 9. PD, in der Mitte des Korps dicht westlich von Saporoshje, erkannte durch einen vorausgeschickten Stoßtrupp, daß die 700 Meter lange zweistöckige Brücke über den Dnjepr nahe der Stadt noch stand. Im Handstreich wurde sie in Besitz genommen.

Erster Frontalangriff auf Kiew

Bereits am 31. Juli war der 6. Armee vom HGrKdo. befohlen worden, eine starke Kampfgruppe zur Vorbereitung des Angriffs über den Dnjepr zu bilden, damit den Dnjepr zu überwinden und auf dem Ostufer einen operativen Brückenkopf zu errichten. Kiew sei davon auszunehmen. Der Fluß sollte südlich dieser Stadt überwunden werden. Von dort aus sollte der weitere Angriff über Charkow mit dem Endziel Moskau beginnen.

Der geplante Brückenkopf sollte bei Kanew über den Dnjepr gebildet werden. Der Angriff der darauf angesetzten Gruppe Schwedler unter Gen. d. Inf. Viktor von Schwedler am 2. August begann. Sie hatte gegen starke Truppenkonzentrationen der 26. Sowjetarmee zu kämpfen, die hier mit drei Schützen- und zwei Kavalleriedivisionen das Westufer des Dnjepr bei Kanew sicherten.

Die Schlacht um Kanew dauerte vom 7. bis zum 16. August. Die fliegenden Verbände des V. Fliegerkorps griffen hier in die Erdkämpfe ein. Das Stukageschwader 77 unter Major Graf Schönborn zerschlug am 9. August eine starke sowjetische Panzerbereitstellung bei Jachny und vernichtete 62 Panzer, 200 Lastwagen und mehrere Feind-Batterien. Am 21. August erreichte die Gruppe Schwedler beiderseits Kanew den Dnjepr.

An diesem Tage hielt die Rote Armee nur noch einen Brückenkopf auf dem Westufer dieses Flusses bei Tscherkassy.

Das gesamte Dnjeprufer war in deutscher Hand. Kiew aber hielt sich noch immer. Mit dem Abdrehen der PzGr. 1 nach Südosten wurde Kiew von den Verteidigern in fieberhafter Arbeit wieder zur Festung ausgebaut. GenOberst Kirponos, der OB der „Südwestfront“, richtete sein HQ in Browary nordostwärts von Kiew ein. In der Festung selber führte das Oberkommando der 37. Armee. Ab Mitte August waren eine Reihe aktiver Verbände zur Verstärkung der Milizeinheiten in die Stadt verlegt worden. Auch der äußere Festungsgürtel wurde nun von Kampfdivisionen besetzt. Neben den fünf Milizbrigaden waren insgesamt vier Schützendivisionen in den Verteidigungsriegel eingeschoben worden.

Das XXIX. AK unter Gen. d. Inf. Hans von Obstfelder, das im Süden und Westen von Kiew aufmarschiert war, trat am 8. August zum Angriff auf breiter Front gegen Kiew an. Von Süden und Südwesten ging es nach Norden vor. Durch den dichten Wald und das ebenso dichte Trommelfeuer des Gegners kamen die Divisionen dieses Korps nur meterweise voran. Es waren die 95. ID am rechten Flügel, links davon die 71. ID und daran anschließend die 299., 99. und 75. ID. Die 44. ID befand sich noch im Anmarsch. (Siehe: Skizze Kesselschlacht um Kiew).

Die PzGr. 2 hatte inzwischen mit dem XXXXVIII. AK (mot.) bei Jelnja die Desna überwunden, wobei ihre Südflanke weit auseinandergezogen wurde. Ihr gegenüber stand die neuerrichtete „Brjansker Front“ unter General Jeremenko mit der 50. und 13. Armee.

Der Komm.Gen. des XXIV. AK (mot.), General Geyr von Schweppenburg, griff am 9. August mit der 3. PD rechts und der 4. PD links aus dem Raume Milislawitschi von Osten nach Südwesten an, um den vor der 7. PD stehenden starken Gegner zu zerschlagen. Danach sollte das Korps über Klimowitschi zur Einkesselung der gegenüber Kritschew liegenden Feindkräfte bis zum Sosh durchstoßen. Bis zum 13. August wurde dieser Angriff durchgeführt.

Durch den Erfolg dieses selbständig vorgetragenen Angriffs war die an der Südflanke der PzGr. 2 drohende Gefahr ausgeschaltet. Die Rote Armee räumte nun den spitzen Keil, der noch gegen die Mitte der 2. Armee gerichtet war.

Schlacht um Gomel

Die 2. Armee setzte ab dem 12. August die Divisionen des XII. und XIII. AK nach Süden sowie das LIII. und XXXIII. AK nach Osten in Marsch. Damit gerieten große Teile der 21. Sowjetarmee nördlich Gomel in die Gefahr, eingekesselt zu werden.

Die 1. Kav. Div. unter GenLt. Feldt stieß binnen dreier Tage von Westen bis in den Raum hart nördlich Gomel vor. Die Vorausabteilungen der Angriffsdivisionen vereinigten sich auf beiden Flanken und schlossen ostwärts von Shlobin Teile mehrerer Sowjetdivisionen ein. Der Gegner begann mit der Räumung von Gomel am frühen Morgen des 16. August. Am 19. August wurde die Stadt von der 17. ID unter GenLt. Loch genommen.

Die Sondermeldung vom Mittwoch, dem 20. August 1941, lautete: „Im Raume um und nördlich Gomel hat eine Schlacht stattgefunden, die mit einer schweren Niederlage der Sowjetmacht endete. Teile von 17 Schützendivisionen und fünf Kavalleriedivisionen sowie zwei Luftbrigaden wurden geschlagen, vernichtet oder gefangengenommen.

78 000 Gefangene, 144 Panzer, 700 Geschütze und zwei Panzerzüge fielen in unsere Hand.“

Wenige Tage nach diesem großen Erfolg der Kesselschlacht von Gomel faßte Hitler, noch unter dem Eindruck dieser selbständigen Angriffe des XXIV. AK (mot.) stehend, den Entschluß, Moskau als nächstes und wichtigstes Ziel aufzugeben und stattdessen „die Schlacht um Kiew“ zu schlagen. Dazu hatte das XXIX. AK (mot.) mit seinem Durchbruch an der Naht zweier Sowjetarmeen die Voraussetzungen geschaffen.

Am 21. August 1941 erging die Führerweisung Nr. 35, die den Wendepunkt im Ostfeldzug bedeutete. Hitler nannte die wichtigesten noch vor Eintritt des Winters zu erreichenden Ziele. Moskau war nicht darunter. Mit dieser Führerweisung waren die Weichen zur Schlacht um Kiew gestellt.

Gemäß dieser Führerweisung Nr. 35 arbeiteten die Oberbefehlshaber, der Generalstabschef und Chef der Operationsabteilung des Heeres, die Befehle aus, die ihnen vorgegeben waren. Noch in der Nacht zum 23. August gingen diese Befehle an die Armeeoberbefehlshaber hinaus und leiteten die größte Kesselschlacht der Geschichte ein. Der Chef des Generalstabes des Heeres, GenOberst Halder, schrieb in sein KTB: „Truppenführer und Opfermut der Soldaten müssen noch einmal das Unmögliche möglich machen.“ Es wurde in der Tat nicht nur möglich, sondern Wirklichkeit.

Der Offensivplan nach Süden sah vor, daß die PzGr. 2 zur Unterstützung der 2. Armee angesetzt werden sollte, die aus der Linie Gomel – Starodub gegen die Desna und mit ihrem rechten Flügel auf Tschernigow vorgehen sollte, um „abfließende Teile der 5. Sowjetarmee zu fassen und gleichzeitig der 6. Armee den Übergang über den Dnjepr zu erleichtern.“

GenOberst Guderian sträubte sich heftig gegen diese Aufgabe, die ihn dazu zwang, seine PzGr. 2 an einem von ihm als falsch eingestuften Schwerpunkt einzusetzen.

Daraufhin ordnete GFM von Bock eine erneute Besprechung an, zu der die Oberbefehlshaber von Kluge (4. Armee), Frhr. von Weichs (2. Armee), GenOberst Strauß (9. Armee), GenOberst Guderian, (PzGr. 2) und GenOberst Hoth (PzGr. 3) erschienen.

GenOberst Halder kam direkt aus dem FHQ und teilte den anwesenden Oberbefehlshabern Hitlers Entschluß mit, die Ukraine in Besitz zu nehmen und Moskau noch nicht anzugreifen.

Da GenOberst Guderian eindringlich auf den rapide gefallenen Kräftezustand seiner PzGr. hinwies, erhielt er von GFM von Bock Weisung, mit GenOberst Halder ins FHQ zu reisen und den Führer umzustimmen.

Als sich Guderian im FHQ beim OB des Heeres, GFM von Brauchitsch meldete, verbot ihm dieser, vor Hitler über Moskau zu sprechen.

„Der Ansatz nach Süden“, betonte er kategorisch, „ist befohlen. Es handelt sich nur noch um das Wie. Eine Erörterung ist nutzlos.“

Wenige Minuten darauf stand Guderian vor Hitler und höheren Führern des OKW, während vom OKH niemand zugegen war. Er beschwor Hitler, Moskau zum Ziel der nächsten Offensive zu machen. Hitler ließ Guderian aussprechen. Danach verkündete er die Gründe, warum er die Ukraine zuerst in Besitz nehmen wolle. Zum Schluß erklärte er: „Meine Generale verstehen nichts von der Kriegswirtschaft." Er beendete seinen Monolog mit den Worten:

„Kiew ist unser nächstes strategisches Ziel. Dazu hat das Ostheer unverzüglich anzutreten."

Auch bei der abschließenden Besprechung Guderians mit GenOberst Halder kam es zu keiner Übereinstimmung. Der Befehlshaber der PzGr. 2 mußte mit leeren Händen in sein HQ nach Schumjatschi zurückkehren. Dort angekommen, meldete ihm sein Chef des Generalstabes, daß die HGr. ihm das XXXXVI. AK (mot.) weggenommen habe, um es als Reserveverband zur Verfügung zu haben. Die Teilung der PzGr. 2, die Guderian vermeiden wollte, war damit Tatsache geworden.

GenOberst Guderian mußte am 24. August jenen Tagesbefehl unterzeichnen, der ihn und seine PzGr. 2 in die Kriegsannalen brachte. Er lautete im Auszug:

„Panzergruppe 2 tritt am 25. August mit dem XXIV. AK (mot.) rechts, dem XXXXVII. AK (mot.) links zum Angriff nach Süden an, gewinnt in einem Zuge die Desna- und Sejm-Übergänge und stößt zur Eisenbahnlinie Bachmatsch – Konotop – Belopolje durch.

Das XXIV. AK (mot.) geht mit Schwerpunkt beiderseits Starodub auf Nowogrod Sewesk vor, gewinnt sodann den Desna-Übergang südlich Nowogrod und stößt über den Sejm auf Konotop durch."

Am Morgen des 25. August trat die Panzergruppe 2 aus der Bewegung heraus zu diesem Angriff nach Süden an.

Die Lage bei der Heeresgruppe Süd

Die sowjetische 5. Armee konnte nach dem Verlust von Gomel und dem Ende der dortigen Schlacht ihre Stellungen am Südrand der Pripjetsümpfe nicht mehr halten. Ab dem 21. August ging sie, hinhaltend kämpfend, auf den Dnjepr zurück.

Die Hgr. Süd befahl der 6. Armee, dem fliehenden Feind zu folgen und ihn nicht zum Sichsetzen kommen zu lassen.

Damit war der am Nordflügel der HGr. Süd stehenden 6. Armee zum ersten Male seit geraumer Zeit die operative Bewegungsfreiheit gegeben worden. Die inneren Flügel stießen mit dem XVII. AK nach Norden vor, während das LI. AK nach Osten antrat

Gornostajpol wurde von der 11. PD erstürmt, der Teterew ostwärts Gornostajpol überschritten. Da auch das XXXXIV. AK den im nordwestlichen Abschnitt der Front haltenden Gegner in Gestalt einer Schützendivision, einer GebDiv. und einer mech. Division auf den Dnjepr zurückdrängte, war Kiew mit dieser Bewegung von Norden abgeriegelt.

Diese Entwicklung nördlich von Kiew nahm am 24. August einen guten Verlauf, als die Vorausabteilung der 11. PD von ihrem Dnjepr-Brückenkopf nach Osten vorstieß und sich der Desna näherte.

GenLt. Otto Stapf, Kdr. der 111. ID, führte eine schnelle KGr., die hier den Desnaübergang erzwingen wollte. Da der Feind die drohende Gefahr der Einkesselung seiner noch westlich des Dnjepr haltenden eigenen Kräfte erkannte, nahm er sie im Verlauf dieses Tages auf das Ostufer des Dnjepr zurück.

Die 44. ID erreichte bei Dymer den Fluß und stand damit 20 Kilometer nördlich von Kiew. In der Lagebetrachtung der HGr. Süd stellte sich die Lage an diesem Tage folgendermaßen dar: „Das westliche Dnjepr-Ufer, von seiner Mündung bis südlich Kiew ist fest in deutscher Hand. Bei Gornostajpol zeichnet sich die Möglichkeit eines Flußüberganges ab.

Kommt es zum Einsatz von Teilkräften der HGr. Mitte auf Tschernigow, so würde sich hier die Möglichkeit bieten, im Zusammenwirken mit dem Übergang der 17. Armee bei und aufwärts von Krementschug zu einem operativen Erfolg zu kommen, der nicht nur die rote Dnjeprverteidigung, sondern zugleich auch die in Vorbereitung befindliche Stellung am Sula-Abschnitt zu Fall bringen könnte."

Der Vorstoß der 6. Armee ging im Norden ihres Abschnittes mit dem XVII. AK über Jelsk auf Mosyr weiter. Damit stellte dieses Korps erstmals seit dem 22. Juni die Verbindung zwischen den beiden HGr. Mitte und Süd her.

Die 11. PD und die 111. ID wurden von Feindverbänden angegriffen, was sie jedoch nicht daran hinderte, ihren Dnjeprbrückenkopf bei Gornostajpol weiter auszubauen. (GenLt. Otto Stapf, Kdr. der 111. ID, erhielt am 31. August das Ritterkreuz). Südlich davon schloß auch das XXXIV. AK zum Dnjepr auf. Die 262. ID kam bei Globowka an den Fluß heran.

Die 5. Sowjetarmee, seit Kriegsbeginn Gegner der 6. Armee, war entkommen und frischte hinter dem Dnjepr auf. Sie könnte an einer Flanke von Kiew weiter verteidigen, denn Kiew war das Tor nach Osten und dieses Tor war immer noch verschlossen. Sobald es der HGr. Süd gelang, ihren Nordflügel vorwärtszubringen und gleichzeitig aus ihren Brückenköpfen am Mittellauf des Dnjepr anzugreifen und die feindliche Front in die Zange zu nehmen, könnte hier eine entscheidende Schlacht beginnen. Der Nordflügel der HGr. Süd war bislang allerdings allein auf den Ausgangspunkt bei Gornostajpol angewiesen. Dort gab es nur eine brauchbare Dammstraße. Die HGr. Süd konnte hier nur auf Erfolg hoffen, wenn der Südflügel der HGr. Mitte über die Desna ostwärts antrat.

Dieser Einsatz erfolgte mit dem Antreten der PzGr. 2 nach Süden. Am 27. August schlug der OB der HGr. Süd dem OKH mit Fernschreiben Nr. 1839/41 gKdos vor:

„Zur großen Vernichtungsschlacht der um Kiew versammelten Feindverbände wird vorgeschlagen, mit der 17. Armee aus dem bei Krementschug zu bildenden Brückenkopf über Lubny nach Nordwesten zum Zusammenwirken mit der 6. und 2. Armee vorzustoßen. Die PzGr. 1 sollte dann zwischen der Worska und dem Psiol nach Norden angreifen, um ostwärts im Rücken des Gegners eine Vereinigung mit der PzGr. 2 herzustellen.“

GFM von Rundstedt und sein Chef des Generalstabes waren der festen Überzeugung, daß die Rote Armee auf die Sula ausweichen und sich dort wieder zum Kampf stellen werde. Das OKH aber, das noch immer den Angriff der HGr. Mitte auf Moskau plante, ließ die 2. Armee stehen.

Am selben Tage verkündete das OKW: „Wie bereits durch Sondermeldung bekanntgegeben, haben Verbände der Panzerarmee des Generalobersten Kleist am 25. August nach schwerem Kampf den Brückenkopf von Dnjepropetrowsk und die Stadt selbst im Sturm genommen. Auch nahe der Dnjeprmündung und südlich Kiew wurden die letzten noch auf dem westlichen Dnjeprufer Widerstand leistenden Kräfte des Feindes zum Teil im Nahkampf überwältigt.“

Bis zum 29. August beendeten das XI. und LII. AK unter den Kommandierenden Generalen von Kortzfleisch und von Briesen ihre Bereitstellungen zum Dnjepr-Übergang. Artillerie und Pioniere wurden an den beiden folgenden Tagen nachgeführt.

Am 31. August begann der Sturmangriff über den Dnjepr. Die 100. Leichte Division setzte zur feindbesetzten „Schinkeninsel“ über und schaltete damit die Bedrohung der linken Flanke aus. Die 97. Jägerdivision wiederum setzte zur Schneckeninsel über. Die ihnen gegenüberliegenden Rotarmisten der 300. SD wurden mit starkem Werferfeuer niedergehalten. GenMaj. Maximilian Fretter-Pico brachte seine 97. Division über den Fluß und bildete einen Brückenkopf von vier mal vier Kilometer. (Er erhielt am 26. Dezember 1941 das Ritterkreuz).

Bei Derijewka setzten die Truppen des XI. AK zwei Tage später mit vier Divisionen über den Fluß. Die 257. ID blieb jedoch, in letzter Minute zu anderer Verwendung vorgesehen, auf dem Westufer zurück.

In diesen Tagen erkannte die HGr. Süd deutlich die einmalige Chance, die sich aus der raschen Gewinnung des Brückenkopfes von Krementschug ergeben mußte. Abermals forderte GFM von Rundstedt das Vorstürmen der PzGr. 2 der HGr. Mitte über die Desna und ihren Einsatz nach Süden im operativen Rahmen seiner HGr. Süd. Damit würde ja auch eine Flankenbedrohung für die HGr. Mitte entfallen, sobald sie zum Sturm auf Moskau antrete. Außerdem versprach er die Abgabe von Kräften der 6. Armee an die HGr. Mitte.

Weder das OKH noch das OKW vollzogen diesen entscheidenden Schritt. Erst nachdem auch die 2. Armee am 26. August den Vormarsch nach Süden angetreten hatte und auf den Jelnjabogen zustieß, um auf breiter Front zur Desna vorzudringen, ohne auf starken sowjetischen Widerstand zu stoßen, änderte sich die Sachlage. Die fünf Infanterie-Divisionen und die 1. Kav. Div. der 2. Armee trafen im Vorstoß Richtung Tschernigow dicht vor der Desna auf starken feindlichen Widerstand. In der Nacht zum 30. August erhielt die 260. ID Befehl, den Desnaübergang beiderseites von Kiselewka zu erzwingen und bei Wibli einen Brückenkopf zu errichten.

GenLt. Hans Schmidt, ihr Kdr., setzte mit ersten Truppen über, um von vorn zu führen. Die 260. ID prallte hier auf den rechten Flügel der 5. Sowjetarmee. Das XV. Schützenkorps mit den Resten der 24. und 55. SD drang im Gegenangriff in den Brückenkopf hinein. Das übergesetzte IR 470 war isoliert. Die Brücke von Kiselewka lag im Fluß.

Bis Mitternacht griff die Rote Armee noch mit der 62. SD und der 45. mech. Div., letztere mit T 34, den provisorischen Brückenkopf der 260. ID an. Das übergesetzte IR 470 verteidigte und schlug fünf Sowjet-Angriffe ab. Am Abend trafen die beiden folgenden Regimenter der Division ein, und GenLt. Schmidt setzte sie zur Erweiterung des Brückenkopfes ein. Von der Armee war dieser vorgeprellte Verband bereits aufgegeben worden, aber „meine tapferen Schwaben hielten". (So Gen. d. Inf. Hans Schmidt, der am 22. September 1941 das Ritterkreuz erhielt).

Damit war die Ausgangsbasis für die 2. Armee erkämpft. Bereits fünf Tage vorher hatte die PzGr. 2, vor Nowgorod Sewersk liegend, in einem von GenLt. Model geführten Nachtangriff die Stadt angegriffen. Zwei Kampfgruppen drangen am frühen Morgen des 26. August mit Panzern und MTW über die Romabrücke, durchbrachen die sowjetischen Stellungen und erreichten den Nordteil der Stadt an der hier zweiarmigen Desna. Die 700 m lange Brücke war zu sehen. Über sie zog ein unendlicher Strom feindlicher Fahrzeuge nach Süden.

Ein Stoßtrupp unter Oblt. Vogel rollte durch die Stadt, erreichte die Brückenauffahrt und machte die Brückenbesatzung nieder. Der Pionierzug unter Lt. Störck rannte auf die Brücke und nahm im dichten MG- und MPi-Feuer die bereits angelegten Sprengladungen auf und warfen sie ins Wasser.

Noch während die letzen Sprengladungen entfernt wurden, rollte Oblt. Vogel mit seinen Panzern über die Brücke. Sie kamen heil hinüber und machten über Funk Meldung. (Lt. Georg Störck, Ritterkreuz am 2. September 1941, Eichenlaub am 9. Mai 1945).

Das PR 6 unter OberstLt. Schmidt-Ott drang ebenfalls zur Brücke vor, GenLt. Model stieß hinzu. Er erkannte den großen strategischen Gewinn, der sich ihm hier bot und befahl die Erweiterung des Brückenkopfes.

Am Morgen des 27. August setzte die 3. PD ihren Marsch fort. Die Bahnlinie Kiew – Brjansk wurde überquert, die Höhen von Woronesch gewonnen. Zwei weitere Übergänge über die Desna wurden südlich des ersten und weiter südwestlich erzwungen. Damit hatte die PzGr. 2 drei wichtige Ausgangspositionen zum Stoß nach Süden gewonnen. GenOberst Guderian fuhr zum XXIV. AK (mot.), denn dort sah er die Lücke aufklaffen, die er für seine PzGr. zum Stoß nach Süden benötigte.

Als Guderian in Ausnützung der Lage zu einer schnellen, weit ausholenden Überflügelung der Feindkräfte ansetzen wollte, lehnten die HGr. und das OKH zunächst ab. Erst am 31. August gab das OKH nach und gab der PzGr. 2 das ihr genommene XXXXVI. AK (mot.) wieder zurück.

Zwar verfügte die PzGr. 2 in der 3. PD nur noch über 343 Panzer, während die 4. PD noch 52 einsatzbereit hatte. Nach Zuführung des I. Flakkorps unter GenMaj. von Axthelm war die PzGr. 2 jedoch gut gerüstet.

Ende August hatten die 2. und 17. Armee sowie die PzGr. 2 der HGr. Mitte ihre

Ausgangsstellungen erreicht. Zur gleichen Zeit hatte Stalin den Rückzug der HGr. „Südwestfront" gestoppt und kehrt befohlen mit der Weisung, die Desna-, Sula- und Dnjeprfront zu halten. Die ins Donezgebiet zurückweichenden sowjetischen Truppen wurden ebenfalls angehalten und wieder nach Westen gedreht. Weitere Divisionen rollten im Bahntransport in das große Dreieck zwischen Desna und Dnjepr hinein, dessen vorderste nach Westen gerichtete Spitze Kiew war.

28 Großverbände wurden in diesen Raum geschafft, um hier die HGr. „Südwestfront" zu verstärken.

Am 6. September griff endlich auch das OKH wieder in die Führung der beiden Heeresgruppen ein. Der Vorstoß der PzGr. 1 wurde nicht in Richtung Poltawa, sondern nach Romny befohlen. Dort sollte die Verbindung mit der PzGr. 2 hergestellt werden. (Siehe Vorabschnitt). Die 17. Armee hingegen sollte den Flankenschutz nach Osten übernehmen und sich nur mit einem Korps an der Schlacht selber beteiligen.

Der folgende Tag sah GenOberst Halder in Uman im HQ der HGr. Süd. Der Generalstabschef der HGr. Süd hielt Vortrag. Anschließend sprachen Halder und von Runstedt miteinander. Das Ergebnis dieser Besprechung wurde in der Weisung Nr. 8 der HGr. Süd bekanntgegeben. Der Hauptpunkt dieser Weisung lautete: „Die noch am mittleren Dnjepr und an der unteren Desna stehenden Feindkräfte werden durch doppelseitige Umklammerung aus den Räumen Krementschug, Njeshin und Konotop vernichtet."

Bei der Panzergruppe 2

Die linke Flügelarmee der Zangenbewegung, die PzGr. 2, mußte am 3. September mit ihrem rechten Flügel vor dem linken Flügel der 2. Armee dem nach Osten und Südosten zurückgehenden Feind nachstoßen. Dazu waren die 1. Kav. Div., die SS-Division „Das Reich" und die 10. ID (mot.) vorgesehen. Das XXIV. AK (mot.) wiederum setzte den Angriff gegen die Linie Bachmatsch Konotop fort.

Wieder war es die 3. PD, die am 3. September mit dem SR 3 unter Oberst von Manteuffel Krolowez im Handstreich nahm. Das PR 6 stellte einen Transportzug. Darin befand sich auch der Generalingenieur Tschistoff, Generalbevollmächtigter des Obersten Sowjets, der den Bau der Befestigungen an der Desna leitete. Ferner ein Oberst des Generalkommandos des gegenüberliegenden Sowjet-Korps, der Karten und Lagepläne der sowjetischen Abwehrstellungen bei sich trug.

Am Morgen des 4. September begann der Angriff des XXIV. AK (mot.). Die 1. Kav. Div. eilte herbei, um die Lücke zur benachbarten 45. ID der 2. Armee zu schließen. Die SS-Division „Das Reich" griff die starken gegenüberliegenden Feindstellungen an. Der erste Angriff blieb im feindlichen Abwehrfeuer liegen. Der zweite gelang, als das II./„DF" unter HptStFhr. Hans Harmel die Feindstellungen durchbrach und nach handstreichartigem Übergang über den Ubedy einen feindlichen Divisionsstab überrumpelte. Dadurch wurde der bei Korop stehenden 10. ID (mot.) der Rücken freigemacht. Die 4. PD stieß in die Flanke dieser Feindkräfte. Der Widerstand bei Korop brach zusammen.

Das XXIV. AK machte an diesem Tag 14000 Gefangene. Am Abend des 4. September wurde über dem GefStand von GenLt. Model in der Schule von Krolowez ein Feindflugzeug von der leichten Divisionsflak abgeschossen. Der Pilot sprang mit dem Fallschirm ab und floh. Er wurde gestellt. In seinen Taschen wurden Befehle über die Luftverteidigung von Moskau und Brjansk und eine genaue Lagekarte aller Truppen gefunden, die dem XXIV. AK (mot.) gegenüberstanden.

Durch Auswertung dieser Unterlagen wurde erkannt, daß die 3. PD genau auf der Nahtstelle zwischen der 13. und 21. Sowjetarmee stand.

GenLt. Model befahl den Durchstoß und die „rastlose Verfolgung" des Gegners bis zum Sejm. Mutino wurde erstürmt, doch unmittelbar vor den Panzern der II./PR 6 unter OberstLt. Oskar Munzel flog die Sjem-Brücke in die Luft.

Makoshin an der Desna wurde vom I./„DF" erreicht. Hier waren es UStuFhr. Frank und ObStFhr. Rentrop, die mit wenigen Soldaten durch die Stadt stürmten, die Eisenbahnbrücke über die Desna erreichten und die Sprengladungen herausrissen. Die nachfolgenden Männer wurden durch starkes Feuer niedergerungen. In der folgenden Nacht konnten einige Sturmgeschütze und Kradschützen zu ihrer Verstärkung über die Brücke rollen. (Obersturmführer Rentrop erhielt am 13. Oktober 1941 das Ritterkreuz).

Am 16. September erstürmte die 4. PD Baturin, kam aber nicht über den Sejm, weil dort der Gegner die dortige Brücke in die Luft gejagt hatte.

Zwar war es GenOberst Guderian gelungen, mit dem XXIV. AK (mot.) in die erkannte Lücke hineinzustoßen. Nun aber geriet das Korps in Gefahr, durch den von Osten her antretenden Gegner abgeschnitten zu werden.

Das I. Flakkorps wurde an der Ostflanke des Korps vorgeschoben. Es stellte sich mit einem Regiment bei Nowgorod Sewersk zur Sicherung des Flußüberganges bereit und folgte mit dem zweiten Rgt. dem XXIV. AK (mot.) nach.

Der 7. September sah den Übergang über den Sejm und die Bildung eines großen Brückenkopfes zum weiteren Angriff, der von der HGr. am Abend in Richtung Romny befohlen wurde.

GenOberst Guderian befahl für den 9. September die Fortsetzung des Angriffs gegen die Linie Borsna – Romny. Am Abend dieses Tages erkannte die Führung der 5. Sowjetarmee, daß starke Panzerkräfte in ihrem Rücken standen. GenMaj. Potapow erbat die Rückzugsgenehmigung von Marschall Budjonnyj, der diese schließlich gab. Das sowjetische Oberkdo. STAWKA aber schaltete sich sofort ein und verbot jede weitere Absetzbewegung. Stalin unterstellte Budjonnyj noch die 21. Armee unter GenLt. Kusnezow. Diese war durch den Angriff der 3. PD von der Brjansker Front abgespalten worden. Damit sollten Budjonnyj genügend Truppen zur Verfügung stehen, um die weit vorgeprellten Teile der PzGr. 2 anzuhalten und zu vernichten.

Das XXIV., PzKorps unter General Geyr von Schweppenburg (9. Juli 1941 Ritterkreuz) stieß ab dem 9. September dem Feind schneller hinterher. Die SS-Div. „Das Reich“ eroberte mit dem Rgt. „Der Führer“ unter Sturmbannführer Otto Kumm (Ritterkreuz am 16. Februar 1942) Bachmatsch. Gorodischtsche wurde von der 4. PD in Besitz genommen.

Am Abend des 9. September erhielt die bei Korabutowo stehende 3. PD den Auftrag: „Noch in der Nacht zum 10. September auf Romny antreten!“

Die Brücke des Bolsch-Romen wurde im Feindfeuer überquert. Wenige Minuten darauf drangen die Spitzen der 3. PD, allen voran die Spähwagen der AA 1 und die Panzer IV der 8./PR 6, in Romny ein. Sie durchfuhren die Stadt in einem Zug, überwanden die Sula-Brücke und standen dann einem Feind gegenüber, der sich mit allen Mitteln zur Wehr setzte und auch in der Stadt aus Stellungen im Hinterhalt das Feuer eröffnete.

Erst als die 3. Schützenbrigade unter Oberst Ulrich Kleemann (Ritterkreuz am 13. Oktober 1941) nachstieß und die Häuserviertel säuberte, schien die Lage gemeistert. Nun aber griffen Schlacht- und Tiefflieger der Roten Luftwaffe in den Kampf ein und legten Romny bis zum Abend in Schutt und Asche. Sowjetische Kampfgruppen standen noch immer in der Stadt.

Da die von Süden vorstoßende PzGr. 1 nicht rechtzeitig herankommen würde, mußte die PzGr. 2 ihren Vorstoß nach Süden bis nach Lochwiza fortsetzen, wie GenOberst Guderian auf dem GefStand der 3. PD erfuhr, zu dem er sich am Vormittag des 10. September begeben hatte.

Bis zum Abend des 5. September hatte die 2. Armee, stark von der Luftflotte 2 unterstützt, die Desna überwunden, und die Armeeführung befahl den Angriff auf der gesamten Front am nächsten Morgen. Die 260. ID erreichte als vorderster Verband die Straße Tschernigow – Kiew dicht südlich von Anisowo. Am 7. September wichen die sowjetischen Truppen nach Süden aus.

Zur gleichen Zeit traten die Verbände der 6. Armee von Westen in breiter Front zum Angriff nach Osten an. Der Feind wich zurück. Die Zahl der Überläufer an dieser Stelle wuchs. Die sowj. Kiew-Armee geriet ins Wanken. Noch wurde Tschernigow gehalten, aber am 9. September mußten die Divisionen der Roten Armee, die sich bereits nach drei Seiten verteidigten, auch noch gegen Teile der 98. ID, die von Süden herangekommen waren, und die 17. ID zur Wehr setzen. Nur nach Südosten war es den Verteidigern von Tschernigow jetzt noch möglich, zu entkommen und Anschluß an die Masse der 5. Sowjetarmee zu gewinnen.

Am 9. September wurde für die 5. Sowjetarmee das Absetzen befohlen. Der Feind zog sich in wilder Flucht nach Südosten auf Njeschin zurück. Noch war es Sommer.

Durch das von Wäldern, Sümpfen und Gebüschen bedeckte Gelände begünstigt, konnten der Gegner immer neue Widerstandslinien errichten und den Rückzug sichern helfen. Die schweren deutschen Waffen kamen infolge der durch den tagelangen Regen verschlammten Wege nicht vorwärts.

Tschernigow fiel am 9. September in deutsche Hand. Die 17. ID unter GenLt.

Loch drang von Westen her in die Stadt ein, während gleichzeitig die 134. ID unter GenLt. von Cochenhausen, welche die Stadt im Norden und Osten umschlossen hatte, von dort aus vorging. Von Süden her kamen Teile der 260. ID unter GenLt. Schmidt rasch voran.

Mit dem Fall von Tschernigow, der Hauptverteidigung der 5. Sowjetarmee, war auch das Schicksal dieser Armee vorbestimmt. Es gelang dem XXXXIII. AK (mot.) unter Gen. d. Inf. Heinrici, in eine aufklaffende Lücke dieser Armee hineinzustoßen und diesen Einbruch zu einem Durchbruch der 293. ID (GenLt. von Obernitz) zur Oster auszuweiten.

In dieses Loch warf die Armeeführung die nahe aufgeschlossene 45. ID (GenMaj. Schlieper) hinterher. Sie stieß entlang der Bahnlinie auf Njeschin vor.

Nacheinander brachen die festen Fronten der 5., 21. und 37. Sowjetarmee vor der 2. Armee auseinander. Am 10. September erließ GenOberst Frhr. von Weichs einen Tagesbefehl, in dem er seiner Armee das Lob spendete, daß auch der harte Widerstand, verbunden mit den schlechten Wegeverhältnissen, sie nicht haben aufhalten können. Er forderte trotz des Ruhebedürfnisses alle Infanteriedivisionen der 2. Armee auf, den noch vor ihnen haltenden Feind zu durchbrechen, ihn zurückzuwerfen und zu vernichten. „Jede Stunde", beendete er den Tagesbefehl, „ist kostbar, entscheidet über das Ausmaß des Sieges. Unter Anspannung der letzten Kraft muß diese Schlacht geschlagen werden."

Das OKH forderte in dieser Phase des Kampfes die 6. Armee unter GFM von Reichenau dazu auf, nördlich von Kiew über den Dnjepr zu gehen, um der 2. Armee den Übergang über die mittlere Desna zu erleichtern. Doch die Armeeführung sah sich angesichts der angespannten Lage beiderseits Kiew zur Ausführung dieser Weisung außerstande.

Das LI. AK der 6. Armee, geführt von Gen. d. Inf. Reinhard, stand am 1. September mit der 111. ID und Teilen der 98. und 113. ID noch im Brückenkopf bei Gornostajpol. Ostwärts der inzwischen vom Feind vernichteten Brücke lagen diese Verbände in einen sieben Kilometer breiten Dünen- und Wiesengelände fest. In pausenlosen Angriffen versuchte die Rote Armee diesen Brückenkopf einzudrücken. Drei Schützen-, zwei Panzerdivisionen und kurz darauf noch eine weitere Schützendivision waren dort angetreten. Die Panzerangriffe der Gegenseite richteten sich besonders gegen den Frontabschnitt der 111. ID. Ihr IR 50 wurde nahezu aufgerieben.

Ab dem 3. September wurde dieser Brückenkopf verstärkt. Über die von den Armeepionieren errichtete Brücke und auf Floßsäcken setzten die Truppen zur Verstärkung über, während das XVII. AK mit der 56., 62. und 298. ID von Westen und Südwesten zum Dnjepr aufschloß.

Am 5. September gelang es in einem furiosen Angriff der 262. ID unter GenLt. Theisen, zwischen zwei russischen SD durchzubrechen und nach Südosten Bodengewinn zu erzielen. Bis zum Abend des 6. September erreichten die Spitzenverbände der 262. ID die Desna und setzten in der kommenden Nacht zur Bildung eines Brückenkopfes bei Morowsk über den Fluß. Südlich davon stieß die 111. ID zur Desna vor, und die 62. ID wurde vom LI. AK am 7. September dorthin vorgeführt.

Die Rote Armee war nach wie vor bemüht, Kiew zu halten. Die große Gefahr einer weiträumigen Umklammerung wurde von ihrer Führung zu diesem Zeitpunkt noch nicht erkannt. Sie schaffte im Gegenteil vier weitere Schützendivisionen beiderseits der Oster zur Desna vor, die aus dem Raume südwestlich von Tschernigow abgezogen wurden mußten. Dadurch erhielt die 98. ID auf dem Westufer der Desna Bewegungsfreiheit. Sie stürmte nach Norden vor und drückte die ihr gegenüberstehenden Feindverbände der 17. ID entgegen, die von Norden herunterstieß. Die vier Schützendivisionen wurden in den folgenden Tagen von den beiden genannten deutschen Divisonen eingekesselt und aufgerieben.

Der sowjetische Gegenstoß mit der 20. PD südlich von Morowsk drang durch eine Lücke zwischen der 62. und 262. ID bis zur Desna durch. Dieser Feind wurde eingeschlossen und im Gegenangriff ab dem 9. September zum Ausweichen gezwungen.

Am Abend des folgenden Tages befand sich das gesamte LI. AK im Vorstoß zur Rollbahn Tschernigow – Kiew. Im Zusammenwirken aller Kräfte der 6. und 2. Armee dieses Raumes wurde der Gegner bis über die Rollbahn nach Osten zurückgedrängt. Das IX. mech. Korps der Roten Armee wurde auf engem Raum zusammengedrückt und konnte nicht mehr ausweichen, zumal aus Norden die 2. Armee diesem Korps in die Flanke gestoßen war.

Am frühen Morgen des 11. September konnte die Verbindung der 2. Armee mit der 6. Armee hergestellt werden. Letzterer war es gelungen, den Dnjepr- und Desna-Übergang zu bewältigen und sich die Bewegungsfreiheit für die große Schlacht um Kiew zu erkämpfen. GFM von Reichenau spornte die 6. Armee in einem Tagesbefehl vom 12. September mit den Worten an:

„Die rote ‚Südfront‘ steht vor dem Zusammenbruch! Dem schnellen Zufassen, dem kühnen Wagemut winken jetzt Sieg und Lohn. Darum vorwärts und ’ran den den Feind!“

Die HGr. Süd erhielt am 28. August in der Weisung Nr. 7 vom OKW Befehl, an den Fronten der PzGr. 1, sowie der 17. und 6. Armee zum Angriff überzugehen. Sie gab den einzelnen Großverbänden folgende Ziele:

„Die 17. Armee tritt mit Übergangsschwerpunkt bei und abwärts von Krementschug an. Nach Gewinnung taktischer Brückenköpfe ist unverzüglich zur Bildung des von der Armee angestrebten operativen Brückenkopfes anzutreten.

Die Verbände der Panzergruppe 1 sind jeweils zum frühestmöglichen Zeitpunkt abwärts Krementschug nachzuführen. Aufgabe der PzGr. 1 wird es je nach Entwicklung der Lage sein, in Richtung Charkow vorzustoßen, um sich dem nach Osten weichenden Feind vorzulegen und gegebenenfalls noch zum Zusammenwirken mit der PzGr. 2 zu kommen, die am 27. August den Desna-Abschnitt bei Konotop und südlich Nowogrod Sewersk nach Süden überschritten hat.“

Der vom LII. AK unter Gen. d. Inf. von Briesen bei Derijewka gewonnene Brückenkopf wurde nach dem Schlagen der ersten Kriegsbrücken verstärkt, da die Feindbewegungen anzeigten, daß dieser aus dem Raume nordostwärts Derijewka anzugreifen und den Brückenkopf eindrücken wollte.

Die 76. ID, GenLt. de Angelis, hatte bis zum 10. September schwere Angriffe dreier sowjetischer Kavalleriedivisionen und der 47. PzBrig. der Roten Armee abzuwehren. In der Mitte der gebildeten Abwehrfront stand die 97. Leichte Division unter GenMaj. Fretter-Pico. Auch sie hatte sich gegen zwei Kavalleriedivisionen und die 110. sowj. PzBrig. zu behaupten. Ihr gelang es bis zum 13. September, 138 Feindpanzer abzuschießen.

Der linke Flügel des Korps wurde von der 100. JägerDiv. unter GenMaj. Sanne gesichert. Sie hatte den Angriffen dreier sowj. Schützendivisionen standgehalten. Dann rollten hier noch die KW I und T 34 der 132. sowj. PzBrig. ins Gefecht. Das LII. AK vernichtete in den ersten Tagen dieser Kämpfe 176 sowjetische Panzer. Die 17. Armee schob die 57. und 295. ID über die Brücke bei Derijewka in den Brückenkopf nach.

Der Angriff des LII. AK auf der linken Flanke kam inzwischen rasch voran. Seine Divisionen stießen über den Psiolfluß westlich von Krementschug vor und stellten sich in der Nacht zum 8. September am Südufer des hier 4000 m breiten Dnjepr bereit.

In der kommende Nacht begann das Übersetzen der Truppe in 68 Sturmbooten und auf 150 Floßsäcken der Pionierbataillone 257 und 259 und einer Kp. des PiBatl. 73. Eine Brückenkolonne kam hinzu.

Bis zum Abend dieses Tages gelang es der 257. ID, einen fünf Kilometer tiefen und 12 Kilometer breiten Brückenkopf zu bilden und sich auf dem Nordufer des Dnjepr festzusetzen.

Kurz darauf fiel Krementschug kampflos in die Hände der Angreifer, weil die Besatzung den Kampf einstellte. Damit hatte die 17. Armee eine gute Ausgangsbasis für die Fortsetzung ihrer Kämpfe jenseits des Dnjepr.

Über die von mehreren Pionier-Bataillonen, der RAD Gruppe 107 und 18 Brückenkolonnen gebauten 16-Tonnen-Kriegsbrücke stießen am 11. September die Truppen des XXXXVIII. AK (mot.) hinüber. Es waren die Panzerdivisionen 9, 13 und 16 sowie die 16. und 25. ID (mot.), welche den Fluß auf dieser Brücke überquerten und weiter vorrollten, während das XIV. AK (mot.) mit der 14. PD, der 60. ID (mot.) und der 198. ID bei Derijewka über den Dnjepr gingen. Damit stand die PzGr. 1 geschlossen auf dem Nordufer dieses großen Stromes.

Am 12. September trat die PzGr. 1 aus dem Brückenkopf bei Krementschug zum Angriff nach Norden an. Spitze fuhren die Panzer der 16. PD, während die 9. PD rechts hinter der 16. PD antrat. Der an beide Divisionen gegebene Kampfauftrag lautete: „Sperrung der Rollbahn nach Osten zwischen Lubny und Charkow!“

Die I./PR 2 unter Major Graf Strachwiz stieß in einem Zuge auf Semjonowka vor. Die Abteilung rollte direkt zum Bahnhof von Wesjolyj Podol durch und eroberte das HQ der 38. Sowjetarmee im Handstreich. Deren Befehlshaber, GenMaj. Feklenko, und sein Stab konnten sich in letzer Sekunde durch das rückwärtige Fenster des Hauses retten. Major Hyazinth Graf Strachwitz trug bereits seit dem 25. August 1941 für seine schneidigen Panzervorstöße an der Spitze seiner Division das Ritterkreuz. (Er sollte im Verlaufe des Ost-Feldzuges einer der höchstausgezeichneten Panzerführer werden). Bis zum Abend legte sein Verband 70 Kilometer kämpfend zurück. Der Ausbruch aus dem Dnjeprbrückenkopf war am 12. September gelungen.

Das Ziel der 16. PD für den nächsten Tag war Lubny. Nach einem 120-km-Raid standen die Spitzengruppen am Ostufer der Sula, hart südlich von Lubny. Ein Handstreich auf die Stadt drang nicht durch. Allerdings konnte die Vorstadt durch die Pioniere des PiBatl. 16 und das II./SR 79 unter Hptm. Fondermann erreicht und in teilweise erbitterten Häuserkämpfen gehalten werden. Hptm. Otto Fondermann erhielt dafür am 13. Oktober 1941 das Ritterkreuz.

Auch das XIV. AK (mot.) griff seit dem 13. September in diese Kämpfe ein. Die 14. PD stieß aus der Bewegung heraus in Richtung Mirgorod vor. Mit zwei Kampfgruppen operierend, gewann sie schnell an Boden. Die sowjetische HGr. „Südwestfront" war in größter Gefahr, eingeschlossen zu werden. Am 9. September hatte GenOberst Kirponos, deren OB, der 5. und 37. Armee den Rückzug befohlen und an Marschall Budjonnyi gemeldet, daß er über keine Reserven mehr verfüge, um die offen liegenden ungeschützen Flanken der Heeresgruppe zu sichern. Marschall Budjonnyj beriet sich mit seinem Kriegsrat Chruschtschow und schickte danach einen Bericht an das STAWKA, in dem er die Auffassung des Kriegsrates der „Südwestfront" verkündete, daß ein Rückzug aufgrund der entstandenen Lage notwendig sei. Man habe die Absicht des Gegners klar erkannt, formulierte er weiter, die „Südwestfront" aus der Richtung Nowogrod Sewersk und Krementschug einzukesseln. Falls das Oberkommando der Roten Armee keine starke Gruppierung zur Verfügung habe, die diese drohende Gefahr zu vereiteln helfe, sei ein Rückzug der HGr. „Südfront" erforderlich. Marschall Budjonnyj schloß mit den mahnenden Worten: „Eine Verzögerung des Rückzuges der „Südwestfront" kann den Verlust der Truppen und gewaltiger Mengen an technischen Kampfmitteln nach sich ziehen."

GenOberst Kirponos wurde durch Marschall Budjonnyj ermächtigt, diese Lagemeldung persönlich nach Moskau zu bringen und dem STAWKA Rede und Antwort zu stehen.

Stalin hörte sich die Lagemeldung an. Er verbot kategorisch jede weitere Rückzugsbewegung und befahl, die einmal gegebene Rückzugsweisung zurückzunehmen. „Kiew muß unter allen Umständen gehalten werden!" befahl er und: „die ‚Südwestfront' solle sich zum Gegenangriff gegen die deutsche Panzergruppe 2 bereitstellen". GenOberst Kirponos fuhr in sein HQ nach Priluki zurück.

Zur gleichen Zeit flog ein hoher Ordonnanzoffizier Stalins, der das volle Vertrauen des Oberbefehlshabers besaß, nach Bjelogrod ins HQ von Marschall Budjonnyi, um diesem das Schreiben über seine Amtsenthebung persönlich zu überreichen. Budjonnyj wurde als OB einer Reserve-Heeresgruppe nach Sibirien versetzt. Aber er sollte wiederkommen!

Marschall Timoschenko, der OB der „Mittelfront", traf wenig später in Bjelogrod ein, um den Oberbefehl zu übernehmen und die Ukraine vor den „Hitleristen" zu retten. Doch dazu war es bereits zu spät. Der Sowjetmarschall erkannte sofort die

Richtigkeit der Lagebeurteilung seines Vorgängers. Um noch in letzer Sekunde das Schicksal der dem Untergang geweihten Heeresgruppe „Südwestfront" zu wenden, entsandte er den Generalstabschef seiner HGr., GenMaj. Tupikow, nach Moskau mit der Order, Stalin zu melden, daß geräumt werden müsse.

Stalin empfing den Generalstabschef nicht einmal, sondern ließ ihm durch seinen Stabschef, Marschall Schaposchnikow, mitteilen, daß die „Südwestfront" in und um Kiew stehen und kämpfen müsse.

Am 12. September stellte die deutsche Luftaufklärung im Frontabschnitt fest, daß starke Feindkräfte aus dem Raum Priluki gegen die Linie Lubny – Lochwiza – Romny abmarschierten. Am selben Tage um 17.00 Uhr ordnete von Rundstedt die rücksichtlose Verfolgung auf der ganzen Front an.

Die Luftwaffe flog zur Unterstützung rollende Angriffe gegen die Eisenbahnstrekken nördlich und südlich des sich abzeichnenden Kessels, um weder Truppen in den Kessel herein- noch hinauszulassen.

Der Kessel schließ sich

Am 12. September befahl GenOberst Guderian den Ansatz der 3. PD unter GenLt. Model über Lochwiza auf Prjatin. Dank der Beute an Treibstoff konnte die Division ihren Vorstoß, wenn auch mit nur noch 20 Prozent ihrer Panzer, fortsetzen. Am Abend dieses Tages ließ Model in Romny eine kampfstarke Vorausabteilung unter Major Frank zusammenstellen und als KGr. noch vor Beginn der Dunkelheit nach Süden antreten. Bis 21.15 Uhr gewann diese Kampfgruppe die Sula-Brücke bei Mliny gegenüber Lochwiza. Sie wurde hier in erbitterte Kämpfe verwickelt. Major Frank erbat in der Nacht Hilfe von der Division, und General Model schickte ihm eine weitere KGr., die von OberstLt. von Lewinski geführt wurde. Diese konnte sich erst am Mittag des 13. September in Marsch setzen.

Deutsche Stukas wurden alarmiert, als der Feind gegen die KGr. Frank anstürmte. Sie bombten die Feindpanzergruppe, noch bevor die KGr. von Lewinski eintraf. Beide KGr.-Kommandeure beschlossen, über die Sula zu setzen und nach Lochwiza einzudringen.

Die Fahrt über die Brücke, die unter starkem Feuer lag, verlief trotz einiger Verluste glücklich. Lochwiza wurde gegen 17.00 Uhr erreicht. Am Stadtrand verteidigten die zusammengewürfelten sowjetischen Einheiten verbissen. Die beiden KGr. stießen bis zur Mitte der Stadt vor. Hier schlug ihnen das geballte Feindfeuer aus Geschützen, Granatwerfern, Pak und Flak entgegen und hielten sie auf. Die Stadt mußte bis auf die in den Häusern verschanzten Soldaten des I./SR 3 unter Major Wellmann geräumt werden. Major Wellmann hielt den Ostteil von Lochwiza. (Er erhielt als OberstLt. am 2. September 1942 das Ritterkreuz und am 30. November das Eichenlaub).

Das XXIV.AK (mot.) hatte mit der 4. PD am Abend des 13. September Gaiworon genommen. Indessen stand die Waffen-SS-Div. „Das Reich" 15 Kilometer südlich Borsna, und die 10. ID (mot.) folgte der 3. PD in Richtung Romny nach.

General der PzTr. Geyr von Schweppenburg erfuhr über Meldungen der Luftaufklärung und durch Spähtrupps, daß sich die 16. PD der PzGr. 1 nur noch 40 Kilometer südlich Lochwiza befindet. Durch diese 40 Kilometer breite Lücke stießen Feindkräfte in dichtem Strom aus dem sich bildenden Kessel hinaus. Es galt, diese Lücke so schnell wie möglich zu schließen. Ferner mußte Lochwiza unverzüglich erstürmt und dann sofort nach Süden der 16. PD entgegengestoßen werden, die am frühen Morgen des 14. September unter Führung von GenMaj. Hube zum Angriff auf Lubny angetreten war.

Lubny wurde erstürmt. Das II./SR 79 unter Hptm. Fondermann stieß – an der Spitze der Angreifer – dem SR 79 unter Oberst von Arenstorff – in die Stadt hinein und kämpfte sie frei. Otto Fondermann erhielt dafür am 13. Oktober, von Oberst Arenstorff eingegeben, das Ritterkreuz.

Die 3. PD stürmte zur gleichen Zeit nach Lochwiza hinein. Die feindlichen Stellungen wurden vom I./SR 3 und den Panzern der III./PR 6 erstürmt. Hptm. Pescke, Chef der 3./SR 3, durchstieß mit seinen aufgesessenen Schützen die Stadt und besetzte im Handstreich die große Nordbrücke. Erst dannach rollten die Panzer der III./PR 6 in die Stadt hinein, deren Verteidiger sich bereits ergeben hatten. Bis zum Mittag dieses Angriffstages erreichte die Masse der 3. PD die Stadt. GenLt. Model, der zur Spitze seiner alten Division vorgefahren war, richtete seinen GefStand im Schulhaus von Lochwiza ein. Am Nachmittag tauchte plötzlich GenOberst Guderian dort auf. Der „schnelle Heinz" witterte die hier liegende große Chance. Er befahl sofort im Einvernehmen mit Model die Zusammenstellung eines kampfstarken Spähtrupps, der in direktem Vorstoß nach Süden Verbindung zur von dort angreifenden 16. PD aufnehmen sollte, um damit das Schließen des Kessels von Kiew im Osten sicherzustellen. Führer dieses Spähtrupps wurde Obtl. Warthmann, Chef der 9./PR 6. Er führte seinen Kampfwagen und einen Befehlspanzer als Funkstelle und hatte noch einige Mannschafts-Transportwagen zur Verfügung. Neben Warthmann gehörten noch Oblt. Müller-Hauff, 45 Soldaten und Kriegsberichter Sonderführer Heysing zum Spähtrupp.

Wenig später hatte sich die Zange zwischen Lubny und Lochwiza um den Gegner geschlossen. Von jetzt an war es nur noch eine Frage der Zeit, bis sie dicht und stark genug war, um jedem feindlichen Ausbruchsversuch standzuhalten.

Am 15. September wurde Lochwiza von der 3. PD gesichert. Die im Süden der Stadt liegende KGr. Frank hatte sich sehr bald gegnerischer Durchbruchs- und Ausbruchsversuche zu erwehren. Bei einem Durchbruchsversuch wurde von der KGr. Frank ein General gefangengenommen. Es war der 2. Intendanturrat der 21. Sowjetarmee.

Im großen Kessel mit der Westfront bei Kiew, also im großen Bogen der beiden Flüsse Desna und Dnjepr, waren auf einem dreieckigen Raum von 500 Kilometer Kantenlänge und einer Gesamtfläche von etwa 140000 Quadratkilometer fünf sowjetische Armeen eingeschlossen. Die Spitze des Dreiecks lag bei Kiew. Am 15.

und 16. September begann hier im Innern des Kessels die entscheidende Schlacht um das Überleben von etwa einer Million sowjetischer Soldaten.

Bereits am 16. September meldete der Wehrmachtsbericht, daß „Verbände des deutschen Heeres mit wirksamer Unterstützung durch die Luftwaffe Brückenköpfe über den breiten Unterlauf des Dnjepr gebildet, gegen starke Feindangriffe mit Panzerunterstützung gehalten und erweitert" hatten und daß „nunmehr die deutschen Divisionen aus diesen Brückenköpfen heraus in breiter Front weiter nach Osten vorgestoßen" seien.

Die sowjetische HGr. „Südwestfront" saß in der Falle, aus der es kein Entrinnen mehr gab. Bis zum Abend des 16. September befanden sich die 5. und 21. Sowjetarmee im Norden der Kesselfront beiderseits von Priluki bereits in voller Auflösung. Die noch immer um Kiew stehende 37. Sowjetarmee war von drei Seiten eingeschlossen. Die 26. Sowjetarmee kämpfte noch am Dnjepr und hatte auch das Kommando über die 38. Sowjetarmee übernommen, die sich nordwestlich von Krementschug in verzweifelter Lage befand.

Das Oberkommando der „Südwestfront" unter Marschall Timoschenko befahl am 16. September der 38. und 40. Armee, ferner dem selbständigen II. und dem IV. Kavelleriekorps von Osten her gegen die Rückseite der Kesselfront der Deutschen anzutreten, diese aufzubrechen und die deutschen Panzerverbände zurückzuschlagen.

Die deutschen Truppen konnten im Zusammenwirken mit den Luftwaffenverbänden diese Ausbruchsversuche abschlagen und den Kessel dicht halten.

Um die Lage beurteilen zu können, flog der Chef der Operationsabteilung der „Südwestfront", GenMaj. Bagramjan, im Auftrage Marschall Timoschenkos in den Kessel und erschien auf dem GefStand von GenOberst Kirponos in Priluki. Er hatte den Befehl seines Oberbefehlshabers an Kirponos bei sich, Kiew zu räumen und mit der gesamten Heeresgruppe nach Osten durchzubrechen.

GenOberst Kirponos ließ sich aus Moskau am frühen Morgen des 17. September über Funk diesen Befehl bestätigen, was Generalstabschef Marschall Schaposchnikow auch tat. Erst danach befahl Kirponos den Ausbruch aus dem Kessel. Die 21. Armee erhielt Weisung, über Romny durchzubrechen. Dort werde ihr das II. Kavalleriekorps entgegenkommen und eine Ausbruchsschneise freischlagen.

Die 5. Armee erhielt Befehl, über Lochwiza auszubrechen. Die 37. Armee werde sich diesem Ausbruch anschließen. Über Lubny sollten sich die 26. Armee mit den unterstellten Resten der 38. Armee nach Osten durchschlagen.

Alle Armeen meldeten den Erhalt dieses Befehls. Lediglich der OB der Kiew verteidigenden 37. Sowjetarmee, GenLt. Wlassow, meldete sich nicht mehr. Die Verbindung zwischen der Heeresgruppe „Südwestfront" und den Verteidigern von Kiew (der 37. Armee) war abgerissen.

Nach 48 Stunden eines erbitterten Kampfes, der am 17. und 18. September nur mit einem Satz im Wehrmachtsbericht erwähnt wurde, waren alle eingeschlossenen Feindarmeen zersplittert und in einzelne Kampfgruppen aufgespalten. Die Truppen im Kessel von Kiew hatten keine zusammenhängende Führung mehr.

Jene deutsche Division, die unter Führung den GenMaj. Anger am Morgen des 17. September den Westrand von Sula erreichte, war die 257. ID. Ihr vorheriger Kdr. GenLt. Sachs, hatte für den verwundeten Gen. d. Inf. von Kortzfleisch die Führung des XI. AK übernommen, so daß nun der Artilleriekommandeur des Korps, GenMaj. Anger, sie führte.

Die 257. ID bewältigte binnen 48 Stunden kämpfend eine Strecke von 30 Kilometern. Die 24. ID dieses Korps erzielte binnen vier Tagen am Nordufer des Dnjepr etwa 100 Kilometer Geländegewinne und vereinigte sich schließlich mit der aus Norden herankommenden 79. ID.

Am 18. September versuchte die Rote Armee erstmals, mit starken Kräften nach Osten auszubrechen. Diese Versuche wurden am 19. September fortgesetzt. Die im Ausbruchsraum stehende 16. PD hielt den Feind auf, der teilweise unter starkem Alkoholeinfluß stand. Als die Munition zur Neige ging, verteidigten die Schützen des SR 64 mit Spaten und Gewehrkolben und einigen letzten Handgranten bei den Ruinen um und in Filipowitschi und Bjeloswka. Erst als am Nachmittag Hilfe in Gestalt der Vorausabteilung der 45. ID und des IR 512 der 293. ID von Norden herankam, war diese kritische Lage gemeistert.

Am 20. September stießen Teile von vier Sowjet-Divisionen abermals gegen den Sperr-Riegel der 16. PD vor. Bei Onischki konnten sie den Flußübergang erzwingen und nach Norden ausbrechen. Der Gegenangriff am Nachmittag wurde erst einmal von den mit dem Mute der Verzweiflung kämpfenden Rotarmisten abgewiesen. Der zweite Angriff ließ den Gegner zusammenfallen. Die Lücke am Südflügel des Einschließungsringes war wieder geschlossen. Oberst Höfer, Kdr. des SR 64 (der 16. PD), befahl dem II. Bataillon seines Regiments in Richtung Krupoderenzy vorzustoßen, um dem hart ringenden I. Batl. Hilfe zu bringen. ObERstLt. Reimann, der den Entsatzverband führte, konnte über eine von den Pionieren errichtete Brücke gehen. Bei völliger Dunkelheit stieß er auf eine starke Feindkolonne. Die Entsatzgruppe eröffnete das Feuer. Zehn Minuten später ergab sich dieser rote Verband und marschierte in die Gefangenschaft.

An allen Seiten der 150 Kilometer breiten Ostlinie des Kessels versuchten Gruppen der Roten Armee den Ausbruch zu erzwingen. Hierbei wurde das I./SR 79 unter Major Wota überrannt. Die Ausbrechenden erreichten die deutschen Geschützstellungen. Dort wurden sie von den herumgeworfenen Geschützen beschossen.

Die erste Kampfgruppe der Sowjets fiel in diesem Feuer. Doch immer neue Gruppen stürmten durch die Nacht, verzweifelt nach einem Schlupfloch suchend. Sowjetische Infanterie- und Kavalleriegruppen gelang es am 23. September, Solotutschi und Petriki zu erobern. Aber noch ehe sie dieses Loch erweitern konnten, war die 24. ID herangekommen und hatten die Verbindung mit der hart ringenden 16. PD hergestellt.

Die letzten verzweifelten Ausbruchsversuche der sowj. Divisionen verebbten im Abwehrfeuer der nun dicht geschlossenen Einschließungsfront.

Auch in den anderen Abschnitten, beispielsweise bei der 4. PD im Raume Malaja

Russische Flugzeuge auf dem Platz von Witebsk am Boden zerstört.

Ein Landser bei der Straßensicherung.

Deutsche Infanterie im Waldkampf.

Kurze Rast bei Witebsk am 23. 7. 1941.

Bewohner der Stadt Witebsk, die von den Russen angezündet worden war, bevor sie sich zurückzogen, kochen ihre Mahlzeit.

Straßenkampf. Deutsche Pak stoppt einen Panzer-Gegenstoß.

Der Panzerkampf ist im vollen Gange.

Deutsche Panzer stießen trotz starken Feindfeuers nach.

Ein liegengebliebener russischer KW-II ,der abgeschleppt werden sollte. Die Schlepptrossen sind noch angehängt.

Übergangssicherung über einen Fluß.

General Model läßt seine 3. PD passieren.

Die Holzbrücke über den Styr ist von den fliehenden Sowjettruppen in Brand gesetzt worden. Der Übergang erfolgt mit Floßsäcken.

Das Gefecht ist entschieden. Mit erhobenen Händen kommen die Rotarmisten heraus.

Russische Gefangene bei Welikije Luki.

Landser untersuchen ein erbeutetes Vierlings-MG des Typs „Maxim", welches zur Fliegerbekämpfung auf einen Sockel montiert wurde.

Generaloberst Heinz Guderian führte die Panzergruppe 2.

Generalleutnant Otto von Knobelsdorff eroberte Welikije Luki mit der 19. PD.

Generalmajor Hans Frhr. von Funck, Kommandeur der 7. PD.

Oberst Bruno Ritter von Hauenschild, Kdr. der 4. Panzerbrigade; RK am 25. August 1941.

Oberleutnant Hans-Detloff von Cossel, RK am 8. September 1941.

Leutnant Fritz Feßmann erhielt für seine Aufklärungsvorstöße am 27. Oktober 1941 das Ritterkreuz.

Major von Jungenfeldt, genannt „Pampas“, führte 1941 die II./PR 35.

Oberst Eberbach und Heinz Guderian beim Kartenstudium.

Major Wolfgang Schellmann, Kommodore des JG 2 am ersten Morgen des Rußlandfeldzuges abgeschossen.

Oblt. Hans Philipp erhielt als Staffelkapitän der 4./JG 54 das 33. Eichenlaub am 24. August 1941.

Hptm. Hans Hahn (Assi) erhielt als Hptm. am 14. August 1941 das 32. EL als Kommandeur der III./JG 2 „Richthofen".

Leutnant Heinrich Hunger aus dem KG 2 wurde am 5. Juli mit dem Ritterkreuz ausgezeichnet.

Ein Sturmgeschütz muss abgeschleppt werden. Bei diesen Bodenverhältnissen war das kein leichtes Unterfangen.

Landser begutachten einen liegengebliebenen russischen T-35 mit seinen 5 Panzertürmen. Viele Exemplare dieses Panzertyps blieben durch technische Defekt liegen.

Die deutsche Infanterie musste in Russland unvorstellbar lange Strecken zu Fuß zurücklegen. Hier eine Infanteriekolonne auf einem langen Marsch am 10. August 1941.

Shitomir, eine wichtige Stadt im Mittelabschnitt der Ostfront ist erreicht.

Viele Ukrainer begrüßten die deutschen Soldaten als Befreier. Sie waren froh, das bolschewistische Joch abgeschüttelt zu haben und hofften mit deutscher Unterstützung auf eine freie Ukraine.

Sie sollten durch eine verblendete deutsche Besatzungspolitik, die sie zu „Untermenschen" degradierte, schwer enttäuscht werden. Hier seltene Bilder einer Kundgebung in der Ukraine im Sommer 1941.

Warwa, wurden die Ausbruchsversuche abgewiesen. Die SS-Division „Das Reich" konnte in Priluki dicht machen.

Im Süden der Kesselfront gelang es der sowjetischen 9. Kav. Div., unterstützt von zwei noch kampffähigen Panzerbrigaden, den Ausbruch nach Nordosten zu erzwingen. Hier war es die 9. PD, die rasch in den Raum nachgezogen und hinter die 3. PD gelegt wurde, um die Frontlücke zu schließen.

Als die PzGr. 2 der 3. PD und der 25. ID (mot.) am 19. September befahl, den Raum ostwärts von Prjatin zu säubern und zu sichern, stieß die Rote Armee mit starken Kavallerie- und Schützenverbänden noch in der Nacht vor dem Angriffstermin bei der 23. ID durch und trennte sie von der 3. PD. Im Gegenstoß waren es die II./PR 6 unter OberstLt. Munzel, das, unterstützt von Teilen der PzJägAbt. 521 und dem KradschützenBatl. 3, durch die sowjetischen Verbände rollte und nordostwärts von Melichi die Verbindung mit der 9. PD herstellte. Damit saß dieser ausgebrochene Feind abermals in der Falle, aus der er sich nicht wieder lösen konnte.

Diese starken Feindverbände zogen sich teilweise nach Shdany zurück. In den Wäldern und Schluchten dieses Gebietes gerieten neben vielen tausend Rotarmisten auch der Artilleriekommandeur der 5. Sowjetarmee, GenMaj. Ssetenski, und sein Stab in deutsche Gefangenschaft.

In den Wäldern südostwärts von Prjatin und südwestlich von Lochwiza versuchte die Rote Armee, sich zu halten. Die Rotarmisten verteidigten sich bis zum Untergang. Sie mußten mit Flammenwerfern aus ihren Schlupfwinkeln ausgeräuchert werden. Fünf Stunden dauerte der blutige, für beide Seiten verlustreiche Kampf. In jedem Erdloch, unter jedem Baumstumpf und unter Blatthaufen hatten sich die „Iwans" gut getarnt eingerichtet. Hier wurde schließlich auch der OB der 5. Sowjetarmee, GenMaj. Potapow, inmitten seiner Soldaten gefangengenommen. Damit war der Feindwiderstand an der Westfront des Kiewer Kessels am 21. September 1941 zusammengebrochen. Der Kessel, an diesem Tage auf 40 Kilometer zusammengedrückt, erstreckte sich von Krupol im Norden bis nach Baryschewka im Westen, Peresjaslawl im Süden und Jagotin im Osten. Es bildete sich eine Reihe kleinerer Kessel.

Es waren die deutsche 6. Armee und die Panzergruppen 1 und 2, welche die ostwärts von Kiew kämpfenden Truppen der 37. Armee, der 26. Armee und der 5. Armee umklammert hatten. Die Divisionen der 6. Armee, die in die Nahkämpfe mit dem verzweifelt um sein Entrinnen kämpfenden Gegner standen, erlitten schwere Verluste. So beispielsweise die 56. ID, die binnen einer Woche im Raume Bulochowo – Semipolki – Dymerka 54 Offiziere und 1141 Unteroffiziere und Mannschaften durch Tod oder Verwundung verlor. Die 44. ID hatte während der Kesselschlacht bei Kiew den Verlust von 41 Offizieren und 1006 Soldaten erlitten, während die 45. ID in den Kämpfen bei Jagotin 40 Offiziere und 1200 Soldaten zu beklagen hatte.

Vor dem Abschnitt der 44. ID wurden nach Abschluß der Kämpfe 198 Offiziere und 11589 tote Rotarmisten gezählt.

Welche Verluste die Rote Armee an Toten und Verwundeten in dieser größten Kesselschlacht der Kriegsgeschichte erlitt, ist nicht abzusehen. Zahlen wurden von der sowjetischen Führung nie veröffentlicht.

Im südlichen Teil der Kesselfront, dem Abschnitt der 17. Armee, versuchte der Feind ebenfalls die Abwehrfront aufzubrechen. Doch im Gegenzug gelang es den Divisionen des LII. AK unter Gen. d. Inf. Kurt von Briesen, der bereits im Oktober 1939 das Ritterkreuz erhalten hatte, am 18. September das HQ von Marschall Timoschenko in Poltawa im Handstreich zu nehmen.

Im Kampf um Romny, das am wenigsten gesichert war, setzte das feindliche Oberkommando starke Panzer-, Kavallerie- und Infanterieverbände gegen die Front der Panzergruppe 2 ein. Hier machte das I. Flakkorps unter GenMaj. Walter von Axthelm wieder einmal mehr mit seiner schweren Flak jeden Angriff zunichte. Seit dem 4. September 1941 trug der verdiente General das Ritterkreuz. Als ihm auch noch das FlakRgt. „Hermann Göring" unterstellt wurde, führte GenMaj. von Axtheim von Romny aus seine Verbände. 33 sowjetische Panzer wurden in direktem Richten ausgeschaltet. Hinzu kam eine Vielzahl Geschütze.

Gegenüberstellung der Verluste

In der „Großen Geschichte des Vaterländischen Krieges" der Sowjetunion werden die Verluste der Schlacht um Kiew völlig anders dargestellt als in den deutschen Wehrmachtsberichten. Die sowjetische STAWKA geht davon aus, daß die HGr. „Südwestfront" eine Gesamtstärke von 677085 Mann gehabt habe. Von ihnen seien 150 541 aus dem Kessel ausgebrochen. „Da die HGR. seit Angang September in ununterbrochem verlustreichen Kampf stand, können höchstens 200000 Mann in deutsche Gefangenschaft geraten sein", lautet ihr Fazit.

Damit erklärt STAWKA indirekt, daß 326544 Soldaten der Roten Armee gefallen seien.

Der Abschlußbericht des Oberkommandos der Wehrmacht lautete: „Wie bereits durch Sondermeldung bekanntgegeben, ist die große Schlacht bei Kiew beendet. In doppelseitiger Umfassung auf gewaltigem Raum ist es gelungen, die sowjetische Dnjepr-Verteidigung aus den Angeln zu heben und fünf sowjetische Armeen zu vernichten, ohne daß auch nur schwache Teile sich der Umklammerung entziehen konnten.

Im Verlauf der im engsten Zusammenwirken von Heer und Luftwaffe durchgeführten Operationen wurden insgesamt 665000 Gefangene eingebracht, 884 Panzer, 3718 Geschütze und unzählige Mengen an sonstigem Kriegsmaterial erbeutet oder vernichtet. Die blutigen Verluste des Gegners sind wiederum sehr hoch.

Ein Schlachtensieg ist damit errungen, wie ihn die Geschichte bisher nicht gekannt hat. Die Ausnutzung dieses Erfolges ist in vollem Gange."

In einem Tagesbefehl an die HGr. Süd, welche die Hauptlast dieser Kämpfe getragen hatte, erklärte GFM von Brauchitsch, daß es gelungen sei, 50 Feinddivisionen zu vernichten und sich damit den Weg in die Tiefe des russischen Raumes freizumachen. Er sparte nicht mit Glückwünschen.

Ob die Kesselschlacht von Kiew Moskau rettete, wie oftmals behauptet wurde, ist nicht ganz einsichtig. Heute mehren sich die Stimmen der Experten, die bekunden: „Wäre Kiew nicht geschlagen worden, dann hätte die Rote Armee noch etwa eine Million Soldaten mehr zur Verteidigung Moskaus zur Verfügung gehabt."

Hatte Hitler doch recht? Jede Antwort wäre möglich, aber nicht sicher.

Der Weg der Heeresgruppe Süd zur Krim

Die 11. Armee war mit der ihr unterstellten 3. rum. Armee nicht an der Kesselschlacht von Kiew beteiligt. Sie hatte Anfang September mit der 22. ID bei Berislaw den Übergang über den Dnjepr erzwungen. Die Armee unter dem Kommando von GenOberst Ritter von Schobert und nach dessen tödlichem Flugzeugabsturz am 12. September unter General von Manstein erhielt den Befehl: „Den Gegner entlang der Nordküste des Schwarzen Meeres zu verfolgen und auf Rostow vorzustoßen." Gleichzeitig sollte sie mit Teilen auf die Halbinsel Krim vorstoßen und diese in Besitz nehmen.

Sowjetmarschall Budjonnyj hatte prophezeit, daß „die Deutschen nie den heiligen Boden Rußlands hinter dem Dnjepr betreten würden", doch seine Truppen mußten sich vor der 11. Armee fluchtartig zurückziehen. Erst entlang der Bahnlinie Melitopol – Saporoshje, wo die Rote Armee eine breite Verteidigungslinie mit tiefgestaffelten Bunkern, Feldstellungen und Panzergräben errichtet hatte, die das südliche Donezbecken schützen sollte, setzte sich der Feind wieder.

Hier, nordwestlich des Asowschen Meeres, sollte die 11. Armee endgültig aufgehalten werden. Die Rote Armee hatte in dieses Gebiet kaukasische Elitedivisionen herangeführt. Sie bildeten mit Restteilen der am Dnjepr geschlagenen Truppen zusammen die 9. und 18. sowj. Armee.

Das XXX. AK unter General Salmuth mit der 72. und 22. ID, der „Leibstandarte AH" und das IL. Gebirgskorps unter General Kübler mit der 170. ID, der 1. und 4. GebDiv. hatten die Verfolgung des am Dnjepr geschlagenen Gegners nach Osten fortgesetzt und näherten sich der Linie Melitopol – Dnjeprknie südlich von Saporoshje.

Das LIV. AK unter General Hansen war mit der 46. und 73. ID auf den Zugang zur Krim „die Landenge von Perekop" abgedreht worden. Die aus Griechenland kommende 50. ID stand teils im Rahmen der 4. rum. Armee vor Odessa, teils säuberte sie noch die Küste des Schwarzen Meeres von den Resten des Feindes.

Die 3. rum. Armee befand sich mit dem rum. GebKorps „der 1., 2. und

3. Gebirgsbrigade“ „und dem rum. Kav.Korps mit der 5., 6. und 8. Kavalleriebrigade“ noch westlich des Dnjepr. Sie wollte hier eine Ruhepause einlegen. Offenbar scheute die rumänische Führung davor zurück, den Dnjepr zu überschreiten.

„Der damit der 11. Armee zugedachte Doppelauftrag, Verfolgung des Gegners nach Osten und Eroberung der Krim mit anschließendem Vorgehen über Kertsch nach dem Kaukasus, stellte das AOK 11 vor die Frage, welcher der beiden divergierenden Aufträge zuerst zu erfüllen sei. Beide gleichzeitig durchzuführen war mit den vorhandenen Verbänden nicht zu leisten.“ (Siehe: Manstein, Erich von: „Verlorene Siege“).

GFM von Manstein kam in seinem genannten Werke zu dem Schluß: „Der Versuch, zugleich mit zwei Korps eine weitreichende Operation auf und über Rostow zu führen und mit einem Korps die Krim zu erobern, konnte nur das Ergebnis haben, keines der gesteckten Ziel wirklich zu erreichen.“

Daher entschloß sich Erich von Manstein, der Eroberung der Krim den Vorrang einzuräumen.

Diese Aufgabe brachte dann überraschend ebenfalls eine Schlacht auf zwei Fronten, und zwar den Durchbruch durch die Enge von Perekop und die Schlacht am Asowschen Meer. Die Vorbereitungen des LIV. AK zum Angriff auf die Landenge von Perekop zogen sich bis zum 24. September hin.

Seit 21. September war der Armeeführung schon bekannt, daß die Rote Armee in einer bereits ausgebauten Stellung in der Linie westlich Melitopol – Dnjeprknie südlich Saporoshje Front gemacht hatte. Die Verfolgung mußte eingestellt werden. Da die Heeresgruppenführung an der Herauslösung des LIV. ArmKorps festhielt, mußte von Manstein eine Mischung der verbleibenden deutschen Kräfte mit der 3. rum. Armee anordnen. Das rum. KavKorps im Südabschnitt trat zum XXX. AK, während die rum. 3. Armee im Nordabschnitt die 170. deutsche ID übernahm.

Am 24. September trat das LIV. AK zum Angriff auf die Enge von Perekop an. Bis zum 26. September wurde Perekop genommen, Armjansk drei Tage später erobert. Der Gegner wich in die Seenge von Ischjun aus. Der endgültige Durchbruch auf die Krim konnte nicht erreicht werden. Dem LIV. AK standen sechs sowjetische Divisionen gegenüber. Die Armee konnte nicht wie geplant zu dieser Zeit auf frische Kräfte des Gebirgskorps oder der Leibstandarte „AH“ zurückgreifen, denn am 26. September war die Rote Armee im Abschnitt des XXX. AK mit zwölf frischen Divisionen der 18. und 9. Armee zum Angriff angetreten.

Vor dem XXX. AK blieben die Feindangriffe zwar liegen, doch im Abschnitt der 3. rum. Armee wurde die 4. GebDiv. von den Sowjets überrannt und eine Lücke von 15 Kilometer in die deutsche Front gerissen.

General von Manstein mußte das Gebirgskorps, das sich bereits auf dem Marsch zur Enge von Perekop befand, anhalten. Die Gebirgstruppen machten kehrt, um die Lage bei der 3. rum. Armee wieder herzustellen.

General von Manstein, der mit seiner Führungsabteilung am 21. September den neuen GefStand in Askania Nowa bezogen hatte, um der Truppe näher zu sein, wurde hier von Schlachtfliegern der Roten Luftwaffe angegriffen. Zum Glück hatte

Oberst i. G. Wöhler, der Chef des GenStabes der Armee, einen Splittergraben anlegen lassen. Es gab keine Verluste.

Am 29. September traten das deutsche GebKorps und die „Leibstandarte" zum Stoß in die Südflanke des bei der 3. rum. Armee durchgebrochenen Feindes an. Es gelang hier, die Lage zu bereinigen.

Etwa zur gleichen Zeit bahnte sich auch auf dem Nordflügel des XXX. AK eine Krise an. Hier hatte eine rum. KavBrig. nachgegeben. General von Manstein fuhr persönlich dorthin und brachte alles energisch und umsichtig zugleich wieder ins Lot.

Obwohl sich der Gegner frontal vor dem XXX. AK festgebissen und damit die deutsche Absicht, auf die Krim durchzustoßen, vereitelt hatte, ergab sich dennoch aus diesem Feinderfolg eine große deutsche Chance. Die Rote Armee hatte nun keine Kräfte mehr, um die deutschen Dnjeprübergänge von Saporoshje und Dnjepropetrowsk zu decken und der PzGr. 1 unter GenOberst von Kleist den Sturmlauf in ihre Nordflanke zu verlegen. General von Manstein hatte bereits am 29. und 30. September für einen solchen Angriff plädiert. Erst am 1. Oktober erging dieser Befehl der HGr. Süd an die PzGr. 1.

Während nun die 11. Armee die sowjetische 9. und 18. Armee festhielt, machte sich der Druck der PzGr. 1 im Norden auf diesen Gegner bemerkbar. Der Feind wurde weich. Am 1. Oktober abends gab die HGr. Süd den Befehl an die 11. Armee, nun auch ihrerseits zum Angriff bzw. zur Verfolgung anzutreten. Sie sollte diese beiden sowjetischen Armeen im Rücken fassen und einkesseln. Die sowjetische Führung an dieser Front bemerkte zu spät die zuschnappende Falle. Zwar wurde nun der Rückzug befohlen, aber es gelang ihnen nicht, sich von den nachstoßenden deutschen Infanterie- und GebDivisionen der 11. Armee zu lösen.

Mittlerweile waren die Panzerkräfte der PzGr. 1 so weit in Richtung zur Küste des Schwarzen Meeres vorgestoßen, daß den Russen der Rückzug verlegt wurde.

Im Süden nahm ein Verband der Waffen-SS in kühnem Handstreich aus Westen den Hafen Berdjansk und reichte den im Rücken der hier stehenden sowjetischen Truppen kämpfenden eigenen Panzerverbänden die Hand.

Der Ring um zwei sowjetische Armeen war nun hermetisch geschlossen. Das Ziel der Roten Armee, die deutsch-rumänischen Truppen noch vor Erreichen der Halbinsel Krim zum Stehen zu bringen, war gescheitert.

In den nächsten Tagen gelang es, im Zusammenwirken mit der PzGr. 1 die Masse der Kräfte der beiden feindlichen Armeen im Raume Bol.Tomak – Mariupol – Berdjansk einzukreisen oder in überholender Verfolgung zu vernichten. 65 000 Gefangene, 125 Panzer und über 500 Geschütze fielen in deutsche Hand.

Nunmehr erhielt die 11. Armee den Befehl, sofort mit allen Verbänden auf die Krim vorzustoßen und diese zu erobern.

Im Wehrmachtsbericht des 7. Oktober wurde über die neuen Operationen „im Raume nördlich des Asowschen Meeres" berichtet und die Gefangennahme des Stabes der 9. Sowjetarmee gemeldet, dessen OB sich rechtzeitig per Flugzeug in Sicherheit brachte.

Am Donnerstag, dem 9. Oktober, gab der Wehrmachtsbericht bekannt, daß die PzGr 1, „durch italienische, ungarische und slowakische Truppen verstärkt, aus dem Raum ostwärts Dnjepropetrowsk zum Asowschen Meer vorgestoßen sei und der bei Melitopol geschlagenen 9. sowj. Armee den Rückzug verlegt“ habe.

„Von allen Seiten eng umschlossen, stehen hier 6–7 feindliche Divisionen unmittelbar vor der Vernichtung.“

Sonnabend, den 11. Oktober 1941, hieß es: „Nördlich des Asowschen Meeres steht die Vernichtung des auf engstem Raum zusammengedrängten Gegners vor dem Abschluß. Auf dem Schlachtfeld wurde die Leiche des OB der 18. sowj. Armee aufgefunden.“

Noch am 11. Oktober 1941, Sondermeldung: „Die Schlacht am Asowschen Meer ist abgeschlossen. Im Zusammenwirken mit der Luftwaffe hat die Armee des Generals von Manstein, die rum. Armee des Armeegenerals Dumitrescu und die PzGr 1 des GenOberstem Kleist die Masse der 9. und 18. sowj. Armee geschlagen und vernichtet. Bei schweren blutigen Verlusten hat der Gegner 64325 Gefangene, 126 Panzer, 519 Geschütze und unübersehbare Mengen Kriegsmaterial verloren.

Mit den genannten Armeen und den verbündeten ungarischen und slowakischen Truppen hat die HGr. des GFM von Rundstedt seit dem 26. September nunmehr 106 365 Gefangene gemacht, 212 Panzer und 672 Geschütze vernichtet oder erbeutet.“

Der Vorstoß auf die Krim

Die 11. Armee erhielt nach Ende der Kesselschlacht am Asowschen Meer als einzige Aufgabe die Eroberung der Krim. Allerdings waren General von Manstein das XXXXIX. GebKorps und die „Leibstandarte“ genommen worden, so daß die 11. Armee nur noch über das XXX. AK mit der 22., 72. und 170. ID und das LIV. AK mit der 46., 50. und 73. ID verfügte.

Den sechs deutschen Divisionen standen acht sowj. Schützendivisionen gegenüber. Diese waren nach der Räumung von Odessa durch die Rote Armee freigeworden und hatten sich in den tiefgestaffelten Feldstellungen auf der Krim festgesetzt.

Der Frontalangriff der 22., 46. und 73. ID auf die Mitte der Halbinsel konnte nur von einer Sturmgeschützabteilung unterstützt werden, während die Rote Armee auch hier über zahlreiche Panzer verfügte.

Der Vorstoß ging über deckungslose Salzsteppe schrittweise vorwärts. Erst als das JG 52 unter Oberst Werner Mölders zugeführt wurde und die Bedrohung aus der Luft radikal ausschaltete, brach schließlich am 28. Oktober der Widerstand des Gegners zusammen. Die 11. Armee ging zur Verfolgung über.

Mit der 170., 73. und 46. ID unter dem neu zugeführten Generalkommando XXXXII. AK stürmte von Manstein nach Osten in Richtung Feodosia und Kertsch.

Die Masse der 11. Armee aber wurde nach Süden angesetzt. Ihr Ziel war Simferopol, die Hauptstadt der Krim. Jalta wurde zum Ziel des XXX. AK, das die 22. und 72. ID ansetzte, während der Kriegshafen Sewastopol mit der waffenstarrenden Festung, die als größte der Welt galt, von der 50. und 132. ID des LIV. AK angegriffen wurde.

Mit der Inbesitznahme der Krim sollte die dortige sowjetische Luftbasis, von der aus der gesamte Schwarzmeerbereich beherrscht wurde, ausgeschaltet werden.

Simferopol wurde am 1. November von einer Voraus-KGr. der 72. ID erobert. Dieser Division gelang es, bis zur Südküste ostwärts Jalta durchzustoßen. Das XXXXII. AK besetzte Feodosia. Sewastopol aber hielt allen Angriffen stand. Es sollte sich zeigen, daß diese Festung nicht nur die 11. Armee, sondern eine Reihe Sonderverbände für acht volle Monate band und sie der Hauptfront entzog.

Die starke Festungsartillerie, die gepanzerten Festungswerke, die über See immer wieder ergänzten Truppen und in Sewastopol selbst ausgehobenen Arbeiterbataillone brachten den Angriff des LIV. AK noch im Vorfeld der Festung zum Erliegen. Der Kampf um Sewastopol sollte erst im Sommer 1942 mit einem grandiosen Großangriff beendet werden. Der erste Winterangriff auf diese Festung wurde eingestellt.

Der zweite Angriff begann erst am 17. Dezember. Starke Regenfälle hatten die Straßen unpassierbar gemacht und den geplanten Angriffstag am 28. November vereitelt.

Nach einem starken Feuerschlag der zusammengefaßten Artillerie traten die Verbände des LIV. und XXX. AK zum Angriff an. Das VIII. Fliegerkorps unter General der Flieger Wolfram Frhr. von Richthofen, der bereits am 17. Juli 1941 als 26. deutscher Soldat mit dem Eichenlaub zum Ritterkreuz ausgezeichnet worden war, unterstützte die Angriffe der 22. und der 132. ID sowie der 50. und der neu zugeführten 24. ID mit Sturzkampfangriffen auf die großen Bunker und Flakstellungen.

Die erste Befestigungszone wurde durchbrochen, doch die 24. und 50. ID blieben im starken Abwehrfeuer liegen.

Landungen des Gegners bei Kertsch und Feodosia

Der Angriff gegen Sewastopol mußte abgebrochen werden, als die ersten Nachrichten von dem doppelten Landungsunternehmen der Sowjets bekannt wurden, mit denen die 44. sowj. Armee unter General Perwuchin in der Nacht zum 29. Dezember mit 23000 Mann der 63. und 157. Schützendivision unter dem Schutz starker Seestreitkräfte der Roten Flotte im Raume Feodosia landeten.

Bereits vier Nächte vorher hatten Teile der 51. sowj. Armee unter GenLt. Lwow mit der 244. Schützendivision bei Kertsch auf der Krim Fuß gefaßt. Lochwow hatte rasch weitere Verbände nachgeworfen. Kertsch wurde daraufhin am 29. Dezember auf Befehl des Kommandierenden Generals des XXXXII. AK, Generalleutnant von Sponeck, aufgegeben, nachdem neben den Truppen der 44. Armee auch noch solche der 51. Armee eine vielfache Übermacht zur einzig auf der Halbinsel Kertsch zurückgebliebenen 46. ID des XXXXII. AK bildeten und deren Lage als aussichtslos erscheinen ließ.

General von Manstein löste die 231. und die 170. ID aus dem Sewastopol-Verband heraus und ließ sie in Eilmärschen in Richtung Kertsch vorwerfen.

Von Mansteins Gegenbefehl an die 46. ID, in Kertsch zu halten, bis die Entsatzkräfte herangekommen seien, erreichten die Division nicht mehr, die sich unter Aufgabe aller schweren Waffen im vollen Rückzug auf die Parpatsch-Enge befand. Die Halbinsel Kertsch war verloren. Sie mußte im Jahre 1942 zurückgewonnen werden.

Das Fazit lautete: Die Krim war zum 31. Dezember 1941 noch immer nicht voll in deutscher Hand.

Vorstoß ins Donezgebiet

Die Panzergruppe 1 unter Generaloberst von Kleist, die Ende September nach Kiew zu neuer Verwendung frei wurde, trat am 24. September an und rollte die sowjetische Dnjeprverteidigung bis nach Sporoshje auf. Ihr gelang es – wie bereits dargestellt – rechtzeitig jene zwei Armeen im Rücken zu fassen, welche die 11. Armee angriffen, um diesen letzten Gegner vor Rostow vom 5.–10. Oktober zu vernichten.

In 1. Panzerarmee umbenannt, rollte dieser Großverband nun hinter dem fliehenden Feind in Richtung Rostow her. Als stärkstes der vielen Hindernisse, die sich ihr in den Weg stellten, galt der etwa 50 Kilometer westlich Rostow verlaufende Mius.

Während das XXXXIX. GebKorps Stalino als Ziel erhielt, das am 20. Oktober fiel, hatte die 1. PzArmee am 17. Oktober den Mius überschritten und Taganrog in Besitz genommen.

Die einsetzende Periode des Herbstschlamms ließ keine schnellen Bewegungen mehr zu, so daß die Feldbefestigungen vor Rostow erst Mitte November erreicht wurden.

Rostow, „das Tor zum Kaukasus", wurde am 17. November vom III. PzK. mit der 13. und 14. PD angegriffen und am 20. November genommen. Durch die Stadt vorstoßend, gelang es der „Leibstandarte AH", die Eisenbahnbrücke über den Don unversehrt in die Hand zu bekommen.

Als Rostow gewonnen war, griffen plötzlich Divisionen der Roten Armee am völlig offenen Nordflügel der 1. Panzerarmee an. Es schien ihr zu gelingen, die schütterne Front zwischen der 1. PzArmee und der 17. Armee zu durchstoßen.

GenOberst von Kleist erwog bereits am 22. November, Rostow wieder zu räumen und sich hinter den Mius zurückzuziehen. Erst wenn die 17. und 6. Armee vollzählig aufgeschlossen hatten, wollte er den Angriff fortsetzen. Das III. PzKorps in Rostow wurde von sechs oder sieben sowjetischen Panzer- und Divisionen (mot.) berannt. GenOberst von Kleist mußte mit dem Einverständnis des OB der HGr. Süd, GFM von Rundstedt, den Räumungsbefehl geben. Hitler verbot die Räumung. Der Feldmarschall bat um seine Ablösung. Er wurde sofort durch GFM von Reichenau ersetzt. Aber auch dieser konnte Rostow nicht halten, so daß Hitler schließlich nachgeben mußte.

In der Nacht zum 2. Dezember 1941 gingen das III. und XIV. PzKorps und Teile des XXXXIX. GebKorps in die Miusstellung zurück.

Es war GFM von Rundstedt zu verdanken, daß diese Miusstellung vorbereitet worden war und sich die Truppen der HGr. Süd demzufolge hier halten konnten.

Auch die 17. Armee konnte gegenüber den frischen sibirischen Divisionen keine größeren Fortschritte erzielen. Ihr Versuch, den Anschluß an die 1. PzArmee zu gewinnen, gelang nicht. Das italienische Expeditionskorps, das den Auftrag erhalten hatte, die Lücke zwischen der 1. PzArmee und der 17. Armee zu schließen, war außerstande, diesen Auftrag zu erfüllen.

Zwar gelang es dem LV. AK der 17. Armee, am 24. Oktober Charkow zu nehmen; auch die 6. Armee konnte den Vorstoß nach Osten bis zum Donez fortsetzen und am 29. Oktober bei Stary Ssaltow einen Brückenkopf jenseits des Flusses errichten, doch weiter über den Donez hinaus kam sie nicht vorwärts. Daher konnte sie ihren Befehl, zur 2. Armee Fühlung aufzunehmen, die bei Kursk am Südflügel der Offensive auf Moskau in der Luft hing und sich starker sowjetischer Flankenangriffe aus Süden ausgesetzt sah, nicht befolgen.

Das Jahr 1941 hatte auch bei der HGr. Süd nicht mit dem erhofften endgültigen Sieg geendet. Zum Jahresende 1941 eröffnete die Rote Armee auch hier ihre Gegenoffensive.

HEERESGRUPPE NORD: ZIELRAUM LENINGRAD

Zu den Duderhofer Höhen

Die Heeresgruppe Nord unter Führung von Generalfeldmarschall von Leeb hatte für „Barbarossa" Weisungen erhalten, mit zwei Armeen und einer Panzergruppe aus Ostpreußen über die Memel hinweg anzutreten. Ihr Ziel war die Vernichtung der sowjetischen Streitkräfte in den baltischen Staaten und die Eroberung von Leningrad. Spitzenverband sollte die Panzergruppe 4 sein, die mit dem XXXXI-. Panzer-Korps aus dem Raum Tauroggen und mit dem LVI. Panzer-Korps aus dem Raum Tilsit antreten würde. Aus der Luft würde die Luftflotte 1 diesen Stoß nach Nordosten unterstützen.

In den beiden Panzer-Korps standen jedoch nur drei Panzer-Divisionen, zwei Infanterie-Divisionen (mot.) und zwei Infanterie-Divisionen. Damit verfügte die Heeresgruppe nur über 570 Panzer.

Dem LVI. Panzer-Korps war die Aufgabe gestellt worden, die Flußübergänge über die Düna bei Dünaburg unversehrt zu gewinnen. Dazu plante General der Infanterie von Manstein am ersten Tag das Erreichen des 80 Kilometer landeinwärts gelegenen Überganges über die Dubissa bei Airogolo, „denn nur ein den Gegner vollkommen überraschendes Auftreten dort konnte die wertvollen Brücken in unseren Besitz bringen." (Siehe: Manstein, Erich von: „Verlorene Siege").

Das XXXXI. Panzer-Korps wiederum sollte bei Angriffsbeginn die Grenzbefestigungen bei und ostwärts Tauroggen durchbrechen und dann ebenfalls so schnell wie möglich zur Düna vorpreschen.

Bei Tauroggen stand in der Nacht zum 22. Juni 1941 die 1. PD zum Angriff nach Osten bereit, geteilt in die Kampfgruppen GenMaj. Krüger und Oberst Westhoven. Als in diesem Abschnitt durch einen Feuerschlag aus 550 Rohren um 03.05 Uhr der Ostfeldzug begann, traten die beiden Kampfgruppen 40 Minuten später an.

Die 1. PD hatte am Morgen des 25. Juni den ersten sowjetischen Panzerangriff zu bestehen, bei dem sie 18 schwere und zehn leichte Kampfwagen abschoß. Bereits in diesen ersten Tagen tauchten an der Nordfront schwere und schwerste Sowjetpanzer auf. Es zeigte sich, daß die KW I und II mit einer Rundumpanzerung von etwa 80 mm versehen waren, die sich frontal bis auf 120 mm verstärkte. Diese Kolosse waren nur schwer durch deutsche Panzer oder Pak zu vernichten.

Die beiden Kampfgruppen der 1. PD nahmen am 26. Juni den Flugplatz Ponjewitsch. Am 27. Juni war Jakobstadt Tagesziel. Die Düna wurde gegen Mitternacht bezwungen. Damit hatte das XXXXI. PK am siebten Tag des Ostfeldzuges sein ersten Ziel erreicht.

Am 1. Juli rollte das PR 1 über die 20-Tonnen-Kriegsbrücke bei Kreutzberg. Rechts neben ihr fuhr die 6. PD auf der gleichen Linie vor.

Die baltisch-russische Grenze wurde von der I./PR 1 und Teilen der I./SR 113 am Mittag des 4. Juli überschritten. Die Kampfgruppe Krüger überschritt die Welikaja und errichtete auf deren Nordufer einen ersten Brückenkopf. Die Gegenstöße der Sowjets wurden durch eigene Panzer abgewiesen. Bis 17.30 Uhr war Ostrow in der Hand der 1. PD. In der Nacht wurde die Stadt durch feindliche Bombenangriffe in Brand gesteckt. Panzer des Typs „Christie" griffen im Morgengrauen an. Sowjetische Artillerie schoß nach Ostrow hinein, und gegen Mittag des 6. Juli griffen abermals Bomber die Vormarschstraßen der 1. PD an.

Um 14.00 Uhr trat die Kampfgruppe Krüger mit dem Gros des PR 1 beiderseits der Hauptstraße nach Pleskau mit Angriffsrichtung Norden an. Hart nördlich der Stadt stieß sie in einen sowjetischen Panzerangriff hinein.

Die schweren und überschweren KW I und KW II rollten – stark beschossen, auch getroffen, aber kaum zum Stehen zu bringen – an den deutschen Panzern vorbei und stießen auf Ostrow zu. Die 3,7-cm-Pak, die sie aufzuhalten versuchte, wurde in den Boden gewalzt.

Diese Krisensituation wurde durch Major Söth bereinigt, der seine III./Artillerie-Regiment 73 in Stellung brachte und die Feindpanzer mit Betongranaten beschießen ließ.

Nun wurde auch die Masse der I./PR 1 in diesen Brückenkopf nachgeführt, so daß alle Panzer versammelt waren. Abermals vorgeworfene Feindpanzer wurden abgewiesen. Im sofortigen Gegenangriff der I./PR 1 mit Teilen der zur Hilfe eilenden 6. PD wurden die Stellungen bis an den Karpowa-Bach vorgeschoben. Bis zum Abend dieses Tages lagen über 100 abgeschossene Feindpanzer in diesem Abschnitt.

Der nächste Feindangriff am Morgen des 6. Juli um 3.00 Uhr sah auch die Panzer der 6. PD, die über die Welikaja-Brücke herangekommen waren, in der Abwehr rechts neben der 1. Panzer-Division.

Am Vormittag des 7. Juli traten beide Divisionen zum Angriff auf Pleskau an. Inzwischen hatten die vordersten Teile der 36. ID (mot.) zur 1. PD aufgeschlossen. Die an der Spitze rollende 7./PR 1 und das II./SR 1 erhielten Befehl, nördlich Letowo an einer Kreuzung Sicherung zur Rundumverteidigung zu beziehen.

Hier stießen die ersten Feindpanzer auf die 7./PR 1. Leutnant Fromme, Zugführer in dieser Kp., schoß den ersten „Christie" ab, der jedoch noch seinen Panzer rammte. Der zweite Panzer wurde ebenfalls abgeschossen.

Wenig später kam ein ganzer Panzerpulk heran. Hauptmann von Falckenberg, Chef der 7./PR 1, schoß nacheinander sechs Feindpanzer ab. Leutnant Fromme und Leutnant Köhler gelang es mit ihren Zügen ebenfalls, eine Reihe Feindpanzer zu knacken. Inzwischen war auch die 6./PR 1 unter Oberleutnant Darius herangekommen. Beide Kompanien zogen etwa 600 m vor, stießen bei einem Straßenknick auf ein weiteres Panzerrudel der Sowjets und schossen einige davon ab. Anschließend bildeten sie mit den Schützen beiderseits einer gesprengten Straßenbrücke nördlich

Letowo eine Sicherungsriegel nach Norden. Inzwischen war die gesamte II./PR 1 unter Hauptmann Graf von der Schulenburg hergekommen und wies die Angriffe ab.

Der nächste Tag sah den Vorstoß entlang der Tserjoha nach Norden. Um 19.30 Uhr erreichte die II./PR 1 mit einigen unterstellten Einheiten den Flugplatz von Pleskau. Zur gleichen Zeit ging die 36. ID (mot.) von Südwesten vor. Pleskau wurde genommen. Damit war das erste operative Ziel der Panzergruppe 4 am Abend des 17. Kampftages erreicht. Mehr als 600 Kilometer waren kämpfend zurückgelegt worden und das XXXXI. PK hatte auf seinem Marsch über 800 Feindpanzer abgeschossen.

Am 10. Juli trat die Heeresgruppe Nord abermals an. Der Vorstoß zielte auf Leningrad. Spitze war die Panzergruppe 4. Auf der rechten Flanke hatte die 16. Armee unter Generaloberst Busch Weisung erhalten, die Panzergruppe 4 entlang des Lowat zwischen Cholm und Ilmensee zu decken.

Das XXXXI. Panzer-Korps wurde entlang der Rollbahn Pleskau – Leningrad auf Luga angesetzt. Das LVI. Panzer-Korps erhielt den Auftrag, nach Nordosten auf Nowgorod und darüber hinaus bis zur Bahnlinie Moskau – Leningrad vorzudringen und diese bei Tschudowo zu unterbrechen. Dazu wurde der 8. PD unter GenMaj. Brandenberger Weisung erteilt, einen Brückenkopf über die Mschaga bei Mschaga zu bilden.

Bereits am 9. Juli war das XXXXI. PK dem Gegner in Richtung Leningrad nachgestoßen. Die 1. PD marschierte in den nächsten Tagen entlang der Straße Pleskau auf Luga vor, kam aber nur langsam voran.

Bis zum Abend des 12. Juli wurde der Pljusa-Abschnitt, 30 Kilometer südwestlich Luga, gewonnen. Über Pljusa, Boborow und Barki wurde Osmino (15. Juli) und Sabask an der Luga (16. Juli) erreicht. Der Kampf um die Bildung eines Brückenkopfes bei Sabsk entbrannte.

LVI. Panzer-Korps: Nach Dünaburg

Nach Durchbrechen der Grenzstellungen gelang es der 8. PD des LVI. Panzer-Korps, die 80-Kilometer-Distanz zur Dubysa bei Ariogola bis zum Abend des ersten Tages zu überwinden. In raschem Vordringen zusammen mit der 3. ID (mot.) wurde bis zum 24. Juni die große Straße nach Dünaburg in Wilkomierz erreicht. Bis zu den Düna-Brücken waren es noch 130 Kilometer.

Sowjetische Verbände, darunter auch Panzer, wollten den Vorstoß dieses schnellen Korps anhalten. 70 Feindpanzer wurden abgeschossen, und am frühen Morgen des 26. Juni stand die 8. PD vor Dünaburg. Der Handstreich auf die beiden Düna-Brücken glückte. In wenig mehr als vier Tagen waren 300 Kilometer durch Feindgebiet zurückgelegt worden.

Bis zum Juli blieb das LVI. Panzer-Korps im Raum Dünaburg. Während dieser sechs Tage wurde es von allen Seiten angegriffen. Die Rote Armee holte von überall Truppen heran. So aus Minsk und sogar aus Moskau.

Die Panzergruppe 4, deren XXXXI. Panzer-Korps bei Jakobstadt die Düna erreichte hatte, trat nunmehr geschlossen an. Auf und ostwärts der großen Straße rollten die Verbände des LVI. Panzer-Korps in Richtung Rositten – Ostrow – Pleskau. Links davon ging das XXXXI. PK vor.

Die Stalin-Linie war das nächste Ziel. Während das XXXXI. PK über die große Straße nach Ostrow vorstieß, wurde das LVI. PK vom Kommando der Panzergruppe 4 nach Osten auf Sewesh – Opotschka abgedreht. Es ging durch Sumpfgelände, in dem bereits eine sowjetische Division (mot.) steckengeblieben war, und wo auch die 8. PD auf den Knüppeldämmen liegenblieb. Die Umgehungsbewegung mußte am 9. Juli als undurchführbar eingestellt werden. Die Truppe schwenkte nach Norden auf Ostrow um.

General von Manstein hoffte darauf, daß die Panzergruppe 4 alle Kräfte zusammenraffen und auf Leningrad ansetzen würde. Mit dem LVI. PK über Luga und dem XXXXI. PK über Pleskau wäre am ehesten die Erreichung dieses Zieles und als Krönung die Eroberung von Leningrad zu schaffen gewesen. Auch diesmal wurde anderes entschieden.

Während das XXXXI. Panzer-Korps entlang der Rollbahn Pleskau – Leningrad auf Luga angesetzt wurde, erhielt das LVI. Panzer-Korps den Auftrag, weit nach Nordosten, über Nowgorod vorprellend, die Straße Moskau – Leningrad bei Tschudowo zu sperren.

Am 19. Juli erhielt von Manstein von der Panzergruppe Weisung, sein Panzer-Korps über Luga auf Leningrad anzusetzen. Von Manstein schlug mit seinem Chef des Generalstabes, Oberst i. G. Frhr. von Elverfeldt, vor, im Süden alle Kräfte der Panzergruppe 4 zusammenzufassen und im Norden beim XXXXI. PK, im Gebiet ostwärts Narwa, von wo aus vier geeignete Straßen direkt nach Leningrad führten, anzugreifen.

Sein Vorschlag fand kein Gehör. Das LVI. Panzer-Korps sollte im Zusammenwirken mit dem I. Armee-Korps der 16. Armee den Gegner zunächst wieder über die Mschaga zurückwerfen.

In strömendem Regen, der den geplanten Einsatz von Stuka-Verbänden unmöglich machte, ging es zunächst langsam vorwärts. Der Durchstoß durch die Feindstellungen gelang lediglich im Abschnitt der 1. Panzer-Division. Bei der 6. PD und der 36. ID (mot.) blieb er stecken. Die Heeresgruppe Nord beabsichtigte nun, Artillerie heranzuführen und die feindlichen Stellungen sturmreif zu schießen. Der 1. PD wurde das Zurückgehen auf die Ausgangsstellungen befohlen.

Am 10. August gelang der 1. PD der Durchbruch in das offene Gelände südlich der Eisenbahnlinie. Der Angriff wurde am 11. August gegen die Eisenbahnlinie auf Leningrad fortgesetzt. Das PR 1 rollte bis Sirkowitzkij vor. Der hier einsetzende starke Widerstand wurde gebrochen, der weitere Vorstoß in Richtung Leningrad fortgesetzt.

Inzwischen war beim LVI. PzK der Befehl zu neuer Verwendung eingetroffen. Nun endlich sollte es im Norden mit dem XXXXI. PzK gemeinsam zum Stoß auf Leningrad zusammengefaßt werden. Aber noch immer wurde von Manstein die 8. PD, die sich als Speerspitze bewährt hatte, nicht zurückgegeben. Am 15. August wurde Gen. von Manstein zur 16. Armee gebeten. Als er beim Armee-Oberkommendo 16 ankam, erfuhr er, daß beim X. Armee-Korps südlich des Ilmensees die 38. Sowjetarmee mit acht Divisionen und Kavallerieverbänden angetreten war. Sie hatte den rechten Flügel der 16. Armee zurückgedrängt. Nun versuchte der zahlenmäßig überlegene Gegner, das X. AK zu umfassen, einzukesseln und zu vernichten.

Ostwärts Dno führte General von Manstein sein Korps in die Flanke dieses nach Norden vorgehenden Gegners und griff am frühen Morgen des 19. August an. Die Panzer stießen mit Elan vor und erreichten am 22. August den Lowat südostwärts Staraja Russa. Der Gegner wurde geschlagen, da auch der X. AK gleichzeitig angetreten war.

Damit war das LVI. Panzer-Korps jedoch aus der Sturmrichtung Leningrad herausgezogen und kehrte auch nicht mehr dorthin zurück. Es griff nunmehr in Richtung Demjansk an.

Am 19. August erreichte die Kampfgruppe Heydebrandt der 1. PD Wochonow. Die Kampfgruppe Westhoven konnte am selben Tag Nikowizy nehmen und den Raum südlich und westlich Krasnogwardejsk erreichen.

Am 20. August drehte die Division beide Kampfgruppen nach Südosten ab, um die Straße Krasnowardejsk – Luga zu sperren und im Zusammenwirken mit der 8. PD dem aus der Front um Luga zurückweichenden Gegner den Weg zu verlegen. Am späten Nachmittag war die große Straßenkreuzung südwestlich von Schernizy erreicht und damit auch die Bahnlinie nach Luga gesperrt.

Die 8. Panzer-Divison stieß entlang der Rollbahn nach Süden vor, um am 30. August die Verbindung zum L. Armee-Korps herzustellen und zugleich dem Gegner um Luga in den Rücken zu stoßen.

Am 23. August nahm die 1. PD den Angriff in Richtung Leningrad wieder auf. Doch das sowjetische Stellungssystem westlich Krasnowardejsk konnte nicht durchbrochen werden. Hier kam es zu schweren, verlustreichen Kämpfen. Anfang September wurde die 1. PD herausgezogen, um sich zum bevorstehenden Einsatz gegen Leningrad aufzufrischen und dem XXXXI. Panzer-Korps zur Verfügung zu halten.

Stillstand vor Leningrad

In den vorangegangenen Wochen war den Befehlshabern an der Nordfront die Divergenz zwischen Hitlers Ziel, das Leningrad hieß, und dem erklärten Ziel des OKH, das Moskau lautete, aufgegangen.

In einem Gespräch mit General von Manstein sagte Generaloberst Busch Anfang September dem Kommandierenden General des LVI. PK.:

„Es ist meine Absicht, mit der 16. Armee bis auf die im Osten liegenden Waldaihöhen vorzustoßen, um später in Richtung Kalinin und Moskau vorgehen zu können."

Doch das Oberkommando der HGr. Nord spielte da nicht mit. Mit diesem Vorstoß der 16. Armee wäre für diese eine offene Ostflanke entstanden, die jederzeit von der Roten Armee zu einem Flankenangriff genutzt werden konnte.

Seit Anfang September hatte das LVII. PzK der HGr. Mitte von Süden her in die Kämpfe der HGr. Nord eingegriffen.

Im Gegenzug erhielt General von Manstein den Befehl, daß er sehr bald die 3. ID (mot.) seines PzK zur 9. Armee nach Süden – also zur HGr. Mitte – in Marsch setzen müsse.

Selbst Erich von Manstein, der große Stratege des Zweiten Weltkrieges, konnte sich – so in einem Gespräch mit dem Autor – „keinen rechten Vers aus dem Hin und Her machen. Ich hatte aber den Eindruck, daß dies alles letzten Endes eine Folge des Tauziehens zwischen Hitler und dem OKH wegen der zu verfolgenden Ziele Moskau oder Leningrad war."

Daß im Norden der Ostfront ein durchschlagender Erfolg sicher wäre, wenn man die drei vorhandenen Panzerdivisionen auf fünf aufgestockt hätte, erschien sicher.

Am 14. September konnte das OKW melden: „Nachdem starke deutsche Kräfte in die Befestigungsfront von Leningrad eingebrochen sind, wird die enge Einschließung der Stadt trotz erbitterter Gegenwehr unaufhaltsam fortgesetzt."

Am Tage darauf hieß es: „Die Einschließung von Leningrad wurde in zähem Kampf um die neuzeitlich ausgebauten Festungsanlagen weiter verengt. Wiederholte, von schweren Panzern unterstützte Gegenangriffe des Feindes brachen zusammen."

Der 16. September brachte schließlich die Meldung von den Vernichtung jener im Raume südlich des Ilmensees eingeschlossenen Kräfte der 11., 27. und 34. Sowjetarmee durch die 16. Armee unter Generaloberst Busch. Dieser Sieg war durch die Unterstützung der Verbände der Luftflotte 1 unter Generaloberst Keller ermöglicht worden. Die Erfolgsmeldung gipfelte in den Worten:

„Neun feindliche Divisionen wurden völlig vernichtet, neun weitere nach blutigen Verlusten für den Feind zerschlagen. Über 53000 Gefangene fielen in unsere Hand, 320 Panzer, 695 Geschütze aller Art sowie zahlreiches Kriegsmaterial wurde erbeutet oder zerstört."

Bereits am Abend der 12. September erhielt General von Manstein ein Fernschreiben des OKH mit folgendem Inhalt:

„General der Infanterie von Manstein ist sofort zur Heeresgruppe Süd in Marsch zu setzen zwecks Übernahme der 11. Armee."

Am Morgen des 13. September fuhr Erich von Manstein zur Abmeldung zu GenOberst Busch.

Die 11. Armee im Süden der Ostfront hatte ihren Oberbefehlshaber, Generaloberst Ritter von Schobert, durch einen Flugzeugunfall verloren. Nun sollte General von Manstein die 11. Armee auf die Krim führen.

Der Kampf um Leningrad

Am 12. September begann der Schlußangriff der 1. PD auf Leningrad. Das XXXXI. PzK unter General der PzTr. Reinhardt befahl der 1. PD die Wegnahme von Alexandrowa und Puschkin und den direkten Durchstoß nach Leningrad.

Am Nachmittag des 11. September weilten GenOberst Hoepner, Befh. der PzGr. 4, und der Kommendierende General des XXXXI. PzK bei der 1. PD. Vom „kahlen Hügel" aus sahen sie durch das dort aufgestellte Scherenfernrohr des B-Standes das gesamte Gelände vor Leningrad zum Greifen nahe vor sich.

Diese Höhe, auch Punkt 167 genannt, war vom SPW-Batl./SR 113 unter Major Dr. Joseph Eckinger erobert worden. Die KGr. unter Oberst Westhoven stieß auf Befehl des DivFhrs., GenMaj. Krüger, in Richtung Taizy und Alexandrowskoje vor, zwei Ortschaften etwa 15 Kilometer vor Leningrad gelegen.

Alexandrowskoje wurde von den Sowjets gehalten. Taizy wurde erstürmt, mußte aber noch einen Gegenangriff starker sowjetischer Panzer der Typen KW I und II abweisen. Hier waren es die 3. und 7./PR 1, die einige dieser Kolosse abschossen.

Die KGr. Oberst Westhoven rollte am 12. September nach Nordosten, rechts an sie angelehnt fuhr die KGr. Oberst Heydebrand den Angriff mit. Vor Lamjulja blieb die KGr. Westhoven stecken. Das gleiche Schicksal erlitt die KGr. Heydebrand bei Wittolowo.

Das wichtige Straßenkreuz bei Kabosi, 5 Kilometer von Puschkin, wurde von einer ad hoc zusammengestellten KGr. unter Hptm. von Berckefeldt angegriffen.

Hier griffen in den nächsten beiden Tagen immer wieder schwere Feindpanzer an, die direkt aus den Leningrader Panzerwerken kamen und teilweise mit Zivilisten bemannt waren.

Im Kampf gegen diese überschweren Stahlkolosse schoß der I. Zug der 6./PR 1 unter Lt. Stoves am frühen Morgen des 13. September 12 KW I ab und hielt die wichtige Straßenkreuzung vor Kabosi. Lt. Stoves wurde nach Abschuß des achten Feindpanzers schwer verwundet. Sein Zug verlor zwei Panzer; drei Tote und acht Verwundete waren zu beklagen. Aber das wichtige Straßenkreuz war gehalten worden.

Der Angriff auf Alexandrowa am 15. September blieb im feindlichen Abwehrfeuer liegen. Die KGr. Heydebrand, die am 16. September nach starker Feuervorbereitung mit Unterstützung der beiden Artillerieregimenter antrat, konnte gegen Mittag Alexandrowa in Besitz nahmen und den Südausgang in Richtung Puschkin erreichen. Hier war auch diesem Erfolg ein Ende gesetzt.

Am 17. September – der große Erfolg hing bereits in der Luft – wurde die 1. PD aus der Front um Leningrad herausgezogen und in den Raum der HGr. Mitte verlegt, wo sie der PzGr. 3 unterstellt werden sollte.

12 Kilometer vom Stadtkern von Leningrad entfernt, bereits an der Endstation der Leningrader Straßenbahn, hatte die 1. PD die Schließung des Belagerungsringes um Leningrad geschafft. Die Division verließ den Kriegsschauplatz, aber die Gräber ihrer Kameraden ließ sie hier zurück. Auch das gesamte XXXXI. PzK. schied aus dem Bereich der HGr. Nord aus.

Die Infanterie im Angriff

Der Kampf um Leningrad erlebte aus der Sicht der 126. ID seinen Höhepunkt im Angriff auf Schlüsselburg mit seinen acht großen Arbeitersiedlungen – den Posseloks. Schlüsselburg war die Verbindungstür nach Leningrad, die aufgestoßen werden mußte, wenn die alte Zarenstadt fallen sollte. Schlüsselburg sicherte Leningrad nach Osten.

Mit der 20. ID (mot.) unter GenMaj. Zorn sollte die 126. ID am 6. September angreifen. Der Angriff der beiden KGr. unter Oberst Graf Schwerin, Kdr. IR 76 (mot.), der 20. ID (mot.), und Oberst Harry Hoppe, Kdr. des IR 424 der 126. ID, zielte direkt auf diese Stadt. Von Panzern der 12. PD und Kampffliegerkräften des VIII. FlKorps unterstützt, wurde der Bahndamm von Mga durch die KGr. Hoppe überwunden. Bei Kelkolowo blieb dieser Angriff zunächst liegen. Harry Hoppe, der alte Offizier der Reichswehrzeit, gleichzeitig Draufgänger und kühler Taktiker, sollte den entscheidenden Angriff führen. Als er liegenblieb, befahl GenMaj. Zorn die Panzer von der Gruppe Hoppe zur Gruppe von Schwerin, weil er nicht vom Durchbruch der KGr. Hoppe überzeugt war.

Doch Lt. Leliveld von der 11./IR 424 fand jene schwache Feindstelle, die Lücke im Abwehrriegel, die Hoppe hatte suchen lassen. Er stieß hindurch und meldete Oberst Hoppe, daß die Front aufgerissen sei.

Harry Hoppe befahl den Angriff. Kelkolowo fiel. Das „Gleisdreieck“ der Industriebahn von Gorodok nach Mga und Schlüsselburg fiel ihnen zu. Oberst Hoppe war in seinem Element. Nach dem Stadtplan von Schlüsselburg dirigierte er seine Soldaten, und nachdem die Posseloks 5 und 1 genommen waren, ging es über den „Roten Weg“ zur „Roten Brücke“ weiter.

Als dann am Morgen des 8. September die „Gruppe Schmidt“, bestehend aus dem XXVIII. AK und dem XXXXIX. PzK, Gen. d. PzTr. Schmidt, zum Angriff auf Leningrad antrat, hätte auch Oberst Hoppe antreten müssen. Allerdings waren die Nachrichtenverbindungen zur Division unterbrochen.

In eigener Verantwortung befahl Oberst Hoppe um 6.45 Uhr den Angriff. Schlüsselburg sollte im Handstreich genommen werden, der Newa-Ausfluß sollte erreicht werden.

Mit Angriffsbeginn um 7.30 Uhr wurde der Ostrand der Stadtverteidigung Schlüsselburg durchbrochen. Auf dem Kirchturm von Schlüsselburg wurde um 7.40 Uhr die Reichskriegsflagge gehißt. Nach fast einstündigen Versuchen konnte die Verbindung mit der Division aufgenommen werden.

„Schlüsselburg ist in unserer Hand. Stukas anhalten!“ lautete der erste Funkbericht, der zur Division durchkam. Die Stukas waren bereits unterwegs. Sie erreichten um 8.45 Uhr ihr Ziel. In letzter Sekunde erkannten die Flieger die deutschen Fliegersichttücher und warfen ihre Bomben in die Newa.

Um 10.00 Uhr erreichte auch die KGr. Schwerin Schlüsselburg. Damit war Leningrad abgeriegelt. Die sowjetische Führung versuchte immer wieder, dieses wichtige Bindeglied in der Verteidigung Leningrads zurückzugewinnen. Das IR 424 wurde abgeschnitten, aber es hielt. Generalleutnant Harry Hoppe nach dem Kriege zum Autor:

„Meine Männer wuchsen in diesen Tagen über sich hinaus. Sie schafften das unmöglich Erscheinende und hielten den Sturmversuchen aller Feindangriffe unter Marschall Woroschilow stand. Vom Ladogasee aus versuchten die Rotarmisten uns zu schnappen und von Lipki aus Süden ebenfalls. Aber Schlüsselburg fiel nicht“. (Siehe: Kollatz, Karl: „Generalleutnant Harry Hoppe“ und Briefe an den Autor).

Am 12. September erhielt Harry Hoppe das Ritterkreuz. Der Wehrmachtsbericht hatte bereits am 8. September in einer Sondermeldung bekanntgegeben:

„Schnelle Divisionen des deutschen Heeres, von Kampfverbänden der Luftwaffe hervorragend unterstützt, haben die Newa ostwärts Leningrad in breiter Front erreicht und die Stadt Schlüsselburg am Ladogasee im Sturm genommen. Damit ist der deutsch-finnische Ring um Leningrad geschlossen und die Stadt nunmehr von allen Landwegen abgeriegelt.“ Daß es die KGr. Hoppe war, der die KGr. von Schwerin zur Seite stand, wurde nicht bekanntgegeben. Es sei in diesem Werk nachgetragen.

Der Kampf um den Wolchow

Als General Reinhardt am 16. September den Befehl erhielt, sein XXXXI. Panzerkorps zurückzuziehen, war er zu der Annahme geneigt, einem Feindfunkspruch aufgesessen zu sein. Er rief sofort Generalleutnant Brennecke, den Chef des GenStabes der HGr. Nord, an. Dieser konnte ihm nur mitteilen, daß auch GFM von Leeb in dieser Sache beim OB des Heeres, GFM von Brauchitsch, vorstellig geworden sei, um diesen „hirnrissigen Befehl“ rückgängig zu machen. Aber dieser Befehl komme von Hitler persönlich und sei zu befolgen!

Dies war der Wendepunkt im Nordabschnitt der Ostfront. Damit wurde für die Rote Armee die Grundlage zur Verteidigung von Leningrad geschaffen.

Oberst Hartwig Pohlman, Mitkämpfer im Norden, kommentierte es in seinem Werk über den Wolchowkrieg mit einem Schillerwort:

„Was man von der Minute ausgeschlagen,
bringt keine Ewigkeit zurück."

Hitler hatte von Leningrad genug. Er wolle – so von Loßberg in seinem Werk „Im Wehrmachtsführungsstab" die Verantwortung für die Versorgung der Millionenbevölkerung dieser Stadt nicht übernehmen.

Am 20. September 1941 wurde der Angriff auf Leningrad endgültig eingestellt. Eine Belagerung begann, die weitere 800 Tage lang starke Kräfte des Heeres und der Luftwaffe im Norden der Ostfront band.

Die Rote Armee, die vom Ladogasee bis nach Leningrad mit der 42. und 55. Armee stand, während die 8. Armee im Oranienbaumer Kessel verteidigte, war stark angeschlagen. Nun aber konnte sie sich reorganisieren, während die Leningrader Industrie auf Hochtouren lief.

Die Rote Armee ging am 2. Oktober zum Gegenangriff über und versuchte bis zum 10. Oktober bei Urizk und Peterhof, die Landverbindung zum Oranienbaumer Kessel herzustellen.

Am 21. Oktober begann ihr Angriff an der Newa. Hier wurde die 96. ID schwer angeschlagen.

Fallschirmjäger an der Newa

Im Lufttransport wurden nun Fallschirmjäger der 7. Fliegerdivision (Tarnname für die 1. Fallschirmjägerdivision) diesem Kampfabschnitt zugeführt. Kurz darauf auch die 1. Ostpreußische ID. Die Fallschirmjäger, zum größten Teil aus der Hitze Kretas nach Deutschland zurückversetzt, erlebten an der Newa ihren Opfergang, der selbst das verlustreiche Kreta überstieg. Hier starb im Kampf auch Edgar Stentzler, Kommandeur des II./Fallschirmjäger-Sturmregiments, am 20. Oktober 1941 an der am Vortage erlittenen Verwundung.

Es waren die Fallschirmjäger-Regimenter 1 und 3, das FschPiBatl., die FschArt-Abt., die Panzerjäger- und Sanitätsabteilung.

Einzeln wurden diese Verbände eingesetzt, und erst Ende Oktober hatte GenMaj. Petersen, der neue Kdr. der 7. FlDiv, alle Verbände geschlossen wieder unter seinem Kommando.

Bis zum 17. November hatten die Fallschirmjäger in den 46 Tagen ihres Einsatzes vor Leningrad 146 (!) Angriffe abzuweisen.

Der Brückenkopf Wyborskaja hatte wochenlang ständigen Angriffen standzuhalten. Hier verteidigte das III./FJR 3 und gab keinen Meter Boden preis.

In der Eishölle an der Newa führte Bruno Bräuer, soeben zum Generalmajor befördert, das FJR 1. Darin das III. Bataillon unter dem Kommando von Major Karl-Lother Schulz, dem Kämpfer von Rotterdam und Heraklion.

„Der russische Gegner war sehr stark, aber als Einzelkämpfer war er meinen Fallschirmjägern nicht gewachsen", erklärte GenMaj. a. D. Schulz dem Autor bei einer der Besprechungen über den Osteinsatz der deutschen Fallschirmtruppe.

Am 19. November wurde die 7. Fliegerdivision aus dem Befehlsbereich der 16. Armee entlassen. Sie hatte nach den Worten von GenOberst Busch „einen Kampfwert bewiesen, dem höchste Anerkennung zukommt."

Diese lobenden Worte trösteten nicht darüber hinweg, daß die Fallschirmtruppe im Erdkampf „verheizt" worden war. Über 3000 Fallschirmjäger waren hier gefallen oder verwundet. Sie hatten Kreta überstanden, um in den verschneiten Wäldern an der Newa zu verbluten.

Andere Fallschirmjägerverbände sollten vor allem im Jahre 1942 in der Sowjetunion eingesetzt werden, doch darüber später mehr. Zurück zu den Kämpfen im Nordabschnitt der Ostfront:

Weiterer Einsatz am Wolchow

Die Nordgruppe der 16. Armee erhielt im Oktober die Aufgabe zugewiesen, die Belagerung von Leningrad nach Osten und Nordosten abzuschirmen. Daraus erwuchsen wenig später die erbitterten Wolchowkämpfe. Die deutschen Kräfte im Wolchowraum stellten sich am 15. Oktober 1941 folgendermaßen dar:

Ostwärts Luga und Tosno bis an die Newa verlief die Grenzlinie zwischen der 16. und 18. Armee. Die Aufgaben der 16. Armee, die mit „Kampfführung ostwärts des Ilmensees in Richtung auf die Waldai-Höhen, ferner Herstellung der Verbindung zur HGr. Mitte" umrissen worden waren, konnten von den abgekämpften Kräften der 16. Armee nicht erfüllt werden. An Zuführung für die Ablösung der Panzer erhielt die 16. Armee um den 10. Oktober herum die 250. (spanische) ID unter General Muñoz-Grandes. Diese Truppe trug deutsche Uniformen und wurde wegen der blauen Falangistenhemden auch „Blaue Division" genannt.

Sie sollte vom Oktober 1941 an zwei volle Jahre in diesem Raume kämpfen und sterben. Die Front der 16. Armee wurde von folgenden Verbänden am Wolchow gehalten:

250. (spanische) ID und 126. ID (ohne IR 424): zwischen Nowgorod und Tschudowo. 21. und 11. ID: Im Vormarsch über Kirischi nach Norden. Gruppe Tomaschki: Sicherung der Bahnlinie Kirischi – Pogostje – Mga.

254. und 227. ID: Verteidigung der Ostfront des sogenannten Flaschenhalses.

IR 424: Halten am Ladogasee bei Schlüsselburg

7. Fliegerdivision, 1. und 96. ID: Verteidigung der Newafront.

18. und 20. ID (mot.): Versammlung im Raume Tschudowo – Nowgorod.

8. und 12. PD: Aus verschiedenen Frontabschnitten herausgelöst und im Marsch auf den Raum Tschudowo – Nowgorod.

Die Leningradfront, die von der 18. Armee gehalten wurde, war wie folgt besetzt:
121. und 122. ID, SS-Polizeidivision, 269. und 58. ID: An der Leningradfront von der Tosnamündung bis nach Urizk an der Kronstädter Bucht.

XXVI. AK mit der 291., 93. und 217. ID: Einschließungsfront um den Oranienburger Kessel.

212. ID: Zur Verfügung der 18. Armee südlich Krasnogwardejsk.

2. SS-Infanteriebrigade: Im Raume ostwärts davon.

285. Sicherungsdivision: Sicherung um Luga.

Nördlich von Leningrad hielten finnische Divisionen die alte Grenze von 1939 besetzt. Sie lehnten ihre Überschreitung und das Eingreifen in den Kampf um Leningrad ab. (Siehe: Kartenskizze: Lage im Nordabschnitt der Ostfront Winter 1942).

Während die HGr. Mitte gerade die Kesselschlacht von Wjasma und Brjansk schlug, die HGr. Süd die Kesselschlacht am Asowschen Meer erfolgreich beendete und in Richtung auf Rostow vorstieß, sollte auch am Wolchow zum Angriff nach Osten übergegangen werden. Der Wolchow sollte mit Stoßrichtung Tichwin in breiter Front überwunden werden. Diese Aufgabe wurde dem XXXIX. PzK zugewiesen. Ihr großes Ziel lautete:

„Nach der Gewinnung von Tichwin weiter nach Norden vorstoßen und zwischen Onegasee und Ladogasee Verbindungaufnahme mit den Finnen am Swir.

I. AK: Angriff über Wolchowstroj, Erreichen des Ladogasee-Südufers.

XXXXVIII. AK: Angriff mit begrenztem Ziel über den Wolchow nach Osten zur Abdeckung der Südflanke dieser Operation."

Erst wenn diese Operation gelang, war Leningrad wirklich weiträumig eingekesselt und von jedem Nachschub aus Innerrußland abgeschnitten.

Der in Rußland 1941 ungewöhnlich früh einsetzende Winter, der das teilweise noch immer nicht mit Winterkleidung ausgerüstete Ostheer an den Rand einer Katastrophe führte und Hitlers Unterschätzung der Roten Armee, verbunden mit der Nichtachtung der Tatsache, daß die eigenen Divisionen jetzt nur noch Zwei-Drittel oder gar nur die Hälfte der wirklichen Kampfkraft hatten, täuschten den Obersten Befehlshaber. Die großen Einkreisungsschlachten ließen in ihm die Überzeugung reifen, daß die UdSSR bereits geschlagen sei.

Daß der Vorstoß auf Tichwin nach erbitterten Kämpfen am 9. November zum Erfolg führte, war dem opfervollen Einsatz der 8. und 12. PD des XXXIX. PzK und den beiden Divisionen (mot.) zu verdanken. Es waren denn auch die 18. ID (mot.) und die 12. PD, die das Ziel Tichwin erreichten, während die 8. PD und die 20. ID (mot.) die immer wieder vom Feind berannten Flanken nach Südosten schützten.

Der Angriff am 16. Oktober mit der 126. ID unter GenLt. Paul Laux beiderseits Orelje über den Wolchow auf Malaya Wischera gelang. Am 23. Oktober rollten die Verbände der Division in diese Stadt hinein. Sie konnte gegenüber starkem sowjetischen Druck bis zum 20. November gehalten werden. Dann aber mußte GenLt. Laux, der am 14. Dezember 1941 das Ritterkreuz erhielt, in vierwöchigen Rückzugsgefechten bis zum Wolchow zurückweichen.

Der Feind griff bei Tichwin mit sechs Divisionen die eine dort verteidigende deutsche Division an. Hinzu kam der im November einfallende Winter mit Temperaturen von 40 Grad minus, die im weiteren Verlauf bis zu 50 Grad sinken sollten.

Tichwin mußte trotz der Zuführung der 61. ID im Lufttransport am 9. Dezember aufgegeben werden. Damit war die Verbindung zu den am Swir stehenden Finnen illusorisch geworden. Das XXXIX. PzK kämpfte sich durch meterdicken Schnee bei beißender Kälte auf den Wolchow zurück.

Die HGr. Nord hatte einen schweren Rückschlag erlitten. Fast zur gleichen Zeit, da sich auch bei der HGr. Süd die ersten schweren Rückschläge einstellten.

Die Rote Armee war für einen Winterkrieg hervorragend ausgerüstet. Winteruniformen und Filzstiefel – die „Walinkis" – gehörten ebenso zur Ausrüstung wie Fellmützen und Schneeschuhe. Die Transportgefährte waren Schlitten, die Ketten ihrer Panzer waren breiter als jene der deutschen Kampfwagen.

Damit war die Rote Armee winterbeweglicher als das deutsche Heer. Dies und ihre zahlenmäßige Überlegenheit führte dann auch im Nordabschnitt der Ostfront immer wieder zur Einschließung deutscher Stützpunkte, die in opfervollen Kämpfen wieder freigeschlagen werden mußten.

Das IR 269 der „Blauen Division" allein verlor von Mitte Oktober bis Mitte Dezember 560 Soldaten bei Nowgorod und am Ilmensee.

Mit der Zurücknahme des XXXIX. PzK unter General von Arnim Mitte Dezember 1941 wurde das Ende des Feldzuges des Jahres 1941 im Nordabschnitt eingeläutet.

In den Spitzengliederungen des Heeres fanden jene Veränderungen statt, die sich ebenfalls negativ auswirkten. Der OB des Heeres, GFM von Brauchitsch, erbat und erhielt seinen Abschied. Hitler übernahm den Oberbefehl des Heeres und sollte ihn bis zum Schluß des Zweiten Weltkrieges behalten.

GFM Ritter von Leeb wurde in die Wüste geschickt. Am 18. Januar 1942 übernahm GenOberst von Küchler die HGr. Nord.

Gen. d. Kav. Lindemann übernahm die Führung der 18. Armee.

Der Vorstoß über den Wolchow auf Tichwin bis fast zur Wolchowmündung in den Ladogasee schlug nun zurück und erreichte schließlich die Ausgangsstellungen vom Oktober.

Der Feind hatte – das war einhellige Meinung der Truppenführer – das Gesetz des Handelns an sich gerissen. Dazu hatte er zwischen Ilmensee und der karelischen Landenge ein Fünftel der Roten Armee eingesetzt.

LUFTWAFFE ÜBER RUSSLAND 1941

Die Aufgabe der Luftwaffe

Die Aufgabe der deutschen Luftwaffe für den Ostfeldzug lautete: „Vernichtung der sowjetischen Luftwaffe auf dem Boden und in der Luft. Unterstützung der Heerestruppen direkter und indirekter Art."

Dafür wurde der Luftwaffenaufmarsch jenem des Heeres angeschlossen; er stand in Übereinstimmung mit den strategischen Zielen des Heeres.

Der HGr. Nord wurde die Luftflotte 1 zugeführt, ihr wurde später die Luftflotte 5 für den Raum Norwegen beigegeben.

In der Heeresgruppe Mitte stand die Luftflotte 2.

Das Aufmarschgebiet der Luftwaffe dehnte sich hinter der deutschen Front in einer Breite von annähernd 1 600 Kilometer aus. Sie lag damit der sowjetischen Front gegenüber, die von Leningrad bis nach Sewastopol reichte und eine Ausdehnung von 2 400 Kilometer hatte. Hinzu kam die Karelienfront im Hohen Norden.

Die Aufgabe der Luftflotte 1 lautete: „Unterstützung der Heeresgruppe Nord von Ostpreußen in Richtung zur Dwina und nach Leningrad.

I. Fliegerkorps arbeitet mit der 16. und 18. Armee zusammen und unterstützt das Vorankommen der Panzergruppe 4.

Die Küstenflanke der HGr. Nord sollte durch den Fliegerführer Ostsee gesichert werden."

Die Verbände der Luftflotte 1 waren:

Luftflotte 1: Generaloberst Keller
Gefechtsstand: Norkitten bei Insterburg
Direkt unterstellt: 2.(F)/Ob d. L. mit Do 215 B
KGr. z. b. V. 100 mit Ju 52 3M GE
I. Fliegerkorps: General der Flieger Förster
KG 1 mit Ju 88 A5 in Ostpreußen
KG 76 mit Ju 88 A5 Ostpreußen
KG 77 mit mit Ju 88 A5 Ostpreußen
II./JG 54 mit Bf 109 E in Trakehnen
I./JG 54 mit Bf 109 E in Blumenfeld
III./JG 54 mit Bf 109 E in Lindenthal
ErgGr. JG 54 mit Bf 109 E in Neukuhren
II./JG 53 mit Bf 109 E in Neusiedel
AufklGr. (F) 122 mit Ju 88 D-2 in Ostpreußen

VIII: Fliegerkorps: General der Flieger von Richthofen
KG 2 mit Do 17 Z 2
StG 1 mit Ju 87 D
StG 2 mit Ju 87 D
JG 27 mit Bf 109 E in Sobolewo (Stab)
II. (JG 27 mit Bf 109 F in Berznicki
III./JG 27 mit Bf 109 F in Sobolewo
II./JG 52 mit Bf 109 F in Sobolewo
III./JG 52 mit Bf 109 F in Sobolewo
Stab ZG 26 mit Bf 110 E in Suwalki
I./ZG 26 mit Bf 110 E in Suwalki
II./ZG 26 mit Bf 110 E in Suwalki
KGr. z. b. V. 1 mit Ju 52-3 M GE in Suwalki
FernaufklGr. 11 mit Do 17 P-2 in Suwalki

Luftflotte 5: Generaloberst Stumpff direkt unterstellt:
KGr. z. b. V. mit Ju 52 3M GE 7 in Oslo
Fliegerführer Kirkenes: Oberst Holle
5./KG 30 mit Ju 88 A5 in Kirkenes
13./JG 77 mit Bf 109 T in Kirkenes
14./KG 77 mit Bf 109 E in Kirkenes
2./ZG 76 mit Bf 110 D in Kirkenes
1 Schwarm/ZG 76 mit Bf 110 D in Kirkenes
1 AufklGr. (F) mit Ju 88 D-2 in Kirkenes
Fliegerführer Ostsee: Oberst Wild
KFlGr. 806 mit Ju 88 A-5
AufklGr. 125 (See)

Eine Reihe Aufklärungsstaffeln waren der HGr. Nord direkt unterstellt. Ebenso wurden der 16. und 18. Armee wie der PzGr. 4, dem Armeeoberkommando 20, den Panzer- und Infanteriekorps und den Panzerdivisonen Aufklärungsstaffeln unterstellt.

Die Luftflotte 2 unter Generalfeldmarschall Albert Kesselring war mit ihrem Stab und dem HQ in einer Sportschule in Warschau-Bielany untergebracht. Ihr standen das VIII. Fliegerkorps und das II. Fliegerkorps zur Verfügung. Während letzteres auf der rechten Flanke der HGr. Mitte die 4. Armee und, falls notwendig, auch die PzGr. 2 unterstützen sollte, war das VIII. FlK auf Zusammenwirken mit der 9. Armee angewiesen, um im Notfall auch den Vorwärtsschwung der PzGr. 3 zu verstärken. Diese Luftflotte war besonders stark besetzt, weil der Mittelabschnitt der entscheidende Punkt der gesamten Ostfront sein sollte. Die Angriffsbreite des Stoßkeils betrug 297 Kilometer, die Entfernung bis nach Moskau 1088 Kilometer.

Der Durchbruch durch die Grenzbefestigungen sollte vom I. Flakkorps mit seinen Schnellfeuerwaffen unterstützt werden. Für die Schaffung der verschiedenen

Bodenorganisationen standen die Stäbe der Luftgaukommandos 2 und 20 zur Verfügung.

Hier die Auflistung der Verbände der Luftflotte 2:

Luftflotte 2: Generalfeldmarschall Kesselring.
Gefechtsstand: Warschau-Bielany
Direkt unterstellt:
AufklGr. (F) 122 mit Ju 88 D-2
JG 53 (I. Gr. und Stab) mit Bf 109 F in Krczewicz
IV./JG 51 mit Bf 109 F in Krczewicz

II. Fliegerkorps: General der Flieger Loerzer
KG 3 mit Ju 88 A-5 in Polen
KG 53 mit He 111 H-6 in Warschau
StG 77 mit Ju 87 D in Polen
JG 51 mit Bf 109 F in Siedlce Halasy
SKG 210 mit Bf 110 C im Radzyn

VIII. Fliegerkorps: General der Flieger von Richthofen
StG 1 mit Ju 87 D
StG 2 mit Ju 87 D
ZG 26 mit Bf 110 E
IV./KG z. b. V. 1

Auch den Heeresverbänden der HGr. Mitte waren im gleichen Maß wie der HGr. Nord Aufklärungsstaffeln zugeführt worden, um voraus aufklären und die Operationen des Heeres leiten zu können.

Der HGr. Süd wurde die Luftflotte 4 unter Generaloberst Löhr zugeführt. Damit stand sie von Südpolen bis nach Rumänien zum Angriff bereit. Es war vorgesehen, daß das IV. Fliegerkorps der 11. Armee und der 3. und 4. rum. Armee Hilfe und Unterstützung leisten sollte.

Das V. Fliegerkorps wiederum stand in seinen Horsten bei Krakau bereit. Bis zum Angriffsziel Rostow am Don waren es 1490 Kilometer. Für die Bodenorganisationen waren die Luftgaukommandos XVII. Wien und VIII. Breslau verantwortlich.

Hinzu kam die Luftwaffenmission Rumänien, deren Aufgabe es sein würde, die Organisation und Führung der Verteidigungsmaßnahmen für die rumänischen Erdölgebiete sicherzustellen.

Darüber hinaus sollte sie die rumänische Fliegerwaffe reorganisieren und den Aufbau der Bodenorganisationen auf rumänischem Gebiet sicherstellen. Der HGr. Süd standen für alle Aufgaben folgende Verbände zur Verfügung:

Luftflotte 4: Generaloberst Löhr
Gefechtsstand: Rzesow
Direkt unterstellt:
AufKlGr. (F) 122 mit Ju 88 D-2
KGr. z. b. V. 50 mit Ju 52 3M GE 7
JG 52 (Stab und III. Gruppe) mit Bf 109 F in Pipera

V. Fliegerkorps: General der Flieger Ritter von Greim
KG 51 mit Ju 88 A-4 in Krosno
KG 54 mit Ju 88 A-5 in Krosno
KG 55 mit He 111 H-6 in Lublin
JG 3 mit Bf 109 F in Hostynne (Stab) in Moderowka (I. und III. Gr.)
4./AufKlGr. 121 mit Ju 88 D-2 in Moderowka

IV. Fliegerkorps: General der Flieger Pflugbeil
KG 27 mit He 111 H-6 in Rumänien
JG 77 mit Bf 109 F in Bacau und Roman
AufKlGr. (F) mit Ju 88 D-2 in Rumänien.

Der HGr. direkt unterstellt waren 23 Aufklärungsstaffeln.

Der Erstschlag

Etwa 40 Minuten vor Eröffnung des Ostfeldzuges mußten alle Kampffliegerverbände der drei HGr. gleichzeitig einen Erstschlag führen, um das Gros der Roten Fliegerwaffe am Boden zu vernichten.

Bei der HGr. Mitte wurden im Nachtflug ausgebildete Besatzungen der KG 2, 3 und 53 eingesetzt. Sie befanden sich mit Beginn des Artillerie-Feuerschlages über der sowjetischen Front. Hinzu kamen Flugzeuge des ZG 26, die bereits um 2.50 Uhr jenseites der sowjetischen Grenze operierten. Die 5./ZG 26 bombte den Jägerplatz Alytus. Hier wurden fast alle Jagdflugzeuge zerstört. Hptm. Hans Hahn, Gruppenkommandeur des JG 3, berichtete vom Einsatz seiner Gruppe an diesem Morgen:

„Wir trauten unseren Augen nicht. Alle Rollfelder waren dicht voller Aufklärer, Bomber und Jäger wie zur Parade in langen Bahnen aufgestellt."

So wurden die Plätze der Roten Luftwaffe Sambor, Strij und Dobromil gebombt und mit Bordwaffen beschossen.

OFw. Oljenik erzielte den ersten Abschuß des Ostfeldzuges, als es um 3.40 Uhr eine I 16 abschoß. Erfolgreichster Flieger dieses ersten Einsatztages gegen die „Roten Falken" war Hptm. Wilcke von der III./JG 3, der binnen 20 Minuten drei

I 15 im Luftkampf abschoß. Diese Jagdgruppe erzielte allein am 22. Juni 36 Abschüsse und vernichtete 28 weitere Feindflugzeuge am Boden.

Bei einem der ersten Luftkämpfe über Grodno schoß Major Schnellmann, Kommodore des JG 2, „Richthofen", eine Rata ab. Ein Teil der explodierenden Maschine traf die Bf 109 des Kommodore, diese geriet ins Trudeln. Major Schnellmann mußte mit dem Fallschirm abspringen. Er wurde von den Sowjets in Ketten gelegt, abgeführt und wahrscheinlich erschossen.

Uffz. Pfeiffer fand man nach seinem Absprung mit dem Fallschirm später ermordet auf.

Am ersten Kampftag griffen deutsche Kampf- und Sturzkampfflugzeuge die Räume Kowno, Kiew, Shitomir, Sewastopol, Murmansk und Odessa an.

Die I./SKG 210 unter Major Storp brachte es auf 100 Feindflüge am ersten Tag. Einige Besatzungen starteten sechsmal. Nach eigenen Meldungen zerstörten sie bei ihren Angriffen auf insgesamt 14 Flugplätzen 344 feindliche Flugzeuge am Boden. Acht Flieger wurden abgeschossen.

Sowohl das KG 54 als auch das JG 51 unter Oberst Werner Mölders griffen neben Flugplätzen auch Ziele wie Fahrzeugkolonnen auf den Nachschubstraßen der Sowjets an. Das KG 51 wiederum, das von seinen 105 Flugzeugen am ersten Kampftag 91 einsatzbereit meldete, konnte auf den von ihm angegriffenen Flugplätzen etwa 100 Maschinen vernichten. Das Geschwader flog an diesem 22. Juni drei Großeinsätze. Als Oberstleutnant Schulz-Heym am Abend dieses Tages die Bilanz zog, mußte er 15 Besatzungen mit 60 erfahreren Fliegern abschreiben, die vom Feindflug nicht zurückgekehrt waren: Oblt. Wenchowski, Kapitän der 5. Staffel, fiel.

Auch die Besatzungen des KG 55 saßen am frühen Morgen in Bereitschaft in ihren Maschinen. Als das Stichwort „Haudegen an Ostmark" durchgegeben wurde, ließ Oberstleutnant Koschwies starten. 88 He 111 H-4 und H-6 flogen ihren Zielen Lemberg und Kiew entgegen, weil man dort das HQ der Armee Budjonnyj vermutete. Beide Plätze wurden mit Bomben belegt, Flugzeughallen und Unterkünfte wurden in Brand geworfen. Als im Zuge der Schlacht um Lemberg sowjetische Panzer aus dem Wald von Brody-Leszniow hervorbrachen und dem deutschen Vorstoß in die Flanke rollten, griffen auch hier Teile des KG 55 an und zerschlugen diesen Verband durch mehrere Tiefangriffe.

Nach den Bombern und Zerstörern starteten die Jägerverbände. Die I./JG 3 unter Hptm. Hahn griff den Flugplatz Lemberg an. 21 Feindflugzeuge wurden im Tiefangriff vernichtet. In Stanislau verlor der Gegner 36 Kampf- und Jagdflugzeuge. Im Bereich der HGr. Süd beliefen sich die sowjetischen Flugzeugverluste auf insgesamt 277 Maschinen.

Unter den 440 deutschen Jagdflugzeugen, die diesen Erstschlag mitflogen, befanden sich auch Maschinen des JG 54. Als gegen Mittag des ersten Kampftages sowjetische Bomber und Schlachtflugzeuge die deutschen Flugplätze angriffen, wurden sie größtenteils abgeschossen. Uffz. Tegtmeier von der I./JG 54 schoß seinen ersten Gegner ab. Major Trautloft führte sein Geschwader zu großen Erfolgen.

Die ersten Moskauer Reaktionen

Am frühen Morgen des 22. Juni hatten Generaloberst Kirponos über Funk Warnmeldungen an die Armeen, Korps und Divisionen absetzen lassen: „Einem Überraschungsangriff der Deutschen ist mit allen zur Verfügung stehenden Kräften zu begegnen."

Um 7.15 Uhr erteilte das sowjetische AOK 8 seinen Luftstreitkräften folgenden Befehl: „Mit mächtigen Angriffen der Bomber- und Schlachtfliegerverbände ist die deutsche Luftwaffe auf ihren eigenen Plätzen zu zerstören, sind die Hauptgruppierungen der Landtruppen durch Bombenangriff zu vernichten. Die Luftangriffe sind in die Tiefe des deutschen Territoriums bis 150 Kilometer weit zu richten. Königsberg und Memel sind durch Bomben zu zerstören."

Ebenso wie der OB der 8. Armee hatten auch andere Armeeoberbefehlshaber den Angriff der ihnen unterstellten Luftstreitkräfte befohlen. (Die sowjetische Luftwaffe war keine eigenständige Truppe. Erst ab Januar 1942 wurden die ersten selbständigen Luftarmeen aufgestellt).

Die Staffeln sowjetischer Bomber, die diesem Befehl nachkommen konnten, griffen am Vormittag auch den Flugplatz Podleska Biala an. Die dort liegenden deutschen Jäger unternahmen Alarmstarts und schossen alle sechs Angreifer ab. Eine weitere Staffel von zwölf Bombern der Roten Luftwaffe griffen am Nachmittag des 22. Juni eine deutsche Kolonne an, dabei auch Generaloberst Heinz Guderian in seinem Befehlswagen. Jäger des JG 51 griffen sofort in den Kampf ein und schossen alle zwölf ab. Bei Grodno erzielten die sowjetischen Flieger in den dort stattfindenden Luftduellen die ersten Abschußerfolge.

Am zweiten Tag des Ostfeldzuges befahl die sowjetische Regierung die Bildung eines Oberkommandos der sowjetischen Streitkräfte – STAWKA. Chef dieses Stabes wurde Marschall Timoschenko, sein Stellvertreter Armeegeneral Shukow.

Auch in den kommenden Tagen gelang es nur wenigen sowjetischen Piloten, Erfolge zu erzielen. Aus Bialystok und Brest Litowsk ebenso wie aus Cholm startend, kamen sie zu ersten Bombenabwürfen auf deutsche Fliegerhorste und Truppenansammlungen. Stets aber wurden sie von deutschen Jägern erfaßt, gejagt und teilweise abgeschossen.

Die Meldungen von den Einsätzen und Erfolgen der deutschen Kampf- und Jagdverbände wurden insgeheim selbst von Reichsmarschall Göring angezweifelt. Daß es der ersten Welle von 637 Stukas und Kampfflugzeugen sowie 231 Jägern gelungen sein sollte, derartige Erfolge zu erzielen, erschien unvorstellbar. Am 29. Juni konnte die Luftwaffe dem OKW melden, daß insgesamt 4017 sowjetische Flugzeuge am Boden und in der Luft zerstört worden waren. Dies bei einem Verlust von 15 Maschinen der Jagdwaffe. Die Verluste der Luftwaffe insgesamt in dieser ersten Woche wurden von Göring mit 179 Maschinen angegeben.

Eines allerdings war auch nach diesen ersten Wochen deutlich geworden: Die angenommene Anzahl sowjetischer Flugzeuge, die um 6000 schwankte, war nicht richtig. Es mußte mit mindestens 8000 Flugzeugen gerechnet werden, wenn es nicht gar 10 000 waren.

Als sich das gebombte Gebiet der ersten Tage in deutscher Hand befand, ließ Reichsmarschall Göring die Zahl der am Boden zerstörten Flugzeuge nachzählen. Anstatt der 2500 dieser ersten drei Tage waren es deren 2700.

Die Operation des deutschen Heeres wäre auf keinen Fall so rasch vorangeschritten, wenn die Luftwaffe nicht für diesen furiosen Auftakt gesorgt hätte.

Nach diesen Schlägen blieb die Luftwaffe des Gegners in den ersten Monaten des Feldzuges 1941 erfolglos, weil ihre Verbände beinahe restlos zerschlagen waren. Dennoch muß gesagt werden, daß die völlige Zerschlagung der sowjetischen Luftstreitkräfte eine Illusion war. Im Hinterland standen der Roten Armee noch einige Tausend Flugzeuge auf bisher nicht angegriffenen Plätzen zur Verfügung.

Nun hätte die Luftwaffe mit dem Vordringen des Heeres und damit der Vorverlegung der Startplätze weiterhin mit aller Kraft die sowjetischen Flugbasen angreifen und zerschlagen müssen. Stattdessen aber wurde sie mit ihrer zweiten Mission – direkte Unterstützung des Heeres – mehr und mehr beauftragt, so daß für die Hauptaufgabe keine Maschinen mehr verfügbar waren.

Vor allem hätte es zu geballten Angriffen gegen die sowjetische Flugzeugindustrie kommen müssen. Dies war wegen der geringen Reichweiten der deutschen Kampfflugzeuge und dem Mangel an Fernbombern nicht möglich.

Das gleiche gilt für alle anderen Großfabriken der sowjetischen Rüstungsindustrie, vor allem der Panzerfabriken.

Als dann die benötigten Startbahnen zur Verfügung standen, die es auch mittleren (zweimotorigen) Bombern erlaubt hätte, diese Ziele zu erreichen, waren keine ausreichenden Kampffliegerkräfte und keine Langstreckenjäger zur Luftsicherung mehr vorhanden.

Dieses Unvermögen, die sowjetischen Zentren der Luftfahrtindustrie anzugreifen, erlaubte es den nicht zerstörten Fabriken der UdSSR, die enormen Verluste der ersten Kriegswochen wieder auszugleichen und sogar zu übertreffen.

Es war bereits zu dieser Zeit klar, daß die deutsche Luftwaffe ihre beiden ihr zugeteilten Aufgaben nicht gleichzeitig erfüllen konnte. Weder die Erzwingung der Luftherrschaft noch die hundertprozentige Unterstützung der Bodentruppen war zu erreichen. Die deutschen Luftstreitkräfte im Osten waren viel zu schwach, um in diesem wahrhaft gigantischen Luftraum auch nur annähernd präsent zu sein.

Die Angriffe bei der Luftflotte 4

Im Kampfraum der HGr. Süd war die Luftflotte 4 mit ihren beiden Fliegerkorps vom ersten Tag an in vollem Einsatz. Auch sie konnte den Gegner durch starke, überraschende Schläge an den Rand des Abgrunds bringen. Das Generalkommando der 6. Sowjetarmee, das in Gefangenschaft geraten war, meinte dazu:

„Unsere Verluste in der Luft während der ersten Tage waren schrecklich. Davon wird sich unsere Luftwaffe nie mehr erholen."

Vom 22. bis zum 25. Juni griff das V. FlK Nikolajew an. Hinzu kamen die 62 durch die Luftaufklärung entdeckten Flugfelder in den Räumen Kiew, Stanislaw und Odessa. Nach den Angriffen auf diesen Luftgegner unterstützten beide Fliegerkorps die Heerestruppen. Das auf dem linken Flügel der HGr. Süd eingesetzte V. FlK meldete am 4. Juli: „Im Kampf gegen die Sowjetunion zerstörte das V. Fliegerkorps vom 22. Juni bis zum 3. Juli mehr als 1000 Feindflugzeuge am Boden."

Mehr als 200 feindliche Flugzeuge wurden in diesem Luftraum allein am 30. Juni von deutschen Jägern und Zerstörern abgeschossen.

Das OKL meldete in seinem Situationsbericht für den Führer:

„Die Luftflotte 4 hat vom 22. bis 30. Juni während ihrer Unterstützungsflüge für die Heeresgruppen 201 Panzer, 27 Bunker und zwei schwere Festungsanlagen zerstört."

Laufende Luftaufklärung über dem Schwarzen Meer brachten die Lokalisierung der sowjetischen Schwarzmeerflotte. Die meisten der Großkampfschiffe befanden sich noch im Hafen von Sewastopol. Im Hafen von Odessa wurden starke Handelsschiffsansammlungen entdeckt. In einer Sonderaktion verminte das IV. Fliegerkorps wiederholt die Häfen Odessa, Sewastopol und Nikolajew.

Der Kampfraum von Uman, wo sich ein neuer Kessel bildete, wurde von den deutschen Kampfflugzeugen erreicht. Über diesem Gebiet wurden 157 Flugzeuge des Gegners abgeschossen. An mehreren Stellen des Kessels wurden sowjetische Ausbruchsversuche vereitelt. 420 Motorfahrzeuge und 58 Panzer wurden vernichtet, 22 Artillerie-Batterien außer Gefecht gesetzt. Es war hier das V. FlK, das dem Heer erfolgreich half, den Kessel dicht zu halten und den Gegner gefangenzusetzen.

Feindflüge eines Kampfgeschwaders gegen Moskau, Orel und Tula

Am 21. Juni sprach GFM Albert Kesselring auf dem Gefechtsstand des KG 27 „Boelke" zur versammelten neugebildeten II. Gruppe dieses Geschwaders. Der OB der Luftflotte 2 führte unter anderem aus:

„Ihr seid ungewöhnlich harte Einsätze gegen England geflogen. An Euren Auszeichnungen kann ich erkennen, daß Ihr alle altbeschossene Hasen seid. Über England habt Ihr es immer wieder mit Nachtjägern, starker Flak und Sperrballonen zu tun gehabt.

Diese werdet Ihr hier nicht erleben. Dies alles hat die Rote Luftwaffe kaum. Jetzt sollt Ihre einige Einsätze gegen Moskau fliegen. In vier Wochen ist die Wehrmacht in der Hauptstadt der Sowjetunion, und in fünf Wochen wird auch Leningrad unser sein. Ihr müßt heute Abend nicht in so großer Höhe angreifen, wie Ihr dies von England aus gewöhnt sein. Es wird ein kleiner Spaziergang für Euch alle.

Meine Herrn Staffelkapitäne, halten Sie nun Ihre Einsatzbesprechungen!"

Das war Kesselrings Art, seine Flieger aufzumuntern. Hinzu kam, daß die deutsche Führung noch nicht über den Schutzring der Roten Luftwaffe um ihre Hauptstadt informiert war.

Zu diesem ersten Einsatz wieder einmal mehr einer jener Flugzeugführer, der auch über London mit dabei war: Ludwig Havighorst:

„Wir sollten das Ziel in 1500 m Höhe anfliegen. Als unser Staffelkapitän dies zum Besten gab, sahen wir uns verblüfft an. Vielleicht waren wir auch erschrocken. Man konnte doch überhaupt nicht bei einer Beladung mit 2000 kg Bomben und 4000 Liter Treibstoff, den wir für diesen Langstreckenflug benötigten, in dieser niedrigen Höhe fliegen. Wenn in dieser Höhenlage auch nur ein Motor ausfiel, dann war die Maschine und mit ihr die gesamte Besatzung vernichtet, am Boden zerschellt, bevor die Bomben im Notwurf geworfen werden könnten.

Wir widersprachen zwar nicht, aber jeder Flugzeugführer war sicher, daß er nicht in dieser Höhe fliegen würde.

Von Terespol aus starteten an diesem Abend alle Maschinen der Staffel. Ich nahm es auf meine Kappe und befahl eine Flughöhe von 4000 m. Bei Smolensk überflogen wir die Front. Die Stadt brannte. Sie war am vorangegangenen Tage in deutsche Hand gefallen, und niemand wußte, daß um diese Stadt noch erbitterte Kämpfe ausgetragen werden würden.

Wir befanden uns bald im aufgestiegenen Dunst dieser Brände. Rasch stießen wir hindurch. Wenig später sichteten wir unter uns die Rollbahn Smolensk – Moskau, die sich wie ein weißer Strich durch die Landschaft zog und gut zu erkennen war.

Sehr bald leuchteten die ersten Scheinwerferbündel auf. Dann waren es 20, und schon eröffnete die Flak das Feuer. Wir hatten über London bereits beachtlichen Feuerzauber erlebt, doch dies übertraf alles bisher Dagewesene. Ich konnte die Flakbatterien schon nicht mehr zählen und zeichnete sie und die Scheinwerferstellungen in meine Karte ein, die bald dicht vollgekrizelt war.

Als wir uns zum Bombenwurf fertigmachten, sahen wir tief unter uns die Ju 88, die bereits im Sturzflug warfen. Einige Staffeln mußten bereits geworfen haben, denn an mehreren Stellen flackerten Brände auf.

Gerade als ich mich zum Bombenwurf fertigmachte, rief mein Bordfunker: ‚Achtung! – Sperrballone links!‘

Ich hatte bereits eine spitze Bemerkung auf der Zunge, daß er brav weiterträumen möge, als ich sie ebenfalls sah. Es war nicht zu glauben: In England waren ab 2200 m Flughöhe keine Sperrballone mehr zu sehen. Hier tummelten sie sich in doppelter Höhe.

Wir umkurvten die Sperre, ich hatte das Ziel im Visier und warf die Bomben. ‚Geh noch 500 Meter höher!‘ befahl ich unserem Luftkutscher. Langsam gingen wir höher. Der Funker setzte bereits den Erfolgsspruch neben der Warnung vor Sperrballonen in 4500 m Höhe ab, als wir in eine weite Linkskurve drehten.

Wir sahen die Wirkung unserer Bomben. Dazwischen der Warnruf unseres Funkers: ‚Jäger von oben rechts!' Schon ratterten auch unsere MG's los. Funker und Bordmechaniker schossen gleichzeitig, als sich der Jäger hinter uns setzte. Die Salven lagen genau im Ziel. Ein roter Punkt glühte dort auf, wurde schnell größer, und dann prasselte der Verfolger in einer wüsten Explosion auseinander. Brennend stürzten die Trümmer in die Tiefe. Auf dem ersten Feindflug in Rußland hatte wir den ersten Jäger abgeschossen.

Mit dem letzten Tropfen Teibstoff erreichten wir unseren Horst in Terespol."

Soweit der direkte Bericht, der mehr sagt, als alle KTB-Aufzeichnungen.

Am 8. Juli befahl Hitler, Moskau und Leningrad nicht zu erobern, sondern diese Städte durch die Luftwaffe dem Boden gleichzumachen. Dazu sollte die Luftflotte 2 alle verfügbaren Fliegerkräfte freimachen.

Doch nun hatte sich die Rote Luftwaffe etwas gefangen. Über Smolensk verteidigten 339 Kampf- und Jagdflugzeuge der Sowjets unter Oberst Naumenko. Um diesen begegnen zu können, wurden die Staffeln der Kampfgeschwader 3, 53, 54 und 55, die KGr. 100 und die III./KG 26 zusammengefaßt, um den ersten Großangriff gegen Moskau zu fliegen, der gleichzeitig mit dem geschilderten Angriff am 21. Juli stattfand. Es kamen allerdings nur 127 Flugzeuge zusammen, die den ersten Großangriff auf die sowjetische Metropole flogen.

Im Großraum Moskau, das wurde erst nach dem Kriege bekannt, hatte die sowjetische Führung in Erwartung des deutschen Angriffs 500 (!) Scheinwerferstellungen im Umkreis von 40 Kilometern um die Stadt eingerichtet. Die Moskauer Flak war so dicht plaziert, daß sie Planfeuer schießen konnte.

Am 22. Juli flogen dann aber 150 Kampfflugzeuge gegen Moskau. Unter ihnen auch Einheiten des KG 27.

Generalmajor Gromadin hatte nach dem ersten Angriff sofort die Verteidigungskräfte verstärken lassen. Eine Reihe Fliegerregimenter wurden im Eilflug dorthin beordert. Hinzu kamen eine Reihe Flakbatterien.

Am 23. Juli wurde Moskau erneut angegriffen. Nun wurde auch offiziell in 4500 m Höhe geflogen. Der Erfolg war groß, und in der russischen Hauptstadt war man besorgt, wie lange die Menschen dieses Bombardement überstehen würden, ohne zu meutern.

Am 28. Juli wurden die ersten auf den Feldflugplätzen eingetroffenen 1000-Kilo-Bomben an Bord genommmen. Jede Maschine nahm zwei dieser mächtigen Kolosse auf. Hinzu kamen 4000 Liter Treibstoff.

Diesmal hatte die Staffel, der OFw. Havighorst angehörte, ein Flugzeugwerk am Stadtrand anzugreifen.

„Als wir genau über dem Ziel waren, rauschten die schweren Koffer der Erde entgegen. Sie fielen direkt in die Fertigungshallen und ließen diese aufbrennen. Flammen stoben in den Explosionskaskaden empor. Es gab keine Feindjäger, aber reichlich Flak. Als unsere Maschine die Nähe des eigenen Horstes erreichte, erhielt

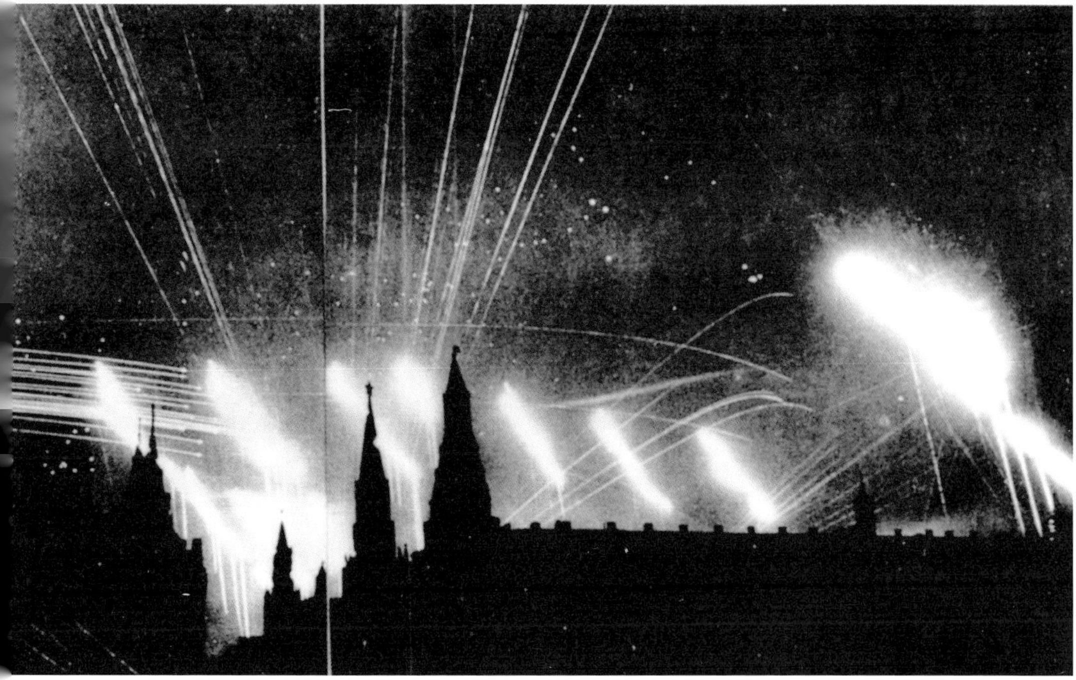

Die Nächte über Moskau. Deutsche Flugzeuge im russischen Flakfeuer.

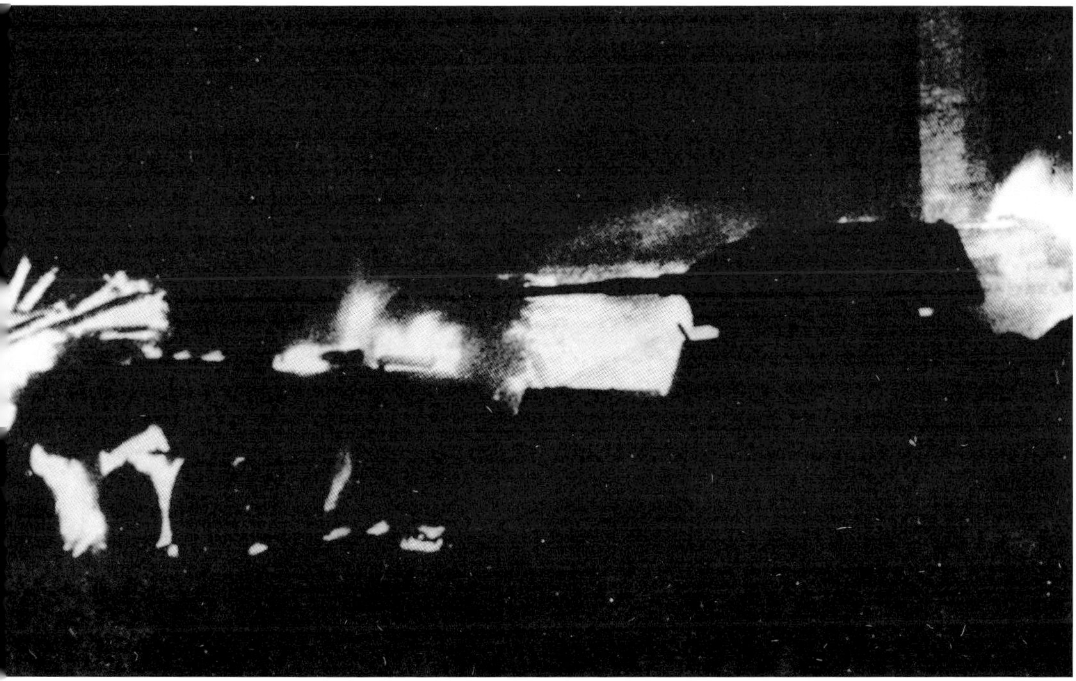

Nachtkampf der Panzer.

Abgeschossener T 34 – einer der stärksten russischen Panzer.

Die Schlammperiode in Russland im Herbst 1941, verwandelte die russischen Wege in glitschigen Morast. Nur noch Kettenfahrzeuge kamen durch, hier ein französisches Beutefahrgestell „Hotchkiss" zum Ziehen von schweren 17cm-Kanonen.

Die Stadt Kiew im Herbst 1941.

Soldaten des XI. sowj. Armeekorps unter General Markow gehen bei Kiew in die Gefangenschaft.

Hauptmann Hans Gradl, Kdr. der I./PR 39, siegte bei Briansk. Ritterkreuz am 15. November 1941.

Volltreffer auf Feindpanzer durch die Luftwaffe.

Bei Briansk durch die KGr. Gradl zerstörte Feindpanzer.

Das italienische Expeditionskorps zur Parade durch General Giovanni Messe angetreten.

Vorbei„lauf" der Bersaglieri.

Berislawl am Dnjepr wird von einer Spitzengruppe erreicht.

Bunkerknacker nach vorn!

Bereitstellung zum Angriff über den Dnjestr.

Floßsäcke liegen zum Übersetzen bereit.

Ortskampf in Belzy.

Kavallerie setzt über den Pruth.

Der Übergang wird durch Ausschaltung des Gegners am jenseitigen Ufer erzwungen.

Sowjetischer 12-cm-Granatwerfer, die „Kanone des Infanteristen".

Stadtkampf um Simferopol.

Der Dnjepr bei Berislawl und die Übergangsstelle.

Eine deutsche Fahrzeugkolonne wurde an der „Stalin-Linie" zusammengeschossen. Ausgebrannte Wracks, hier mehrere Opel Kadett mit Dresdner Zivilkennzeichen, säumen die Straße.

Betonbunker der „Stalin-Linie“ bei Rowno, die Kanonenrohre wirken wie einbetoniert!

Auch die deutschen Panzerverluste waren enorm, hier ein beiseite geschobener Panzer III.

Die Laufrollen wurden abgebaut und als Ersatzteile verwendet. Sie verschlissen leicht.

Obergefreiter Alois Schlee (links) an einem der ersten T34/76, die erbeutet wurden. Mit Kreide steht geschrieben: „ausschlachten. O.K.H." (Oberkommando des Heeres).

Soldaten besichtigen einen abgeschossenen russischen DB-3 Bomber, die in großer Zahl den deutschen Jagdflugzeugen zum Opfer fielen.

Aber auch die deutschen Stukas mussten Verluste hinnehmen. Eine ausgebrannte Ju 87 „Stuka" wird besichtigt. Der Soldat obenauf trägt die begehrte russische Maschinenpistole PPSh als Beutewaffe.

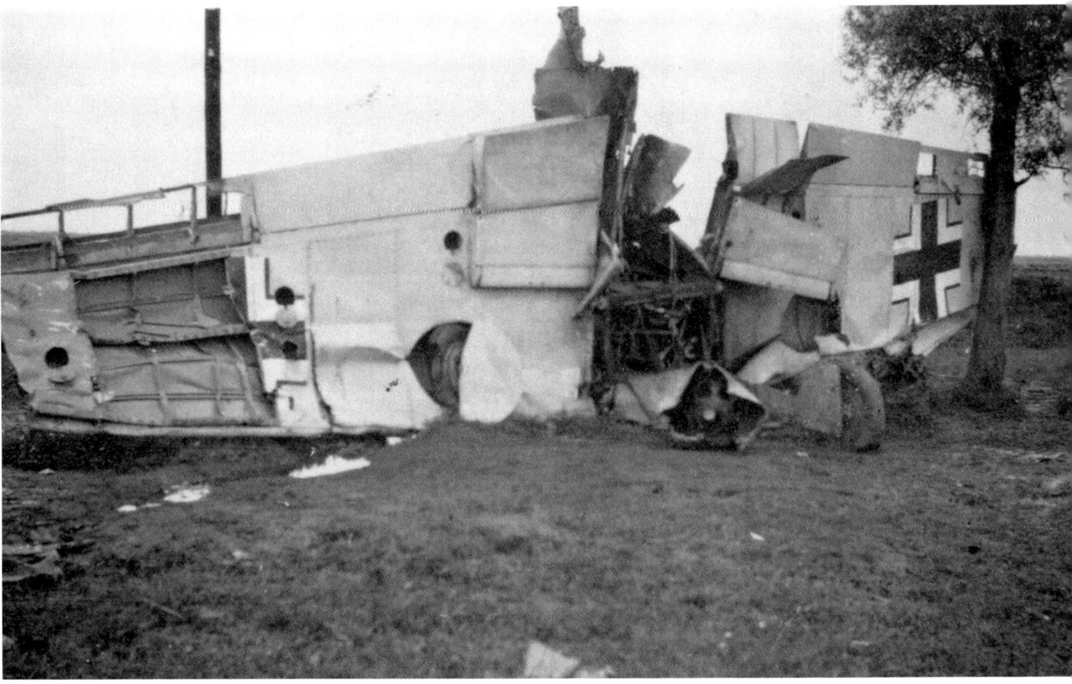

Eine russische LaGG-3 (Lawotchkin) musste notlanden und hat dabei Teile der Verkleidung verloren. Dieser deutschen Me 109 hat es beim Absturz den ganzen Rumpf von den Flächen gerissen.

sie Weisung, in den ‚Warteraum' zu gehen. Danach folgte noch ein Zusatz: ‚Achtung, rote Bomber über dem Platz!'"

Als die roten Lampen angingen, ließ Havighorst anfragen: „Landen in fünf Minuten?" „Warten!" lautete die Antwort.

Wenig später mußte gelandet werden, „Platz anfliegen und Notsignal geben!" befahl Havighorst seinem Piloten.

Sie erhielten Landeerlaubnis, und als sie eben ausrollten, erlosch auch schon wieder die Landebefeuerung, und mit dem letzten Drehen der rechten „Latte" kam die Maschine zum Stehen.

Am 2. August verlegte die II./KG 27 unter Hptm. Günzel nach Bobrujsk. Hier sollte die Gruppe zwei Monate lang bleiben, weil die Front im Mittelabschnitt fast erstarrt war und sich alle Aufmerksamkeit auf den Südabschnitt und hier auf Kiew richtete.

Von hier aus wurden Angriffe auf Transportzüge geflogen. Vom 11. August bis zum 1. September flog die Besatzung Havighorst allein 134 Einsätze auf die Bahnhöfe Bachmatsch, Toropez und Mena. Doch zurück zu den allgemeinen Einsätzen der Luftwaffe.

Die einzelnen Luftflotten im Sommer 1941

Während die Luftflotte 4, am 17. August beginnend, ihre Angriffe gegen das Verkehrszentrum Dnjepropetrowsk und die sowjetischen Stellungen jenseits des Dnjepr richtete, war hier ein Jagdgeschwader besonders erfolgreich: Das JG 3 unter Major Lützow, das am 30. August seinen 1000. Abschuß melden konnte.

Auf der Nordflanke der HGr. Süd war der Nahkampfführer Nord eingerichtet worden. Seine Aufgabe war es, den Rückzug der sowj. 5. Armee über den Dnjepr aus dem Raume nördlich Kiew zu stören. Weitere Bomberverbände wurden zu diesem Zweck eingesetzt. Die sowjetischen Fliegerverbände auf den Plätzen von Charkow, Poltawa und Kiew wurden ausgebombt. Beim Übergang über den Dnjepr leisteten die Flugzeuge der Luftflotte 4 entscheidende Hilfestellung. Hier war es das JG 51, das der 11. Armee den Weg auf die Krim erkämpfen half.

Daneben war auch das JG 52 eingesetzt. Darin Oblt. Hermann Graf, der hier seine ersten Erfolge auf dem Wege zu einem der erfolgreichsten Flugzeugführer der Luftwaffe erzielte. Die 8./JG 52 führte Oblt. Rall, auch er ein ganz großer Kämpfer und Pilot. Bei den Geleitflügen für die Stukaangriffe konnten sie immer wieder ihre „Schutzbefohlenen" vor feindlichen Jägern und Schlachtfliegern retten.

In der Kesselschlacht um Kiew war es die Luftwaffe, die durch immerwährende Aufklärungsflüge für die richtige Bereitstellung des Heerestruppen sorgte. Das JG 52, unter Oberstleutnant Handrick und das JG 3 unter Major Lützow fegten den Luftraum über Kiew von Jagd- und Schlachtfliegern frei. Die KG 51, 54 und 55 bombten die Truppenmassierungen, Batteriestellungen, Straßenknotenpunkte und Brücken.

Aus dem Bereich der HGr. Mitte schlossen sich die Geschwader des II. Fliegerkorps der Luftflotte 2 diesen Angriffen an.

Die Wirksamkeit dieser Angriffe in Bezug auf den Erfolg bei Kiew hat GenLt. Plocher in sechs Punkten herausgestellt, aus denen die Kernsätze zitiert seien:

„1. Bevor der Vernichtungsschlag von Kiew begann, verzögerten Verbände des V. Fliegerkorps in pausenlosen Tag- und Nachtangriffen gegen Eisenbahnlinien in Richtung Osten das rechtzeitige Zusammenziehen starker Feindkräfte aus der Gegend von Kiew.

2. Das V. FlK versetzte die 17. Armee in die Lage, in Krementschug einen Brückenkopf einzurichten, der für die Einkesselungsbewegung entscheidend war.

3. Bevor der Ring zwischen Lubny und Lochwiza geschlossen war, verhinderte die Luftwaffe das Zusammenziehen von entscheidenden, kampfkräftigen russischen Streitkräften nach Charkow.

5. Die Einkesselung der Feindtruppen und die schnelle Eroberung der Festung Kiew gelang hauptsächlich dank des Einsatzes der Unterstützungsverbände des V. FlK.

6. Die Vernichtung der eingeschlossenen sowjetischen Truppen in der Gegend südostwärts Kiew demonstrierte einen Höhepunkt der vernichtenden Effektivität, die von Bombern und Sturzkampfbombern erreicht worden war.“ (Siehe: Plocher, Hermann: „The german Air Force versus Russia“, 1941).

Die hauptsächlich in der Schlacht um Kiew erzielten Erfolge waren: Abschuß von 65 Feindflugzeugen, Zerstörung von 42 am Boden. 23 Panzer und 2171 Motorfahrzeuge vernichtet. Sechs Flak-Batterien ausgeschaltet. 52 Eisenbahnzüge, 28 Lokomotiven und eine Brücke zerstört. 18 Streckenabschnitte lahmgelegt.

Die Personalverluste des V. FlK betrugen in dieser Zeit: Vier Offiziere, fünf Uffz- und Mannschaften gefallen, drei Offz., 15 Uffz. und Mannschaften vermißt (abgeschossen).

17 Flugzeuge waren verlorengegangen, neun Flugzeuge schwer und fünf weitere leicht beschädigt.

Bei der Luftflotte 2

Dem OB der Luftwaffe 2, GFM Kesselring, standen mit dem II. FlK und dem VIII. FlK zwei erfolgreiche, kampfgewohnte Korps zur Verfügung, deren Verbände bereits in den vorausgegangenen Blitzfeldzügen ihre Schlagkraft unter Beweis gestellt hatten.

Alle Operationen der Luftflotte sollten auf das engste mit den Operationen der HGr. Mitte verknüpft werden.

Ihnen gegenüber lag der Gegner mit zwei Luftdivisionen im Grenzbereich. Sieben weitere Luftdivisionen standen zurückgestaffelt bereit. Einige davon waren identifiziert, andere wurden nur vermutet, ohne daß man ihre Standorte kannte.

Die einfach unglaublichen Berichte, daß im Abschnitt der HGr. Mitte in den ersten drei Tagen des Kampfes über 2500 Feindflugzeuge vernichtet worden seien, führten zu den genannten Überprüfungen durch Görings Stab.

Nach diesen Handstreicherfolgen erhielt das II. FlK Weisung, im Zusammenwirken mit der 4. Armee und der PzGr. 2, alle im Festungsbereich von Brest Litowsk stehenden Feind-Batterien zu vernichten. Insbesondere galt es, die Geschütze in der Festung im Zielanflug auszuschalten, um bei deren Eroberung schwere Verluste des Heeres zu vermeiden.

Die Stukas wurden zur Niederhaltung und Vernichtung dieser Batterien eingesetzt. Diese außergewöhnliche Operation hatte einen durchschlagenden Erfolg. Sämtliche Batterien, die das Feuer eröffneten, wurden erkannt und ausgeschaltet.

Dennoch hielt sich die Festung Brest Litowsk. Erst als sieben Ju 88 des KG 3 zweimal die Festung angegriffen und die erstmals an die Ostfront geschafften 1800-kg-Bomben zum Abwurf brachten, die alles zerschmetterten, kam am 29. Juni auch für Brest Litowsk das Ende. Am 30. Juni erlosch im Ostfort der letzte Widerstand.

Die „Luftschlacht über Minsk“ wurde schließlich zu einem dramatischen Duell beider Gegner. An diesem Tage waren es die Jagdflieger Lt. Bär und Hptm. Joppien, die jeweils fünf Gegner abschossen. Oberst Mölders brachte es auf zwei Abschüsse. Insgesamt wurden in diesem Kampfraum 1214 Feindflugzeuge durch das JG 51 abgeschossen.

Am 30. Juni fand auch über Bobruisk eine Luftschlacht statt. Sowjetische Bomber, Schlachtflieger und Jäger befanden sich im Einsatz und versuchten den Übergang der HGr. Mitte über die Beresina zu verhindern. Generaloberst Guderian beobachtete die Luftkämpfe, die an Dramatik nicht zu übertreffen waren.

Während dieser Zeit des Vorstoßes der HGr. Mitte, als es darauf ankam, die Luftflotte 2 so kampffähig wie möglich zu erhalten, erging vom OB d. L. ein Befehl an diese, ihr VIII. Fliegerkorps sofort in den Abschnitt der HGr. Nord zu verlegen. General von Richthofen protestierte, aber er mußte schwache Kräfte im alten Kampfraum unter Oberstleutnant Hagen zurücklassen und mit dem Gros zur HGr. Nord wechseln.

Dies, obgleich durch die Feindaufklärung bekannt war, daß die Rote Armee zum Gegenangriff bei Smolensk starke Truppenmassierungen versammelt hatte.

Doch noch eben rechtzeitig gelang es der Führung der HGr. Mitte, diesen Befehl wieder rückgängig zu machen. Das VIII. FlK griff diesen Gegner mit allen verfügbaren Maschinen an, fügte ihm schwere Verluste zu und brachte diesen Feindangriff zum Stehen. Das Heer gewann die notwendige Zeit zur Neuformierung und bestmögliche Abwehr. Die Feindtruppen konnten dank des Einsatzes des VIII. FlK abgewehrt werden.

Allerdings wurde nach Ende dieses Kampfes das VIII. FlK doch noch in den Abschnitt der Luftflotte 1 verlegt. GFM Kesselring stellte fest, daß die Kräfte des

VIII. FlK die Luftflotte 2 nur „für einen zeitlich begrenzten Einsatz“ verlassen. Er sprach dem Korps und General von Richthofen seine besondere Anerkennung aus.

Neben dem Angriff auf Moskau, der im vorangegangenen Kapitel dargestellt wurde, hatte die Luftflotte 2 eine Reihe von Unterstützungangriffen für das Heer zu fliegen. Am 31. Juli beispielsweise wurden von den Kampffliegern des II. FlK Brücken, Bahnen, Bahnhöfe und sonstige Bahneinrichtungen angegriffen. Orel war eines der Hauptziele.

Die südostwärts von Orel gegen die deutsche Front anbrandenden Gegenangriffe der Roten Armee wurden durch starke Kampf- und Sturzkampfangriffe aufgehalten oder zerschlagen.

Das KG 26 hatte dem OB d. L. bereits am 2. August gemeldet, daß es vom Beginn des Feldzuges bis zum 31. Juli 620 sowjetische Flugzeuge im Luftkampf und am Boden vernichtet habe.

Kampfflugzeuge des II. FlK griffen vor allem in den folgenden Wochen sowjetische Flugplätze an. Diese Angriffe bewirkten eine starke Abnahme der gegnerischen Luftaktionen.

Am 9. September berichtete das OKL in einer Zusammenfassung, daß allein das II. FlK inzwischen 2660 Flugzeuge vernichtet habe. Darunter waren 1380 im Luftkampf abgeschossen worden.

Als die Angriffe der Luftwaffe gegen Moskau Mitte September abgeschlossen waren und es nach dem zeitweiligen Stillstand im Bereich der HGr. Mitte wieder vorwärts ging, wurde der Angriff der nunmehr 2. Panzerarmee genannten Panzergruppe 2 (am 5. Oktober umbenannt) auf Orel vorgetragen. Diesen Angriff begleiteten starke Fliegerkräfte von den Flugfeldern bei Schatolowo. Das KG 28 war in Bobruisk, die 2./FernAufklGr. 122 in Smolensk-Süd untergezogen. Der Nahkampfführer hatte zwei Gruppen des StG 1, das StG 77 und zwei Gruppen des KG 210 zur Verfügung.

Diese Kräfte unterstützten nunmehr die Armeen, die die Operation „Taifun“, den Schlußangriff auf Moskau, durchführen sollten.

Allein konnte das II. FlK diese große Aufgabe nicht schaffen, so daß Teile der Luftflotte 4 aus dem Süden herangezogen und gleichzeitig die Rückführung des VIII. FlK aus dem Nordabschnitt gefordert wurde.

Am 4. Oktober flogen 32 Bomber und 48 Stukas erfolgreiche Unterstützungsangriffe für die angreifenden Erdtruppen. Die sowjetischen Truppenansammlungen im Raume Lgow-Kursk wurden zerschlagen, sowjetische Widerstandsnester waren Ziele der Stukas des Nahkampfführers. Weitere Unterstützungsangriffe wurden im Großraum Belyj – Sytschewka – Wjasma geflogen.

22 Feindpanzer, 450 Motorfahrzeuge und drei Treibstoff-Depots wurden vernichtet, eine Reihe Bunker und Flakstellungen zum Schweigen gebracht.

Bis zum 8. Oktober wurde die Feindfront im Abschnitt der HGr. Mitte an drei Stellen durchbrochen. Die Luftwaffe hatte entscheidenden Anteil an der folgenden Kesselbindung bei Wjasma – Brjansk, von deren der nördliche durch Luftangriffe völlig vernichtet wurde.

Aber am 16. Oktober mußte Generalmajor Hoffmann von Waldau in das KTB der Luftwaffenführung eintragen:

„Die kühnen Hoffnungen verschwanden unter Regen und Schnee. Alles stand still auf den grundlos gewordenen Straßen, und während die Temperaturen fielen, folgten 10 - 15 Zentimeter Schnee, und dann fiel der Regen."

Am 22. Oktober meldete die Luftflotte 2 2481 Bombenangriffe, 123 Jägerstarts und 20 Aufklärungsflüge.

Die Mehrzahl dieser Flüge galt der Unterstützung des Heeres und richtete sich gegen Truppenansammlungen, Panzerbereitstellungen und feindbesetzte Dörfer. Ein kleiner Teil hatte erneut Bahnlinien, Flugfelder, Artilleriestellungen, Truppenkolonnen und Unterkünfte zum Ziel.

Dies war auch für die folgenden Tage so. Darüber hinaus hatte die Luftwaffe Treibstoff für die still liegenden Heeresverbände nach vorn zu karren.

Am 13. November erließ General der Flieger Loerzer, KommGen. des II. FlK, einen Tagesbefehl an seine Truppe. Er berichtete, daß die fünf Monate des dauernden Einsatzes das Gros der sowjetischen Fliegerverbände ausgeschaltet hätten und daß das Korps eine besondere Rolle bei Minsk, Bialystok, Gomel, Smolensk, Kiew und Wjasma – Briansk gespielt habe; er fuhr dann fort:

„Zwischen dem 22. Juni und dem 12. November haben unsere Fliegenden Verbände 40000 Tag- und Nachtangriffe geflogen. Sie haben 3826 feindliche Flugzeuge in der Luft und am Boden zerstört, 789 Panzer, 614 Geschütze und 14339 Wagen aller Typen vernichtet. Wahrscheinlich vernichtet wurden weitere 281 Flugzeuge und 811 darüber hinaus noch beschädigt."

Die Luftflotte 2 wurde am 1. Dezember 1941 mit Stab und II. Fliegerkorps aus der Front der HGr. Mitte herausgezogen und nach Sizilien und Nordafrika verlegt. Damit blieb nur das inzwischen von der Luftflotte 1 zurückgegebene VIII. FlK im Bereich der HGr. Mitte zurück.

In der Meldung vom 1. Dezember 1941 wurden die Verluste der Luftwaffe bis zum 30. November an der Ostfront mit 8453 Toten und 2028 Vermißten (die überwiegend in sowjetische Gefangenschaft geraten waren) angegeben.

Bei der Heeresgruppe Nord

Unter der Führung von Generaloberst Alfred Keller, einem „Alten Adler", sollte die Luftflotte 1 im Nordabschnitt der Ostfront die Luftwaffenkräfte des Feindes zerstören, die Möglichkeit zum schnellen Durchstoß nach Leningrad für die Panzergruppe 4 schaffen und Angriffe gegen die sowjetische Marine in der Ostsee und in ihren Hauptbasen Kronstadt und Leningrad führen.

Das I. FlK unter dem Kommando von General der Flieger Foerster und der Fliegerführer Ostsee, Oberst Wild, sollten dieses „Wahnsinnspensum" schaffen.

Hinzu kam dann noch – durch die Ereignisse an der Front erzwungen – die Gestellung von Jagdschutz für die vorgehenden Heerestruppen gegen Schlachtflieger des Gegners. Der sowjetische Schnellstraßen- und Bahnverkehr sollte ebenfalls lahmgelegt werden. Die Unterbrechung des Schiffsverkehrs im Weißmeer-Ostsee-Kanal und als letzte, aber nicht unwichtigste Aufgabe die Zerstörung der Schleusenanlage in Provenetum – zur Verhinderung der Verlegung von etwa 12 sowjetischen Zerstörern und 45 U-Booten und einer Reihe von Minenlegern aus dem Finnischen Meerbusen in den Arktischen Ozean – gehörten ebenfalls dazu.

In den ersten Tagen des Ostfeldzuges gelang es sowjetischen Bombern, nach Ostpreußen und ins Reichsgebiet einzufliegen. Einige Zivilisten wurden durch diese Angriffe getötet. Bei der Bombardierung von Königsberg am 23. und Memel am 25. Juni wurden allerdings in Memel acht Zivilisten getötet. Jene sieben sowjetischen Bomber, die die Bombardierung von Tilsit durchführen sollten, wurden noch vor Erreichen des Ziels abgeschossen.

Ein gegnerischer Bomberverband von 43 Flugzeugen, der ebenfalls ins Reichsgebiet einzufliegen versuchte, wurde von Jägern, die im Alarmstart eingesetzt wurden, abgefangen und ausnahmslos abgeschossen.

Die Angriffe zur Unterstützung des Heeres brachten die PzGr. 4 zunächst rasch vorwärts. Den Verbänden des Fliegerführers Ostsee gelang es, am 29. Juni ein Schleusentor des Weißmeer-Ostsee-Kanals mit einer 1000 Kilo-Bombe zu treffen und jeden Verkehr auf dieser Route zu unterbrechen.

Als am 6. Juli feindliche Verbände den deutschen Brückenkopf über die Welikawa von Ostrow angriffen, starteten sämtliche verfügbaren Jäger. In einem dramatischen Luftduell, das von der Erde aus von Freund und Feind beobachtet werden konnte, wurden von den 73 angreifenden Bombern der Roten Luftstreitkräfte 65 abgeschossen. Danach stellten die Russen ihre Bombenangriffe weitgehend ein.

Zwischen dem 22. Juni und dem 13. Juli konnte das I. FlK. 487 Feindflugzeuge abschießen. Im gleichen Zeitraum waren 1211 Flugzuge aller Typen am Boden zerstört worden.

Das KG 1 flog immer wieder erfolgreiche Angriffe zur Unterstützung der Bodentruppen. Die KFlGr. 806 unter Major (wenig später OberstLt.) Emig griff ebenfalls in den Erdkampf ein. Bis zum 15. August mußten der 16. Armee alle Nachschubgüter im Lufttransport zugeführt werden, weil die einzige Nachschubstraße zwischen Pschkow und Gdow wiederholt gesprengt wurde.

Der 10. August war für die Kampf- und Sturzkampfflieger ein Großkampftag. Sie griffen eine Vielzahl von Zielen im Raume des Ilmensees bis Luga an. Bei Kingisep wurden zehn Feindpanzer vernichtet. Über 200 Fahrzeuge aller Art kamen hinzu. Mehrere Treibstoffzüge, Munitionslager und Bunkerstellungen waren die stets wechselnden Ziele.

Mit der Unterstützung des I. FlK wurde Reval am 28. August erobert. Auch der Fliegerführer Ostsee beteiligte sich an diesem Einsatz. Die sowjetischen Truppentransporte und Rückführungsaktionen aus Reval waren erfolgreich. Doch wurden einige Schiffe durch Bombentreffer versenkt, eine Reihe weiterer beschädigt.

Am 30. August gab das OKW bekannt: „Deutsche Kampffliegerverbände griffen aus Reval fliehende Kriegs- und Handelsschiffe an und stießen gegen Kriegs- und Handelsschiffe im Finnischen Meerbusen vor, wobei sie bis in die Bucht von Kronstadt eindrangen."

Alle Sturz- und Kampffliegerverbände wurden auf einen starken sowjetischen Angriff gegen den linken Flügel der HGr. Nord angesetzt. Der aus dem Raume Staraja Russa – Cholm – zum Ilmensee zielende Angriff wurde durch die Luftwaffe derart stark gebombt, daß die Abwehrschlacht bei Staraja Russa bis zum 24. August beendet werden konnte.

Der Angriff des KG 26 gegen die sowjetische Luftbasis Nizino vernichtete, in zwei Wellen durchgeführt, 30 Jäger des Gegners am Boden. Drei Feindjäger wurden im Luftkampf besiegt. Damit erhöhte das KG 26 die Zahl der vernichteten Flugzeuge auf 854, von denen 191 abgeschossen wurden.

Mit Beginn der Belagerung von Leningrad war eine Großaktion der Luftstreitkräfte ebenso gefordert. Sie unterstützte die Angriffe der Panzergruppe 4 ebenso wie jenes der 18. Armee. Ende September wurden diese Angriffe durch eine starke sowjetische Gegenoffensive unterbrochen.

Gegen die sowjetische Ostseeflotte

In der zweiten Septemberhälfte richteten sich deutsche Luftangriffe wiederholt gegen Kriegsschiffe im Kronstädter Hafen.

Diese Angriffe wurden vor allem gegen die beiden Großkampfschiffe „Marat" und „Oktjabrskaja Revoljucija" geführt. Am 22., 23. und 24. September griffen Bomber und Stukas diese beiden genannten Schlachtschiffe und den Kreuzer „Kirow" sowie andere Kampfeinheiten an. Der Kreuzer „Kirow" wurde schwer getroffen und erhielt am 29. September weitere Treffer. Auf beiden Schlachtschiffen brach nach den Treffern Feuer aus. Einige Zerstörer und Handelsschiffe wurden ebenfalls getroffen. Im Leningrader Hafen wurde der Schwere Kreuzer „Maksim Gorkij" getroffen. Hier erzielte das Stukageschwader 2 einige seiner größten Erfolge. Unter dem Befehl von Oberstleutnant Dinort stehend, starteten sie vom Fliegerhorst Tyrkowo aus am 23. September mit der I. und III./StG 2. Nach einem Treffer auf der „Marat" griff eine der nächsten Maschinen, geflogen von Oblt. Rudel, Kapitän der 9./StG 2, diesen Schiffsriesen an. Rudel darüber:

„Es ist furchtbar. Überall funkt und blitzt es neben uns auf. Die Luft scheint mit Schwefel geladen. Die Wolken leuchten gelb. Das Tosen und Krachen der explodierenden Flakgeschosse dringt selbst durch die dichte Verkleidung der Maschine.

Gruppenkommandeur Steen hat sich genau neben mich gesetzt, ich kann ihn deutlich erkennen. Der Sturz in einem Winkel von 70 bis 80 Grad nimmt mir die Luft weg. Ich hänge fast an Hptm. Steens Maschine. Im Visier habe ich die ‚Marat'.

Ich muß die Maschine noch steiler drücken. Für eine Zehntelsekunde sehe ich das entsetzte Gesicht von Hptm. Steens Bordschützen. Er reißt erschreckt die Augen auf, weil er fürchtete, daß ich mit meiner Luftschraube ihre Steuerung wegreiße.

Ich nahm alle Kraft zusammen. Jetzt noch mehr drücken, noch steiler werden! Es müssen fast 90 Grad sein.

Ich flitze gerade noch an Steen vorbei. Die ‚Marat' habe ich genau im Visier. Matrosen hasten über ihr Deck, einige schleppen Munition, andere ziehen die Köpfe ein. Ein Fla-Geschützturm dreht in meine Richtung ein.

Da drücke ich auf den Bomben-Auslöseknopf am Steuerknüppel. Mit aller Gewalt ziehe ich die Maschine hoch, denn ich habe nur noch eine Höhe von 300 Metern. Dabei soll die 1000-kg-Bombe, die ich ausgelöst habe, nicht unter einer Höhe von 1000 m geworfen werden.

Ich reiße die Maschine ruckartig hoch. Ein scheußliches Gefühl steckt mir in Magen und Kopf. Dann höre ich die heisere Stimme meines Bordschützen Scharnowski: ‚Herr Oberleutnant – das Schiff ist explodiert!'

Langsam drehe ich mich um. Da liegt die ‚Marat' unter einer undurchdringlichen Decke aus Pulverdampf und Nebel."

Das Schlachtschiff „Marat" mußte auf Grund gesetzt werden. Es griff nicht mehr auf See in den Kampf ein.

Am 25., 26. und 27. September wurden diese Angriffe fortgesetzt. Der Kommodore des StG 2, Oberstleutnant Dinort, sah am 28. September, wie die Maschine des Gruppenkommandeurs der III./StG 2, Hptm. Steen, einen direkten Treffer auf der „Kirow" landete.

Dann aber mußte das VIII. FlK und mit ihm auch das StG 2 wieder zur HGr. Mitte zurückkehren.

Am Wolchow und bei Tichwin setzte die Luftflotte 1 ihre Unterstützungangriffe für das Heer fort. Bei der Eroberung von Tichwin flogen das KG 54 und das KG 77 verstärkte Einsätze und halfen mit, diese wichtige Stadt am 9. November zu erobern.

Im Winter hatte die Luftflotte 1 die Aufgabe, den Verkehr des Gegners über die „Eisstraße" des zugefrorenen Ladogasees nach Leningrad zu unterbinden. Diese „Eisstraße" wurde vom 25. November bis zum 3. Dezember mehrfach angegriffen.

Während der Operation der Luftflotte 1 gegen die Saaremaa-Inseln wurden insgesamt 1313 Einsätze geflogen. Die Operationen gegen Hiiumaa wurden mit 211 Einsätzen unterstützt.

Bei diesen beiden Unternehmungen verlor die Luftflotte 1 acht Ju 88, zwei Me 110, zwei Me 109 und ein Rettungsflugzeug.

Bei diesen Operationen mit dem Codenamen „Beowulf" wurde eine Reihe kleinerer sowjetischer Schiffseinheiten vernichtet.

Auch die Einheiten des Fliegerführers Ostsee konnten mit insgesamt 1775 Starts eine Reihe stolzer Erfolge erzielen. Darunter ein U-Boot, ein Torpedoboot und ein Geleitschiff der Roten Flotte. Mehrere Tanker, Zerstörer (letztere insgesamt 17), Motortorpedoboote etc. etc. wurden gebombt.

Erzielt wurden diese Erfolge von der Aufklärungsgruppe 125, der KFlGr. 806, der Ersatz/Lehrgruppe/KG 54, der 1./Bordfliegergruppe 196 und der 1./KG 1. Elf Ju 88, drei Ar 95, eine Ar 196 und fünf Me 109 gingen verloren.

Das Luftwaffenkommando Nordnorwegen und die Luftflotte 5 im Hohen Norden

Während das Luftwaffenkommando Nordnorwegen Weisung erhielt, alle Flugfelder im Hohen Norden und die Bodenstellen, eingeschlossen die finnischen Horste, zum Einsatz vorzubereiten, oblag es der Luftflotte 5, von diesen Plätzen aus den Einsatz im Hohen Norden zu führen.

Es gelang Oberst Nielsen, das Flugfeld Banak und den Flugplatz Kirkenes in Nordnorwegen für die Luftwaffe in Betrieb zu nehmen. Dies waren die einzigen Flugfelder, die entsprechend den Reichweiten der deutschen Kampfverbände nahe genug an der Grenze der UdSSR lagen, um den Feind auf den dortigen Flugplätzen zu erreichen.

Die Luftflotte 5 war die zahlenmäßig schwächste der gesamten Ostfront. Sie verfügte am ersten Tage des Ostfeldzuges über 60 (!) Flugzeuge. Sicher ist, daß der Einsatz des Gebirgskorps Norwegen mit dem Ziel Murmansk und die Murmanbahn nur durch den Mangel an Stukas und Kampfflugzeugen im Hohen Norden nicht zum Ziel führte und daß das Gebirgskorps Norwegen an der Liza verblutete.

Die Aufgaben dieser winzigen „Luftflotte“, die nicht einmal Geschwaderstärke hatte, waren in keiner Weise den Kräfteverhältnissen angepaßt. Sie sollte nicht nur die deutsche Luftüberlegenheit erringen und sicherstellen, sondern auch noch Operationen gegen sowjetische Zufahrtsrouten, besonders über den Eismeerkanal, über Murmansk, Archangelsk und Kanadalakscha führen. Hinzu kamen Operationen gegen feindliche Land- und Seestreitkräfte, die Abwehr landender Feindverbände und der Schutz der deutschen Versorgungsschiffe gegen Angriffe durch westliche alliierte Überwasserstreitkräfte.

Dies sollte mit 60 (!) Flugzeugen bewirkt werden. Die Unmöglichkeit dieser Forderungen sah der einzelne Flieger deutlich vor sich, wenn er mit einer Kette von Kameraden „Großangriffe“ zu fliegen hatte.

Daß General der Gebirgstruppe Dietl trotz dringender Anforderung und äußerster Notwendigkeit keinen einzigen Stuka während der entscheidenden Angriffstage an der Liza erhielt, war bezeichnend für die Lage. Es galt doch, Murmansk und damit auch die Murmanbahn lahmzulegen, um so die sowjetischen Nachschubstraßen in Richtung Leningrad auszuschalten.

An Bombern standen dazu zunächst die 5./KG 30 in Banak mit 10–12 Maschinen zur Verfügung. Hinzu kam die 4./StG 1 in Kirkenes, die 13./JG 77 und eine Staffel des KG 76, ebenfalls in Kirkenes.

Daß es dennoch gelang, während des ersten Angriffs im Hohen Norden auf dem Flugfeld von Warlamowo 70 sowjetische Flugzeuge zu vernichten, war zwar ein guter Auftakt, änderte jedoch nichts an der Tatsache, daß die unabdingbare Hilfeleistung für das Gebirgskorps Norwegen sich nicht geben ließ. (Siehe dazu: Kurowski, Franz: „Generaloberst Eduard Dietl").

In den nächsten Tagen konnte das sowjetische Nachrichtennetz weitgehend lahmgelegt werden.

Der Jagdverband, bestehend aus der 13./JG 77, wurde bis zum 25. Juni auf drei Staffeln erhöht. Die 1. (Z) des JG 77 kam als Zerstörerstaffel hinzu.

Erst bis zum Sommer 1942 konnte die Luftflotte 5 auf insgesamt 250 Maschinen aufgestockt werden. Sowjetische Angriffe auf finnische Städte und Funkanlagen sowie Kaianlagen in Petsamo beeinträchtigten auch die Stromversorgung und die Fernsprechanlagen der Stadt selber.

Der erste Feindflug deutscher Jäger mit Oblt. Carganico und Ofw. Dahmer galt einem sowjetischen Leuchtturm an der Spitze der Fischerhalbinseln. Der nächste Jägerangriff richtete sich gegen Ura-Guba und den dortigen Flugplatz, dessen Gebäude und Hangars in Brand geschossen wurden. Nach seinem 25. Luftsieg am 1. August 1941 im Hohen Norden erhielt OFw. Dahmer als erster „Eismeerjäger" aus der Hand von GenOberst Stumpff, dem OB der Luftflotte 5, in Kemijärvi das Ritterkreuz.

Mehrere Einsätze gegen Zerstörer der Roten Flotte ostwärts der Fischerhalbinsel und ostwärts Kola trafen drei sowjetische Zerstörer schwer. Am 12. September starteten von dem britischen Flugzeugträger „Argus" der Royal Navy die ersten 24 Hawker Hurricane-Jäger der 81. und 134. Squadron und landeten auf dem sowjetischen Flugfeld von Majenga nordostwärts von Murmansk. Am selben Tage hatten fünf Bf 109 über der Front den ersten Luftkampf mit diesen Maschinen. Drei deutsche Flugzeuge wurden abgeschossen, eine Hurricane ebenfalls.

Die Jagdgruppe z.b.V., die unter Führung von Major Henning Strümpell aus allen Staffeln im Hohen Norden zusammengezogen wurde, konnte noch im September die ersten Einsätze fliegen. Erst zum Ende des Jahres 1941 nahmen die dauernden Verlegungen einzelner Staffeln ein Ende.

Am 25. Januar 1942 wurde dann im Hohen Norden das JG 5 unter Oberstleutnant Handrick aufgestellt, das im Jahr 1942 von sich reden machen sollte.

Die Übersicht bis zum 6. Dezember 1941

Die deutsche Luftwaffe verlor vom 22. Juni bis zum 6. Dezember 1941 im Osten folgende Flugzeuge:

568 Jagdflugzeuge, 758 Kampfflugzeuge und 758 sonstige Maschinen. Darunter waren: 170 Stukas, 130 Fernaufklärer und 200 Nahaufklärer.

Beschädigt wurden 473 Kampfflugzeuge, 413 Jäger und 475 sonstige Flugzeuge.

Dies bedeutete, daß mehr Flugzeuge verlorengingen, als am 22. Juni 1941 zum Ostfeldzug angetreten waren.

Die Geschwader waren dezimiert, weil kein vollständiger Ersatz herankam. Dies war jedoch noch nicht der Höhepunkt der deutschen Verluste, denn – dies sei an dieser Stelle im Zusammenhang mit der Verlustmeldung vorgetragen – bis zum 8. April 1942 waren weitere 268 Kampfflugzeuge, 194 Jäger und 397 sonstige Flugzeuge verlorengegangen. 253 Bomber, 184 Jäger und 199 sonstige Maschinen wurden beschädigt.

Damit beliefen sich die Verluste der deutschen Luftwaffe an der Ostfront seit dem 22. Juni 1941 auf:

1026 Kampfflugzeuge, 762 Jagdflugzeuge und 1163 sonstige Maschinen. Der Totalverlust hatte also die schwindelerregende Zahl von 2951 Maschinen erreicht, während 1997 weitere beschädigt worden waren.

Dies war ein Aderlaß, den die deutsche Luftwaffe nie wieder aufholen konnte. Es fehlte einfach an Flugzeugen, und, was noch schlimmer und nie zu ersetzen war, an Piloten.

Ab Dezember mußten alle Luftwaffenverbände und jene, die noch im Eiltransport aus dem Westen herangeflogen wurden, gegen die auf breiter Front angelaufene sowjetische Gegenoffensive angesetzt werden. Am 24. Dezember befahl ein Funkspruch des OKW, der im Auftrage Hitlers abgesetzt wurde, „alle nicht unbedingt im Westen notwenigen Bomberverbände aus dem Einsatz gegen England herauszuziehen und sie auf eine kurzzeitige Operation an der Ostfront vorzubereiten."

Die Ostfront hatte angesichts des Fortganges der sowjetischen Offensive absoluten Vorrang vor allen anderen Kriegsschauplätzen.

In einer bisher nie dagewesenen Weise, in einer unüberbietbaren Serie von Siegen war die Deutsche Wehrmacht, an allen Fronten von der Luftwaffe unterstützt, tief nach Osteuropa hineingestoßen und hatte die Existenz der Sowjetunion bedroht. Die Rote Armee hatte unerhörte Verluste an Menschen, Waffen und Material erlitten. Aber diese gigantischen Anstrengungen hatten die Möglichkeiten der Luftwaffe erschöpft.

Am Ende des Jahres 1941 war klar, daß Deutschland sein Ziel, die Sowjetunion in einem weiteren Blitzkrieg niederzuringen, nicht erreicht hatte. Das Heer wurde schwer getroffen. Ungleich stärker aber traf es die Luftwaffe. Viele Wenn und Aber wurden auch in der Luftwaffenführung besprochen, und die größte Frage:

„Konnte die Luftwaffe mehr zur Unterstützung des Heeres tun, als sie ohnehin getan hatte?", gipfelte wieder in einem „hätte."

Hätte die Luftwaffe nach der anfänglichen Niederringung der sowjetischen Luftstreitkräfte in den ersten Wochen des Feldzuges die weiter im Osten liegenden Rüstungswerke mit geballter Kraft angreifen können, dann wäre ein Sieg im Bereich der Möglichkeiten gewesen. Aber es fehlten die „Fernbomber", die diese Distanzen hätten überwinden können. Es gelang nicht – bei der Weite des Raumes eigentlich auch nicht möglich –, die Luftwaffenstreitkräfte zu geballten Formationen zusammenzufassen und den Kampfraum vor der Heeresgruppe Mitte freizufegen. Unglücklicherweise befand sich die Heeresgruppe gerade dann in einer kritischen Lage, als sich auch die Luftwaffen-Reserven auf einem Niedrigstand bewegten.

„Der Winter 1941–42", so General Hermann Plocher, „war der Beginn des Untergangs der deutschen Luftwaffe. Sie hatte sich zu Tode gesiegt." War die Lage für die ganze Wehrmacht ähnlich?

1941: KAMPF IM HOHEN NORDEN

Die Zeit bis zum Rußlandfeldzug

Daß es für General Dietl, dem Sieger von Narvik, nach der vollzogenen Besetzung Nordnorwegens vor allem darauf ankam, die Überwinterung seiner beiden Divisionen im Hohen Norden vorzubereiten, war für alle, die diesen General kannten, verständlich. Die Fürsorge für die ihm unterstellte Truppe war Dietls erstes Gebot, und so war denn auch der Quartiermeister des Korps bei allen Frontfahrten dabei, um zu erkunden, wo diese Winterbevorratung noch nicht optimal war.

Bereits vor Weihnachten 1940 erfuhr Eduard Dietl, daß Hitler sich mit Angriffsabsichten gegen die Sowjetunion trug. Dietls Aufgabe war in der Operationsanweisung klar umrissen worden. Er sollte aus der Verteidigung des norwegischen Raumes zum Angriff übergehen, wenn es soweit war. Das Angriffsziel war Murmansk.

Bereits im Ersten Weltkrieg war Murmansk als ganzjährig benutzbare Versorgungsbasis bekanntgeworden. Die Russen hatten diesen eisfreien Hafen – großteils mit deutschen Kriegsgefangenen – durch die Murmanbahn und den Weißmeerkanal an das gesamte Hinterland angebunden und zudem noch eine Querverbindung zum Hafen von Archangelsk ausbauen lassen.

In der Zeit nach dem Ersten Weltkrieg war Murmansk zu einer starken Seefestung ausgebaut worden. Diese Festung lag etwa 20 Kilometer landeinwärts am Ostufer des 2 Kilometer langen Kolafjords, dessen Ufer von betonierten Werken strotzten.

Zur Seeseite hin lag der Kriegshafen Poljarnoje, Stützpunkt der sowjetischen Eismeerflotte, der Murmansk schützte. Die jenseits der Motowskibucht vorgelagerte Fischerhalbinsel stellte sich nach späten Erkenntnissen als eine gut ausgebaute Flankenstellung dar. Um Murmansk hatte die Rote Flotte nicht weniger als 15 Flugplätze angelegt. Von Murmansk bis zur Liza verlief eine Militärstraße zur Versorung der militärischen Stellungen. Von Petsamo aus zur Liza war keine Straße vorhanden. Zwischen diesen beiden markanten Punkten lag die schneebedeckte Tundra, felsig, ohne Baum und Strauch, eine Ödnis sondergleichen, in der es keinerlei Deckungsmöglichkeiten gab.

Als Dietl von der Absicht der Obersten Führung erfuhr, über diese Strecke nach Murmansk vorzustoßen, warnte er Hitler. Seine zwei Gebirgsdivisionen mit jeweils nur zwei Regimentern seien für diese Aufgabe zu schwach. Ganz zu schweigen von dem Risiko ihres dauernd gefährdeten Seenachschubs über Wochen und 2500 Seemeilen hinweg. Der Auftrag für das XIX. Gebirgskorps blieb bestehen.

Daß es zwischen Dietl und dem OKW, dem das Gebirgskorps Norwegen direkt unterstellt war, zu Zwischenfällen kam, lag an der unorthodoxen Art dieses Befehlshabers. Als beispielsweise im März 1941 bei einem Vorstoß britischer Schiffseinheiten gegen die Lofoten die dort liegenden Fischereibetriebe und die Tankanlage sowie eine Anzahl kleinerer deutscher Schiffe zerstört wurden, fiel auch das Fischereiverwertungsschiff „Hamburg" mit 5410 BRT diesem Unternehmen „Claymore" zum Opfer. Weitere Verluste waren die Handelsschiffe „Felix Heumann", „Pasajes", „Eilenau", „Bernhard Schulte", „Gumbinnen" und „Mira". Diese Einheiten waren von den Kreuzern „Edinburgh" und „Nigeria" vernichtet worden. Ein Landungskommando in Stärke von 550 Mann hatte die Fischereiverarbeitungsanlagen von Stamsund, Hennigsvaer, Svolvaer und Brettenes gesprengt.

Die Untersuchungen, die vor allem wegen der modernen und großen „Hamburg" angestellt wurden, gipfelten in einer Anfrage an das XIX. Gebirgskorps, „warum man dieses hochwertige Schiff ausgerechnet bei den Lofoten und nicht in einem der geschützen Fjorde eingesetzt habe. Diese Anfrage beantwortete General Dietl persönlich:

„Weil sich die Fische nicht nach taktischen Gesichtspunkten zu richten pflegen."

Im April 1941 wurde General Dietl nach Berlin befohlen, um im OKW ebenso wie im OKH die letzten Instruktionen zu erhalten. Er selber bat um kampfkräftige Verstärkungen von mindestens einer Division, um auch die schwierigen Nachschubprobleme in den Griff zu bekommen und die zu erwartenden Verwundetentransporte von der Front zurück schnell und sicher durchführen zu können.

Dem Gebirgskorps Norwegen wurden Zuführungen aller Art zugesagt. Vor allem sollte es 55 Batterien Artillerie erhalten, die an der Küste schwerpunktartig eingesetzt werden würden, unter ihnen auch acht Batterien deutscher 21-cm-Mörser. Die 199. ID sollte dem Korps zugeführt werden, dazu noch ein Polizei-Bataillon. Hinzukommen sollten weitere zwölf Abteilungen des Reichsarbeitsdienstes für Straßen- und Brückenbauarbeiten. Kampfflieger und Aufklärer würden neben einer Jagdgruppe die Divisionen des Korps unterstützen.

Im kleinen Kreis gab Dietl bekannt, daß es bald gegen die Sowjetunion gehen würde. Nunmehr galt es, so schnell wie möglich die vorhandenen Karten zu studieren, sie zu ergänzen und bis zur finnisch-sowjetischen Grenze aufzuklären.

Das Armeeoberkommando Norwegen zu „Platinfuchs"

Was in den vorangegengenen Zeilen nur in kurzen Andeutungen erwähnt wurde, wenn es um „Platinfuchs" ging, hatte der Stab des AOK Norwegen unter der Federführung von GenOberst von Falkenhorst bereits am 18. April 1941 in einer Operationsanweisung an alle Truppen im Nordraum festgelegt. Sie lautete:

Geheime Kommandosache

Armee-Oberkommando Norwegen 18. April 1941
Ia Nr.14/41 gKdos. Chefs.
(Silberfuchs) 11 Ausfertigungen
2. Ausfertigung

Operationsanweisung für das Geb.Korps Norwegen

1. Auftrag

Für den Fall, daß Rußland seine bisherige Haltung gegen Deutschland ändern sollte, werden von Deutschland als Vorsichtsmaßnahme alle Vorbereitungen getroffen, die es ermöglichen, auch vor Beendigung des Krieges gegen England Sowjetrußland in einem schnellen Feldzug niederzuwerfen.
Die Operationen werden mit den Flügeln aus Rumänien und Finnland gleichzeitig durch Angriff auf der gesamten Ostfront geführt.
A.O.K. Norwegen hat im Rahmen der Gesamtoperation folgende Aufgaben:

a) Defensive Aufgabe

Verteidigung des norwegischen Raumes gegen Handstreiche und ernsthafte Landungsversuche, mit denen im Laufe dieses Sommers gerechnet werden muß. Entsprechend der Entwicklung der Gesamtlage muß bei den zur Verteidigung Norwegens getroffenen Maßnahmen und der hierfür vorgesehenen Kräftebemessung in Rechnung gestellt werden, daß eine Operation zusammengefaßter englischer, amerikanischer und russischer Kräfte durchaus im Bereich der Möglichkeiten liegen kann.

b) Offensive Aufgabe

aa) Fall „A“ (Rentier)

Inbesitznahme des Petsamogebietes und der Erzgruben bei Kolosjoki und ihre Verteidigung gegen Angriffe zu Lande, von See und aus der Luft. Die Durchführung dieser Operation kann jederzeit in Frage kommen; sie darf nur auf besondere Befehle durchgeführt werden.

bb) Fall „B“ (Platinfuchs)

Inbesitznahme des Stützpunktes Murmansk als Basis für eine offensive Tätigkeit der russischen Land-, See- und Luftstreitkräfte. Die Durchführung ist nicht vor dem 15. 6. zu erwarten.

2. Feindlage

a) England

Der Ausbau der gegnerischen Stützpunkte in Island und Grönland in Verbindung mit der immer umfangreicher werdenden amerikanischen Unterstützung und der freien Verfügbarkeit wesentlicher Teile des englischen Heimatheeres lassen im Fall eines Krieges mit Rußland einen englischen Angriff auf die norwegische Küste in erhöhtem Umfange als möglich erscheinen. Im Rahmen eines solchen Angriffs muß auch mit Beteiligung der russischen Eismeerflotte zu einem Angriff auf Kirkenes bzw. Petsamo gerechnet werden.

b) Rußland

OKH nimmt an, daß Rußland den Kampf zum mindesten mit starken Teilen westlich des Dnjepr und der Düna aufnimmt, unter besonderer Schwerpunktbildung auf den Flügeln zur Erhaltung der Flotten- und Luftbasen in den baltischen Provinzen und Anlehnung des Südflügels an das Schwarze Meer.
Im Murmangebiet wird Rußland entscheidenden Wert darauf legen, die am Weißen Meer und Kolafjord gelegenen Häfen und die Murmanbahn zu halten und ein Vordringen gegen diese schon frühzeitig durch hartnäckige Verteidigung an den wenigen Straßen und Wegen zum Stehen zu bringen. Insgesamt ist mit etwa fünf Divisionen und 1–2 schwachen Panzerverbänden auf der Kolahalbinsel und in Nordkarelien zu rechnen. Es muß jederzeit auch mit einem offensiven Verhalten der Russen gerechnet werden.

3. A.O.K. Norwegen wird entsprechend den gestellten offensiven Aufgaben im Fall „A" die Durchführung „Rentier" anordnen, – im Fall „B" nach Aufmarsch der dafür vorgesehenen Kräfte an und südlich der Straße Rovaniemi – Salla mit einer Schwerpunktgruppe (Höh. Kdo XXXVI) bis zum Weißen Meer bei und südlich Kandalakscha durchstoßen und nach Erreichen des Weißen Meeres unter Abdekkung von Süden nach Norden an der Murmanbahn vorstoßen, um im Zusammenwirken mit einer aus dem Petsamoraum vorgehenden Nordgruppe /Geb. Korps Norwegen) die auf der Kolahalbinsel befindlichen Feindkräfte zu vernichten und sich in den Besitz von Murmansk und Polarnoje zu setzen.
Für die Kampfführung im Rahmen dieser Operation haben die im bisherigen Feldzug bewährten Grundsätze zu gelten. Hierbei ist zu berücksichtigen, daß in höherem Maße als bisher mit der Einwirkung der feindlichen Luftwaffe gegen das Heer zu rechnen sein wird. Auf die Verwendung chemischer Kampfmittel auch aus der Luft durch den Gegner muß die Truppe sich einstellen.
Dem russischen Stützpunkt Murmansk kommt im Sommer und besonderes im Hinblick auf eine englisch-russische Zusammenarbeit eine viel größere Bedeutung zu als im letzten finnisch-russischen Krieg. Daher ist es nicht nur wichtig, die Land- und Bahnverbindungen mit Murmansk zu unterbrechen, sondern den Stützpunkt

selbst in Besitz zu nehmen, dessen Seeverbindung nach Archangelsk auf andere Weise nicht unterbrochen werden kann.
Es liegt daher nicht nur im deutschen, sondern auch im finnischen Interesse, möglichst starke Kräfte für die Operation einzusetzen, die zuerst den Aufmarsch der deutschen Kräfte decken und sich später an der Angriffsoperation beteiligen.

Von Falkenhorst

Tätigkeitsbericht Monat Mai 1941

Generalkommando K. H. Qu., den 5. 6. 1941
Gebirgskorps Norwegen
Ia

I. Feindlage

Die im Vormonat verhältnismäßig starke britische Luftaufklärungstätigkeit im Raume Narvik – Tromsö wurde nicht fortgesetzt.
2 Meldungen über russ. Luftaufklärungstätigkeit im offenen Seegebiet nördl. Vardö sind eingegangen.
Desgleichen eine Meldung über ein feindl. Unterseeboot im Bereich des Nordkap. Durchgeführter Wasserbombenwurf zeitigte keinen Erfolg. Es ist nicht erwiesen, ob es sich um ein engl. oder russisches U-Boot gehandelt hat. Einzelheiten siehe T. B. der Abtl. I c.

II. Maßnahmen

1. Teilung des Stabes des Generalkommandos Geb. Korps Norwegen.

Anstelle des vom Geb.Korps Norw. für den Bereich Nordnorwegen beantragten Stabes z. b. V. wurde vom A.O.K. Norwegen (A.O.K. Ia Nr. 1583/41 gKdos. v. 1. 5. 41) die Teilung des Stabes Geb.Korps Norwegen (Befehlshaber im Polarbereich) verfügt.
Die Befehlsstelle Ost, vorläufiger Sitz Nyborgmoen, ist aus dem bisherigen Stab zu bilden.
Die Befehlsstelle Abwehr, Sitz Kaafjord, ist neu aufgestellt.
Nachträglich wurde die K. St. N. der Befehlsstelle Abwehr um eine D (Generals-Stelle) vermehrt (A.O.K. Norw. Ia Nr 1860/41 geh. vom 22. 5. 41).
Am 2. 5. wurde die Dienststelle des Stabsoffiziere der Pioniere z. b. V. beim GenKdo. Geb. Korps Norwegen (Oberst Kranyak, Lt. Handl) neu geschaffen und besetzt.

Am 16. 5. wurde Hptm. Schmedes die Bearbeitung sämtlicher Straßenangelegenheiten im Bereich Nordnorwegen übertragen.

2. Neue Unterstellungsverhältnisse

Entsprechend der Umgliederung der Kräfte wurde die Kriegsgliederung für der Geb. Korps Norwegen neu bearbeitet. Darin kommt zum Ausdruck:
Unterstellung der 199. Inf. Div.
Unterstellung von Teilen der 702. Inf. Div.,
Unterstellung von 2 Heeres-Küstenartl. Rgtern.
Dementsprechend wurde auch ein neuer Verteiler ausgegeben.

3. Befehlsübernahme

Gemäß Verfg. Ia Nr.165/41 gKdos. hat Kommendeur der 199. Inf. Div., General von Kempski, am 15. 5. den Abschnitt und Territorialbereich Tromsö übernommen.
Der Kommandeur der 702. Inf. Div., Oberst Lemke, hat am 29. 5. den Abschnitt und Territorialbereich Finnmarken übernommen.
Die vom Geb. Korps Norwegen beantragte Umbenennung Stab Sicherungsverband in 702. Inf. Div. wurde vom A.O.K. genehmigt.

IV. Transporte und Marschbewegungen

1. Die im Vormonat begonnene Umgruppierung der Kräfte konnte wesentlich gefördert werden.

Auch im Mai mußte die vorgesehene Verlegung im Landmarsch (Reichsstraße 50), abgesehen von einer einzigen Einheit, unterbleiben.

2. Verlegung der Korpstruppen

Zu Monatsende sind in Nyborgmoen eingetroffen:
V. P. der Befehlsstelle Ost
1. Kp. der Nachr. Abt. 463
1./A.R. 477
in Kirkenes:
Feldgend. Trupp 463.

3. Zusammenziehung der 2. Geb. Div.

Im Raume Kirkenes – Svanvik ist die Versammlung der 2. Geb.Div. nahezu beendet. Zu Monatsende sind nur mehr schwache Nachkommandos des III./G.J.R. 137 in Alta, der I./G.A.R. 111 in Kistrand.

4. Verlegung der 3. Geb.Div.

Diese Div. war allein auf den Seeweg angewiesen, da wegen des Straßenzustandes eine durchlaufende Benutzung des Landeweges noch nicht möglich ist.
Das Gros der fechtenden Truppe der 3. Geb. Div. wurde bis Monatsende in den Raum Neiden – Nesseby verlegt.
Noch im alten Raum (Troms) liegen:
Reg. Stab/G.J.R. 138
III./G.J.R 138
16. Kp. und 1. Geb.Jäg.Kol. 139
1., Stab II. und Masse Pferde/G.A.R. 112
1 Kp. N.A. 68
die gesamte Pz-Jg. Abt. 55
Masse der Versorgungstruppen.

5. Verlegung der SS-Kampfgruppe Nord

Das Gros konnte aus dem Raum Lekselv bzw. Vardö, Vadsö in den Raum Skogfos Nyrud bis Monatsende verlegt werden.
Da der geplante Landmarsch Lakselv – Nyborgmoen – Nyrud nicht durchführbar war, mußte das SS-Rgt. 6 unter Einsatz weiterer Schiffe von Billefjord nach Kirkenes auf dem Seeweg befördert werden.
Die 10./SS Rgt. 6 führte als einzige Einheit den Landmarsch durch. Allein für die 125 Kilometer lange Strecke Lakselv – Ilfjord benötigte die Kp. volle 3 Tage.

6. Zuführung der 199. Inf. Div.

Die Transportbewegung ist nahezu abgeschlossen, unterwegs sind lediglich noch:
7., 8., 11., 12./I.R. 341,
7., 8., 9./A.R. 199.
Gros des neu unterstellten Radf.Batl. 233.

7. Zuführung von Teilen der 702. Inf. Div.

Stab und Div. unmittelbaren Einheiten der 702. Inf. Div. sind im befohlenen Raum eingetroffen.

8. Zuführung der MG. Batle. 4 und 14

Das MG. Batl. 14 wurde voll zugeführt.
Die geplante Verlegung des MG-Batl. 4 im Landmarsch aus Raume Nordreisa in den Raum Nyborgmoen mußte wegen des Straßenzustandes unterbleiben.

8. Zuführung von RAD

Die restlichen 5 Abteilungen des RAD sind eingetroffen, so daß sich alle 12 Abteilungen in den befohlenen Einsatzräumen befinden.

V. Einsatzbereitschaft

1. Gebirgskorps Norwegen

a) Gruppe Ost:
Die Personallage hat sich nunmehr auch bei der 3. Geb. Div. wesentlich gebessert. Sie ist jetzt für das gesamte Geb. Korps Norwegen, Gruppe Ost, befriedigend.

2. Küstenschutz

In der Berichtezeit ist das restliche Personal für alle Heeresküstenbatterien eingetroffen.
Die Batterien sind mit wenig Ausnahmen mit fast allen Geschützen vorerst behelfsmäßig feuerbereit, davon 11 Battr. in den endgültigen Feuerstellungen.
Der weitere Ausbau der endgültigen Stellungen, der Nahverteidigungsanlagen und Sperren wird jetzt nach der Schneeschmelze erhöht betrieben.
Einzelheiten siehe T. B. Stoart.

3. Luftwaffe

Zu der bisher nur in geringer Zahl vorhandenen Bomben- und Aufklärungsflugzeugen ist das 1. Lehrgeschwader mit einigen Ju 87 angetreten. Im täglichen Einsatz wird weiterhin das Küstenvorfeld durch Aufklärungsflugzeuge regelmäßig überwacht.
Die dem Geb. Korps unterstellte Aufklärungskette (H) Hauschild (3 Hs 126, 1 Fi 156 (Lg)) wurde in Kirkenes eingesetzt.
Die dem G.K.N. mit 3 Battr. unterstellte Flak Abt.I./5 wurde für den Einsatz „Rentier" der 2. Geb. Div. unterstellt.

4. Kriegsmarine

Die im Befehlsbereich eingesetzten Teile der Kriegsmarine haben keine wesentliche Verstärkung erhalten. Im Raume Kirkenes wurden Minensperren vorbereitet.

Das Unternehmen „Platinfuchs"

Der Angriff gegen die Sowjetunion, „Unternehmen Platinfuchs" genannt, setzte gewaltige Vorbereitungen voraus. In Kirkenes versammelte General Dietl alle Kommandeure seines Korps. Damit kein Unberufener mithören konnte, ließ er die Offiziere – vom Bataillonskommandeur an – auf einer Wiese im Halbkreis um sich herumschließen, ehe er ihnen verkündete, daß es gegen Murmansk gehe.

In Erinnerung von General a. D. Holzinger, dem Militärkommandanten von Kärnten, der bereits in Narvik als Major von sich reden gemacht hatte und mit dem

Ritterkreuz ausgezeichnet worden war, stellte sich diese Unterrichtsstunde so dar, daß Dietl zunächst verkündete, der Weg durch die Tundra nach Murmansk werde trotz der geringen Strecke von etwa 100 Kilometern sehr schwer sein. Da aber das Korps nach den Erkenntnissen der Aufklärer nur zwei sowjetische Divisionen zu überwinden habe und dann der Weg zum Eismeer und nach Murmansk frei vor dem Gebirgskorps liegen werde, könne es gelingen. Um alle aufzumuntern, stieß Dietl abschließend die Faust in den Himmel empor und rief: „In drei Tagen san mer in Murmansk!"

Die letzten Maßnahmen beider Seiten

Die sowjetische Führung wußte durch die eigene Aufklärung, daß sich ein deutscher Angriff direkt gegen Murmansk und die Murmanbahn richten werde. Dies war für sie Grund genug, an den natürlichen Sperren dieses unwirtlichen Landes starke Abwehrkräfte einzusetzen. Eine dieser Stellen, und zwar die entscheidende, war die Liza mit den darum herum gelegenen Hügeln, die zu waffenstarrenden Verteidigungsbastionen ausgebaut wurden. Hier mußte der Gegner herankommen, der sich Murmansk zum Ziele nahm.

Am 19. Juni stellte sich laut Anlagenband 5 des KTB Nr. RH 24-19/45 das Gebirgskorps Norwegen wie folgt dar:

Kommandierender General: General der Gebirgstruppe Dietl.
2. Gebirgsdivision: Generalmajor Schlemmer.
3. Gebirgsdivision: Generalmajor Kreysing.
Finnisches Bataillon Ivola: Major Paenannen.
Kampftruppen:
1./sArtAbt. 477: Oberleutnant Daxer
3./730: Hauptmann Hapke
I./Flakabteilung 5: Major Quodbach
KNA 463: Major Fuhrmann (Korps-Nachr. Abt.)
Aufkl. K. (H): Lt. Hauschild
Nachrichtlich:
AOK Befehlsstelle Ost: Generaloberst von Falkenhorst
GefStand Luftflotte 5. Oberstleutnant Nielsen in Kirkenes.
General der Luftwaffe für Nordnorwegen: Generalleutnant Bruch
Admiral Polarküste: Konteradmiral Scherk.

Das Gebirgskorps Norwegen stand am 22. Juni 1941 im Raume um den Varangerfjord einsatzbereit. General Dietl und sein Chef des Generalstabes, Oberstleutnant i. G. von Le Suire, waren ebenso wie der Korpsquartiermeister ununterbrochen vorn bei der Truppe. Das erste Einsatzziel war die Besetzung des gesamten Petsamogebietes. Die taktischen Aufträge waren klar und bereits nach Dietls Rückkehr aus dem FHQ bekanntgegeben worden:

„Gebirgskorps Norwegen besetzt Finnisch-Lappland an und ostwärts der Eismeerstraße im Abschnitt Nautsi – Petsammo, vor allem Petsamo, den Hafen Liinahamari und die Erzgruben von Kolosjoki. Nach erfolgter Besetzung sind die Kräfte so zu gliedern, daß

a) das besetzte Gebiet, insbesondere die Nickelgruben von Kolosjoki und das Hafengebiet von Petsamo gegen jeden Angriff zu Land, von See her oder aus der Luft verteidigt werden kann.

b) Auf Befehl (Stichwort „Platinfuchs") unter Sicherung des Hafengebietes von Petsamo und der Erzgruben von Kolosjoki über die finnisch-russische Grenze zum Angriff auf Murmansk angetreten werden kann."

Für den Fall sowjetischer Präventivmaßnahmen waren Sonderbefehle erlassen worden.

Die Sicherung des Petsamofjordes erfolgt schnell durch eine Vorausabteilung, während sich die Besetzung des Nickelwerkes Kolosjoki und des noch im Aufbau begriffenen Kraftwerkes Jäniskoski erübrigt, weil dort ausreichende finnische Truppen eingesetzt worden waren.

Als am 22. Juni der Rußlandfeldzug begann, rückte das von Kirkenes im Anmarsch befindliche Gebirgskorps Norwegen unter Befehl von General Dietl in das Gebiet von Petsamo ein. Finnische und deutsche Seestreitkräfte begannen mit der Verminung des ostwärtigen Teiles des Finnischen Meerbusens. Von deutschen Luftstreitkräften wurde der sowjetische Stützpunkt Hanko bombardiert. Diese Verbände kamen von der bei der HGr. Nord eingesetzten Luftflotte 1.

Bomber der sowjetischen Streitkräfte griffen im Gegenzug finnische Panzerschiffe und einige Schärenbefestigungen bei Turku und südwestlich Porvo an. Aus dem Hanko-Pachtgebiet eröffneten schwere Batterien der Roten Armee ihr Artilleriefeuer auf finnisches Gebiet. Ostwärts von Imtra schoßen sowjetische Infanterie mit MG und Gewehren auf die ihnen gegenüberliegenden Finnen, womit die Feindseligkeiten von sowjetischer Seite gegen Finnland eröffnet worden waren.

Feldmarschall von Mannerheim hatte sich entschlossen, die Offensive seines Heeres mit Schwerpunkt beiderseites Jenisjärvi nach Südosten zu führen. Im weiteren Vorgehen ostwärts des Ladogasees sollte der Swir erreicht werden. Alle Kräfte dieses Vorstoßes wurden zur „Karelischen Armee" unter der Führung von General Heinrichs zusammengefaßt. Die übrigen finnischen Armeekorps unterstanden direkt dem finnischen Hauptquartier.

Aufmarsch der finnischen und deutschen Truppen

Die „Karelische Armee“ unter General Heinrichs stand von Pyhäjärvi bis nach Korpiselkä mit dem VII. und VI. Korps, die von den Generalmajoren Hägglund und Talvela geführt wurden. Dem VII. Korps standen die 19. und 7. ID zur Verfügung. Der VI. Korps konnte auf die 11. und 5. ID und die 1. Jägerbrigade zurückgreifen. Hinter der Karelischen Armee stand die 1. ID in Reserve.

Das IV. AK unter GenLt. Oesch stand mit seinem rechten Flügel am Finnischen Meerbusen gegenüber Wyborg und mit dem linken Flügel im Raume Vuoksi. Es war das stärkste Korps und verfügte über die 8., 10., 12. und 4. Division.

Von Vuoksi und dem Nordwestende des Ladogasees bis zum Pyrhjärvi schloß sich das II. Korps unter GenMaj. Laatikaninen an. Ihm standen die 2., 18. und 15. Division zur Verfügung.

Während die „Gruppe Oinonen“ mit einer Kavalleriebrigade und der 2. Jägerbrigade im Raume Ilomantsi und nördlich davon aufmarschierte, hatte die 14. ID unter Oberst Raappana den Raum Lieksa zu besetzen.

Hinter der „Karelischen Armee“ und deren Armeereserven in Gestalt der 1. ID sollte als spezielle Reserve für Feldmarschall von Mannerheim die 163. deutsche ID nachfolgen, die noch im Raume Joensuu erwartet wurde. Hinzukommen würde die noch in Hanko stehende 17. finnische ID.

Nach Norden anschließend stand, bis hinauf zur Eismeerküste, das AOK Norwegen unter Generaloberst von Falkenhorst, in das neben den deutschen Hauptstreitkräften einige finnische Verbände einbezogen waren.

Das AOK Norwegen wurde von Generaloberst von Falkenhorst geführt. Sein Chef des Generalstabes war Oberst i. G. Buschenhagen. Die Gliederung der Verbände war von Süd nach Nord:

Das finnische III. AK unter Generalmajor Siilasvuo im Raume Suomissalmi und Kuusamo mit der 3. und 6. finnischen ID.

Daran anschließend:

Das deutsche Generalkommando XXXVI. unter General der Inf. Feige im Raume Kemijärvi mit der 169. ID, der „SS-Brigade Nord“ und zugeteilten finnischen Truppen.

Dann das Gebirgskorps Norwegen unter General der Gebirgstruppe Dietl im Raume Petsamo mit der 2. und 3. Gebirgsdivision.

Der Einsatz gegen die Sowjetunion konnte beginnen. Am 25. Juni, noch immer waren die Finnen nicht offiziell in den Krieg eingetreten, erfolgten überraschende sowjetische Luftangriffe auf Helsinki, Turku (ABO), Joensuu, Heinola und andere Städte in Innerfinnland.

An diesem Tage bezog das finnische Oberkommando sein neues HQ in Mikkeli, von wo aus Feldmarschall von Mannerheim auch im ersten Freiheitskrieg und während des vergangenen Winterkrieges die finnischen Streitkräfte geführt hatte.

Der Stadt Mikkeli wurden von Feldmarschall von Mannerheim zwei gekreuzte Marschallstäbe im Wappen verliehen.

Drei Kilometer südlich Mikkeli bezog der deutsche Verbindungsstab Nord unter General der Infanterie Erfurth sein Hauptquartier, um schließlich am 1. November 1941 ebenfalls nach Mikkeli überzusiedeln und immer präsent zu sein.

Am 26. Juni hielt Staatspräsident Ryti eine Rundfunkansprache an das finnische Volk, in der er erklärte, daß durch die sowjetischen Bombardierungen finnischer Städte der Kriegszustand zwischen Finnland und der UdSSR eingetreten sei. Damit waren Finnlands Soldaten abermals zu Waffenbrüdern der Deutschen geworden. In einem Tagesbefehl an alle Truppen Finnlands vom 28. Juni sagte Feldmarschall von Mannerheim:

> „Soldaten Finnlands“
>
> Ich rufe Euch auf zu einem heiligen Krieg gegen den Feind unseres Volkes. Unsere gefallenen Helden erheben sich in diesem Augenblick aus ihren sommerlichen grünen Grabhügeln, um sich erneut zu uns zu gesellen, da wir jetzt im Bunde mit der starken Kriegsmacht Deutschland und als seine Waffengefährten zu einem Kreuzzug gegen unseren Feind ausziehen, um Finnland eine gesicherte Zukunft zu schaffen.
> Waffenbrüder! Folgt mir noch einmal, zum letzten Male, jetzt, wo Karelien sich erhebt und die Morgenröte eines neuen Tages für Finnland entgegenleuchtet.“

Der Feldzug gegen die Sowjetunion – Angriff der Gebirgsdivisionen

Nachdem am 27. Juni 1941 ein deutscher Stukaangriff auf Salla erfolgt war und Treffer in den dortigen Baracken erzielt wurden, griffen deutsche Zerstörer- und Kampfverbände anschließend den sowjetischen Flugplatz Warlimowo an und vernichteten 40 russische Flugzeuge am Boden. Am 29. Juni wurden insgesamt acht Sowjetische Flugzeuge im Luftkampf abgeschossen.

Um 1.05 Uhr dieses 29. Juni setzten die vordersten Verbände der Gebirgstruppe, das II./GJR 138 unter Major von Pranckh, in Floßsäcken über die Titowka. Um seine Schlagkraft zu erhöhen, wurden dem Bataillon Teile der 1./GebPiBatl. 83, die 2./GebPzJgAbt. 48 und die 4. Batterie des GAR 112 unterstellt.

Der Vorstoß traf auf geringen Widerstand. Einzelne MG-Nester des Gegners, die den Vorstoß zumindest zu bremsen suchten, wurden niedergekämpft.

Im weiteren Vorstoß erreichte das Bataillon Pranckh die ostkarelische Siedlung Kasiba und das Höhengelände am Tschapr-See.

Der zweite Angriffskeil, bestehend aus dem I./GJR 138 unter Major Brandl, brachte hart nördlich dieses Sees die ersten Gefangenen der Roten Armee ein.

Die Pioniere schlugen im feindlichen Abwehrfeuer eine Brücke über die Titowka. Weit südlich der Übergangsstelle sicherten die Männer der 7./GJR 139 die rechte Flanke der 3. Gebirgsdivision.

Gegen Mittag ging über den Befehlsfunk die Erfolgsmeldung im linken Nachbarabschnitt ein, wo die 2. Gebirgsdivision den Grenzgürtel durchbrochen hatte und dem Feind dicht auf den Fersen blieb, der sich in Richtung zur Murmanstraße zurückzog. Über Funk wurde befohlen, daß die genannte allgemeine Umfassungsaktion des GJR 138 entfalle und nur das I./GJR 138 sofort nach Nordosten anzutreten habe, um den weichenden Feind noch zu packen und so rasch wie möglich die Straße zu gewinnen.

Alle übrigen Truppen schwenkten auf Korpsbefehl hin hinter der 2. Gebirgsdivision ein, um deren Durchbruch zu nutzen. Dieser Schwenk hinter die 2. Gebirgsdivision brachte die vordersten Angriffsteile der 3. Gebirgsdivision in schwieriges Gelände. Das GJR 138 und die Gebirgsartillerie mit den zahlenmäßig starken Tragtierkolonnen mußten sich ihren Weg durch Sumpf- und Felsgelände bahnen.

Dieser Stellungswechsel dauerte teilweise bis zu 16 Stunden. Noch später trat die Gruppe Weiß – das GJR 138 mit unterstellten Einheiten – ein, weil sie ihre Waffen, die Munitionsbestände und Karretten am Ostufer der Titowka über eine Reihe von unpassierbaren Geröllfeldern tragen mußten.

Im russischen Lager am Titowkasee wurden Vorräte an Trockenbrot, Salzfleisch, Hirse, Hafer und Heu entdeckt.

Das I./GJR 138 erreichte in der Nacht zum 30. Juni nach Überschreiten eines Gebirgsbaches die Straße bei der Höhe 180 und setzte sich dort fest. Der nach Osten ausweichende Fahrzeugverkehr des Gegners wurde von hier aus unter Feuer genommen. Eine größere Anzahl an Lastwagen, Waffen und einige leichte Panzer wurden erbeutet.

Bereits in dieser ersten Phase des Kampfes gegen die Rote Armee traten Jagdkommandos des Gegners auf, die den Befehl hatten, die deutschen Versorungskolonnen aus dem Hinterhalt zu überfallen. Das Oberkommando erreichte die Titowka um 10.00 Uhr am 30. Juni. Hier ging die Meldung ein, daß die 2. GD in Richtung Kutowja vorgestoßen sei und von den dort hartnäckig verteidigenden Soldaten der Roten Armee, die von See her unterstützt wurden, zum Stehen gebracht. Dennoch sei, so verkündete das KTB des Korps, „der Aufmarsch des AOK Norwegen reibungslos verlaufen."

Im Abschnitt der 3. GD betrieb die 2./GJR 138 Gefechtsaufklärung und drang rechts der Straße zu den beiden Höhen 257,4 und 218,5 vor. Feindliche Umfassungsversuche wurden von den Kp. abgewiesen. Die Meldungen, welche sie zurückgab, deuteten an, daß der Gegner offensichtlich eine Hauptkampflinie auf dem Ostufer der Liza errichten werde.

Als die Masse des GJR 138 unter Oberst Weiß aufschloß, wurde dieser Verdacht zur Überzeugung.

Bevor der Angriff über die Liza angetreten werden konnte, mußten die Versorungsprobleme geklärt werden, denn ohne die wichtigen Kampf- und Versorgungsmittel war an eine Weiterführung des Vorstoßes nicht zu denken.

Die 3. GD erreichte bis zum 3. Juli mit schwachen Teilen bei Zapadnaja Liza die Liza, während die 2. GD noch immer bei Kutowja stand und von den in der Bucht von Kutowja kreuzenden sowjetischen Zerstörern beschossen wurde.

Bis zum 6. Juli waren die ersten Teile der Tragtierkolonne und Floßsäcke beim I./GJR 138 unter Majer Brandl südwestlich der Lizabrücke eingetroffen. Wenig später gingen die Gebirgsgeschütze der 4. und 5./ GAR 112 in Stellung, und Major Brandl entschloß sich, den Sprung über die Liza zu wagen. Dazu erhielt er die Freigabe von der Division und vom Korps. Der Sturm auf das Ostufer der Liza konnte beginnen.

Der Feind lag, das war durch Gefangenenaussagen erhärtet, mit vier Regimentern in der Front und einem in der Flanke des Angriffs des Gebirgskorps Norwegen; er schlug sich tapfer. Ihm stand von Natur her optimales Abwehrgelände zur Verfügung. Es war ihm in den wenigen Wochen vor Kriegsbeginn, vor allem aber seit dem 22. Juni 1941 gelungen, starke Stützpunkte und Feldstellungen einzurichten. Daß seine Flotte bereits am ersten Angriffstag in das Kampfgeschehen eingreifen konnte, war eine weitere Überraschung für die deutsche Führung. „Durch die ständige Bedrohung der tiefen und äußerst empfindlichen Flanke wurden die wenigen Reserven des Korps gebunden". (Siehe: Oberst Herrmann in: „Generaloberst Dietl").

Schon in der Aufmarschphase dieses Kampfes, der sich zu einem fürchterlichen Gemetzel entwickeln sollte, war es der Korpsführung klar, daß der große Fehler eines Einsatzes von Gebirgstruppen in deren Zweigleisigkeit lag. Den Gebirgsdivisionen standen nur zwei Regimenter zur Verfügung anstelle dreier Regimenter bei den Infanterie-Divisionen. Dadurch war es dem Gebirgskorps Norwegen unmöglich, auch nur geringe Reserven zu bilden, um mit deren Hilfe an den Schwerpunkten der Schlacht eingreifen zu können.

Die Versorgungsprobleme erwiesen sich erst nach Erreichen der Liza als problematisch. Die einzige Straße, über die der Nachschub zur Front rollen konnte, verlor sich an der finnisch-sowjetischen Grenze und wandelte sich zu einer Art von Lappenpfad, der für Fahrzeuge aller Art unpassierbar wurde, zumal Geröllfelder mit Sumpfgebieten einander abwechselten. Die Truppen der Roten Armee verfügten über den kurzen Seeweg zur Versorgung ihrer Einheiten und konnten außerdem über eine aus Murmansk heranführende Straße und weiter im Süden über den wenigstens bedingt brauchbaren Ura-Weg Versorgungsgeleite heranführen.

Der Gegner kannte außerdem das Gelände. Er hatte sich an den taktisch wichtigen Punkten eingenistet und verfügte über so gut getarnte Stellungen, daß diese erst bei Feuereröffnung zu erkennen waren. Außerdem war sich dieser Gegner der Bedeutung von Murmansk und der Murmanbahn voll bewußt und verteidigte entsprechend hart. Dennoch war es den kampfkräftigen Teilen der beiden Gebirgsdivisionen gelungen, die Liza zu erreichen.

Über die Liza – Kampf bis zum Letzten

Am Abend des 6. Juli überschritten die Männer des I./GJR 138 unter Major Brandl die Liza. Auf Floßsäcken, die vom GebPiBatl. 83 unter Oberstleutnant Paul Klatt eingesetzt wurden, gewannen sie binnen kürzester Zeit das Höhengelände südlich der Lizabrücke, das aus zwei Bergrücken bestand, zwischen denen eine sumpfige Mulde lag.

Der Feind versuchte im Gegenstoß diese Stellungen zurückzugewinnen. Der von der 2. GJR 138 verteidigte nördliche Höhenrücken wurde unter schweren Verlusten gehalten. Gleichzeitig wies diese Kp. sowjetische Umfassungsversuche zurück, mit denen der Feind die auf der Südkuppe verteidigenden Kameraden auszuhebeln versuchte.

Am späten Abend gelang es auch dem II./GJR 138 unter Major Pranckh, den rechten (südlichen) Höhenrücken in Besitz zu nehmen, die „Pranckh-Höhe" genannt wurde, während die nördliche Höhe den Namen ihres Erstürmers, „Brandl-Höhe", erhielt.

Als das GJR 139 unter Oberst Windisch am 7. Juli beim Straßenendpunkt an der „Felswand" eintraf und das II./GJR 137 der 2. GD dem Angriffsverband zugeführt wurde, schien es zu klappen.

Jetzt wurde durch Korpsbefehl das III./GJR 138 nach Norden gerufen, um bei Spadnaja Liza zu helfen, wo der Feind von See her Truppen in unbekannter Stärke über See herangebrachte hatte. Das Bataillon sollte die Nordflanke des Korps vor weiteren bösen Überraschungen schützen.

Um 3.00 Uhr des 8. Juli brach der Feind im Abschnitt der 6./GJR 138 ein. Er wurde im Nahkampf, Mann gegen Mann, geworfen. Der Gegenangriff der kleinen taktischen Reserve brachte dann die Entscheidung. Der Gegner wurde aufgehalten. Einzelne deutsche Widerstandsnester verteidigten sich tapfer. Aber die Ausfälle steigerten sich von Stunde zu Stunde, und Generalmajor Kreysing mußte dem Korps noch am Morgen des 8. Juli melden, daß die erreichte Linie nur unter Aufopferung aller dort eingesetzten Soldaten behauptet werden könne.

General Dietl entschloß sich zur Aufgabe des Brückenkopfes. Er wog die Gegebenheiten nüchtern und genau ab und stellte fest, daß er keine andere Wahl hatte, wenn er nicht seine Jäger umsonst opfern wollte. Er gab GenMaj. Kreysing Weisung, mit dem I. und II./GJR 138 am Westufer der Liza Stellung zu beziehen.

Der Uferwechsel wurde unter Beschuß durch MGs des Gegners bis 14.00 Uhr vollzogen. Alle Verwundeten wurden von den Gebirgsjägern zurückgeschafft. Der Feind versuchte nicht, den deutschen Verbänden auf das Westufer zu folgen. Warum sollte er auch diese guten Stellungen auf dem Ostufer verlassen? Sie zwangen ja den Gegner dazu, erst den Fluß zu überwinden, ehe der Kampf um die sowjetischen Verteidigungsstellungen aufgenommen werden konnte.

Der zweite Angriff über die Liza sollte zu einem durchschlagenden Erfolg gestaltet werden. Dazu wurden Pläne vom Korpsstab ausgearbeitet, nachdem klar war, daß es keine weiträumige Operation werden würde. Mitteleuropäische Maßstäbe konnten, das stellte sich nach diesem ersten Angriffsversuch über die Liza heraus, nicht angewandt werden.

General Dietl sah den Angriff seines Gebirgskorps zunächst mit Schwerpunkt bei seiner alten 3. GD vor. Die beiden Höhen, die von den Bataillonen Pranckh und Brandl zwar erobert, aber wieder aufgegeben worden waren, sollten ein zweites Mal erstürmt werden.

Als aber im Abschnitt der 2. GD ein Kradmelder mit den Korpsbefehlen für den Angriff von einem sowjetischen Jagdkommando abgefangen worden war, entschloß sich Dietl zur Änderung des gesamten Angriffs. Diesmal verlegte er den Schwerpunkt zur 2. GD und ließ dort drei Stroßgruppen bilden. Es waren dies:

Gruppe 1: GJR 136. Angriffsbeginn 13. Juli 1941. Ausgangsposition Punkt 322.
Gruppe 2: GJR 137. Angiffsbeginn 13. Juli 1941. Ausgangsposition der Raum hart westlich des Langen Sees.
Gruppe 3: GJR 139. (Ohne sein II. Batl.) bei Angriffsbeginn 14. Juli 1941 nach Überwindung der Liza am Wasserfall, Westende Langer See als Ausgangsposition.

Aus diesen Bereitstellungen sollte dann die 2. GD mit dem unterstellten GJR 139 die Linie 155,1 – 183,6 – Höhen nordwestlich Punkt 183,6 erreichen. Erst dannach sollte die 3. GD den neuen Sturmangriff auf die beiden genannten Höhen vortragen, um von dort aus in Richtung Seenge 7 Kilometer südlich der Lizabrücke hinunterzustoßen.

Der Angriff – Blutige Verluste

Der Angriff am frühen Morgen des 13. Juli sah bereits auf dem Wege zu den genannten Ausgangsstellungen schwere Gefechte. Das GJR 139 unter Oberst Windisch wühlte sich in einem Ringen, in dem jeder Meter Boden teuer erkauft werden mußte, gegenüber dem zähen Gegner durch und erreichte am Abend des 15. Juli die Höhen nordwestlich des Langen Sees. Hier begann der Kampf um jede Senke und jede Felskuppe.

„Die Talsohlen waren dschungelartig bewachsen. Die Verluste stiegen verzweifelt hoch an. Oberst Windisch, Theresienritter der Isonzofront des Ersten Weltkrieges, sah seine Männer fallen. Es spielten sich schreckliche Szenen ab, und für Alois Windisch, einem der ersten, der das Ritterkreuz trug, kam die Stunde, da er sich entscheiden mußte. Er entschied sich für seine Soldaten.“ (Generalleutnant Paul Klatt an den Autor).

Oberst Windisch ließ durch Melder an die 3. GD durchgeben, daß er sich außerstande sehe, den Angriff fortzusetzen. Er wurde damit abgespeist, daß man von „Anlaufschwierigkeiten" sprach. Als dann aber eines seiner Bataillone – es war das III./GJR 139 – völlig aufgerieben wurde, ohne an das Ziel heranzukommen, ließ sich Oberst Windisch mit dem Divisionskommandeur verbinden. Über den Verlauf, soweit es die Seite Windisch anbetrifft, hat Ingomar Pust in seinem Werk „Österreicher im Feuer" – Tragödie der Tapferkeit" – einen plastischen Bericht gegeben:

„Es gibt einen Zeugen dieses Gespräches, den Führer des Aufklärungszuges, Lt. Fritz: ‚Es war ein erregtes Gespräch im Gange. Aus den Worten von Oberst Windisch war unschwer zu entnehmen, daß es um die Fortsetzung des Angriffs ging. Windisch wies auf die unzureichenden Kräfte hin. (Seinem Regiment war ja ein Bataillon entzogen worden). Er beklagte den Mangel an Reserven, fehlende Luftwaffenunterstützung und das Zurückbleiben der Artillerie.

Generalmajor Kreysing gab ebenso wie Dietl, der auf dem GefStand der 3. GD weilte, zu, daß die Einwände Windischs berechtigt seien, aber es keinen Sinn habe, mehr Truppen und schwere Waffen und Luftwaffenunterstützung anzufordern, weil man sie nicht habe und nicht erhalte. Lt. Fritz:

‚Da scheint dem Windisch der Kragen geplatzt zu sein. Der Österreicher, der Maria-Theresiaritter, brach aus ihm heraus, ich hörte, wie er in den Apparat schrie:

‚Fangts kan Krieg an, wenn ihr keinen führen könnts'.

Als dann offenbar Generalmajor Kreysing noch etwas sagte, wuchs Alois Windischs Zorn noch mehr, er verlor den letzten Rest der Besinnung, rief das Götz-Zitat in die Sprechmuschel, warf den Hörer auf den Apparat und stürmte hinaus."

Das Regiment griff weiter an. Es eroberte die nächste Höhe, die wenig später die Bezeichnung „Toter Mann" erhielt. Hier stand Hptm. Holzinger mit seinen Männern des I./GJR 139 in einem Einsatz, der alles Vorstellbare weit übertraf. Von schweren Granatwerfern der Roten Armee ununterbrochen unter Feuer gehalten, in fast deckungslosem Felsgelände, fielen Holzingers Männer einer nach dem anderen.

Als die linke Flanke des III./GJR 139 plötzlich offen dem Zugriff der Rotarmisten preisgegeben schien, weil das Nachbarbataillon von ihnen abgedrängt worden war, eilte Oberst Windisch mit seinem Stab dorthin und richtete mit Meldern, Schreibern und dem Aufklärungszug unter Lt. Walter Fritz die Flankensicherung ein. Dazu Lt. Fritz:

„Ich lag mit meinem Aufklärungszug in der linken offenen Flanke des III. Bataillons. Bei mir befand sich Oberst Windisch. Hier unten war im Birkengestrüpp im Gegensatz zur felsigen Höhe sogar etwas Humus auf dem Tundraboden. Die MG-Bedienungen und die Jäger arbeiteten verzweifelt mit ihren Spaten, um sich wenigstens schützende Mulden zu graben. Dabei aber hatten sie die dauernde Beobachtung des Vorfeldes vergessen.

Plötzlich schrie Oberjäger Perkonig aus Klagenfurt gellend:

Die Russen – Die Russen. Ich riß das Glas an die Augen. Tatsächlich in einigen hundert Metern Entfernung kamen sie in Massen heran. Nein brüllte Perkonig. Nicht dort. Er zeigte in die Richtung des Sumpfstreifens. Da sind sie.

Wahrhaftig. 30 Meter von uns entfernt liefen sie auf uns zu. Unser MG-Schütze, der blonde blauäugige Pirchmoser aus Tirol, schanzte noch. Ich sprang mit einem Satz an sein MG und jagte Dauerfeuer aus dem Lauf.

Hätte Perkonig den Feind nicht entdeckt, hätten sie wenige Minuten später den gesamten Regimentsstab samt unserem Oberst eingesackt. Hier wurde auch jener Mann verwundet, der viele Jahre später in Deutschland zu einer Berühmtheit im besten Sinne des Wortes wurde: Der Vorarlberger Hermann Gmeiner, Gründer der SOS-Kinderdörfer."

Im Bataillonsgefechtsstand, wo Hptm. Holzinger und sein Adjutant, Lt. Melzer, mit einigen Schreibern und Meldern hockte, macht Holzinger die Bilanz dieses Kampfes auf. In drei Tagen war das I./GJR 139 am „Toten Mann" fast verblutet. Die überlebenden Männer waren verwundet und hungerten, denn in diesen drei Tagen waren weder Brot noch Kaffee oder Konserven nach vorne gekommen. Als hier in der zweiten „Nacht" – es gab keine Dunkelheit, sondern nur diffusen Dämmer – die Rotarmisten angriffen, ging es ums Ganze. General a. D. Holzinger hat für das Werk „Österreicher im Feuer" diese Situation plastisch dargestellt:

„Es gab kein Überlegen, wir ergriffen MPi und Karabiner wie in einer automatischen Reflexbewegung und stürmten wie Irre, Hurra brüllend, aus der Hüfte feuernd, aufwärts auf die auftauchenden Sowjets zu, die vor unserem schreienden feuerspeienden Haufen auf der Stelle kehrtmachten.

Noch während unseres Gegenstoßes jaulten wieder Granaten des Feindes heran. Ich hörte sie kommen und dachte: ‚Sie gilt dir!' Aber die galt nicht mir, sie zerriß meinen Adjutanten Melzer. Ich schrieb seinem Vater, einem Major beim Wehrbezirkskommando Dresden. Er antwortete mir: An genau demselben Tag, an dem er die Todesnachricht vom Eismeer erhielt, habe er noch die grausame Mitteilung erhalten, daß auch sein zweiter Sohn im Osten gefallen war."

General Holzinger fuhr fort: „Der größte Teil meines Bataillons war tot. Mit 700 Mann griffen wir an, kaum 100 meiner Soldaten kehrten von diesem Angriff zurück. Unter den Verwundeten, die sich retten konnten, war auch Oblt. Schönbeck, der später im Österreichischen Bundesheer Alpini-Inspektor wurde."

Zurück zu den Kämpfen der übrigen Angriffsgruppen.

Das GJR 137 und das GJR 136 der 2. GD waren am 15. Juli bereits bis zu 10 Kilometer über die Liza nach Nordosten vorgestoßen. Starke Gegenangriffe brandeten gegen die Ostflanke der Division an und zwangen sie an diesem Tage zur Bildung einer starken Abwehrflanke nach Osten. Diese wurde ununterbrochen von sowjetischen Sturmtruppen berannt und durch sowjetische Artillerie und Granatwerfer beschossen.

In der Korpsbesprechung am 15. Juli erklärte General Dietl, daß „erst mit Ausschaltung dieses Feindes an der Ostflanke und am Flaschenhals die Voraussetzungen gegeben seien". Dieses teilte er auch dem AOK Norwegen mit. Unter dem Eindruck der einlaufenden Meldungen aller drei Angriffsgruppen brach Eduard

Dietl diesen Angriff abermals ab, denn der Gegner war einmal zu stark und hatte zum anderen im Rücken des Korps Truppenanlandungen vorgenommen. Dies war mitbestimmend für Dietls Entscheidung, die Initiative der 2. GD zu beenden.

In der Nacht zum 16. Juli setzte sich das GJR 139 auf die Höhen um den Hauptpunkt 314,9 ab. Das GJR 139 hatte am nächsten Tage noch einmal schwere Abwehrkämpfe zu bestehen. Dort kam der Feind aus Südosten.

Bei dem am 14. Juli gelandeten Feind handelte es sich um einen sowjetischen Schiffsverband unter dem Kommando von Kapitän 1. Ranges, V. I. Platonow, der mit drei Wachschiffen, drei Minensuchbooten und 10 U-Jägern gelandet war. Die Schiffe entließen das gesamte 325. Schützenregiment und ein Marinebataillon mit insgesamt 1600 erstklassigen Kämpfern. Sie traten sofort zum Gegenangriff an. Diesen Angriff unterstützte das Zerstörerfeuer der sowjetischen Deckungsstreitkräfte.

Am 16. Juli landeten drei weitere Wachschiffe ein neues Bataillon in der Lizabucht. Diese Operation wurden von einem Zerstörer, drei Wachschiffen und vier U-Jägern gesichert.

Alle Truppen des Gebirgskorps Norwegen waren bis zum 17. Juli zurückgenommen worden. Auf dem Westufer der Liza hatte General Dietl eine Sicherungsfront einrichten lassen, in welche die zurückgehenden Gebirgsjäger aufgenommen wurden. Diese Lizafront wurde unter den Befehl von Oberst Weiß, Kdr. des GJR 138, gestellt. Zu seiner Unterstützung war ihm die GebPzJägAbt. 48 unter Major Kluge unterstellt worden. Im weiter zurückliegenden Gebiet hatte das PiBauBtl. 405 mit den Arbeiten an den Nachschubwegen des Korps begonnen.

„Wir dürfen dem Feind nicht die Initiative überlassen“, erklärte General Dietl seinen Kommandeuren, „deshalb müssen wir ihn mit kampfstarken Stoßtrupps beunruhigen. Dazu bietet unsere offene Südflanke die besten Möglichkeiten.“

Eines der kampfstärksten Stoßtrupp-Unternehmen der nächsten Tage war jenes der 8./GJR 139, bei dem der Feind mehr als 60 Tote verlor.

Das als Korpsreserve abgestellte III./GJR 138 unter Major Schratz hatte am 13. Juli ebenfalls die Liza überschritten und war zum Vorstoß auf die Seenge zwischen dem Herzsee und dem Langen See angetreten. Das Bataillon entriß dem Gegner das dort beherrschende Höhengelände 263 – 314. Hier versuchten die Rotarmisten in den nächsten Tagen immer wieder die Gebirgsjäger von den Höhen zu werfen.

Nicht weniger als 21 Angriffe richteten die sowjetischen Truppen auf diese Höhen. Sie wurden ebenso oft abgewiesen und hatten hohe Verluste. Am 18. Juli wurde dieses tapfere III./GJR 138 dem GJR 139 unterstellt.

Erst in der Nacht zum 22. Juli war die 3. GD wieder vereinigt. Lediglich das GebRadfBatl. 68 kämpfte noch beim GJR 136 unter Oberst Hofmeister im Kampfraum zwischen Lizafjord und der Bucht von Titowka und blieb auch nach den erbitterten Abwehrkämpfen vom 29. Juli bis zum 2. August im Nordabschnitt des Korps.

Bereits bei diesen Kämpfen mit seinen vielen Opfern an Toten und Verwundeten zeigte es sich, daß der Abtransport der Verwundeten nicht in der von General Dietl vorgesehenen raschen Art und Weise erfolgen konnte, weil alle Voraussetzungen dazu fehlten. Es galt, die in den vordersten Stellungen verwundeten Kameraden teilweise auf Krankentragen zurückzubringen.

Nur wer dem auch auf diesem Weg auf ihn niederprasselnden Feindfeuer entging, hatte eine Chance, die Sankas zu erreichen und in die Lazarette Nordfinnlands zu kommen oder nach Norwegen überführt zu werden.

Es waren die Lazarettschiffe „Stuttgart“ und „Berlin“, welche die Weiterbeförderung nach Süden übernahmen.

Was den Gegner anbelangt, so war er – mit Ausnahme der Jagdkommandos, die keine Überlebenden zuließen und oftmals über alles Maß grausam und brutal waren – ein harter und kompromißlos fechtender Soldat und zudem zu jedem Opfer für den „Großen Vaterländischen Krieg“ bereit, auch ohne die rücksichtlosen Antreiber, die Politruks.

Im Stabe des Gebirgs-AK Norwegen

Am 21. Juli bereits hatte General Dietl in einer Besprechung mit dem Chef des Generalstabes des AOK Norwegen, Oberst Buschenhagen, bei der auch Generaladmiral Böhm anwesend war, zur Weiterführung des Angriffs die sofortige Zuführung eines Regimentes der 199. ID, eines MG-Bataillons und eines Radfahr-Bataillons aus Norwegen zum Einsatz an der Ostseite seines Korps gefordert. (Siehe KTB des Gebirgskorps Norwegen). Diese Verstärkungen hätten einen Teil seines Korps von der Flankensicherung befreit und ihn in den Angriff eingliedern lassen.

General Dietl forderte: „Für die Versorgung des Korps sind außer den bereits zugesagten Verpflegungssätzen noch ein halbes Feldlazarett, ein Zug Kranken-Kraftfahrzeuge und eine Bäckerei-Kompanie notwendig. Nur so ist die Versorgung und Betreuung der Truppe gewährleistet.

Dietls Forderungen nach vorausgehenden Stukaangriffen waren bislang ohne Echo geblieben. Dies war mit an dem vergeblichen Angriff über die Liza schuld. Nur das Herausbomben der Kräfte des Gegners aus seinen Stellungen hätte die Garantie des Erfolges in sich getragen.

Erst am 27. Juli, nachdem beide Angriffe über die Liza blutig vom Gegner abgewiesen worden waren, teilte der Chef des Generalstabes der Luftwaffe mit, daß auf Befehl des Oberbefehlshabers der Luftwaffe, Reichsmarschall Göring, alle verfügbaren Stukas vor dem Raum des Gebirgskorps Norwegen eingesetzt werden würden. Vor allem werde die Seenenge von Kairala am 26. Juli durch Stukaangriffe zum Angriff der dort eingesetzten Divisionen des XXXVI. AK geöffnet werden.

Am nächsten Tage trat denn auch das XXXVI. AK zum Durchbruchsangriff durch die Kairala-Seenengen an.

Ein brennender russischer BT-5 Panzer auf den Kampffeld.

Deutsche Kanoniere schieben eine Feldhaubitze am Spreizholm packend an.

Ein deutscher Landser sitzt auf einem abgeschossenen russischen T 34 Panzer (Baujahr 1940). Deutlich kann man die Einschusslöcher erkennen.

Generalleutnant Hans Graf von Sponeck (rechts) mit Major Zürn im Südabschnitt der Ostfront.

Generalfeldmarschall von Brauchitsch (von rechts) mit Generaloberst Ritter von Schobert in Nikolajew (4. von rechts).

Generaloberst Ritter von Schobert geht zur Maschine, mit der er am 12. September über der Front abgeschossen wurde.

'rich von Lewinski, genannt von Manstein, führte nach ;eneral Schuberts Tod die 11.Armee. Er war einer der ihigsten deutschen Armeeführer im Angriff wie in der 'erteidigung.

General Woroschilow, ein alter Haudegen aus der Zeit der Revolution, war bei den russischen Soldaten sehr populär, hatte jedoch nicht das nötige Schlachtenglück.

General Timoschenko (links) und General Shukow (rechts) gehörten zu den fähigsten russischen Armeeführern. Sie waren später maßgeblich an der deutschen Niederlage im Jahr 1945 beteiligt.

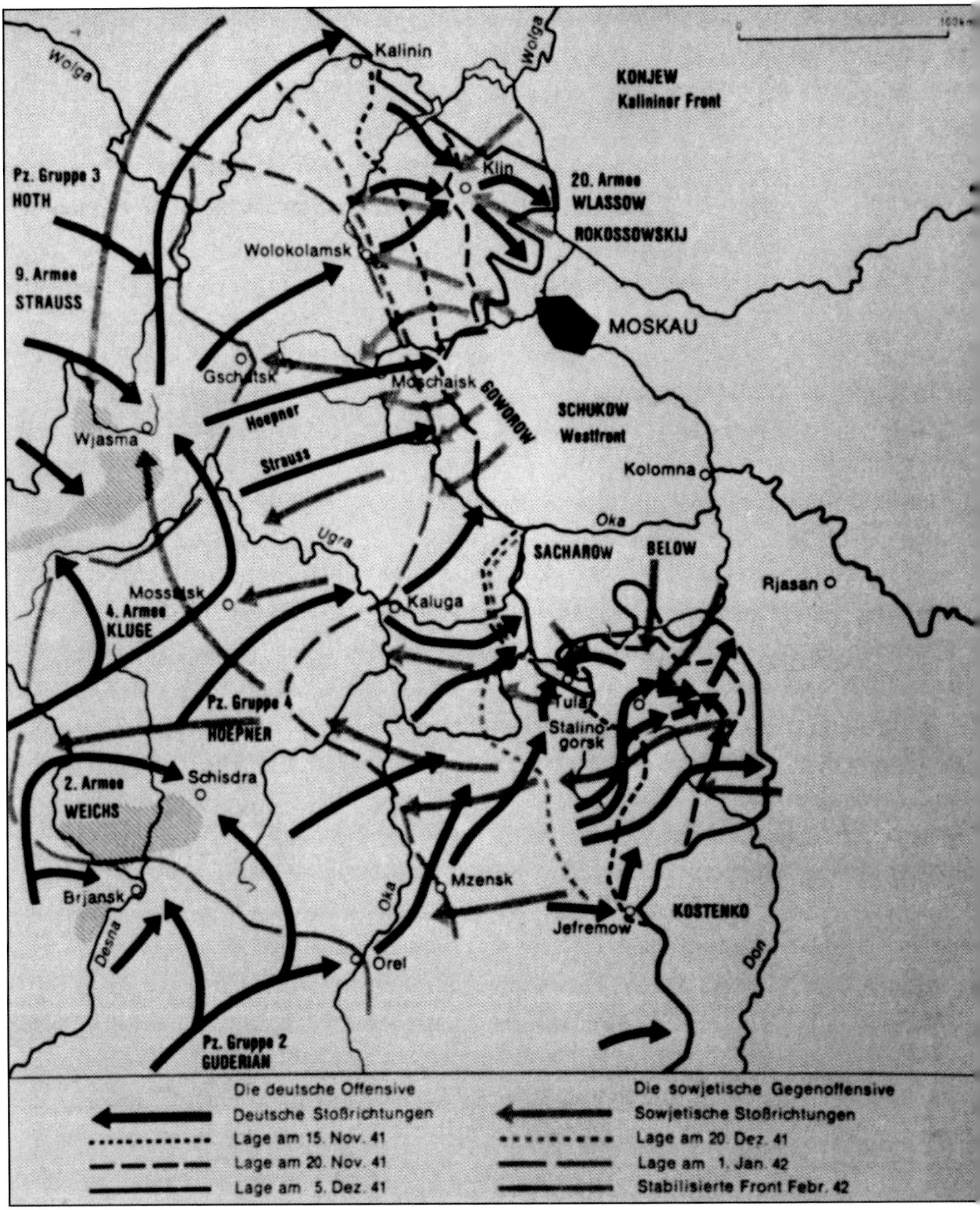

Der Angriff auf Moskau und die russische Gegenoffensive.

Bereitstellung zum Angriff „Taifun" auf Moskau.

Panzer im Winterkampf vor Moskau.

Abwehrkampf in einer Ortschaft.

Für Mensch und Pferd eine Eishölle.

Im Herbst 1941 war man noch guter Hoffnung Moskau zu erreichen und damit den Krieg im Osten zu beenden, es sollte jedoch anders kommen.

Infanterie im Ortskampf, der Gruppenführer schießt mit seiner MPi 40.

Ein schweres Maschinengewehr wehrt einen russischen Gegenstoß ab. Ab November wurde es empfindlich kalt und die deutschen Wintermäntel waren zu dünn für die russischen Temperaturen, die bis auf -50° Celsius fielen.

Die Verluste mehren sich, Kameraden begraben ihre Gefallenen in einem Reihengrab.

Eine rumänische Panzereinheit wühlt sich im Südabschnitt der Ostfront durch den Schlamm. Sie sind mit dem tschechischen Panzer 35 ausgerüstet, der schon vor dem Krieg geliefert wurde.

Die deutsche 3,7 cm-Panzerabwehrkanone (Pak), genügte schon lange nicht mehr, um die schweren T 34-Panzer der Russen abzuwehren.

Die Kradschützen und Kradmelder versanken mit ihren Maschinen im Schlamm. Der erste Frost war die Erlösung vom Schlamm, da die Wege wieder fest wurden.

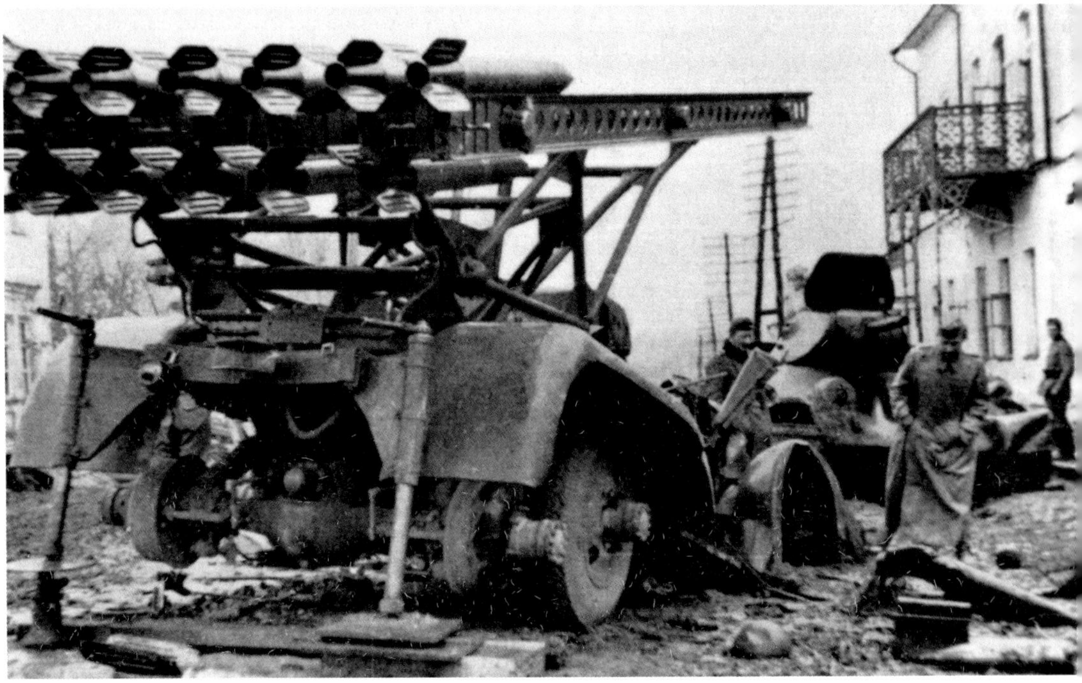

Im Herbst 1941 setzten die Russen erstmals in größerem Umfang die berüchtigten „Stalin-Orgeln" ein. Hier ein erobertes Raketensalvengeschütz in Rostow am Don.

Eine Verteidigungsstellung im Wald. Die deutschen Landser hatten keine Winterausrüstung und konnten sich nur behelfsmäßig mit weißen Laken tarnen.

Winter 1941/42: Dieses MG-Nest ist gut mit Balken ausgebaut. Man erwartet den nächsten russischen Angriff.

Auch die Pferde mussten unter der grausamen Kälte schwer leiden. Hier ein Nachschubgespann bei –40° Celsius bei Taganrog.

Russische Gefangene fischen an einen Loch im Eis am Asowschen Meer.

Dem Generalkommando XXXVI war zu Beginn des Kampfes die Aufgabe gestellt worden, die Berge von Salla zu gewinnen und dann weiter auf Kandalakscha vorzustoßen. Das Korps wurde in Ausführung dieses Angriffs in schwere Kämpfe verwickelt, konnte aber dennoch bis zum Abend des 28. Juli die Berge von Salla erreichen. Nicht zuletzt dank der großartigen Stukaunterstüzung, die es am 6. Juli erhielt, wurden die Befestigungen der Roten Armee südlich von Kuolajoki zerschmettert. Hier wurden bis zum 6. Juli nicht weniger als 50 Sowjetpanzer abgeschossen oder im Nahkampf gesprengt.

Bei der Fortsetzung der Offensive in Richtung Kandalakscha ging es durch die Seenenge von Kairala. Hier hatte die Rote Armee starke Sperrzonen angelegt, die erst umgangen werden mußten.

Es sollte nach diesem Angriffsbeginn noch bis zum 24. August dauern, bevor der Gegner diesen Raum verließ und seinen Rückzug auf Alakurrti fortsetzte. In einer neuntägigen Kesselschlacht wurde hier das verteidigende XXXXVI. sowj. AK vernichtend geschlagen.

Am 26. Juli, dem Tage des neuerlichen Angriffsbeginns in diesem Abschnitt, wurde der Ia der Armee Norwegen durch General Jodl im OKW empfangen. Er gab dem Chef des Wehrmachtsführungsstabes eine Lagebeurteilung der Armee, die von diesem gebilligt wurde.

Im Verlauf dieser Unterredung sicherte General Jodl „meinem Freund Dietl die Zuführung der 6. Gebirgsdivision unter Schörner zu“. Allerdings befand sich diese Division noch in Griechenland und sollte erst ab dem 5. August aus Saloniki auf den Weg gebracht werden.

Allgemeine Übersicht

In diesen Tagen einer Neugruppierung übernahm Oberstleutnant Klatt, der bisher das PiBatl. 83 der 3. GD geführt hatte, die Führung des GJR 138, weil Oberst Weiß zu höherer Verwendung abkommandiert worden war. Das PiBatl. 83 wurde Major Kuske anvertraut.

Das Gebirgskorps Norwegen unternahm bis zum 3. August die Säuberung des Geländes, die allgemein erfolgreich verlief.

Am 18. Juli lautete die Truppeneinteilung des Gebirgskorps Norwegen folgendermaßen:

2. Gebirgsdivision: GenMaj Schlemmer
verst. 2./GebPiBatl. 82 Oblt. von Bimbach

Gruppe Windisch: Oberst Windisch mit:
I./GJR 139: Maj. Holzinger

II./GJR 139: Maj. Guder
III./GJR 139: Maj. Schratz

Gruppe von Hengl: OberstLt. von Hengl mit:
I./GJR 137: Maj. Vielwerth
II./GJR 137: Maj. Kräutler
III./GJR 137: Maj. Hauck

Gruppe Heinzle (III./GJR 136) OberstLt. Heinzle
GAR 111 (ohne 5./111) Oberst Kammel

3. Gebirgsdivision: GenMaj. Kreysing mit:
GJR 138: Oberst Weiß
I./GJR 138: Maj. Brandl
II./GJR 138: Maj. von Pranckh
III./GJR 138: Maj. Salzer
GAR 112: Oberst Mönch.

Sicherungsgruppe Petsamo: Maj. Fleischhauer mit:
RadfBatl. 68. Kp. Hptm. Titola, 2. Finnische Kp.
Artillerie: Finnische Batterie
Küstenartillerie-Abt. 504: Hptm. Müller
Batterien 546 und 558:
Gruppe Hofmeister: OberstLt. Hofmeister
RadfBatl. 67: Maj. Lindinger
II./GJR 136: Maj. Örtl
I./finn. IR: Oberst Hanelius, Hptm. Gahnström
Batterien 1./730, 869, 567 und 5./111

MG-Batl. 4: OberstLt. Braun mit:
I./GJR 137: Maj. Ruef
II./finn. IR 14: Hptm. Heino

Aufklärungskette (H): Lt. Hauschild
I./FlakRgt. 5: Maj. Quodbach (ohne 2. und 4. Battr.)

KorpsAbt. Schlögl: Hptm. Schlögl mit:
2. und 3./730 und 1./477:
HeeresKüstArtAbt. 498: Hptm. Bromm mit:
9./GAR 111, Batterie 580 und 999

Bau-Batl. 405: Hptm. Bäder (ohne 4. Kp.)

RAD-Abschnitt 27: Oberarbeitsführer Welser mit:
Gruppe 363: Arbeitsführer Baulig
Gruppe 376: Arbeitsführer Liebig (siehe KTB Gebirgskorps Norwegen vom 18. 7. 1941)

Der letzte Sturmangriff an der Liza und im Hohen Norden

Bereits am 14. August führte die Rote Armee beim Gebirgskorps Norwegen heftige Angriffe gegen die Brückenkopfstellung und an der Fischerhalbinsel. Das SS-Rgt. 9 wurde von der Armee dem Gebirgskorps Norwegen zugeführt und Dietl unterstellt.

An diesem Tage schlug die Armee auch die Art der Angriffsführung zum nächsten Angriff vor. Und zwar sollte Dietl seine Kampftruppen mit weit nach beiden Seiten ausholender Umfassung zur Gewinnung der Seenenge zwischen Knyrkärvi-See mit von dort aus erfolgtem weitem Vorstoß nach Norden ansetzen.

Dietl lehnte diese Art der Angriffsführung als in dem betreffenden Gelände unmöglich ab. Sie würde wieder einmal sehr zur Zersplitterung seiner Kräfte und außerdem durch weithin unwegsames Gelände führen. Er schlug dagegen den frontalen Angriff auf die Feldbefestigungen der Roten Armee vor, „denn die Umgehung durch das Sumpfgelände hindurch ist schwierig, wenn nicht ganz undurchführbar." Stattdessen sollten möglichst starke Stukaverbände die sowjetischen Feldstellungen und ihre nach rückwärts gestaffelten Artillerie- und Werferstellungen zerschlagen. Nur so sei in diesem Gelände ein Angriff erfolgreich zu führen.

Am 1. September ging der Divisionsbefehl für die 3. GD „zur Bereitstellung und zum Angriff über die Liza" hinaus. Er trug die Registriernummer Ia Nr. 391/41 geh., und sein Wortlaut war in den entscheidenden Passagen folgender:

„Der Feind hat sich gegenüber der Division und vor dem Brückenkopf der 2. GD in einer Gesamtstärke von vier Regimentern zur Verteidigung gegliedert. Er scheint einen Angriff zu erwarten. Artilleriegruppierung und Schanzarbeiten lassen ein tiefes Hauptkampffeld nach Osten bis zum ‚Neuen Weg' vermuten. Hinter dem russischen Südflügel ist in Gegend Knyrk – Järvisee mit starken Reserven und Panzereinsatz zu rechnen.

2.) Gebirgskorps Norwegen greift nach Zuführung neuer Kräfte am Tage ‚X' mit Schwerpunkt bei der 3. GD von beiden Flügeln aus an, stößt zum ‚Neuen Weg' bis zur Vereinigung beider Divisionen durch und vernichtet den zwischen ‚Neuem Weg' und der Liza stehenden Gegner.

Das Korps gliedert sich so, daß es Ausbruchsversuche und Gegenangriffe des Feindes abweisen und nach Einsatz der 6. GD den Angriff auf Murmansk fortsetzten kann.

Die verstärkte 2. GD greift ostwärts der Seenkette nördlich des Langen-Sees nach Südosten an und stößt mit seiner Masse bis zur Höhe 322 und zur Wegegabel ostwärts davon durch. Der bisherige Brückenkopf der 2. GD wird durch das MG-Batl. 4 gehalten.

3.) 3. GD – verstärkt durch das IR 388, die I./AR 214, 2./PiBatl. 214 und Versorgungstruppen – stellt sich auf dem Westufer der Liza zwischen Nosh – Järvi-See und der Lizabrücke zum Angriff über die Lizabrücke bereit, stößt mit Schwerpunkt am Südflügel zum ‚Neuen Weg' und vernichtet unter Vereinigung mit der 2. GD den zwischen dem ‚Neuen Weg' und der Liza befindlichen Feind."

Im Rahmen der 3. GD war es vor allem die Kampfgruppe Klatt, die den Angriff im Morgengrauen des Angriffstages beiderseits der Furt nördlich des Nosh – Järvi-Sees über die Liza ausführen sollte.

Aber auch das IR 388 sollte nach zehnminütiger Feuervorbereitung zur gleichen Zeit zum Angriff über die Liza antreten und die „Pranckh"- und „Brandl"-Höhe in Besitz nehmen, um anschließend unter starker Sicherung nach Norden bis zu den Höhen südwestlich des Wort-Sees – 3000 m ostwärts der „Pranckh"-Höhe – durchzustoßen. Es sollte nach Erfüllung dieser Aufgabe die Verbindung mit der KGr. Klatt entlang der ‚Neuen Straße' aufnehmen.

Das GJR 139 – ohne sein II. Bataillon und ohne die 9./III. Batl. – stellte sich hinter der Kampfgruppe Klatt bereit. Es sollte nach dem Übersetzen der KGr. Klatt ebenfalls über die Liza setzen und sich am Ostufer zur Verfügung halten.

Eine Reihe kleinerer Gruppen – jede für sich – erhielt Nebenaufgaben, die allerdings im Rahmen der Gesamtführung dieses Angriffs entscheidend werden konnten. Die Pioniere der 3. GD hatten die schwierige Aufgabe zu lösen, das Übersetzen zu gewährleisten und durch den Bau von Stegen und Behelfsbrücken zu beschleunigen. Dazu sollte es noch den erforderlichen Wegebau durchführen. Ihm wurden die 2./PiBatl. 214 und – für den Wegebau – das Wegebau-Batl. 405 und Teile des RAD zur Verfügung gestellt.

Die deutschen Stukas und Kampfflieger erhielten Sonderaufträge. Sie sollten beispielsweise die beiden stark feindbesetzten Höhen – „Brandl"- und „Pranckh"-Höhe – vor Beginn des Artillerie-Feuerschlages – reifbomben.

Generalmajor Kreysing werde den Angriff bei der KGr. Klatt in vorderster Linie mitmachen.

Am 5. September erschien Dietls Waffenkamerad und Freund, General Jodl, auf dem Gefechtsstand des GebKorps Norwegen. Nach einer ersten Aussprache fuhr er mit Dietl zur Front, um sich vom Zustand derselben und den Möglichkeiten eines neuen Angriffs zu überzeugen. Er war beeindruckt von der Urgewalt dieser Natur und offensichtlich auch besorgt, ob das große Wagnis diesmal im dritten Anlauf gelingen würde.

Der Angriff beginnt

Als gegen 3.00 Uhr des 8. September die Finsternis wich, traten die Gebirgsjäger an. Die südliche Angriffsgruppe mit GJR 138, griff ohne Feuerunterstützung an, während vor dem II./GJR 139 und der 3./GebPiBatl. 83 ein starker Feuerschlag auf das Feindgelände niederging.

In seinem persönlichen Bericht an den Autor hat GenLt. Klatt diesen Angriff dargestellt: „Zweihundert Männer des GJR 139 und die 3./PiKp. meines ehemaligen Bataillons gingen als erste über den Fluß. Der Sturm auf die feindlichen Bunker erfolgte glatt, und binnen kürzester Zeit war der Brückenkopf für die nachrückenden Bataillone gebildet. Auch südlich davon wurde der Uferwechsel auf ähnliche Weise angegangen. Dort schafften Teile der Pioniere die 13./GJR 138 über den Fluß.

Kurze Zeit darauf hatten das I./GJR 138 und das II./GJR 139 den Uferwechsel vollzogen und standen bereits mit schwachen Rotarmisten-Gruppen im Gefecht. Ein Vorstoß des Gegners in Kompaniestärke westlich der Liza wurde abgewehrt und die rechte Divisionsflanke damit geschützt.

Zunächst ging dieser Angriff gut vorwärts. Das II./GJR 139 brach in die sowjetischen Höhenstellungen ein, die durch Unterstände und Drahthindernisse gesichert waren. Die KGr. Klatt hatte inzwischen zwei weitere Bataillone über die Liza gebracht.

Zur gleichen Zeit hatte – das erfuhren wir später – das IR 388, das unserem Korps zugeführt worden war, die Bunkerlinien des Gegners angegangen und erlitt hier schwerste Verluste. Das Regiment mußte schließlich von General Dietl hinter die Liza zurückgenommen werden.

Gegen Mittag setzten bei uns starke sowjetische Gegenangriffe aus Norden, Osten und Süden ein. Erste Gefangenenaussagen ergaben, daß sich der Feind an dieser Stelle durch eine frisch herangeführte Division bedeutend verstärkt hatte.

Im Nahkampf stießen die Jäger auf den Feind. Kampfgruppen, von ihren Bataillonskommandeuren geführt, ballten sich zusammen und wiesen die Feindangriffe ab.

Um das IR 388 zu unterstützen, erhielt die 12./GJR 139 Befehl, hinter dem II./GJR 139 die Verbindung zu diesem schwer ringenden Regiment aufzunehmen. Es gelang nicht, zum IR 388 durchzustoßen. Oblt. Merschmann, der diese Kp. führte, fiel im Kampf. An seiner Seite wurde ein sMG-Zugführer tödlich verwundet. Die Kp. mußte mit meinem Einverständnis in einer Auffangstellung verbleiben.“ (Siehe Bericht Klatt an den Autor).

Nach der ersten Meldung, die das Korps von den Spitzen des IR 388 erreichten, hatte dieses bereits die Hälfte seines Bestandes verloren. Sein II. Bataillon hatte nur noch eine Kampfstärke von 100 Mann. Alle Kompaniechefs des I. Batl. waren gefallen oder verwundet. Die Munition ging zu Ende und konnte nicht mehr ersetzt werden.

Dieser Bericht von Oberst Daser an General Dietl atmete die ganze Schwere des

Schlages, der das IR 388 getroffen hatte. An eine Fortsetzung dieses Angriffsteiles war nicht mehr zu denken. Dietl befahl die Zurücknahme des IR 388.

Das I. und II./GJR 138 hatten ihren Angriff südlich des Knyrk-Järvi-Sees einige Kilometer nach vorn getragen. Das II./GJR 139 erreichte den Tafelberg und hielt ihn gegen einige Gegenstöße der Rotarmisten.

Der Angriff des nächsten Tages sah wieder die KGr. Klatt im Einsatz. Dazu Paul Klatt: „Tagesziel ist die Enge zwischen Knyrk- und Järvi-See und dem Knyrk-Järvi-Jubol-See. Während das II./GJR 139 am linken Flügel der KGr. in ein Minenfeld gerät und nicht weiterkam, gewinnt der Angriff des II. und I./GJR 138 gegen zähen Widerstand Boden. Im Laufe des Vormittags ist der Höhenrücken hart westlich der Seen-Enge erreicht.

Die Jäger nennen ihn die ‚Große Lorch-Höhe' nach dem Kommandeur des II./GJR 138, Major Lorch. Sie beziehen dort Verteidigungsstellungen.

Endlich greifen auch Sturzkampfflieger in den Kampf ein. Ihre Ziele sind die sowjetischen Verstärkungstruppen auf der Murmansk-Straße. Doch diese Hilfe aus der Luft bringt nur kurzzeitig Entlastung.

Wichtiger ist jetzt die rasche Abstützung unserer Spitzenkompanien gegen Angriffe aus Süden und schnelles Nachziehen aller Gebirgsbatterien in Richtung auf die Seenenge. Am Abend des 9. September gibt General Kreysing die entsprechenden Befehle. Er ruft das III./IR 388 zur Verstärkung der Südflanke heran.

Für die Gruppe Klatt folgten Tage erbitterter Abwehrkämpfe. Der Feind sickerte von Süden in den Raum zwischen der Übersetzstelle und den Gefechtsständen der Angriffsbataillone ein und versuchte durch eine Kette verwegener Unternehmen unsere Geschützstellungen zu nehmen, den GefStand des GJR 138 auszuheben und die Versorgung der Stoßtruppen an der Seenenge zu unterbinden. Diese Versuche scheiterten, als ein Stoßtrupp des RgtStabes und der I./GAR 112 gegen diesen Angreifer vorgeht und ihn endgültig zum Stehen bringt.

Unsere Artillerie ist zur Rundumverteidigung übergegangen. Die Versorgungsstaffeln und die Verwundeten-Rücktransporte, die ihren Weg durch das Unruhegebiet suchen müssen, finden immer wieder in den Igelstellungen der eigenen Artillerie Schutz."

Nacht für Nacht drangen sowjetische Sturmgruppen gegen die Höhenstellungen vor. Als Oberst Klatt in der Nacht zum 13. September zum II./GJR 138 vorging, setzte dort gerade ein Überfall des Gegners ein. „Oblt. Giehrl auf der ‚Großen Lorch-Höhe' wurde verwundet, als er mit seiner 7. Kp einen gefährlichen Einbruch, der die Höhe zu Fall zu bringen drohte, bereinigte. Ein schwerer Gesichtsschuß warf ihn kurz danach nieder." (Siehe: Klatt, Paul: „3. Gebirgsdivision" und Kollatz, Karl: „Ritterkreuzträger – Band „Paul Klatt").

Oberst Klatt reichte Oblt. Walter Gihrl zum Ritterkreuz des Eisernen Kreuzes ein, das dieser am 31. Juli 1942 erhielt. (Als Hauptmann fiel Walter Gierl am 23. November 1944 in Ungarn. Er führte zu dieser Zeit das I./GJR 138).

Gegen Mittag verlagerte sich dieser Angriff auf den Abschnitt des II./GJR 139. Das Bataillon hatte sich gerade zum Angriff bereitgestellt, als der Gegner in eine

Kp.-Stellung einbrach. Er wurde im Nahkampf geworfen, doch das Angriffsunternehmen mußte auf den nächsten Tag verschoben werden, um die Kräfte wieder zu ordnen.

Es ging diesmal über die Murmanstraße vorwärts. Der erste Vorstoß wurde durch einige Stukas und einen Artillerie-Feuerschlag erleichtert. Eine Stunde darauf hatte das ebenfalls angesetzte I./GJR 138 die Russenstraße erreicht. Zahlreiche Waffen und Gerät fielen in die Hand dieses Bataillons.

Hart nördlich der Seenenge, wo sich der Weg gabelte, stieß das Bataillon auf starke, durch Erdbunker befestigte und gesicherte Stellungen des Gegners. Im Nahkampf fielen Freund und Feind. Fw. Praesol fiel ebenfalls im Nahkampf, als er eine eingeschlossene kleine Gruppe befreite. Die Stellung erhielt nach dem Sieg seinen Namen.

Alle drei übrigen Bataillone der Gruppe Klatt erreichten ihr Tagesziel. Die „Kleeblatthöhe" wurde am 14. September erstürmt. Hier wurden 54 Russenpferde erbeutet.

Am 15. September wurde der Gegner bis hinter den „Fischmaulsee" zurückgeworfen. Alles, was ein Gewehr halten konnte, wurde in diesem Abschnitt zwischen Liza und der Seenenge in den Kampf geworfen. Es kam zu blutigen Buschkämpfen. An dieser Stelle ging auch die Feldwache der 13./GJR 139 zugrunde, die von einen sowjetischen Jagdkommando vernichtet wurde.

Um diesen nun bereits mehr als 10 Kilometer breiten Südabschnitt zu sichern, ließ General Dietl die KGr. von Ledebur zusammenstellen, deren Kern das III./GJR 138 und das GebPiBatl 83 war, dem die 2./PiBatl. 214 und ein Zug des finnischen IR 14 zugeführt wurden. Doch dieser Einsatz der letzten Reserven reichte nicht aus, um diese breite Verteidigungsfront dicht zu halten. Jagdverbände und Kampftrupps der Roten Armee drangen überall durch und überfielen die schütteren Stellungen.

General Dietl hatte bereits erkannt, daß die Fortführung des Angriffs nach Norden für die Gesamtlage seines Korps keinen entscheidenden Vorteil bringen würde. Die Versorgung der Angriffskräfte war nicht mehr sicher, und der Verbleib in den erreichten Linien würde zu dauernden Buschkämpfen mit russischen Jagdverbänden führen und die Kräfte des Gebirgskorps Norwegen auszehren.

Es fehlte die dritte Division, die allein das Steuer noch hätte herumreißen können, doch die 6. GD, die nach Norwegen unterwegs war, war noch weit.

Da ein Zurückgehen in die Ausgangslage die Aufgabe aller Angriffserfolge bedeutete und sicherlich von der Truppe nicht verstanden würde, wenn man den errungenen Erfolg nicht zumindest taktisch ausnutzte, faßte Dietl nach Beratung mit seinen Kommandeuren den Entschluß, entlang der Russenstraße nach Norden angreifen zu lassen, um die „Pranckh"- und „Brandl"-Höhe von rückwärts zu nehmen.

Während sich die Angriffsgruppen bereitstellten, war jedoch am 15. September vom GebKorps Norwegen die Meldung an das AOK Norwegen geleitet worden, daß das „Erreichen der Murmanbahn durch das Geb.Korps Norwegen nicht mehr möglich erscheint."

Die 6. GD hatte am 12. September mit ihrer 5. Staffel Rovaniemi erreicht und würde bald zur Verfügung stehen.

An höchster Stelle, im Oberkommando der Wehrmacht, war inzwischen der Entschluß gefaßt worden, den Versuch, Murmansk in diesem Jahr noch zu erreichen, aufzugeben. Die 6. GD sollte zur Ablösung des Gebirgskorps Norwegen dienen und nicht als seine Verstärkung.

Die Operationen des Gebirgskorps Norwegen liefen also mit den Kämpfen um die „Pranckh"- und „Brandl"-Höhe aus. Zum dritten Mal sollten diese beiden Höhen im Sturm genommen werden.

In der Nacht zum 17. September trat die verstärkte 11./GJR 139 von der Südfront aus an. Es ging durch feindbeherrschtes Gebiet in den Rücken der Sowjets auf der „Pranckh"-Höhe. Diese Kampfgruppe konnte nur siegen oder untergehen, denn wenn sie abgewiesen wurde, käme sie nicht mehr durch das aufgescheuchte Kampfgebiet zurück. Die 9./IR 388 trat an der Liza zum Frontalangriff auf die „Brandl"-Höhe an.

Beide Kpn. erreichten nach Tagesanbruch des 17. September ihre Ziele. Die Südkuppe der „Pranckh"-Höhe sah die 11. Kp. im Kampf Mann gegen Mann. Die Infanterie hatte den Fuß der „Brandl"-Höhe erreicht.

„Allen Gewalten zum Trotz werden beide Höhen genommen und gehalten, bis der Erfolg gesichert ist." (Klatt, Paul: a. a. O.).

Beide Höhen sollten in den folgenden Tagen Schauplätze erbitterter und verlustreicher Kämpfe werden. Jeder dritte Soldat, der hier kämpfte, fiel durch Verwundung oder Tod aus.

„Der Rest aber schlägt sich um so verbissener. Und schließlich beginnt hier die Kraft des Gegners zu erlahmen." (Klatt, Paul: a. a. O.).

Lageübersicht und Fazit der Kämpfe

Auf der Besprechung am 18. September auf dem GefStand der inzwischen mit ersten Teilen herangekommenen 6. GD in Luostari besprachen sich General Dietl und der Chef des Generalstabes der Armee Norwegen, Generalmajor Buschenhagen. Anwesend waren neben den beiden Genannten GenMaj. Schörner und der Chef des GenSt. des GebKorps Norwegen, OberstLt. von Le Suire. Die gewonnenen Erkenntnisse über diesen dritten Angriff des GebKorps Norwegen lauteten:

Der Angriff über die Liza hat nicht den erhofften durchschlagenden Erfolg gehabt. Die neu aufgetretenen Feinddivision Poljarnoje und die fortgeschrittene Jahreszeit verspielten diesen Erfolg. Auch mit der 6. GD würde der Angriff nunmehr keinen Erfolg haben.

Ausschlaggebend hieran ist die Versorgungslage wegen der Unterbrechung des Seeweges durch die Rote Flotte und der Unmöglichkeit, den Nachschub durch die Eismeerstraße zu verlagern.

Der Armee Norwegen ist klar, daß das wesentliche Ziel der Obersten Führung –

der Hafen von Murmansk – nicht erreicht wurde. Ebenso ist die geplante Umfassung und Vernichtung des Feindes ostwärts der Liza mißlungen.

Das Gebirgskorps Norwegen behält seine günstigen Ausgangstellungen für eine weitere Operation im nächsten Jahr bei. Jetzt kommt nur die Überwinterung und der Ausbau einer stützpunktartigen Stellung an der Liza in Frage.

Diesen Ausführungen General Dietls schloß sich der Kdr. der 6. GD, GenMaj. Schörner, voll an; auch der Chef des GenStabes des AOK Norwegen, Generalmajor Buschenhagen, stimmte General Dietl zu.

Am Tage danach setzten die ersten schweren Herbststürme ein. Sie zeigten mit eiskaltem Regen und Schnee den unmittelbar bevorstehenden Winter im Hohen Norden an. Es galt nunmehr, die Stellungen für einen langen Winterkampf herzurichten und die Bevorratung sicherzustellen, ehe alle Wege verschneit waren.

Am Abend des 23. September 1941 ging durch Sonderkurier die Führerweisung Nr. 36 auf dem GefStand des GebKorps Norwegen ein. In dieser Weisung wurde Hitlers Anerkennung für die ungeheueren Leistungen und den tapferen Einsatz der Gebirgstruppen in Norwegen ausgesprochen. Die weitere Aufgabe der Armee Norwegen formulierte Hitler wie folgt:

„Endziel der Operation bleibt die Erreichung der Murmanbahn und die Vernichtung des dort stehenden Feindes."

Aus dem KTB des Gebirgskorps Norwegen ist ersichtlich, daß am 25. September GenOberst von Falkenhorst und sein Chef des Generalstabes, GenMaj. Buschenhagen, zum Gebirgskorps Norwegen flogen. General Dietl erwartete sie bereits am Flugplatz und geleitete sie im Kraftwagen zu seinem GefStand. Im Gespräch mit dem OB bat Dietl:

„Ich möchte Sie bitten, diejenigen Soldaten zur Beurlaubung freizugeben, die bereits ohne Unterbrechung ein Jahr im Polargebiet eingesetzt sind."

GenOberst von Falkenhausen gab dazu grundsätzlich seine Zustimmung, wies aber sofort darauf hin, daß diese Urlauberbewegung aus Mangel an Transportraum nicht vor Anfang des nächsten Jahres erfolgen könne. Damit stand den Soldaten des Geb. Korps Norwegen noch ein weiterer, sechs Monate andauernder Winter in der Arktis bevor, eine Strapaze, die auch das letzte Quentchen an Willenskraft und Lebensmut von ihnen fordern würde.

Die Gruppe Klatt zieht sich zurück

In der Nacht zum 23. September 1941 fiel an der Lizafront der erste Schnee. Ein eisiger Polarsturm wehte. Der arktische Winter war angebrochen. 24 Stunden darauf erhielt das noch immer vorn haltende GJR 138 ebenso wie das GJR 139 den Befehl, sich vom Feind zu lösen.

In einer Kommandeurbesprechung, an der neben dem Kommandierenden General die Kommandeure der 2. und 3. GD, Schlemmer und Kreysing, teilnahmen, hatte General Dietl diesen Entschluß gefaßt und den Befehl dazu erlassen. Die Winterstellung würde also für das gesamte Korps westlich der Liza verlaufen.

Die Zurücknahme der ostwärts der Liza stehenden Gruppe Klatt gestaltete sich schwierig. Das Regiment mußte sich seinen Weg durch die Sümpfe und zwischen Felsklippen bahnen und wurde dabei ständig von sowjetischen Kampfgruppen beschossen, die sich an den günstigsten Stellen in Hinterhalte gelegt hatten.

Die Verwundeten mußten auf den Schultern ihrer Kameraden den Weg zurücklegen, hinzu kamen die Lasten der Waffen und der Munition.

Generalleutnant Klatt zu diesem Rückzug: „Die Strapazen jener Nacht spotteten jeder Beschreibung, doch sie wurden gemeistert. Disziplin, Härte, Ausdauer, Selbstvertrauen und eine überlegene Führungskunst der beteiligten Kommandeure trugen dazu bei, daß in dieser Nacht die vielleicht größte Leistung unserer Truppe im Hohen Norden vollbracht wurde." (Siehe: Klatt, Paul: a. a. O.).

Im Morgengrauen wurde die Liza überschritten, nachdem die letzte Feindgruppe im Rücken des Regiments im Nahkampf niedergezwungen worden war. Nachhuten blieben weiter am Feind, bis auch die Gruppe Ledebur über den Fluß gegangen war. Als letzte sprengten die Männer des GebPiBatl. 83 Brücke und Stege.

Die letzten Teile der Division aber, das III./GJR 139, löste sich erst in der Nacht des 25. September von der „Pranckh"- und „Brandl"-Höhe, um im Schutz des eigenen Sperrfeuers zurückzugehen.

Die Befehlsübergabe an das ablösende GJR 144 der 6. GD erfolgte am 25. September um 12.00 Uhr. Das GJR 139 aber blieb weiter in den Stellungen westlich der Liza. Zu ihm gesellten sich noch Teile des GAR 112 und der GebPzJägAbt. 48, während das GJR 138 nunmehr hinter dem GJR 141 an der Südflanke stand.

Das verstärkte IR 388 wurde als erster Verband an der Liza herausgelöst und kam gemeinsam mit dem RadfBatl. 68 am Fischerhals im Raume zwischen Liza und Titowabucht zum Einsatz, wo beide unter die Befehlsführung der 6. GD kamen. Sie hatten mit dieser frischen Division die Winterstellung an der Liza und am Hals der Fischerhalbinsel im kommenden Winter zu halten.

Die 6. Gebirgsdivision in der Arktis

Als am 15. Oktober 1941 die Marschbewegungen dieser Division zur bevorstehenden Ablösung anliefen, war diese wegen der starken Schneestürme um einige Tage verschoben worden. Die Russenstraße war auf weite Strecken unter Schneelasten verschwunden. Von den vielen Mulis, welche die 6. GD aus Griechenland mitgebracht hatte, gingen bereits zu dieser Zeit mehrere Tiere ein.

GenMaj. Ferdinand Schörner, der diese Division in seinem Sinne erzogen hatte, war der richtige Mann für diese Front, auch wenn er wenig erfreut war, hier in einem Stellungskrieg liegenbleiben zu müssen. Und das nicht etwa auf eine begrenzte Zeit, sondern mindestens für sechs Monate, in denen die Nacht nicht oder nur kaum enden würde, bei eisigen Schneestürmen und Kältegraden bis zu 60 Grad minus.

Von einer Winterstellung, in welche die 6. GD einziehen sollte, war hier nicht die Rede. Es gab keine festen Unterkünfte. Dazu mußte die Division den Abschnitt der beiden abgelösten Gebirgsdivisionen 2 und 3 übernehmen.

Steinlöcher und Feldstellungen mit Spanischen Reitern und Stacheldrahthindernissen, dunklen Erdlöchern und einige Bretterhütten, das war alles, was die Stellungen markierte.

Eines aber besaßen die Männer der 6. GD: eine komplette Winterausrüstung. Ferdinand Schörner war selber nach Berlin geflogen und hatte dort kategorisch verlangt, daß seiner Division die Winterkleidung noch vor Einrücken in die Lapplandfront erhalten müsse. Sie traf rechtzeitig ein.

Am 27. Oktober kam es zum ersten Gefecht mit den in tarnenden Schneehemden an der Südflanke der Abwehrfront angreifenden sowjetischen Truppen. Jagdkommandos des Gegners gelangten immer wieder durch die schütteren, nur schwach besetzten Stellungen und richteten weiter rückwärts Schäden an, die ans Mark der Division gingen.

GenMaj. Schörner ließ sofort einige Skitrupps aufstellen und als Stoßtrupps operieren. Er war fest entschlossen, die für die Versorgung der Division lebensnotwendige Straße über 50 Kilometer nach Petsamo den Winter hindurch befahrbar zu halten. In seinem Werk „Odyssee einer Division" schrieb Hans Ruef: „Es ging immer um diese Straße, denn sie war der Lebensnerv der Division, die Pulsader für die Front an der Liza und am Hals der Fischerhalbinsel. Es war fast eine idiotische Arbeit, den Schnee wegzuschaufeln, damit er durch den Sturm von neuem hineingeschleudert wurde.

Die Männer an der Straße, die Schneeschaufler des PiBatl. 91, des Reichsarbeitsdienstes, der PzJägAbt. 47 und der AA 112 ebenso wie die vielen Nachschubleute hatten in diesem schweren Winter furchtbare Tage und Nächte zu überstehen.

Als am 10. November die Rotarmisten einige Stützpunkte der 6. GD angriffen, wurden sie rechtzeitig erkannt und mit MG-Dauerfeuer abgewiesen. Zwei Tage später erfolgten auf der gesamten Front feindliche Stoßangriffe, die an sämtlichen Stellen scheiterten.

Sowjetische Zerstörer und Kanonenboote belegten die deutschen Stellungen von der Lizabucht aus mit Artilleriefeuer.

Am 21. November gab der Wehrmachtsführungsstab des OKW dem Gebirgskorps Norwegen fernschriftlich folgende Weisung:

„General Dietl hat die Erkundung des Märzangriffs 1942 auf Kandalakscha vorzunehmen. Dazu stehen zur Verfügung: Das GebKorps Norwegen mit der 2. und 6. Gebirgsdivision."

Bereits am 9. November war Generalleutnant Oesterman vom Finnischen Oberkommando auf dem Korpsgefechtsstand bei General Dietl eingetroffen und hatte diesem das ihm verliehene Großkreuz der Weißen Rose mit Schwertern, eine der höchsten finnischen Auszeichnungen, verliehen. Der Chef des Stabes, Oberst von Le Suire, erhielt das Finnische Freiheitskreuz II. Klasse.

Um den zukünftigen Einsatz des Gebirgskorps Norwegen

Am 13. Dezember 1941 fand im finnischen Hauptquartier in Mikkeli eine Besprechung zwischen den finnischen Befehlshabern und dem Armeeoberkommando Norwegen statt. Darin ging es um die Weiterführung des Kampfes im kommenden Frühjahr.

Aus dem KTB des AOK Norwegen folgte der genaue Ablauf dieser Verhandlungen, die aufzeigen, daß die finnische Seite bemüht war, einige Truppen aus der Front herauszuziehen. Andererseits sollte aber auch der vom OKW bereits in den Umrissen erstellte Angriffsplan gegen Kandalakscha besprochen werden.

Diesen Besprechungen vorangegangen war ein Treffen von General Warlimont, dem stellvertretenden Chef des Wehrmachts-Führungsstabes, am 15. November in Helsinki. Dort hatte General Warlimont mit General Erfurth und Generalmajor Buschenhagen zwei Tage intensive Gespräche geführt, in denen vier Punkte besonders abgehandelt wurden:

1. Die Ablösung der deutschen Truppen im Bereich des AOK Norwegen.
2. die Zurückziehung und Umorganisierung der unter dem Befehl von Generaloberst von Falkenhorst stehenden finnischen Truppen.
3. Die Aussichten für eine Fortsetzung oder Wiederaufnahme der Offensive gegen die Murmanbahn.
4. Die Umbildung des AOK Norwegen.

Das OKW beabsichtigte, General Dietl mit der Führung des AOK Norwegen zu beauftragen unter gleichzeitiger Aufstellung der 20. Gebirgsarmee.

Das Ergebnis dieser Besprechung bestand darin, daß das OKW dem AOK Norwegen Weisung erteilte, das finnische III. Korps in die Defensive übergehen zu lassen, um dem Wunsch von Feldmarschall von Mannernheim raschestmöglich entsprechen zu können, der die Herauslösung der finnischen Divisionen aus der deutschen Front und ihre Wiedervereinigung wünschte.

Am 21. November erhielt das AOK Norwegen eine Führerweisung, nach der die spätere Wiederaufnahme der Offensive gegen die Murmanbahn für den März 1942 und ein Angriff auf Kandalakscha vorzubereiten war.

Der Plan für die Offensive gegen Kandalakscha wurde Feldmarschall Mannerheim durch einen Brief von GFM Keitl vom 24. November mitgeteilt. Von Mannerheim antwortete darauf am 5. Dezember. In seinem Brief war zwar keine direkte

Ablehnung dieses Planes enthalten, doch machte der Oberbefehlshaber der finnischen Wehrmacht eine stärkere finnische Beteiligung bei der neuen Offensive gegen die Murmanbahn davon abhängig, daß vorher die deutsch-finnische Vereinigung am Swir stattgefunden haben müsse, womit die finnische Südfront entlastet worden wäre.

Durch diese wechselseitigen Besprechungen und Briefe war es notwendig geworden, eine mündliche Aussprache herbeizuführen, zu der auch die Kommandeure und Kommandierenden Generale der finnischen Truppen eingeladen werden sollten, die in dem Abschnitt eingesetzt waren.

Es waren dies einmal der Kommandierende General des finnischen III. AK, General Siilasvuo, und der Kommandeur der mit ihrer Masse im Kandalakscha-Abschnitt eingesetzten 6. finnischen ID. Mit Feldmarschall von Mannerheim kamen sein Generalquartiermeister, General Airo, und der Chef der Organisationsabteilung, Oberst Isakson. Diese wurden von General Erfurth begleitet. Hier der wichtigste Wortlaut der Besprechungen aus dem KTB des AOK Norwegen:

> „13. Dezember 41, 10.30 Uhr: Besprechung finnisches Hauptquartier mit A.O.K. Norwegen.
> Vorbesprechung
> Anwesend finnischerseits: General Airo, General Siilasvuo
> Oberst Viikla, Oberst Willamo
> Oberstleutnant i. G. Ahonen.
> Deutscherseites: Generalmajor Buschenhagen
> Major i. G. Müller.
> Zweck der Besprechung:
> 1. Umorganisation der 3., 6. und I. Division.
> 2. Übergabe Abschnitt III. (finn.) A. K.
> 3. Operation auf Kandalakscha.

General Buschenhagen schilderte zunächst die Lage und die beiderseitige Kräfteverteilung. Daraus ergibt sich, daß das A.O.K. nicht in der Lage ist, den Abschnitt Uthtua und Louhi mit deutschen Truppen zu übernehmen.

Es muß damit gerechnet werden, daß der Engländer oder Amerikaner etwas zum Schutz der Murmanbahn im Norden unternimmt. Der Russe selbst hat durch Stillegen der Hauptfront volle Operationsfreiheit.

General Siilasvuo antwortete auf die Frage, ob es möglich ist, aus seiner Front etwas herauszuziehen, mit ‚Nein‘. Er weist darauf hin, daß das III. A. K. schon jetzt bei Uhtua nur ein Batl., bei Louhi drei Kompanien in Reserve hat.

General Airo betonte nochmals, daß die alten Jahrgänge aus der Truppe herausgezogen werden müßten, um die Wirtschaft in Gang zu bringen. 16 % der männlichen Bevölkerung seinen eingezogen. Feindverhältnisse werden als günstig beurteilt und die Absicht vertreten, daß man in der Verteidigung mit viel weniger Kräften auskommen muß.

General Siilasvuo bleibt bei seiner Ansicht und führt aus, daß die Zurücknahme der Stellung sich ungünstig auf die Moral der Truppe auswirken wird. Die Truppe hat bereits starke Fehlstellen und und kann nicht weiter geschwächt werden.

General Airo weist darauf hin, daß im finnisch-russischen Winterkrieg mit viel weniger Kräften gegen eine Übermacht gehalten worden ist. Er glaubt, daß bei hohem Schnee der Russe sich nicht bewegen und nicht angreifen kann.

General Siilasvuo führt aus, daß in diesem Krieg die Verhältnisse anders sind. Der Gegner hat jetzt überall ausgebaute Straßen, die zur Front führen. Im Abschnitt Kiestinki bereits vier.

General Buschenhagen machte den Vorschlag, den Rahmen der Division stehenzulassen und nur die Regimenter in sich zu zwei Bataillonen zusammenzulegen. Damit könnten die alten Leute entlassen werden. III./IR 1 müßte dem Regiment zugeführt werden.

General Siilasvuo glaubt auch dann seine Front nicht halten zu können.

General Airo schlägt vor, im Abschnitt XXXVI. (Geb.) A. K. die Division Viikla herauszuziehen und hinter der Front zu einer Brigade zu vier Bataillonen umzubilden. Dafür soll bis auf weiteres ein Regiment, bestehend aus alten Leuten, die Front übernehmen. Für den Angriff auf Kandalakscha soll dann der Brigade Viikla ein Rgt., bestehend aus jungen Leuten, zugeführt werden.

In den Abschnitt Kiestinki soll die Brigade Fagernes verlegt werden. Dabei wird darum gebeten, daß die SS-Div. bis Ende Januar, die MG-Batlne. 4 und 13 bis Angriffsbeginn bei Kiestinki verbleiben. Nach Uhtua müßte dann als erstes eine neue finnische Brigade zugeführt werden. Ob Feldmarschall Mannerheim seine Zustimmung dazu gegeben wird, ist sehr fraglich. Auf diese Frage, wann das finnisches Hauptquartier den Abschnitt des Uhtua und Kiestinki übernehmen kann, antwortete General Airo: Nach der Umgliederung Ende Januar.“

> „Besprechung am Nachmittag. Anwesend nur:
> General Airo, Oberstleutnant i. G. Ahonen, GenMaj. Buschenhagen, Major i. G. Müller.

Es wurden die verschiedenen Operationsmöglichkeiten auf Kandalakscha geprüft. Als späterer Zeitpunkt wird von General Airo der 1. März genannt. Er stimmt dem deutschen Vorschlag zu, auf dem Südflügel die finnischen Kräfte zur weiteren Umfassung, auf dem Nordflügel die 7. Geb-Div. zur näheren Umfasssung anzusetzten. Dazu muß die 169. I. D. und 1/3 163. I. D. die Front übernehmen. Kräfte, um auch frontal angreifen zu können, sind dann aber sehr schwach.

General Airo führte aus, daß nach seiner Ansicht der Schwerpunkt des gesamten Winterangriffs in Richtung Sorokka – Archangelsk liegen muß. Er schlägt daher vor, den Angriff auf Kandalakscha zu unterlassen und alle verfügbaren Kräfte, auch die 7. Geb. Div., zum Angriff auf Sorokka anzusetzen.

General Airo erklärte zum Schluß, daß er nicht befugt ist, eine Entscheidung zu fällen. Diese habe sich Feldmarschall Mannerheim vorbehalten.

14. Dezember 1941

Klar, teilweise bewölkt, - 27 – - 29 Grad. In allen drei Korpsabschnitten beiderseits geringe Artillerie- und Spähtrupptätigkeit.

Die Kampfstaffel bekämpfte wirksam den Zugverkehr auf der Murmanbahn, dabei wurden Treffer an mehreren Stellen in den Gleisen beobachtet sowie ein Volltreffer auf einem Eisenbahnzug erzielt. Ferner wurden Bahnhof Kem und Stadt Uhtua sowie ein Barackenlager wirkungsvoll angegriffen.

Es ist vorgesehen, vom 16.–19. Dezember täglich je 1000 Mann und je 30 Offiziere der 3. GebDiv. in die Heimat abzufördern. Diese Transporte können, weil Leerschiffe zur Verfügung stehen, schon früher als vorgesehen gefahren werden. Es werden geschlossene Einheiten befördert und die Truppen nach ihrem Urlaub zu den Ersatztruppenteilen versetzt.

GJR 139, verstärkt durch 1 GebArtAbt. und 1 PiKp., bleiben zunächst geschlossen einsatzbereit in Finnland. Jedoch werden Waffen und Gerät befehlsmäßig weiter abgegeben.

Ferner sind 2 KwKol. und 1 BäckereiKp. einsatzbereit zu halten. Einzelheiten siehe Anlage.

Im A.H.Qu. trifft der Oberbefehlshaber der finnischen Wehrmacht, Feldmarschall Frhr. Mannerheim, zum Gegenbesuch beim Oberbefehlshaber der Armee Norwegen und zu Besprechungen über die Weiterführung der Operationen sowie über Organisationsfragen ein.

14. Dezember, 9.45 Uhr: Besprechung Feldmarschall Mannerheim – O.B.

Anwesend finnischerseits: Feldmarschall Mannerheim, General Airo, Oberst Isakson, Adj. Feldmarschall, General d.Art. Nenonen, General Siilasvuo, Major Pesonius, Oberst Viikla, Oberst Willamo, OberstLt. Ahonen.

Deutscherseits:
Generaloberst von Falkenhorst, GenMaj. Buschenhagen, Maj. i. G. Müller, General d. Inf. Erfurth, Hptm. i. G. von Falkenberg.

O.B. schildert die Lage und die Kräfteverteilung in den verschiedenen Abschnitten und schließt damit ab, daß deutsche Truppen zur Übernahme der Abschnitte Uthua und Kiestinki nicht zur Verfügung stehen.

GFeldm. M. führt aus, daß die finnischen Operationen länger gedauert hätten, als man angenommen habe, und daß die Verteidigung finnischer und deutscher Truppen am Swir und die Wegnahme von St. Petersburg nicht gelungen sei. Die

Swirfront sei sehr schwach besetzt und gefährdet, da der Gegner bei Stillegen der deutschen Hauptfront volle Operationsfreiheit habe. Dadurch sei eine neue Lage entstanden, die es nicht möglich erscheinen läßt, in den Abschnitt des A.O.K. neue finnische Kräfte zuzuführen. Es ist lediglich eine Zuführung von Artillerie möglich.

Die Transportlage ist sehr gespannt, der Feldmarschall betonte wörtlich, daß man von einer Katastrophe sprechen könne. Der Feldmarschall führte weiter aus, daß er gezwungen sei, ein Drittel der Armee zu entlassen, wenn die Wirtschaft weiter funktionieren solle.

Die Murmanbahn hat seit der Kriegserklärung Englands und Amerikas erhöhte Bedeutung erfahren. Ihre Durchtrennung muß erreicht werden. Als Schlüsselpunkt dafür sieht Feldmarschall Mannerheim Sorokka. Hier ist die Möglichkeit gegeben, von Süden und von Westen vorzugehen und einen Schwerpunkt zu bilden. Teilnahme deutscher Truppen an dieser Operation ist erwünscht.

O.B führt aus, dies zu entscheiden sei Sache des OKW. Zunächst sei die Vorbereitung des Angriffs auf Kandalakscha befohlen.

Hierzu muß die Division Viikla das IR 12, das jetzt bei Kikstinki stehe, vorhalten, um die Umorganisation durchführen zu können. Die Zeit der Umorganisation wird auf zwei Wochen veranschlagt. In dieser Zeit kann die 169. ID die Front übernehmen, wenn die Division Viikla in Gegend Alakurrti umgebildet und als Rückhalt bei Kiestinki eingesetzt wird. III./IR 14 müßte zugeführt werden.

Feldm. M. schlägt vor, 3. GebDiv. ganz bei XXXXVI. Geb) A. A. einzusetzen, um die 6. Div. herauszulösen.

O.B lehnt ab, da auf Befehl OKW diese Divison in die Heimat abtransportiert werden soll.

Feldm. M. führt aus, daß er die 3. und 6. Div. nur umbilden kann, wenn sie bei Uhtua und Kiestinki zusammen sind. Er bittet, die SS-Div. Nord bis Ende Januar und die MG-Btlne. bis auf weiteres bei Kiestinki zu belassen.

Finnisches Hauptquartier übernimmt die Verantwortung über den Abschnitt des III. A.K., sobald die beiden Divisionen dort sind.

O.B. führt aus, daß der Angriff auf Kandalakscha damit nicht durchführbar ist.

Feldm. M. sagt, daß der Angriff auf Kandalakscha durch einen Angriff auf Louhi unterstützt werden könnte. Er hält nicht viel vom Angriff auf Kandalakscha und erklärt, daß er sehr schwer und blutig sein werde.

General Siilasvuo wirft ein, daß man auch vom Nordostufer des Pääjärvi in Richtung Kandalakscha antreten könne.

Dies wird deutscherseites und auch von Feldmarschall Mannerheim nicht für möglich gehalten, da die Versorgungswege zu lang sind.

Feldm. M. betont nochmals, daß er keinen anderen Vorschlag machen könne, und bricht die Besprechung ab.

Feldmarschall von Mannerheim lehnte in dieser Besprechung die Übernahme des Abschnitt Uhtua ab. Über die Wiederaufnahme der Offensive gegen die Murmanbahn ließ sich ebenfalls kein Einvernehmen herstellen.

Generaloberst von Falkenhorst wollte sie möglichst bald beginnen und sie mit finnischer Unterstützung im Abschnitt Kandalakscha führen. Feldmarschall von Mannerheim schlug vor, die erste Hälfte des März abzuwarten. Den Abschnitt Kiestinki zur Führung der Winteroffensive lehnte er ebenfalls ab. Er schlug hingegen einen Angriff auf Soroka (Bjelomorsk) vor, dort also, wo südlich des Weißen Meeres die nach Oboserkaja führende Bahnlinie von der Murmanbahn abzweigt.

Dieser Vorschlag, den General Erfurth an das OKW meldete, fand dort Zustimmung. So wurde denn am 20. Dezember 1941 die Offensive gegen Kandalakscha abgesagt.

Das OKW bot dem finnischen Oberkommando an, die deutsche 7. GD, deren Antransport vom AOK Norwegen geplant war, für den späteren Angriff auf Soroka dem OB der Karelischen Armee zur Verfügung zu stellen. Feldmarschall von Mannerheim stimmte diesem Vorschlag zu.

Nordfinnland als OKW-Kriegsschauplatz war seit Beginn der Operationen gegen die Sowjetunion durch Generaloberst von Falkenhorst geführt worden. Der OB des AOK Norwegen leitete damit die Operation an der Eismeerfront und im Abschnitt Salla."

Generaloberst von Falkenhorst mußte aufgrund eines Führerbefehls vom 28. Dezember nach Oslo zurückkehren, weil Hitler unter dem Eindruck britischer Kommandounternehmen auf norwegische Inseln mit einer aktuen Bedrohung von ganz Norwegen rechnete.

UNTERNEHMEN TAIFUN

Vorbereitungen gegen Moskau – Erster Angriff

Als die Kesselschlacht um Kiew am 6. September ihrem Höhepunkt zuschritt, erließ Hitler die Führerweisung Nr. 35, in der er der HGr. Mitte befahl, nun das Hauptfeldzugsziel Moskau anzustreben. Daß die HGr. Mitte bei ihren Abgaben allein dazu nicht in der Lage war, verstand sich. Bis Ende September wurden ihr daher Truppen in einer Gesamtstärke von 130 000 Mann zugeführt.

Zu dieser Zeit hatte die PzGr. 2 75% ihrer Panzer verloren, während die PzGr. 3 einen Fehlbestand von 40% an Panzer meldete.

Von den 1736 Panzern der acht Panzerdivisionen der beiden Panzergruppen standen am 4. September 669 einsatzbereit zur Verfügung, während 218 sich in Reparatur befanden.

Dementsprechend mußte es Hauptaufgabe des OKH sein, diese dezimierten Verbände aufzustocken, wenn das Unternehmen „Taifun" nicht zu einem leichten Säuseln mißraten sollte. So wurde der HGr. Mitte aus allen übrigen Abschnitten Kräfte zugeführt. Von der HGr. Nord kam die gesamte PzGr. 4 unter Generaloberst Hoepner. Bis zum 18. September waren das XXXXI. AK (mot.) unter Gen. d. PzTr. Reinhardt, das LVI. AK (mot.) unter Gen. d. PzTr. Schaal und das LVII. AK (mot.) unter Gen. d. PzTr. Kuntzen der 4. Armee eingetroffen. Mit ihnen kamen die Panzerdivisionen 1, 6, 8, 19 und 20 und die 3. ID (mot.). Die 5. PD, geführt von GenLt. Fehn, erschien neu auf dem Ostkriegsschauplatz. Sie war an und für sich für den Afrikafeldzug vorgesehen gewesen, wurde aber bereits auf dem Weg dorthin vom Balkan nach dem Osten gedreht.

Die aus den Reparaturwerkstätten kommenden Panzer und einiger Ersatz aus der Heimat bauten die Fehlbestände wieder ab, wenn auch die PzGr. 2 noch immer nur die Hälfte ihrer Panzer zur Verfügung hatte, während es bei der PzGr. 3 75% waren und die PzGr. 4 voll aufgefüllt dem neuen Kampfplatz entgegenrollte.

Mit Beginn des Unternehmens „Taifun" erfolgte die Umbenennung der vier Panzergruppen in Panzerarmeen, was jedoch lediglich eine Aufwertung dem Namen nach und nicht von der Substanz her bedeutete. Aus den AK (mot.) wurden Panzerkorps. Da Generaloberst Hoth zum OB der 17. Armee ernannt worden war, übernahm Gen. d. PzTr. Reinhardt die Führung der 3. Panzerarmee.

Das VIII. Fliegerkorps, das im Großraum Leningrad eingesetzt war, wurde in den Nordteil der HGr. Mitte zurückverlegt, womit diese das alte schlagkräfige Nahkampfkorps wieder zur Verfügung hatte, das in der Anfangsphase des Ostfeldzuges so tatkräftig an der Niederringung des Gegners mitgewirkt hatte.

Nach Beendigung der Kesselschlacht von Kiew wurden auch die Fliegenden

Verbände des II. FlK zur Heeresgruppe Mitte zurückgeleitet, um am Unternehmen „Taifun" teilzunehmen.

Das I. Flakkorps erhielt im II. Flakkorps, das aus dem Südabschnitt in die Mitte verschoben wurde, einen schlagkräftigen Verband hinzu.

Zwischen der Waldai-Höhe und dem Kiewer Schlachtfeld standen die sowjetische „Westfront" unter GenOberst Konjew, die „Reservefront" unter Marschall Budjonnyj und die „Brjansker Front" unter Generalleutnant Jeremenko abwehrbereit. In vorderster Linie wurden von Norden nach Süden in der ersten Abwehrlinie die 22., 29., 30., 19., 16., 20., 24., 43., 50., 3. und 13. Sowjetarmee festgestellt, während die zweite Linie von der 31., 39., 32. und 33. Armee besetzt wurde.

Die Offensive „Taifun" sollte im Süden des Abschnittes der HGr. Mitte beginnen. Dort wurde der 2. Panzerarmee noch vor Ende der Schlacht um Kiew die dazu notwendige Umgruppierung befohlen, um nach ihrem Vollzug mit einem massierten Stoß aus dem Raume Gluchow nach Nordosten mit dem Ziel Mzensk anzutreten.

48 Stunden darauf sollten die übrigen Armeen der HGr. Mitte vorgehen. Die vordringlichste Aufgabe aller drei Panzerarmeen war die Einschließung der sowjetischen Frontverbände im Großraum Wjasma – Brjansk. Dadurch sollte der Angriff der Infanterie-Verbände erleichtert werden.

Mit dem Herauslösen aus der Kiewer Umklammerungsfront bewegten sich die 2. Armee und die 2. PzArmee bereits Mitte September in Richtung zur und über die Desna. Um 180 Grad drehend rollten die Divisionen der 2. PzArmee am 23. September nach Nordosten, um den Raum Gluchow zu erreichen, von wo aus der Vorstoß beginnen sollte.

Am 24. September traf GenOberst Halder im HQ der HGr. Mitte in Smolensk ein. Er brachte die genauen Pläne des OKH mit, die er dem OB der HGr. ebenso wie den anwesenden Armee-Oberbefehlshabern vortrug.

Der Angriffsbefehl zum Unternehmen „Taifun" wurde am 26. September 1941 von GFM von Bock erlassen. Er sei an dieser Stelle im Wortlauf wiedergegeben:

> Oberkommando der Heeresgruppe Mitte H.Qu. 26. 9. 1941
> Ia Nr. 1620/41 g.Kdos. Chefs. 35 Ausfertigungen
> 2. Ausfertigung

Heeresgruppenbefehl für den Angriff:

1. Nach harter Wartezeit tritt die Heeresgruppe erneut zum Angriff an.
2. Die 4. Armee greift mit unterstellter Panzergruppe 4 mit Schwerpunkt beiderseits der Straße Roslawal – Moskau an. Nach gelungenem Durchbruch schwenkt sie unter Sicherung gegen Osten mit starken Kräften gegen die Autobahn Smolensk – Moskau beiderseits Wjasma ein.
3. Die 9. Armee mit unterstellter Panzergruppe 3 durchbricht die feindlichen Stellungen zwischen der Autobahn und der Gegend um Beloj und stößt bis zur Bahn Wjasma – Rshew durch. Der Hauptstoß der von starker Infanterie dauernd

unterstützen schnellen Kräfte ist in Richtung Cholm zu führen; ihr Eindrehen ostwärts des oberen Dnjepr gegen die Autobahn bei und westlich Wjasma unter Sicherung gegen Osten ist beabsichtigt. Der Angriff der Armee ist in der Nordflanke zu sichern.
Die über Jetkino nach Beloj führende Straße ist für den eigenen Nachschub wegzunehmen.
Auf den inneren Flügeln der 4. und 9. Armee zwischen der Gegend von Jelnja und der Autobahn ist, solange nicht auch auf diesen Projekten angetreten werden kann, der Angriff planmäßig vorzutäuschen und durch scharf zusammengefaßte Einzelvorstöße mit begrenzten Zielen der Feind nach Möglichkeit zu fesseln.

5. Die 2. Armee deckt die Südflanke der 4. Armee. Sie durchbricht hierzu die Desnastellung mit Schwerpunkt auf ihrem Nordflügel und stößt Richtung Suchinitschi – Meschtschowsk durch. Gegen das Stadt- und Industriegebiet von Brjansk – Ordshonikidsegrad hat sich die Armee zu sichern. Die Möglichkeit, das Stadt- und Industriegebiet – in Sonderheit die Bahnanlagen und Übergänge – durch Handstreich wegzunehmen, ist, unbeschadet der Trennungslinien der Panzergruppe 2, auszunutzen.
6. Die Panzergruppe 2 stößt – voraussichtlich zwei Tage vor Angriffsbeginn der Armeen antretend – über die Linie Orel – Brjansk vor. Ihr rechter Flügel ist am Swopa- und Oka-Abschnitt anzunehmen. Ihr linker Flügel rollt die Desnastellung von Süden her auf und beseitigt den Feind im Sudostj-Desna-Bogen im Zusammenwirken mit der 2. Armee.

Das Stadt- und Industriegebiet von Brjansk-Ordshonikidsegrad ist durch einen schnellen Verband, wenn es im ersten Ansturm gelingt, wegzunehmen. Anderenfalls ist es zunächst abzuschließen und später durch Kräfte des XXXV. AK in Verbindung mit der Luftwaffe zu nehmen."

Doppelschlacht Wjasma – Brjansk

Nachdem sie sich von ihren Gegnern nordostwärts von Kiew gelöst hatten, war die 2. Panzerarmee zwei Tage vor Beginn der allgemeinen Operation „Taifun" angetreten.

Von Konotop aus, wo GenOberst Guderian sein HQ errichten ließ, befahl er die Bereitstellungen. Das XXIV. PzK unter General von Geyr erreichte mit der 3. und 4. PD als erstes Angriffskorps den Bereitstellungsraum, in welchem die 10. ID (mot.) sicherte. Das XXXXVII. PzK schloß sich nach Norden an und stand mit der 17. und 18. PD einsatzbereit. Noch im Anmarsch von Süden erreichte das XXXXVIII. PzK mit der 9. PD, der 25. ID (mot.) und Teilen der 10. ID (mot.) den

Aufmarschraum und stellte sich hinter dem IR „Großdeutschland" bereit, das diesen Teil des Aufmarschgebietes sicherte.

Zuführungen XXXIV. AK in Gestalt der 95. und 134. ID und das gesamte XXXV. AK, das noch aus dem Pripjetraum anmarschierte, stießen hinter der 2. Panzerarmee her, waren jedoch bis Monatsende noch nicht im Bereitstellungsraum eingetroffen.

Am frühen Morgen des 30. September um 5.30 Uhr wurde durch einen Feuerschlag der Artillerie des XXIV. und XXXXVII. PzK die Operation „Taifun" eröffnet. Bis zum Abend erreichten die Verbände der 2. Panzerarmee die Angriffsziele. Die 4. PD des XXIV. PzK unter General von Langermann und Erlencamp stieß am zweiten Angriffstag auf der Straße nach Orel vor und erreichte mit der Brigade Eberbach Sewersk.

Zur gleichen Zeit drang die 3. PD bis nach Kutscherwowka vor. Die 10. ID (mot.) unter GenLt. von Loeper sicherte die offene Flanke des Korps, weil die Infanterie-Divisionen noch nicht aufgeschlossen hatten.

Auch das XXXXVII. PzK konnte mit der 17. und 18. PD schnelle Erfolge erzielen. Die 17. PD, nunmehr von ihrem dritten Kommandeur während der wenigen Wochen des Ostfeldzuges, GenLt. von Arnim, geführt, und Nehrings 18. PD stießen Seite an Seite bis zur Straße Orel – Brjansk vor. Karatschew wurde erreicht und damit hatten die schnellen Verbände dieses Korps binnen zweier Tage 130 Kilometer zurückgelegt. Die Front der 13. Sowjetarmee war durchbrochen, der Schutz der rechten Flanke der HGr. Mitte gesichert.

In der Nacht zum 2. Oktober wurde der Tagesbefehl Hitlers an der gesamten Front der HGr. Mitte verlesen, die nun anzutreten hatte. Darin hieß es:

„Die letzte große Entscheidungsschlacht dieses Jahres wird den Feind vernichtend treffen!"

Die gesamte HGr. Mitte trat nun an: 56 Infanterie-, acht Divisionen mot. und 14 Panzerdivisionen stürmten vorwärts. Die Luftflotte 2 unterstützte diesen Angriff.

Die 3. Panzer-Armee riß die feindliche Front bereits am ersten Tage westlich Beloj auf. Der Wop-Abschnitt auf dem linken Flügel der HGr. Mitte wurde von der 9. Armee auf der gesamten Breite überwunden. Der linke Flügel wurde vom XXXXI. PzK gebildet, dessen Führung auf dem Gefechtsfeld am 5. Oktober von GenLt. Model übernommen wurde. Die 36. ID (mot.) unter GenLt. Ottenbacher links und die 1. PD, geführt von GenMaj. Krüger rechts, rollten in Richtung Beloj vor.

Das XI. AK folgte nach. Es nahm mit der 26. ID links und der 6. ID rechts die Verbindung zum rechts von ihm stehenden LVI. PzK unter Gen. d. PzTr. Schaal auf. Dieses Korps griff mit der 6. PD unter GenMaj. Raus links und der 7. PD, GenLt. Frhr. von Funck, nördlich Jarzewo mit allgemeiner Stoßrichtung Wjasma an.

Der Angriff durch das Waldgelände, das sich ostwärts des Wop erstreckte, riß die 30. und 19. Sowjetarmee auseinander. Durch die breit aufklaffende Lücke ergossen sich die deutschen Sturmverbände nach Osten.

Südwestlich von Jarzewo sicherte das V. AK unter Gen. d. Inf. Ruoff mit der 35. und 5. ID. Letztere hielt die Verbindung zur linken Flügeldivision der 4. Armee. Der Dnjepr bildete hier die Armeegrenze.

Die übrigen drei Korps der 9. Armee standen mit Front nach Nordosten und mußten im Norden die Verbindung mit der HGr. Nord wahren.

Die 4. Armee unter GFM von Kluge, die südostwärts von Smolensk in den Räumen Jelnja und am Oberlauf der Desna aufmarschiert war, mußte zunächst den Flankenschutz für die 4. Panzerarmee übernehmen, die ihr unterstellt worden war.

Von links nach rechts griff sie mit dem IX. AK, dem VII. AK und dem XX. AK zwischen dem Dnjepr bei Somlensk und ostwärts von Roslawl an.

Die 4. PzArmee schloß sich daran an. Sie hatte folgende Angriffsziele erhalten: Wjasma, Juchnow, Suchinitschi und den Raum nördlich Brjansk.

In der 4. PzArmee standen vier Korps. Die drei PzKorps traten nach Nordosten mit dem Ziel Wjasma – Juchnow an. Das Infanteriekorps bildete den rechten Flügel mit dem Auftrag, einen bereits vorgeplanten Kessel um Brjansk nach Norden hin abzuschirmen.

In den drei Panzerkorps, über die GenOberst Hoepner verfügte, standen sechs Panzer-Divisionen, eine ID (mot.) und zwei Infanterie-Divisionen. Das XII. AK unter General der Infanterie Schroth wiederum setzte sich aus der 34. und 98. ID zusammen und bildete den rechten Flügel zur anschließenden 2. Armee.

Unter dem Kommando von GenOberst Frhr. von Weichs war die 2. Armee angewiesen worden, zunächst noch zu verhalten, um sich dann dem Vorstoß der 2. PzArmee anzuschließen, sobald diese über Karatschew und Orel vorgedrungen war.

Die 2. Armee stellte sich mit drei Korps westlich Brjansk bis zur Desna westlich von Ssewsk auf. Ihr unterstanden das XIII. AK unter Gen. d. Inf. Felber, das XXXXIII. AK unter Gen. d. Inf. Heinrici und das LIII. AK, das von Gen. d. Inf. Weisenberger geführt wurde. Die beiden ersteren Korps verfügten über zwei, das LIII. AK hingegen über drei Infanteriedivisionen.

Der Schwerpunkt der Operation „Taifun“ lag bei der 2. Panzerarmee, die bereits seit 48 Stunden erfolgreich im Kampf stand.

Sie hatte von links nach rechts in ihrer Angriffsfront eingesetzt:

Das XXXXVII. PzK. – General der Panzertruppe Lemelsen, mit:
29. ID (mot.) Generalmajor von Boltenstern
17. PD Generalleutnant von Arnim
18. PD Generalmajor Nehring

Das XXIV. PzK – General der Panzertruppe von Geyr mit:
4. PD Generalmajor von Langermann und Erlencamp
10. ID (mot.) Generalleutnant Breith (ab 1. 10.)

Das XXXXVIII. PzK. – General der Panzertruppe Kempf mit:
9. PD Generalleutnant Hubicki
25. ID (mot.) Generalleutnant Clössner
16. ID (mot.) Generalmajor Henrici

Das XXXXV. AK General der Artillerie Kaempf mit:
95. ID Generalleutnant Sixt von Armin
295. ID Generalleutnant Stemmermann
262. ID Generalleutnant Theissen
293. ID Generalleutnant von Obernitz
1. KavDiv. Generalmajor Feldt.

XXXXIV. AK General der Infanterie Metz mit:
45. ID Generalleutnant Schlieper
134. ID Generalleutnant von Cochenhausen

Dem Heeresgruppenkommando standen an Reserven zur Verfügung:
19. PD Generalleutnant von Knobelsdorff
PzLehrBrig. 900 Oberst Krause
IR (mot.) GD Oberst Hoernlein.

Am Ende des ersten Angriffstages der gesamten HGr. Mitte hatte die 2. Panzerarmee den feindlichen Abwehrring durchbrochen und stieß auf Orel vor. Die 2. Armee überwand die Desna nach harten Kämpfen. Die 4. PzArmee stieß nach Aufsprengung auf der Nahtstelle der 43. zur 24. Sowjetarmee 15 Kilometer tief durch. Die 3. Panzerarmee überwand die Front der 16. und 19. Sowjetarmee. Die 4. Armee konnte, frontal gegen die 20. Sowjetarmee angreifend, deren Verbände bis 123 Kilometer weit nach Osten werfen.

Die 9. Armee wiederum stieß bis zu 20 Kilometer tief vor, sie warf die 30. und 29. Sowjetarmee und stellte damit den Schutz des linken Flügels der Heeresgruppe sicher.

Die Kesselschlacht Wjasma – Brjansk

Am 2. Angriffstag stieß die 4. PD bis dicht vor Orel vor. Dadurch erhielt das XXXXVII. PzK die Möglichkeit, am selben Tage nach Brjansk einzudrehen. Unter der tatkräftigen Führung von GenMaj. Nehring gelang es der 18. PD am 5. Oktober, Karatschew zu besetzen.

Die 17. PD unter GenLt von Arnim trat auf Brjansk an, durchfuhr die Stadt und besetzte die Desnabrücken.

Gleichzeitig mit diesem im Süden errungenen Erfolg gewann die im Norden eingesetzte 3. PzArmee am dritten Tage des Angriffs den Raum südlich Beloj und schwenkte hier mit ihren Divisionen nach Südosten in Richtung Wajsma ein.

Die 7. PD unter GenLt. Frhr. von Funck erreichte als erster Verband die Rollbahn bei Wjasma. Im Zuge dieses Erfolges gelang es, am 4. Oktober die Verbindung mit den Spitzengruppen der von Süden herankommenden Divisionen der 4. PzArmee herzustellen.

Bei der 4. PzArmee war es vor allem die 10. PD unter GenMaj. Fischer, die sehr weit voraus operierte. Sie erstürmte Mosalsk und erreichte am nächsten Tag den Raum Juchnow. Von dort rollte sie mit höchster Fahrt auf Wjasma vor. Die von GenLt. Veiel geführte 2. PD wurde dadurch mitgerissen. Sie folgte diesem Angriff, so daß schließlich das XXXX PzK. unter General d. PzTr. Stumme vor Wjasma stand.

Durch das schnelle Erreichen von Wjasma und die Eroberung der Stadt nach einem schweren Stukaangriff waren zwei Kessel in der Bildung, die im Norden und Süden der Angriffsfront aufklafften. Und zwar führte die Vereinigung des LVI. PzK der 3. PzArmee mit dem XXXX. PzK der 4. Panzerarmee bei und in Wjasma zur Bildung des Kessels von Wajsma, der sich westlich dieser Stadt beiderseits der Autobahn nach Jarzewo dehnte. In diesem Kessel befanden sich große Teile der 16., 19., 20. und 32. Sowjetarmee. Diese versuchten in den folgenden Tagen mit aller Kraft nach Osten auszubrechen.

Da inzwischen aber auch die Infanterieverbände der 4. Armee herangekommen waren und den Einschließungsring dicht gemacht hatten, scheiterten die Ausbruchsversuche. Der Kessel war nun im Westen ebenso wie im Süden dicht.

Im selben Zeitraum schloß sich auch der Kessel bei Brjansk, wo zunächst die 2. PzArmee mit ihrem XXXXVII. PzK eine Rundumverteidigung um die Stadt errichtete und sich nach allen Seiten verteidigte. Die 13. Sowjetarmee versuchte, Brjansk zurückzugewinnen. Das XXIV. PzK war nach Nordosten vorgedrungen und stand kurz vor Mzensk, während das XXXXVIII. PzK den Flankenschutz nach Süden übernahm, bis die Infanterieverbände nachgekommen waren und diese Aufgabe übernehmen konnten. Nach Erreichen von Rylsk durch das XXXIV. AK konnten Kempfs Panzerverbände in Richtung Kursk weiter vorstoßen.

Die 2. Armee erhielt Weisung, nun mit starken Kräften nach Osten anzugreifen und bei Brjansk die Verbindung mit der 2. PzArmee herzustellen. Es gelang ihr, Teile der 43. und 50. Sowjetarmee nach Osten zurückzudrängen, am 5. Oktober die Desna zu überwinden und am nächsten Tag die Straße Roslawal – Brjansk zu erreichen. Damit war auch dieser Kessel von starken deutschen Kräften umschlossen.

Daraufhin faßten OKW und OKH gemeinsam mit dem Kommando der HGr. Mitte den Entschluß, den bisherigen Operationsplan erneut zu revidieren und den Großverbänden neue Ziele zuzuweisen.

Das Oberkommando der HGr. Mitte gab am 7. Oktober 1941 folgenden Befehl „für die Fortsetzung der Operation Moskau“:

„Geheime Kommandosache! Chefsache!
Nur durch Offizier!

1. Die westlich Wjasma eingeschlossenen Feindarmeen gehen ihrer Vernichtung entgegen. Die ganze Einschließungsfront greift hierzu weiter an. Alle hierbei entbehrlichen Kräfte treten sofort zur Verfolgung entkommener Feindteile in Richtung Moskau an, um dem Gegner keine Gelegenheit zum Aufbau einer neuen Abwehrfront zu lassen.
2. Die 2. Panzerarmee stößt so früh wie möglich auf Tula durch und gewinnt die dortigen Übergänge für weiteres Vorgehen sowohl in Richtung Kolomna wie auch Kaschira-Serpuchow.
   Das Stadt- und Industriegebiet von Brjansk-Ordshonikidsegrad mit den dortigen Übergängen ist bis zur Ablösung durch Kräfte der 2. Armee sicher festzuhalten. Die Versorgungsstraße und Bahn Brjansk – Orel ist durch ausreichende Kräfte zu sichern.
3. Die 4. und 9. Armee vernichten die im Raume Dorogobush – Wjasma eingeschlossenen Feindarmeen unter möglichst baldiger Herauslösung der schnellen Verbände für die neuen Aufgaben durch Infanteriekorps.
4. Die 4. Armee stößt ohne Verzug vor:
   a) mit den neu unterstellten XIII. und XII. AK gegen und über die Linie Kaluga-Medyn.
   b) Mit dem zunächst der Armee unmittelbar unterstellten LVII. AK (PzK.), mit der 20. PzDiv, 19. PzDiv., die herauszuziehen ist, und 3. ID (mot), über Medyn gegen die Protwa-Übergänge von Malojaroslawez und Borowsk. Der dortige befestigte Abschnitt ist durch vorausgeworfene Kräfte wegzunehmen. Eine kampfkräftige Abteilung hat die Übergänge von Kaluga schnell in die Hand zu nehmen und bis zum Herankommen des XIII. AK festzuhalten.
   c) Vorstoß mit allen verfügbaren Kräften der Panzergruppe 4 im allgemeinen Zuge der Autobahn von Wjasma auf Moshajsk unter schneller Wegnahme der dortigen Befestigungen.
5. Die 9. Armee gewinnt mit Kräften der Panzergruppe 3 die Linie Gshatsk – südlich Sytschowka zur Abschirmung der Kesselschlacht nach Nordosten. Alle freiwerdenden Teile der Panzergruppe sind in und hinter dieser Linie zum baldigen Vorstoß in Richtung Kalinin oder Rshew zu versammeln. Erdaufklärung ist gegen die Bahnlinie Wolokolamsk – Rshew vorzutreiben.
6. Die 2. Armee vernichtet die im Raume Trubtschewsk – Shisdra befindlichen Feindgruppen im Zusammenwirken mit der 2. Panzerarmee unter schnellem Freikämpfen der wichtigsten Versorgungsstraße Roslawal – Brjansk.
   Später wird es Aufgabe der 2. Armee sein, in Richtung Tula – Kaluga vorzugehen.
   Die 1. KavDiv. und die marschfähigste Infanteriedivision werden nach Vernichtung der südlich der Straße Roslawal – Brjansk befindlichen Feindkräfte der 2. Panzerarmee in Richtung Orel zuzuführen sein.

7. Die Trennungslinien:
   a) Zwischen der 2. Panzerarmee und der 2. Armee:
      Wird später befohlen.
   b) Zwischen der 2. Armee und der 4. Armee:
      Bis Jerschitschi wie bisher, dann Ljuchnowo (2.) Kosolsk (4.), dann für Aufklärung und Sicherung zwischen 2. Panzerarmee und 4. Armee Kosolsk (4.), Verlauf der Shisdra bis zur Mündung in die Oka – Straße Persikowo nach Serpuchwo. (4.).
   c) Zwischen der 4. Armee und der 9. Armee:
      Autobahn bis Wjasma wie bisher, dann Wjasma (4.) – Autobahn bis nach Shatsk (Autobahn für die 4., Ortschaft Gshatsk für die 9.) – Rusa (4.).
      Nach Antreten Infanterieverbände wird die Trennungslinie die Autobahn auch ab Wjasma für die 9. Armee befohlen werden.
8. Änderung von der bisherigen Kräftegliederung:
   Es treten:
   a) Höh.Kdo. XXXV. mit 1. K.D., 95., 262., 293. und 296. Div. am 10. Oktober 1941, 12.00 Uhr, von der 2. Panzerarmee zur 2. Armee.
   b) XIII. AK mit 17., 52. und 260. ID am 8. Oktober 1941, 12.00 Uhr, von der 2. Armee zur 4. Armee. Das z. Zt. um Shisdra sichernde verst. IR 163 oder 52. ID bleibt zunächst der 2. Armee taktisch unterstellt.
9. IR „Großdeutschland“ ist durch die 4. Armee als Heeresgruppenreserve um Roslawal zu versammeln.“

Soweit der Befehl von GFM von Bock.

Bis zum 7. Oktober wurden im Kessel von Wjasma Teile der 19., 20., 24., 30. und 43. Sowjetarmee erkannt. Im Kessel von Brjansk befanden sich Teile der 3., 13. und 50. Sowjetarmee.

Der Oberbefehlshaber der 50. Sowjetarmee, Generalmajor Petrow, fiel bei einem Ausbruchsversuch südlich Brjansk. Die Oberbefehlshaber der 19. Armee, Generalleutnant Lukin, der 20. Armee Generalleutnant Jerschkow und der 32. Armee Generalmajor Wischnewski, gerieten wenig später mit der Masse ihrer Armeen in Gefangenschaft.

In der Meldung des Oberkommandos der Wehrmacht vom 8. Oktober 1941 hieß es zu diesen Kämpfen:

„Während in der Ukraine die Angriffs- und Verfolgungsoperationen in vollem Fluß sind, hat der am 2. Oktober eingeleitete Durchburch in der Mitte der Ostfront zu einer neuen Folge gewaltiger Vernichtungsschlachten geführt. Allein im Raume Wjasma sind – wie durch Sondermeldung bekanntgegeben – mehrere sowjetische Armeen eingeschlossen. Sie gehen ihrer Vernichtung entgegen.“

Am Tage darauf hieß es:

„In der Mitte der Ostfront haben – wie ebenfalls durch Sondermeldung bekanntgegeben – die tiefen Durchbruchsoperationen zu einer weiteren großen Umfassungsschlacht geführt. Von starken Panzerkräften im Rücken angegriffen, haben nunmehr auch im Raume Brjansk drei feindliche Armeen ihre Vernichtung zu erwarten. Zusammen mit den bei Wjasma eingeschlossenen Verbänden hat hier Marschall Timoschenko die letzten voll kampfkräftigen Armeen der sowjetischen Gesamtfront geopfert. Das Trugbild fortgesetzter Angriffserfolge, die von der lügenhaften Propaganda des Gegners gerade diesen Armeen seit Wochen zugeschrieben waren, ist damit endgültig zerrissen."

Das sowjetische Oberkommando STAWKA und Josef Stalin erkannten die Niederlage sehr rasch. Sie reagierten darauf, indem sie wieder einmal mehr die Oberbefehlshaber der drei Fronten ablösten. Generaloberst Konjew wurde durch Armeegeneral Sukow ersetzt und zu dessen Stellvertreter degradiert. Knapp fünf Wochen darauf sollte er wieder mit der „Kalininfront" eine neue Heeresgruppe befehligen. Marschall Budjonnyj wurde des Kommandos der Heeresgruppe „Reservefront" enthoben. Am 12. Oktober wurde der Stab dieser Heeresgruppe in den der „Westfront" eingegliedert. Generalleutnant Jeremenko, Oberbefehlshaber der „Brjansker Front", mußte zurücktreten und die Heeresgruppe seinem bisherigen Generalstabschef, Generalmajor Sacharow, übergeben.

Angesichts der beiden Kessel um Wjasma und Brjansk bildete der neue OB der „Westfront", Armeegeneral Shukow, den Frontabschnitt neu um. Die bedrohten Truppen erhielten Weisung, kämpfend nach Osten auszuweichen und sich im neuen Abwehrraum einzurichten, der sich von Wolokolamsk im Norden über Moshajsk und Malojaroslawez bis nach Kaluga erstreckte.

In diesem Raum standen ebenfalls von Norden nach Süden die 16., 5., 43. und 49. Armee.

Die Truppen des Militärbezirkes Moskau rückten unter dem Kommando von Generalleutnant Artemjew bis in den Raum beiderseits Moshajsk vor und bezogen dort Stellung. Die zerschlagenen Armeen 19, 20, 24, 32 und 39., deren Reste aus den beiden Kesseln ausgebrochen waren, wurden aufgelöst, aus ihren Trümmern die 26. Armee neu aufgestellt und unter GenMaj. Kurkin im Raume Moshajsk eingesetzt.

Bis Mitte Oktober wurde immer noch um beide Kessel gekämpft. Der Widerstand der eingeschlossenen Kräfte brach nach und nach zusammen. Bis zum 12. Oktober gaben sich 200 000 Rotarmisten gefangen.

Der Kessel bei Wjasma war am 8. Oktober geschlossen worden. In den Schlamm- und Regentagen Mitte Oktober gingen die beiden Kesselschlachten von Wjasma und Brjansk zu Ende. Am 15. Oktober wurde eine neue Sondermeldung im Großdeutschen Rundfunk gesendet. Allein die Zahl der gefangengenommenen Rotarmisten betrug 673000. Die Zahl der Toten wurde weder von deutscher noch von sowjetischer Seite bekanntgegeben. 1242 Panzer und 5412 Geschütze aller Art wurden vernichtet oder erbeutet. GFM von Brauchitsch, der OB des Heeres, erließ einen Tagesbefehl an die „Soldaten der Heeresgruppe Mitte!

Nach langen Wochen schwerster Abwehrkämpfe seid Ihr am 2. Oktober zum Angriff angetreten. Vom ersten Augenblick an habt Ihr Euch dem Gegner wiederum weit überlegen gezeigt, habt die feindliche Front durchbrochen und unter der vorzüglichen Führung Eueres Oberbefehlshabers der Heeresgruppe und Eueren Armeeführern eine Umfassungschlacht geschlagen, deren Ergebnis die Vernichtung von acht Armeen ist.

Wieder habt Ihr Euch in diesen harten Kämpfen gegen zähen feindlichen Widerstand, unter ungünstigen Wetterbedingungen und bei schwierigen Wegeverhältnissen als die besten Solaten bewährt.

Truppe und Führung haben eine hervorragende Leistung vollbracht. Voll Dank und Stolz sieht ganz Deutschland auf sein Heer."

Aus dem Führerhauptquartier wurde am 18. Oktober folgende Meldung an die Presse gegeben:

> „Heeresgruppe Timoschenko
> In Stärke von acht Armeen vernichtet!
> 648196 Gefangene, 1197 Panzer und 5229 Geschütze erbeutet oder vernichtet."
>
> „Das Oberkommando der Wehrmacht gibt bekannt:
> Die Doppelschlacht von Wjasma und Brjansk ist siegreich beendet.
> Unter dem Oberbefehl des Generalfeldmarschalls von Bock haben Truppen des deutschen Heeres in engstem Zusammenwirken mit der Luftflotte des Generalfeldmarschalls Kesselring die sowjetische Heeresgruppe des Marschalls Timoschenko in Stärke von acht Armeen mit 67 Schützen-, sechs Kavallerie-Divisionen und sieben Panzer-Brigaden vernichtet. Die Säuberung des Kampfgebietes von zersprengten Resten des Feindes ist noch im Gange.

Insgesamt wurden bei diesen Kämpfen 648196 Gefangene gemacht. 1197 Panzerkampfwagen, 5229 Geschütze aller Art sowie unübersehbares Kriegsmaterial erbeutet oder vernichtet.

Die blutigen Verluste des Feindes sind wiederum schwer.

An der Durchführung dieser Operationen waren die Armeen des Generalfeldmarschalls von Kluge, der Generalobersten Freiherr von Weichs und Strauß sowie die Panzerarmeen der Generalobersten Guderian, Hoth, Hoepner und des Generals der Panzertruppe Reinhardt beteiligt."

Da alle Oberbefehlshaber bereits das Rittenkreuz trugen und die Generalobersten Guderian und Hoth seit dem 17. Juli mit dem Eichenlaub ausgezeichnet waren, gab es für diesen großen Erfolg keine weiteren Auszeichnungen für sie.

Durch das Ausnützen der breit aufklaffenden Lücke in der feindlichen Front erreichten die deutschen Verbände bis zum 15. Oktober die Linie Mzensk – Kaluga – Borodino – Kalinin.

Von hier aus bis nach Moskau waren noch zwei Drittel des Weges zurückzulegen. Dennoch hätte die Stoßkraft der deutschen Verbände für „Taifun" mit Sicherheit noch ausgereicht, Moskau zu erreichen und den ersten Feldzug in Rußland mit diesem krönenden Erfolg abzuschließen, wenn ihnen nicht das Wetter einen Strich durch die Rechnung gemacht hätte. Allerdings war damit zu rechnen, daß russische Winter zuweilen früh und hart einbrechen.

Ab Mitte Oktober setzten die ersten Schneefälle ein, die mit starkem Regen vermischt waren. Danach regnete es in Strömen. In den dazwischenliegenden kleinen Pausen gelang es der 2. PzArmee, im Süden bis dicht an Tula heranzukommen. In der Mitte des Angriffs wurden Aleksin, Moshajsk und Wolokolamsk erreicht. Dann aber setzte die Schlammperiode voll ein und machte es sowohl den Ketten- als auch Räderfahrzeugen unmöglich, auch nur einige Meter voranzukommen. Alle Operationen kamen zum Erliegen. Damit gewannen die Sowjets die Möglichkeit, ihre Stellungen auszubauen, ihre Kräfte aufzufrischen und Entsatz- und Verstärkungskräfte heranzuschaffen.

Im Gegensatz zu allen anderen hohen Truppenbefehlshabern setzte sich nur der OB der HGr. Mitte, GFM von Bock, für die Fortsetzung des Schlußangriffs auf Moskau ein. Er war sicher, mit letzter Kraft den Widerstand der Roten Armee zu brechen und als Sieger in Moskau einzuziehen. Das OKH riet nicht ab, da auch hier die Meinung herrschte, daß dieses Wagnis unternommen werden müsse. Immerhin konnte jederzeit eine milde Frostperiode einsetzen, welche die Wege wieder befahrbar machen würde.

Stillstand und Schlußangriff

Der Angriff der HGr. Mitte war in der ersten Novemberwoche 1941 endgültig zum Stehen gekommen. Der Schlamm hatte alle Bewegungen zum Erliegen gebracht. Damit war auch der erwartete Einmarsch nach Moskau nicht mehr zu verwirklichen, zumal der Gegner nun die Chance erhielt, seine Truppen durch die aus Fernost herankommenden Divisionen zu verstärken und einen undurchdringlichen Abwehrriegel zu schaffen.

Im KTB des Oberkommandos der Wehrmacht zeichnete sich die Lage am 7. November so ab, daß die 2. Armee bis in den Raum 12 Kilometer südostwärts von Orel vorgeprellt war, während die 2. Panzerarmee 3 Kilometer südlich von Tula festlag. Die 4. Armee lag im Raume Kaluga bis südlich von Tschernaja fest. Bei der 9. Armee stand die Front von Drygoma über Beresuk bis in den Raum südlich von Subzow.

Durch das einsetzende Tauwetter, Regen unmd Schneefall hatte sich der Straßenzustand erheblich verschlechtert. Lediglich bei der 9. Armee war die Lage etwa gleich geblieben.

Durch diese Behinderungen waren nicht nur die Bewegungen der kämpfenden Truppe verlangsamt und schließlich zum Erliegen gekommen, auch der Nachschub und damit die Versorgung mit Waffen, Material und Truppenverpflegung kam nicht mehr voran. Mit den Hauptquartieren in Brjansk (der 2. Armee), Orel (der

2. PzArmee), Malojaroslawez (der 4. Arme) und Subschew für die 3. PzArmee sowie Sytschewka für die 9. Armee hatte die HGr. Mitte bis zum 11. November vom Serpuchow im Norden bis hinunter nach Jefremow eine Frontlinie erreicht, die bis dicht vor Tula heranführte.

Die Frontlage Mitte November zeigte folgendes Bild der Lage: Im Norden stand die 9. Armee, die bei Ostaschkow lose Verbindung bis nach Kalinin mit der HGr. Nord hielt. Dort lagen die motorisierten Verbände der 3. Panzerarmee mit Front nach Osten fest. Die sich daran anschließende 4. Panzerarmee wiederum kämpfte mit Front nach Süden und hatte in ihrem südlichen Abschnitt Anschluß an eine Infanterie-Division der 4. Armee, die mit Schwerpunkt zwischen Moshajsk und Naro Fominsk stehengeblieben war.

Die 2. Panzerarmee stand noch im Kampf um Tula, das vom Feind zäh und verbissen verteidigt wurde. Die 2. Armee wiederum hatte nach Süden hin ausholend eine fast 300 Kilometer lange Frontlinie und erreichte mit ihren südlichsten Verbänden in Höhe von Kursk die linke Flügeldivision der 6. Armee der HGr. Süd.

Am 12. November war Generaloberst Halder im HQ HGr. Mitte in Orscha eingetroffen. Er berichtete GFM von Bock, daß die HGr. Nord und Süd Befehl erhalten hätten, jeden weiteren Vormarsch einzustellen und daß nur die HGr. Mitte im Angriff verbleiben solle, um „einer Überwinterung in der Einöde" zu entgehen.

Die 3. PzArmee sollte von Kalinin aus nach Nordosten auf Rybinsk vorgehen, das 250 Kilometer von Kalinin entfernt lag, also ein unerreichbares utopisches Ziel schien. Die 4. Armee sollte von Nordosten her gegen Moskau antreten, während die 2. PzArmee über Koloma und Rjasan nach Nordosten antreten sollte, um die Hauptstadt der UdSSR weit im Osten von ihrem Hinterland abzuschneiden. Die 2. Armee schließlich sollte weit gefächert zum Don nördlich von Woronesch vorstoßen.

Für den Nordabschnitt sollte der Angriff am 15. und für den Südabschnitt am 17. November erfolgen.

Am 17. November wurde der letzte Angriff begonnen. Die 9. Armee griff in Richtung zum Wolga-Staubbecken an. Dieses war auch Ziel der 3. Panzerarmee unter General Reinhardt, dessen LVI. PzK unter General der PzTr. Schaal mit der voraus angreifenden 6. PD, GenMaj. Raus, die Lama erreichte und einen Brückenkopf bildete.

Am nächsten Tage schloß sich die 4. PzArmee dem Angriff an. Der Angriff auf Klin wurde vom V .AK, Gen. d. Inf. Ruoff, geführt. Ihm standen neben den drei Infanteriedivisionen die 2. PD zur Verfügung. Geführt von GenLt. Veiel, konnte die 2. PD den Raum ostwärts Wolokolamsk erreichen. Das XXXXVI. PzKorps und das XXXX. PzKorps schlossen bis zum Abend ebenfalls nach vorn auf.

Am frühen Morgen des 17. November traten dann auch alle übrigen Verbände der HGr. Mitte an.

Im Bereich der 106. ID, die bei Mussino unter GenMaj. Dehner kämpfte, kam es zum Angriff der sowjetischen 44. Kavalleriedivision, die aus Sibirien zur Front geschafft worden war. Diese Division wurde im Abwehrfeuer aus Geschützen, MG und Karabinern völlig vernichtet. Alle übrigen Divisionen der Roten Armee kämpften mit der gleichen Verbissenheit. Viele von ihnen hörten nach dem 17. November zu existieren auf.

Die 3. Panzerarmee kam zügig bis zum Süddrand des Wolgastaubeckens voran. Durch diese Frontlücke war der Weg auf Klin frei geworden, weil sich die hier verteidigende 16. Sowjetarmee in Richtung auf das Istra-Staubecken zurückzog. Ein Befehl von Armeegeneral Shukow gab ihr den Auftrag, sich in dem jetzigen Abschnitt zu verteidigen und keinen Schritt zurückzugehen. „Verteidigung bis zum letzten Mann!"

Damit wurde ein Kampf eingeleitet, der zu den schwersten des gesamten Ostfeldzuges zählte.

Die 2. PzArmee unter GenOberst Guderian, die nur noch 150 Panzer zur Verfügung hatte, erhielt den Auftrag, mit der 18. PD, der 10. und 19. ID (mot.) des XXXXVII. PzKorps unter General Lemelsen in Richtung Jefremow – Jepifan – Michailow und Richtung Gremjatschi – zum Schutz der Ostflanke der Armee – vorzugehen. Das LIII. AK unter General der Infanterie Weisenberger stieß mit der 167. ID in Richtung Wenew, mit der 112. ID in den Raum Stalinogorsk vor.

Dem XXIV. PzKorps unter General von Geyr wurde mit der 17. PD der Raum Kaschira, mit der 3. PD der Raum Tula und mit der 4. PD der Raum ostwärts von Tula als Angriffsziel zugewiesen. Das IR (mot.) „Großdeutschland" sollte ebenfalls in Richtung Tula vorgehen und ihr die 296. ID mit dem gleichen Ziel zur Seite gestellt werden. Die ohnehin geschwächte 2. Panzerarmee hatte bereits am zweiten Angriffstag weitere Verluste erlitten. Der Angriff auf Tula mußte wegen Brennstoffmangels eingestellt werden.

Hier zeigte sich wieder, daß die Frage der Wehrmachtstransporte und der langen Nachschublinien zu einem entscheidenden Kampffaktor im feindlichen Hinterland geworden waren.

Sowjetische Gegenangriffe trafen vor allem das XXXXVIII. PzK der 2. Armee. Denoch gelang es einer verstärkten Vorausabteilung der 293. ID unter GenLt. von Obernitz, an diesem Tage bei Goliza die Verbindung mit der von GenLt. Henrici geführten 16. ID (mot.), der Flügeldivision der 2. Panzerarmee, herzustellen. Am nächsten Tage erreichte diese Vorausabteilung den Raum 10 Kilometer südwestlich von Jefremow.

Die Russen bauten vor der 2. Armee ab. Diese erreichte am 24. November mit dem XXXXVIII. PzK den Raum 10 Kilometer ostwärts Schtschigry, während das XXXIV. AK mit der 45. und 134. ID auf Liwny vorstieß.

Am 19. November erhielt die 9. Armee Weisung, auf der gesamten Armeefront zur Abwehr überzugehen. Die ihr unterstellte 3. PzArmee wurde unter den direkten Befehl des Heeresgruppenkommandos gestellt, um weiter anzugreifen. Die 9. Armee aber grub sich ein und wurde wenige Tage darauf von starken Feindkräften angegriffen.

Die 3. PzArmee wurde von der HGr, unter Abschirmung ihrer Front nach Osten durch eigene Kräfte, mit dem Gros nach Süden auf Klin angesetzt. Sie sollte dem vor der 4. PzArmee angreifenden Feind den Rückzug abschneiden. Die 16. Sowjetarmee wich kämpfend zurück, und ihr OB, Generalleutnant Rokossowskij, richtete sich mit seinem Stab in Klin zur Verteidigung ein.

Die vorn fahrende 7. PD unter GenLt. Frhr. von Funck erreichte bei Spas Zaulok die Straße nach Klin, konnte aber nicht – wie geplant – im Handstreich nach Klin eindringen. Südostwärts von Sawidowo konnte jedoch die Verbindung zwischen der 6. PD und der 14. ID (mot.) unter GenMaj. Fürst hergestellt werden.

Die 14. ID (mot.) trat am 21. November nach Durchbruch durch die feindlichen Stellungen ostwärts der Straße Klin – Wolgastaubecken zum Angriff auf Klin an. Die 6. PD, die diesen Angriff mitfahren sollte, blieb nördlich von Sawidowo liegen.

Am Abend des 22. November befahl General Schaal die Bereitstellung seines Korps gegen Klin.

Die 7. PD und die 14. ID (mot.) griffen am Morgen des 23. November Klin über eine Geländefläche von 7 Kilometer an. Die Rote Armee warf alle verfügbaren Panzerbrigaden in den Kampf. Doch in einem letzten gewaltigen Ansprung wurde Klin an diesem Tage bis 16.40 Uhr erobert.

Sturm auf Moskau

Die 4. PzArmee trat am 18. November zum Sturm auf Moskau an. Es gelang der 2. PD unter GenLt. Veiel, nach Soletschnogorsk vorzustoßen. Die Kampfgruppe Hoth eroberte schließlich nach Abschuß von 209 Feindpanzern diese Stadt, die nur noch 60 Kilometer vor Moskau lag. Der Weg zum Istra-Staubecken war freigekämpf. General Shukow befahl, die Schleusen des Staubeckens zu öffnen. Dadurch wurden das gesamte Gelände südlich davon auf einer Länge von 50 Kilometer mit 2,5 m hohem Wasser überschwemmt, das sofort gefror und ein nicht zu überwindendes Hindernis für die deutschen Panzer darstellte.

Am 24. November stieß die 35. ID unter GenLt. Fischer von Weikersthal über den Istra-Stausee und eroberte die Ortschaft Nowinki. Damit standen die Soldaten dieser Division im Rücken der ersten sowjetischen Verteidigungsstellungen um Moskau.

Die 23. ID unter GenLt. Hellmich wurde vom Korps nachgeschoben. Die 2. PD stieß am nächsten Tage bei Peschki auf eine Panzerabteilung der Roten Armee, die mit englischen Mark II-Panzern ausgerüstet war.

In den nächsten Tagen erreichte auch das XXXXVI. PzK die Istra. Die 11. PD drang mit einigen weiteren Verbänden über den Stausee vor. Weiter im Süden gelangte die KGr. der 10. PD unter Oberstleutnant von der Chevallerie über die Istra und bildete einen Brückenkopf. Die 10. PD unter GenMaj. Fischer gehörte zum XXXX .PzK. Sie hatte mit der SS-PD „Das Reich" am 25. November die Istra ebenfalls erreicht.

Istra wurde von der 78. sibirischen Schützendivision gehalten. Eine von Oberst-

Ein englisches Schiff wird von einem Zweierfächer getroffen und sinkt.

Rettungsboot eines gesunkenen Schiffes wird von U 107 versorgt.

U 123 am 8. Juni 1941 in Lorient auslaufend; dahinter U 201.

Der berühmte Rennfahrer Hans Stuck besucht in St. Nazaire das erfolgreiche U 48.

Kapitänleutnant Herbert Wohlfarth, Kommandant U 556 nach der Rückkehr.

Ritterkreuzverleihung an Kapitänleutnant Schulz durch Admiral Dönitz am 9. März 1941.

Kapitänleutnant Gerhard Bigalk, Kommandant von U 751 erhielt am 26. Dezember 1941 das Ritterkreuz. (Gefallen am 18. 7. 1942).

Kapitänleutnant Robert Gysae führte U 98 in vielen Geleitzugschlachten. Ritterkreuz am 31. Dezember 1941. (250. Eichenlaub am 31. 3. 1943).

Verabschiedung von U 48 an der Schleuse von St. Nazaire.

U 48 läuft zu einer neuen Feindfahrt aus. Unter drei Kommandanten wurde es zum erfolgreichsten U-Boot des Zweiten Weltkrieges.

U 38 von Feindfahrt zurück. Admiral Dönitz verteilt die Auszeichnungen.

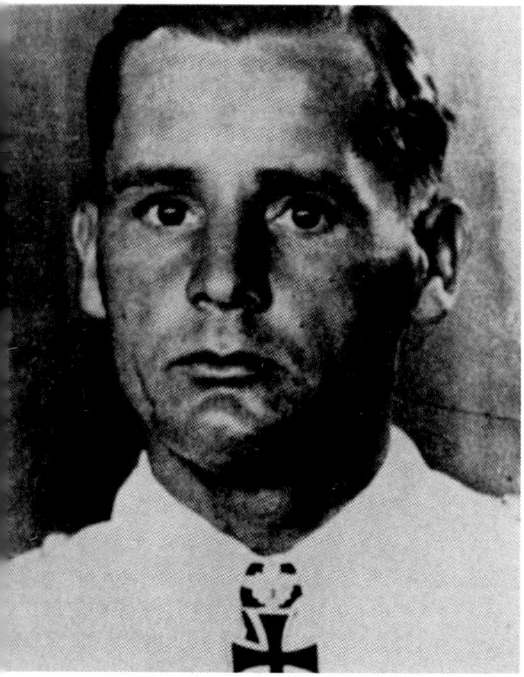

Oberleutnant zur See Engelbert Endraß erhielt am 10. 6. 1941 das 14. Eichenlaub zum Ritterkreuz.

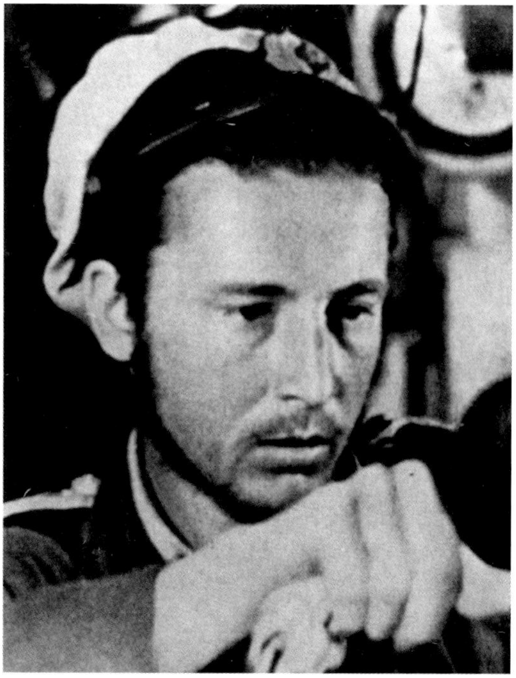

Oberleutnant zur See Adalbert Schnee, Kommandant U 201, RK am 30. August 1941.

Kapitänleutnant Günther Hessler, Kommandant U 107, wurde am 24. Juni 1941 nach der erfolgreichsten Feindfahrt des Zweiten Weltkrieges mit dem RK ausgezeichnet.

Kapitänleutnant Friedrich Guggenberger, Kommandant U 81, wurde am 10. Dezember 1941 im Mittelmeer mit dem RK ausgezeichnet.

Das Luftbild des Hafens Oahu auf Hawaii, Zielpunkt des japanischen Erstangriffs.

Der Angriff der japanischen Luftwaffe auf Pearl Harbor.

Das Schlachtschiff „Arizona" ist getroffen.

Kaiser Hirohito, „Tenno" (Führer) genannt, sah die Zukunft Japans durch die USA bedroht und genehmigte die Angriffspläne seiner Generäle.

Der US-Präsident Roosevelt unterzeichnete am 8. Dezember 1941 die Kriegserklärung an Japan. Die Ausweitung des europäischen Krieges zum Weltkrieg war damit vollzogen.

Die japanischen Botschafter Kurusu und Nomura zu Friedenszeiten in Washington. Sie überreichten die japanische Kriegserklärung erst nach Angriffsbeginn auf Pearl Habor.

Die He 111, bereits 1941 im Westen als Bombenflugzeug zu langsam, wurde noch bis ins Jahr 1944 als Torpedobomber eingesetzt.

Die Focke Wulf Fw 200 „Condor" war eigentlich ein Zivilflugzeug, das in den Kriegsjahren als Fernaufklärer und Bomber von der französischen Kanalküste aus, den Atlantik überwachte.

Auch an der Nordfront in Karelien ist die Front in Eis erstarrt. Gebirgsjäger sind mit Panjeschlitten unterwegs.

Die Finnen waren für den Winterkampf bestens ausgerüstet. Sie hatten bereits Erfahrungen im Kampf gegen die Sowjets im Winter 1939/40 sammeln müssen.

Torpedoübernahme bei einer Schnellbootflottille am Kanal. Die Torpedoboote stellten für die englischen Geleitzüge eine große Gefahr dar.

Ein englisches Geleitzugschiff wurde von einem Torpedo getroffen.

Ein Vorpostenboot in schwerer See im Atlantik.

Eine Treibmine wurde gesichtet und wird entschärft. Dies konnte nur bei ruhiger See geschehen, da man ansonsten Gefahr lief, den Zünder auszulösen.

leutnant Dr. Mauss geführte Kampfgruppe, zu der auch das Kradschützen-Bataillon der Division „Das Reich" unter Sturmbannführer Klingenberg gehörte, konnten Istra im Nahkampf in Besitz nehmen. Dr. Mauss erhielt noch am 26. November des Ritterkreuz.

Besonders schwer wurde in diesem verbissenen Ringen um Moskau die 2. PzArmee getroffen. Hier standen die 3. und 4. PD ebenso im opfervollen Einsatz wie die 296. ID unter GenLt. Stemmermann.

Während die Armeen und Korps der HGr. Mitte rapide schwächer wurden, konnte das sowjetische Oberkommando STAWKA nun mehr und mehr frische Truppen heranschaffen. Stalins Kampffliegerverbände, Schlachtflieger und Jäger griffen unablässig an. Eigene Jäger standen nicht mehr zur Verfügung. So mußte die 2. Panzerarmee am 24. November melden:

„Starke feindliche Lufttätigkeit. Bomber- und Tieffliegerangriffe, die zu Verlusten führen. Die Truppe bedauert das Fehlen der eigenen Flieger." (Siehe dazu: „Die Luftwaffe 1941 in Rußland").

Der Angriff über den Moskwa-Wolga-Kanal

Die 3. Panzerarmee erhielt am 27. November 1941 von der Heeresgruppe den Befehl, unverzüglich über den Moskwa-Wolga-Kanal zu setzen und in Richtung auf Krasnaja Poljana vorzustoßen. Durch diesen Angriff sollte der liegengebliebene Marsch der 4. PzArmee wiederbelebt werden.

Teilen der 7. PD, als „Kampfgruppe von Manteuffel" in die Kriegsgeschichte eingegangen, stießen über die Brücke vor und errichteten nach dem 28. November einen Brückenkopf jenseits des Kanals. Unter Führung von Oberstleutnant von Manteuffel stürmte die KGr. über die unbeschädigte Brücke bei Jachroma, kämpfte einen feindlichen Panzerzug nieder und zerstörte das dort stehende Elektrizitätswerk, das einen Teil von Moskau mit Strom belieferte.

Stalin hatte die Gefahr für Moskau als erster erkannt; daher befahl er rigorose Gegenangriffe zur Beseitigung dieses Brückenkopfes. Armeegeneral Shukow ließ alle erreichbaren Panzerbrigaden herbeikarren, die sofort zum Gegenangriff anzutreten hatten. Milizeinheiten und Zivilisten wurden südlich von Jachroma und ostwärts der Brücke zum Schanzen eingesetzt.

Hier blieben die aufschließenden Teile der 14. ID (mot.) und der 36. ID (mot.) liegen, um wenigstens den linken Flügel der 7. PD zu sichern. Die später aufschließende 6. PD schob sich langsam von rechts her an die 7. PD heran.

Bereits am Abend des 28. November rollten sowjetische T 34 mit nachfolgender Infanterie zum Gegenangriff gegen die KGr. von Manteuffel vor. Die wenigen zur Verfügung stehenden eigenen Panzer fielen durch Beschußschäden aus oder zogen sich verschossen zurück. Hasso von Manteuffel erhielt von der Division Befehl, noch am 29. November diesen Brückenkopf zu räumen. Er zog sich mit seiner KGr. auf das Westufer des Kanals zurück.

Als am 30. November von Kalinin her das XXXXI. PzK unter Gen. d. PzTr. Model herankam, den Feind warf und Verbindung mit der 6. PD herstellte, schien der Angriff noch durchführbar. Die 23. ID geriet südlich Federowka in einen sowjetischen Hinterhalt. Sie kämpfte nach allen Seiten und wurde schließlich von der 1. PD befreit, die im Weiterfahren noch den Kanal bei Lobnja erreichte. Damit standen beide Korps der 3. PzArmee am Moskwa-Wolga-Kanal westlich Dmitrow bis zum Nordrand des Wolga-Staubeckens bei Krasnaja Poljana.

Die 11. PD unter GenMaj. Scheller und die 106. ID, geführt von GenMaj Dehner, erreichten am 1. Dezember im gemeinsamen Vorgehen Matuschkino und Krjukowo. Eine KGr. der 106. ID kam bei 40 Grad unter Null bis an den Bahnhof Krjukowo, der Endstation der Moskauer Vorortbahn, heran. An der Straßenkreuzung sahen die Männer des IR 240 und des FlakRgt. 52 ein Schild mit der Aufschrift: Nach Moskau 22 Kilometer.

Südlich der Straße Solnetschnogorsk – Moskau aber gingen Teile der seit dem 1. Dezember von GenMaj. Frhr. von Roman geführten 35. ID weiter nach Südosten vorwärts. Pioniere des hier eingesetzten Heeres-PiBatl. 62 kamen bis zum Bahnhof Chimki. Von hier aus waren es bis zum Moskauer Hauptbahnhof genau noch 16 Kilometer. Näher sollte kein deutscher Soldat an Moskau herankommen, es sei denn als Gefangener.

Bei der 4. Armee, die am 1. Dezember mit allen Verbänden gleichzeitig zum Schlußangriff antrat und die sowjetischen Feldbefestigungen im ersten Anlauf durchstießen, wurde von der 258. ID Naro Fominsk erobert. Der KGr. unter Major Bracht gelang es, im Sturmlauf Juschkowo 44 Kilometer vor Moskau in Besitz zu nehmen.

Die Soldaten des IR 478, die unter Major Staedtke vorgingen, erreichten Burzewo, den Exerzierplatz der Moskauer Garnison, und setzten sich in den Hütten dieser Ortschaft fest. Damit hatte auch die 4. Armee den Moskau zunächstliegenden Raum erreicht.

Am Abend des 1. Dezember schrieb GFM von Bock in sein KTB: „Der Gedanke, daß der Feind vor der Heeresgruppe zusammenbricht, war, wie die Kämpfe der letzen 14 Tage lehrten, ein Traumbild. Stehenbleiben vor den Toren von Moskau, wo sich das Bahn- und Straßennetz von fast ganz Ostrußland vereinigte, ist gleichbedeutend mit schweren Abwehrkämpfen gegen einen zahlrenmäßig überlegenen Gegner. Dem sind die Kräfte der Heeresgruppe auch für begrenzte Zeit nicht mehr gewachsen. . . .

Der Angriff erscheint somit ohne Sinn und Zweck.“

Die letzten Kämpfe vor Moskau

Bei der 2. Panzerarmee trat am 2. Dezember 1941 die Schlacht um Tula, die seit dem 28. Oktober entbrannt war, in ihre letzte Phase. Es galt, das entscheidende Bollwerk im Süden von Moskau zu überwinden

Am Morgen des 2. Dezember begann der Angriff des XXIV. PzK. Es herrschten 30 Grad unter Null. Die KGr. der 4. PD konnten bis Rudnewo vordringen und dabei den Widerstand der 31. und 299. sowj. Schützendivision überwinden. Die 3. PD gewann am frühen Nachmittag Torschowo. Dann blieben die Angriffe liegen, weil die Verluste zu hoch waren. Nur die KGr. Eberbach kam am dritten Angriffstag noch bis Kostrowo vor. Von hier aus bis zu den Spitzen der Infanterieverbände des XXXXIII. AK waren es nur noch 15 Kilometer. Hätte die KGr. noch die Kraft und den Brennstoff gehabt, wäre es ihr möglich gewesen, den Ring um Tula zu schließen.

Am 4. Dezember griff die 31. ID unter GenMaj. Berthold auf dem rechten Flügel des XXXXIII. AK noch einmal an. Alle schweren Waffen waren dieser Division zugeführt worden, um den Erfolg sicherzustellen.

Gegen den harten Widerstand der 217. und 290. sowj. Schützendivision gelang es, in deren erste Grabenstellungen einzudringen. Hier blieb die Division liegen. Sie war am Ende ihrer Kraft. Neben den Verwundeten und Gefallenen zählten Erfrierungen zu den größten Sorgen. Sie beliefen sich allein beim IR 82 der 31. ID auf 800 Mann.

Auch die rechts angelehnte 295. ID unter GenLt. Stemmermann war nicht in der Lage, den Angriff der 31. ID zu unterstützen.

Von Norden und Osten aber stürmten neue Truppen in Gestalt der 50. Sowjetarmee heran und brachen auf der Nahtstelle zwischen der 4. und 17. PD durch. Auf einer Gesamtbreite von 150 Kilometer stießen sie bis zu den Verteidigungsstellungen der 10. ID (mot.) und der 18. PD durch.

Den letzten Erfolg der HGr. Mitte konnte die 2. Armee erringen, deren XXXIV. AK, mit der 45. und 134. ID beiderseits von Liwny antretend, in Richtung auf Jelez an der Sosna vorankam. Unmittelbar vor dieser Stadt, deren Besitz für die Errichtung der Winterstellung der 2. Armee wichtig war, blieb der Angriff in beißendem Frost liegen. Im Schneesturm des 3. Dezember griffen zwei Regimenter der 134. ID noch einmal an. Auch sie blieben liegen. Das IR 446 unter Major Klein hingegen kam bis auf 5 Kilometer an Jelez heran und erreichte am Abend dieses Tages den westlichen Stadtrand. Hier mußten sich die Männer eingraben und in den einzelnen Häusern verschanzen, um das Herannahen der übrigen Divisionsteile abzuwarten.

Am 4. Dezember wurde der Kampf fortgesetzt. Es ging um warme Quartiere. Weder wollten sich die Rotarmisten in den Schneesturm hinausjagen lassen noch die Deutschen im Schneesturm auf der offenen Ebene verbleiben. Aus dieser Konstellation entwickelten sich die härtesten Straßenschlachten mit Nahkämpfen Mann gegen Mann. Jedes Haus mußte freigekämpft werden und wurde vom Gegner wieder angegriffen. Das alte Kloster von Jelez war von den Verteidigern zu einer waffenstarrenden Festung ausgebaut worden. Zwei deutsche Sturmgeschütze brachten hier die Entscheidung, als sie die beiden Gebäude, in denen sich die Gegner verschanzt hatten und mit einer Reihe von MG verteidigten, restlos zerschossen. Jedes einzelne MG wurde von den aufgefahrenen Sturmgeschützen außer Gefecht gesetzt.

Am Nachmittag des 4. Dezember 1941 war Jelez in deutscher Hand. Eine unbeschädigte Brücke über die Sosna wurde von einem kampfstarken Stoßtrupp des III./IR 439 genommen und gehalten. Dies war der letzte teuer erkaufte Sieg nicht nur der 2. Armee, sondern der gesamten Heeresgruppe Mitte.

Am 23. Dezember war der Wendepunkt vor Moskau bei 25–30 Grad unter Null gekommen. Das deutsche Ostheer hatte vom 22. Juni bis zu diesem Tage 162314 Mann an Gefallenen, 563085 Verwundete und 31191 Vermißte verloren. Von den Gefallenen entfielen 109600 auf die Schlacht um Moskau, was die Härte des Unternehmens „Taifun“ andeutet. Eine Reihe deutscher Divisionen war bis auf Reste zusammengeschmolzen. Von den 507 Panzern, über welche die 3. und 2. Panzerarmee am 16. Oktober verfügten, waren in diesen erbitterten Kämpfen um „Taifun“ 392 ausgefallen. Beide PzArmeen verfügten nur noch über 115 Panzer.

Trotz der Anspannung aller Kräfte war es nicht gelungen, das Operationsziel Moskau zu erreichen, das greifbar nahe vor den Divisionen der HGr. Mitte gelegen hatte.

Vom Seligersee im Norden über Kalinin – Istra – Naro Fominsk – Kaluga – Jelez und ostwärts Kursk stand die Front der HGr. Mitte am 5. Dezember still.

Es hätte dem OKW und OKH wohl klar sein müssen, daß Moskau auch bei anderem Wetter nach so langem Vorstoß, der schwere Verluste bringen mußte, nur dann zu nehmen war, wenn Reserven vorhanden waren. Das aber war nicht der Fall.

Die sowjetische Gegenoffensive

Als Armeegeneral Shukow Josef Stalin den Vorschlag machte, nun mit einer großen Kesselschlacht der HGr. Mitte vor Moskau ein Ende zu bereiten, war Stalin noch nicht überzeugt, daß ein solches Wagnis gelingen könne. Er trug sich mit der Absicht, die deutschen Armeen auf breiter Front zurückzudrängen und gleichzeitig in ihrem Rücken einen Großangriff aus dem Südostzipfel der HGr. Nord direkt nach Süden in den Rücken der HGr. Mitte zu führen und diese damit von ihrer gesamten Versorgung abzuschneiden. Erst wenn der Gegner, in Eis und Schnee erfrierend, ohne Nachschub und Verpflegung geschwächt war, konnte die HGr. Mitte mühelos vernichtet werden.

Nach dem am 30. November vorgelegten Operationsplan des Generalstabschefs,

GenLt. Schaposchnikow, wurden alle sowjetischen Verbände so umgruppiert, daß sie zum gleichen Zeitpunkt vom Seligersee im Norden bis hinunter nach Kursk angreifen konnten.

Im Nordabschnitt sollte die HGr. „Nordwestfront" mit der „Kalininfront" zusammenwirken. Und zwar sollte die „Nordwestfront" unter GenLt. Kurotschkin mit zwei Panzerarmeen die Naht zwischen der HGr. Nord und Mitte aufreißen, während die „Kalininfront" zwischen Kalinin und Klin nach Süden antreten würde, um die Verbindung mit der im Raume Wolokolamsk liegenden „Westfront" herzustellen. Dadurch sollten die nach Osten vorgereckten Angriffsspitzen der 3. und 4. deutschen Panzerarmee abgeschnitten werden.

Während die gesamte Front westlich von Moskau stehenblieb, würde die HGr. „Westfront" den Keil der 2. deutschen Panzerarmee, der auf Wenew, Michailow und Jepifan vorgetrieben worden war, abschneiden.

Die HGr. „Südwestfront" wiederum erhielt den Auftrag, die 2. Armee in einem großen Zangenangriff zwischen Kursk und Jefremow einzukesseln.

Um diese Ziele zu erreichen, wurden mit der „Kalininfront" unter Generaloberst Konjew, der „Westfront" unter Armeegeneral Shukow und der HGr. „Südwestfront" unter Marschall Timoschenko insgesamt 73 Schützen-, 23 Kavallerie- und 3 Divisionen (mot.) aufgeboten. Hinzu kamen 18 selbständige Kavallerie- und 23 Panzerbrigaden. Insgesamt betrug die Truppenstärke dieser Verbände 1 060 380 Mann. Diese verfügten über 7 735 Geschütze, 678 moderne T 34-Panzer und 52 904 Kraftfahrzeuge. (Siehe: Marschall Shukow: „Memoiren").

Die sowjetische Luftwaffe beteiligte sich mit starken Fliegerkräften an dieser großen Offensive.

Am frühen Morgen des 6. Dezember begann der sowjetische Großangriff, der mit dem Ziel geführt wurde, die HGr. Mitte zu vernichten. Die Front der 2. Panzerarmee wurde durchstoßen. Auf beiden Flügeln drangen schnelle Verbände der Roten Armee vor. Bei Tula war es die 50. Sowjetarmee unter GenLt. Boldin. Von Jepifan aus griff die 10. Sowjetarmee unter GenLt. Golokow an.

In der folgenden Nacht mußte Generaloberst Guderian den Rückzug befehlen, wenn nicht große Teile der 2. Panzerarmee eingeschlossen und vernichtet werden sollten. Damit war im Süden die deutsche Front aufgerissen. Durch diese Lücken ergossen sich die Sturmtruppen der Roten Armee.

Im Norden, bei der 3. PzArmee, griffen die sowjetischen Armeen an. Klin konnte nur durch den letzten Einsatz der 1. PD gehalten werden. Doch 48 Stunden später mußte auch dieser Frontabschnitt geräumt werden. Kalinin war bereits in die Hände der Roten Armee übergegangen. Die Front der 3. PzArmee war zusammengebrochen.

Lediglich die nach Osten vorgestaffelte 4. Panzerarmee konnte sich während der ersten beiden Tage behaupten. Sie erlitt schwere Verluste. Dann aber mußte auch sie ausweichen. GenOberst Hoepner konnte ein Stehenbleiben und Verheiztwerden seiner Panzerarmee nicht mehr verantworten und befahl den Rückzug auf die Istrastellung.

GFM von Bock meldete am 9. Dezember dem OKH: „Die Heeresgruppe ist an keiner Stelle mehr in der Lage, dem feindlichen Angriff zu widerstehen.“ Drei Tage darauf, der Kalender zeigte den 12. Dezember an, ließ sich GFM von Bock mit dem OKH verbinden und meldete: „Die Lage ist kritisch!“

Die 4. Armee, die bis dahin noch nicht im Brennpunkt der Kämpfe stand, wurde am 12. Dezember von drei Sowjetarmeen frontal angegriffen. GFM von Kluge mußte vor dem übermächtigen Druck zwischen Juchnow und Mohajsk schrittweise zurückweichen. An der Nahtstelle zur 4. PzArmee gelang es dem II. sowjetischen Garde-Kavalleriekorps unter GenMaj. Dowator, eine Lücke aufzureißen. Hier verhinderten die Infanterieverbände des IX. AK den Zusammenbruch, indem es bei Rusa den Angriff einer Kosakendivision vernichtend zusammenschoß. Klin mußte aufgegeben werden, und am 13. Dezember erhielt GFM von Bock den Befehl des OKH, „unter Heranführung aller verfügbaren Reserven die aufgerissenen Lücken nördlich von Liwny und westlich Tula auszufüllen und die Linie Liwny – Dubna – Aleksin zu halten.“

Der 4. Armee wurde das sofortige Stehenbleiben und Halten befohlen, während die PzGr. 3 und 4 – wenn nichts mehr anderes mehr möglich sei – schrittweise in die Linie Rusa – Wolokolamsk – Staritsa ausweichen sollten. Die 9. Armee sollte den Abschluß zur PzGr. 3 sicherstellen.

Am 14. Dezember traf GFM von Brauchitsch in Roslawal ein, um mit den Befehlshabern der HGr. Mitte zu sprechen. GenOberst Guderian berichtete ihm über den Zustand der 2. Panzerarmee, während GFK von Kluge die Lage der 4. Armee darstellte.

Die während dieser Besprechung eintreffenden Meldungen von der Front zeigten, daß der Feind durch die Verteidigungslinien der 2. Armee durchgebrochen war und sich im Vorstoß über Liwny auf Orel befinde.

In Orel wurden starke Teile der 45. und 134. ID eingeschlossen.

GenLt. von Cochenhausen, Träger des Ordens Pour le mérite des Ersten Weltkrieges, erschoß sich in Orel, um nicht der Roten Armee in die Hände zu fallen.

GFM von Brauchitsch gab an Ort und Stelle jene Befehle, mit denen er dem 40 Kilometer breiten Feinddurchbruch am linken Flügel der 2. Armee zur 2. PzArmee begegnen wollte. Er unterstellte die 2. Armee GenOberst Guderian und befahl diesem, mit allen Verbänden die Stellungen ostwärts Kursk – vorwärts Orel – Plawskoje – Aleksin, nötigenfalls zumindest die Okalinie zu halten.

Am nächsten Tage rief Oberst Schmundt aus dem FHQ an und teilte mit, daß Hitler den OB des Heeres ausgeschaltet habe und daß er, Schmundt, im Auftrage Hitlers die Verbindung mit dem Heeresgruppenkommando halten werde.

GFM von Bock befahl seinem Generalstabschef, GenMaj. von Greiffenberg, dem FHQ in Rastenburg folgende Meldung zugehen zu lassen:

„Ich habe keine Vorschläge mehr zu machen. . . .

Der Führer muß sich entschließen, ob sich die Heeresgruppe weiter vorn schlagen soll auf die Gefahr hin, daß sie dabei in Trümmer geht, oder ab sie sich absetzen soll, was die gleiche Gefahr in sich birgt. Entscheidet er sich für das Absetzen, muß er wissen, daß es zweifelhaft ist, ob dann hinten ausreichend Kräfte ankommen, um eine neue, nicht vorbereitete und nicht wesentlich kürzere Stellung zu halten. Die wenigen mir zugesagten Reserven kommen so langsam, daß sie für diesen Entschluß keine entscheidende Rolle spielen."

GFM von Brauchitsch meldete sich am 19. Dezember herzkrank und legte den Oberbefehl über das Heer nieder. Hitler übernahm als Oberster Befehlshaber der Wehrmacht nun auch die Heeresführung. Alle übrigen Befugnisse eines Oberbefehlshabers als „Oberste Kommando- und Verwaltungsbehörde" des Heeres erhielt GFM Keitel. Hitler übernahm die Führung der Operationen, so daß ihm ab jetzt die Oberbefehlshaber der Heeresgruppen und Armeen unmittelbar unterstanden. Der Generalstab des Heeres war für die Operationsplanung im Osten verantwortlich, während der Wehrmachtsführungsstab des OKW für alle übrigen Kriegsschauplätze federführend war. In einem Fernschreiben des OKH vom 20. Dezember wurden die Führungsstellen der drei Heeresgruppen im Osten von dieser Tatsache in Kenntnis gesetzt.

GFM von Bock wurde anheimgestellt, einen längeren Erholungsurlaub zu nehmen. Ohne ihn in Kenntnis zu setzen, hatte Hitler bereits am 19. Dezember GFM von Kluge zum neuen OB der HGr. Mitte ernannt.

Da am 19. Dezember 1941 die Rote Armee bereits 160–200 Kilometer tief hinter der Front der HGr. Mitte aus dem Südabschnitt der HGr. Nord zu einem Offensivstoß nach Süden angetreten war, befahl das OKH „unter Ausschöpfung aller Transportmöglichkeiten, die im Reich oder in besetzten Gebieten stehenden Verbände – die 205., 208., 21., 216., und 246. ID – nach dem Osten zu führen und sie im Raume Witebsk auszuladen.

Der Rückzug der HGr. Mitte ging weiter. Zwischen Rshew im Norden, wo sich ein ganzer Frontbalkon deutscher Truppen hielt und Kursk im Süden war keine zusammenhängende Front mehr zu erkennen. Auf einer Breite von insgesamt 780 Kilometer standen Divisionen und Kampfgruppen, allein auf sich gestellt, im Abwehrkampf.

In den letzten Tagen des alten und den ersten des neuen Jahres stießen sowjetische Kampfverbände erneut vor. Die 39. Sowjetarmee durchbrach die Linien des XXXII. und des VI. AK, überschritt westlich von Rshew die Wolga und rollte in Richtung Wjasma weiter. Die 10. Sowjetarmee brach über Suchinitschi nach Westen durch, erreichte den Raum südlich von Wjasma und drehte auf diese Stadt ein. Die Rollbahn Smolensk – Wjasma wurde von Truppen des I. Garde-Kavalleriekorps unter GenMaj. Below erreicht.

Nun stieß von Osten die 3. und 4. sowjetische Stoßarmee nach Süden, trennte – wie von Stalin bereits Ende November vorgesehen – die HGr. Mitte von der HGr. Nord und brachte die Front der 9. Armee in schwere Bedrängnis.

Die Schlacht um Rshew begann. Sie sollte Monate dauern, ehe sie mit einem geschlossenen Rückzug aller deutscher Truppen aus diesem Frontkorridor zu Ende ging.

Erst am 15. Januar 1942 gab Hitler sein Einverständnis zum Zurückgehen der noch immer weit vorgestaffelt stehenden Kräfte der 4. Armee und der 4. PzArmee auf die „Winterstellung". Die Frontbögen bei Kaluga, Rusa und Wolokolamsk wurden aufgegeben.

Vom 23. Dezember 1941 bis zum 1. Februar 1942 ließ Hitler eine Reihe hochverdienter Truppenführer und Divisionskommandeure ablösen und besetzte deren Stellungen neu. Die OB von drei Infanterie- und drei Panzerarmeen wurden entlassen. Hinzu kamen die Kommandierenden Generale der 2. und 4. PzArmee und der 4. und 9. Armee mit nur wenigen Ausnahmen. Auch die Generalstabschefs der 2. und 4. PzArmee mußten ihre Posten verlassen.

Allein im Januar 1942 verlor die HGr. Mitte 144900 Soldaten aller Dienstgrade. Vom 1. November 1941 bis zum 30. Januar 1942 gingen insgesamt 4241 Panzer verloren. Die Luftwaffe verlor 5100 Maschinen. 121539 Kraftfahrzeuge blieben zerschossen, leergefahren oder mit Motorschaden in der russichen Eiswüste liegen.

Insgesamt verendeten in dieser Zeit 179182 Pferde. Die Zahl der verlorenen leichten und Handfeuerwaffen war unübersehbar.

Daß sich die Abwehrfront der HGr. Mitte festigen konnte, daß es Ende Januar einen endgültigen Halt gab und die ersten Gegenangriffe gestartet werden konnten, war der Tatsache zu verdanken, daß im Rücken der HGr. Mitte einige wenige deutsche Stützpunkte den von Norden herankommenden Feind aufgehalten und aufgerieben hatten. Vor Cholm, noch bei der HGr. Nord, Newel, Welish, Nowosokolniki und vor allem Welikije Luki blieben die Stoßdivisionen der beiden sowjetische Elitearmeen liegen.

Mit der Einschließung der 29. und 39. Sowjetarmee bei Sytschewka südwestlich von Rshew und deren Vernichtung in 14tägiger Schlacht, bei welcher der Feind 26647 Mann verlor, war die große Krise des Winters 1941 gemeistert. Zwar war es der HGr. Mitte nicht gelungen, Moskau in Besitz zu nehmen. Der Gegenseite aber war es ebensowenig gelungen, die HGr. Mitte einzukesseln, von den rückwärtigen Verbindungen abzuschneiden und zu vernichten, was das Ende der Kämpfe in Rußland und das Ende der Deutschen Wehrmacht bedeutet hätte.

DER U-BOOT-KRIEG IM ZWEITEN HALBJAHR 1941

Blick auf die Schlacht im Atlantik

Am 25. Juli 1941 hielt Großadmiral Raeder in der Wolfsschanze bei Rastenburg Hitler Vortrag über die Lage im Seekrieg gegen England. Hitler erklärte an diesem Nachmittag, daß die Sorge des Ob. d. M., die Oberste Führung vernachlässige die U-Boot-Waffe, völlig unbegründet sei. Er stehe nach wie vor auf dem Standpunkt, daß der Zufuhrkrieg durch U-Boote und Flugzeuge in erster Linie gegen England wirke. Er wollte nur vermeiden, daß die USA während der Dauer des Ostfeldzuges Deutschland den Krieg erklärten. Deshalb seien Angriffe auf amerikanische Schiffe nicht zu fahren. Allerdings werde er auch keinen U-Boot-Kommandanten zur Rechenschaft ziehen, der versehentlich ein US-Schiff torpedierte.

Als Hitler während dieser Orientierung fragte, ob nicht U-Boote ins Mittelmeer entstandt werden könnten, antwortete der Ob. d. M., daß dies nicht möglich sei, weil dann der Atlantikkrieg geschwächt würde. Er schlug vor, daß die italienische U-Boot-Abwehr zweckmäßig organisiert werden müsse, denn die Feinde der Transportschiffe im Mittelmeer und insbesondere der Transporte deutscher und italienischer Schiffe nach Nordafrika seien einmal Flugzeuge und zum anderen feindliche U-Boote. Diese wiederum seien mit U-Booten nicht zu bekämpfen.

Der Ob. d. M. legte auch den U-Boot-Bau dar. An einer Grafik führte GA Raeder aus, daß die monatliche U-Boot-Ablieferung nicht unter 25 Boote betragen dürfe. Bei der im Augenblick erfolgenden Zahl von nur 21 Booten sei die Zahl der von B. d. U geforderten 300 Frontboote erst am 1. Juli 1943 erreicht. Bei einer mit 5% angesetzten Verlustrate mußten monatlich 15 Boote ausfallen, so daß die Zuwachsrate bei den augenblicklichen Ablieferungsquoten nur 6 Boote im Monat betrage.

Falls einmal, was durchaus im Bereich des Möglichen läge, eine Verlustrate von 10% im Monat eintrete, also 30 Boote ausfielen, würde dies gegenüber der Baurate von 21 Booten ein minus von 9 Booten betragen. Zur Zeit, so betonte der Ob. d. M., betrügten die Verluste 42 Boote im Jahr, und das seien sechs Prozent.

Der Oberbefehlshaber der Kriegsmarine wies noch darauf hin, daß von Ende 1941 an der monatliche U-Boot-Ausstoß nur noch 14 Boote betragen werde. Er erklärte: „Der feindliche Geleit- und Zufuhrverkehr ist nach wie vor der schwächste und empfindlichste Punkt der britischen Kriegführung. Das Ziel der deutschen Kampfführung gegen England muß daher der Vernichtungskampf gegen die britische Zufuhr im Nordatlantik sein. Die Stärke der gegnerischen Abwehr macht eine Konzentration aller verfügbaren Kräfte auf dieses Ziel erforderlich."

Die Steigerung der U-Boot-Erfolge war also von entscheidender Bedeutung. Über die Aussichten der deutschen U-Boot-Waffe äußerte sich der Befehlshaber der U-Boote:

1. „Das Hauptproblem des U-Boot-Krieges liegt nach wie vor im Finden des in Geleitzügen konzentriert fahrenden Gegners im weiten Raum.
2. Der Versuch, eine Bündelung des Verkehrs weiter im Westen zu erfassen, hat dabei nicht zum Erfolg geführt. Nebel und schlechtes Wetter haben dabei eine wesentliche Rolle gespielt. Mit Neuaufstellung vom 21. Juli wird daher versucht, den Verkehr näher vor der englischen Küste zu erfassen.
   Diese Aufstellung ermöglicht gleichzeitig den erneuten Versuch unmittelbarer Zusammenarbeit mit der Luftwaffe.
3. Trotzdem kann das Problem der Aufklärung im Großen nur mit größeren Bootszahlen gelöst werden. Jede Abzweigung von U-Booten zu Sonderaufgaben schwächt die Erfolgsaussichten im Handelskrieg mehr, als es der reinen Zahl abgestellter Boote allein entsprechen würde.
4. Bei den Versenkungsergebnissen macht sich in zunehmendem Maße bemerkbar, daß überwiegend neue Boote mit unerfahrenen Besatzungen an der Front sind. Trotzdem waren die Erfolge im Juni und im ersten Julidrittel befriedigend.
5. Im Südraum ist durch Ausfall der Versorgungsmöglichkeiten eine neue Lage entstanden, die offenbar durch Umlegung des Feindverkehrs auch in dem für U-Boote gesperrten Raum noch erschwert ist.
6. Bei Berücksichtigung der genannten Punkte muß die augenblickliche Ergebnislosigkeit des U-Boot-Krieges als vorübergehende Erscheinung angesehen werden."
   (Siehe: B.d.U. Op. gKados 452, Chefsache).

Daß die Lage des Deutschen Afrika-Korps überwiegend von den Zufuhren über See abhing und nach einer Berechnung, die am 22. August 1941 Hitler in der Wolfsschanze vorgelegt wurde, die Verluste an deutscher Handelsschiffstonnage im Mittelmeer bis zum 31. Juli 73% (!) betragen hatte, brachte Hitler auch am 26. August wieder die Frage der Entsendung deutscher U-Boote ins Mittelmeer auf den Tisch.

In seiner Erwiderung bestand der Ob. d. M darauf, daß auch bei steigenden U-Bootzahlen alle verfügbaren Boote im Atlantik bleiben müßten. „Eine Abstellung von U-Booten für andere Kriegsschauplätze und Aufgaben darf daher nur bei dringenden Notlagen erfolgen."

Erst dann, wenn im Atlantik 40 Boote auf Position stünden, hielt GA Raeder die Abgabe von Front-U-Booten für das Mittelmeer für möglich.

Aber Hitler ließ die schweren Verluste bei Transporten des DAK nicht mehr aus dem Auge. Am 17. September befahl er kategorisch die sofortige Entsendung von sechs deutschen U-Booten ins Mittelmeer.

Admiral Dönitz jedoch entschloß sich nach der Verlegung der U-Boote näher an die Britischen Inseln Anfang September dazu, den Atlantik wieder weit nach Westen hin abzuharken. Dafür bildete die Operationsabteilung je nach der Zahl der im Operationsgebiet stehenden Boote 2–3 Suchgruppen, die in der Form von Aufklärungsstreifen in schnellerer Folge als bisher über die Weite des Atlantiks verschoben wurden. Dazu Großadmiral Dönitz zum Autor nach dem Kriege:

„Wir gingen dabei mit der U-Boot-Aufstellung bis an die Ostküste Grönlands, denn ich glaubte, daß der Gegner mit seinen von Nordamerika kommenden Geleitzügen nach Passieren von Cap Race, der Südostecke von Neufundland, sehr bald weit nach Norden ausholte.

Die Richtigkeit dieser Annahme wurde bald bestätigt. Dicht unter der Ostküste von Grönland entdeckten die U-Boote am 11. September 1941 einen nach England laufenden Geleitzug. Es war der SC 42.“ (Siehe dazu auch: Dönitz, Karl: a. a. O.).

Hitlers Ungeduld mit der U-Boot-Führung hatte seinen Grund in den sich ständig verschlechternden U-Boot-Erfolgen, die allerdings durch die U-Boot-Leere im Atlantik hervorgerufen wurde. Im August hatten die in See stehenden U-Boote 27 Schiffe versenkt und eines torpediert. Nach dem Anstieg im September auf 57 Schiffe brachte dann der Oktober nur noch 37 Erfolgsmeldungen, und wenn man in der Operationsabteilung des B. d. U. gehofft hatte, dies werde der tiefste Stand sein, so hatte man sich dort schwer getäuscht, denn im November waren es nur 14 Schiffe mit 68 549 BRT, und im Dezember wurde mit 13 Schiffen und einer versenkten Tonnage von 42 523 BRT das niederschmetterndeste Ergebnis das gesamten U-Boot-Krieges, gemessen an den beteiligten Booten, erreicht.

Erst im Januar 1942 sollten die großen Erfolge der Hardegen, Zapp, Karl, Lassen und Rollmann, der Cremer und Merten, der Rasch und Topp und Mützelburg die Versenkungszahl wieder auf eine für den Feind tödliche Höhe emporschnellen lassen.

Nicht, daß die deutschen U-Boot-Kommandanten etwa nachlässig oder vorsichtiger geworden wären. Es waren einfach nicht genügend Boote verfügbar, und die wenigen, die in See standen, sahen sich einer gewaltigen Übermacht an Geleitfahrzeugen gegenüber.

Lassen wir einige der Feindfahrten dieser Monate Revue passieren, um zu erfahren, wie hart das Brot der U-Boot-Fahrer im Atlantik war.

In der Hölle des Nordatlantik

Als U 123 zu seiner zweiten Feindfahrt unter dem zweiten Kommandanten, Kptlt. Reinhard Hardegen, Anfang Oktober 1941 auslief, wußte jeder Mann der Besatzung, daß es im Operationsgebiet des Nordatlantik nicht eben ruhig zugehen würde. Dafür würde schon die See selber sorgen.

Auf der ersten Feindfahrt unter dem neuen Kommandanten im Juni 1941 hatte das Boot sechs feindliche Schiffe versenkt. Diesmal sollte die Erfolgsserie dieses Bootes, das eines der erfolgreichsten werden sollte, fortgesetzt werden.

Am 19. Oktober wurde ein Geleitzug gemeldet, auf den U 123 befehlsgemäß operierte. Als feststand, daß das Boot diesen nicht mehr erreichen würde, ließ Hardegen ihn sausen und erhielt von der Operationsabteilung Weisung, mit kleiner Fahrt auf dem vorgesehenen Generalkurs weiterzulaufen.

Um 3.00 Uhr des 21. Oktober sichtete der Ausguck auf dem U-Boot-Turm an Steuerbord querab einen riesigen Schatten. Der Kommandant wurde auf den Turm gerufen. Er sichtete wenig später vier große Dampfer, die von mehreren Zerstörern geleitet wurden; sie fuhren enge Sicherung um diese wichtigen Schiffe.

„Auf Gefechtsstation!“ hallte der Ruf durch das Boot, der die Besatzung binnen Sekunden auf ihre Plätze eilen ließ.

Die UZO wurde auf den Turm hinausgereicht und auf die Zielsäule gesetzt. Der Torpedowaffenoffizier stand hinter dem lichtstarken Glas, und als einer der Geleitzerstörer auf das Boot eindrehte, ließ Hardegen mit Hartruderlegen ausweichen. Das Boot glitt dicht hinter dem letzten Dampfer vorbei.

Unmittelbar vor der Kursänderung aber hatte der TWO einen Zweierfächer auf den größten der Dampfer geschossen. Als das Boot seine Drehung vollendet hatte, hallten die beiden Schläge der Torpedotreffer durch die Nacht. Ein Blick auf die Uhr zeigte Hardegen, daß es genau 4.20 Uhr war. Vorn 30 und Mittschiffs getroffen, ging das große Schiff rasch mit seiner Fahrt herunter. Es erhielt Schlagseite. Schon ging die Besatzung in die Boote.

Hardegen versuchte derweilen auf einen zweiten Dampfer zum Schuß zu kommen. Doch das Boot kam nicht mehr heran, weil die Fahrt dieser großen Schiffe einfach zu hoch war. Es war der britische Hilfskreuzer „Aurania“ mit 13 984 BRT, der von den beiden Torpedos schwer getroffen worden war, aber eingeschleppt werden konnte, weil er nicht in der Verlustliste der Britischen Admiralität erschien.

Dies, obgleich einer der Schiffbrüchigen in einem Boot gefunden wurde, der aussagte, daß der Hilfskreuzer gesunken sei. Nach dem Kriege zeigte es sich, daß die „Aurania“, schwer getroffen, von zwei Zerstörern auf den Haken genommen und in den nächsten Hafen geschleppt worden war.

Am Nachmittag sichtete U 123 den Geleitzug SL 89, auf den Dönitz die Gruppe „Schlagetot“ ansetzte. Bis zum Abend kamen U 203 und U 82 heran. Oblt. z. S. Rollmann konnte mit seinem U 82 zwei Schiffe mit insgesamt 9317 BRT aus diesem Konvoi versenken. Am anderen Tage gewannen U 85, U 202 und U 203 Anschluß, wurden aber von der Geleitsicherung abgedrängt. Am anderen Tage mußte die Operation abgebrochen werden. U 123 erhielt aus der Operationsabteilung Weisung, zur Aufklärung vor die Belle-Ile-Straße zu marschieren.

Am 1. November wurde U 123 zur Gruppe „Raubritter“ entsandt, um auf den von U 374 gesichteten Konvoi SC 52 zu operieren. Am 3. November gewann das Boot Anschluß, wurde aber von einem Geleitfahrzeug unter Wasser gedrückt und kam nicht mehr zum Schuß.

U 569 unter Hinsch, U 202 unter Lindner und U 203 unter Kptlt. Mützelburg kamen und schossen fünf Fahrzeuge aus diesem Geleitzug heraus.

U 123 stand am 8. November im Seeraum südostwärts Grönland abermals in der Gruppe „Raubritter“ und wurde mit den übrigen Booten am 12. auf den vom B-Dienst aufgefaßten ONS 33 angesetzt. Keines der Boote kam heran. U 123 erhielt den Rückmarschbefehl. Das war für Reinhard Hardegen eine harte Prüfung. Erst beim nächsten Einsatz sollte er den großen „Paukenschlag“ landen.

Die „Ritterkreuzfahrt" von U 123

Als Kapitänleutnant Rolf Mützelburg am 9. Juli zu seiner zweiten Feindfahrt in den Operationsraum Nordatlantik auslief, hatte U 203 bereits drei Versenkungen auf dem Erfolgskonto.

In den frühen Morgenstunden des 19. Juli war das Operationsgebiet erreicht, und am folgenden Tage kam ein großes Motorschiff in Sicht, das offenbar beschossen oder torpediert worden war, denn es lag bewegungslos auf der See.

„Wir versenken das Schiff mit der Artillerie", befahl Mützelburg. „Buggeschütz besetzen!"

Das Boot lief in günstige Schußweite und eröffnete das Feuer. Sekunden darauf meldete der Funkraum: „Der Dampfer macht einen Notruf. Sein Name ist ‚Canadian Star!' Er hat nach dem Lloyds-Register 8293 BRT.

Die „Canadian Star", die ein 12,7-cm-Buggeschütz hatte, erwiderte das Feuer des U-Bootes. Von seiner Brücke peitschte MG-Feuer.

Nach einer Kesselexplosion und nachdem das Buggeschütz des Dampfers zum Schweigen gebracht worden war, wurden dort die Rettungsboote gefiedert und zu Wasser gelassen. U 203 lief auf die andere Seite, und Mützelburg ließ dem todgeweihten Motorschiff noch einige Granaten unter die Wasserlinie antragen.

Das Schiff erhielt starke Schlagseite, und Mützelburg war sicher, daß es nun sinken werde. Er befahl abzulaufen, um sich nicht dem Angriff von zu Hilfe eilenden Feindzerstörern auszusetzen.

(Die „Canadian Star" sank nicht. Sie konnte eingeschleppt werden und wurde erst am 18. März 1943 von U 221 unter Trojer versenkt).

Am 24. Juli meldete der B-Dienst den Geleitzug OG 69, auf den auch U 203 operieren sollte. Das Boot lief mit AK auf dem „Kollisionskurs" durch die See. Am 25. Juli fing der Funkraum zwei Sichtmeldungen einer Focke Wulf 200 auf, und wenig später meldete sich U 68 unter Kptlt. Merten und gab für alle anderen Boote Peilzeichen.

Kurz nach Mitternacht des 27. Juli hörten die Brückenwächter auf U 203 einige Torpedodetonationen aus der Geleitzugsrichtung. Dann krachten Wasserbomben auseinander.

„Wir sind gleich dran, Herr Kaleunt!" meldete der Wachoffizier, Oblt. z. S. Heyda.

„Auf Gefechtstationen – Alle Rohre klar zum Unterwasserschuß. U-Boots-Zieloptik auf den Turm!"

Das Boot glitt auf die inzwischen deutlich sichtbar werdenden Schiffe zu. Um 2.54 Uhr fielen die beiden Fächerschüsse auf einen 8000-Tonner und einen zweiten Dampfer von geschätzen 6000 Tonnen.

Unmittelbar nach dem Schuß drehte U 203 aus dem Angriffskurs heraus. Die Männer auf der Brücke sahen, wie das erste der anvisierten Schiffe von beiden Torpedos getroffen wurde und, binnen zweier Minuten durchbrechend, sank. Es war die nur 1459 BRT große „Kellwyn“. Das zweite Schiff wurde 16 Sekunden später von dem zweiten Fächerschuß getroffen. Mit kleiner Fahrt weiterlaufend, sahen die Männer auf dem U-Boots-Turm, daß es nach 10 Minuten von der Wasseroberfläche verschwunden war. Aber lediglich die „Kellwyn“ wurde von der Britischen Admiralität als versenkt gemeldet.

U 203 wurde von Geleitzerstörern abgedrängt und lief den ganzen Tag über am Rande der Sichtweite mit. Erst am Abend des 28. Juli gewann das Boot die zum Torpedoschuß richtige Distanz zu einer Geleitzugkolonne. Das Boot schoß vier verbundene Einzelschüsse, davon einen auf einen Zerstörer.

Auch diesmal mußte das Boot vor den eindrehenden Zerstörern mit Alarmtauchen in die Tiefe gehen und wurde mit Wasserbomben belegt. Dazwischen aber hörten die Männer eine Reihe Torpedodetonationen. Drei Dampfer mußten getroffen worden sein. Der Zerstörer war offenbar entkommen.

Es waren die beiden kleinen Schiffe „Norita“ und „Lapland“, die auf das Versenkungskonto kamen. Es ist möglich, daß einige Wasserbomben die Fehlbeobachtung verursachten, nach denen Mützelburg drei Schiffe als versenkt meldete.

Am 1. August erhielt das Boot den Rückmarschbefehl nach Brest und lief nach einem abenteuerlichen Marsch, mehrfach angegriffen und unter Wasser gedrückt, nach dem Passieren von Pointe de St. Mathieu in Brest ein.

Auf seiner dritten Feindfahrt stand U 203 seit dem 20. September im Einsatz. Das dritte Kriegsjahr hatte begonnen. Es hatte die U-Boot-Waffe schwer getroffen. Prien und Schepke waren gefallen, Kretschmer in Gefangenschaft geraten. Insgesamt aber hatte die U-Boot-Waffe im zweiten Kriegsjahr „nur“ 20 Boote verloren, während im ersten Kriegsjahr noch 29 Boote verlorengegangen waren.

Durch die Herbststürme klotzend, nahm der Funkmaat von U 203 drei Stunden nach Mitternacht des 23. September einen FT-Spruch des italienischen Bootes „Luigi Torelli“ unter KKpt. di Giacomo auf, das einen von Gibraltar nach England marschierenden Geleitzug gesichtet hatte.

Mit AK operierte U 203 darauf zu und kam in der Nacht zum 26. September heran. Genau 31 Minuten nach Mitternacht fielen die vier gezielten Einzelschüsse gegen Schiffe des HG 73. Von den vier Torpedos trafen drei. Die Dampfer „Varangberg“, „Avoceta“ und „Cortes“ mit insgesamt 7658 BRT sanken.

Mit Schnelltauchen mußte das Boot anschließend in den „Keller“ verschwinden. Als es auftauchte, war der Gleitzug entkommen. Das Boot erhielt Rückmarschbefehl, kam auf dem Rückmarsch noch auf einen schnellen Einzelfahrer zum Schuß. Der Torpedo lief vorbei.

Bereits am 18. Oktober lief U 203 nach kurzer Überholung und Neuausrüstung zur vierten Feindfahrt in kurzen Abständen aus.

Ziel war diesmal die Neufundland-Route der Geleitzüge. Im tobenden Sturm wurde am 3. November ein Geleitzug gesichtet. Es war der SC 52 von Sydney/Neuschottland nach England. Das Boot kam schnell heran, und um 18.28 Uhr fielen die beiden Fächerschüsse auf die „Empire Gemsbuck“ und die „Everoja“, die rasch sanken.

Das Boot mußte mit Alarmtauchen hinuntergehen. Als es wieder auftauchte, fiel nach einer halben Stunde der Steuerbord-Diesel aus. Danach wurde die Ruderanlage schwergängig gemeldet. Das Boot mußte die Verfolgung des Geleitzuges aufgeben und zur Reparatur tauchen.

Nach neuneinhalb Stunden wurde der Steuerbord-Diesel wieder klar gemeldet. Das Boot tauchte nach einem sichernden Rundblick des Kommandanten wieder auf und kämpfte sich weiter durch die See.

Am 5. November sichtete die Brückenwache einen Dampfer; er entpuppte sich als schneller Einzelfahrer, hinter dem das Boot mit „dreimal Wahnsinnige!" herjagte. Aber dieser schnelle Dampfer war nicht mehr zu erreichen.

Am 12. November lief das Boot mit zwei Versenkungswimpeln nach Brest ein. Am anderen Morgen erhielt Rolf Mützelburg das Ritterkreuz, das ihm von Admiral Dönitz verliehen wurde. Nach dem Bericht des Kommandanten und der Vorlage des KTB schreibt Dönitz in dasselbe hinein:

Eine gute Fahrt des Kommandanten. Infolge des Wetters bestanden für U 203 keine weiteren Angriffsmöglichkeiten."

Was war geschehen? War das scharfe Schwert der U-Boot-Waffe stumpf geworden? Die Ursache des Rückgangs der Versenkungserfolge lag in zweierlei Fakten begründet. Zum einen verfügte die U-Boot-Waffe anstelle der geforderten 300 Boote nur über deren 90. Zweitens war inzwischen eine Anzahl kampfstarker Boote ins Mittelmeer gelaufen und damit für den Einsatz im Atlantik verloren.

Das ganze Jahr 1941 hatte gezeigt, daß große Versenkungserfolge nur in Rudelschlachten gegen Geleitzüge zu erringen waren, selbst wenn diese stark gesichert wurden.

Die Rudeltaktik hatte ihre Schlagkraft an einer Reihe von Geleitzügen bewiesen. Was aber fehlte, waren die U-Boote, um genügend starke Rudel an so vielen Stellen der See wie möglich aufzustellen.

Am 22. November erlebte der BdU dann noch einen besonders harten Schlag. Nach der Verlegung von zehn U-Booten ins Mittelmeer erteilte die Skl Admiral Dönitz Befehl, die gesamte Frontboot-Waffe schwerpunktmäßig im Mittelmeer und westlich der Straße von Gibraltar einzusetzen.

Eine weitere Anordnung der Skl vom 29. November zwang Dönitz dazu, ständig beiderseits der Straße von Gibraltar 15 U-Boote und im östlichen Mittelmeer weitere 10 U-Boote Position beziehen zu lassen.

Um diese Forderungen erfüllen zu können, mußte die gesamte Front-U-Boot-Waffe aus dem Atlantik abgezogen werden. Alle Versuche des BdU, die Freigabe der teilweise unnütz in diesen Räumen stehenden Boote wieder für den Atlantikeinsatz und damit erfolgreich einsetzen zu können, scheiterten.

Diese Einsätze bewirkten schließlich die große Flaute in der Atlantikschlacht der U-Boote. Sie hielt die U-Boote von ihrer Hauptaufgabe – dem Versenken feindlicher Handelsschiffstonnage – ab.

„In den Rudelschlachten im Atlantik hätten diese Boote bedeutend wirksamer operieren können." (Siehe: Dönitz, Karl: a. a. O.).

Deutsche U-Boote im Mittelmeer

Nach Hitlers Befehl, U-Boote ins Mittelmeer zu entsenden, liefen Ende September 1941 die ersten sechs Atlantikboote dorthin.

In Salamis wurde zur gleichen Zeit die 23. U-Flottille aufgestellt. Ihr Chef wurde Kptlt. Frauenheim. Ende Oktober entstand in La Spezia und Pola die 29. U-Flottille unter dem Kommando von KKpt. Becker. Beide Flottillen wurden dem Marinekommando Italien unterstellt.

Salamis lag günstig zum Einsatzort Ostmittelmeer. Weiter westlich stellte die italienische Marine die einsatzbereiten Stützpunkte Pola und La Spezia zur Verfügung.

Als erster mit der Wahrung der Geschäfte beauftragter Führer der U-Boote Mittelmeer ging KKpt. Oehrn Anfang November 1941 zur Führungsstelle nach Rom.

Er ließ die Funkstelle in der Campagna 10 Kilometer von Rom entfernt errichten, während seine Befehlsstelle zunächst im italienischen Marineministerium untergebracht war.

Anfang November liefen weitere vier Boote ins Mittelmeer. Die Skl forderte für diesen Seeraum 26 Boote an. Es waren die Boote des Typs VII-C, die auch den Atlantikkampf betrieben hatten.

Nach U 331 unter Oblt. z. S. von Tiesenhausen lief U 81 unter Kptlt. Guggenberger als zweites Boot durch die Straße von Gibraltar und machte am 4. Oktober in Salamis fest. Kurz danach trafen rasch aufeinander folgend noch U 75, U 97,U 79 und U 205 in Salamis ein.

Am 4. Oktober liefen die ersten Boote zur Feindfahrt aus. U 331 erzielte den ersten Erfolg mit der Versenkung einiger Nachschubleichter. Auch U 75 und U 97 konnten Erfolge melden. U 79 vernichtete am 18. Oktober einen Leichter und torpedierte das T.-Boot „Gnat“, das nach Bardia eingeschleppt wurde.

U 371 wurde durch Wasserbomben beschädigt. Die Boote U 205 und U 81 wurden auf die von der Luftaufklärung erfaßte Force K der Engländer angesetzt. In ihr liefen das Schlachtschiff „Malaya“ und der Flugzeugträger „Arc Royal“. Die „Argus“ hatte sich diesem Verband zugesellt. U 205 unter Kptlt. Reschke kam als erster zum Schuß, konnte aber – trotz anderer Annahmen – keinen Erfolg erzielen.

U 81 unter Kptlt. Guggenberger wurde mehrfach durch Flugzeuge und Zerstörer unter Wasser gedrückt. Das Boote aber kam näher und näher an die Großkampfschiffe heran. Um 16.37 Uhr ließ der Kommandant einen Viererfächer auf einen der Flugzeugträger schießen. Um 16.37 Uhr fielen die ersten Schüsse, und nach sechs Minuten und sechs Sekunden sowie nach sieben Minuten und 43 Sekunden wurde jeweils eine Detonation gehorcht.

Die „Arc Royal“ mit 22600 BRT wurde schwer getroffen. Bei dem Versuch, diesen Flugzeugträger nach Gibraltar einzuschleppen, sank das Schiff am Morgen des 14. November etwa 25 sm ostwärts Gibraltar. U 205 war zwar leer ausgegangen, doch U 81 hatte den britischen Flugzeugträger versenkt. Dies war der erste große Erfolg deutscher U-Boote im Mittelmeer. U 81 wurde von den verfolgenden Zerstörern mit 312 Wasserbomben belegt, konnte jedoch entkommen.

Am 15. November faßte Admiral Dönitz U 81, U 205, U 431 und U 565 zur Gruppe „Arnauld" zusammen, deren Stützpunkt erstmalig La Spezia war.

Einen Tag später lief aus dem Atlantik eine dritte Welle mit sechs Booten in Richtung Mittelmeer. Die Skl begründete diesen Befehl damit, daß in Nordafrika „die Offensive der Engländer an der ganzen Front eingesetzt" habe.

Es waren auf dem schwierigen Marsch ins Mittelmeer zwei U-Boot verloren gegangen. Und zwar U 433 unter Kptlt. Ey, das durch die Korvette „Marygold" am 17. November südlich Malaga versenkt wurde. Hinzu kam U 95 unter KKpt. Schreiber, das am 28. November 1941 vor Gibraltar sank. U 371 wurde durch Wasserbomben beschädigt.

Die „Barham" im Visier

Inzwischen war U 331 zu seiner zweiten Feindfahrt aus Salamis ausgelaufen. Das Boot setzte einen Kommandotrupp bei Ras Gibeisa ab, den es in der kommenden Nacht wieder aufnehmen sollte. Doch der Trupp kehrte nicht zurück. U 331 lief in Richtung Tobruk, um dort vor der Küste auf Feindschiffe zu lauern. Bis zum Morgengrauen des 25. November zeigte sich nicht eine Rauchsäule. Dann aber meldete der Horchgast mehrere Schraubengeräusche aus Richtung Norden. U 331 operierte darauf zu und um 14.00 Uhr wurden Rauchsäulen gesichtet. Zehn Minuten später kamen Zerstörer in Sicht, dann ein größerer Schiffsverband und in seiner Mitte ein Schlachtschiff. Dann noch eins!

Hans-Diedrich von Tiesenhausen ließ tauchen. Das Boot lief in Sehrohrtiefe dicht an das vordere Schlachtschiff heran. Doch das Manöver kam zu spät. Aber den zweiten Riesen, den mußte von Tiesenhausen treffen. Hier sein Bericht an den Autor:

„Mein Boot lief nach einer neuerlichen Ruderkorrektur dichter heran. Schnell kam das Schlachtschiff auf. Die Schußwerte wurden in die Rechenmaschine eingegeben. Alle vier Rohre waren zum Fächerschuß klar. Aus 350 m Distanz fielen die vier Schüsse.

Das Sehrohr weit nach achtern drehend, sah ich das dritte Schlachtschiff, das genau auf unser Boot zuhielt. Ich ließ den Turm räumen und auf 50 m gehen."

Soweit der direkte Bericht des Kommandanten von U 331. Der Steven des dritten Schlachtschiffes, es war die „Valiant", zog nur wenige Meter am U-Boot vorbei.

Von drei Torpedos getroffen, sank die 31100 BRT große „Barham". Das

Schlachtschiff wurde nach den Treffern von gewaltigen Munitionsexplosionen auseinandergerissen. 862 britische Seeleute gingen trotz der unmittelbaren Nähe rettender Schiffe mit der „Barham“ unter. Im KTB des BdU steht unter dem 26. November 1941:

„Erfolgsmeldung. U 331 hat im östlichen Mittelmeer ein Schlachtschiff torpediert. – Ein schöner Erfolg.“

Am 27. Januar 1942 erhielt Kptlt. Hans-Diedrich von Tiesenhausen das Ritterkreuz.

Am 24. und 26. November passierten U 95 und U 431 die Straße von Gibraltar, und am 28. November wurde U 95, wie bereits erwähnt, durch das niederländische U-Boot O 21 versenkt.

Am 26. November standen im Mittelmeer folgende U-Boote zur Verfügung:

Ostmittelmeer: U 81, U 205, U 331, U 559, U 565, U 431, U 79.
Westmittelmeer: U 95, (28. November verloren), U 562, U 557, U 652.
Westlich Gibraltar: U 332, U 375, U 453, U 67.

Ende November befanden sich von den 16 ins Mittelmeer entsandten Booten 14 im neuen Kampfgebiet.

Im Dezember waren die U-Boot-Erfolge im Mittelmeer, gemessen an der Bootszahl, gering.

Ein großer Erfolg wurde von U 557, Kptlt. Paulshen, erzielt, als er am 15. Dezember morgens den britischen Kreuzer „Galatea“ mit 5220 BRT versenkte. Es ist möglich, daß der Kreuzer am Abend zuvor von dem italienischen U-Boot „Dagabur“ unter KKpt. Torri bereits mit einem Torpedo getroffen worden war.

Das Boot erhielt den Rückmarschbefehl und wurde am 16. Dezember westlich von Kreta von dem italienischen T.-Boot „Orione“ bei Nacht als Feind angesehen und gerammt. U 557 sank. Kommandant und Besatzung gingen mit dem Boot unter.

Eine Reihe weiterer Boote liefen, beginnend mit dem 6. Dezember, ins Mittelmeer. Dabei wurde U 208 am 11. Dezember noch westlich Gibraltar von der Korvette „Bluebelle“ vernichtet. U 432 erhielt einen Bombentreffer und mußte umkehren. U 451 wurde am 21. Dezember unmittelbar vor Tanger von Bomben britischer Flugzeuge getroffen und sank so schnell, daß kein Mann der Besatzung das sinkende Boote verlassen konnte. U 202 wurde durch Flugzeuge beschädigt und mußte kehrtmachen. U 206 ging mit der gesamten Besatzung auf dem Marsch zum Mittelmeer unter, als es in der Biskaya von einem Flugzeug mit Bomben belegt und voll getroffen wurde.

Im letzten Dezemberdrittel hatten U 573, U 559, U 75 und U 568 einige Erfolge zu verzeichnen. Am 24. Dezember versenkte U 568 die britische Korvette „Salvia“.

Ende Dezember übernahm Kpt. z. S. Leo Kreisch als neuer Führer der U-Boote Italien die Führung von Kptl. Oehren, der als 1. Admiralstabsoffizier in seinem Stabe blieb.

Es standen zur Jahreswende 21 U-Boote im Mittelmeer einsatzbereit. Doch hier noch ein Einsatz, der seinerzeit die Wogen der Begeisterung in Italien hochgehen ließen.

Italienische Froschmänner im Hafen von Alexandria

Am 3. Dezember 1941 lief das U-Boot „Scire" unter FKpt. Fürst Valerio Borghese aus La Spezia aus. An Bord befanden sich drei Torpedoreiter-Teams. Es waren dies:

Oblt. z. S. Luigi Durand de la Penne mit seinem zweiten Mann, Obermaat Emilio Bianché.

Kapitänleutnant (Ing.) Antonio Merceglia mit Spartaci Schergat.

Schiffahrtsartillerieoffizier Vincenzo Martellotta mit Obermaat Marino.

Sie hatten drei „Maiali-Schweine" genannte Torpedos mit abschraubbarem Sprengkopf bei sich. Ihr Ziel war der ägyptische Kriegshafen Alexandria, in dem sich nach den Aufklärermeldungen einige britische Großkampfschiffe befinden mußten.

Am 9. Dezember erreichte das Boot Porto Lago auf der Insel Leros. Von hier aus lief die „Scire" am Morgen des 14. Dezember in Richtung Alexandria und befand sich am Abend des 17. Dezember in See von Alexandria. Am selben Abend wurden FKpt. Ernesto Forza, Chef der Decima Flottiglia MAS, der die Torpedoreiter unterstanden, zwei Schlachtschiffe im Hafen von Alexandria gemeldet. Es gab diese Meldung sofort an die „Scire" weiter. Fürst Borghese entschloß sich zu einer sofortigen Operation. Den ganzen 18. Dezember lief die „Scire" in Richtung Alexandria weiter. Sie erreichte am Abend den Ausgangspunkt der Operation, der nur 1,3 sm vor dem Hafen von Alexandria lag. Das Boot ging hier auf Tiefe und legte sich auf den Grund.

Gegen 21.00 Uhr tauchte die „Scire" wieder auf, setzte die Kampfschwimmer mit ihren „Schweinen" ab und nahm Kurs auf die offene See. Diese „Schweine" genannten 6,5 m langen Torpedos mit einem Durchmeser von 50 cm hatten einen eigenen Antrieb. Sie verfügten über einen mit Sprengstoff gefüllten Sprengkopf, der durch einen Mechanismus ausgeklinkt werden konnte. Der Sprengkopf allein war 300 kg schwer.

In ihren Gummianzügen, mit Gummikappen und Tauchmasken ausgerüstet, sahen die sechs Kampfschwimmer wie Wesen von einem anderen Stern aus.

Mit drei Knoten Fahrt näherten sie sich den gut einen Meter hoch aus dem Wasser ragenden Stahlnetzen der Hafenabsperrung, die ein unüberwindliches Hindernis zu sein schien. Doch an dieser Stelle war diese Sperre kurz vorher für die soeben einlaufenden Zerstörer Admiral Vians geöffnet worden. Zwischen den Zerstörern liefen die „Maiali" mit in den Hafen von Alexandria ein. Mehrfach kamen auf der

Fahrt die Zerstörer bis auf 50 m an die Torpedoreiter heran. Die drei Teams verloren sich schließlich aus den Augen. Dies schadete nicht, denn sie hatten jedes für sich ihr Ziel zugewiesen erhalten.

Kptlt. de la Penne sah plötzlich an Backbord den gewaltigen Schatten des Schlachtschiffes „Queen Elizabeth". Am Steuerbord gegenüber lag direkt am Kai der Motortanker „Sagona" mit 7554 BRT. Am Tanker hatte der Zerstörer „Jervis" längsseites zum Beölen festgemacht. Direkt voraus erkannte de la Penne das Schlachtschiff „Valiant". Dies war sein Ziel. Nahe herangekommen ließ sich de la Penne von dem Torpedo heruntergleiten und stieß gegen das Stahlnetz, das den Schiffskörper schützte. Dort befanden sich keine Sprengkörper. Zurückschwimmend holte er mit seinem zweiten Mann Bianchi den Torpedo zentimeterweise an das Netz heran. Sie wuchteten ihn auf das Netz, dieses sackte weg, und der Torpedo glitt darüber hinweg und sank, von den beiden Froschmännern dirigiert, dicht an der Steuerbordwand hinunter.

Als de la Penne noch einmal aufschwamm, um die Lage zu sondieren, fand er – zurückgekehrt – den Torpedo auf Grund liegen. Von Bianché keine Spur. Er versuchte den Aal zu starten, doch die Schraube war tief in den Hafenschlick eingesunken.

Er löste den Gefechtskopf und schleppte ihn unter unsäglicher Anspannung aller Kräfte unter den Rumpf der „Valiant", genau unter den vorderen Gefechtsturm. Er betätigte den eingestellten Zeitzünder.

De la Penne schwamm nach oben. Plötzlich blendete ein Schweinwerfer auf. Der Strahl erfaßte ihn. Kugeln peitschen ins Wasser. De la Penne schwamm zu einer der Anlegebojen hinüber und stieß dort auf – Bianché. Der Obermaat war durch ein streikendes Atemgerät zum Auftauchen gezwungen worden.

Diese beiden Froschmänner wurden wenig später von einem zu Wasser gelassenen Boot aufgenommen.

Zur etwa gleichen Zeit hatte auch das Team Martellotta und Marino ihren Sprengkopf an dem genannten schwedischen Tanker angebracht und waren anschließend an Land gegangen, entdeckt und in Haft genommen worden.

Marceglia und Schergat, die die „Queen Elizabeth" zum Ziel erhalten hatten, leisteten ebenfalls gute Arbeit, schwammen danach an Land und machten sich auf den Fußmarsch nach Alexandria. Hier hatten sie die Adresse eines Agenten, der sie aufnehmen sollte.

Sie wurden von der Wache das U-Bootes „Rosetta", das am letzten Kai lag, angehalten und erst dann erkannt, als sie eine in Ägypten unbekannte Fünfpfund-Banknote zeigten. Auch sie wurden in Haft genommen.

Um 6.00 Uhr stieg bei dem Tanker „Sagona" eine gewaltige Stichflamme empor. Der Flottentanker wurde von dieser Explosion derart hart getroffen, daß er schnell sank. Der längseits gehende Zerstörer „Jervis" konnte zwar noch loswerfen, wurde aber ebenfalls schwer beschädigt.

Zwanzig Minuten darauf ging die 300-Kilo-Ladung unter dem vorderen Turm der „Valiant" hoch. Der Schiffskörper wurde wie von einer Riesenfaust emporgewuchtet und legte sich dann zurückfallend auf die Seite und begann zu sinken. Da das Wasser im Hafen flach war, dauerte es nur 30 Sekunden, bis das Schlachtschiff auf Grund sank und fast zu kentern drohte. Aber es hielt sich.

Weitere vier Minuten darauf ging die dritte Sprengladung hoch. Sie detonierte genau unter dem vorderen Flaggenmast des zweiten Schlachtschiffes. Ein dumpfes Krachen war zu vernehmen, ehe die „Queen Elizabeth" sank. Nur ihre Aufbauten schauten aus dem Wasser, als der Kiel auf Grund lag.

Als die Sonne des 19. Dezember heraufzog, ereigneten sich drei weitere dumpfe Explosionen. Es waren die drei Trägertorpedos, die sich selbständig gesprengt hatten.

Der Kriegshafen von Alexandria bot ein Bild des Schreckens. Einen Tag nach diesem spektakulären Erfolg von sechs Freiwilligen der italienischen Marine schickte „Supermarina" einen FT-Spruch an den Kommandanten der „Scire": „Luftaufnahmen von Fernaufklärern haben ergeben, daß zwei Schlachtschiffe schwer getroffen wurden." In freier See wären diese für immer auf Tiefe gegangen. So aber konnten sie später unter großen Mühen wieder gehoben werden.

Geben wir an dieser Stelle Donald McIntyre das Wort: „Diese sechs tapferen und findigen Männer schalteten auf einen Streich Cunninghams Schlachtgeschwader aus. Dies zu einer Zeit, als ein Ersatz nicht verfügbar war, denn nur wenige Tage vorher hatten die Japaner das Schlachtschiff ‚Prince of Wales' und den Schlachtkreuzer ‚Repulse' versenkt."

Dieser Paukenschlag im Mittelmeer löste in Deutschland und Italien, aber auch in Japan Jubel aus.

Was aber war mit den USA und Japan? Wie kam es, daß sich der Krieg in Europa zum Zweiten Weltkrieg ausweiten konnte?

DER KRIEG IM PAZIFIK

Die Vorgeschichte – Der Purpur Code

Nach einer Reihe von Auseinandersetzungen mit den USA, die am 26. Januar 1940 bereits begannen, als die USA den amerikanisch-japanischen Handelsvertrag nicht erneuerten und gleichzeitig lebenswichtige Ausfuhren nach Japan mit einer Sperre belegten, griff Japan im Juli 1941 das französisch besetzte Indochina an und brachte es unter seine Gewalt. Nun eskalierten die Maßnahmen Japans und der USA.

Die USA, Großbritannien und die Niederlande unterbanden die Ölzufuhr nach Japan. Dieses Ölembargo ging an den wichtigsten Lebensnerv Japans, und so beschloß die große Verbindungskonferenz vom 3. September 1941, daß „Japan in den Krieg eintreten muß, wenn das US-Ölembargo nicht bis Oktober aufgehoben" werden sollte.

Die USA aber hatten öffentlich festgelegt, daß sie diesen Schritt nur dann tun würden, wenn sich Japan aus Indochina zurückgezogen habe und darüber hinaus auch ganz China freigebe.

Am 3. September forderten die USA Japan auf, als „Grundlage für jede weitere Verhandlung folgende Prinzipien anzuerkennen:

1. Respektierung der territorialen Unversehrtheit und Souveränität aller Nationen.
2. Gleiche Handels- und Wirtschaftsrechte.
3. Nichteinmischung in die inneren Angelegenheiten anderer Staaten.
4. Erhaltung des Status quo im gesamten pazifischen Raum. (Siehe: Theobald, Robert: „Pearl Harbor").

Am 16. Oktober trat das japanische Kabinett Konoye zurück. General Tojo übernahm am 18. Oktober die Regierung als Premierminister.

Dieser war fest entschlossen, die wirtschaftliche Abschnürung Japans durch die USA abzuschütteln, weil sie Japan erdrosselt hätte.

Sonderbotschafter Kurusu ging nach Washington, um den dort amtierenden japanischen Botschafter Nomura zu unterstützen. Es ging darum, ein letztes Mal zu versuchen, eine Lösung aus dem Dilemma ohne kriegerische Verwicklungen zu erreichen.

Sonderbotschafter Kurusu brachte einen Vorschlag seines Premierministers mit:

1. „Die USA sollten alles Öl liefern, das in Japan benötigt wurde und alle in den USA eingefrorenen Guthaben wieder freigeben.
2. Die Vereinigten Staaten sollten in Zusammenarbeit mit Japan die Nutzbarmachung aller Güter und Waren aus Niederländisch-Indien sicherstellen.
3. Japan werde sich dazu bereit erklären, seine Truppen unter der Bedingung aus

Französisch-Indochina zurückzuziehen, daß entweder Friede zwischen Japan und China hergestellt werde oder ein gerechter Friede im gesamten pazifischen Raum zustande komme." (Siehe: Theobald, Robert: a. a. O.).

Am 26. November wurde den beiden Japanern durch Staatssekretär Hull eine Note überreicht, in der die USA ihre Vorschläge zur Lösung der Spannungen niedergelegt hatten.

Diese aber waren – das wußte jeder, der sie las – für Japan unannehmbar. Japan hätte seine Niederlage in China zugeben, und dieses Territorium unverzüglich verlassen müssen. Als drittes sollte dann Japan noch einen Nichtangriffspakt mit allen Staaten des ostasiatischen Raumes unterzeichnen.

Nicht zuletzt aber sollte auch noch das von Japan in der Mandschurei eingesetzte Regime aufgelöst und gemeinsam mit den USA das Regime Tschian Kai-schek unterstützt werden.

Der letzte „Hammer" war dann noch die geforderte Aufkündigung des mit Deutschland am 27. September 1940 abgeschlossenen Dreimächtepaktes.

Diese Forderungen ließen nach japanischem Verständnis nur eine Antwort zu: die Kriegeserklärung.

Das wußte man in den USA nur zu gut. Und Konteradmiral Theobald formulierte es so:

„Diese Note setzte den Verhandlungen ein Ende und machten den Krieg mit Japan unvermeidlich." (Siehe: Theobald: a. a. O.).

Durch diese Note brachte Präsident Roosevelt die USA wohlüberlegt in den Krieg. Er hatte Japan den Fehdehandschuh ins Gesicht geworfen. Japans Versuch, der US-Einkreisung zu entgehen, war fehlgeschlagen. Es mußte kämpfen oder kapitulieren. Jeder, der Japan auch nur einigermaßen kannten, wußte, was dieses Land tun würde.

Vor dem Tenno erklärte kurz darauf der Chef des japanischen Admiralstabes, Admiral Osami Nagano: „Die Regierung ist zu der Ansicht gekommen, daß das Schicksal der Nation ohne Krieg besiegelt ist. Auch im Falle eines Krieges kann Japan möglicherweise zu Grunde gehen. Doch ein Volk, daß in einer solchen Zwangslage nicht zu kämpfen gewillt ist, ist charakterlos und dem Untergang geweiht." (Siehe: Silbermann, Bernhard und Harootian, H. D.: „Japan in der Krise").

Japans Überzeugung war es, daß eine rasche und gänzliche Vernichtung der US-Pazific-Flotte einen Frieden zu japanischen Bedingungen nach sich ziehen werde. Die Ziele, die der Generalstab und der Admiralstab zu bearbeiten hatten, lauteten denn auch: Ausschaltung aller US-Großkampfschiffe in Pearl Harbor. Besetzung der Inseln Guam und Wake im Handstreich. Angriff auf die Philippinen durch landgestützte Flugzeuge und Trägermaschinen. Zusätzlich Beschießung durch die Flotte mit dem Ziel der völligen Ausschaltung der dortigen US-Luftstreitkräfte.

Landung der japanischen Armee in Malaya. Vernichtung der britischen Fernostflotte, der Force Z in Singapur, Niederringung der britischen Royal Air Force und Angriff auf Hongkong und Schanghai."

Admiral Yamamoto setzte seinen Plan mit dem Hauptpunkt: „Schlagartiger Überfall auf Pearl Harbor“ durch. Am 1. November 1941 wurde der Operationsbefehl Nr. 1 an alle Befehlshaber und Kommandeure weitergegeben. Sein Kernsatz lautete:

„Im Osten wird die amerikanische Flotte vernichtet. Die Verbindungslinien der Amerikaner für Operationen und Nachschub zum Fernen Osten werden abgeschnitten. Der Sieg wird genutzt, um den feindlichen Kampfwillen zu brechen.“

Am 11. November 1941 erhielt Admiral Nagumo, OB der 1. Luftflotte und Befehlshaber der Pearl Harbor-Angriffsgruppe, seine detaillierten Befehle für den Angriff. Am 22. November sammelten sich die Angriffsverbände gegen Pearl Harbor nördlich von Hokkaido in der Tankanbucht der Kurilen. Angriffsbefehl und Angriffszeit wurden formuliert. Am 8. Dezember 1941 um 8.30 Uhr sollte es losgehen.

Der US-Plan für den Krieg gegen Japan, unter dem Codewort „Orange“, später „Regenbogen fünf“, niedergelegt, sah den „Vorstoß zwischen den Inseln des mittleren Pazifik hindurch und Vernichtung der japanischen Flotte nahe den japanischen Gewässern vor.“ (Siehe dazu: Boeicho, Kenshujo Senshishitsu: Kriegsgeschichtliche Abteilung des japanischen Verteidigungsministeriums , Bd. 31, Teil I.).

Das US-Kabinett stimmte am 7. November einer „aktiven Intervention gegen Japan“ einstimmig zu.

In London erklärte der britische Kriegspremier Winston Churchill am 19. November, daß Großbritannien im Falle eines Kriegsausbruchs zwischen USA und Japan noch „zur selben Stunde Japan den Krieg erklären“ werde.

Am 6. Dezember erteilte das Kriegsamt in London dem OB der britischen Heeres- und Luftstreitkräfte in Malaya, Luftmarschall Brooke-Popham, den Befehl:

„Wir haben nunmehr die Zusage bewaffneten amerikanischen Beistandes in folgenden Fällen erhalten:

a) Wenn wir genötigt sind, einer japanischen Landung auf der Enge von Kra zuvorzukommen, oder wenn wir gegen eine japanische Invasion in einem anderen Teil von Siam vorgehen,
b) wenn Niederländisch Indien angegriffen wird und wir uns an der Verteidigung beteiligen,
c) wenn die Japaner uns selbst angreifen.

Handeln Sie diesen Anweisungen entsprechend sofort und ohne Rückfragen in London!“

Die auf Hawaii liegende US-Flotte wurde auf ausdrückliche Anordnung des US-Präsidenten dort festgehalten, obwohl mehrere kompetente Stimmen diesen Ort als „zu exponiert“ bezeichnet hatten.

Wenden wir uns jetzt dem „Geheimnis von Pearl Harbor“ zu, das seit dem Buch von Konteradmiral Theobald keines mehr ist: dem japanischen Purpur Code und seiner Entschlüsselung.

Alle japanischen Funksprüche von höchster Geheimhaltung mußten mit dem Purpur Code verschlüsselt werden. Dieser Code, der für sicher galt, wurde sehr früh von US-Experten durchbrochen. Alle nach dem Purpur Code verschlüsselten und „Magics“ genannten FT-Sprüche wurden von Juli bis Dezember 1941 durch die US-Marine entschlüsselt und Prädent Roosevelt, Staatssekretär Knox, Admiral Stark, Konteradmiral Turner, Kpt. z. S. Wilkinson und Korvettenkapitän McCollum zugeleitet.

Die Empfänger des Heeres waren: Staatssekretär Hull, Staatssekretär Stimson, General Marshall, Brigadegeneral Gerow, Brigadegeneral Miles und Oberst Bratton.

Die Purpur Code-Maschinen waren nachgebaut worden, und im April ging die letzte nach Corregidor auf den Philippinen, an das Kommando des 16. Marinedistrikts. Damit waren sämtliche aus Tokio getasteten Geheimsprüche auch dem Chef der Asiatischen Flotte und dem Kommandierenden General des Heeres auf den Philippinen bekannt.

Hawaii aber, jener exponierte Vorposten gegen Japan, erhielt keine Purpur-Code-Maschinen. Im Klartext bedeutete dies: Der US-Nachrichtendienst auf Hawaii war nicht in der Lage, diesen geheimen japanischen Funkverkehr, der für diese Marine-Station von entscheidender Wichtigkeit war, zu entschlüsseln. Daraus wiederum folgerte KAdm. Theobald:

„Der einzige mögliche Schluß, warum Hawaii keine Purpur-Code-Maschine erhielt ist jener, daß diese negative Entscheidung Bestandteil eines ganz bestimmten Planes war, der vorsah, daß die Kentnisse von ‚MAGIC‘ den Hawaii-Kommandeuren vorenthalten werden sollten, den asiatischen Dienststellen aber zur Verfügung stehen würden.“ (Siehe: Theobald, Robert: a. a. O.).

Konteradmiral Kimmel, neuer Befehlshaber auf Hawaii, hatte seit August 1941 keine Meldungen mehr über die täglich zunehmenen Spannungen zwischen den USA und Japan erhalten. Dies entsprach einer totalen Nachrichtensperre, verfügt von der obersten US-Führung über Hawaii.

Nach den am 2. Dezember 1941 aus Tokio gegebenen Befehlen an die Botschaft in Washington, alle Telegraphencodes zu vernichten, war den Beteiligten klar, daß ein bewaffneter Konflikt unmittelbar bevorstand. Dieser Befehl wurde am 3. Dezember von den Amerikanern entschlüsselt.

Nun stand ohne Zweifel fest, daß es zum Krieg kommen würde. In einer Flut von „Magics“ erhielten alle Gesandten Japans im weiteren Ausland den gleichen Befehl. Alle Funksprüche wurden bis zum 6. Dezember durch das Heer entschlüsselt. Jener 14teilige FT-Spruch an die japanische Botschaft in Washington lag bereits um 15.00 Uhr im US-Kriegsministerium vor. Dieses Memorandum enthielt die Kriegserklärung Japans. Sie sollte erst nach besonderer Anweisung den USA-Stellen überreicht werden.

Dieser Samstag, der 6. Dezember 1941 (wegen der Zeitverschiebung war es in Japan bereits der 7. Dezember), wurde zum Vortag des Ausbruchs des Krieges im Pazifik und damit der Ausweitung des europäischen Krieges zum Weltkriege.

Hawaii und die Flotte in Pearl Harbor wurde nicht gewarnt. Als sich am 7. Dezember die führenden US-Militärs im Amtszimmer des US-Generalstabschefs

George S. Marshall versammelten, wußten diese, daß der japanische Überraschungsangriff gegen 13.00 Uhr dieses Tages irgendwo im Pazifik mit allergrößter Wahrscheinlichkeit in Pearl Harbor, erfolgen werde.

Jetzt erst warnte General Marshall in einem Funkspruch, den er selbst entwarf, die Kommandierenden Generale in Fernost, auf der Hut zu sein und ihre Marinestellen entsprechend zu benachrichtigen.

Als der Funkspruch in General Shorts HQ einging, war der japanische Angriff gegen Pearl Harbor bereits sechs Stunden alt. Konteradmiral Kimmel erhielt den Spruch noch zwei Stunden später, als sich seine Katastrophengruppen mit dem Zählen der Toten und Verwundeten und der verlorengegangenen Schiffe beschäftigten.

Nun war geschehen, was der US-Präsident nach den Aussagen verschiedener Stellen wollte: „Daß das Volk der USA sich in wilder Wut" in den Krieg stürzte, den es vorher abgelehnt hatte.

Der Luftangriff auf Pearl Harbor

Um 21.00 Uhr des 6. Dezember 1941 stand der japanische Angriffsverband unter VAdm. Nagumo 400 sm nördlich von Oahu. Hier ließ der Oberbefehlshaber der Pearl Harbor-Streitkräfte einen Tagesbefehl des OB der Marine, Admiral Yamamoto, verlesen, dessen Hauptsatz lautete:

„Aufstieg oder Niedergang des Reiches hängt von dieser Schlacht ab. Jeder Mann wird seine Pflicht bis zuletzt tun."

Der japanische Flottenverband drehte auf Südkurs und näherte sich nun mit jeder Schraubenumdrehung Hawaii. Zur Startzeit drehten die Flugzeugträger auf Nordkurs in den Wind und starteten 183 Maschinen der ersten Angriffswelle, die von FKpt. Fuchida geführt wurde.

Von den sechs Flugzeugträgern dieser Kampfgruppe nahmen 59 Hochbomber mit je einer 750-Kilo-Panzerbombe, 40 Torpedobomber mit Flachwassertorpedos und 51 Sturzkampfbomber mit 225-Kilo-Bomben Kurs auf die Ziele. Von den Decks der Träger „Akagi", „Hiryu" „Kaga", „Shokaku", „Soryu" und „Zuikaku" in dichter Abfolge entlassen, sammelten sie sich zu einem dichten Verband, der von 33 Zero-Jägern begleitet wurde, von denen ein Teil als Aufklärer vorausfliegen würde.

Es war genau 7.55 Uhr Hawaii-Zeit des 7. Dezember, als alle Maschinen fast gleichzeitig angriffen. Das geballte Bombardement der Flugzeuge glich einem alles verheerenden Tornado, das Pearl Harbor binnen weniger Minuten zu einem riesigen Flammenmeer machte, aus dem immer wieder wuchtige Munitions- und Pulverexplosionen emporstoben.

Es gab weder Luftabwehr noch dichtes Flakfeuer, denn an diesem Sonntagmorgen waren Dreiviertel der 780 Luftabwehrwaffen unbemannt. Von den 31 Flakbatterien waren ganze vier einsatzbereit. Aber ihre Munition lagerte in den diversen Depots. Ungewarnt – obgleich Warnung möglich gewesen wäre – mußte Pearl Harbor diesen Angriff über sich ergehen lassen.

Um 7.49 Uhr hatte FKpt. Fuchida das Angriffssignal gegeben, und um 7.53 Uhr meldete er an Admiral Nagumo: „Tora! – Tora!–Tora!“

Dieses dreifache „Tiger“ stand für „Auftrag ausgeführt“.

Es war genau 8.10 Uhr, als auf dem Schlachtschiff „Arziona“ die vordere Munitionskammer von einer der 750-kg-Panzerbombe getroffen wurde. Eine gigantische Explosion stieg gen Himmel. Ein roter Flammendom stob aus dem Vorschiff heraus. Die „Arizona“ wurde von der Wucht der Explosion aus dem Wasser gehoben. Das Flaggschiff der US-Marine brach auseinander und sank. Mit ihm gingen KAdm. Kidd und der Kommandant, Captain von Velkenburgh, mit 47 Offizieren und 1056 Mann unter.

Es sank auch die „California“, das Flaggschiff von VAdm. Pye. Dieser und Captain Bunkley als Kommandant fielen nicht. Aber sechs Offiziere und 92 Soldaten nahm das Schiff mit in die Tiefe.

Die „West Virginia“ ging mit ihrem Kommandanten, Captain Bennion, zwei Offizieren und 103 Mann unter, „Oklahoma“ unter Captain Bode verlor 20 Offiziere und 395 Mann. „Nevada“ sank ebenfalls. Hinzu kam der Minenleger „Oglala“ und das Zielschiff „Utah“.

Schwer beschädigt wurden die Schlachtschiffe „Pennsylvania“, „Tennessee“ und „Maryland“, ferner die Leichten Kreuzer „Helena“, „Honolulu“, „Raleigh“, der Flugboot-Tender „Curtiss“, die Zerstörer „Cassin“, „Shaw“, „Downes“ und das Werkstattschiff „Vestal“. 92 Marine- und 96 Armeeflugzeuge wurden zerstört.

Als der Angriff vorüber war, hatte der Angreifer fünf Torpedeflugzeuge, 15 Stukas und neun Jäger verloren. Mit ihnen fielen 55 Soldaten.

Der japanische Angriff war erfolgreich verlaufen. Allerdings waren einige Ziele ausgespart worden, die entscheidend wichtig waren. So die Reparaturwerkstätten, das große Trockendock und die gigantischen Öltanks mit 715500 Kubikmetern Treiböl.

Hinzu kam die U-Boot-Basis in South East Loch, in der eine Reihe neuer US-Boote stationiert waren. Man hatte also die US-Pazifikflotte vernichtend geschlagen, doch der Stützpunkt Pearl Harbor war funktionsfähig geblieben.

Im Ablaufen vor vermeintlichen 50 US-Bombern wurde schließlich der zweite Angriff abgesetzt. Die Träger „Soryu“ und „Hiryu“ und die Schweren Kreuzer „Tone“ und „Chikuma“ nahmen mit den Geleitzerstörern „Urukaze“ und „Tanikaze“ Kurs auf Wake, um zur Unterstützung des Invasionsverbandes für die Insel Wake bereit zu sein.

Als am Mittag um 13.47 Uhr Präsident Roosevelt mit Harry Hopkins beim Frühstück saßen, erhielten sie duch den Marinesekretär Knox die Nachricht aus Hawaii. Roosevelt meinte nur lakonisch:

„Wenn dieser Bericht wahr ist, dann haben uns die Japaner die Entscheidung aus den Händen genommen.“ Und das war offensichtlich beabsichtigt.

Erst um 14.20 Uhr trafen die Japaner Kurusu und Nomura im State Departement ein und überbrachten die japanische Kriegserklärung, die sie um 13.00 Uhr hatten überreichen sollen.

Staatssekretär Hull wies den beiden Japanern nur die Tür. Am folgenden Tag berichtete Präsident Roosevelt dem Kongress über den „feigen Angriff". Er erklärte schließlich: „Wir müssen der Tatsache ins Gesicht sehen, daß der moderne Krieg, wie er nach Naziart geführt wird, ein dreckiges Geschäft ist. Wir lieben es nicht, wir glaubten diesen Weg nicht gehen zu brauchen, aber wir sind mitten drin!"

Damit hatte Roosevelt seine Politik ganz und ungeteilt aufgedeckt.

Noch am selben Tag unterschrieb er die US-Kriegserklärung an Japan.

Zum ersten Male in der Geschichte aller Kriege wußte man an höchster Stelle eines Landes vorher von dem bevorstehenden Überfall, ohne jene Befehlshaber zu verständigen, die diesem ersten Schlag standzuhalten hatten. Die Amerikaner, die in ihrer Mehrzahl keinen Kriege wollten, sollten „mit Wut im Herzen" in den Krieg gegen den heimtückischen Aggressor Japan ziehen.

Man hatte mit nur geringen Verlusten gerechnet und sich dabei verrechnet. Die Gesamt-Personalverluste betrugen 4566 Mann. Bei der Marine und dem Marinekorps gab es 3077 Tote und 867 Verwundete, bei der Army und der Armeeluftwaffe 226 Tote und 396 verwundete Soldaten.

Das war der erste Handstreich der japanischen Seeluftwaffe, ein weiterer sollte noch vor Ablauf dieses entscheidenden Jahres erfolgen, der die Ausweitung des europäischen Krieges zum Weltkrieg brachte.

Guam, Wake und Aparri

Diesem vernichtenden Schlag gegen Pearl Harbor folgten die japanischen Einsätze gegen verschiedene strategisch wichtige Inseln. Der japanische Angriff auf Guam begann am 10. Dezember. Zwei Tage vorher hatte die Beschießung und Bombardierung begonnen. Die japanischen Landungstruppen kämpften den Widerstand nieder und am 11. Dezember um 6.45 Uhr ergab sich die Besatzung der US-Garnison auf der Insel.

Das von einem Bataillon des US-Marinekorps besetzte Wake mit den beiden ganz nahe gelegenen Inseln Peale und Wilkes, das als US-Luftstützpunkt gegen Japan dienen konnte und bereits im Ausbau dazu war, erfuhr bereits am Mittag des 8. Dezember den japanischen Angriff. 36 zweimot.-Bomber der 24. Jap. Luftflotte zerstörten als erstes die Landebahn und vernichteten acht der zwölf hier stationierten Grumman-Wildcat-Jäger. Der Bombenangriff wurde bis zum 10. Dezember fortgesetzt. Am Morgen dieses Tages erreichten die Invasionstruppen in Stärke von 900 Mann des japanischen Marine-Landungskorps das Kampfgebiet. Die US-Batterien wurden von den Geleitstreitkräften unter KAdm. Kajioka zerschossen.

Der Zerstörer „Kisaragi" wurde von den restlichen vier Grumman-Jäger angegriffen; er sank nach schweren Treffern mit der gesamten Besatzung. Ein zweiter Zerstörer wurde ebenfalls so schwer getroffen, daß er aufgegeben werden mußte. Auch einer der beiden zum Schnelltransporter umgebauten Zerstörer war gesunken. Der Angriff mußte abgebrochen werden.

Erst nach weiteren Bombardierungen und weiteren Zuführungen, darunter die beiden Träger des Pearl Harbor-Verbandes „Hiryu" und „Soryu" mit insgesamt 108 Flugzeugen wurde der zweite Angriff durchgeführt. Die Sturmtruppen stiegen zwei sm vor der Insel Wake in die Boote, und während der Angriff der Trägerflugzeuge begann, gingen japanische Stoßtruppen von drei Seiten gegen die Garnison von Wake vor. Eine halbe Stunde nach dem letzten Bombardement wurde das letzte Gebäude erstürmt.

Am Nachmittag des 23. Dezember nahm KAdm. Kajioka die Insel Wake für den Tenno in Besitz. Sie sollte dreieinhalb Jahre in japanischer Hand bleiben.

Der Kampf um die Philippinen

Bereits am 8. Dezember begannen die Angriffe der japanischen Nordphilippinengruppe gegen Nordluzon. Von Formosa aus flogen 192 Flugzeuge der Marinefliegergeschwader 21 und 23 der 11. Luftflotte unter VAdm. Tsukahara zum Angriff gegen die US-Flugbasen Clark Field und Iba Field.

Die 5. Fliegerdivision des Heeres startete von Formosa aus und bombte die US-Basen Baguio und Tuguegarao. Bataan wurde von einer japanischen Vorausabteilung im ersten Ansprung besetzt. Japanische Pioniere legten hier den ersten Flugplatz an.

Am 12. Dezember erfolgten hier Landungsunternehmen der Südphilippinengruppe. Unter KAdm. Kubo lief ein starker Schiffsverband aus. In den Transportern 16000 Mann der 16. jap. ID. Die Deckungsgruppe wurde von KADm. Takagi geführt. Sie verfügte über drei Kreuzer, den Träger „Ryujo" mit seiner Bedeckung aus zwei Zerstörern sowie den Kreuzern „Jintsu" und „Nagara".

Die Landung erfolgte reibungslos. Doch in den Garnisonen von Luzon verteidigten sich die Amerikaner.

Die Wegnahme der Insel Davao durch einen Überraschungsverband unter KAdm. Kyuji Kubo gelang reibungslos.

Nicht weniger als vier japanische Überraschungsverbände unternahmen die Landungsoperationen bei Aparri, Vingan, Legaspi und im Lingayen-Golf.

Diese Operationen begannen im Morgengrauen des 10. Dezember bei Aparri. Am 11. Dezember wurde Vingan überrumpelt und bis zum Abend in Besitz genommen. Legaspi fiel nach schwacher Verteidigung, und damit hatten die Japaner den Weg zu einer groß angelegten Landungsoperation gegen Manila geebnet.

Zehn Minuten nach Mitternacht des 22. Dezember erreichte die Invasionsstreitmacht die Ausgangsstellungen zum Angriff. Der dortige Verteidiger, General MacArthur, sah sich einer großen Übermacht gegenüber. Es war die Angriffsgruppe unter VAdm. Takahashi mit einer Reihe von Zerstörern und Kreuzern sowie 27 Transportern, die Gruppe 2 unter KAdm. Nishimura mit 28 Transportern, sieben Zerstörern und zwölf kleinen Kriegsfahrzeugen, die Gruppe 3 unter KAdm. Hirose mit 21 Transportern und zehn kleineren Einheiten. Die Unterstützungsgruppe unter dem Kommando des Kommandanten des Schweren Kreuzers „Ashigara", dem der Schwere Kreuzer „Maya" und der Leichte Kreuzer „Kuma" beigegeben waren, wurde wiederum von der Deckungsgruppe geschützt, die alle Gruppen unter ihre „Fittiche" genommen hatte. Diese stand unter dem Kommando von KAdm. Kondo. Zwei Schlachtschiffe („Kongo" und „Haruna"), drei Schwere Kreuzer („Atago", „Takao" und „Choikai") und acht Zerstörer bildeten diesen starken Kampfverband.

Die Landungen im Lingayen-Golf erfolgten planmäßig. Ein weiterer Landungsversuch ging bei Davao an Land. Der Rest wurde umgeleitet und der Südphilippinengruppe unterstellt, die unter KAdm. Tanaka mit neun Transportern die 56. Inf. Brig. der Japaner auf Jolo landeten.

Am 24. Dezember erfolgten die Landungen in der Lamon-Bucht. Dieser Verband setzte unmittelbar darauf zur geplanten südlichen Zangenbewegung gegen Manila an.

Die japanische Landung auf Borneo erreichte bis zum 24. Dezember den bei Kuchin errichteten britischen Flugplatz, und am 25. Dezember zogen sich die Briten aus Borneo zurück und überließen den japanischen Truppen das Feld.

Von hier aus sollte es nach Java gehen. Wenden wir uns zunächst aber jenem Ereignis zu, das eine Wende im Seekrieg bedeutete!

Kampf um die Halbinsel Malaya – Die Tragödie der Force Z

Am 8. Dezember beginnend, griffen japanische Streitkräfte die Ostküste der Halbinsel Malaya an. Die Südexpeditionsflotte unter dem Kommando von Adm. Ozawa, in der Luft von der 3. Heeresfliegerdivision und dem Marinefliegergeschwader 22 gesichert, schaffte die 5. jap. ID zu den Zielen, die Singora, Patani und Kota Bharu hießen.

Gegen dieses Landungsunternehmen griff die britische Force Z unter Admiral Philipps, OB der britischen Fernostflotte, an.

Am 8. Dezember lief diese aus Singapur aus. Sie bestand aus dem Schlachtschiff „Prince of Wales", dem Schlachtkreuzer „Repulse" und vier Zerstörern.

Dieser Verband wurde am Morgen des 9. Dezember von dem japanischen U-Boot I 56 gesichtet und gemeldet. Wenig später setzten die Japaner Aufklärer ein; einer davon wurde von einem Ausguck der „Repulse" gesichtet.

Admiral Philipps beschloß, nach Singapur zurückzukehren. Von seinem Stabschef wurde er kurz darauf davon unterrichtet, daß der Feind von seiner Landung auf Kuantan berichtet habe.

Kuantan an der Ostküste von Malaya lag genau zwischen Singapur und Kota Bharu.

Eine Stunde nach Mitternacht des 10. Dezember ließ Admiral Philipps direkten Kurs auf Kuantan legen, wo allerdings noch kein Japaner gelandet war. Um 2.10 Uhr wurde der Verband von einem anderen U-Boot – I 58 – gesichtet. Das Boot lief zum Angriff an und schoß sechs Torpedos auf die „Repulse", die vorbeiliefen. Niemand hatte diesen Fehlangriff bemerkt.

I 58 meldete den Verband mit Standort, Fahrtstufe und Richtung. Die japanische Führung befahl den sofortigen Start von fünf Bombern aus der Cam-Rhan-Bucht an der Ostküste von französisch-Indochina. Diese tankten auf der Insel Pulo Kondor im Mekong-Delta auf und starteten dort um 4.30 Uhr zum Angriffsziel.

Von Saigon aus war gleichzeitig eine aus neun Flugzeugen bestehende Aufklärungsstaffel eingesetzt worden.

Zwischen 6.14 und 7.30 Uhr starteten von den Flugfeldern um Saigon drei Angriffsgruppen mit insgesamt 34 Bombern und 51 Torpedoflugzeugen zum Einsatz gegen die Force Z.

Es war dies: Die 1. Genzan-Angriffsgruppe unter Fregattenkapitän Nakanishi mit drei Staffeln zu neun, acht und neun Maschinen. Davon hatte die 3. Staffel unter Lt. Nikaido Bomben, die beiden anderen Torpedos geladen.

Die 2. Kanoya-Angriffsgruppe unter FKpt. Miyauchi hatte ebenfalls drei Staffeln mit den gleichen Zahlen eingesetzt. Diese hatten sämtlich Torpedos geladen. Die 3. Mihoro-Angriffsgruppe bestand aus vier Staffeln. Drei trugen Bomben, die vierte Torpedos.

Die neun Aufklärer wurden von der Genzan-Angriffsgruppe gestellt; es waren Maschinen des Type Mitsubishi 96 G3M2-Nell-23.

Die letzten Maschinen des Gesamtverbandes in Stärke von neun Aufklärern, 34 Bombern und 51 Torpedomaschinen starteten um genau 8.00 Uhr.

Ab 11.48 Uhr griffen die Japaner die Force Z an. Nicht weniger als 84 Maschinen kamen zum Bomben- und Torpedowurf.

Die fünf Schiffe der Force Z wurden schwer eingedeckt. Die „Repulse" erhielt fast gleichzeitig zehn (!) Torpedotreffer an Backbord, vom Bug bis zum Heck und vier Treffer an Steuerbord vorn. Eine 250-kg-Bombe schlug mittschiffs ein. An vielen Stellen durchlöchert, von Explosionen durchgeschüttelt und auseinandergerissen, sank die „Repulse" um 12.03 Uhr.

Die „Prince of Wales" erhielt je einen Torpedotreffer vorn und achtern an Backbord und fünf Treffer auf der Steuerbordseite. Achtern schlugen noch zwei 500-Kilo-Bomben ein. Das Schiff sank um 12.50 Uhr.

Die Force Z war vernichtet. Admiral Philipps fiel. Nichts war mehr vorhanden, womit man Malaya hätte verteidigen können.

Als Captain Leach, Kommandant der „Prince of Wales", den Befehl „alle Mann aus dem Schiff" gab, war Admiral Philipps an Bord zurückgeblieben.

In der Runde um die „Repulse“ waren die Bergungsarbeiten in vollem Gange. Die Zerstörer „Electra“ und „Vampire“ retteten so viele Besatzungmitglieder wie möglich.

Um 13.19 Uhr sank das Schlachtschiff, das den Spitznamen „die Unsinkbare“ erhalten hatte. Mit ihm gingen Captain Leach und Admiral Philipps in die Tiefe.

Der Zerstörer „Express“ fischte die von Bord gegangenen Seeleute des Schlachtschiffes. Der Kommandant der „Electra“, Commander C. W. May, der nach dem Untergang des Schlachtschiffes ältester Offizier war, ließ um 13.18 Uhr den Funkspruch tasten, der Großbritannien erschütterte: „H. M. S. Prince of Wales gesunken!“

Um 14.00 Uhr war die Suche nach Überlebenden beendet. Dennoch barg die „Vampire“ noch eine Stunde länger weitere Schiffbrüchige. „Electra“ blieb bis zum bitteren Ende an der Untergangsstelle der beiden Großkampfschiffe. Ein letzter Mann wurde von ihr noch um 16.00 Uhr geborgen.

Die drei Zerstörer hatten insgesamt 2081 Mann gefischt. Als vierter und einziger konnte der vierte Zerstörer „Vampire“ der australischen Navy genau die Zahl der von ihm geborgenen Schiffbrüchigen angeben. Es waren neun Offiziere, darunter Captain Tennant von der „Repulse“, 213 Soldaten, der Kriegsberichter des „Daily Express“ und zwei Soldaten der „Prince of Wales“. Die Liste der Toten betrug: Gefallene: Sieben Offiziere und 486 Mann der „Repulse“. 20 Offiziere und 307 Mann der „Prince of Wales“.

Die Versenkung dieser beiden britischen Großkampfschiffe auf offener See bedeutete für alle Marinen der Erde das Ende des Konzeptes des Seekrieges. Dieser Erfolg wurde mit „nur“ einigen wenigen Flugzeugen „bezahlt“.

Am nächsten Tag flog Leutnant Iki zur Untergangsstelle der beiden Großkampfschiffe. Als er darüber kreiste, unter sich einige Wracktrümmer erkennend, warf er Blumensträuße ab. Für seine gefallenen Kameraden und auch für den tapfer unterlegenen Gegner.

Das Jahr 1941 war mit einem großen Paukenschlag zu Ende gegangen. Aber das Jahr 1942 sollte mit einer Reihe noch größerer Schläge auf allen Kriegsschauplätzen aufwarten.

Dies galt sowohl für den pazifischen Raum, für den Großraum Rußland als auch für Afrika. Und in Fernost ebenso wie auf allen anderen Kriegsschauplätzen sollte die Dramatik dieses unerbittlichen Ringens an einigen Schauplätzen deutlich gemacht werden: Vor der Küste Amerikas durch die deutschen U-Boote, im Kampf um die Festung Sewastopol, rund um El Alamein ebenso wie im Eismeer an den Geleitzügen, die Rußland mit Waffen, Fahrzeugen, Panzern und mit Flugzeugen versorgten, schließlich auch im Sturmlauf nach Stalingrad.

Die Signale waren am Ende des Jahres 1941 gestellt, obwohl rund 2500 Kilometer zwischen Stalingrad und Berlin lagen.

Abkürzungsverzeichnis

AA = Aufklärungsabteilung
AD = Afrika-Division
„AH“ = Adolf Hitler
ad hoc = zu diesem Zweck
A.H.Q. = Armee-Hauptquartier
AK = Armeekorps
AOK = Armeeoberkommando
AR = Artillerieregiment
Ar = Arado
Arco = Artilleriekommando
ArtAbt. = Artillerie-Abteilung
artl. = artilleristisch
AufklK = Aufklärungskette
AufklGr. = Aufklärungsgruppe

Batl. = Bataillon
BBC = British Broadcasting Corporation
B.d.U. = Befehlshaber der U-Boote
B.d.U. op. = Operationsabteilung des Befehlshabers der U-Boote
BatlGefStand = Bataillonsgefechtsstand
Bf = Bayerische Flugzeugwerke (Bf 109)
Brig. = Brigade
BRT = Bruttoregistertonnen
B.Stand = Beobachtungsstand
bzw. = beziehungsweise

Chefs. = Chefsache
cm = Zentimeter

DAK = Deutsches Afrika Korps
„DF“ = Der Führer
DivFhr. = Divisionsführer
DivKdr. = Divisionskommandeur
Do = Dornier

engl. = englisch
ErgGr. = Ergänzungsgruppe
ES = Erkennungssignal

feindl. = feindliche
Feldgend. = Feldgendamerie
FHQ. = Führerhauptquartier
Fhr. = Führer
(F) = Fernaufklärung
FlakRgt. = Flakregiment
FlK. = Fliegerkorps
Fi. = Fieseler
FschPiBatl. = Fallschirm-Pionierbataillon
FT = Funktelegraphie

GA = Großadmiral
GAR = Gebirgs-Artillerieregiment
GD = Gebirgsdivision
GebDiv. = Gebirgsdivision
GJR = Gebirgsjäger-Regiment
GebJägRgt. = Gebirgsjäger-Regiment
GebPiBatl. = Gebirgs-Pionierbataillon
GebPzJägAbt. = Gebirgs-Panzerjägerteilung
GebRadfBatl. = Gebirgs-Radfahrbataillon
GFM = Generalfeldmarschall
gem. = gemischt
GefStand = Gefechtsstand
GKN = Gebirgskorps Norwegen
gen. = genannt
Gen. = General
Gen.d.Art. = General der Artillerie
Gen.d.Inf. = General der Infanterie
Gen.d.PzTr. = General der Panzertruppe
GenLt. = Generalleutnant
GenMaj. = Generalmajor
GenOberst = Generaloberst
gKdos = geheime Kommandosache
GenKdo. = Generalkommando

(H) = Heeres
He = Heinkel
HeeresPiBatl. = Heeres-Pionierbataillon
Hfw = Hauptfeldwebel
HGrKdo = Heeresgruppenkommando
HGr. = Heeresgruppe
HK = Konvoi Galveston – United Kingdom
Hptm = Hauptmann

Hs = Henschel
HX = Konvoi Halifax – United Kingdom

I = Iljuschin
Ia = Erster Generalstabsoffizier
Ib = Zweiter Generalstabsoffizier
Ic = Dritter Generalstabsoffizier
ID = Infanteriedivision
i.G. = im Generalstab
Ing. = Ingenieur
IR = Infanterieregiment
ind. = indische
I. Wo. = Erster Wachoffizier

Jak = Jakowlew
JG = Jagdgeschwader
Jan. = Januar
Ju = Junkers

KavDiv = Kavalleriedivision
K.D. = Kavalleriedivision
KFlGr. = Küstenfliegergruppe
KG = Kampfgeschwader
KGB = Kommissariat Gosidarstwennoj Besopasnosti (Kommissariat für Staatssicherheit)
KGr. = Kampfgruppe
KGrGefStand = Kampfgruppengefechtsstand
KGr. z.b.V. = Kampfgruppe zur besonderen Verwendung
KHQ = Korpshauptquartier
KLG = Kampflehrgeschwader
klKwKol = Kleine Kraftwagenkolonne
K.N.A. = Korpsnachrichtenabteilung
KommGen. = Kommandierender General
Kp. = Kompanie
Kpn. = Kompanien
KpdSU = Kommunistische Partei der Sowjetunion
Kpt.z.S. = Kapitän zur See
KTB = Kriegstagebuch
KwKol. = Kraftwagenkolonne
KW I = Klementi Woroshilov
KüstArtAbt. = Küstenartillerie-Abteilung

LaGG = Lawotschkin (Flugzeug)
lei. = leichte
LG = Lehrgeschwader
Lkw = Lastkraftwagen
LL = Luftlande
lMG = Leichtes Maschinengewehr
LS = Lastensegler
Lt.z.S. = Leutnant zur See

Maj. = Major
mech. = mechanisiert
mechDiv. = mechanisierte Division
MG = Maschinengewehr
MG-Bataillon = Maschinengewehr-Bataillon
Mig = Mikojan (Jagdflugzeug)
mot. = motorisiert
MPi. = Maschinenpistole
MS-Verband = Motorsegler-Verband
MTB = Motortorpedoboot
MTW = Mannschaftstransportwagen

NachrKorps = Nachrichtenkorps
NachrOffz. = Nachrichtenoffizier
neussel. = neuseeländische
NKWD = Narodnij Kommissariat Wnutrennych Djel (Volkskommissariat für Innere Angelegenheiten)
nördl. = nördlich
Nov. = November

OB = Oberbefehlshaber
OB = Geleitzug Liverpool – North America
Ob.d.L. = Oberbefehlshaber der Luftwaffe
OberstLt. = Oberstleutnant
Oberkdo = Oberkommando
Ob.d.M. = Oberbefehlshaber der Kriegsmarine
ObStFhr. = Obersturmführer
Ofw. = Oberfeldwebel
OG = Geleitzug England – Gibraltar
OKH = Oberkommando des Heeres
OKL = Oberkommando der Luftwaffe
OKM = Oberkommando der Kriegsmarine

Okt. = Oktober
OKW = Oberkommando der Wehrmacht

Pak = Panzerabwehrkanone
PD = Panzerdivision
PiBatl. = Pionierbataillon
PiBauBatl. = Pionier-Baubataillon
PiKp. = Pionierkompanie
PoBatl. = Polizeibataillon
PR = Panzerregiment
PzAA = Panzeraufklärungs-Abteilung
PzAR = Panzerartillerie-Regiment
PzDiv. = Panzerdivision
PzGr. = Panzergruppe
PzKp = Panzerkompanie
PzK = Panzerkorps
PzLehrBrig. = Panzerlehr-Brigade

RAD = Reichsarbeitsdienst
RadFahrBatl. = Radfahrbataillon
RgtAdj. = Regimentsadjutant
RgtGefStand = Regimentsgefechtsstand
RgtNachr.Zug = Regimentsnachrichtenzug
RgtStab = Regimentsstab
RK = Ritterkreuz
rum. = rumänische

(S) = Sonderführer
S.-Flot. = Schnellboot-Flottille
sArtAbt. = Schwere Artillerieabteilung
schw. = schwere
SKG = Schnelle Kampfgeschwader
Skl = Seekriegsleitung
SL = Geleitzug Sierra Leone – England
sMG = Schweres Maschinengewehr
sm = Seemeilen
SR = Schützenregiment
SRgt. = Schützenregiment
StG = Sturzkampfgeschwader
StGeschAbt. = Sturmgeschützabteilung
StOArt = Stabsoffizier Artillerie

T.-Flot. = Torpedoboot-Flottille
T.-Boot = Torpedoboot

U-Boot = Unterseeboot
USA = Vereinigte Staaten von Amerika
UStuFhr. = Untersturmführer

Verfgg. = Verfügung
verst. = verstärkte
Vp-Boot = Vorpostenboot

W.B. = Wehrmachtsbefehlshaber

z.b.V. = zur besonderen Verwendung
Z.-Flot. = Zerstörer-Flottille
ZG = Zerstörergeschwader
zweimot. = zweimotorig

Quellenangabe und Literaturverzeichnis (im Auszug)

Alman, Karl: Ritter der sieben Meere, Rastatt 1963
ders.: Angriff, ran, versenken, Rastatt 1965
ders.: Graue Wölfe in blauer See, Rastatt 1967
ders.: Günther Prien – Der Wolf und sein Admiral, Leoni 1981
ders.: Großadmiral Karl Dönitz – Vom U-Boot-Kommandanten zum Staatsoberhaupt, Leoni 1983
ders.: U-Boot-Asse, Wien 1981
Anders, Wladyslaw: Hitlers Defeat in Russia, München 1964
Andronikow, A.G. und
Mostowenko, V.D.: Die roten Panzer, München 1964
Antonow, A.S.: Die Panzer, Berlin (Ost) 1959
Arnold, H.H.: Global Mission, New York 1948
Attlee, Clement: As Happened, London 1956
Baker, Richard, Terrill: Darkness of the Sun, New York 1947
Barbey, Daniel E.: MacArthurs Amphibious Navy, Annapolis 1969
Baumbach, Werner: Zu spät? Buenos Aires und München 1948
Bauer, Prof. Eddy: Der Panzerkrieg, Bonn 1956
Beach, Edward: Submarine, New York 1952
Bedell, Smith, Walter: Moscow Mission, London 1950
Bennett, Henry Gordon: Why Singapore fell, Sydney 1944
Bekker, Cajus: Kampf und Untergang der Kriegsmarine, Hannover 1953
ders.: Verdammte See, Oldenburg 1973
Bernig, Heinrich H.: Rommels Panzer greifen an, München 1961
Bernotti, Romeo: Storia della guerra nel Mediterraneo, Rom 1960
Bharucha, P.C.: The North African Campaign 1940–1943, London 1956
Böhmler, Rudolf: Fallschirmjäger, Bad Nauheim 1961
Braddock, David W.: The Campaigns in Egypt and Libya 1940–1942, Aldershot 1964
Bradley, Omar N.: A Soldiers Story, New York 1964
Brandi, Albrecht: Meine Mittelmeereinsätze, i. Ms.
Brustat-Naval, Fritz: Nasses Eichenlaub, Herford 1983
Busch, Fritz-Otto: Zehn Zerstörer, Hannover 1959
ders.: Schlachtschiff Bismarck, Rastatt 1961
ders.: Großadmiral Karl Dönitz, Rastatt 1963
Cartier, Raymond: Der Zweite Weltkrieg, München 1962 (Bd.1 und 2)
Chamberlain, William Henry: America's second Crusade, Regenery 1950
Carell, Paul: Die Wüstenfüchse 1961
ders.: Unternehmen Barbarossa, Frankfurt/Main 1963
Chronik der Stiftung Luftwaffenehrenmal: Die Verbände der deutschen Luftwaffe 1939–1945 i.Ms. (Fürstenfeldbruck)
Churchill, Winston: Der Zweite Weltkrieg Momoiren, Bern 1949–1954
ders.: Der Zweite Weltkrieg, Bern 1985 (einbändige Zusammenfassung und Bearbeitung)
Cresswell, John: Sea warfare 1939–1945, London 1950

Dönitz, Karl: Zehn Jahre und 20 Tage, Bonn 1959
ders.: Bedeutung der Seestrategie im Zweiten Weltkrieg, i.Ms. an den Autor
ders.: Der Krieg in 40 Fragen, Table Ronde, Paris 1970
ders.: Wie ich Günther Prien sah, Gespräch mit dem Autor
ders.: Zehn Gespräche mit dem Großadmiral i.Ms.
ders.: Mein wechselvolles Leben, Göttingen 1958
Eden, Antony: The Eden Memoirs, London 1965
Eisenhower, Dwight, D.: Crusade in Europe, New York 1948
Esebeck, Hans-Gert v.: Afrikanische Schicksalsjahre, Wiesbaden 1949
Feuchter, Georg: Der Luftkrieg, Bonn 1954
Frankland Noble and
Webster, Sir Charles: The Strategic Air Offensive against Germany, 4 Bd., London 1961
Fuller, J.D.F.: Der Zweite Weltkrieg 1939–1945, Wien 1952
Fuchida, Mitsuo und
Okumiya, Masatake: Pearl Harbor, Tokyo 1951
Garcher, Lloyd C.: Architects of Illusions, Men und Ideas in American Foreign
Policy, 1941–1949, Chikago 1972
Glassford, Admial: Report from the Java-Sea-Battle, New York 1954
Görlitz, Walter: Der Zweite Weltkrieg, Stuttgart 1951/52
Graziani, Rodolfo: Africa settentrionale, Rom 1948
Greiner, H.: Die oberste Wehrmachtsführung 1939–1945, Frankfurt/Main 1950
Grey, C.G.: The Luftwaffe, London 1942
Gröner, Erich: Die deutschen Schiffe der Kriegsmarine und Luftwaffe 1939–1945, München 1954
Hagen, Hans-Peter: Husaren des Himmels, Rastatt 1964
Harris, Sir Arthur: Bomber Offensive, London 1947
Hart, B.H.L.: Der Zweite Weltkrieg,
Hartmann, Werner: U-Boote westwärts!, Berlin 1940
Haupt, Werner: Heeresgruppe Mitte, 1941–1945, Dorheim 1968
ders.: Heeresgruppe Nord 1941–1945, Dorheim 1970
Heckstall-Smith, Anthony: Tobruk, London 1959
Hillgruber, Andreas und
Hümmelchen Gerhard: Chronik des Zweiten Weltkrieges, Gondrom 1989
Horie, Yoshitaka: Fight in spirit – Iwo Jima, Tokyo 1956
Hull, Cordell: The Memoirs of Cordell Hull, New York 1948
Inoguchi, Rikihei, Nakajima, Tadsahi und
Pineau, Roger: The Divine Wind, Annapolis 1954
Irving, David: Hitler und seine Feldherren, München 1982
ders.: Und Deutschlands Städte starben nicht, Zürich 1963
Ito, Mashashi: The Emporers last Soldier, New York 1966
Jacobsen, Dr. H.A.: Der Zweite Weltkrieg in Chroniken und Dokumenten, Darmstadt 1959
James, David H.: The Rise und Fall of the Japanese Empire, London 1951
Japanes War Diary: Battle Reports and War Operations 1941–1945, Tokyo
1951–1979
Kesselring, Albert: Soldat bis zum letzten Tag, Bonn 1953
ders.: Die deutsche Luftwaffe, In: Bilanz des Zweiten Weltkrieges, Oldenburg 1953

ders.: Briefe und Berichte, MS und Unterlagen an den Autor.
King, Ernest and
Whitehall, Walter, Muir: Fleet Admiral King, London 1953
Klietmann, Dr. K.H.: Die Waffen-SS, Osnabrück 1965
Konoye, Fumimaro: The Konoye-Diary, Tokyo 1968
Kühn, Volkmar: Torpedoboote und Zerstörer im Einsatz 1939–1945, Stuttgart 1989, 7. Aufl.
ders.: Schnellboote im Einsatz, Stuttgart 1988, 2. Aufl.
ders.: Deutsche Fallschirmjäger im Zweiten Weltkrieg 1939–1945, Stuttgart 1989, 6. Aufl.
ders.: Der Seenotdienst der Deutschen Luftwaffe 1939–1945, Stuttgart 1978
ders.: Mit Rommel in der Wüste, Stuttgart 1990, 8. Aufl.
Kurowski, Franz: Zu Lande, zu Wasser, in der Luft, Bochum-Lengendreer 1969
ders.: Krieg unter Wasser, Düsseldorf 1979
ders.: Mit Eichenlaub und Schwertern, Herrsching 1985
ders.: Der Luftkrieg über Deutschland, Düsseldorf 1977
ders.: Der Panzerkrieg, München 1980
ders.: Deutsche Offiziere in Staat, Wirtschaft und Wissenschaft, Herford 1967
ders.: Generaloberst Eduard Dietl, Berg 1990
ders.: Generalfeldmarschall Albert Kesselring, Oberbefehlshaber an allen
Fronten, Berg am See 1985
ders.: Balkankreuz und roter Stern, Der Luftkrieg über Rußland, Dorheim 1984
ders.: Grenadiere – Generale – Kameraden, Rastatt 1968
ders.: Das Afrikakorps, München 1981
ders.: Seekrieg aus der Luft, Herford 1979
ders.: Das Vermächtnis, Bochum-Langendreer 1982
ders.: Großadmiral Karl Dönitz – Vom U-Bootskommandanten zum Staatsoberhaupt, Berg am See 1983
ders.: Der Kampf um Kreta, Herford, Herrsching, Athen 1967 bis 1990 (18.Aufl.)
ders.: Deutsche Fallschirmjäger 1939–1945, Menden 1989
ders.: Deutsche Panzer 1939–1945, Menden 1990
ders.: Zehn Gespräche mit Großadmiral Dönitz, i. Ms.
ders.: Ich kam durch, Rastatt 1970
ders.: Tondokumente und Gespräche mit U-Boot-Kommandanten, Fliegern,
Fallschirmjägern und Infanteristen 1942–1990
Kusaka, Ryunosuke: The Combined Fleet, Memoirs of the Former Chief of Staff
Kusaka, Tokyo 1952
MacIntyre, Donald: U-Boat Killer, London 1956
MacMillan,: The Royal Air Force in World War II, Bd. 1–4, London 1942–1950
Maravigna, P.: Come abbiamo perdùto la Guerra in Africa, Rom 1949
Marshall, L.S.A.: Man against Fire, Frauenfeld 1951
McKnee, Alexander: Entscheidung über England, Esslingen 1960
Morison, Samuel Eliot: United States Naval Operations in World War II, Vol
1–15, Boston 1950–1957
ders.: Memoiren, München 1958
Murphy, W.E.: Point 175, The Battle of Sunday of the Dead, Wellingten/Neuseeland 1941

Nehring, Walther K.: Die Geschichte der deutschen Panzerwaffe 1916–1945, Berlin 196
Patton, George: Krieg, wie ich ihn erlebte, Berlin 1950
Ploetz, A.G.: Geschichte des Zweiten Weltkrieges, Würzburg 1960
Prien, Günther: Mein Weg nach Scapa Flow, Berlin 1940
Potter, E. B. and
Nimitz, Chester W.: The Great Sea War, Eaglewood Cliffs 1960
Prince, Alfred: Luftschlacht über Deutschland, Stuttgart 1974
Raeder, Erich: Mein Leben, Bd. 1 und 2, Tübingen 1954
Revie, Alastair: . . . war ein verlorener Haufen, Stuttgart 1974
Richards, Denis: Royal Air Force 1939–1945, Vol I–IV, London 1953–57
Robertson, Terence: Jagd auf die Wölfe, Oldenburg 1960
ders.: Der Wolf im Atlantik, Wels 1962
Roskill, S.W.: The War at Sea 1939–1945, Vol I–III/IV, London 1954–1956
ders.: Royal Navy, Oldenburg 1961
Ruge, Friedrich: Der Seekrieg 1939–1945, Stuttgart 1954
Rumpf, Hans: Das war der Bombenkrieg, Oldenburg 1961
Sato, Kenryo: The Greater East Asia War Memoirs, Tokyo 1966
Schaulen, Joachim von: Hasso von Manteuffel, Panzerkampf im Zweiten Weltkrieg, Berg am See 1983
Schepke, Joachim: U-Boot-Fahrer von heute, Berlin 1940
Sharp, Samuel: Poland – White Eagle on a red Field, Cambridge/Massachusetts 1953
Shilin, P.A.: Die wichtigsten Operationen des Großen Vaterländischen Krieges 1941-1945, Berlin (Ost) 1958
Silverstone, Paul H.: US Warships of World War II, London 1956
Spaight, J.M.: Bombing vindicated, London 1944
ders.: Air power and War Rights, London – New York – Toronto 1974
Speer, Albert: Erinnerungen, Berlin 1969
Takagi, Sokichi: History of Naval Battles in the Pacific, Tokyo 1949
Tedder, Arthur William: With prejudice – The War Memoirs of the Marshall of the Royal Air Force, Lord Tedder, London 1966
Thompson, Walther Henry: I was Churchills shadow, London 1951
Toland, John: The rising Sun, New York 1970
Trizzino, Antonio: Die verratene Flotte, Bonn 1957
Veale, F.J.P.: Der Barbarei entgegen, Hamburg 1954
Verrier, Anthony: Bomberoffensive gegen Deutschland 1939–1945, Frankfurt/Main 1970
Wainwright, Jonathan: General Wainwrights Story, Garden City 1946
Walters, Robert: Naval War in the Pacific 1941–1945, ZS 1968
Westphal, Siegfried: Heer in Fesseln, Bonn 1950
ders.: Schicksal Nordafrika, Bonn 1954
ders.: Erinnerungen, Mainz 1978
ders.: Persönliche Unterlagen, Tondokumente
Yamamoto, Kumaichi: Memoirs of Greater Asian War, Tokyo 1943
Yoshida, Shiguru: The Yoshida Memoirs, Boston 1962
Zavlalov, Aleksandr: Die Angriffsoperationen der Roten Armee, Moskau 1960
Zhukow, G.K.: The Memoirs of Marshall Zhukow, New York 1971
ders.: (Shukow) Erinnerungen und Gedanken, Berlin (Ost) 1978 7. Aufl.

Danksagung

Der Dank des Herausgebers gilt allen Soldaten und Offizieren der drei Wehrmachtsteile, die auch an diesem dritten Band mitgearbeitet haben bzw. durch langjährige Mitarbeit an weiteren Werken das benötigte Material zur Verfügung stellten.
Ganz besonders ist jenen 561 Soldaten zu danken, die auf beiden Seiten während des Pazifikkrieges im Einsatz standen und ihr Wissen und ihre Unterlagen zur Verfügung stellten.
Der Zentralbibliothek der Bundeswehr, Dr. Sack und dem Bundesarchiv/Militärarchiv, Dr. Maierhöfer ist der Autor für die andauernde Unterstützung besonders zu Dank verpflichtet.
Die Liste aller weit über 1000 Persönlichkeiten der ehemaligen deutschen Wehrmacht, die seit fast fünf Jahrzehnten Material und ihr Wissen zur Verfügung stellten, soll im Registerband in würdiger Form erstellt werden.

Dortmund, im Januar 1991

Franz Kurowski

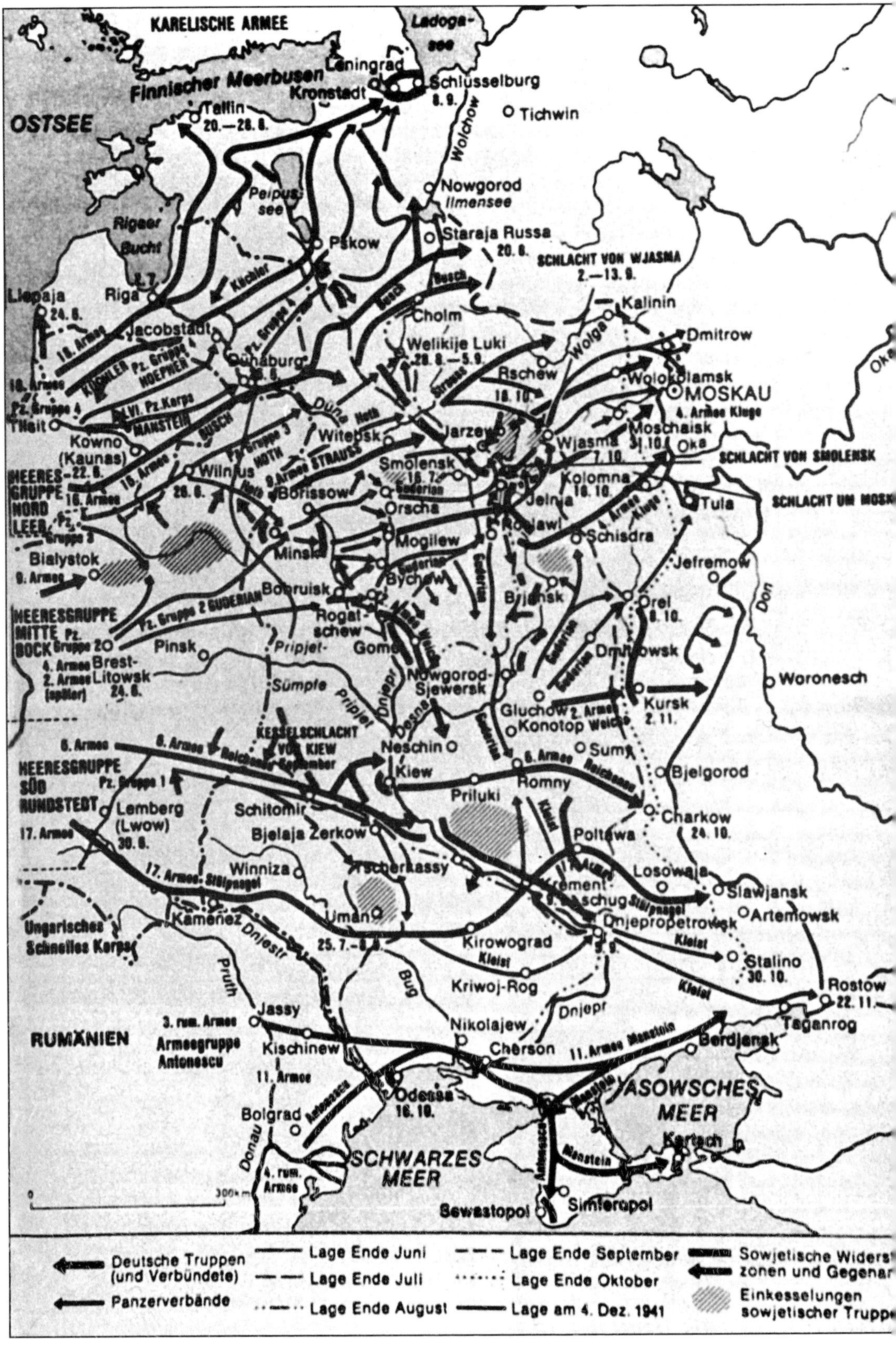
KARELISCHE ARMEE
Ladoga-see
Leningrad
Finnischer Meerbusen
Kronstadt
Schlusselburg 8.9.
Tichwin
Tallin 20.—28.8.
OSTSEE
Wolchow
Peipus-see
Nowgorod
Ilmensee
Rigaer Bucht
Pskow
Staraja Russa 20.8.
SCHLACHT VON WJASMA 2.—13.9.
Liepaja 24.6.
Riga
Kalinin
Cholm
Jacobstadt
Dmitrow
Welikije Luki 28.8.—5.9.
Dünaburg
Rschew 18.10.
Wolga
Wolokolamsk
MOSKAU
4. Armee Kluge
Tilsit
Kowno (Kaunas)
Witebsk
Jarzewo
Wjasma 7.10.
Moschaisk
Oka
SCHLACHT VON SMOLENSK
HEERESGRUPPE NORD LEEB
Wilnius
Smolensk 16.7.
Kolomna
Borissow
Orscha
Jelnja
Tula
SCHLACHT UM MOSK
Roslawl
Mogilew
Schisdra
Bialystok
9. Armee
Minsk
Jefremow
Bychow
Brjansk
Orel 8.10.
Bobruisk
HEERESGRUPPE MITTE BOCK
Rogatschew
Don
Pz. Gruppe 2 GUDERIAN
Pinsk
Gomel
Pripjet
Brest-Litowsk 24.6.
Dmitrowsk
Woronesch
Sümpfe
Dnjepr
Nowgorod-Sjewersk
Desna
Kursk 2.11.
Gluchow
Konotop
KESSELSCHLACHT VON KIEW
6. Armee
Neschin
Sumy
HEERESGRUPPE SÜD RUNDSTEDT
Kiew
Bjelgorod
Romny
Lemberg (Lwow) 30.6.
Schitomir
Priluki
Charkow 24.10.
17. Armee
Bjelaja Zerkow
Poltawa
Winniza
Tscherkassy
Losowaja
Krementschug
Slawjansk
Ungarisches Schnelles Korps
Kamenez
Uman 25.7.—8.8.
Dnjepropetrowsk
Artemowsk
Dnjestr
Kirowograd
Stalino 30.10.
Pruth
Bug
Kriwoj-Rog
Rostow 22.11.
Jassy
Dnjepr
Taganrog
RUMÄNIEN
3. rum. Armee
Armeegruppe Antonescu
Nikolajew
Kischinew
Cherson
11. Armee Manstein
Berdjansk
11. Armee
Odessa 16.10.
ASOWSCHES MEER
Bolgrad
Donau
Kertsch
SCHWARZES MEER
4. rum. Armee
Manstein
Sewastopol
Simferopol
0
300 km
Deutsche Truppen (und Verbündete)
Panzerverbände
Lage Ende Juni
Lage Ende Juli
Lage Ende August
Lage Ende September
Lage Ende Oktober
Lage am 4. Dez. 1941
Einkesselungen sowjetischer Truppe